PEDAGOGIES OF DISASTER · PEDAGOGJITË E SHKATËRRIMIT

Edited by · Redaktuar nga
Vincent W.J. van Gerven Oei,
Adam Staley Groves & Nico Jenkins

Photography by · Fotografi nga
Diego Cossentino & Marco Mazzi

Translations by · Përkthime nga
Jonida Gashi

TIRANA, ALBANIA
JUNE 6–8, 2013 ·
TIRANË, SHQIPËRI
6–8 QERSHOR 2013

Pedagogies of Disaster · Pedagogjitë e shkatërrimit
© The Department of Eagles · Departamenti i shqiponjave, 2013.

This work is licensed under the · Kjo vepër autorizohet nën
Creative Commons Attribution-NonCommercial-NoDerivs 3.0 Unported License.

This work is Open Access, which means that you are free to copy, distribute, display, and perform the work as long as you clearly attribute the work to the authors, that you do not use this work for commercial gain in any form whatsoever, and that you in no way alter, transform, or build upon the work outside of its normal use in academic scholarship without express permission of the author and the publisher of this volume. For any reuse or distribution, you must make clear to others the license terms of this work.

Kjo punë është Open Access, që do të thotë se ti je i/e lirë ta kopjosh, shpërndash, shfaqësh dhe performosh atë për sa kohë që ti saktëson qartazi se kjo punë iu përket autorëve, nuk e përdor atë për përfitime tregtare të çfarëdo lloj forme, dhe nuk ndryshon, transformon apo ndërton mbi këtë punë jashtë përdorimeve të saj të zakonta në akademi pa lejen e shprehur të autorit dhe të publikuesit të këtij volumi. Për çdo ripërdorim ose shpërndarje, duhet t'ua bësh të qartë të tjerëve kushtet e autorizimit të kësaj pune.

The publication has been made possible through the support of *continent.*; Fondacionit Shoqëria e Hapur për Shqipërinë – SOROS; Statens Kunstråd; University of Aberdeen – Centre for Modern Thought. The thoughts and opinions expressed in it pertain to the authors and do not necessarily reflect the positions of beforementioned organizations.

Ky botim u realizua me mbështetjen e *continent.*; Fondacionit Shoqëria e Hapur për Shqipërinë – SOROS; Statens Kunstråd; University of Aberdeen – Centre for Modern Thought. Mendimet dhe opinionet e shprehura në të i përkasin autorëve dhe nuk përkojnë domosdoshmërisht me qëndrimet e organizatave të sipërpërmendura.

First published in 2013 by · Botuar për herë të parë në 2013 nga
Punctum Books ✱ Brooklyn, NY & The Department of Eagles, Tirana · Departamenti i shqiponjave, Tiranë.

ISBN-10: 06-158987-1-8
ISBN-13: 978-06-158987-1-1

Design by · Dizajn nga
Vincent W.J. van Gerven Oei

OPENING

Vincent W.J. van Gerven Oei

Dear friends,

Hereby I would like to welcome you, with great gratitude, to the first conference, entitled "Pedagogies of Disaster," organized and hosted by online academic journal *continent.* and the Departamenti i shqiponjave. I hope you will allow me a few opening words before passing the microphone to Christopher Fynsk, who will inaugurate this conference with an opening address.

When I signed the funding contract with SOROS, one of the main sponsors of this conference, I signed under the condition that this conference would not engage in what is called "lobbying." Lobbying, according to the definition that was presented to me, means "certain efforts to influence legislation." Without engaging in a thorough deconstructive reading of what such "certain efforts" may mean in the context of a conference dedicated to thinking through the current predicament of pedagogical practices in the humanities and philosophy in specific, I would like to share a short observation with you.

According to the document presented to me, lobbying – that which we are forbidden to engage in at this conference at the risk of losing the marginal financial support that keeps this event together in this space – includes (but does not solely consist of) what is called a "Call to Action," namely "encouraging the general public to contact a legislator." I am not certain whether my appeal here, at the opening of the conference, to all legislators around the world, wherever they may be, forthwith to implement an education system based on equality and open and free access to information will immediately disqualify the rest of this conference, but better safe than sorry. So this conference cannot *be* a call to action.

Last February I taught a course in Istanbul to art students from Dutch and Turkish art academies on public space in that city. The students engaged in long discussions on the function and politics of public space, and the ways in which art can concretely

respond to and engage in these discussions. The result was an exhibition consisting of video and audio works, installations, architectural models, maps, musical scores, and books, all approaching Istanbul's public space and common heritage – the result of five weeks of intense work and discussions. Recently most of my students became engaged in the protests that are currently brutally repressed by the Turkish state, and I took a second look at the work they had made a few months ago. Suddenly every single work had become intensely political and engaged, somehow *implying* the current situation. I took this as a valuable lesson about pedagogical practice. That which *at the present* may not be a call to action, has the potential of becoming one at any future point in time.

I hope that this will be the spirit of this conference, that it *will have been* a call to action.

I would hereby also like to thank our sponsors: Fondacioni Shoqëria e Hapur për Shqipërinë – soros; Punctum Books, Brooklyn; University of Aberdeen – Centre for Modern Thought; Statens Kunstråd; European Cultural Foundation; and the Austrian Bundesministerium für Unterricht, Kunst und Kultur.

I would also like to extend my gratitude to my colleagues and friends who helped organizing this conference: Adam Staley Groves, Nico Jenkins, Elvis Hoxhaj, and Jonida Gashi.

HAPJA

Vinsent V.J. van Herven Uj

Të dashur miq,

Më lejoni t'ju uroj mirëseardhjen, me mirënjohjen time më të thellë, tek konferenca e parë e organizuar nga revista akademike *continent.* dhe "Departamenti i shqiponjave," e tilulluar "Pedagogjitë e shkatërrimit." Shpresoj të më lejoni dy fjalë para se t'ia kaloj mikrofonin Kristofer Finskut, që ka për ta çelur këtë konferencë.

Kur nënshkrova kontratën me soros-in, një nga sponsorët kryesorë të kësaj konference, nënshkrova me kushtin se kjo konferencë nuk do të angazhohej në atë që quhet "lobim." Lobimi, sipas përkufizimit që më paraqitën, nënkupton "përpjekje të caktuara për të ndikuar mbi legjislacionin." Pa dashur t'i futem një leximi të imët çndërtues mbi atë që do të nënkuptonin këto "përpjekje të caktuara" në kontekstin e një konference kushtuar mendimit të fatit të praktikave pedagogjike tek humanitetet dhe veçanërisht tek filozofia, do të doja të ndaja një vëzhgim të shkurtër me ju.

Sipas dokumentit që më paraqitën, lobimi – ajo çka ne jemi të ndaluar të bëjmë gjatë kësaj konference përndryshe rrezikojmë të humbasim edhe atë pak mbështetje financiare që e bën këtë cvenimet në këtë hapësirë të mundur – përfshin atë që quhet një "Thirrje për Veprim," domethënë, "të inkurajosh publikun e gjerë të kontaktojë një legjislator." Nuk jam i sigurt nëse lutja ime këtu, gjatë çeljes së kësaj konference, drejtuar të gjithë legjislatorëve nëpër botë, kudo qofshin ata, që të sjellin në jetë një sistem arsimi që mbështetet tek barazia dhe liria e informacionit, ka për ta skualifikuar këtë konferencë në mënyrë të menjëhershme, por më mirë të jemi të sigurtë. Kjo konferencë nuk mund të *jetë* një thirrje për veprim.

Shkurtin që kaloi dhashë një klasë në Stamboll për studentë nga akademi arti holandeze dhe turke mbi hapësirat publike të këtij qyteti. Studentët morrën pjesë në diskutime të gjata mbi funksionin dhe politikën e hapësirës publike, dhe mënyrat se si arti mund të angazhohet me këto diskutime dhe të reagojë konkretisht ndaj tyre. Rezultati ishte një ekspozitë që përmblidhte vepra në video, instalacione, modele arkitekturore, harta, kompozime muzikore, dhe libra, të gjitha prej të cilave trajtonin hapësirën publike të Stambollit dhe trashgiminë e përbashkët – rezultati i pesë javëve pune dhe diskutimesh intensive. Kohët e fundit, shumica e studentëve të mi është angazhuar në protesta që janë shtypur me dhunë nga shteti turk, gjë që më bëri t'iu rikthehem punëve që ata kishin krijuar vetëm pak muaj më parë. Papritmas, çdo punë ishte bërë tërësisht politike dhe e angazhuar, duke e *paraprirë* në një farë mënyre situatën e tanishme. Ajo që *në të tashmen* mund të mos jetë një thirrje për veprim, ka potencilitetin të shndërrohet në diçka të tillë në të ardhmen.

Shpresoj që ky ka për të qenë shpirti i kësaj konference, se ajo *do të ketë qenë* një thirrje për veprim.

Do të doja të falenderoja sponsorët tanë: Fondacioni Shoqëria e Hapur për Shqipërinë – SOROS; Punctum Books, Brooklyn; University of Aberdeen – Centre for Modern Thought; Statens Kunstråd; European Cultural Foundation; dhe Austrian Bundesministerium für Unterricht, Kunst und Kultur.

Do të doja gjithashtu të shprehja mirënjohjen time ndaj miqëve dhe kolegëve që kanë ndihmuar në organizimin e kësaj konference: Adam Stejli Grouvzë, Niko Xhenkins, Elvis Hoxhaj dhe Jonida Gashi.

A PEDAGOGY ON THE VERGE OF DISASTER

Christopher Fynsk

> *I also believe that this kind of thinking accompanies not only my own efforts, but those of other, younger poets. Efforts of those who, with manmade stars flying overhead, unsheltered even by the traditional tent of the sky, exposed in an unsuspected, terrifying way, carry their existence into language, racked by reality and in search of it.*
>
> – Paul Celan, "The Bremen Address"

The phrase that directs our reflections on this occasion leads me back to a text that has haunted all of my reflections on pedagogy and the university over the past fifteen years (and thus everything I wrote in *The Claim of Language*,[1] to which I would like to return briefly in these pages). I refer to a brief essay by Jean-François Lyotard that was first published in *Critique* in 1978 under the title, "Endurance and the Profession."[2] It is an enigmatic text if only for the fact that what is named "endurance" goes entirely undefined in what is, on its face, a rather dark and despairing reflection – almost as though "endurance" stands in lieu of that for which it might serve, but which cannot be named, some hope, for example. I remain astonished and intrigued by this essay, but I believe I may now understand something of why it has so haunted me, so I would like to take my orientation from it. Whether or not I am correct in my intuitions, I can at least offer it as an exceptionally intriguing example of what we might want to consider as a "pedagogy of disaster" – or at least an example of what might be a step toward such a thing.[3]

The disaster to which this text speaks first figures at an institutional level. The desiccating forces that have brought the severe conditions we know today were already clearly in ascendency in the decade after 1968. I quote the first lines:

> It has become an enviable rarity these days to obtain a salary in exchange for the kind of discourse that is commonly called philosophy. As the 20th century draws to a close, the statesmen and families who run the French secondary school system

seem to want to have nothing to do with it. For, according to the spirit of the times, which is theirs, to do is to produce; that is to reproduce with a surplus value. Those who teach philosophy are thus condemned to decimation or worse, while those who have studied it remain unemployed or give themselves up as hostages to other professions. (EP 72)

Lyotard, at this time, had not hesitated to cast his lot with those who occupied the most extreme edge of the spreading disaster, namely the philosophy group at Vincennes, which by the time of Jean-François's account of his experience there had lost its right to grant degrees. Here was a university almost *sans titres* and *sans condition(s)*.[4] And yet the students came. The want of conditions (the lack of any formal justification or required structure, the utterly minimal state support), together with the strange persistence of the students, prompted in Lyotard a radical questioning regarding his pedagogical stance. In this situation of radical freedom and radical destitution, he was effectively disappropriated of any pre-given or institutionally sanctioned professorial authority. An imagined interlocutor queries him as to what this might mean:

> Does that mean that each teacher in your Department speaks of what he or she likes? – No, it means that no one is protected, and above all in his or her own eyes, by prescribed rules. And everyone must give his or her name to what he or she says, without pleading necessity; and everyone, like a stutterer, must head towards what he or she wants in order to say it. – You're exaggerating. – Don't forget they wait for you every week, and without telling you what they're expecting. – All the same, you know what you are driving at. (EP 72–3)

But no, Lyotard explains, he does not know. What has motivated him is something less than an idea – something more like an impulsion, "a strength or a weakness," that has led him to undertake meticulous examinations of ancient rhetoric, such as "the machinery of an antistrephon put in the mouth of Protagoras by Diogenes Laertes."

The interlocutor is incredulous:

> – But yet, you, too, want something. – When younger, you might have wanted to please, or help, or lead by argument or revelation. Now, it's all over. You no longer know exactly what's wanted. How can you make others understand what you haven't really understood? But when the course works out well, you also know that since you made them understand what you didn't, it didn't really work out. The anguish, when you enter the classroom, especially at the beginning of the year, is not the stage fright of the actor or the orator (although it can be), the feeling of claustrophobia (all of us will burn in here), or the predicament of not knowing everything (rather reassuring). It is the sovereign pressure of an imbecilic "You must go there," which does not say where. (EP 73)

The dominant affect is anguish and the impulse comes to be phrased in an insistent, but obscure, imperative: "il faut *y* aller" – the "y" utterly undefined.

The situation is not without its absurdity, which Lyotard illustrates with an anecdote I know he loved:

> Just two years ago, this or that leftist commando was bursting in, denouncing the magisterial function, the star-system, alienation, apathy, cutting the electricity, raising his clubs, locking up the teacher awhile, and abusing the students. […] To ponder a metalepsis in the narration of Book 9 of the *The Laws* is not futile, it's criminal. They know where to go.
> We used to fight a bit. Only once did it lead to something worthwhile. (EP 73–4)

And he goes on here to describe how his group, in the course of a strike at Vincennes, took to studying the rhetoric of the language employed in the strike. Confronted by the militants, it was possible for them to demonstrate that their work was not in fact distinguishable, subtracting a reflective turn or two, from the kind of work or activity enjoined by the striker's themselves. The militants, shaking their heads, let them be.

Now, it might be suggested that Lyotard illustrates with this story something not unrelated to the play of an antistrephon, which, as he will later tell us, he might once have taken as a valuable political manoeuvre. I will return to this point, because it is crucial for understanding the curiously a-political stance that Lyotard describes – its strange evocation of a certain futility, even a melancholic neutrality that some, and certainly the strikers, might find offensively "academic." But I want to continue first with Lyotard's account of the pedagogical experience, which is suffused with anxiety.

> The rhythm of work in progress seems tentative and peaceful. But on the occasion of each of these pointless classes, it becomes asceticism, impatience, and fear. You get up well before dawn and tell yourself: this particular part of the current work has to be done for tonight. For example: express the temporal logic of Protagoras' antistrephon before midnight. Because the day after tomorrow, you must explain it to those who are waiting for you. By looking straight at them, and not at your notes. And, as you aren't protected by an institution, make them furthermore understand that it's opportune or bearable to speak about such things. (EP 74)

I emphasize that he feels he must assume the argument to the point of being able to communicate it without evasion, without the appeal to notes (again, this is a situation of exposure), and he must be capable of communicating how this exercise can be justified. The outward honesty of this effort, by which I mean the unguarded character of the address and the effort to legitimate without pre-existing legitimation, is then matched, he goes on to say, by an equal demand on the self: one must undertake the work without relying on received commentary and in such a way that one will be transformed by it.

Transformed by it. Lyotard, I recall, is talking about the analysis of an antistrephon attributed to Protagoras or some other, and yet he treats this as a form of experience, even a trial. The life of the mind is a peculiar thing and will never cease to astonish, yet I believe we all know something of what he has evoked here, namely the experience of a passage, in thought, that has somehow changed the state of one's intellectual being. Our condition as teacher is a modest one, but if and when we teach, if we truly teach, our manner of occupying our world shifts; we experience a displacement of horizons. We imagine, frequently enough, that our teaching is changing the world – to the great amusement of even those who live near us. *And we have,* or let us say that we have touched and thereby subtly altered the worldhood of our world for ourselves, and in some measure for those who have accompanied us. Nothing has changed, at least visibly, and yet everything, in a brief passage, has changed, and is left with the self-effacing mark of this indemonstrable shift, this brief brush against what we might want to call disaster. Lyotard won't say this, but I believe we touch here on one of the keys to endurance, and we have a little hint of what it means to go, there.

Of course, all of this is undertaken in the most extreme doubt:

> You aren't cut out for thinking; you're a philosopher. You believe it's not natural to think. You're envious of – but after all you disdain – your colleagues and friends who work in the human sciences, who seem to be in symbiosis with their work, who have a corpus, a method, a bibliography, a strategy, exchanges. That's what makes you different even from those close to you, like historians of philosophy, whom you admire nonetheless. You like what is unfinished. Nothing of what you write will be authoritative. You lend yourself willingly to this prescription: "to go there, without knowing where." You're certain that nobody can do it, least of all yourself. You know you're doing what you're not cut out to do. You're an impostor. You hate all this. Little by little you cease to draw any vanity from it. (EP 75)

And what is all this? Again, I underscore that he was studying rhetorical operators in the most fastidious manner possible – fastidious, sometimes tedious, because he was undoing every assumption that might be based on his prior position in Parisian intellectual circles or on expectations regarding the meaning of practicing philosophy at Vincennes in the company of figures such as Gilles Deleuze. He was undermining every position and every posture that might be attributed to him on this stage, refusing to declare what should be thought in the current conjuncture (as would a *maître à penser*) and refusing to pronounce on what can't be thought (as would a *maître à penser*). He would leave to others, he said, the task of naming the unnameable, saying the unsayable, conceiving the unconceivable, pronouncing the unpronounceable, or deciding the undecidable (today we might add "teaching the disaster"). His task was without such commitments and obeyed a different form of exigency.

So what was he doing? Why did he imagine that these rhetorical analyses could serve some honest end he declined to identify in anything but the most minimal fashion? On the penultimate page, he approaches an answer:

> You try for two kinds of understanding; first, that which permits you tomorrow, to situate the antistrephon of Protagoras within the writing of a temporal logic. A strong understanding and ultimately useless. The other is totally different: to learn obscurely, after months, years of study, why this bizarre verbal argument interested you. You first included it within a general examination of ruse, for example, and

that had attracted you because you saw it as a weapon against the powerful. We're weak, you used to say as a justification [one will recognize here an allusion to the title of one of Lyotard's best known essays: "On the Strength of the Weak"[5]]. All this seemed directed toward some political end, you were inspecting the available arsenal. [...] The antistrephon found its place naturally in this general strategy and you studied it as such. Now, two and a half years later, you confess the vanity of your manicheism. The antistrephon may very well be a weapon at the disposal of the weak; it is also the strength of philosophical discourse, for this latter is made up of reflexive (or speculative) statements of which it is one type. Your general approach to paradoxes is modified by it, as are your "politics." You say so. Your listeners, especially foreigners from poor countries, believe that with this move you have lost even more pugnacity, that you have become even more of a product of that cold thought and refined style which they call French and which exasperates them. (EP 76–7)

Lyotard was clearly not in a position to disabuse those foreigners. He had effectively displaced his relation to the political as such, offering, in the wake of what might loosely be termed a deconstruction of previously held assumptions about politics, a dubious nod toward philosophy, alleging that a political *dispositif* to which he had long had recourse also belonged to the speculative resources of that practice. "Going there" had taken him to the limits of what he meant by politics, conceived as a form of agonistics, and back to a meeting with speculative thought, which may or may not have been in some way shaken by this exercise. Could this issue, this outcome, possibly serve some political exigency–presuming that what he was seeking, there, could even be said to be of a political order?

Lyotard does not pause over this question. We are immediately presented, instead, with a further step in the a-teleological process of self-dispossession we have been following under the name of "endurance in the profession." I'll conclude my review of Lyotard's essay with a citation of the last paragraph that presents a kind of leap prepared by his unsettling meeting with philosophy at the limits of his political thought:

The concessions to what you feel is expected become rarer. You'd like to neglect even what your own mind desires, make it accessible to thought it doesn't expect. You don't read anymore to strip authors, but to steal away from yourself. You aim at this deculturation in every direction: science fiction, underground cinema, linguistics and singular logics, monsters of plastic and sound, surprising banalities, oblique re-readings. You are unfaithful in your alliances like the barbarians of Clastres, but for a different reason, opposite at least. You're at war with the institutions of your own mind and with your own identity. And you know that with all this, you're probably only perpetuating Western philosophy, its laborious libertinage, and its obliging equanimity. At least you also know that the only chance (or mischance) to do so lies in setting philosophy beside itself. (EP 77)

I have referred to this process as one of dispossession; Lyotard describes it more graphically here as a form of internal war undertaken on the chance that he might thereby displace philosophy itself, which he had now understood to be the horizon of politics as he had practiced it to that point as a militant and as a philosopher. He won't say it in this essay, and perhaps he could not yet say it, but it is apparent from his later work that he was preparing his thought for the event.

I will come back to this point. But I want to make the transition, now, to what I proposed in *The Claim of Language*, and which I am convinced could well be described as offering a pedagogy of disaster. I don't want to rehearse the argument for the sake of some retrospective justification, but I do want to assume it again.

In effect, this conference makes me look at it afresh, and in returning to Lyotard's essay on endurance, I realize I wrote it in comparable conditions. In a state approaching despair, I was seeking to bear witness to what had become the bankruptcy of the institutions that had formed my intellectual life and the painful abstraction of the political context in which I was seeking to find a place. Too unsure to say openly that my thinking had led me to question any political construction (in currently available terms) of the act of teaching, I sought to describe a practice of thought and teaching that would not be without political effects (because it meant becoming what Deleuze and Foucault described as the "local intellectual"), but would eschew determinate political ends in a necessarily obscure effort to push to the extreme what I understood to be the "essence" of work in the humanities. In a state of perceived disaster (at the institutional and political level), I was pushing toward the disaster at the limits of reason that I had glimpsed in the work of Blanchot and Lacan, seeking, thereby, some new issue, some new "reality" in the sense of this term evoked by Celan in the epigraph to this essay.

My thesis, in *The Claim of Language*, was that the humanities would have to recover the status of a fundamental form of research if they were to survive in the current context. This meant, first, as I tried to suggest, that they had to recognize that what they bring forward in their enquiry regarding human experience and language (conceived in a broad sense of this term) is of fundamental importance for every field of professional endeavour and every dimension of social life – by which I mean to say that every profession presupposes in some measure what is elaborated in the humanities (beginning with the notion of the human itself). My concern in these first steps of my argument was in part pragmatic – I was trying to offer a "case" for the humanities. But I went on to argue that this first, "legitimating" step was predicated upon a full exploration of the specific path by which the humanities may actually bring forward a concrete account of human experience. I was pushing back toward what Heidegger termed an existential approach, but was doing so from the ontological enquiry that the existential analytic was meant to prepare. I mislead here if I suggest that I took a step Heidegger overtly disqualified with his famous "turn" away from fundamental ontology in the early 1930s. But I'm not entirely sure I did not in fact take that step *with* Heidegger as I proposed to think the question of the human from the ground of what he had described as the path toward language, alleging that a practice of *this* path, what I called a *pragmatics*, could be understood as properly "humanistic." Here, I acknowledge. I lost many of my potential interlocutors (or at least I suspect I did), because at that crossroads that Foucault had indicated at the end of *The Order of Things*, I took the direction of a thought of the *énoncé* Foucault subsequently laid out in *The Archaeology of Knowledge* (in other words, the path of a thought of language). I did so, however, with the sense that I was also traversing the other path that he claimed diverged from this first – i.e., a path toward the question of the human.⁶ The majority of Foucault's readers, it has to be said, simply took the path of cultural studies, and I parted with most of them altogether.⁷ (I lost even Derrida at one point in this process, because it was not until the late 1990s that he was prepared to recognize the question of the human.⁸) But it was clear to me that a consequent thought of the being of language would take us back to the question of the human in a way that would exceed the bounds of humanism. There, I met Lacan, who spoke of the "the human that suffers the signifier," as well as Blanchot and Lyotard – all three of whom were attentive to the question of disaster both in the socio-political sense and in the sense of a form of exposure of thought to something that exceeds its capacity. In thinking this last notion of disaster, all three, as it happens, gave a prominent place to the question of infancy, which Lyotard approached in one of his volumes under the name of the "inhuman." On the one hand, Lyotard argued, "the inhuman" might name the processes at work in the contemporary socio-economic order as well as what becomes of the human in such an order, given that these forces require an excising of the unproductive or inassimilable manifestations of human finitude. On the other, it can name that to which the human is exposed, precisely by an experience of its finitude. That structure of exposure, as I had come to understand, was available to thought in some measure through a consequent grasp of what both Heidegger and Benjamin had described, in their singular ways, as the essence of language.

The argument I tried to advance here was relatively simple. Heidegger had shown that to think the essence of language, human language at least, we must think how the human lends itself to language. If the "event" of language is unthinkable apart from something Heidegger termed a "use" of the human for this event, then it follows that the path to the essence of language is also a path into this usage. Language's speaking or presence, as Foucault described it, will always bear the trace of this "usage," this human share in the advent of language that is in excess of language itself. From there, we can see that any communication of language, as Benjamin understood it with notions such as "communicability," or "translatability," would always entail a communication of something of human finitude, or what I have called the structure of exposure that human finitude entails. The pedagogy I proposed on this basis was a pedagogy that involved attending to the communicability of language in its very material instantiation each time it is brought forth *as language*; which is an event that is repeated whenever art, not just literature, but any art comes about as such. Lyotard described this event in terms of an artistic gesture; but I believe I agree with him in thinking that thought itself is also capable of such a gesture when it draws upon language to go to the limits of the concept.

Following Heidegger, in other words, I was moving back from the question of language, which I take as the medium of our work in the humanities, to fundamental questions about human being, and I found I was opening onto the fundamental questions posed in psychoanalysis concerning the experience of sexual difference, the opening to reality, and so forth – those questions of origin that are the stuff of primal repression and those first questions posed by children. I was also moving back to the question of *Mitsein*, being-with, and thus community. Which means I was effectively moving beyond the order of subjectivity and any political relation predicated upon it. I was elaborating a pedagogy of disaster that would leave the horizon of the political, which I understood to be the governing horizon of reference in contemporary theoretical and critical work.[9] I was effectively joining Lyotard's pedagogy of disaster in turning aside from this horizon of meaning for the sake of another thought of relation.

I have underscored in Lyotard's description of his "endurance" in the profession the way in which this meant for him a displacement of what he termed "his politics" and his conception of the political relation. One might understand this displacement as a kind of shifting of stance or positions. But I believe he was describing something more radical in his effort to exile himself from his previously held positions, political or philosophical. He was seeking the threshold of meaning in a practice that he named in 1988 one of "unforgetting" – a practice he would increasingly term "anamnesis." To what was he seeking access in this manner? As early as 1988, he declared that he was seeking a dimension of human experience that was, as he put it, "intractable" with respect to any order of meaning, and he made it explicit that this meant approaching a dimension of experience that eluded politics altogether. Politics, he said, could only forget the exposure to difference that occurs in the relation of being-with at the level I have tried to evoke.

> What cannot be treated, what is not manageable (*traitable*) once and for all, and what is forgotten by political treatment in its constitution of a "commonality" of humans by dint of their belonging to the same polis, is the very thing that is not shareable among them, what is not communicable or communal or common at all. Call it birth and/or death, or even singularity.[10]

By reason of the occasion, Lyotard cites Nancy at this point, but it is clear that the severity of the statement Lyotard is making about politics here leads him closer to Blanchot than to Nancy. Adopting a more psychoanalytic inflection than Blanchot, however, Lyotard evoked a relation to "the thing," *la chose,* insisting that it cannot be represented in any discourse, philosophical or political, even if it haunts every construction, including the self-representation of the *polis*.

> The thing has no place, not having taken place and being "present" only outside representation: in death, in birth, one's absolute and singular dependency, which prohibits any instantiated disposition of oneself from being unitary and total. I could just as well say "sexual difference," in the most radical sense of a heteronomy that does not belong to the space-time of representation. This is why it can hardly be felt in the "soul of the *polis*."[11]

He continues by asserting, however, that while it is only barely felt in the *polis*, it haunts or insists in the form of affect, what Freud called an "unconscious affect," and to the extent that it is felt at the social level, it engages something like the "soul" of the *polis*, "if by 'soul' we mean the part of spirit that remains hostage to the thing, that remains susceptible to anguish, and defenceless."[12] Here, Lyotard suggests, is the ground of the "discontent of civilization" and ultimately the paranoia that is manifested in efforts to rid the social body of this "intractable" resistance to civilized order. I'll cite one more time:

The "discontent of civilization," the sharp and vague feeling that the civilians are not civilized and that something is ill-disposed toward civility, all this easily engenders the suspicion that plots are being hatched. Also engendered are trials, the denunciation of scapegoats, the exclusion of the *xenos*, the accusations made against opposing parties, slander, eristics. And the idea of revolution, too. *Polemos* is not the father of all things, he is the child of this relation of the mind to a thing that has no relation to the mind. And *Polemos* too is a way for the mind to forget it, to forget the *coitus impossibilis* that engendered it and never stops engendering it.[13]

I said earlier that Lyotards's trial by endurance (conceived as a resistance, both internal and external, against every expectation and every interest that had informed his public position at Vincennes) led him to question the agonistics to which he had devoted himself as a political thinker. By the time he wrote the words I have cited, he had reached the Levinasian understanding that "to go there" in a writing or pedagogy of disaster, meant finding a different stance altogether, a different form of struggle. This would be a work of non-forgetting or anamnesis that was perhaps not even appropriately called a work.

I have suggested that the "pedagogy of disaster" Lyotard pursued at Vincennes under the name of "endurance" was in fact preparatory. His ascetic analysis of rhetorical forms was the first step in an accelerating flight from his mind's habits and defences that took him toward a quite extreme form of disappropriation that he identified as the infancy of the mind. It was a pedagogy undertaken in a broader context of "disaster" that led into a kind of disaster. It was a process, as I have suggested, that was not dissimilar to one he ascribed to artists, but also to the patient in psychoanalysis, a work he says, that involves "leaving open the path by which there can arrive what has not yet arrived," by which there may return an opening to what comes.[14] As he says of Picasso in the same essay from which I have just quoted: "He has to let himself come to the very threshold of what exceeds him."[15] Of course, a great deal of Lyotard's late writing involves following this work in others. But this work was not simply one of commentary; it proceeded from his own exposure to those forms of exposure he followed in music, painting or literature – his own opening to the "infancy of the mind" that he sought in art. His writing, and his teaching, were thus an attempt to communicate that exposure, on the supposition or presupposition that such a communication was possible. *As though* it were possible, he would say. He was attempting to think that communication and to perform it, each time he went *there,* to that threshold. And that practice is what I would ultimately call a pedagogy of disaster.

One might always want to emphasize that he undertook this pedagogy *in order* to resist an ambient "disaster" at the level of our world (if we can call the devastation wrought by Technik under the motor of Capital still "worldly") by approaching a "disaster" at the level of the world itself, seeking a form of resistance to the one by courting the other and leading others (in writing and teaching) toward it. And one might affirm that, to the extent he sought to practice or teach the one *in order* to resist the other, his practice, the pedagogy of disaster, had a political orientation, despite everything. I would not disagree with this point, but I would not describe this orientation as guided by some definable end or *telos*. Indeed, I would insist that Lyotard was practicing an interruption of such a relation if we understand this as a passage from and through a form of exile toward an eventual return to some restored political order that we could name "human." The relation between the inhuman and the inhuman, as he explored and practiced it, allowed no such dialectical recovery. The relation was what Blanchot would have named an interrupted or neutral one. And this brings us to the essential point I want to offer with regard to the notion of a pedagogy of disaster, namely that if it is to be worthy of this name, it must be truly exilic in the sense Edith Doron gives to the term in this volume; its only "truth," will inhere in its eternally repeated passage outside, toward what Lyotard obscurely designated with the minimal term "there." I believe we must be uncompromising on this point and resist the temptation to smuggle back some political comfort.

I will add, however, that in those moments when I have thought I have actually engaged a pedagogy of disaster (in exploring, for example, what Blanchot is saying when he draws from Robert Antelme's *L'Espèce humaine* the devastating words, "man is the indestructible, and this means he can be infinitely destroyed") – in those moments I have experienced the unmistakable presence of a growing ethico-political urgency.[16] That is to say: the more I have approached what I have referred to so loosely as "the disaster," the more the imperative of a just response to human suffering or human vulnerability has come to the fore, and the more I have experienced a freedom to entertain the question of that justice. This is why I believe one can say that the pedagogy of disaster both releases and orients toward the thought of an ethico-political relation that would maintain some form of non-forgetting with respect to the other.

One might retort: but how long do you think we can endure this passage in the desert, given the effect of that other disaster that is unfolding in the socio-economic sphere and that threatens to destroy the conditions of this form of pedagogy? I have no simple answer to that question beyond the one that Blanchot offered in acknowledging that a pedagogical stance which intervenes on the scene of representation with some political intention is unavoidable. One must always practice, therefore, a double stance. One must analyse and respond to the ambient disaster in critical terms even while pursuing a more uncertain, exilic path. One must carry the burden of this contradictory double-imperative. Again, I won't disagree, but I would suggest that it is our task to find ways to think the first path (which is the path of social critique and struggle) *from* the second, in other words to make a pedagogy of disaster the ground for a constant disturbance of our political constructs and a constant reconception of them. We must trust the orienting and releasing movement that is given in the pedagogy of disaster and make the disclosure of the facticity of being-with the *priming* factor in all our proceedings. The path is a risky one, but I believe it is the one indicated by a pedagogy of disaster.

Notes

1. *The Claim of Language: A Case for the Humanities* (Minneapolis: University of Minnesota Press, 2004).
2. *Critique* 369, "La philosophie malgré tout." A translation into English by Christophe Gallier, Steven Ungar, and Barbara Johnson was published in *Yale French Studies* 63, "The Pedagogical Imperative" (1982), 72–7. Subsequent references to this essay in the body of the text will be preceded by the abbreviation EP.
3. In the course of this essay, I will use the term "disaster" in two primary senses. The first, which reflects developments in the socio-economic sphere, is consistent with Lyotard's diagnosis of the manifestations of what he termed simply "development" or "complexification" (for these processes, see, for example, *The Inhuman*, trans. Geoffrey Bennington and Rachel Bowlby [Stanford: Stanford University Press, 1988]). The second is far more difficult to define and is drawn from Maurice Blanchot's *The Writing of the Disaster*, trans. Ann Smock (Lincoln: University of Nebraska Press, 1986). Too frequently, Blanchot's use of the term is understood primarily with reference to the Shoah, when in fact he uses it more broadly to evoke exposure to what he names "the fragmentary neutre." Leslie Hill offers a fine discussion of the term and an account of the basis for its frequent misinterpretation in *Maurice Blanchot and Fragmentary Writing* (London: Continuum, 2012), 279–300. In the perspective of a meditation on nihilism (which Blanchot pursued in the 1960s), it is possible to draw the two senses of the term into proximity. Celan's evocation of a sky that provides no shelter (we hear Blanchot's *dés-astre* here) also gives an indication of the path. I must confess, however, that I find the term ultimately burdensome outside the context of Blanchot's writings in that it lends itself easily to hypostasis, or is simply too-easily evoked, even if it is richly evocative. But it may be that we have to undergo a period of "endurance" before we can escape its burden.
4. I allude here to Jacques Derrida's meditation in "The Future of the Profession or the University Without Condition (Thanks to the "Humanities," What *Could Take Place* Tomorrow)," in *Jacques Derrida and the Humanities*, ed. Tom Cohen [Cambridge: Cambridge University Press, 2001], 24–57) and thereby recall the first circumstances in which I tried to describe the "countermovement" I saw taking shape in Lyotard's thought on pedagogy. I want to thank Simon Morgan Wortham for prompting those first reflections, which have stayed with me in the "haunting" manner to which I referred.
5. Jean-François Lyotard, "On the Strength of the Weak," in *Toward the Postmodern*, Robert Harvey and Mark S. Roberts (eds.) (New Jersey: Humanities Press, 1993), 62–72.
6. I lay out these steps on pages 62–5 of *The Claim of Language*.
7. I speak a bit flippantly here. In fact, I found the turn to cultural studies in its initial stages quite thrilling. But rapidly, in North America, a political *doxa* gained the ascendency that required a kind of purging of what came to be called "high theory." I see no reason to return to those debates on this occasion, but I would note that I found the appeal to "theory" in this context increasingly impoverished and abstract. I was also very concerned about the "becoming social-scientific" of a great deal of work in the humanities. The title essay of *The Claim of Language* sought to address this latter development by offering a philosophical account of the specific

nature of the practices of teaching and writing in the humanities.

8 I recall here an amusing incident that occurred in 1993 at a conference on deconstruction in Alabama. I suggested on this occasion that the reading of Heidegger prevalent in deconstructive circles was missing a notion of "the human" in Heidegger's thinking that could not be contained within the metaphysics of humanism. This argument provoked in Derrida a response that I could only describe as passionate (since he felt obliged to pass from English into French in the course of a statement that lasted perhaps ten minutes). The term *l'homme,* he claimed, carried too much baggage and could not be redeemed. I replied modestly that I was speaking of "the human," not *l'homme,* but the damage was done. Ten years later, however, Derrida would shift his position on this question.

9 I refer, in this context, specifically to the field generally referred to as "theory," and I mean to evoke what I take to be a rather evident phenomenon, particularly in what I might call the "market" of theory – namely that for work to be meaningful, to "count" in contemporary thought, it must show its political relevance.

10 Jean-François Lyotard, "Unbeknownst," *Postmodern Fables,* trans. George Van Den Abbeele (Minneapolis: University of Minnesota Press, 1997), 186.

11 Ibid., 188.

12 Ibid., 189.

13 Ibid., 190.

14 Jean-François Lyotard, "La peinture, anamnèses du visible," in *Misère de la philosophie* (Paris: Editions Galilée, 2000), 99.

15 Ibid., 108.

16 I discuss Blanchot's sentence in *Last Steps: Maurice Blanchot's Exilic Writings* (New York: Fordham University Press, 2013), 34–54.

NJË PEDAGOGJI NË PRAG TË SHKATËRRIMIT

Kristofer Finsk

Besoj gjithashtu se ky lloj mendimi shoqëron jo vetëm përpjekjet e mia por edhe ato të poetëve të tjerë, më të rinj. Përpjekjet e atyre që, me yje artificialë që valëviten mbi kokat e tyre, të pastrehuar as edhe nën tendën tradicionale të qiellit, të zbuluar në një mënyrë të pamenduar, të tmerrshme, e mbartin ekzistencën e tyre në brendësi të gjuhës, të rrënuar nga realiteti dhe në kërkim të tij.

– Pol Celan, "Fjalim në Bremen"

Fraza që përudh reflektimet tona me këtë rast më kthen tek një tekst që i ka munduar të gjithë reflektimet e mia mbi pedagogjinë dhe universitetin gjatë pesëmbëdhjetë viteve të fundit (dhe kësisoj gjithçka që shkruajta tek *Pretendimi i gjuhës*,[1] një libër që do të doja t'i rikthehesha shkurtimisht në këto faqe). E kam fjalën për një sprovë të shkurtër të Zhan-Fransua Liotarit që u publikua për herë të parë tek *Critique* në 1978-n nën titullin "Qëndresa dhe profesioni."[2] Është një tekst enigmatik qoftë vetëm për faktin se ajo që quhet "qëndresë" nuk përkufizohet asnjëherë në çka është, në pamje të parë, një reflektim i errët dhe dëshpërues – sikur "qëndresa" të kishte zënë vendin e asaj së cilës mund t'i shërbente, por që nuk mund t'i gjendet emri, pak shpresë, për shembull. Edhe sot e kësaj dite kjo sprovë më shtang dhe më bën kureshtar, por besoj se tanimë kuptoj diçka rreth arsyes pse ajo më ka munduar, prandaj dua të prihem prej saj. Edhe nëse nuk jam i saktë në intuitat e mia, të paktën mund ta ofroj atë si një shembull kureshtar të asaj që ne ndoshta do të donim ta quanim një "pedagogji shkatërrimi" – ose të paktën një shembull të çka mund të përbënte një hap drejt diçkaje të tillë.[3]

Shkatërrimi të cilit ky tekst i referohet shfaqet fillimisht në nivel institucional. Forcat përtharëse që janë bërë shkak për rrethanat e rënda në të cilat ndodhemi ishin qartësisht në rritje në dekadën pas 1968-s. Citoj rreshtat e parë:

Ditët e sotme, përfitimi i një rroge në këmbim të asaj lloj ligjërate që zakonisht quhet filozofi është bërë diçka e rrallë dhe për t'u patur zili. Ndërsa shekullit të 20-të i vjen fundi, burrat e shtetit dhe familjet që drejtojnë sistemin arsimor të mesëm në Francë nuk duan të kenë fare të bëjnë me të. Pasi, sipas frymës së kohëve në të cilat jetojmë, që është e tyrja, të bësh do të thotë të prodhosh; domethënë të prodhosh me mbivlerë. Kësisoj ata që japin mësim në filozofi janë të destinuar të përgjysmohen ose më keq, kurse ata që e kanë studiuar atë mbeten të papunë ose bëhen peng të profesioneve të tjera. (EP 72)

Asokohe Liotar nuk kishte hezituar t'i bashkohej atyre që ndodheshin në skajin më ekstrem të shkatërrimit që po përhapej, domethënë, grupit të filozofisë në Vincennes, që, kur Zhan-Fransua përshkroi përvojën e tij atje, kishte humbur të drejtën për të dhënë diploma. Aty gjenim një universitet pothuajse *sans titres* dhe *sans condition(s)*.[4] E megjithatë studentët vinin. Mungesa e kushteve (mungesa e çdo lloj justifikimi formal ose strukture të detyruar, mbështetja tërësisht minimale nga shteti), së bashku me këmbënguljen e çuditshme të studentëve, nxitën Liotar të vinte në pikëpyetje radikale qëndrimin e tij pedagogjik. Në këtë situate lirie dhe skamje radikale, ai ishte shpërvetësuar prej çdo autoriteti institucional të paradhënë ose të aprovuar si profesor. Një bashkëbisedues imagjinar e pyet se çfarë do të thotë gjithë kjo:

Do të thotë se çdo mësues në Departamentin tënd flet për çfarë t'i dojë qejfi? – Jo, do të thotë se askush nuk është i mbrojtur, dhe mbi të gjitha në sytë e vet, nga rregulla të përcaktuara. Dhe se gjithëkush duhet t'i japi emrin e vet asaj që ai ose ajo thotë, pa i bërë apel domosdoshmërisë; dhe gjithëkush, si të ishte gagaç, duhet të ecë drejt asaj që ai ose ajo dëshiron për të arritur ta thojë atë. – Po ekzagjeron. – Mos harro se ata të presin javë pas jave, dhe pa të thënë se çfarë presin. – Sidoqoftë, ti e di se ku do të dalësh. (EP 72–3)

Por jo, shpjegon Liotar, ai nuk e di. Ajo që e ka nxitur është më pak se një ide – ajo ngjan më tepër me një shtysë, "një pikë e fortë ose e dobët," e ka shtyrë të ndërmarrë shqyrtime të imëta të retorikës së lashtë, si për shembull "makineria e një antistrefoni të vënë në gojën e Protagorasë nga Diogjen Learti."

Bashkëbiseduesi është mosbesues:

– E megjithatë, ti, gjithashtu, do diçka. – Kur ishe më i ri mund të kesh dashur të kënaqësh, të ndihmosh, ose të prish me argument ose zbulesë [*revelation*]. Tani gjithçka ka marrë fund. Ti nuk e di më se ç'duhet. Si mund të bësh të tjerët të kuptojnë atë që t'i vetë nuk e ke kuptuar tamam. Por kur kursi ecën mbarë, ti e di gjithashtu se meqë ti i ke bërë të kuptojnë atë që ti vetë nuk kuptoje, ai në fakt nuk doli mirë. Ankthi, kur hyn në klasë, veçanërisht në fillim të vitit, nuk është frika që aktori ose oratori ka nga skena (ndonëse mund të ndodhë të jetë), ndjesia e klaustrofobisë (të gjithë ne këtu kemi për t'u pëçëlluar), ose shtrëngesa e mosditjes së gjithçkaje (disi ngrohëse). Është presioni sovran i një "Ti duhet të shkosh atje" të marrë që nuk thotë se ku. (EP 73)

Ndjenja mbizotëruese është angështia dhe shtysa merr formën e një urdhëri këmbëngulës por të errët: "il faut y aller" – "y"-ja (atje-ja) tërësisht e papërcaktuar.

Situatës nuk i mungon absurditeti, të cilin Liotar e ilustron me një anekdotë që unë e di mirë se ai e donte:

> Vetëm dy vjet më parë, ky apo ai komando i majtë hynte tërë potere, denonconte funksionin e gjykatës, sistemin e yjeve, tëhuajësimin, apatinë, priste dritat, ngrinte grushtat, kyçte mësuesin për ca kohë, dhe abuzonte studentët. [...] Të bluash në mendje një metalepsis në tregimin e Librit 9 të *Ligjet* nuk është humbje kohe, është krim. Ata e dinë se ku duhet të shkojnë.
>
> E kishim zakon të ziheshim ndopak. Vetëm një herë çoi drejt diçkaje me vlerë.
> (EP 73–4)

Pas kësaj ai tregon se si grupi i tij, gjatë një greve në Vincennes, filloi të studionte retorikën e gjuhës së përdorur në grevë. Të ballafaquar me militantët, ata patën mundësinë të tregojnë se puna e tyre nuk ishte në fakt e dallueshme, minus një manovër reflektuese ose dy, prej punës apo veprimtarisë së vetë grevistëve. Militantët, duke tundur kokën, nuk i ngacmuan.

Mund të sugjerohet se me këtë histori Liotar ilustron diçka të lidhur me lojën e një antistrefoni, që siç do të na thojë më vonë, një herë e një kohë ka mundësi ta kishte marrë si një manovër të vlefshme politike. Do t'i kthehem kësaj pike sepse ajo është kyçe për kuptimin e qëndrimit çuditërisht apolitik që përshkruan Liotar – ndjellja [*evocation*] e çuditshme e një lloj kotësie, madje edhe një asnjanësi që disave, dhe sigurisht grevistëve, mund t'iu dukej "akademik" deri në masë ofenduese. Por dua të vazhdoj të merrem fillimisht me përshkrimin e Liotarit të eksperiencës pedagogjike, që është e mbushur me ankth:

> Ritmi i punës në vazhdim duket provues dhe i paqtë. Por me rastin e këtyre klasave pa pikë kuptimi, ai shndërrohet në asketizëm, padurim dhe frikë. Ti ngrihesh kohë para se të agojë dhe i thua vetes: kjo pjesë e punës duhet mbaruar sonte. Për shembull: shprehja e logjikës kohore të antistrefonit të Protagorasë para mesnatës. Sepse të pasnesërmen duhet t'ia shpjegosh atyre që të presin. Me sytë e ngulur mbi ta dhe jo mbi shënimet e tua. Dhe, meqë nuk je i mbrojtur nga asnjë institucion, t'i bësh për më tepër të kuptojnë se pse u dashka folur për kësi gjërash. (EP 74)

Theksoj se ai ndjen se i duhet ta zotërojë argumentin deri në atë pikë që të jetë i aftë ta komunikojë atë pa shmangje, pa iu drejtuar shënimeve (përsëris, kjo është një situatë zbulimi [*exposure*]), dhe ai duhet të jetë i aftë të komunikojë se si mund të përligjet ky ushtrim. Ndershmëria e jashtme e kësaj përpjekje, me çka dua të them natyra e çiltër e adresës dhe përpjekjes për të legjitimuar pa asnjë legjitimitet ekzistues, që më pas përputhet, ai na thotë, me një kërkesë të njëmendtë ndaj vetes: puna duhet ndërmarrë pa u mbështetur në komentime të pranuara dhe në një mënyrë të tillë që ne të transformohemi prej saj.

Të transformohemi prej saj. Liotar, ju kujtoj, po flet për analizën e një antistrefoni të Protagorasë apo dikujt tjetër, e megjithatë vazhdon ta trajtojë këtë si një formë *përvoje,*

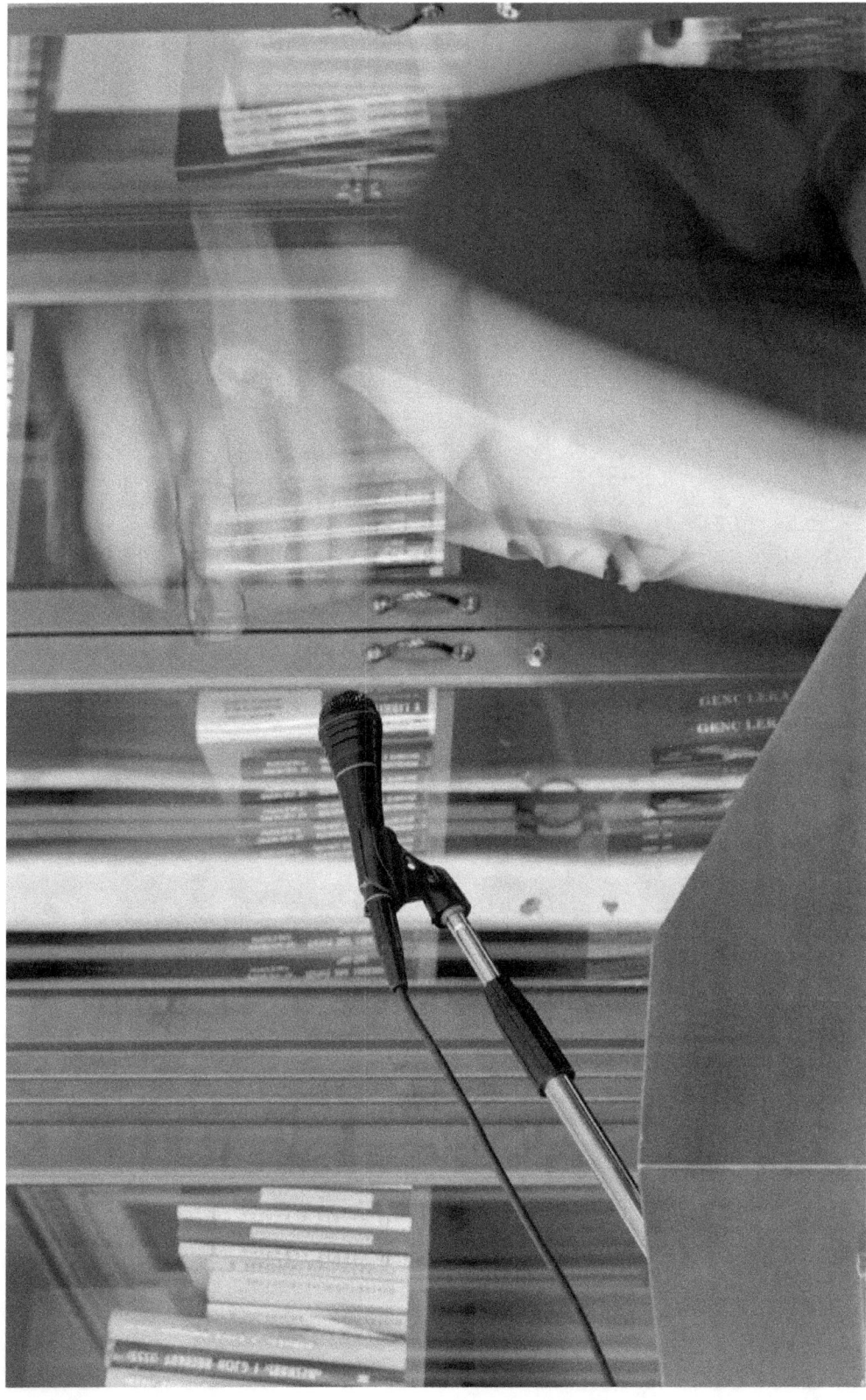

një *prove* madje. Jeta e mendjes është diçka e çuditshme që kurrë nuk do të rreshtë së na habituri, por unë prapë besoj se të gjithë ne dimë diçka rreth asaj që ai ka ndjellur këtu, që është përjetimi i një kalimi, në mendim, që në një farë mënyre ka ndryshuar qenien tonë intelektuale. Gjendja jonë si mësues është modeste, por nëse dhe kur japim mësim, nëse vërtetë japim mësim, mënyra se si ne ndërveprojmë me botën që na rrethon ndryshon; ne përjetojmë një zhvendosje horizontesh. Shpeshherë ne imagjinojmë se mësimdhënia jonë po ndryshon botën – gjë që bën për të qeshur edhe ata që na ndodhen pranë. *Dhe ne e kemi bërë,* ose le të themi se ne kemi prekur dhe kështu ndryshuar, sadopak, botësinë [*worldhood*] e botës për veten tonë, dhe deri në një farë mase edhe për ata që na kanë shoqëruar. Asgjë nuk ka ndryshuar, të paktën jo në dukje, e megjithatë gjithçka, në një kalim të shkurtër, ka ndryshuar, është vulosur me shenjën e druajtur të kësaj zhvendosjeje të paprovueshme, këtij fërkimi të shkurtër me atë që ndoshta do të donim ta quanim shkatërrim. Liotar nuk e thotë këtë, por unë besoj se këtu gjejmë një prej çelësave të qëndresës, dhe kemi një aluzion të vogël të çfarë do të thotë të shkosh, atje.

Patjetër që gjithë kjo ndërmerret nën dyshimin më ekstrem:

Ti nuk je prerë për të menduar; ti je një filozof. Ti beson se nuk është e natyrshme të mendosh. Ti i ke zili – por në fund të fundit i përçmon – kolegët dhe miqtë e tu të cilët punojnë në shkencat humane, që duket sikur janë në simbiozë me punën e tyre, që kanë një korpus, një metodë, një bibliografi, një strategji, shkëmbime. Kjo është ajo që të bën të ndryshëm madje edhe nga ata që janë pranë teje, si historianët e filozofisë, të cilët ti megjithatë i admiron. Ty të pëlqejnë gjërat e papërfunduara. Asgjë që ti shkruan nuk ka për të qenë autoritative. Ti i dorëzohesh, vullnetarisht, këtij udhëzimi: "të shkosh atje, pa e ditur se ku." Ti je i bindur se askush nuk mund ta arrijë këtë, aq më pak ti vetë. Ti e di se po bën një punë për të cilën nuk je prerë. Ti je një mashtrues. Ti e urren gjithë këtë. Pak nga pak do pushosh së marri mendjemadhësi prej saj. (EP 75)

Dhe çfarë është gjithë kjo? Edhe një herë, nënvizoj se ai po studionte operatorët retorikë në mënyrën më të hollësishme të mundshme – të hollësishme, ndonjëherë të mërzitshme, sepse ai po zhbënte çdo presupozim që mund të bazohej mbi pozicionin e tij të mëparshëm në qarqet intelektuale pariziene ose mbi pritshmëritë në lidhje me praktikimin e filozofisë në Vincennes në shoqërinë e figurave si Zhil Dëlëz [*Gilles Deleuze*]. Ai po minonte çdo pozicion dhe çdo pozë që mund t'i atribuohej në këtë skenë, duke refuzuar të deklaronte se çfarë duhej menduar në konjukturën e atëhershme (siç do të bënte një *maître à penser*) dhe duke refuzuar të prononcohej mbi atë që nuk mund të mendohej (siç do të bënte një *maître à penser*). Ai do t'ia linte të tjerëve, kështu tha, detyrën e emërtimit të të paemërtueshmes, e thënies së të pathënëshmes, e mendimit të të pamendueshmes, e shqiptimit të të pashqiptueshmes, ose e vendosjes të të pavendosshmes (sot mund të shtonim "mësimit të shkatërrimit"). Detyra e tij ishte pa angazhime të tilla dhe i bindej nje tjetër lloj ekzigjence.

Çfarë ishte duke bënte ai atëherë? Pse imagjinonte se këto analiza të retorikës mund t'i shërbenin ndonjë qëllimi të ndershëm që ai refuzonte ta identifikonte përveçse në mënyrën më minimale të mundshme? Në faqen e parafundit ai i afrohet një pergjigjeje:

T'i përpiqesh të arrish dy lloje kuptimi; fillimisht, atë që të nesërmen të lejon të vendosësh antistrefonin e Protagorasë në shkrimin e një logjike kohore. Një kuptim i fortë e megjithatë i kotë. Tjetri është komplet i ndryshëm: të mësosh, errëtazi, pas muajsh, vitesh studimi, pse ky argument i çuditshëm të interesoi. E përfshive fillimisht në një analizë të përgjithshme të hiles, për shembull, dhe ajo të kishte tërhequr sepse të ishte dukur si një armë kundër të fuqishmëve. Ne jemi të dobët, e kishe zakon të thoje si për justifikim [do të dalloni këtu një aluzion ndaj titullit të një prej sprovave më të njohura të Liotarit: "Mbi Fuqinë e të dobtëve"⁵]. Gjithë kjo dukej sikur kishte një qëllim politik, ti po inspektoje arsenalin. [...] Antistrefoni gjeti vendin natyrshëm në këtë strategji të përgjithshme dhe ti e studiove si të tillë. Tani, dy vjet e gjysëm me vonë, t'i rrëfen mendjemadhësinë e manikeizmit tënd. Antistrefoni vërtetë që mund të jetë një armë në dsipozicion të të dobtëve; ai është gjithashtu pika e fuqishme e ligjëratës filozofike, pasi kjo e fundit përbëhet nga konstatime refleksive (ose spekulative) e të cilave ai është një lloj. Qasja jote ndaj paradokseve në përgjithësi modifikohet prej tij, si dhe "politika" jote. Kështu thua. Dëgjuesit e tu, veçanërisht ata të huajtë nga vende të varfëra, besojnë se me këtë lëvizje ti ke humbur edhe më tepër nga shpirti luftarak, se ti je bërë edhe më tepër një produkt i atij mendimi të ftohtë dhe atij stili të rafinuar që e quajnë francez dhe që i lodh. (EP 76-7)

Liotar nuk ishte në pozitë t'iu ndërronte mendjen atyre të huajve. Ai kishte zhvendosur lidhjen e tij me vetë politikën, duke ofruar, në vazhdë të asaj që do të mund ta quanim një çndërtim [*deconstruction*] të presupozimeve të mëhershme mbi politikën, një pohim të dyshimtë kundrejt filozofisë, duke propozuar se një *dispositif* politik të cilin ai e përdorte prej kohësh i përkiste gjithashtu resurseve spekulative të asaj praktike. "Vajtja atje" e kishte shpënë deri në caqet e asaj që ai nënkuptonte me politikë, e kuptuar si një formë agonistike, dhe mbrapsht te një takim me mendimin spekulativ, që mund të jetë tronditur disi, ose jo, prej këtij ushtrimi. A mundet kjo çështje, ky rezultat, t'i shërbejë ndonjë ekzigjence politike – nëse presupozojmë se ajo çka ai kërkonte, atje, mund të thuhet se qe e një rendi politik?

Liotar nuk ndalon tek kjo çështje. Përkundrazi, ne paraqitemi menjëherë me një tjetër hap në procesin joteleologjik të vetëshpërvetësimit që kemi ndjekur nën emrin e "qëndresës brenda profesionit." Do ta mbyll përmbledhjen time të sprovës së Liotarit me një citim që paraqet një lloj hedhjeje të përgatitur nga takimi i tij turbullues me filozofinë në caqet e mendimit të tij politik:

Lëshimet ndaj asaj që ti beson se pritet rrallohen. Do të doje të neglizhoje madje edhe atë që dëshiron vetë mendja jote, ta bësh të kapshme për mendimin që ajo nuk e pret. Ti nuk lexon më për të zhveshur autorët, por vetëm për të vjedhur nga vetja. Ke për qëllim këtë shkulturim në çdo drejtim: fantastiko-shkencorja, kinemaja alternative, gjuhësia dhe logjika vetëqenësore [*singular*], përbindësha plastikeje dhe zëri, banalitete habitëse, rileximë të pjerrëta. Je i pabesë në aleancat e tua si barbarët e Clastres-it, por për tjetër arsye, të kundërt më së pakti. Je në luftë me institucionet e vetë mendjes tënde dhe të identitetit tënd. Dhe e di se megjithëkëtë, ekziston mundësia që ti veç po çon përpara filozofinë perëndimore, libertinazhin e saj të lodhshëm, dhe vetëpërmbajtja e saj të gjindshme. Por të paktën ti di gjithashtu se i vetmi shans (ose shans i keq) për ta bërë këtë bie mbi vënien e filozofisë pranë vetvetes. (EP 77)

E kam quajtur këtë proces një proces shpërvetësimi; Liotar e përshkruan me ngjyra më të forta këtu, si një lloj lufte të brendshme që ndërmerret me shpresën se kësisoj ai do të mund të zhvendos vetë filozofinë, të cilën ai tanimë e shihte si horizontin e politikës siç ai e kishte praktikuar deri në atë pikë si militant dhe filozof. Ai nuk e thotë në këtë sprovë, dhe ndoshta nuk mundej ende ta thoshte, por duket qartë në punën e tij të mëpasshme se ai po përgatiste mendimin e tij për eventin.

Do t'i kthehem kësaj pike më vonë. Por tani dua t'i drejtohem asaj që propozova tek *Pretendimi i gjuhës,* dhe që jam i bindur se fare mirë mund të thuhet se ofronte një pedagogji shkatërrimi. Nuk dua ta përsëris argumentin për hir të ndonjë justifikimi retrospektiv, por dua ta marr edhe një herë.

Ne fakt, kjo konferencë më bën ta shikoj me atë me tjetër sy, dhe duke iu kthyer sprovës së Liotarit mbi qëndresën, kuptoj se e kam shkruar në rrethana të ngjashme. Në një gjendje thuajse të dëshpëruar, po kërkoja të dëshmoja për falimentimin e institucioneve që kishin formuar jetën time intelektuale dhe abstraksionin e dhimbshëm të kontekstit politik në të cilin përpiqesha të gjeja një copë vend. Tepër i pasigurt për të thënë se mendimi im më kishte çuar drejt vënies në pikëpyetje të çdo konstrukti politik (në termat e disponueshëm për momentin) në aktin e mësimdhënies, kërkova të përshkruaj një praktikë mendimi dhe mësimdhënie që do të ishte jo pa efekte politike (sepse kjo nënkuptonte shndërrimin në atë që Dëlëz dhe Fuko [*Foucault*] e kanë quajtur një "intelektual lokal"), por që do të hiqte dorë nga qëllime politike të përcaktuar në përpjekje, një përkpjekje domosdoshmërisht e errët, për të shtyrë deri në ekstrem atë që unë shihja si "qenësinë" e punës në humanitete. Në kushte të perceptimit të shkatërrimit (në nivel institucional dhe politik), po shtyja drejt shkatërrimit në caqet e arsyes që e kisha spikatur në veprën e Blanshosë [*Blanchot*] dhe Lakanit [*Lacan*], duke kërkuar, kësisoj, ndonjë çështje të re, ndonjë "realitet" të ri në kuptimin që i jep Celan këtij termi në epigrafin e kësaj sprove.

Teza ime tek *Pretendimi i gjuhës* ishte se humaniteteve do t'iu duhej të rifitonin statusin e një forme kërkimi thelbësor nëse donin t'i mbijetonin kontekstit aktual. Kjo nënkuptonte, pikësëpari, siç u përpoqa të sugjeroj, se ato duhet të pohonin se ajo çka ato përpiqen të sjellin me hulumtimet e tyre lidhur me përvojën njerëzore dhe gjuhën (në kuptimin e gjerë të fjalës) është e një rëndësie thelbësore për çdo fushë të orvatjes profesionale dhe çdo dimension të jetës sociale – me çka dua të them se çdo profesion presupozon në një farë mase atë që shtjellohet brenda humaniteteve (duke filluar me vetë nocionin e njerëzores). Shqetësimi im në këto hapa të parë të argumentit ishte pjesërisht pragmatik – po përpiqesha të paraqisja një "arsyetim" pro humaniteteve. Por në vazhdim argumentova se ky hap i parë "legjitimues" predikohej mbi eksplorimin e udhës së veçantë gjatë së cilës humanitetet ndoshta do të mund të ofronin një përshkrim konkret të përvojës njerëzore. Doja t'i afrohesha asaj që Hajdeger [*Heidegger*] kishte quajtur një qasje ekzistenciale, por po e bëja këtë duke u nisur nga hulumtimi ontologjik që analitika ekzistenciale duhej të përgatiste. Do t'ju çoja në rrugë të gabuar po të sugjeroja se mora një hap që Hajdeger e kishte skualifikuar haptazi me "kthesën" e tij të famshme kundër ontologjisë themelore [*fundamental ontology*] në fillim të viteve të 30-të. Por nuk jam tërësisht i sigurt se nuk e ndërmorra, në fakt, atë hap me Hajdegerin kur propozova të mendoj çështjen e njerëzores prej bazamentit të asaj që ai kishte quajtur udha drejt gjuhës, duke hipotezuar se praktika e kësaj udhe, që unë e kam quajtur një pragmatikë, mund të kuptohej si mirëfilli "humanistike." Këtu, unë pohoj. Humba shumë prej bashkëbiseduesve të mi të mundshëm (kështu mendoj të paktën), sepse në atë udhëkryq që Fuko kishte identifikuar në fund të *Renditja e gjërave* [*Les mots et les choses*], unë mora udhën e një mendimi të *énoncé*-së që Fuko shtjelloi më pas tek *Arkeologjia e dijes* [*Archéologie du savoir*] (e thënë ndryshe, udhën e një mendimi të gjuhës). E bëra këtë, ama, me ndjesinë se po kaloja njëkohësisht mespërmes udhës tjetër që ai pretendonte se ndryshonte prej kësaj të parës – d.m.th. një udhe drejt çështjes së njerëzores.[6] Duhet pranuar se shumica e lexuesve të Fukosë thjesht morën udhën e studimeve kulturore, dhe unë u shkëputa prej shumicës së këtyre përfundimisht.[7] (Humba madje edhe Derridanë në një moment të këtij procesi, sepse vetëm nga fundi i viteve 1990 u bë ai i gatshëm të pohonte çështjen e njerëzores.[8]) Për mua ishte e qartë ama se një mendim rrjedhues i qenies së gjuhës do të na kthente pas tek çështja e njerëzores në një mënyrë që do të tejkalonte caqet e humanizmit. Këtu takova Lakanin, që fliste për "njeriun që vuan shënuesin [*signifier*]," si dhe Blanshonë dhe Liotarin – të tre ishin të vëmendshëm ndaj çështjes së shkatërrimit si në kuptimin socio-politik ashtu edhe në kuptimin e një forme *zbulimi* [*exposure*] të mendimit ndaj diçkaje që tejkalon kapacitetet e tij. Tek mendonin këtë nocion të dytë të shkatërrimit, qëlloi që të tre i kushtuan vëmendje të veçantë rolit të fëmijërisë, që Liotar e trajtoi në një nga volumet e tij nën emrin "çnjerëzorja." Nga njëra anë, argumentoi Liotar, "çnjerëzorja" mund të emërtojë ato procese që veprojnë në rendin bashkëkohor socio-politik si dhe ç'bëhet me njeriun në një rend të tillë, duke qenë se këto forca kërkojnë një zabtim të manifestimeve të padobishme ose të paasimilueshme të fundmësisë [*finitude*] njerëzore. Nga ana tjetër, ajo mund të emërtojë atë ndaj të cilës njeriu gjendet i zbuluar, pikërisht përmes përjetimit të fundmësisë së tij. Struktura e atij zbulimi, siç unë kisha arritur të kuptoja, i jepej mendimit deri në një farë mase falë rrokjes së asaj që si Benjamin dhe Hajdeger, secili në mënyrën e vet vetëqenësore, e kishin quajtur qenësinë e gjuhës.

Argumenti që u përpoqa të zhvilloj këtu ishte relativisht i thjeshtë. Hajdeger kishte treguar se për të menduar qenësinë e gjuhës, të paktën të asaj njerëzore, duhet menduar se si njeriu i falet gjuhës. Nëse "eventi" i gjuhës është i pamendueshëm në mungesë të diçkaje që Hajdegeri e quajti një "përdorim" të njeriut për këtë "ngjarje," rrjedhimisht udha drejt qenësitë të gjuhës është gjithashtu një udhë në brendësi të këtij përdorimi. E folura ose prezenca e gjuhës, siç e përshkroi Fuko, gjithmonë mbart një gjurmë të këtij "përdorimi," kësaj pjese njerëzore në aktualizimin e gjuhës që tejkalon vetë gjuhën. Kuptohet se duke u nisur prej kësaj çdo komunikim i gjuhës, siç e kuptonte Benjamini me nocione si "komunikueshmëria," ose "përkthyeshmëria," gjithmonë nënkupton komunikimin e diçkaje nga fundmësia njerëzore, ose nga ajo që unë kam quajtur struktura e zbulimit që fundmësia njerëzore nënkupton. Pedagogjia që propozova mbi këto baza ishte një pedagogji që nënkuptonte marrjen me komunikueshmërinë e gjuhës në manifestimin e saj material sa herë që ajo shfaqet si *gjuhë*; që është një event që përsëritet kurdoherë që arti, jo vetëm letërsia, por çdo art ndodh. Liotar e përshkroi këtë event si një gjest artistik; por unë mendoj se jam dakort me të në mendimin se vetë mendimi

59

është gjithashtu i aftë për një gjest të tillë kur mbështetet tek gjuha për të arritur caqet e konceptit.

E thënë ndryshe, duke ndjekur Hajdegerin, po zmbrapsesha prej çështjes së gjuhës, që unë e marr si mjetin e punës tonë brenda humaniteteve, drejt pyetjeve rrënjësore rreth qenies së njerëzores, dhe vura re se po i afrohesha pyetjeve rrënjësore që ngre psikoanaliza në lidhje me eksperiencën e dallimit seksual, hapjen ndaj realitetit, e kështu me rradhë – ato çështje të origjinës që janë pjesë e ndrydhjes parësore [*primal repression*] dhe pyetjeve të para që bëjnë fëmijët. Po i afrohesha edhe çështjes së *Mitsein*, meqenie, dhe kësisoj komunitetit. Që do të thotë se po kapërceja rendin e subjektivitetit dhe çdo marrëdhënie politike që predikohet mbi të. Po shtjelloja një pedagogji të shkatërrimit që do të linte pas horizontin e politikes, që unë e kuptoja të ishte horizonti qeverisësi i referimit në punën teorike dhe kritike bashkëkohore.⁹ Në thelb unë i isha bashkangjitur pedagogjisë së shkatërrimit të Liotarit, duke i kthyer shpinën këtij horizonti të kuptimit për hir të një tjetër mendimi të marrdhënies.

Kam nënvizuar në përshkrimin e Liotarit të "qëndresës" brenda profesionit mënyrën se si ajo nënkuptonte për të një zhvendosje të asaj që ai quante "politikën e tij" dhe konceptimin e tij të marrëdhënies politike. Dikush mund ta kuptonte këtë zhvendosje si një lloj ndryshimi në qëndrim ose pozicion. Por unë besoj se ai po përshkruante diçka më radikale në përpjekjet e tij për t'u arratisur prej pozicioneve të mëparshme, si ato politiket ashtu edhe ato filozofiket. Ai po kërkonte pragun e kuptimit në një praktikë që në 1988-n e quajti një praktikë "çharrese" – një praktikë që më pas kishte për ta quajtur gjithnjë e më tepër *anamnesis*. Çfarë kërkonte të arrinte ai në këtë mënyrë? Qysh në 1988-n, ai deklaroi se po kërkonte një dimension të përvojës njerëzore që ishte, siç thoshte ai, i pabindur në raport me çdo rendi kuptimi, dhe ai e bëri mjaft të qartë se kjo nënkuptonte qasjen ndaj një dimensioni të përvojës që shmangte politikën tërësisht. Politika, tha ai, nuk mund të mos harronte zbulimin ndaj dallimit që ndodh në marrëdhënien e të-qenit-me në nivelin që jam përpjekur të sjell para jush.

> Ajo që nuk mund të trajtohet, që është e pamenaxhueshme një herë e përgjithmonë, dhe ajo që harrohet nga trajtimi politik në krijimin e një "bashkësie" njerëzish falë përkitjes së tyre të njëjtit poli [*polis*], është vetë ajo që nuk mund të ndahet mes tyre, që është e pakomunikueshme apo e përbashkët apo e zakonshme. Quaje lindje dhe/ose vdekje, apo edhe vetëqenësi.¹⁰

Për shkak të rastit, Liotar citon Nansinë [*Nancy*] në këtë moment, por është e qartë se rreptësia e konstatimit që Liotar po bën rreth politikës këtu e çon më pranë Blanshosë se sa Nansisë. Duke marrë një infleksion më psikoanalitik se Blansho ama, Liotar ndolli një raport me "gjënë," *la chose*, duke insistuar se ajo nuk mund të përfaqësohet në asnje ligjëratë, filozofike apo politike, edhe nëse ajo mundon çdo konstrukt, duke përfshirë edhe vetëpërfaqësimin e polit.

> Gjëja nuk ka vend, duke qenë se ajo nuk ka ndodhur dhe është "e pranishme" vetëm jashtë përfaqësimit: në vdekje, në lindje, varësia absolute dhe vetëqenësore e dikujt, që pengon çdo prirje të aktualizuar [*instantiated disposition*] të vetvetes të jetë e bashkuar dhe totale. Mund edhe të thosha "dallim seksual," në kuptimin më

radikal të një heteronimie që nuk i përket kohë-hapësirës së përfaqësimit. Ja pse ajo rrallëherë mund të ndihet në "shpirtin e polit."[11]

E megjithatë, ai vazhdon me pohimin se ndonëse ajo mezi ndihet brenda polit, ajo mundon ose insiston në formën e një afekti, atë që Frojd quajti një "emocion të pavetëdijshëm," dhe përsakohë që ajo ndihet në nivel social, ajo angazhon diçka të ngjashme me "shpirtin" e polit, "nëse me 'shpirt' ne nënkuptjmë atë pjesë të shpirtit që mbetet peng i gjësë, që mbetet e ndjeshme ndaj ankthit, dhe e pambrojtur."[12] Këtu, sugjeron Liotar, është terreni i "pakënaqësisë së qytetërimit" dhe në fund paranoja që manifestohet në përpjekjet për ta pastruar trupin social nga kjo rezistencë e pabindur kundrejt rendit të qytetëruar. Do citoj edhe një herë:

> "Pakënaqësia e qytetërimit," ndjesia e mprehtë dhe e vagullt se qytetarët nuk janë të qytetëruar dhe se diçka nuk është e mirë-predispozuar drejt qytetarisë, e gjithë kjo lehtësisht krijon dyshimin se po thuren komplote. Krijohen gjithashtu gjygje, denoncimi i kokave të turkut, perjashtimi i ksenit [*xenos*], akuzat që bëhen kundër partive kundërshtare, shpifje, mllef. Dhe gjithashtu ideja e revolucionit. Polemi [*Polemos*] nuk është babai i gjithçkaje, ai është pjella e këtij raporti të mendjes me diçka që nuk ka lidhje me mendjen. Dhe Polemi është një mënyrë për mendjen për ta harruar atë, për të harruar *coitus impossibilis* që e krijoi atë dhe që nuk rresht ta krijojë atë.[13]

Thashë më herët se vënia në provë mes qëndresës e Liotarit (e kuptuar si rezistencë, e brendshme dhe e jashtme, kundër çdo pritshmërie dhe çdo interesi që kishte influencuar pozicionin e tij publik në Vincennes) e bëri të vërë në pikëpyetje agonistikën së cilës ai i ishte dedikuar si një mendimtar politik. Kur shkroi fjalët të cilat unë kam cituar, ai ndërkaq kishte arritur kuptimin levinasjan se "të shkosh atje" në një shkrim apo pedagogji të shkatërrimit nënkuptonte të gjeje një qëndrim kryekëput tjetër, një tjetër lloj beteje. Kjo do të qe një punë mosharrimi ose *anamnesis*-i që ndoshta nuk mund të quhej tamam punë.

Kam sugjeruar se "pedagogjia e shkatërrimit" që Liotar ndoqi në Vincennes nën emrin e "qëndresës" ishte në fakt përgatitore. Analiza e tij asketike e formave të retorikës ishte hapi i parë në një arrati që përshpejtohej prej zakoneve të mendjes së tij dhe mekanizmave të mbrojtjes që e çuan drejt një forme radikale shpërvetësimi që ai e identifikoi si një fëmijëri të mendjes. Ishte një pedagogji e ndërmarrë në një kontekst më të gjërë "shkatërrimi" që çoi në një lloj shkatërrimi. Ishte një proces, siç kam sugjeruar, që nuk ishte dhe aq i ndryshëm me atë që ai ua atribonte artistëve, por edhe pacientit të psikoanalizës, një punë thotë ai, që presupozon "të lëmë hapur rrugën falë së cilës mund të vijë ajo që ende nuk ka ardhur," përmes së cilës mund të ketë një hapje ndaj asaj që vjen.[14] Siç shprehet për Pikason në të njëjtën sprovë prej të cilës sapo kam cituar: "Ai duhet ta lejojë veten të arrijë deri në kufirin e asaj që është përtej atij vetë."[15] Sigurisht që një pjesë e mirë e shkrimeve të mëvonshme të Liorarit e përvijojnë këtë në veprën e të tjerëve. Por kjo nuk qe thjesht një veprimtari, një punë, komentuese; ajo zhvillohej prej zbulimit të atij vetë ndaj atyre formash zbulimi që ai i përvijoi në muzikë, pikturë ose letërsi – hapjen e tij ndaj "fëmijërisë së mendjes" që ai kërkonte tek arti.

Të shkruarit e tij, mësimdhënia e tij, ishin kësisoj një përpjekje për të komunikuar atë zbulim, me supozimin apo presupozimin se një komunikim i tillë qe i mundur. Sikur të ishte i mundur, do të thoshte ai. Ai po përpiqej të mendonte atë komunikim dhe ta ekzekutonte atë, sa herë që shkonte atje, tek ai kufi. Dhe kjo praktikë është ajo që unë do ta quaja së fundmi një pedagogji shkatërrimi.

Dikush do të donte ndoshta të theksonte përherë faktin se ai e ndërmori këtë pedagogji për t'i rezistuar një "shkatërrimi" rrethues në nivelin e botës tonë (nëse mund të vazhdojmë ta quajmë rrënimin e shkaktuar prej *Technik*-ut nën motorrin e Kapitalit "botësor") duke iu qasur "shkatërrimit" në nivelin e vetë botës, duke kërkuar një formë rezistence ndaj njësë duke iu përqasur tjetrit dhe duke prirë të tjerët (përmes shkrimit dhe mësimdhënies) drejt saj. Dhe dikush mund të pohojë se, për sa kohë që ai u përpoq të praktikonte apo të mësonte njërin *për* t'i rezistuar tjetrit, praktika e tij, pedagogjia e shkatërrimit, kishte një orientim politik, pavarësisht gjithckaje tjetër. Nuk do t'i kundërvihesha kësaj pike, por nuk do ta përshkruaja këtë orientim si një orientim të prirë nga ndonjë fund apo *telos* të cilesueshëm. Përkundrazi, do të insistoja se Liotar po praktikonte një ndërprerje brenda një raport të tillë nëse e kuptojmë atë si një kalim prej dhe përmes një lloj ekzili drejt kthimit eventual tek një rend politik që do të mund ta quanim "njerëzor." Raporti midis çnjerëzores dhe çnjerëzores siç e kuptonte dhe praktikonte ai, nuk lejonte një rikuperim të tillë dialektik. Raporti ishte i tillë që Blansho do ta kishte quajtur të ndërprerë ose asnjanës. Dhe kjo na sjell tek pika thelbësore që dua të ofroj në lidhje me nocionin e një pedagogjie të shkatërrimit, domethënë, se nëse ajo ka për t'ia vlerë, ajo duhet të jetë mërgimtare në kuptimin që Edit Doron i jep këtij termi në këtë volum; e "vërteta" e saj e vetme, qëndron vetëm në kalimin e saj pambarimisht të përsëritur jashtë, drejt asaj që Liotar e cilësoi errësisht me termin minimal "atje." Besoj se ne duhet të jemi të patundur në këtë pikë dhe t'i rezistojmë tundimit për të rifutur kontrabandë pak ngrohtësi politike.

Do të shtoj, megjithatë, se në ato momente kur kam menduar se kam anagazhuar një pedagogji të shkatërrimit (duke eksploruar, për shembull, atë që Blansho thotë kur mbështetet tek fjalët rrënuese të Rober Antelmë [*Robert Antelme*] tek *Specja njerëzore* [*L'Espèce humaine*] "njeriu është i pashkatërrueshëm, dhe kjo do të thotë se ai mund të shkatërrohet pambarimisht") – në ato momente kam përjetuar praninë e pagabueshme të një nguti që sa vjen e zmadhohet etiko-politik.[16] Që do të thotë: sa më shumë i jam qasur asaj që i jam referuar gjerësisht si "shkatërrim," sa më shumë urgjenca e një reagimi të drejtë ndaj vuajtjes njerëzore dhe brishtësisë ka dalë në plan të parë, dhe sa më shumë e kam perjetuar një liri për të trajtuar çështjen e asaj drejtësie. Kjo është arsyeja pse unë besoj se një pedagogji shkatërrimi njëherazi çliron dhe orienton drej mendimit të një raporti etiko-politik që do të mbarte një lloj mosharrese në raport me tjetrin.

Dikush mund të kundërpërgjigjet: po sa gjatë mendon se do të mund ta durojmë këtë kalim në shkretëtirë, duke pasur parasysh efektin e shkatërrimit tjetër që po shpaloset në sferën socio-ekonomike dhe që kërcënon të shkatërrojë kushtet e kësaj forme pedagogjie? Nuk kam një përgjigje të thjeshtë për atë pyetje përveç asaj që ofroi Blansho kur pohoi se qëndrimi pedagogjik që ndërhyn në skenën e përfaqësimit me një qëllim politik është i paevitueshëm. Duhet që gjithmonë të praktikojmë pra një qëndrim të dyfishtë. Të analizojmë dhe të reagojmë ndaj shkatërrimit rrethues në terma kritikë edhe ndërsa ndjekim një rrugë më të pasigurt, mërgimtare. Duhet ta mbartim barrën e kësaj urgjence të dyfishtë dhe kundërshtuese. Edhe një herë, nuk është se nuk bie dakord me këtë, por do të sugjeroja se detyra jonë është të gjejmë mënyra për të menduar fillimisht rrugën (që është rruga e kritikës sociale dhe luftës) prej së dytës, ta bëjmë pedagogjinë e shkatërrimit terrenin për një lëkundje të vazdueshme të konstrukteve tona politike dhe për një rikonceptualizim të tyre. Duhet t'i zëmë besë lëvizjes çliruese që jepet në pedagogjinë e shkatërrimit dhe të bëjmë zbulimin [*disclosure*] e fakticitetit të meqenies faktorin *përgatitor* në të gjithë punimet tona. Rruga është e rrezikshme, por besoj se është pikërisht ajo tregohet nga një pedagogji shkatërrimi.

Shenime

1. *The Claim of Language: A Case for the Humanities* (Minneapolis: University of Minnesota Press, 2004).
2. *Critique* 369, "La philosophie malgré tout." Një përkthim në anglisht nga Christophe Gallier, Steven Ungar dhe Barbara Johnson u botua në *Yale French Studies* 63, "The Pedagogical Imperative" (1982), 72–7. Referenca të mëpasshme të kësaj sprove në trupin e tekstit do të paraprihen nga shkurtimi EP.
3. Përgjatë kësaj sprove, do ta përdor termin "shkatërrim" kryesisht në dy kuptime. I pari, që reflekton zhvillimet në sferën socio-ekonomike, përshtatet me diagnozën e Liotarit të manifestimeve të atij që ai e quajti thjesht "zhvillim" ose "kompleksifikim" (për këto procese, shih, për shembull, *The Inhuman*, përkth. Geoffrey Bennington dhe Rachel Bowlby [Stanford University Press, 1988]). I dyti është shumë më i vështirë për t'u përkufizuar dhe mbështetet mbi *Shkrimi i Shkatërrimit* (*The Writing of the Distaster*, përkth. Ann Smock [Lincoln: University of Nebraska Press, 1986]). Tepër shpesh, përdorimi i këtij termi nga Blanshoja kuptohet kryesisht në lidhje me Shoahun, kur në të vërtetë ai e përdor më gjerësisht për të ndjellë zbulimin ndaj asaj që ai e quan "asnjanësen e fragmentuar." Leslie Hill ofron një diskutim të hollë të këtij termi si dhe një shpjegim të bazave për keqkuptimin e tij të shpeshtë tek *Maurice Blanchot and Fragmentary Writing* (Londër: Continuum, 2012), 279–300. Nga perspektiva e një reflektimi mbi nihilizmin (me të cilin Blansho u morr në vitet 60), është e mundur t'i përafrojmë këto dy kuptime të termit. Ndjellja nga Celani e një qielli që nuk ofron strehim (dëgjojmë këtu *dés-astre* të Blanshosë) na jep gjithashtu një ide të udhës. Duhet të pranoj, megjithatë, se jashtë kontekstit të shkrimeve të Blanshosë termi më duket i tepërt, i bezdisshëm, pasi ai bëhet lehtësisht objekt hipostaze, ose përdoret ca si tepër lehtë, ndonëse ai është shumë i pasur në ndjellje. Por ndoshta ne na duhet të kalojmë një periudhë "qëndrese" para se t'i shpëtojmë barrës së tij.
4. Po i aludoj këtu meditimit të Zhak Derridasë tek "The Future of the Profession or the University Without Condition (Thanks to the "Humanities," What *Could Take Place* Tomorrow)," në *Jacques Derrida and the Humanities*, red. Tom Cohen [Cambridge: Cambridge University Press, 2001], 24–57) dhe kësisoj të përmend rrethanat e para në të cilat u përpoqa ta përshkruaj këtë "kundërlëvizje" që shihja të formohej në mendimin e Liotarit mbi pedagogjinë. Dua të falenderoj Simon Morgan që nxiti këto reflektime të para, të cilat kanë ndenjur me mua në formën "munduese" të cilës i jam referuar.
5. Jean-François Lyotard, "On the Strength of the Weak," në *Toward the Postmodern*, Robert Harvey dhe Mark S. Roberts (red.) (New Jersey: Humanities Press, 1993), 62–72.
6. I shtroj këto hapa në faqet 62–5 të *The Claim of Language*.
7. Po flas pak shkujdesshëm këtu. Në fakt, kthesa drejt studimeve kulturore mu duk mjaft entuziazmuese në fazat e saj të para. Por shumë shpejtë, në Amerikën e Veriut, një doxa politike mori dorën e sipërme që kërkonte një lloj spastrimi të asaj që u bë e njohur si "teori e lartë." Nuk më duket e arsyeshme t'i rikthehem këtyre debateve këtu por do të theksoja se në këtë kontekst apeli ndaj "teorisë" mu duk gjithnjë e më i varfër e abstrakt. Isha gjithashtu mjaft i shqetësuar për "bërjen socio-shkencore" të një pjese të mire të punës në humanitete. Sprova që mban titullin e *Pretendimit të gjuhës* u përpoq të trajtonte këtë zhvillim

të mëvonët duke ofruar një version filozofik të natyrës specifike të praktikave të mësimdhënies dhe shkrimit brenda humaniteteve.

8   Më kujtohet këtu në incident zbavitës që ndodhi në 1993-shin gjatë një konference mbi çndërtimin në Alabama. Sugjerova gjatë kësaj konference se leximit të Hajdegerit në qarqet çndërtuese i mungonte një nocion i "njerëzores" në mendimin e Hajdegerit që nuk mund të përmbahej brenda metafizikës së humanizmit. Argumenti provoki një reagim nga Derrida që do të mund ta përshkruaja vetëm si pasionant (pas ai u ndje i detyruar të kalonte nga anglishtja në frëngjisht gjatë një prononcimi që zgjati ndoshta dhjetë minuta). Termi *l'homme*, tha ai, kishte tepër bagazh dhe nuk mund të shpëtohet. Iu pergjigja në mënyrë modeste se po flisja për "njerëzoren," dhe jo *l'homme*, por dëmi ndërkaq ishte kryer. Dhjetë vjetë më pas, ama, Derrida do të ndryshonte qëndrim në lidhje me këtë çështje.

9   I referohem, në këtë kontekst, specifikisht fushës që në përgjithësi quhet "teori," dhe dua të ndjell atë që për mua është një dukuri e dukshme, veçanërisht në atë që do të mund ta quaja "tregun" e teorisë – domethënë se që puna të jetë e dobishme, të "ketë vlerë" në mendimin bashkëkohor, ajo duhet të tregojë dobinë e saj politike.

10 Jean-François Lyotard, "Unbeknownst," *Postmodern Fables,* përkth. George Van Den Abbeele (Minneapolis: University of Minnesota Press, 1997), 186.

11 Po aty, 188.

12 Po aty, 189.

13 Po aty, 190.

14 Jean-François Lyotard, "La peinture, anamnèses du visible," në *Misère de la philosophie* (Paris: Editions Galilée, 2000), 99.

15 Po aty, 108.

16 E diskutoj fjalinë e Blanshosë tek *Last Steps: Maurice Blanchot's Exilic Writings* (Nju-Jork: Fordham University Press, 2013), 34–54.

DESOCIALIZING THE SCHOOL
EDUCATION AND THE ACTION-ZONE
Oliver Feltham

Introduction: Schooling Appearances

When Plato sets out to think the possibility of a just city-state his inaugural gesture is to name a practice that rivals philosophy and its ambition: theater. He then bans its very existence from the republic: theater in-exists in the just city. In his *Eloge de théâtre*, Alain Badiou identifies the rivalry with theater as constitutive for philosophy. That is to say, philosophy does not merely position itself with regard to theater, but comes to a sense of its own identity by excluding the theatrical.[1] The stakes of this rivalry concern none other than the *aisthēsis* – the presentation or appearing – of the city-state itself. In philosophy's attempt to bring order to the appearances of the city-state, it proves impossible to accommodate the practice of theater, precisely because theater consists in an intervention into those appearances. For Plato, theater is a form of degraded imitation. The actor imitates the professions of the city, he presents the mere appearance of *savoir-faire* without being actually anchored in any productive exchange. Both the actor and the playwright are thus subtracted from Plato's grand rule of justice: every person to his or her place and function. It is for this reason that the tragedians are expelled from the city.

For philosophy any rivalry must come to an end; the competitor must be disqualified, silenced, or eliminated. Yet the rivalry with theater, despite Plato's decisive gesture, is not easy to terminate. After banishing theater in Book III of *The Republic*, Plato returns to the question at the end of the dialogue, in Book X, as if he were not quite sure that the question was closed. This time he reinforces his decision with an entire metaphysics, distinguishing three kinds of production anchored in Ideas, copies, and simulacra, theater being relegated to the last category, vehicle of simulacra, copies of copies of Ideas. Yet despite this reinforcement, Plato does not prevent his own dialogue from having a certain theatrics, as generations of commentators have recognized: he populates his stage with tyrants, democrats, sycophantic disciples, young cosmopolites, angry sophists, and the philosopher-king. As Nietzsche notes, Epicurus was the first to denounce Plato and the Platonists as a bunch of actors.[2] On the other side of the rivalry, theater has often given itself an educational or philosophical role. One can even name certain playwrights – Machiavelli, Sartre, Badiou – who also happen to be philosophers. But in the inaugural Platonic articulation of theater, philosopher and the city-state, any contamination between philosophical and theatrical practice remains implicit if not disavowed. The philosopher – Plato in this instance – would prefer to end this uncomfortable rivalry with theater, he would prefer to win the battle and to have done with theater. To terminate the rivalry the philosopher simply assigns ends – both destinies and goals – to itself and its rival.

Hence, the end of this rivalry for theater is an oscillation between the position of banishment and the position of fusion with the spectacle of society. If philosophy manages to have its way, theater will find itself scapegoated and exiled from the city, roaming the hinterland, or it will find itself relegated to the fate of endless repetitions of the comedy of manners; theater as mere mirror of society.

On the other hand, the end of this rivalry for philosophy – again, if philosophy manages to have its way – is the construction of the school, an institution devoted to the practice of education. However, and this is the crucial caveat, the school can only be properly constructed if the rivalry with theater has come to an end. Philosophy conceives of the school as a distinct space within the city designed to effectuate an induction into its own discipline; that is, the school reproduces philosophy, but not simply by turning out a new generation of philosophers complete with their own original metaphysics. Rather, a school will produce citizens, where a citizen is someone not only capable of acting for the city-state, of sharing office, but also capable of distinguishing, like the philosopher, between the reign of opinion and true knowledge. The citizen, in other words, is capable of *right or true action*. In its attempt to construct and conceptualize the school, philosophy has oscillated between positioning the school as a propaedeutic, as a prophylactic preparation for society, and positioning the school as microcosm, as a mini-society. Despite this oscillation, philosophy has remained constant with regard to one basic proposition: *we school to set the city-state right*.

When it comes to the situation of the contemporary school in Europe we are still thinking in Plato's footsteps. One thing, however, has changed: modernity has overlaid the ancient Greek configuration with another concept, a mediating body: society. We no longer school to set the city-state to rights – that project has been abandoned, at the very least since Hobbes. Under modernity *we school to better society*. Yet at the dawn of the twenty-first century, modernity having drawn to a close, this project has ostensively failed. The set of phenomena called "society" remain obdurate – they will not enter into any teleology, any story of progress guided by a regulative idea. Educators fail to better society.

If we are to stand on the threshold of a new epoch, then it is time to construct a more adequate concept of the school. The first task in this construction will be to peel back the layer of modernity and remove the school from its position in society: in short, we need to de-socialize the school. The second task, barely begun in this paper, is to resituate this school in what I call the *action-zone,* the space of politics: a concept inspired both by an investigation of political action during the English Revolution and by a reading of Aristotle's theory of factionalism.[3]

To desocialize the school we must first understand how the school is intricated with mass-society under modernity. Two texts, separated by two centuries, will serve to crystallize this relationship: Ivan Illich's anarchist diagnosis of the ills of mass public education in *Deschooling Society* (henceforth, DS), and Adam Smith's construction of the modern concept of society in *An Inquiry into the Origins of the Wealth of Nations*.

Ivan Illich's Critique of the School *in* Society

In the 1970s Ivan Illich develops a critique of mass public education as an unnecessary and bureaucratic institution that substitutes formalized procedures, standardized assessments and prepackaged content for genuine learning. He argues, in a jarring anticipation of the neoliberal critique of the welfare state, that mandatory schooling in the form of public institutions is a waste of money. It is inefficient because it does not secure learning experiences for the people. However, what the institutional school does succeed in doing, is creating a social hierarchy, dividing those who make it through standardized school from those who do not. Institutionalized schools create a whole series of social rankings according to just how much school an individual succeeds in completing. The quantity of years spent in school supposedly indicates the exact level of an individual's abilities. In terms of employment opportunities, those citizens with only six years of schooling are divided *de facto* from those who succeed in completing high school. Illich compares the socially divisive power of the school to Durkheim's analysis of the sacred as constituted through a division of society. Note that Illich's argument presumes that society is an organic whole, which is natively non-hierarchical or indivisible. The second major function of the institutionalized school is that it secures its own reproduction by instilling an artificial need in its students, a perceived necessity for even more bureaucratic schooling.[4] Illich goes so far as to claim that "Certification constitutes a form of market manipulation and is plausible only to a schooled mind" (DS 22). This is to borrow an argument from Adam Smith, who, in the *Wealth of Nations* argues that if universities lost their monopoly over the issuing of certifications, academic lecturers would start to actually work hard and become as effective as dance and fencing masters in the transmission of skills.

Illich constructs his argument through a series of antinomies:

– The institution says: "In standardized instruction, teachers judge what students must learn"
– Illich says: "Each individual can decide what to learn"
– The Institution says: 'Only in school can children learn'
– Illich says: "Everyone learns to live outside school" (DS 34).

Elsewhere, Illich does allow that there is a place for planned curriculum and for traditional rote-learning in the transmission of specific skills, such as competence in "algebra, computer programming, chemical analysis, or of manual skills like typing, watchmaking, plumbing, wiring, TV repair; or for that matter dancing, driving and diving" (DS 21). However, a preplanned curriculum and rote-learning does not constitute an institutional school. Indeed Illich immediately qualifies this admission by stating that none of these skills should stand as prerequisites for the acquisition of other skills. In parentheses, let me add that this claim would be fine except for the fact that he begins his list with reading and writing.

Illich continually foregrounds his own conception of learning in contrast to the artificial and uniform imposition of standard curriculum. For Illich, learning happens informally. He claims:

> Most learning happens casually, and even most intentional learning is not the result of programmed instruction. Normal children learn their first language casually, though faster if parents pay attention to them. (DS 20)

> Learning is the human activity which least needs manipulation by others. Most learning is not the result of instruction. Rather it is the result of unhampered participation in a meaningful setting. Most people learn by being 'with it', yet school makes them identify their personal cognitive growth with elaborate planning and manipulation. Personal growth is growth is disciplined dissidence […] the learning I prize is immeasurable re-creation. (DS 44–5)

Illich briefly lets up on his relentless critique of the institution to provide one positive suggestion to encourage such informal learning. He calls it a "network" that facilitates "educational matchmaking" whereby two strangers get into contact, meet and form a discussion group around a shared interest in a film or a book: the principle at base being "free association," or the social mechanism of private interest (in a particular book or film) added to basic sociability ("let's have a chat about Ingmar Bergman"). The second suggestion, mentioned earlier, concerns the transmission of more formatted programmatic skills, and would take place through the provision of an educational credit card to citizens for the purchase of specific professional courses in one skill.

Illich's Anachronism: The Contemporary Privatization of Public Education

These projects sound practical and promising, but Illich's critique of the public education also rings false for us in that it is horrifically anachronistic. His usage of post-industrial society's master-signifier, the *network,* as a name for his own progressive project is quite chilling. To put it simply, is it not a reactionary move, today, to call for the dismantling of public education? Is this not precisely the process that neoliberal policies have been advancing for the past thirty years as part of the general privatization and sell-off of the welfare state to capital? In the United Kingdom one year's education at a university recently soared to 9,000 pounds. Students in Australia lost the right to free university education in 1989, with most students now accumulating an ever-rising debt through fees that approach the deregulated full fees charged to overseas students. In France in 2007 Nicolas Sarkozy's administration passed the Pecresse law granting a certain degree of financial autonomy from the state to French public universities at the level of budgets, human resources, and ownership of their real-estate. This has been seen by some commentators as the thin edge of the wedge towards deregulated fees. At the level of master's degrees, the latest must-have for any American or European student who wants a job, there is anxiety-driven growth in niche-market vocational degrees. Humanities faculties either buy into this game or are forced to revise their budgets downwards and close the less profitable departments. Certain college drop-outs – who just happen to be multimillionaire entrepreneurs like Mark Zuckerberg – have recently begun to add to the market pressure on universities by claiming that one doesn't need a college education to be successful. One of the most ubiquitous slogans in contemporary education is "life-long learning" – in real terms this means learning either carried out by private companies, or designed to cater for private companies' needs.

Contemporary Projections of the Future of Education

All of this is common knowledge: what is far more telling in the diagnosis of the contemporary state of education is the analysis of contemporary projections of the future of education. The quickest route to understanding the current configuration of education lies in identifying how professional educators envision their own future. If we can look backwards through their rosy-tinted telescopes, we might be able to just make out the horrors of the present. The "future of education" projected at this moment looks something like a wireless, social-media enhanced, bottom-up, flat-hierarchical, mediation-less, networked recording of affect-events. We can look forward to an era beyond discrete tweeting to a continuum of updates in the format of "ooh! I just learnt this + hypertext link," the link being to an educational and personally transformative, traumatic and post-traumatic confessional embedded field-experience.

But maybe this is to look too far ahead: let's focus on the future that is now. Everyone has heard of the American universities experimenting in the brave new world of "MOOCs," or Massive Online Open Courses. Hundreds of thousands of students across the world with access to a moderately fast internet connection can enroll for free, or for a small charge, or for a substantial charge, in an online course which consists of a series of filmed lectures, a number of Google groups for discussion with your peers, and perhaps an automated multiple-choice exam, to be carried out online. If you are a dean of a small liberal arts college, it might be far cheaper to buy access for your students to Chemistry 101 from a private MOOC provider, than to hire and pay a chemistry professor.

Even more astonishing, Bill Gates has recently publicly recommended a website called "Khan's Academy." Khan used to be a highflying entrepreneur but he quit that world to invest his entrepreneurial skills and knowhow in the socially worthwhile activity of education. The result is a growing platform of tailor-made MOOC courses for high school and primary school students, which consist of videos available online which break down all skill acquisition into easy to digest steps. Khan's stroke of genius has been to integrate such a system with the existing public school structure. He does this by performing an inversion. Through access to Khan's online videos, the student can gain instruction in information and skills in a private space, on their own time, under their own control: the mirage of freedom, productive freedom. What can now happen in that notoriously inefficient and regimented space of the classroom, is that the teacher can supervise homework linked to those videos. The teacher thus gives individualized assistance with problems students encounter in completing exercises. This perfect inversion is the sign of a new ideology: school takes place at home, homework takes place at school. Khan replaces the teacher, and the teacher replaces the parent.

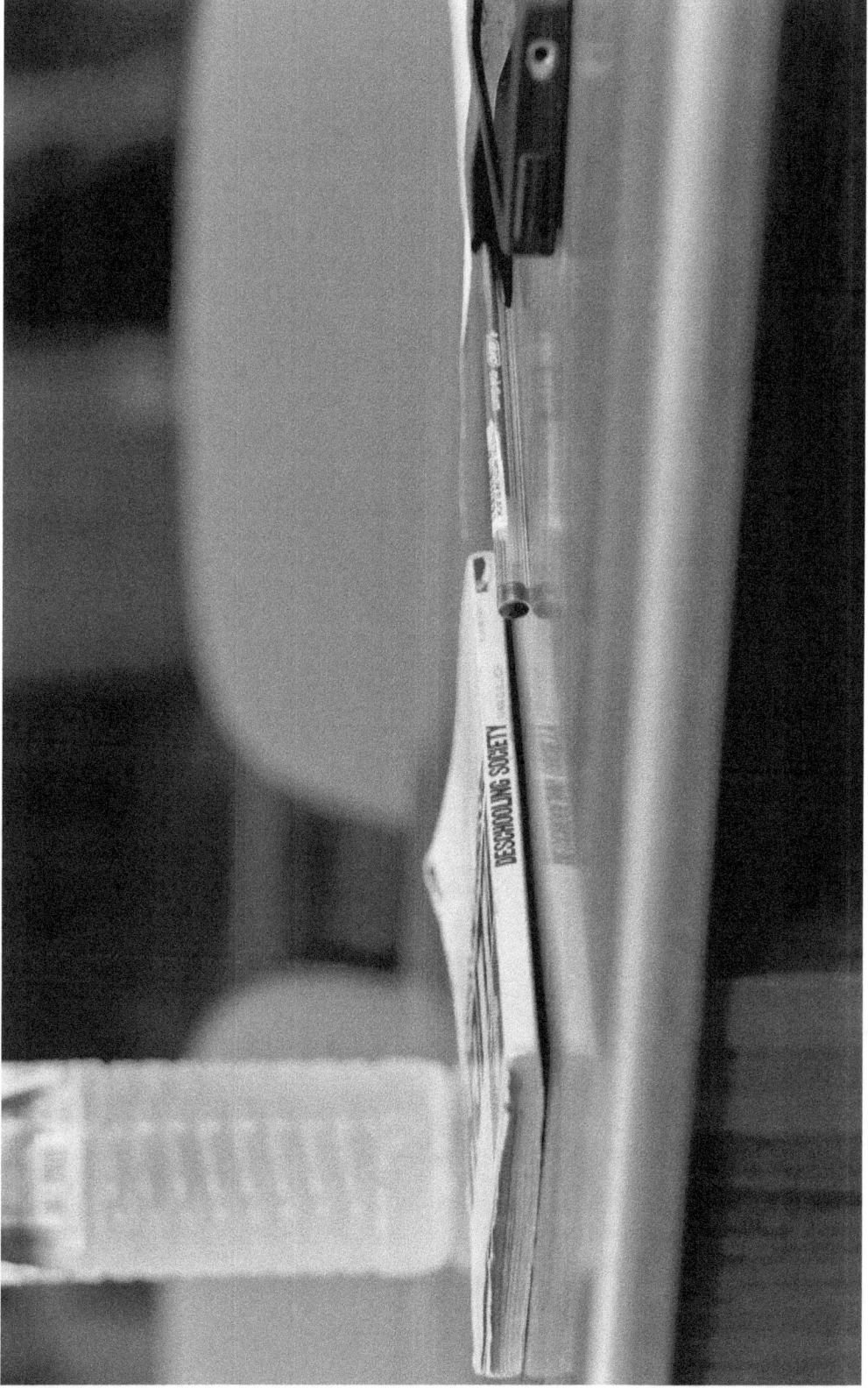

The key publicity slogan that Khan uses is that with this system every student can go at their own rhythm when learning. If a student did not understand one step he or she can pause a video, track it back, and replay. Alternatively, one can fast-forward if one has already understood certain steps in the lesson. The idea, again drawn from Adam Smith, is that individualization equals efficacy. The implicit but more seductive claim is that one's learning is no longer going to be hampered or obstructed by other students and their faster and slower learning rhythms. In other words, one is no longer going to be humiliated by the experience of being the only one in the class who does not accept the formula for the addition of two negative numbers or irritated and rendered impatient by other students' failure to understand negative numbers.

What does a Khanian student miss out on? It's very simple: on the opportunity to help out, or to be helped by other students. What is lacking from Khan's academy is any collective experience of learning. Underneath the appeal to individual interest and efficiency lies the critique of equality, and equality has been axiomatic in the post-revolutionary construction of public education. What is also at stake in Khan's academy is the erasure and effacement of the only rival master to the capitalist master: the teacher.

In the light of this picture of the contemporary state of education, Illich's analysis appears anachronistic, obsolete, and even reactionary. Before the radicals and the enlightened stepped in to answer Illich's call to disestablish schools, the neo-liberals arrived, and their networked, social-media enhanced, bottom-up, anti-hierarchical, creativity-facilitating disestablishment of the school is more comprehensive and dangerous than Illich could ever have imagined. To be progressive in education in these times is to become an anti-disestablishmentarian.

But Ivan Illich is not entirely anachronistic; there is something to be saved from his analysis.

The Dialectical Sublation of Illich

A more historical and comparative view of the contemporary state of education can be quite revealing. It is not a case of taking one side of an opposition between welfare bureaucracy universalism versus the commodity universalism of neoliberalism. There is actually some compatibility between these two configurations, a compatibility which Illich had already discovered. Historically speaking, the bureaucratic institutions of the European postwar welfare state created markets that were perfect for privatization from the standpoint of capital: full distribution systems in place, infrastructure aging in technological terms, but at least the buildings were there, the local real-estate secured, and most importantly an absolutely captive market with just the right ingrained habits and expectations in terms of sending all progeny to the local school.

Illich anticipates this compatibility by making his own linkage between the institution's logic of standardization, production of artificial needs, and the expansion of its procedures to commodity consumption. He writes, "A whole society is initiated into the Myth of Unending Consumption of Services" (DS 48). In this light it is interesting to note the rise of certification in business. There are ISO standards for efficiency and even for environmental and social responsibility – certain companies make money out of testing businesses for their eligibility for such certificates, and other businesses make money out of teaching businesses how to pass the test for such certificates. Thus from

Illich's point of view we do not need to speak only of the commodification of the institution, we also need to recognize the institutionalization of business. The businessmen also need to be liberated.

However, it is not Illich's anticipation of the compatibility between bureaucratic institutionality and capitalism that gives his diagnosis of the school contemporary significance. A further step must be taken.

With regard to the imperative of equality inherited from French and English revolutions, one should recall Marx's critique of a formalistic understanding of equality in *Critique of the Gotha Programme*. Illich himself notes "the resistance that Karl Marx put up to the Gotha Programme, which [...] wanted to outlaw child labour. He opposed the proposal in the interest of the education of the young, which could happen only at work" (DS 30). In Illich's paraphrase, *the education of the young could happen only at work*.[5] Marx did not critique the formalist egalitarian measures in the Gotha Programme in order to abandon equality per se. Rather what still remains to be thought, what remains a question for a contemporary progressive education is how equality can occur not as the institutional measurement, comparison and leveling of individuals, but as collective experience.

In his diagnosis of the bureaucratic service-oriented university, Illich contrasts it to the original model:

> The old university was a liberated zone for discovery and the discussion of ideas both new and old. Masters and students gathered to read the texts of other masters, now long dead, and the living words of the dead masters gave new perspectives on the fallacies of the present day. The university was then a community of academic quest and endemic unrest. (DS 41)

It is quite difficult to see how Illich can embrace the authority or even the existence of masters, whether alive or dead, given his celebration of informal learning and the equal exchange of skills. But Illich does not call for a restoration of the old university, he just recalls its destination. That destination is to be *a community of academic quest and endemic unrest*. Admittedly, this prescription does have a quixotic ring, but better to think under the sign of Cervantes than that of the Chicago school of economics.

What, in the end, can be taken from Illich? A simple realization. The institutionalization of education occurs because we think *we school to better society*. This is the fundamental belief at the heart of the institutionalized school. In moments of crisis, during times in which every public institution which has not yet been privatized feels like it is falling apart, we still believe that we school to better society; not just to better particular individuals, but to better them in so far as they will become responsible members of society. The educator cannot erase the holistic communitarian perspective from the institutions of our individualistic society. It is precisely this belief that drives us into so many dead-ends, both pedagogical, relational, and financial.

Faced with these impasses, we need to invert Illich's imperative. In other words, it is no longer a question of deschooling society, it is a question of *desocializing the school*. The problem is not the school, the problem is society, and its containment of the school.

The school needs to be subtracted from society, and exposed to what I call the action-zone.

This imperative generates three questions:
- What is society for the school?
- What is the action-zone? And
- How can a school be exposed to an action-zone?

What Is Society?
It is in Adam Smith's *Theory of Moral Sentiments* (henceforth, TMS), and the *Inquiry into the Origins of the Wealth of Nations* that we find a critique of education under feudalism (to be exact, an attack on guilds and apprenticeships as distortions of the market) and the construction of a concept of society. There are three basic elements to Smith's concept of society:
- Society emerges through human interaction when each individual judges the other's actions;
- Society is a scalar construction in that it integrates micro or local scales with the macro or global scale;
- The regulative idea of society is progress, progress for the individual in the form of the promise of social mobility, of moving up in society; and progress for society in the form of the compensation for, or eventual eradication of, collective maladies.

Society emerges as a result of human interaction in so far as each person judges each other's actions according to moral criteria. In the theory of moral sentiments, Smith argues that we form our judgements of other's people's actions, and of our own actions by sympathetically imagining how an impartial spectator would judge the action. The impartial spectator is thus a modern *imagined* version of Aristotle's invocation of a quite real *phronimos,* a prudent or wise man as the model for the judgement of how to act in complicated and unusual situations. The imagined spectator is thus a kind of internalized norm. Society is thus not a collective made up of people but a guarantee of smooth interaction, a coherent set of norms.

Society is a scalar construction in that local interactions generate emergent global properties such as norms or moral conventions. The decision to buy or not buy a commodity at a certain price leads to market fluctuations, varying rates of profit and then investment, and then varying rates of commercial production, causing "corrections" of the market. In other words, local interactions cause the emergence of macro phenomena like the invisible hand.[6] The scalar construction of society is also a prescriptive imperative. Through establishing an immediate mechanism that relates the micro to the macro – the invisible hand – Smith replaces the function of intermediate corporative or regional bodies, such as guilds, or "estates" and "corporations" in Hegel's terminology. Smith's design is to establish atomic individualism and liberate the operation of the invisible hand so as to generate collectives that are pure aggregates of structurally uniform individual action, without any intermediary bodies. There are certainly three general categories of economic actors in Smith's society – merchants, landowners, and workers. However these groups do not create factions nor classes, but rather belong to interdependent regions of economic practice.

The scalar properties of society emerge through the dovetailing, the jig-sawed integration and interdependency of diverse economic and legal practices on the model of the supply chain. Recall Smith's panegyric for commercial cooperation at the end of the first chapter of the first book of the *Wealth of Nations*. Imagine the number of producers that had to cooperate, without ever meeting each other, to produce all the constituent parts of the worker's coat. Let us celebrate with Smith the economic interdependency of social practices on the model of the supply chain, and as crystallized in the product as the ultimate microcosm of social cooperation! Each economic practice thus reinforces the existence of other economic practices, without necessitating the existence of any individual practitioner. That is to say, I need an accountant, a lawyer, and cleaning services to run my factory, but I do not depend on any particular accountant, lawyer, or cleaning service because no single agent enjoys a monopoly of any of those markets. This is the liberal vision of institutional reproduction *avant la lettre*. Before the construction of the massive social institutions that Illich critiques, like the national health service, or public education, society itself engages in its own formal reproduction. To run a factory is to call into existence an accounting service and a legal service and a cleaning service, and the list goes on. Finally, for Smith, the existence of emergent properties like the invisible hand is evidence of design and teleology in the make-up of the cosmos.

The third element in Smith's construction of the concept of society is the regulative idea of progress: progress for the individual in the form of social mobility; progress for society in the form of reform and the eradication of collective problems. With respect to the individual, Smith recognizes social ranks not to reify them, as in feudalism, but to anchor social mobility as the key promise of commercial society. The promise of social mobility is effective because humans experience the desire to emulate their supposed betters (TMS, I, III, 2). That promise, for the mass of individuals, is, Smith recognizes, an illusion. With respect to the progress of society as a whole, the key example from Smith would be his prescription of universal mandatory education as a panacea, a compensation for the inevitable mental degradation of a large part of the population that results from the widespread application of the division of labour. Smith himself begins the *Wealth of Nations* by recommending an immediate intensification of the division of labor in the interest of rendering production more efficient and increasing a nation's wealth, or stock of available commodities. Even in Smith's own work the horrific truth is evident – certainly, we school to better society, but strictly speaking society is *never going to get better*. And so we must continue to school.

If society is defined as emergent property, as scalar and as the promise of progress, how then is the school positioned with regard to it?

The Ambivalence of School
On the basis of an enquiry into Lacan's conception of the psychoanalytic act, and the psychoanalytic school in his seminar of 1967–8, it becomes clear that the school positions itself with regard to society in one of two ways:
a. A school can situate itself as a propaedeutic to society, as a protected preparation for society. School thus protects the young pupil from social ills whilst equipping

him or her with sufficient skills and resources to overcome such ills once released into society.

b. The second way that a school situates itself with regard to society is as a microcosm. This is evident both in the playground and the classroom, and the corridor. As microcosm, school not only reproduces all social ills, even concentrates some of them, it also employs society's own ordering mechanisms and promise of individual progress.

The problem with these two positions for the school is that they program its failure. If a school understands itself as a propaedeutic, it creates an unhealthy artificial protected environment, like a greenhouse for exotic orchids, and thus does not prepare its students for the realities of society. Although they may continue to live and work in other artificial protected areas, like gated communities and information technology companies. If, on the other hand, the school is understood as a microcosm, it exposes its students too early to the brute realities of society, which obstruct the proper process of education. In an attempt to correct these failings a school simply switches over to the other position, that of propaedeutic, and is then subject to the problems of propaedeutics.

Given this cycle of structurally induced failure, it is high time to rework Illich's imperative, and to subtract school from society. To subtract the school from society is to undo the micro-macrocosm, the supposedly dynamic hierarchy, and the mediations between the individual and the fake image of the whole, or of the master. In a de-socialized school students would not be grouped by age, nor by measured ability, nor by professor but by their own organization of skill exchanges and projects. To subtract school from society is not to leave it dangling in a void of individualism. Rather the school must be introduced to the action-zone; that is to say, to the reality of political life which has always been occulted beneath the surface of society.

The Action-Zone

In *Anatomy of Failure* the investigation of a particular episode during the English Revolution, namely the shaky alliance between the Leveller activists and the New Model Army, led to a speculative pragmatics of political action and the creation of the concept of the domain of politics as an action-zone. An action-zone is a multiple of overlapping actions that are both ontologically and epistemologically incomplete. That is to say, within the action-zone any judgement of an action's agent, nature, and end entirely fails to capture the full multiplicity of its agency and consequences. In the action-zone all agency is irreducibly multiple and it is not clear where my responsibility ends and yours begins. The reception of any action constitutes its consequences, but the reception of an action can only take place through further actions. There is no moment during which all actions cease, and one can take stock of what is happening, or has recently happened, since any taking stock is itself an action, and the actions never cease.

To place a school within an action-zone is to expose students to the ontological reality of the action-zone. To expose students to this reality is to have them understand the presentation, the appearing, of the action-zone, and to reconstruct this appearing in their own words.

The next task is thus to work out how an action-zone presents itself. Is it the case that the very being of a political action, beyond judgement, implies a particular kind of presentation? In a recent paper on the status of theater and aesthetics in Alain Badiou's philosophy and in Aristotle I show that it is possible to think the appearance of a political action that exposes the action-zone as a kind of *archi-theater*.[7] As in Aristotle, this archi-theater involves the presentation of *praxis*, the presentation of an extended action.

Aristotle's *Poetics*

In his definition of tragedy in the *Poetics* Aristotle specifies that a tragedy is primarily the imitation of an action, and not of people. That is to say, the people who are acting, the characters, come in second place, they are derived phenomena (1450b1). This is in perfect accordance with my concept of the action-zone wherein any finite agency is always an epiphenomenon.

Furthermore, Aristotle explains that this imitation of an action does not occur through narrative but is made directly by people in action:

> There is a third difference between these arts which is due to the manner of imitation. Using the same means and objects one can imitate by telling a story (either one tells a story via someone else's mouth [by assuming a character other than your own], as Homer does, or one keeps one's personality without changing it) or by presenting all the characters as if actually acting [or else to represent the characters as carrying out the whole action themselves]. (1448a20)

So actions are primary but they are presented through "characters" who are activated by these actions. These characters allow us to qualify or understand the actions in terms of either persona or thought (1450a1). In other words, we inevitably understand actions according to the categories of who and what: who is acting (what kind of person is at stake), and what was he or she thinking through these actions (what kind of intention is at stake). To transfer these Aristotelian specifications to the action-zone, actions are thus presented as a thinking, a design or strategy, or as the effect of a who, of a kind of person, with particular habits and passions, a particular subjective position, whether tyrant or lover, etc. The indeterminate multiple of overlapping actions can thus be *overlaid* or *homogenized* with a persona, fixed in a proper name, or with a strategy, where a strategy is an ideal sequence of actions that supposedly terminates in a finite and stable end.

Aristotle also specifies that tragedy is the imitation of a noble action. The most direct treatment of concrete political action is not the famous definition of voluntary action in the *Nicomachean Ethics* but the theory of factionalism developed in Book v of the *Politics*.

Factionalism in the *Politics* as Anticipation of the Action-Zone

Aristotle begins his theory of factionalism by pointing out that wealth, excellence, and liberty are values that specific groups within the city-state claim as their proper characteristics: the nobles claim excellence, the rich claim wealth, and the people simply claim their liberty. Each of these groups claims that the distribution of goods in the city is unfair since it is not ordered according to their value or characteristic. These claims always involve an appeal to equality and inequality. For example, the nobles claim that they are unequal to others, or superior, by virtue of their excellence. In Aristotle's words:

> Men agree that justice in the abstract is proportional, but they differ in that some think that if they are equal in any respect, they are equal absolutely; others that if they are unequal in any respect, they should be unequal in all. (1301b35–8)

Since the nobles claim to be superior in terms of virtue they then claim that they should also be superior in terms of the other important political values, namely wealth, freedom, and their share in political power. The rich on the other hand, point out that they are superior to the other classes because of their wealth. They then claim that they should be superior to the other classes in terms of their freedoms, their political power, and their recognized excellence. The people, on the other hand, make an inverse claim: they say we are equal to all the other classes in our freedom, therefore we should also be equal in our wealth, our recognized excellence, and our exercise of political power.

It is the claim concerning the present existence of injustice within the city that guarantees solidarity and commonality in the group. For example, if the rich do not enjoy political power commensurate with their level of wealth, that means the other groups in the city, the nobles and the poor, must be enjoying too much political power. It is the nobles and the poor who possess the political power that rightfully belongs to the wealthy: they are guilty of dispossession, of robbery. I have solidarity with all of my fellow wealthy citizens in so far as we have all been robbed of our correct share in political power.

Consequently each group forms what Aristotle calls a faction (*stasis*). A faction exists as a collective action seeking the redressing of an injustice and a return to justice. The nobles seek political power commensurate with their excellence, and to reduce the excessive political power, wealth and freedom of the wealthy and the poor. The wealthy seek political power commensurate with their wealth, and seek to reduce the excessive political power, so-called excellence and freedoms of the nobles and the poor. The poor seek political power commensurate with their freedom and seek to reduce the excessive political power, so-called excellence and wealth of the nobles and the wealthy.

Each of these political projects is in clear conflict with the other factions' projects: it is the very attempt at redressing injustice on the part of the people that leads to the perception of increased injustice aimed at themselves on the part of the wealthy, or the nobles. As long as these opposing claims for justice are active, there will be no end to the conflict. Here is the most surprising result of Aristotle's theory of factionalism: justice is supposed to be the answer to political conflict and injustice: it is supposed to secure peace and a relative end to political disagreement once it is established. On the contrary, with his theory Aristotle shows how certain perceptions of justice are the very root of political conflict.

Six consequences can be drawn from Aristotle's theory of factionalism for the concept of the action-zone.

1. Each faction constitutes what I call a context for the reception of actions. Each context consists of many past, present and expected future actions. A context is united

by a political project claiming justice based on a particular civic value (wealth, excellence or liberty for Aristotle, freedom of conscience for the English dissenters).
2. In so far as each of these political projects generates further injustice from the perspective of other contexts, these contexts are not merely different but "disjoint." A city-state is plural – as Aristotle asserts against Plato's attempt to unify it in the *Republic* – not just because of the diversity of types of people that inhabit it, but because of the disjunctions between its contexts, its factions.
3. Political actions traverse multiple contexts, but they appear differently within each context. Consequently, between the different contexts there is no possible agreement over what actions should be performed to improve the situation of the whole political body.
4. If the various attempts to redress the injustice of the city give rise to further injustice due to their particularity, then they give rise to further need for reparation and compensation. Consequently all political action leads inexorably to more political action: this process never ends in a stable state or happy condition. As Aristotle points out, action, unlike production, does not result in the separate existence of an ontologically stable and identifiable substance.
5. If each faction interprets an action predominantly from its own perspective: there is no registration of any transversal being of an action or of any "common" good. There is thus no possibility of an agreement not only over what should be done, but also over what has already been done.
6. Since there are more than two factions – there are three in Aristotle's model, which is relatively simple – what occurs is a contest that is more complicated than a cycle of revenge, or a class struggle, both of which have simple binary structures. There are no simple winners and losers in the action zone.

The Presentation of the Action-Zone and the School

If the action-zone consists of a multiplicity of actions which are situated as responses to each other, if there is no agreement over their agents, their nature, their ends, and the extent of their consequences, then the presentation of these actions could never be organic and coherent. It will not present a synthetic unity. The presentation of these actions will actively undo, will reveal the limits and failure of any attempt to assign organic unity to both the city-state, and to the actions that constitute the city-state. Aristotle says actions are presented in terms of "who" and in terms of "thought." In other words, the theater of actions concerns *who did what to whom?* and, furthermore *what were they thinking when they did it?*

Consequently, a theater of the action-zone is quite simply going to multiply and complicate each of the terms of this sentence:

Who/what/whom
did/was subject to
what/whom/who
to/from
whom/who/what?

This complicated sentence is a matrix for the over-determination of actions within the action zone. The advantage of this matrix is that it enables us to grasp some positive presentations of the action-zone:

- For instance, the action-zone is presented when it becomes clear that when I act, others are acting through me, that my agency is parasited or shared by others – this is the kind of realization that can occur during a psychoanalysis, when the workings of the desire of the other come to light via the emergence of master signifiers from the unconscious.
- The action-zone is also presented when it becomes evident that others have received my action in a way that I did not intend and could not control and are reacting in kind. Here it is not just a question of miscommunication, of mistaken intentions, or even of bad faith on the part of the other in misinterpreting my intentions, but of the very appearance of my action in a different context to my own. That is to say, once I understand the appearance and effects of my own action in this unfamiliar context, I immediately understand why it would be interpreted so differently.

Given this matrix of the presentation of the action-zone, what does it mean to place school in the action-zone?

Earlier I said that to place a school within an action-zone is to expose the young to the ontological reality of the action-zone. To expose the young to this reality is to have them understand the presentation, the appearing, of the action-zone. To understand such presentation is to reconstruct it in their own manner. In short, the infant and the youth must be introduced to the reality of politics with no disguises or norms or impartial spectators or happy endings – after all, who better than the child knows the vicissitudes of action through her friends and enemies?

To reconstruct the presentation of the action-zone is quite simply to put on a play, but a play anchored in the recent past, in what has just happened in politics. To put on a play, a play that reconstructs the full complexity of the affairs of the city, is to understand those affairs and to be able to re-construct them. To put on a play is to master a myriad of skills. The de-socialized school is an apprenticeship in theater, the theater of the action-zone.

How did we get to where we are today? Ask a child to show you.

Notes

1. Alain Badiou, *Eloge du théâtre* (Paris: Flammarion, 2013), 31–2.
2. See §7 in Friedrich Nietzsche, *Beyond Good and Evil,* trans. R.J. Hollingdale (London: Penguin, 1973), 20.
3. See Oliver Feltham, *Anatomy of Failure: Philosophy and Political Action* (London: Bloomsbury, 2013).
4. Illich writes, "School makes alienation preparatory to life, thus depriving education of reality and work of creativity. School prepares for the alienating institutionalization of life by teaching the need to be taught" (DS 51).
5. In an interview conducted some years ago, Alain Badiou follows in Marx's footsteps recommending the reform of French high school through the following measures. All compulsory schooling will be cancelled for the last years of junior high school. From the ages of fourteen to sixteen, adolescents will be sent to the workplace to acquire a thorough and deepset "workerist orientation" before returning, motivated, to higher studies. This interview is published at the back of Oliver Feltham, *Alain Badiou: Live Theory* (London: Continuum, 2008).
6. Note that it is Turgot who first develops a meditation on price fluctuations regulated by supply and demand. Turgot, *Le commerce des grains: Projet de lettre au contrôleur général Bertin sur un projet d'édit,* 1763. *Réflexions sur la formation et la distribution des richesses,* 1766: http://fare.tunes.org/books/Turgot/refl_fdr.html
7. Oliver Feltham, "Aesthetics of Action: Theater in Badiou and Aristotle," unpublished paper delivered at the University of Turin (June 6, 2013).

ÇSHOQËRIZIMI I SHKOLLËS
ARSIMI DHE ZONA E AKSIONIT

Oliver Feltham

Hyrje: Paraqitjet e shkollimit
Kur Platoni nis të mendojë mundësinë e një qytet-shteti të vetëm, gjesti i tij fillestar është emërtimi i një praktike që rivalizon filozofinë dhe ambicjen e saj: teatri. Më pas, ai ndalon vetë ekzistencën e tij brenda republikës: teatri joekziston në qytetin e drejtë. Tek libri i tij *Elozha e teatrit* Alen Badiu e identifikon rivalitetin me teatrin si themelor për filozofinë. Që do të thotë se filozofia jo vetëm që pozicionohet në raport me teatrin por se ajo ndërgjegjësohet për identitetin e saj duke përjashtuar teatralen.[1] Ajo çka është në lojë në këtë rivalitet ka të bëjë pikërisht me *aisthēsis* – me paraqitjen [*presentation*] ose shfaqjen [*appearing*] – e vetë qytet-shtetit. Në përpjekjet e filozofisë për të vënë rregull midis shfaqjeve të qytet-shtetit, del se është e pamundur të bëhet vend për praktikën e teatrit, pikërisht sepse teatri konsiston në një ndërhyrje në këto shfaqje. Për Platonin teatri është një formë imitimi i degraduar. Aktori imiton profesionet e qytetit, ai paraqet vetëm pamjen [*appearance*] e *savoir-faire* pa qenë në fakt i ankoruar në ndonjë shkëmbim të dobishëm. Kësisoj, si aktori ashtu edhe dramaturgu nuk përfshihen në rregullin e madh të drejtësisë të Platonit: çdo person në vendin dhe detyrën e vet. Kjo është arsyeja pse autorët tragjik përjashtohen nga qyteti.

Për filozofinë çdo rivalitet duhet të marrë fund; rivali duhet skualifikuar, heshtur, ose asgjësuar. E megjithatë, rivalitetit me teatrin, pavarësisht gjestit vendimtar të Platonit, nuk është e lehtë t'i jepet fund. Pasi dëbon teatrin në Librin III të *Republikës*, Platoni i rikthehet çështjes në fund të dialogut, në Librin x, si të mos ishte plotësisht i sigurt se çështja ishte mbyllur. Kësaj rradhe, ai e përforcon vendimin e tij me një metafizikë të tërë, duke bërë dallimin midis tre llojesh prodhimi që ankorohen në Ide, kopje dhe simulakra, dhe teatri degdiset në kategorinë e fundit, një mjet për simulakra, kopjet e kopjeve të Ideve. Me gjithë këtë përforcim, Platoni nuk e pengon dialogun e tij të ketë një lloj teatraliteti, siç kanë pohuar brezë pas brezi komentatorësh: ai e mbush skenën e tij me tiranë, demokratë, dishepuj lajkatarë, kozmopolitë të rinj, sofistë të zemëruar dhe filozofin-mbret. Siç vëren Niçe, Epikuri ishte i pari që denoncoi Platonin dhe platonistët si një tufë aktorësh.² Nga ana tjetër e këtij rivaliteti, teatri shpesh i ka dhënë vetes një rol edukativ ose filozofik. Mund të emërtojmë madje edhe disa dramaturgë – Makiavel, Sartrë, Badiu – që janë gjithashtu edhe filozofë. Por në nyjëzimin fillestar platonik të teatrit, filozofit dhe qytet-shtetit, çdo molepsje midis praktikave filozofike dhe teatrale mbetet e nënkuptuar nëse jo e mohuar. Filozofi – në këtë rast Platoni – do të parapëlqente t'i jepte fund këtij rivaliteti të parehatshëm me teatrin, ta fitonte betejën dhe ta zhdukte teatrin. Për t'i dhënë fund rivalitetit, filozofi thjesht i vë qëllime – si fate ashtu edhe synime – vetes dhe rivalit.

Kështu, fundi i këtij rivaliteti për teatrin nënkupton një lëkundje midis pozicionit të syrgjynosjes së tij dhe pozicionit të shkrirjes me spektaklin e shoqërisë. Nëse filozofia arrin të bëj siç i do qejfi, teatri do të bëhet kokë turku dhe do të dëbohet prej qytetit, duke u endur nëpër humbëtirë, ose do t'i bjerë për hise fati i përsëritjeve të pafund të komedisë së mirësjelljeve; teatri si asgjë më tepër se një pasqyrë e shoqërisë.

Nga ana tjetër, fundi i këtij rivaliteti për filozofinë – përsëris, nëse filozofia arrin të bëj siç i do qejfi – është ndërtimi i shkollës, një institucion kushtuar praktikimit të edukimit. Por, dhe ky është kushti vendimtar, shkolla mund të ndërtohet tamam vetëm nëse rivaliteti me teatrin ka marrë fund. Filozofia e koncepton shkollën si një hapësirë të veçantë brenda qytetit e destinuar të përmbushë hyrjen në disiplinën e saj; d.m.th. shkolla riprodhon filozofinë, por jo vetëm duke nxjerrë një brez të ri filozofësh të pajisur me metafizikën e tyre origjinale. Shkolla prodhon qytetarë, dhe një qytetar është dikush që jo vetëm është i aftë të veprojë për qytet-shtetin, të mbajë ofiq, por edhe të dallojë, si filozofi, midis rendit të opinionit dhe të dijes së vërtetë. Qytetari, me fjalë të tjera, është i aftë për *veprim të drejtë ose të vërtetë*. Në përpjekjet e saj për të ndërtuar dhe konceptualizuar shkollën, filozofia është lëkundur midis pozicionit të shkollës si një propedeutik, një përgatitje profilaktike për shoqërinë, dhe si një mikrobotë, një mikroshoqëri. Pavarësisht kësaj lëkundje, filozofia ka mbetur e palëvizur në lidhje me një propozim bazë: *ne shkollojmë për të ndrequr qytet-shtetin*.

Kur vjen puna tek situata e shkollës bashkëkohore në Evropë ne vazhdojmë të ndjekim të njëjtën mendësi me atë të Platonit. Një gjë ama ka ndryshuar: moderniteti e ka mbishtresuar konfiguracionin e lashtë grek me një tjetër koncept, një trup ndërmjetësues: shoqërinë. Ne nuk shkollojmë më për të ndrequr qytet-shtetin – ai projekt është braktisur, të paktën që nga Hobsi [*Hobbes*] e këtej. Nën modernitet *ne shkollojmë për të përmirësuar shoqërinë*. E megjithatë, në agim të shekullit njëzetë e një, me mbylljen e modernitetit, ky projekt duket se ka dështuar. Bashkësia e dukurive që quhet "shoqëri" mbetet e pabindur – ato refuzojnë të hyjnë në ndonjë teleologji, në ndonjë histori progresi të prirë nga një ide rregullatore. Edukatorët dështojnë në përmirësimin e shoqërisë.

Por, nëse jemi në pragun e një epoke të re, ka ardhur koha të ndërtojmë një koncept më të përshtatshëm të shkollës. Detyra jonë e parë në këtë ndërtim do të jetë të tërheqim shtresën e modernitetit dhe ta heqim shkollën nga pozicioni që ajo ka në shoqëri: thënë shkurt, ne duhet të çshoqërizojmë shkollën. Detyra jonë e dytë, që mezi preket në këtë sprovë, është ta rivendosim shkollën në atë që unë quaj zona e aksionit, hapësira e politikës: një koncept i frymëzuar nga një hetim i veprimtarisë politike gjatë Revolucionit Anglez dhe nga një lexim i teorisë së faksionalizmit të Aristotelit.³

Për të çshoqërizuar shkollën ne duhet të kuptojmë fillimisht se si shkolla mplekset me shoqërinë e masave nën modernitet. Dy tekste, që ndahen nga dy shekuj, do të na ndihmojnë në kristalizimin e kësaj marrëdhënie: diagnoza anarkiste e Ivan Illiçit e të këqijave të arsimit publik në masë tek *Çshkollimi i shoqërisë* [*Deschooling Society*] (që këtu e tutje, ÇSH), dhe ndërtimi i konceptit modern të shoqërisë nga Adam Smithi tek *Një Hulumtim mbi origjinat dhe pasurinë e kombeve* [*An Inquiry into the Origins and the Wealth of Nations*].

Kritika e shkollës *brenda* shoqërisë e Ivan Illiçit

Në vitet 1970 Ivan Illiç zhvillon një kritikë të arsimit publik në masë si një institucion burokratik dhe të panevojshëm që zëvendëson mësimin [*learning*] e vërtetë me procedura të formalizuara, vlerësime të standardizuara dhe brendësi të parapaketuara. Ai argumenton, duke paraprirë kritikën neoliberale të shtetit të mirëqenies sociale, se shkollimi i detyruar në formën e instituconeve publike është një harxhim i kotë. Ai nuk është efektiv pasi nuk siguron përvoja mësimi [*learning*] për njerëzit. Megjithatë, ajo çka shkolla institucionale arrin të bëjë është të krijojë një hierarki shoqërore, duke veçuar ata që arrijnë të dalin matanë shkollës së standardizuar nga ata që nuk ia arrijnë. Shkollat e standardizuara krijojnë një seri të tërë shkallësh shoqërore në përpjestim me sa shkollë individi arrin të bëjë. Numri i viteve të kaluara në shkollë supozohet se tregon nivelin e saktë të aftësive të individit. Nga pikëpamja e mundësive për punësim, ata qytetarë që kanë vetëm gjashtë vite shkollë ndahen de fakto nga ata që arrijnë të përfundojnë shkollën e mesme. Illiç krahason fuqinë veçuese shoqërore të shkollës me analizën e Durkhajmit [*Durkheim*] të së shenjtës si i krijuar nëpërmjet ndarjes së shoqërisë. Vëreni se argumenti i Illiçit presupozon se shoqëria është një tërësi organike, që është për natyrë johierarkike dhe e pandashme. Funksioni i dytë madhor i shkollës së institucionalizuar është të sigurojë riprodhimin e vet duke shtënë një nevojë artificiale tek nxënësit e saj, një domosdoshmëri që perceptohet edhe në rastin e shkollimit më burokratik.[4] Illiç arrin deri aty sa thotë se "Certifikimi përbën një lloj manipulimi të tregut dhe është i pranueshëm vetëm për një mendje të shkolluar" (ÇSH 22). Kjo është të marrësh borxh një argument nga Adam Smithi, i cili tek *Pasuria e kombeve* argumenton se nëse universitetet do të humbisnin monopolin e tyre mbi lëshimin e certifikimeve, lektorët akademikë do të fillonin më në fund të punonin fortë dhe të bëheshin po aq efektivë sa mjeshtrat e kërcimit dhe skermës në transmetimin e aftësive.

Illiç e ndërton argumentin e tij nëpërmjet një serie antinomish:

– Institucioni thotë: "Në instruktimin e standardizuar, mësuesit janë ata që vendosin se çfarë duhet të mësojnë nxënësit"
– Illiç thotë: "Secili individ mund të vendosë se çfarë të mësojë"
– Institucioni thotë: "Vetëm në shkollë mund të mësojnë fëmijët"
– Illiç thotë: "Të gjithë mësojnë të jetojnë jashtë shkollës" (ÇSH 34).

Tjetërkund, Illiç pranon se ka një vend për një kurrikulumin e planifikuar dhe për mësimin përmendësh [*rote-learning*] tradicional në transmetimin e aftësive të caktuara, si për shembull kompetenca në "algjebër, programim kompjuteri, analizë kimike, apo aftësi manuale si daktilografim, orëbërje, punë hidraulike, instalime elektrike, riparim televizorësh; madje edhe kërcim, ngitje dhe zhytje" (ÇSH 21). Megjithatë, kurrikulumi i planifikuar dhe mësimi përmendësh nuk përbëjnë një shkollë institucionale. Illiç menjëherë e kualifikon këtë pohim duke thënë se asnjë prej këtyre aftësive nuk duhet të jetë një kusht për përftimin e aftësive të tjera. Në parantezë, më lejoni të shtoj se ky pretendim nuk do të ishte problematik nëse ai nuk do ta fillonte listën me shkrimin e këndimin.

Illiç vazhdimisht vë në plan të parë konceptimin e tij të mësimit në kundërshtim me imponimin artificial dhe uniform të kurrikulumit standard. Për Illiçin, mësimi ndodh në mënyrë informale. Ai thotë:

> Shumica e mësimit ndodh rastësisht, dhe as mësimi më qëllimor nuk është rezultat i instruktimit të programuar. Fëmijët normalë e mësojnë gjuhën e tyre të parë rastësisht, ndonëse më shpejtë nëse prindërit iu kushtojnë vëmendje. (ÇSH 20).

> Mësimi është veprimtaria njerëzore që kërkon më pak manipulim nga gjithë të tjerat. Shumica e mësimit nuk është rezultat i instruktimit. Përkundrazi, ai është rezultat i pjesëmarrjes së lirë në një ambjent kuptimplotë. Shumica e njerëzve mësojnë duke qenë "me të," e megjithatë shkolla i bën ata të identifikojnë rritjen e tyre njohëse me planifikim të hollësishëm dhe manipulim. Rritja personale është rritje është papajtueshmëri e disiplinuar [...] uni që mëson është rikrijim i pamatshëm. (ÇSH 44–5)

Illiç e zbut kritikën e tij të palodhur të institucionit për të dhënë një sugjerim pozitiv për të inkurajuar një mësim të tillë informal. Ai e quan atë një "rrjet" që lehtëson "mblesërinë arsimore" ku dy të huaj bien në kontakt, takohen dhe formojnë një grup diskutimi rreth një interesi të përbashkët për një film apo një libër: principi bazë këtu është "shoqërimi i lirë [*free association*]" ose mekanizmi shoqëror i interesit privat (për një libër apo film të caktuar) që i shtohet shoqërueshmërisë [*sociability*] bazë ("le të flasim për Ingmar Bergmanin"). Sugjerimi i dytë, i përmendur më sipër, ka të bëjë me transmetimin e aftësive programatike më të formatuara, dhe do të ndodhte nëpërmjet sigurimit të një karte krediti arsimore për qytetarët për të blerë kurse specifike profesionale në një aftësi të caktuar.

Anakronizmi i Illiçit: Privatizimi bashkëkohor i arsimit publik.

Këto projekte tingëllojnë praktike dhe premtuese, por kritika e Illiçit e arsimit publik tingëllon po ashtu fallco për ne pasi ajo është tmerrësisht anakroniste. Përdorimi i tij i kryeshënjuesit [*master-signifier*] të shoqërisë pasindustriale, *rrjetit*, si një emër për projektin e tij progresiv është drithërues. Me fjalë të thjeshta, a nuk është një lëvizje reaksionare, sot, të bësh thirrje për shpërbërjen e arsimit publik? A nuk është pikërisht ky procesi që policat neoliberale kanë përparuar gjatë tridhjetë viteve të fundit si pjesë e privatizimit të përgjithshëm dhe shitjes së shtetit social kapitalist? Në Britaninë e Madhe një vit arsimi në universitet ka shkuar tashmë 9.000 sterlina. Studentët në Australi humbën të drejtën për arsim të lartë të lirë në 1989-n, dhe shumica e studentëve tani grumbullojnë një borxh që sa vjen e rritet në saj të faturave që i përafrohen çmimit të plotë e të parregulluar që paguajnë studentët e huaj. Në Francë në 2007-n administrata e Nikolas Sarkozisë kaloi ligjin "Pecresse" që iu jep një farë lirie prej shtetit universiteteve publike franceze në nivelin e buxheteve, burimeve njerëzore, dhe pronave të tyre. Kjo është cilësuar nga disa komentatorë si fija e perit që i ndan ato nga faturat e parregulluara. Në nivelin e studimeve master, e domosdoshmja më e fundit për çdo student amerikan dhe evropian që do të gjejë një punë, shohim një rritje të kurseve profesionale mjaft të specializuara. Fakultetet e humaniteteve ose e pranojnë këtë lojë ose detyrohen të shkurtojnë buxhetet e tyre dhe të humbasin departamentet më pak fitimprurës. Disa nga ata që i kanë ndërprerë studimet e larta – dhe që qëllon që janë edhe multimilionerë, si Mark Zukerberg – kanë filluar kohët e fundit t'i shtojnë presionit të tregut mbi universitetet duke pretenduar se arsimi i lartë nuk është i domosdoshëm për të arritur sukses. Një nga sloganet më të përhapur të arsimit bashkëkohor është mësimi i tërëjetshëm – që nënkupton mësim që ose mundësohet nga kompanitë private ose që krijohet për të përmbushur nevojat e tyre.

Projektime bashkëkohore mbi të ardhmen e arsimit

Gjithë kjo dihet: ajo që është më treguese në diagnozën e gjendjes së sotme të arsimit është analiza e projektimeve bashkëkohore mbi të ardhmen e arsimit. Mënyra më e shpejtë për të kuptuar konfiguracionin e tanishëm është të përcaktojmë se si edukuesit profesionistë e shohin të ardhmen e tyre. Po të mund të shihnim pas me teleskopët e tyre rozë, ndoshta do të mund të shihnim tmerret e të tashmes. "E ardhmja e arsimit" që projektohet në këto momente ngjan me një regjistrim pa tel, të fuqizuar nga mediat sociale, nga poshtë-lart, me hierarki të sheshtë, jomedituese, të rrjetëzuar afekt-ngjarjesh. Mund të presim një epokë përtej *tweeting*-ut mosvijues tek një vijimësi përditësimesh të formës "uaa! Sapo mësova këtë + vegëzë," ku link shpie tek një fushë-eksperiencë edukative dhe personalisht transformative, traumatike dhe pastraumatike rrëfyese dhe e fiksuar [*embedded*].

Por ndoshta kjo është të shohim tepër larg: le të përqëndrohemi tek e ardhmja e sotme. Të gjithë kanë dëgjuar për universitetet amerikane që po eksperimentojnë në botën e re dhe të guximshme të "MOOC-ve," ose *Massive Online Open Courses*. Qindra mijra studentë rreth globit që kanë një lidhje interneti relativisht të shpejtë mund të regjistrohen falas, ose për një pagesë të vogël, ose të konsiderueshme, në një kurs në rrjet që konsiston në një seri leksionesh të xhiruara, disa *Google Groups* për të diskutuar me shokë, dhe ndoshta një provim të automatizuar me shumë zgjedhje që bëhet në rrjet. Nëse ti je dekani i një kolegji të vogël të arteve liberale, mund të jetë shumë më e lirë të blesh hyrje për studentët e tu në Kimi 101 prej një "MOOC" privat se sa të punësosh një profesor kimie.

Akoma më e habitshme, kohët e fundit Bill Gejts ka rekomanduar publikisht një website të quajtur "Khan's Academy." Kan kishte qenë një sipërmarrës mjaft i suksesshëm por e la atë botë për të investuar aftësitë e tij sipërmarrëse dhe njohuritë e tij në veprimtarinë shoqërisht të dobishme të edukimit. Rezultati është një platformë kursesh "MOOC" të bëra me porosi për nxënës të shkollave të mesme dhe fillore që sa vjen e zgjerohet dhe që konsiston në video në rrjet të cilat zbërthejnë çdo përftim aftësie në hapa që janë të thjeshtë për tu asimiluar. Gjenialiteti i Kanit qëndron në integrimin e një sistemi të tillë me strukturën ekzistuese të shkollës publike. Ai e arrin këtë duke bërë një përmbysje. Nëpërmjet videove online të Kanit nxënësi mund të instruktohet në informacion dhe aftësi në një hapësirë private, në kohën e vet, nën kontrollin e vet: mirazhi i lirisë, lirisë prodhimtare. Ajo që mund të ndodhë tani në hapësirën joefikase dhe të regjimentuar të klasës është që mësuesi të mbikëqyrë detyrat e shtëpisë që lidhen me ato video. Kësisoj, mësuesi jep asistencë të individualizuar me problemet që nxënësit ndeshin gjatë plotësimit të ushtrimeve. Kjo përmbysje e përkryer është shenjë e një ideologjie të re: shkolla bëhet në shtëpi, detyrat e shtëpisë bëhen në shkollë. Kan zëvendëson mësuesin dhe mësuesi prindin.

Slogani publicitar kyç që përdor Kan është se me këtë sistem çdo student mund të ecë me ritmin e tij kur mëson. Nëse një student nuk e kupton një hap, ai mund ta ndalojë videon, ta kthejë pas dhe ta përsërisë hapin. Përndryshe, ai mund të ecë përpara nëse i ka kuptuar ndërkaq hapa të caktuar të mësimit. Ideja, përsëri e marrë nga Adam Smithi, është se individualizimi është efikasitet. Pretendimi i nënkuptuar por më joshës është se për nxënësin individual mësimi nuk do të pengohet më nga nxënësit e tjerë dhe ritmet e tyre më të shpejtë apo më të ngadaltë. Me fjalë të tjera, askush nuk ka për t'u poshtëruar më nga eksperienca e të qenit i vetmi në klasë që nuk e pranon formulën për mbledhjen e dy numrave negativë apo bezdisur dhe bërë i paduruar nga paaftësia e nxënësve të tjerë për të kuptuar numrat negativë.

Çfarë përvojash humbet nxënësi kanian? Është e thjeshtë: mundësinë për të ndihmuar, ose për t'u ndihmuar nga nxënësit e tjerë. Ajo që mungon tek akademia e Kanit është çdo lloj përvoje kolektive e mësimit. Nën thirrjen që i bëhet interesit individual dhe efikasitetit është kritika e barazisë, dhe barazia ka qenë aksiomatike në ndërtimin pasrevolucionar të arsimit publik. Gjithashtu në lojë në akademinë e Kanit është fshirja dhe shuarja e të vetmit zot që rivalizon zotin kapitalist: mësuesi.

Nën dritën e këtij portreti të gjendjes së sotme të edukimit, analiza e Illiçit duket anakroniste, e vjetëruar, madje edhe reaksionare. Para se radikalët dhe mendjendriturit të ndërhynin për t'iu përgjigjur thirrjes së Illiçit për të shthemeluar shkollat, erdhën neoliberalët, dhe shthemelimi i tyre i rrejtëzuar, i fuqizuar nga mediat sociale, nga poshtë-lart, kundërhierarkik, krijimtari-lehtësues, i shkollës është më tërësor dhe më i rrezikshëm nga çdo të mund të kishte imagjinuar ndonjëherë Illiç. Të jesh progresiv në arsim ditët e sotme do të thotë të bëhesh kundërshthemeltar.

Por Ivan Illiç nuk është tërësisht anakronist; diçka mund të shpëtohet prej analizës së tij.

Vetëpërtëritja [*sublation*] dialektike e Illiçit

Një këndvështrim më historik dhe më krahasues mbi gjendjen e sotme të arsimit mund të na tregojë shumë gjëra. Nuk është çështja të zgjedhim midis universalizmit burokratik social nga njëra anë dhe universalizmit të mallit [*commodity*] të neoliberalizmit nga ana tjetër. Ka në fakt një farë përputhje midis këtyre dy konfiguracioneve, një përputhje që Illiç e kishte zbuluar. Nga pikëpamja historike, institucionet burokratike të shtetit evropian të mirëqenies sociale të pasluftës krijuan tregje që ishin të përkryer për privatizim nga këndvështrimi i kapitalit: sisteme të plotë shpërndarjeje, një infrastrukturë që po vjetërohej nga pikëpamja teknologjike por të paktën ndërtesat ekzistonin, pronat lokale që ishin siguruar, dhe më së rëndësishmi një treg absolutisht të magjepsur që kishte pikërisht zakonet dhe pritshmëritë e duhura nga pikëpamja e dërgimit të të gjithë pasardhësve në shkollat lokale.

Illiç e paraprin këtë përputhje duke bërë lidhjen e tij midis logjikës standardizuese të institucionit, prodhimit të nevojave artificiale, dhe shtrirjes së procedurave të tij në konsumin e mallit. Ai shkruan, "Një shoqëri e tërë futet në Mitin e Konsumit Pambarim të Shërbimeve" (ÇSH 48). Nën këtë dritë, është interesante të vërejmë rritjen e certifikimeve në biznes. Ka standarde ISO për efikasitet dhe madje edhe për përgjegjësi sociale dhe mjedisore – disa kompani bëjnë para duke testuar bizneset për zgjedhshmërinë e tyre për këto certifikata, dhe biznese të tjera bëjnë para duke iu mësuar bizneseve si të marrin provimin për këto certifikata. Kështu pra prej këndvështrimit të Illiçit ne nuk duhet të flasim vetëm për mallëzimin [*commodification*] e institucionit, por duhet gjithashtu të pohojmë institucionalizimin e biznesit. Biznesmenët kanë gjithashtu nevojë të lirohen.

Megjithatë, fakti se ai paraprin përputhjen midis institucionalitetit burokratik dhe kapitalizmit nuk është ajo që i jep diagnozës së tij të shkollës së sotme rëndësi. Një tjetër hap duhet bërë.

Përsa i përket parimit të barazisë të trashëguar nga revolucionet franceze dhe angleze, duhet të kujtojmë kritikën e Marksit të kuptimit formalist të barazisë tek *Kritika e programit të Gotës* [*Critique of the Gotha Programme*]. Vetë Illiç vëren "rezistenca që Karl Marksi ngriti kundër programit të Gotës që [...] donte të bënte të jashtëligjshme punën e fëmijëve. Ai iu kundërvu propozimit në interes të edukimit të të vegjëlve që mund të ndodhte vetëm në vendin e punës" (ÇSH 30). Në parafrazën e Illiçit, *edukimi i të vegjëlve mund të ndodhte vetëm në vendin e punës.*⁵ Marksi nuk i kritikoi masat egalitare formaliste në programin e Gotës për të braktisur barazinë në vetvete.

Përkundrazi, ajo që mbetet për t'u menduar, ajo që mbetet një pyetje e hapur për edukimin bashkëkohor progresiv është se si barazia mund të ndodhë jo si matja, krahasimi dhe nivelimi institucional i individëve, por si një eksperiencë kolektive.

Në diagnozën e tij të universitetit burokratik të orientuar si të ishte një sherbim, Illiç e krahason atë me modelin origjinal:

> Universiteti i vjetër ishte një zonë e çliruar për zbulim dhe diskutimin e ideve të reja e të vjetra. Mjeshtra dhe studentë mblidheshin për të lexuar tekstet e mjeshtrave të tjerë, prej kohësh të vdekur, dhe fjalët plot jetë të mjeshtrave të vdekur u jepnin një perspektivë të re mbi rrejshmëritë e të sotmes. Universiteti ishte atëherë një komunitet kërkimi akademik dhe trazire të brendshme. (ÇSH 41)

Është e vështirë të kuptosh se si Illiç mund të përqafojë autoritetin dhe madje vetë ekzistencën e mjeshtrave, të gjallë apo të vdekur, nëse marrim parasysh parapëlqimin e tij për mësimin informal dhe shkëmbimin e barabartë të aftësive. Por Illiç nuk bën thirrje për një ripërtëritje të universitetit të vjetër, ai thjesht përmend pikëmbërritjen e tij. Ajo pikëmbërritje është të jetë *një komunitet kërkimi akademik dhe trazire të brendshme.* Duhet pranuar se kjo komandë ka një tingull vetëmohues, por më mirë të mendojmë nën shenjën e Servantesit se asaj të shkollës së ekonomisë të Çikagos.

Çfarë, pra, mund të marrim prej Illiçit? Një zbulim të thjeshtë. Institucionalizmi i arsimit ndodh sepse ne mendojmë se *shkollojmë për të përmirësuar shoqërinë.* Kjo është bindja themelore në zemrën e shkollës së institucionalizuar. Në momente krize, gjatë periudhave kur çdo institucion publik që ende nuk është privatizuar duket sikur po

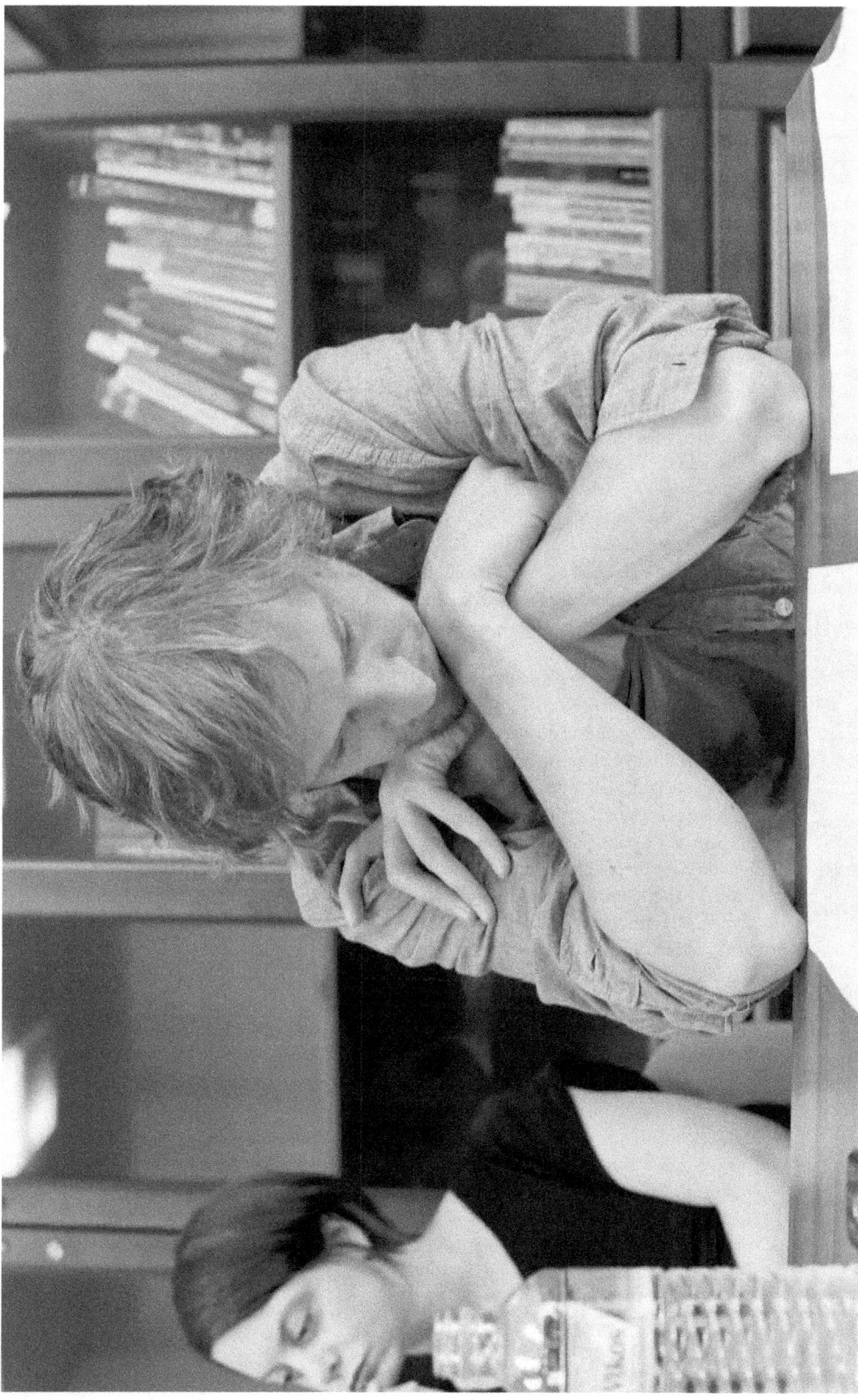

shkërmoqet, ne vazhdojmë të besojmë se shkollojmë për të përmirësuar shoqërinë; jo vetëm për të përmirësuar individë të caktuar, por për t'i përmirësuar ata për sa kohë që ata do të bëhen pjesëtarë të përgjegjshëm të shoqërisë. Arsimuesi nuk mund ta fshijë perspektivën komunitare holistike nga institucionet e shoqërisë tonë individualiste. Është pikërisht kjo bindje që na çon në shumë rrugë pa dalje, si pedagogjike, lidhore dhe financiare.

Të ballafaquar me këto impase, ne duhet të përmbysim komandën e Illiçit. E thënë ndryshe, çështja nuk është më që të çshkollojmë shoqërinë, çështja është të *çshoqërizojmë shkollën*. Problemi nuk është shkolla, problemi është shoqëria, dhe mbajtja e saj e shkollës. Shkolla ka nevojë të hiqet nga shoqëria, dhe të zbulohet ndaj asaj që unë e quaj zona e aksionit.

Kjo komandë prodhon tre pyetje:
- Çfarë është shoqëria për shkollën?
- Çfarë është zona e aksionit? Dhe,
- Si mundet një shkollë të zbulohet ndaj një zone aksioni?

Çfarë është shoqëria?

Tek *Teoria e ndjenjave morale*[6] (që këtej e tutje, TNM), dhe *Një Hulumtim mbi origjinat dhe pasurinë e kombeve* të Adam Smithit gjejmë një kritikë të arsimit nën feudalizëm (për të qenë të saktë, një sulm ndaj gildave dhe punës së çirakut si shtrembërime të tregut) dhe ndërtimin e një koncepti të shoqërisë. Koncepti i shoqërisë i Smithit ka tre elemente bazë:
- Shoqëria lind nëpërmjet ndërveprimeve njerëzore kur çdo individ gjykon veprat e tjetrit;
- Shoqëria është një institucion skalar në kuptimin se ajo përfshin shkallët mikro ose lokale në atë makro ose globale.
- Ideja rregullatore e shoqërisë është progesi, progresi për individin në formën e lëvizjes sociale, e ngjitjes në shoqëri; dhe progresi për shoqërinë në formën e kompensimit për, ose eliminimin e, lëngatave kolektive.

Shoqëria lind si rezultat i ndërveprimit njerëzor për sa kohë që çdo person gjykon veprimet e tjetrit sipas kritereve morale. Në teorinë e ndjenjave morale, Smith argumenton se ne i formojmë gjykimet tona mbi veprimet e njerëzve të tjerë, dhe të veprimeve tona duke imagjinuar se si një spektator asnjanës do ta gjykonte veprimin. Spektatori asnjanës është kësisoj një version modern *imagjinar* i *phronimos*-it të vërtetë të Aristotelit, një burrë i matur ose i urtë si model për gjykimin e mënyrës se si duhet vepruar në situata të ndërlikuara dhe të pazakonta. Spektatori i imagjinuar është kësisoj një lloj norme e përbrendësuar. Kësisoj, shoqëria nuk është një bashkësi njerëzish por një garanci e ndërveprimit të lëmuar të një grupimi koherent normash.

Shoqëria është një konstrukt skalar në kuptimin se ndërveprimet lokale prodhojnë cilësi globale si norma apo zakone morale. Vendimi për të blerë apo mos blerë një mall me një çmim të caktuar çon në luhatje në treg, duke ndryshuar normat e fitimit e më pas të investimit, dhe pastaj ato të prodhimit tregtar, duke shkaktur "korrigjime" të tregut. Me fjalë të tjera, ndërveprimet lokale shkaktojnë dukuri makro si dora e padukshme.[7] Ndërtimi skalar i shoqërisë është po ashtu një komandë normative. Duke vendosur një mekanizëm të menjëhershëm që lidh mikron me makron – dorën e padukshme – Smith zëvendëson funksionin e trupave të ndërmjetëm korporativ ose rajonalë, si gildat, ose "çifligjet" dhe "korporatat" në terminologjinë e Hegelit. Qëllimi i Smithit është të verë në vend një individualizëm atomik dhe të çlirojë veprimin e dorës së padukshme për të prodhuar kolektiva që janë tërësi të pastra të veprimit strukturalisht unifom individual, pa asnjë trup ndërmjetësues. Sigurisht që në shoqërinë e Smithit ka tre kategori të përgjithshme aktorësh ekonomik – tregtarët, pronarët dhe punëtorët. Megjithatë, këto grupe nuk krijojnë faksione ose klasa, por përkundrazi i përkasin zonave të ndërvarura të praktikës ekonomike.

Vetitë skalare të shoqërisë lindin falë përfshirjes zig-zage, bishtdallëndyshe dhe ndërvarësisë të praktikave të ndryshme ekonomike dhe ligjore mbi modelin e zinxhirit të furnizimit. Kujtoni panegjirikun e Robert Smithit për bashkëpunim tregtar në fund të kapitullit të parë të librit të parë të *Pasurisë së kombeve*. Imagjinoni numrin e prodhuesve që duhet të bashkëpunonin, pa u takuar asnjëherë, për të prodhuar gjithë pjesët përbërëse të pallto së punëtorit. Le të kremtojmë bashkë me Smithin ndërvarësinë ekonomike të praktikave sociale mbi modelin e zinxhirit të furnizimit, dhe të kristalizuar tek produkti si mikrobota themelore e bashkëpunimit social. Çdo praktikë ekonomike përforcon kësisoj ekzistencën e praktikave të tjera ekonomike, pa bërë të domosdoshme ekzistencën e ndonjë praktikanti individual. Që do të thotë, vërtetë se që fabrika ime të funksionojë unë kam nevojë për një llogaritar, një avokat, dhe shërbime pastrimi, ama unë nuk varem mbi ndonjë llogaritar të caktuar, apo ndonjë avokat të caktuar, apo ndonjë shërbim pastrimi të caktuar sepse asnjë veprues nuk ka monopol në asnjë prej atyre tregjeve. Ky është vizioni liberal i riprodhimit institucional *avant la lettre*. Para ndërtimit të institucioneve masive sociale që kritikon Illiç, si shërbimi kombëtar shëndetësor, ose arsimi publik, vetë shoqëria angazhohet në riprodhimin e saj formal. Të drejtosh një fabrikë është të sjellësh në jetë një shërbim llogaritar dhe një shërbim ligjor dhe një shërbim pastrimi, e kështu me rradhë. Së fundmi, për Smithin, ekzistenca e cilësive si dora e padukshme është provë e synimit dhe teleologjisë në përbërjen e kozmosit.

Elementi i tretë në konstruktin e konceptit të shoqërisë së Smithit është ideja rregullatore e progresit: progresi për individin në formën e lëvizjes sociale; progresi për shoqërinë në formën e reformës dhe të eliminimit të problemeve kolektive. Për sa i përket individit, Smith pohon shkallët shoqërore jo për t'i shndërruar në gjëra konkrete, si në feudalizëm, por për të ankoruar lëvizjen sociale si premtimin kyç të një shoqërie tregtare. Premtimi i lëvizjes sociale është efektiv sepse njerëzit kanë dëshirë të barazohen me ata që gjoja janë sipër tyre (TNM, I, III, 2). Ai premtim, për turmën e individëve, është, Smith pohon, një iluzion. Për sa i përket progresit për shoqërinë në tërësi, shembulli kyç nga Smith do të ishte rekomandimi i tij i arsimit universal të detyruar si një panacea, një kompensim për degradimin e pashmangshëm mendor e një pjese të mirë të popullatës që rezulton nga aplikimi i gjerë i ndarjes së punës. Smith e fillon *Pasurinë e kombeve* duke rekomanduar një intensifikim të menjëhershëm të ndarjes së punës në interes të rritjes së efikasitetit të prodhimit dhe të pasurisë së kombit, ose rezervave ekzistuese të mallit. Edhe në vetë veprën e Smithit, e vërteta e llahtarshme duket qartë – sigurisht, ne shkollojmë për të përmirësuar shoqërinë, por në të vërtetë shoqëria *nuk ka për t'u përmirësuar ndonjëherë*. Dhe kështu ne duhet të vazhdojmë të shkollojmë.

Nëse shoqëria përcaktohet si një cilësi që lind, si skalare dhe si premtimi i progresit, si atëherë pozicionohet shkolla në lidhje me të?

Pavendosmëria e shkollës

Mbi bazat e një hulumtimi në konceptimin e Lakanit [*Lacan*] të aktit psikanalitik, dhe të shkollës analitike në seminarin e tij të 1967/8-s, bëhet e qartë se shkolla pozicionohet në raport me shoqërinë në një nga dy mënyra:

a. Një shkollë mund ta pozicionojë veten si një propedeutik ndaj shoqërisë, si një përgatitje e mbrojtur për shoqërinë. Kësisoj shkolla mbron nxënësin e vogël nga të këqijat shoqërore ndërsa e pajis atë me aftësi dhe resurse të mjaftueshme për t'i kapërcyer këto të këqija kur del në shoqëri.

b. Mënyra e dytë se si shkolla mund ta pozicionojë veten në raport me shoqërinë është si një mikrobotë. Kjo duket qartë si në kopshtin e lojrave dhe në klasën e mësimit, dhe në korridor. Si mikrobotë, shkolla jo vetëm riprodhon të gjitha të këqijat shoqërore, ajo edhe i koncentron disa prej tyre, ajo përdor gjithashtu disa prej mekanizmave rregulluese të vetë shoqërisë dhe premtimin për progres individual.

Për shkollën, problemi që paraqesin këto dy pozicione është se ato programojnë dështimin e saj. Nëse një shkollë e kupton veten si propedeutike, ajo krijon një mjedis të mbrojtur artificialisht, si një serë për lule ekzotike, dhe kësisoj nuk i pregatit nxënësit e saj për realitetet e shoqërisë. Ndonëse ata mund të vazhdojnë të jetojnë dhe të punojnë në fusha të tjera artificiale dhe të mbrojtura, si në komunitete të rrethuara dhe në kompani të teknologjisë informatike. Nëse, nga ana tjetër, shkolla kuptohet si një mikrobotë, ajo i zbulon nxënësit e saj tepër herët ndaj realiteteve të shëmtuara të shoqërisë, që pengojnë procesin e duhur të arsimit. Në përpjekje për t'i korrigjuar këto dështime një shkollë thjesht hidhet tek pozicioni tjetër, ai propedeutik, dhe kësisoj i nënshtrohet problemeve të propedeutikut.

Duke pasur parasysh këtë cikël dështimi të nxitur strukturalisht, ka ardhur koha për ta ripunuar komandën e Illiçit, dhe për ta hequr shkollën nga shoqëria. Të heqësh shkollën nga shoqëria do të thotë të zhbësh mikro-makrobotën, hierarkinë gjoja dinamike, dhe ndërmjetësimet midis individit dhe imazhit të rremë të tërësisë, ose të zotit. Në një shkollë të çshoqërizuar nxënësit nuk do të grupoheshin në bazë të moshës, as të aftësive të matura, as të profesorit por të organizimit të tyre të shkëmbimit të aftësive dhe projekteve. Ta heqësh shkollën nga shoqëria nuk do të thotë ta lësh të varet në një boshllëk individualizmi. Përkundrazi, shkolla duhet të futet në zonën e aksionit; që do të thotë, në realitetin e jetës politike që gjithmonë ka qenë i fshehur nën sipërfaqen e shoqërisë.

Zona e aksionit

Hetimi, tek *Anatomi Dështimi* [*Anatomy of Failure*], i një epizodi të veçantë gjatë Revolucionit Anglez, aleanca e pasigurtë midis aktivistëve të Rrafshuesve [*Levellers*] dhe *New Model Army*, çoi në një pragmatikë spekulative të aksionit politik dhe krijimit të konceptit të domenit të politikës si një zonë aksioni. Një zonë aksioni është një shumësi veprimesh që përkojnë pjesërisht që janë ontologjikisht dhe epistemologjikisht të paplota. Domethënë, brenda zonës së aksionit çdo gjykim i ekzekutuesit, natyrës dhe synimit të një veprimi dështon plotësisht të rrokë shumësinë e plotë të kapacitetit të tij veprues dhe pasojave të tij. Në zonën e aksionit të gjitha kapacitetet për veprim janë pareduktueshmërisht të shumëfishta dhe nuk është e qartë se ku mbaron përgjegjësia ime e ku fillon e jotja. Pritja e çdo veprimi përbën pasojat e tij, por pritja e një veprimi mund të ndodhë vetëm nëpërmjet veprimesh të mëtejshme. Nuk ka asnjë moment kur të gjitha veprimet pushojnë, dhe dikush mund të vlerësojë se çfarë po ndodh, apo atë që sapo ka ndodhur, pasi të vlerësosh është në vetvete një veprim, dhe veprimet nuk pushojnë kurrë.

Ta vësh shkollën brenda zonës së aksionit është t'i zbulosh studentët ndaj realitetit ontologjik të zonës së aksionit. T'i zbulosh studentët ndaj këtij realiteti do të thotë t'i bësh të kuptojnë paraqitjen, shfaqjen, e zonës së aksionit, dhe t'i bësh të rindërtojnë këtë shfaqje me fjalët e tyre.

Detyra e rradhës është kësisoj të kuptojmë se si zona e aksionit paraqitet. A ndodh që vetë qenia e një veprimi politik, përtej gjykimit, nënkupton një lloj të caktuar paraqitjeje? Në një sprovë të kohëve të fundit mbi statusin e teatrit dhe estetikës në filozofinë e Alen Badiusë dhe tek Aristoteli unë tregoj se është e mundur ta mendosh shfaqjen e një aksioni politik që zbulon zonën e aksionit si një lloj *arqiteatri* [*architheater*].[8] Si tek Aristoteli, ky arqiteater përfshin paraqitjen e *praksit*, paraqitjen e një aksioni të zgjatur.

Poetika e Aristotelit

Në përkufizimin e tij të tragjedisë tek *Poetika,* Aristoteli cilëson se një tragjedi është pikësëpari imitimi i një veprimi, dhe jo i njerëzve. Kjo do të thotë se njerëzit që po luajnë, personazhet, janë në vend të dytë, ndahen në dukuri (Kreu 6, 1450b1). Kjo përputhet plotësisht me konceptin tim të zonës së aksionit ku çdo kapacitet i fundëm veprimi është gjithmonë një mbifenomen [*epiphenomenon*].

Më së tepërmi, Aristoteli shpjegon se ky imitim i një veprimi nuk ndodh nëpërmjet historisë [*narrative*] por krijohet në mënyrë të drejtpërdrejtë nga njerëzit në veprim:

> Ka një dallim të tretë midis këtyre arteve që ndodh për shkak të mënyrës së imitimit. Duke përdorur të njëjtat mjete dhe objekte dikush mund të imitojë duke treguar një histori (ose nëpërmjet gojës së dikujt tjetër [duke marrë rolin e një personazhi përveç tëndit], siç bën Homeri, ose duke ruajtur personalitetin e tij pa e ndryshuar atë) ose duke i paraqitur të gjithë personazhet sikur të ishin duke luajtur (ose të përfaqësosh personazhet sikur të ishin duke e kryer gjithë aksionin vetë.) (Kreu 3, 1448a20)

Kështu pra veprimet janë parësore por paraqiten nëpërmjet "personazheve" që aktivizohen nga këto veprime. Këto personazhe na lejojnë që t'i cilësojmë ose t'i kuptojmë veprimet nga pikëpamja ose e personave ose e mendimit (Kreu 6, 1450a1). Me fjalë të tjera, ne pashmangshmërisht i kuptojmë veprimet sipas kategorive të *kush* dhe *çfarë*: kush po vepron (për çfarë lloj personi bëhet fjalë), dhe çfarë po mendonte ai ose ajo nëpërmjet këtyre veprimeve (për çfarë lloj qëllimi bëhet fjalë). T'i transferosh këto cilësime aristoteliane tek zona e aksionit, veprimet paraqiten kësisoj si një mendim, një plan ose strategji, ose si efekti i një kushi, një lloj personi, me zakone dhe pasione të caktuara, një pozicion subjektiv të caktuar, qoftë tiran apo dashnor, etj. Shumësia e papërcaktuar e aksioneve të ndërthurura mund kësisoj të *mbulohet* ose *homogjenizohet* me një person, fiksohet në një emër të përveçëm, ose me një strategji, ku një strategji është një vijimësi ideale veprimesh që supozohet se përfundon në një fund të fundëm dhe të qëndrueshëm.

Aristoteli cilëson gjithashtu se tragjedia është imitimi i një veprimi fisnik. Trajtimi më i drejtpërdrejtë i veprimit konkret politik nuk është përkufizimi i famshëm i veprimit vullnetar tek *Etika e Nikomakut* por teoria e faksionalizmit që zhvillohet tek Libri v i *Politikës*.

Faksionalizmi tek *Politika* si paraprirje e zonës së aksionit.

Aristoteli e nis teorinë e tij të faksionalizmit duke vënë në dukje se pasuria, përkryeshmëria, dhe liria janë vlera që grupe të veçanta brenda qyet-shtetit mund të thonë se i kanë për karakteristikë: fisnikët kanë përkryeshmërinë, pasanikët pasurinë, dhe populli lirinë. Secili prej këtyre grupeve pretendon se shpërndarja e të mirave në qyetet nuk është e drejtë pasi ajo nuk rregullohet sipas vlerës ose karakteristikës së tyre. Si pikë referimi këto pretendime marrin gjithmonë barazinë dhe pabarazinë. Për shembull, fisnikët pretendojnë se ata nuk janë të barabartë me të tjerët, ose se ata janë superiorë, për shkak të përkryeshmërisë së tyre. Siç thotë Aristoteli:

> Njerëzit janë dakord se drejtësia, e menduar në mënyrë abstrakte, është e përpjesshme, por ata nuk bien dakord se nëse janë të barabartë në ndonjë aspekt, janë absolutisht të barabartë; të tjerët se nëse nuk janë të barabartë në ndonjë aspekt, duhet të jenë të pabarabartë në të gjithë aspektet. (v, 1, 1301*b*35-8)

Meqenëse fisnikët pretendojnë se janë superiorë nga pikëpamja e virtytit ata mund të pretendojnë gjithashtu se janë superiorë nga pikëpamja e vlerave të tjera të rëndësishme politike, si pasuria, liria, dhe pjesa e pushtetit politik që iu takon. Pasanikët nga ana tjetër, theksojnë se ata janë superiorë nga klasat e tjera për shkak të pasurisë së tyre. Ata pretendojnë pas kësaj se duhet të jenë superiorë ndaj klasave të tjera nga pikëpamja e lirive të tyre, pushtetit politik, dhe pohimit të përkryeshmërisë së tyre. Populli, nga ana tjetër, bën një pretendim të përmbysur: ata thonë se ne jemi të barabartë me të gjitha klasat nga pikëpamja e lirisë tonë, dhe kësisoj duhet të jemi të barabartë me to edhe nga pikëpamja e pasurisë, përkryeshmërisë, dhe ushtrimit të pushtetit politik.

Është pretendimi që lidhet me ekzistencën e padrejtësisë brenda qytetit ajo çka garanton solidaritetin dhe përbashkësinë brenda grupit. Për shembull, nëse pasanikët nuk gëzojnë fuqi politike në përpjestim me nivelin e pasurisë që kanë, kjo do të thotë se grupet e tjera brenda qytetit, fisnikët dhe të varfërit, po gëzojnë tepër pushtet politik. Fisnikët dhe të varfërit janë ata që gëzojnë pushtetin politik që me të drejtë i takon pasanikëve: ata janë fajtorë për shpronësim, vjedhje. Unë kam solidaritet për të gjithë bashkëqytetarët e mi të pasur për sa kohë që të gjithë ne jemi robtuar nga pjesa jonë e saktë në pushtetin politik.

Për pasojë, çdo grup formon atë që Aristoteli quan një faksion (*stasis*). Një faksion ekziston si një veprim kolektiv që kërkon ndreqjen e një padrejtësie dhe një kthim tek drejtësia. Fisnikët kërkojnë pushtet politik në përpjestim me përkryeshmërinë e tyre, dhe të zvogëlojnë pushtetin e tepërt politik, pasurinë dhe lirinë e pasanikëve dhe të varfërve. Pasanikët kërkojnë pushtet politik në përpjestim me pasurinë e tyre, dhe kërkojnë të zvogëlojnë pushtetin e tepërt politik, të ashtu-quajturën përkryeshmëri dhe liritë e fisnikëve dhe të varfërve. Të varfërit kërkojnë pushtet politik në përpjestim me lirinë e tyre dhe kërkojnë të zvogëlojnë pushtetin e tepërt politik, të ashtu-quajturën përkryeshmëri dhe pasurinë e fisnikëve dhe pasanikëve.

Secili prej këtyre projekteve është në konflikt me projektet e faksioneve të tjera: është vetë përpjekja për të ndrequr padrejtësinë nga ana e popullit që çon në perceptimin e rritjes së padrejtësisë kundrejt tyre nga pasanikët ose fisnikët. Për sa kohë që këto pretendime kundërshtuese për drejtësi janë aktive, konflikti nuk mund të marrë fund. Ky është rezultati më i befasishëm i teorisë së Aristotelit të faksionalizmit: drejtësia duhet të jetë përgjigja ndaj konfliktit politik: ajo duhet të sigurojë paqe dhe një fund relativ të mosmarrëveshjeve politike kur vendoset, përkundrazi, me teorinë e tij Aristoteli tregon se si perceptime të caktuara të drejtësisë janë në fakt vetë shkaku i konfliktit politik.

Mund të nxjerrim gjashtë pasoja nga teoria e Aristotelit e faksionalizmit për konceptin e zonës së aksionit.

1. Çdo faksion përbën atë që unë quaj një kontekst për pritjen e veprimeve. Çdo kontekst përbëhet nga shumë veprime të kaluara, të tashme dhe të ardhme. Një kontekst bashkohet nga një projekt politik që pretendon për drejtësi duke u bazuar në një vlerë të caktuar qytetare (pasuria, përkryeshmëria ose liria për Aristotelin, liria e ndërgjegjes për disidentët anglezë).
2. Për sa kohë që secili prej këtyre projekteve politike prodhon padrejtësi të mëtejshme nga perspektiva e konteksteve të tjera, këto kontekste nuk janë thjeshtë të ndryshëm por "ndarë." Një qytet-shtet është shumës – siç pohon Aristoteli kundër përpjekjes së Platonit për bashkim tek *Republika* – jo vetëm për shkak të larmisë së llojeve të njerëzve që banojnë në të, por për shkak të ndarjeve midis konteksteve të tij, faksioneve.
3. Veprimet politike përshkojnë kontekste të shumta, por ato shfaqen ndryshe në çdo kontekst. Rrjedhimisht, midis konteksteve të ndryshme nuk mund të këtë mirëkuptim në lidhje me veprimet që duhen ndërmarrë për të përmirësuar situatën e të gjithë trupit politik.
4. Nëse përpjekje të ndryshme për të ndrequr padrejtësinë e qytetit prodhojnë padrejtësi të mëtejshme për shkak të veçantive të tyre, atëherë ato rrisin gjithashtu nevojën për dëmshpërblim dhe kompensim. Rrjedhimisht, gjithë veprimtaria politike çon pashmangshmërisht në më tepër veprimtari politike; ky proces nuk përfundon asnjëherë me një gjendje të qëndrueshme apo të kënaqshme. Siç vë në dukje Aristoteli, veprimi, në kundërshtim me prodhimin, nuk rezulton në mëvetësinë e një substance të identifikueshme dhe ontologjikisht të qëndrueshme.
5. Nëse çdo faksion e kupton një veprim kryesisht prej perspektivës së tij: nuk ka një regjistrim të ndonjë qenie të tërthortë të një veprimi apo të një të mire të "përbashkët." Nuk ekziston pra mundësia e një mirëkuptimi jo vetëm mbi çfarë duhet bërë, por gjithashtu mbi atë që ndërkaq është bërë.
6. Meqenëse ka më shumë se dy faksione – tre në modelin e Aristotelit, që është relativisht i thjeshtë – ajo që ndodh është një garë që është më e ndërlikuar se një cikël

hakmarrje, ose lufte klasash, të dyja prej të cilave kanë një strukturë dyjare [binary]. Në zonën e aksionit nuk ka humbës dhe fitues të qartë.

Paraqitja e zonës së aksionit dhe shkollës
Nëse zona e aksionit përbëhet nga një shumësi veprimesh të cilat pozicionohen si reagime ndaj njëra-tjetrës, nëse nuk ka një mirëkuptim midis atyre që i kryejnë ato, natyrës së tyre, synimeve të tyre, dhe shtrirjes së pasojave të tyre, atëherë paraqitja e këtyre veprimeve nuk do të mund të ishte asnjëherë koherente dhe organike. Nuk do të japë një unitet sintetik. Paraqitja e këtyre veprimeve do të zbëjë dhe do të zbulojë caqet dhe dështimin e çdo përpjekje për t'i caktuar një unitet organik si qytet-shtetit ashtu edhe veprimeve nga të cilat ai përbëhet. Aristoteli thotë se veprimet paraqiten nga pikëpamja e "kush-it" dhe e "mendimit." E thënë ndryshe, teatri i veprimeve ka të bëjë me *kush i bëri çfarë kujt?* dhe, më së tepërmi, *çfarë po mendonin kur e bënë atë?*

Rrjedhimisht, një teatër i zonës së aksionit ka për të ndërlikuar dhe shumëfishuar termat e kësaj fjalie:

Kush/çfarë/kujt
bëri/iu bë
çfarë/kujt/kush
ndaj/prej
kujt/kush/çfarë?

Kjo fjali e ndërlikuar është një matriks për mbipërcaktimin e veprimeve brenda zonës së aksionit. Avantazhi i këtij matriksi është se ai na lejon të rrokim disa paraqitje pozitive të zonës së aksionit:
- Për shembull, zona e aksionit shfaqet kur bëhet e qartë se kur unë veproj, të tjerët veprojnë nëpërmjet meje, se kapaciteti im për të vepruar parazitohet tek ose ndahet me të tjerët – ky është ai lloj zbulimi që mund të ndodhë gjatë psikanalizës, kur mekanizmat e dëshirës së tjetrit dalin në dritë nëpërmjet shfaqjes se kryeshënjuesve nga pavetëdija.
- Zona e aksionit shfaqet gjithashtu kur bëhet e qartë se të tjerët e kanë pritur veprimin tim jo ashtu siç unë synoja dhe po përgjigjen në pajtim. Nuk është thjesht çështje keqkomunikimi këtu, e synimeve të keqkuptuara, ose edhe e predispozitave të këqia nga ana e tjetrit, keqinterpretimi të qëllimeve të mia, por të vetë shfaqjes së veprimit tim në një kontekst që ndryshon nga imi. Domethënë, pasi unë kuptoj shfaqjen dhe pasojat e veprimit tim në këtë kontekst jofamiljar, unë menjëherë kuptoj pse ai interpretohet kaq ndryshe.

Duke marrë parasysh këtë matriks të paraqitjes të zonës së aksionit, çfarë do të thotë ta vësh shkollën në zonën e aksionit?

Më sipër thashë se ta vësh shkollën brenda një zone aksioni është t'i zbulosh të vegjëlit ndaj realitetit ontologjik të zonës së aksionit. T'i zbulosh të vegjëlit ndaj këtij realiteti është t'i bësh ata të kuptojnë paraqitjen, shfaqjen, e zonës së aksionit. Të kuptosh një paraqitje të tillë është ta rindërtosh atë sipas mënyrës tënde. Shkurt, foshnja dhe fëmija duhet të futen në realitetin e politikës pa maska ose norma ose spektatorë asnjëanës ose funde të lumtura – në fund të fundit, kush më shumë se fëmija i njeh peripecitë e veprimit falë miqësive dhe armiqësive që ai ka?

Të rindërtosh paraqitjen e zonës së aksionit është thjesht të vësh në skenë një dramë, por një dramë të ankoruar në të kaluarën e vonëshme, në atë që sapo ka ndodhur në politikë. Të vësh në skenë një dramë, një dramë që rindërton kompleksitetin e plotë të punëve të qytetit, është t'i kuptosh ato punë dhe të jesh i aftë t'i rindërtosh ato. Të vësh në skenë një dramë është të zotërosh një mori aftësish. Shkolla e çshoqërizuar është periudha e punës si çirak në teatër, teatrin e zonës së aksionit.

Si arritëm deri këtu? Kërkoji një fëmije ta tregojë.

Shënime

1. Alain Badiou, *Eloge du théâtre* (Paris: Flammarion, 2013), 31–2.
2. Sh. §7 në Friedrich Nietzsche, *Beyond Good and Evil*, përkth. R. J. Hollingdale (Londër: Penguin, 1973), 20.
3. Sh. Oliver Feltham, *Anatomy of Failure: Philosophy and Political Action* (Londër: Bloomsbury, 2013).
4. Illiç shkruan, "Shkolla e bën tëhuajësimin parapërgatitor për jetën, duke i mohuar shkollës realitetin dhe punës krijimtarinë. Shkolla përgatit për institucionalizimin tëhuajësues të jetës duke mësuar [*teaching*] nevojën për t'u mësuar [*to be taught*]" (ÇSH 51).
5. Në një intervistë të bërë disa vite më parë, Alen Badiu ndjek hapat e Marksit duke rekomanduar reformimin e shkollës së mesme franceze nëpërmjet masave në vijim. I gjithë shkollimi i detyruar do të hiqet për vitet e fundit të shkollës nëntëvjeçare. Midis moshës katërmbëdhjetë dhe gjashtëmbëdhjetë vjeç, adoleshentët do të dërgohen në punë për të fituar një "orientim punëtor" të plotë dhe të thellë para se t'iu rikthehen, tashmë të motivuar, studimeve të larta. Kjo intervistë është publikuar në fund të Oliver Feltham, *Alain Badiou: Live Theory* (Londër: Continuum, 2008).
6. Vini re se Turgot është i pari që zhvillon një meditim mbi luhatjet e çmimit të rregulluara nga kërkesa dhe oferta. Turgot, *Le commerce des grains: Projet de lettre au contrôleur général Bertin sur un projet d'édit*, 1763. *Réflexions sur la formation et la distribution des richesses*, 1766: http://fare.tunes.org/books/Turgot/refl_fdr.html
7. Oliver Feltham, "Aesthetics of Action: Theater in Badiou and Aristotle," referatë e papublikuar dhënë tek Universiteti i Torinos (6 qershor 2013).

SANDY HOOK UNIVERSITY
POETIC VIOLENCE, SCOPE, AND STYLE OF IMAGINATION

Adam Staley Groves

> *The aspirations of the student go beyond functionarian enclosure, it reaches from its self-other in technics and extends the term in this moment of silencing, to an opening. The term is the terminology evincing the teacher who aspires in relation to the student. This principle regards the relationality of the poetic, between the individuation and the possibility of reality, a silent respiration of shared imagination, thinking passages between technicians and the few.*

The user in technics marks a departure for the human side of an ambit. Academia follows the act: essays may be graded by software, e-readers track student eye movement reporting to an education manager what the student purportedly read. Increasingly, relation is deported to the online classroom or the hybrid space of Learning Management Systems.

Purportedly serving intellectual freedom and humanity, universities will inevitably collapse into technics. Our lingering delusion that state universities serve a national purpose and preserve this alongside the interest of global capitalism is well known. However this delusion, allusion, illusion is given, it is powered by imagination and the human task is to reclaim access and care for it. Technological order, what governs significantly the production of the world and the presentation of nature to human thought has quickly placed the imagination as its final prize. Conversely if the university mirage cast a shadow over the reality of technics, the other side of an imaginative ambit opens toward an ethics of imagination.

Today I will work through a few selections from Emmanuel Levinas and read a few prose philosophemes of Wallace Stevens.[1]

Levinas's remarks in the preface to *Totality and Infinity*, of the relationality of book, author, and reader: "The word by way of preface which seeks to break through the screen stretched between the author and the reader by the book itself does not give out as a word of honor."[2]

Relation to the book does not give the reader a promise of reality by its word, yet why would the preface? The book is a device with a screen of which the dubious word generates, or engenders, an appearance. The preface as an attachment represents a circling back to the screen; behind it yet equally joining it. However the joining of preface and book, it raises a question: if opening to exteriority generates interior self-references appearing in the book, this relation remarks of the *production of the infinite in relation to the other* as self-othering through the device. Levinas's book is a device. Through self-referential exposition the device *others itself* in the screen of the text as it appears to thought (a matter of engendering thought). The experience of self-referentiality transcends "its term" by a permeative force in and out of metaphysical experience. The term is a thinking of the passage in technics of imaginative activity.

Two points to be made. First author and reader activity may track its own thinking as exampled by Levinas. Today in technics, the writing of author and reader in the form of the user constantly gives this activity each time it generates the appearance with smart devices that record user activity and engender the image. The writing that constitutes (generates) the individuation under surveillance (and the possibility of thinking of this surveillance-engendering) is what we argue Stevens calls scope and poetic style.

Second regarding the book and preface, silence permeates through the experience of language; as writing in its immediate emergence is a matter of poetic style *creating* passages: the terms and conditions of *itself* and others. The stylus of writing and thinking the generative appearance may be further read in Levinas:

> The aspiration to radical exteriority, thus called metaphysical, the respect for this metaphysical exteriority which, above all, we must "let be," constitutes truth. It animates this work ... and evinces its allegiance to the intellectualism of reason. But theoretical thought, guided by the ideal of objectivity, does not exhaust this aspiration; it remains this side of its ambitions. If [...] ethical relations [of text] are to lead transcendence to its term, this is because the essential of ethics is in its *transcendent intention* [...]. Already *of itself* ethics is an "optics."[3]

"Ambitions" otherwise an ambit, regards *aspiration to radical exteriority*. Imaginative respiration attenuates in the individuation's crystalized content. The returns we either *let be* or think-through with the screen and dubious word. Imaginative activity, formative aspects of viewable content, what constitutes the vitality of the screen and its territorialization through the other side of an ambit remains on this *side of its ambitions*. Toward the ethical possibility of individuation in technics, as human, the self-referential datum experiences the intelligence of emotional movement, a meditative speculation.

I will try to unpack this in Stevens's prose. I draw from "The Whole Man: Perspectives, Horizons," a paper presented in October of 1954, less than a year before his death. And second Stevens's concept of scope and poetic style found in "Two or Three Ideas," a lecture given in April 1951.[4] Addressing the banality of modernity and technics Stevens writes:

> It is plain that when, in this world of weak feeling and blank thinking, in which we are face to face with the poem every moment of time, we encounter some integration of the poem that pierces and dazzles us, the effect is an effect of style and not of the poem alone. The effective integration is not a disengaging of the subject. It is a question of the style in which the subject is presented.⁵

A few questions stand out. First, what does it mean to be face to face with *the poem every moment of time*? The second question concerns the effective integration of the poem. And third we may ask how by what pierces and dazzles that integration is established given that it regards poetic style?

The "Whole Man" addresses what Stevens calls the "general, all-round" thinker in steady decline since the mid-nineteenth century. Regarding the university and the thinkers it produces he prognosticates on a "neo-Platonic republic" comprising two classes to be governed by the truth. The first class he calls "technicians" steadily replacing the once predominant "all-round" thinker. Technicians would be "political and moral neuters" who "repose" in a few "the profoundest confidence." The few "a group composed [...] with minds rapacious and benign" are the "over-all thinkers" capable of "different sights, the sturdy fathers of that very republic and the authors of its political and moral declarations."⁶

By definition *reposed* means "something free from agitation or movement" a "body lying in state." *Reposed confidence* I argue is the individuation in technics, toward *the few*, not two distinct classes, rather where the imagination returns in technics. That may be established by how Stevens defines the purpose of "Two or Three Ideas":

> The first [idea] is that the style of a poem and the poem itself are one; the second is that the style of the gods and the gods themselves are one; the third is that in an age of disbelief, when the gods have come to an end, when we think them as aesthetic projections of a time that has passed, [humans] turn to a fundamental glory of their own and from that create a style of bearing themselves in reality. They create a new style of a new bearing in a new reality.⁷

Stevens's human task "that the style of man is man himself" is the technician's ethical task of *the few* toward the self-styling human in technics.⁸ A referentiality that constitutes a poetic ontological mode. If the technician constructs and references a poetic datum, scope is the adaptive aperture, or *receptacle* in Stevens for imaginative force toward the attenuation of possibilities of reality.⁹

In contemporary philosophy the technician as a *political and moral neuter*, what Stevens deems a *sexless poetic voice* anticipates the trans- and post-human thematic. If we face a governmentality toward the ungovernable in technics, what Enlightenment forms of governmentality can no longer control, Stevens's technicians – "those whom we reposed the profoundest confidence would actually be a few [...] with minds rapacious and benign"¹⁰ – run in stride with the infinite productions of self-othering. The *"few"* are aspects of reality of the individuation, the uncountable unfamiliar in the familiar, the remarks of the face in the screen of the device, to detect what the blindness of vanity reflecting in the window to the world of technics obscures. Poetic datum is initially a rapacious historicization, organization, pillaging, and management of imagination as relation to natural force. Stevens's ethics regards a *principle active in* us, toward a benign satisfaction for the truth of reality; the few irrepressible absences ungovernable in technics rendered in scope. This is, I argue, Stevens's axiomatic thinking of an *ambitious* transcendence, the axial relation between historical material or what he calls "the usable past"[11] and the finitude of existence that opens to the exterior. If Stevens poetic subjectivity remarks of overcoming the cybernetic, self-enclosure – our neoliberal subjectification, in Levinas *what we must let be* that *constitutes truth* regarding the *already of ethics that is itself an optics* – such takes place at the limits of an imaginative ambit in the generation and form of poetic content.

Therefore in "Two or Three Ideas" the bodily stylus engages the imagination and renders it in scope through a type of writing, remarks Stevens:

> One has to pierce through the dithyrambic impressions that talk of the gods makes to the reality of what is being said. What is being said must be true and the truth of it must be seen. But the truth about the poet in a time of disbelief is not that he must turn evangelist.[12]

It is not divine violence we abide by. One must "deny reality was ever monotonous" resisting indifference the un-usable past at first imparts. The technician "must assert [...] the source" when "reality returns [...] as if a shadow had passed and drawn after it [...] taken away whatever coating has concealed what lay beneath it."[13] This shadow opens to a "confidence" of the unseen poetic datum obscured by a vanity of the user extending, otherwise lingering in the destructive force of imagination. Writes Stevens if "the truth of [the future] must be seen, [...] the main characteristic of the poetry of the future, or near future will be an absence of the poetic. I do not think that. [...] If there is a logic that controls poetry it is not the narrow logic that exists on the level of prophecy."[14] The poetic would persist even in absence given that technics suspends relation to its activity.

Regarding the university and social form, Stevens's attitude about the figure of the national and relation to the historicization of poetic datum goes beyond what he calls "a factitious Americanism."[15] Continues Stevens that "[t]he material of the imagination is reality and reality can be nothing else except the usable past. In my own case this is wholly an American past. However, it does not follow that this or that particular figure of the past is relevant to the future."[16] Generation and form regard the appearance of reality and how one shapes it, writes Stevens:

> Form itself is ever-youthful, ever-vital beauty. The vigor of art perpetuates itself through generations of form. But if the vigor of art is itself formless, and since it is merely a principle it must be, its form comes from those in whom the principle is active, so that generations of form come from generations of men.[17]

Given modern art is the "attempt" to "bridge fact and miracle" it is an ever forming principle of the uncertain of the other appearing in the self, a matter of scope constitutes a usable personal historicization. He continues:

> The all-round [thinker] is certain to scrutinize form as he scrutinizes [others] [...] in relation to all past form. It is inevitable that, from his scrutiny of past form, some ideal should have been created, whether derived from something actual in the past or something desired to become actual in the future. Modern art is inescapably framed within these large horizons, which, certainly, are not the horizons of a school, whether of time or place.[18]

Generating form is inextricably related to filial generations of human figuration: writing and the poetic voice. The poetic datum *reposed in technics* is analogous to the inscription of being and monstrosity of the neutered individuation, a form of life coming to term in technics. Generating form we compose from a germinal, material capacity, the possibility of figuration, toward the possible unfamiliar to think the future of social form. Stevens's distinction between the "specialist" technician and "all-round" thinker, it is not an "ill-liberal bigot" juxtaposed to the "slightly fabulous creature." Favoring the latter writes Stevens: "The trouble is that [...] scope may be independent of [...] education, intelligence, and experience."[19] The all-round thinker "may at least express uncertainty about this scope always having a relation to his effect on society."[20] *Relation* to the *effect* on society suggests that scope offers the ungovernable nothingness, otherwise unofficial despair of the online student and the academic adjunct mercenary who teaches him, a moment to think the style of their relationality. Writes Stevens "poets who have something to say" are not always what matters "considering style and its own creations, [...] the relation between style and the unfamiliar, it may be, or become, that the poets who have little or nothing to say are, or will be, the poets that matter."[21]

"Two or Three Ideas" opens upon Baudelaire's *La Vie antérieure* (*Former Life*). Stevens elaborates on generation, form and imaginative dwelling, and writes "[of] one's inherited store of poetic subjects,"[22] or "what is meant by the poem itself. The idea of an earlier life is like the idea of a later life or like the idea of a different life."[23] "It is as if we stepped into a ruin" of a

> familiar experience [...] made unfamiliar [...]. We stand looking at a remembered habitation. All old dwelling places are subject to these transmogrifications and the experience of all of us includes a succession of old dwelling-places: abodes of the imagination, ancestral or memories of places that never existed.[24]

I cannot help but think of the university in ruins transformed into the nowhere of online education, and then to counter this despair – that its appearance through the screen may be confronted by a poetics that resists historicization and prophecy according to poetic style – how it is written in regards to scope how the accumulation of content may be dilated, anticipated, detected. Continues Stevens, "the revelation of reality is not a part peculiar to a time of disbelief [...], it is [...] singular to that time. Perhaps, the revelation of reality takes on a special meaning, without effort or consciousness on the part of the poet, at such a time."[25] Such leads Stevens to rhetorical questioning of the appearance in regards to the poem that is always with us, a way to govern what he calls the irrepressible revolutionist of imagination, writes Stevens:

> Why [should a poem] not change [...] when there is a fluxuation of the whole of the appearance. Or why should it not change when we realize that the indifferent experience of life is the unique experience, the item of ecstasy which we have been isolating and reserving for another time and place, loftier and far more excluded?[26]

If the production of the infinite accelerates for the individuation of technics, timing would address this speed and negotiate a problematic ecstasy. In this sense, the individuation if a poetic datum, shares in the appearance in the receptacle of thought the flux of its substantiation.

The bodily poetic stylus is a puncturing made all too often by rifles not pens. The weaponization of the imagination remarks of the militarization of culture. Mass murders taking place in universities, movie theaters, and elementary schools lend themselves to a lack of ethics and imaginative nobility. We must defend that every beginning is already human, that science and technology are instrumental expressions of the poetic, and that both inform the other. Just as the imagination may extend a built building regardless of the consensus of its height the university must be built according to ethical capabilities of the human who generates social form by imagination.

Notes

1. The relationship to Levinas is supported by ongoing research exploring Stevens' relationship to Jean Wahl and his so-called "revolution in philosophy." One curious note is Wahl's thinking of written philosophy and the book that is remarkably in stride with Levinas's comments. I am proposing that Levinas shares in a transcontinental thought evident in Stevens's prose-based philosophemes linked to a deeper relationship between American, Anglo, and French philosophy of the nineteenth and twentieth centuries. And finally that Stevens develops confidence in Supreme Fiction as a non-systematic system through his interactions with Wahl. This reciprocity or amity may be detected beyond Levinas.
2. Emmanuel Levinas, *Totality and Infinity: An Essay on Exteriority,* trans. Alphonso Lingis (Pittsburg: Duquesne University Press, 1969), 30.
3. Ibid., 29.
4. Both selections come from "Uncollected Prose" in Wallace Stevens, *Collected Poetry and Prose* (New York: The Library of America, 1997).
5. Stevens, "Two or Three Ideas," 840.
6. Stevens, "The Whole Man," 876.
7. Stevens, "Two or Three Ideas," 844.
8. Ibid., 850.
9. I am referring here to a place of genesis (what comes into being) that for Plato takes place in what what is called *hypodochē* and *hypodechomenē*: "and is granted a quasi-existence." We may also adapt this to *chora* or "area." Stevens is toward the Plotinian version that F.W. Peters defines as "receptacle" or the "second" of "sensible matter" that would be take place in metaphysical difference given that Stevens is, in my view, predominantly neo-Platonist if one accepts that the unification he remarks of in "Two or Three Ideas" is based on the One of the Plotinian schematic.
10. Stevens, "The Whole Man," 876.
11. One is tempted here to call Stevens a Romantic for such statements. My intent is to example how Stevens thinks the historical with the imagination not in terms of any aboslute, more appropriately toward actual reality that cycles with the exterior through poetic writing.
12. Stevens, "Two or Three Ideas," 847.
13. Ibid., 848.
14. Ibid., 849.
15. Wallace Stevens, "The Situation in American Writing: Seven Questions," in *Collected Poetry and Prose,* 805.
16. Ibid., 804.
17. Stevens, "The Whole Man," 875.
18. Ibid.
19. Ibid.
20. Ibid., 876.
21. Stevens, "Two or Three Ideas," 840.
22. Ibid., 839.
23. Ibid.
24. Ibid., 840.
25. Ibid., 848.
26. Ibid.

UNIVERSITETI "SANDY HOOK"
DHUNA POETIKE, FUSHA E VEPRIMIT DHE STILI I IMAGJINATËS

Adam Stejli Grouvz

Aspiratat e studentit shkojnë përtej rrethojës funksionare [functionarian], ajo zgjatet prej vetë-tjetrës së saj në teknikë dhe zgjat termin në këtë moment heshtimi, drejt një hapje. Termi është terminologjia që zbulon mësuesin që aspiron në lidhje me nxënësin. Ky princip lidhet me lidhurinë [relationality] e poetikes, midis individualizimit dhe mundësisë së realitetit, një frymëmarrje e heshtur e imagjinatës së përbashkët, që mendon kalimet midis teknicienëve dhe të paktëve.

Përdoruesi në teknikë shënon një shkëputje për aspektin njerëzor të një shtrirje. Akademia ndjek veprimin: sprovat mund të vlerësohen përmes softuarit, *e-readers* ndjekin lëvizjen e syrit të studentit dhe i raportojnë një menaxheri arsimor atë që mendohet se nxënësi ka lexuar. Gjithmonë e më tepër lidhja mërgohet në klasën online ose hapësirat hibride të Sistemeve të Menaxhimit të Mësimit [*Learning Management Systems*].

Gjoja në shërbim të lirisë intelektuale dhe njerëzimit, në mënyrë të pashmangshme universitetet do të palosen në teknikë. Iluzioni ynë se universitetet shtetërore i shërbejnë çështjes kombëtare dhe e ruajnë atë karshi interesave të kapitalizmit global dihet. Sido që ky mashtrim, aluzion, iluzion manifestohet, ai mundësohet prej imagjinatës dhe detyra njerëzore është të rifitojë hyrje tek ajo dhe të kujdeset për të. Rendi teknologjik, ai që qeveris prodhimin e botës dhe paraqitjen e natyrës në mënyrë domethënëse për mendimin njerëzor, shumë shpejt e ka bërë imagjinatën çmimin e tij të fundit. Anasjelltas, nëse mirazhi i universitetit hedh një hije mbi realitetin e teknikës, ana tjetër e një shtrirje imagjinuese hapet drejt një etike të imagjinatës.

Sot do të punoj mbi disa pjesë të shkëputura nga Emanuel Levinasi dhe do të lexoj disa filozofema në prozë të Uallas Stivensit.[1]

Vërejtjet e Levinasit në parathënien e *Tërësia dhe pafundësia* mbi lidhurinë e librit, autorit, dhe lexuesit: "Fjala si parathënie e cila kërkon të çajë përmes ekranit që shtrihet midis autorit dhe lexuesit nga vetë libri nuk thuhet si një fjalë nderi."[2]

Lidhja me librin nuk i premton lexuesit realitetin nëpërmjet fjalës së tij të nderit, por pse do ta bënte këtë parathënia? Libri është një pajisje me një ekran të cilin fjala e dyshimtë e bën të shfaqet. Parathënia si diçka e bashkangjitur përfaqëson një kthim pas tek ekrani: prapa tij e megjithatë duke iu bashkuar. Megjithatë, bashkimi i parathënies dhe librit, ai ngre një pyetje: nëse hapja ndaj jashtësisë [*exteriority*] prodhon vetëreferime që shfaqen brenda librit, kjo lidhje vë në dukje *prodhimin e pafundësisë në lidhje me tjetrin* si vetëtjetërsim përmes pajisjes. Libri i Levinasit është një pajisje. Përmes zbulimit vetë-referues pajisja *tjetërson vetëveten* në ekranin e tekstit ashtu siç i shfaqet mendimit (një çështje e ngjizjes së mendimit). Përjetimi i vetëreferuesshmërisë kapërcen "termin e saj" me një forcë depërtuese brenda dhe jashtë përjetimit metafizik. Termi është mendimi i kalimit të aktivitetit imagjinues në teknikë.

Dy pika. E para, veprimtaria e autorit dhe lexuesit mund të ndjekë mendimin e vet si në shembullin e Levinasit. Sot në teknikë, shkrimi i autorit dhe lexuesit në formën e përdoruesit vazhdmimisht e jep këtë veprimtari sa herë që prodhon shfaqjen e saj me pajisje "smart" që regjistrojnë veprimtarinë e përdoruesit dhe prodhojnë imazhin. Shkrimi që përbën (prodhon) individualizimin nën survejim (dhe mundësia për të menduar rreth kësaj survejim-ngjizje) është ajo që ne argumentojmë Stivens quan shtrirje dhe stil poetik.

E dyta, për sa i përket librit dhe parathënies, heshtja depërton falë përjetimit të gjuhës; meqë shkrimi në prodhimin e tij të menjëhershëm është çështje e *krijimit* të kalimeve mes stilit poetik: termat dhe kushtet e *vetvetes* dhe të të tjerëve. Stili [*stylus*] i shkrimit dhe mendimi i shfaqjes prodhuese mund të lexohet më tej te Levinasi:

> Aspirata për një jashtësi radikale, e quajtur metafizike, respekti për këtë jashtësi metafizike të cilën, mbi të gjitha, ne duhet ta "lëmë të qetë," përbën të vërtetën. Ajo i jep jetë kësaj pune...dhe zbulon besnikërinë e saj ndaj intelektualizmit të arsyes. Por mendimi teorik, i drejtuar nga ideali i objektivizmit, nuk e konsumon këtë aspiratë; ai mbetet nga kjo anë e ambicjeve të saj. Nëse [...] marrëdhëniet etike do ta çojnë transhendencën deri në fund [*to its term*], kjo ndodh sepse qenësorja e etikës gjendet në *qëllimin e saj transhendental* [...]. Qysh *në vetëvete* etika është një "optikë."[3]

"Ambicja" përndryshe një shtrirje, ka të bëjë me *aspiratën për jashtësi radikale*. Frymëmarrja imagjinuese zbehet në brendësinë e kristalizuar të individualizimit. Përfitimet ose i *lëmë të qeta* ose i mendojmë me ekranin dhe fjalën e dyshimtë. Veprimtaria imagjinuese, aspektet formuese të brendësisë së dukshme, ajo që përbën gjallërinë e ekranit dhe territorializimin e tij përmes anës tjetër të një shtrirje mbetet nga kjo *anë e ambicjeve të saj*. Drejt mundësisë etike të individualizimit në teknikë, si njerëzore, e dhëna vetëreferuese përjeton inteligjencën e lëvizjes emocionale, një spekulim meditues.

Do të përpiqem ta zbërthej këtë në prozën e Stivensit. Do mbështetem te "Njeriu i plotë: perspektiva, horizonte," një sprovë e paraqitur në tetor të 1954-s, më pak se një vit para vdekjes së tij. Dhe së dyti konceptin e Stivensit mbi shtrirjen dhe stilin poetik te "Dy ose tre ide," një fjalim i dhënë në prill të 1951-shit.[4] Duke iu drejtuar banalitetit të modernitetit dhe teknikës Stivens shkruan:

Është e qartë se, në këtë botë ndjenjash të dobëta dhe mendimesh të zbrazëta, në të cilën ne ndodhemi në çdo moment ballë per ballë me poezinë, ndeshim një lloj integrimi të poezisë që na shpon dhe na verbon, efekti ndodh për efekt të stilit dhe jo vetëm poezisë. Integrimi efektiv nuk është një çangazhim i subjektit. Ai është çështje e stilit në të cilin subjekti paraqitet.[5]

Disa pyetje bien në sy. E para, çfarë do të thotë të jesh ballë për ballë me *poezinë* [*poem*] në çdo moment të kohës? Pyetja e dytë ka të bëjë me integrimin efektiv të poezisë. Dhe, së treti, ne mund të pyesim se si përmes asaj që shpon dhe verbon ai integrim mund të vendoset duke marrë parasysh se ai ka të bëjë me stilin poetik?

"Njeriu i plotë" i drejtohet atij që Stivens quan mendimtarin "e përgjithshëm, të gjithanshëm" në rënie të vazhdueshme qysh prej mesit të shekullit të nëntëmbëshjetë. Për sa i përket universitetit dhe mendimtarëve që ai prodhon, ai parashikon një "republikë neo-platonike" që përbëhet nga dy klasa të qeverisura nga e vërteta. Klasën e parë e quan klasën e "teknicienëve" që dalëngadalë zëvendëson klasën, një herë e një kohë mbizotëruese, të mendimtarit "të gjithanshëm." Teknicienët do të ishin "asnjëanës politikë dhe moralë," që "prehin" mbi pak vetë "besimin më të thellë." Këta pak vetë, "një grupim i përbërë [...] nga mendje lakmitare dhe natyrëmira" janë "mendimtarët mbi-të-gjithë," të aftë për "vëzhgime të ndryshme, baballarët e fuqishëm të vetë asaj republike dhe autorët e deklaratave të saj politike dhe morale."[6]

Sipas perkufizimit, *e prehur* këtu do të thotë "diçka e lirë prej turbullimit dhe lëvizjes" një "*body lying in state*."* Argumentoj se *vetëbesimi prehës* është individualizim në teknikë, drejt *të paktëve*, jo dy klasave të ndryshme, por ku imagjinata kthehet në teknikë. Kjo mund të vërtetohet në mënyrën se si Stivens cilëson qëllimin e "Dy ose tre ide":

E para [ide] është se stili i një poezie dhe vetë poezia janë një; e dyta është se stili i perëndive dhe vetë perënditë janë një; e treta është se në një epokë mosbesuese, kur perënditë kanë marrë fund, kur i mendojmë ato si projektime estetike të një kohe që ka kaluar, [njerëzit] i drejtohen një lavdie themelore të tyren dhe prej saj krijojnë një stil të qëndrimit të tyre në realitet. Ata krijojnë një stil të ri të një qëndrimi të ri në një realitet të ri.[7]

Detyra njerëzore e Stivensit se "stili i njeriut është vetë njeriu" është detyra etike e teknicienit e *të paktëve* kundrejt njeriut vetëstiluēs në teknikë.[8] Një referuesshmëri [*referentiality*] që përbën një mënyrë ontologjike poetike. Nëse teknicieni ndërton dhe i referohet një të dhëne poetike, shtrirja është aperturë përshtatëse, ose *mbajtëse* tek Stivens për forcën imagjinuese drejt zbehjes së mundësisë së realitetit.[9]

Në filozofinë bashkëkohore, teknicieni si një *asnjanës politik dhe moral*, që Stivens e quan një *zë poetik pa seks,* paraprin tematikën tej- dhe pasnjerëzore. Nëse ne përballohemi me një qeverisshmëri [*governmentality*] kundrejt të paqeversishmes në teknikë, atë që format qeverisëse të Iluminizmit nuk mund ta kontrollojnë më, teknicienët e

---

* Shën. i përkth. – Bëhet fjalë për traditën ku trupi i të vdekurit, zakonisht një person publik dhe që konsiderohet i rëndësishëm, si p.sh. Enver Hoxha në Shqipëri, shtrihet në një arkivol të hapur dhe mund të vizitohet prej publikut.

Stivensit – "ata mbi të cilët ne prehëm besimin më të thellë do të ishin pak vetë [...] me mendje lakmitare dhe natyrëmira"¹⁰ – ecin hap pas hapi me prodhimin e pafund të vetë-tjetërsimit [*self-othering*]. *Të "paktët" janë aspekte të realitetit të individualizimit, jofamiliarja e panumërueshme brenda familjares,* fjalët e fytyrës në ekranin e aparatit, për të pikatur atë që verbëria e mendjemadhësisë së pasqyruar në dritaren e botës së tekinës errëson. E dhëna poetike është fillimisht një historizim [*historicization*] i shfrenuar, organizim, plaçkitje, dhe menaxhim i imagjinatës si lidhje me forcën natyrore. Etika e Stivensit lidhet me një *parim veprues brenda* nesh, drejt një satisfaksioni natyrëmirë për të vërtetën e realitetit; mungesat e pakëta të pamposhtshme të paqeverisshme në teknikën e shtrirë aq sa e ka hapin. Ky është, sipas meje, mendimi aksiomatik i Stivensit mbi një transhendencë *ambicioze,* marrëdhënia aksore midis materialit historik ose asaj që ai quan "e kaluara e përdorshme"¹¹ dhe fundmësisë së ekzistencës që i hapet jashtësisë. Nëse subjektiviteti poetik i Stivensit flet për tejkalimin e kibernetikës, vetërrethimi – subjektifikimi [*subjectification*] ynë neoliberal, tek Levinasi *ajo që ne duhet ta lëmë të qetë që përbën të vërtetën* në lidhje me *të ndëkaqmen e etikës që është një optikë* – shpaloset në caqet e një shtrirje imagjinuese në prodhimin dhe formën e brendësisë poetike.

Kështu pra, tek "Dy ose tre ide" stili trupor [*bodily stylus*] angazhon imagjinatën dhe e jep atë në shtrirjen e saj të plotë përmes një lloj shkrimi, vëren Stivens:

> Duhet të shpoth përmes përshtypjeve dithirambike [dionisiane] që llafosja mbi perënditë për te realiteti i saj që po thuhet. Ajo që po thuhet duhet të jetë e vërtetë dhe e vërteta e saj duhet të shihet. Por e vërteta mbi poetin në një kohë mosbesimi nuk është se ai duhet të shndërrohet në një ungjillëzues.¹²

Dhuna hyjnore nuk është ajo çka ne i bindemi. Duhet të "mohojmë se realiteti ka qenë ndonjëherë i mërzitshëm" t'i rezistojmë indiferencës që e kaluara e papërdorshme na transmeton në çastin e parë. Teknicieni "duhet të pohojë... burimin" kur "realiteti kthehet... sikur një hije të kishte kaluar dhe tërhequr pas tij... kishte hequr çfarëdo cipe ka fshehur atë që gjendet nën të."¹³ Kjo hije na hap një "vetëbesim" të së dhënës poetike të paparë të erresuar nga mendjemadhësia e përdoruesit duke zgjatur, përndryshe duke mbetur në forcën shkatërruese të imagjinatës. Shkruan Stivens nëse "e vërteta e [të ardhmes] duhet parë, [...] tipari kryesor i poezisë së të ardhmes, ose të së ardhmes së afërt do të jetë mungesa e poetikes. Unë nuk mendoj ashtu. [...] Nëse ekziston një logjikë që kontrollon poezinë ajo nuk eshtë logjika e ngushtë që ekziston në nivelin e profecisë."¹⁴ Poetikja do të vazhdojë edhe në mungesë duke qenë se teknika pezullon lidhjen me veprimtarinë e saj.

Përsa i përket universitetit dhe formës sociale, qëndrimi i Stivensit mbi figurën e kombëtares dhe lidhjen me historizimin e së dhënës poetike shkon përtej asaj që ai quan "një amerikanizëm artificial."¹⁵ Vazhdon Stivens se "materia e imagjinatës është realiteti dhe realiteti nuk mund të jetë veçse e kaluara e përdorshme. Në rastin tim kjo është një e kaluar plotësisht amerikane. Megjithatë, kjo nuk do të thotë se kjo apo ajo figurë e caktuar e të kaluarës ka rëndësi për të ardhmen."¹⁶ Prodhimi [*generation*] dhe forma lidhen me pamjen e realitetit dhe si i japim formë atij, shkruan Stivens:

Forma vetë është një bukuri ngaherë e re, ngaherë e gjallë. Energjia e artit përjetësohet nëpërmjet prodhimit të formës. Por nëse vetë energjia e artit është pa formë, dhe meqë ajo është vetëm një parim ajo duhet të jetë, forma e saj rrjedh prej ata tek të cilët parimi vepron, që prodhimet [*generations*] e formës të lindin prej breza [*generations*] njerëzish.¹⁷

Duke qenë se arti modern është "përpjekja" për të "bashkuar faktin me çudinë" ai është një parim gjithnjë në formim i pasigurisë së shfaqjes së tjetrit brenda vetes, një çështje shtrirje përbën një historizim personal të përdorshëm. Ai vazhdon:

> [Mendimtari] i gjithanshëm shqyrton formën ashtu siç shqyrton [të tjerët] [...] në lidhje me të gjitha format e mëparshme. Është e paevitueshme se, prej shqyrtimit të formave të mëparshme, ai ka krijuar një ideal, qoftë ky i përftuar prej diçkaje aktuale në të kaluarën apo diçka që dëshirohet të bëhet e tillë në të ardhmen. Paevitueshmërisht arti modern kontekstualizohet brenda këtyre horizonteve të mëdhenj, të cilët, sigurisht, nuk janë horizontet e një shkolle, qoftë të kohës apo të vendit.¹⁸

Prodhimi i formës është i lidhur në mënyrë të pandashme me brezat birnor të figurimit njerëzor: të shkruarit dhe zëri poetik. E dhëna poetike *e prehur në teknikë*, është diçka analoge me përvijimin e qenies dhe llahtarit të individualizimit të tredhur, një formë jete që aktualizohet në teknikë. Kur prodhojmë forma ne hartojmë prej një kapaciteti embrional, material, mundësinë e figurimit, drejt të mundshmes jofamiljare, për të menduar të ardhmen e formës sociale. Dallimi që bën Stivens mes teknicienit "specialist" dhe mendimtarit "të gjithanshëm," nuk është midis një "fanatiku të sëmurë [*ill-liberal bigot*]" që i kundërvihet një "krijese disi përrallore." Duke favorizuar të dytën shkruan Stivens: "Problemi qëndron se [...] shtrirja mund të jetë e pavarur nga [...] arsimi, inteligjenca, dhe përvoja."¹⁹ Mendimtari i gjithanshëm "mund të shprehë të paktën pasiguri rreth faktit se kjo shtrirje gjithnjë ka një lidhje me efektin e tij mbi shoqërinë."²⁰ *Lidhja* me *efektin* mbi shoqërinë sugjeron se shtrirja ofron hiçin e paqeverisshëm, përndryshe dëshpërimin jozyrtar të studentit online dhe të lektorit të jashtëm mercenar që i jep atij mësim, një moment për të menduar stilin e lidhurisë së tyre. Shkruan Stivens "poetët që kanë diçka për të thënë" nuk janë gjithmonë ata që kanë rëndësi "në lidhje me stilin dhe krijimet e tij, [...] lidhja midis stilit dhe jofamiljares, mund të jetë, ose të bëhet, që poetët që kanë pak ose aspak për të thënë janë, ose do të jenë, poetët që kanë rëndësi."²¹

"Dy ose tre ide" hapet mbi *Jetën e mëparshme* [*La Vie antérieure*] të Bodlerit [*Baudelaire*]. Stivens shtjellon temat e prodhimit, formës dhe banimit imagjinues, dhe shkruan "[nga] rezervat e trashëguara të subjekteve poetike,"²² ose "ajo që nënkuptohet nga vetë poezia. Ideja e një jete të mëparshme ngjan me idenë e një jete të mëvonshme ose me idenë e një jete tjetër." ²³ "Sikur të kishim shkelur mbi rrënojën" e një

> eksperience familjare [...] të bërë jofamiljare [...]. Rrimë e shikojmë një banim të kujtuar. Të gjithë vendet e vjetra të banimit bëhen subjekte të këtyre "transmogrifications" dhe eksperienca e të gjithë neve përfshin një vazhdë vendesh banimi

123

të vjetra: banesa të imagjinatës, stërgjyshërore ose kujtime të vendeve që nuk kanë ekzisuar ndonjëherë.[24]

Nuk mund të mos mendoj për universitetin në rrënoja të transformuar në askundin e arsimit online, dhe më pas ta kundërshtoj këtë dëshpërim – se shfaqja e tij përmes ekranit mund të ballafaqohet me një poetikë që i reziston historizimit dhe profecisë sipas stilit poetik – si shkruhet në lidhje me shtrirjen si akumulimi i brendësisë mund të zgjerohet, paraprihet, pikatet. Vazhdon Stivens, "zbulesa e realitetit nuk është një pjesë karakteristike e një kohe mosbesimi [...], ai i përket [...] vetëm asaj kohe. Ndoshta, zbulesa e realitetit merr një kuptim të veçantë, pa sforcim apo ndërgjegje nga ana e poetit, në një kohë të tillë."[25] E tilla shtyn Stivens të vërë në pikëpyetje retorike pamjen në lidhje me poezinë që është gjithmonë me ne, një mënyrë për të qeverisur atë që ai quan revolucionarin e papërmbajtur të imagjinatës, shkruan Stivens:

> Pse [duhet një poezi] të mos ndryshojë ... kur ka një luhatje të tërësisë së pamjes. Ose pse nuk duhet të ndryshojë kur ne kuptojmë se eksperienca indiferente e jetës është eksperienca unike, pjesa e ekstazës që ne kemi izoluar dhe rezervuar për një kohë e një vend tjetër, më të lartë dhe shumë më të përjashtuar?[26]

Nëse prodhimi i pafundësisë përshpejton për individualizimin në teknikë, kohëmatja do ta zgjidhte këtë shpejtësi dhe do të negocionte një ekstazë problematike. Në këtë kuptim, individualizimi i një të dhëne poetike, ndan në shfaqjen në mbajtësen e mendimit vërshimin e trupëzimit të tij.

Stili poetik trupor është një shpim i bërë tepër shpesh nga pushkët dhe jo penat. Armatimi i imagjinatës flet për militarizimin e kulturës. Vrasje në masë që ndodhin në universitete, kinema, dhe shkolla fillore i përshtaten mungesës së etikës dhe fisnikërisë imagjinuese. Ne duhet të insistojmë se çdo fillim është që në fillim njerëzor, se shkenca dhe teknologjia janë shprehje instrumentale të poetikes, dhe se të dyja informojnë njëra-tjetrën. Ashtu siç imagjinata mund të zgjasë një ndërtesë të ndërtuar pavarësisht konsensusit mbi gjatësinë e saj universiteti duhet të ndërtohet sipas kapaciteteve etike të njeriut që prodhon formën sociale nëpërmjet imagjinatës.

Shënime

1. Lidhja me Levinasin mbështetet nga kërkime në vazhdim që eksplorojnë marrëdhënien e Stivensit me Zhan Ualin [*Jean Whal*] dhe të ashtuquajturin "revolucion në filozofi" të këtij të fundit. Një vërejtje kureshtare është sa përputhet mendimi i Ualit mbi filozofinë e shkruar dhe librin me komentet e Levinasit. Po propozoj se Levinas bën pjesë në një mendim tejkontinental që duket qartë në filozofemat e Stivensit në proze që lidhen me një marrëdhënie më të thellë midis filozofisë amerikane, angleze dhe franceze të shekullit të nëntëmbëdhjetë dhe njëzetë. Dhe për ta mbyllur, se Stivens zhvillon besim në Sajimin Suprem [*Supreme Fiction*] si një sistem josistematik nëpërmjet ndërveprimeve të tij me Ualin. Ky reciprocitet ose afrimitet mund të spikatet përtej Levinasit.
2. Emmanuel Levinas, *Totality and Infinity: An Essay on Exteriority*, përkth. Alphonso Lingis (Pittsburg: Duquesne University Press, 1969), 30.
3. Po aty, 29.
4. Të dyja përzgjedhjet janë shkëputur prej "Uncollected Prose" në Wallace Stevens, *Collected Poetry and Prose* (Nju-Jork: The Library of America, 1997).
5. Stevens, "Two or Three Ideas," 840.
6. Stevens, "The Whole Man," 876.
7. Stevens, "Two or Three Ideas," 844.
8. Po aty, 850.
9. Po i referohem këtu një vendi zanafille (e asaj që vjen në jetë) që për Platonin shpaloset [*takes-place*] në atë që quhet *hypodochē* dhe *hypodechomenē*: "dhe i jepet një thuajse-ekzistencë." Mund t'ia përshtasim këtë *chora*-s ose "hapësirës." Stivens orientohet drejt versionit plotinian që F.W. Peters e përkufizon si "mbajtës" ose "pasues" të "materies së ndijueshme" që do të ndodhte në dallimin metafizik duke qenë se Stivens është, sipas meje, kryesisht një neoplatonist nëse pranojmë se bashkimi të cilin ai përmend tek "Dy ose tre ide" mbështetet tek Një-shi i skematikës plotiniane.
10. Stevens, "The Whole Man," 876.
11. Ekziston tundimi këtu për ta quajtur Stivens një Romantik për shkak të këtyre konstatimeve. Qëllimi im është të ilustroj se si Stivens e mendon historiken me imagjinatën, jo në termat e ndonjë absoluteje, më saktë drejt realitetit aktual që rrotullohet me jashtësinë nëpërmjet shkrimit poetik.
12. Stevens, "Two or Three Ideas," 847.
13. Po aty, 848.
14. Po aty, 849.
15. Wallace Stevens, "The Situation in American Writing: Seven Questions," në *Collected Poetry and Prose*, 805.
16. Po aty, 804.
17. Stevens, "The Whole Man," 875.
18. Po aty.
19. Po aty.
20. Po aty, 876.
21. Stevens, "Two or Three Ideas," 840.
22. Po aty, 839.
23. Po aty.
24. Po aty, 840.
25. Po aty, 848.
26. Po aty.

A CALL FOR THINKING (THE DISASTER)[1]

Julia Hölzl

This is to think thinking as such. As such, the thinking to be thought here is to give thought to thinking or, rather, to give back thought to thinking. For it is here, as it was elsewhere, at the National Historical Museum in Tirana that is, that I want to think the elsewhere; an elsewhere to no end. For it is here, where everything seems to have come to yet another end (philosophy, history, the world as such), here, where the end, it seems, has become an end in itself, that there is also no end to the *end of the university* – be it "in ruins" (as Bill Readings named his book[2]), be it "in crisis" or be it simply "yet to come." Here, however, I do not wish to dwell in the ruins of the university.[3] Long declared dead, I do not want to deliver yet another eulogy, for it is precisely with and by its end that the university is violently brought back to its roots (= its etymology) of being a/s "whole." The university, today, once again, is made universal: the university is made, the university no longer makes. Here I wish to violently break this vicious circle, as if it were a circle. Here I will, for once, and perhaps only once, and only for such once perhaps, pretend to be able to step outside – just once. Here, to come full circle, I will attempt to step outside these crises and think on thinking – as if it were possible. Here, if you allow me this metaphysical faux pas, I want to step back, outside these beyonds, and to reexamine Derrida's question: "Today, how can we not speak of the university?"[4] Today, thirty years after, how can we not speak of the university, but instead re-open the Heideggerian call for thinking?[5] How can we, then, today, not speak of the university, but instead rethink the question of thinking?

Obviously, all too obviously perhaps, and to recall the Heideggerian question of thinking, posed in the course of his last "official" course in Freiburg, t/his question, namely "What is called thinking?,"[6] "can never be answered by proposing a definition of the concept *thinking* [...]. In what follows, we shall not think about what thinking is. We remain outside that mere reflection which makes thinking its object."[7] Thinking, it will be argued, must think the disaster *sensu* Blanchot, and it must think its threat "[i]n search neither of the place, nor of the formula"[8] – we must, with Heidegger, "stay with the question."⁹ Such, at least, will be the answer proposed here. But what, Ladies and Gentlemen, what is the question? Still, the question in question here is: How to *think* today, and how to think *today*? How, and where, to think thinking today; how, and from where, today, to call such thinking? These are no(t) rhetorical questions. For thinking, Ladies and Gentlemen, thinking today must not think merely another theory of thought: today, and to re-iterate Deleuze on Artaud, thinking is "to engender 'thinking' in thought."¹⁰ Thought cannot think thinking, but thinking, it seems certain, must think thought. There is, perhaps, no other way of thinking today, no other way to thinking perhaps, no other way to think, no way; in order for thinking to be thought, thought must be thought by thinking.

The thinking called forth here can thus by no means take place in what in German could be called a *Denkanstalt*, an institution of and for thinking. For thinking, as Christopher Fynsk states for the humanities,¹¹ cannot be made an "institutional abstraction"; thinking, Ladies and Gentlemen, cannot have a site *but is to take place*; thinking is to be thought from elsewhere; where else. We must stay with the question, with the elsewhere, that is, for only from such elsewhere can the call for and of thinking be answered. Thinking must be called forth, always; thinking, unlike thought, is an a-way, always, just as "'to call' means to set in motion, to get something underway."¹²

Such, Ladies and Gentlemen, such is the call raised here, a call for and to thinking. Not for another university, then, not even a university of the disaster, as envisioned by Virilio,¹³ but for and of thinking as disaster. Thinking, today, and again, must give back thought to thinking. For today it is thinking that must be thought: "What is needed in the present world crisis," affirms an uncannily timely Heidegger in his *Letter on Humanism*,

> is less philosophy, but more attentiveness in thinking; less literature, but more cultivation of the letter. The thinking that is to come is no longer philosophy, because it thinks more originally than metaphysics – a name identical to philosophy.¹⁴

The thinking that is to come will, of course, not come. For the thinking to come, for the thinking to become, must re-call, must stay with the question, each time: How, and where, to think thinking? Thinking, Ladies and Gentlemen, is *denk-würdig*; thinking remains to be thought, always. To invoke Heidegger's infamously famous pronouncement:

> From now on, we will call "most thought-provoking" what remains to be thought about always, because it is at the beginning, before all else. What is most thought-provoking? [...] *Most thought-provoking is that we are still not thinking* – not even yet, although the state of the world is becoming constantly more thought-provoking. True, this course of events seems to demand rather that man should act, without delay, instead of making speeches at conferences and international conventions [...] And yet – it could be that prevailing man has for centuries now acted too much and thought too little.¹⁵

Thinking, it seems evident, is no mere re-action. Thinking, perhaps, is not only re-enacting an act but acts precisely in enacting us to act. Or to put it, once more, with re-actionary Heidegger: "Thinking does not become action only because some effect issues from it or because it is applied. Thinking acts insofar as it thinks."[16]

We, however, are still not thinking, because we still are still thinking in terms of thought. Thinking, again, must not be made thought, but is to remain on its way: thinking is to remain thinking; thinking is, perhaps, what Heidegger (or rather, the scholar) in his *Conversation on a Country Path About Thinking* re-calls as Heraclitian Ἀγχιβασίην – "that word, which, all by itself, constitutes Fragment 122" – and which means "going toward"[17] or, more literally, "it says 'going near […],'" and also "'moving-into-nearness.'"[18] Three ways, three ways of movement, on-the-way, always – for "if we are to remain underway we must first of all and constantly give attention to the way. The movement, step by step, is what is essential here. Thinking clears its way only by its own questioning advance."[19]

We are, then, still with the question: How, and where, to think thinking today? Thinking, we remember, is an and as *a-way*, because, and to quote a lengthy passage of Heidegger here,

> [t]hinking itself is a way. We respond to the way only by remaining underway. […] In order to get underway, we do have to set out. This is meant in a double sense: for one thing, we have to open ourselves to the emerging prospect and direction of the way itself; and then, we must get on the way, that is, must take the steps by which alone the way becomes a way. The way of thinking cannot be traced from somewhere to somewhere like a well-worn rut, nor does it at all exist as such in any place. Only when we walk it, and in no other fashion, only, that is, by thoughtful questioning, are we on the move on the way. […] To answer the question "What is called thinking?" is itself always to keep asking, so as to remain underway. This would seem easier than the intention to take a firm position; for adventurer-like, we roam away into the unknown.[20]

An unknown way, always en route, en passant, and no firmament, never: it is thus that thinking is perhaps not, as Heidegger affirms, mainly to be thought "in the essential context which is evoked by the words *thanc*, recalling thought, thanks, memory,"[21] but that such thinking underway, such underway of thinking, calls for the disaster *sensu* Blanchot. The disaster calls for thinking, is perhaps the call for thinking – absolutely detached from thought, the disaster, "nonapocalyptic," on its way, always, "is what keeps history from ending, or from forming or being formed […]. It interrupts the transition from beginning to end,"[22] and, being "not only the disastrous,"[23] it is by no means "absolute; on the contrary, it disorients the absolute. It comes and goes, errant disarray."[24]

The disaster: not merely another name. Its name does not threaten to become a *surnom*,[25] for the disaster

> does not happen. And thus I cannot ever happen upon this thought, except without knowing, without appropriating any knowledge. Or again, is it the advent of

what does not happen, of what would come without arriving, outside being, and as though by drifting away?[26]

Perhaps. For the disaster, Ladies and Gentlemen,

> is unknown; it is the unknown name for that in thought itself which dissuades us from thinking of it, leaving us, but its proximity, alone. Alone, and thus exposed to the thought of the disaster which [...] overflows every variety of thought, as the intense, silent and disastrous affirmation of the outside.[27]

Thus writes Blanchot. We cannot know about the disaster, for it is the disaster that points us to the elsewhere. As Blanchot puts it:

> When the domination of truth ceases – that is, when the reference to the true-false dichotomy (and to the union of the two) no longer holds sway [...] – then knowledge continues to seek itself and to seek to inscribe itself, but in an other space where there is no longer any direction. When knowledge is no longer a knowledge of truth, it is then that knowledge starts: a knowledge that burns thought.[28]

Being burned by knowledge, by this knowledge, that is, thought cannot think the disaster (even if "[i]t is not thought that the disaster causes to disappear"[29]). Rather, the disaster disappoints. "The *disappointment* of the disaster: not answering to expectations, not allowing the point to be made or the appointed sum paid in full – foreign to orientation, even to orientation as disorientation or simple straying."[30] It is thus that the disaster, again, does not invoke devastation or catastrophe but means, to put it simply, all too simply, etymologically[31] that is, simply the lack of firmament, of fortune – "break with the star, break with every form of totality."[32] The disaster cannot be seen, cannot be experienced, "is what escapes the very possibility of experience."[33] The disaster cannot be said, and yet it has to be said: "*When all is said, what remains to be said is the disaster. Ruin of words, demise writing, faintness faintly murmuring: what remains without remains,*" says Blanchot.[34]

We need, Ladies and Gentlemen, we need to think this elsewhere, and we need to think this elsewhere from elsewhere; where else. Not to think the end of the university, not to endlessly dwell in its ruins, but to think the disaster. For it is in the disaster that we dwell. Not at the end, not in the end, and certainly not toward something yet to come, but somewhere else, always somewhere else. The now of the disaster is here – is nowhere. "*Before it is there, no one awaits it; when it is there, no one recognizes it: for it is not there – the disaster. It has has already diverted the word 'be,' realizing itself to such a degree that it has not begun.*"[35] For, begins Blanchot his *The Writing of the Disaster*:

> There is no reaching the disaster. [...] We are on the edge of disaster without being able to situate it in the future: it is rather always already past, and yet we are on the edge or under the threat, all formulations which would imply the future – that which is yet to come – if the disaster were not that which does not come, that which has put a stop to every arrival. To think the disaster (if this is possible, and

it is not possible inasmuch as we suspect that the disaster is thought) is to have no longer any future in which to think it. [...] When the disaster comes upon us, it does not come.³⁶

The disaster exposes us to what Blanchot calls the "limit-experience" – the experience of the outside, always from outside,³⁷ and thus the only experience of an outside possible. And this experience exposes us to an absolute non-absolute affirmation: "For thought," affirms Blanchot,

> the limit-experience represents something *like* a new origin. What it offers to thought is the essential gift, the prodigality of affirmation; an affirmation, for the first time, that is not a product (the result of a double negation), and that thereby escapes all the movements, oppositions and reversals of dialectical reason [...]. This event is hard to circumscribe. The interior experience affirms; it is pure affirmation and it does nothing but affirm. [...] This is the decisive Yes. Presence without anything being present. [...] Thus the limit-experience is experience itself: thought thinking that which will not let itself be thought; thought thinking more than it is able by an affirmation that affirms more than can be affirmed. [...] An affirmation by way of which everything escapes and that, itself escaping, escapes unity. This is even all one can say about it: it does not unify, nor does it allow its own unification. ³⁸

The disaster: in/possible.³⁹ In/possibility: a possibility/not, where "in" would name a closeness *and* a distance; a within, and yet also a without: a neither, *and* a nor, and perhaps the only im/possibility possible. A(s) possibility not yet given, it "obliterates [...] our relation to the world as presence or as absence,"⁴⁰ but does not point toward a beyond. Never yet to come, "'[a]lready' or 'always already' marks the disaster"; its underway: "motionless transgression, the passiveness of the passage beyond."⁴¹

There is, then, no here for its now, nowhere, but the *elsewhere,* and it has to be somewhere else, always, that the *elsewhere* can be said: *here,* now, nowhere, now here.

"That the end is no longer appropriated by a beyond"⁴²: No longer to think the end as a beyond (the university, philosophy, the world as such), but to think beyond the end – and beyond must remain in/possible. To think, then, no end, but endings, each time. For "[t]he disaster [...] does not come to pass under a sidereal sky, but here – a here in excess of all presence. Here: where, then?"⁴³ Elsewhere, where else. The Blanchotian disaster, Ladies and Gentlemen, and this is, perhaps, essential, "would be that portion of skeptical gaiety, never at anyone's disposal, that makes seriousness [...] pass beyond all seriousness, just as it lightens the theoretical by not letting us trust it."⁴⁴

No longer to theorize thinking, no longer to think (in) theories, but to think thinking. And this is to think, think this: The disaster *is* – the disaster will not come.

Notes

1. This presentation was, to some extent at least, a re-presentation of a presentation I delivered at the *Interventions* symposium at Corner College in Zurich on May 31, 2013. The present text, however, is no mere re-presenciation of this re-presentation. For every ex-position, outside both presence and absence, always, is a(t) once, is as once, is always only once.
2. Bill Readings, *The University in Ruins* (Cambridge/London: Harvard University Press, 1996).
3. As, for example, elaborated by Readings (see especially 175ff.). For a different/iated mode of dwelling see Christopher Fynsk's "To Dwell in the Ruins of the University", *Crossings: A Counter-Disciplinary Journal* 3 (1999), partly available at http://crossings.binghamton.edu/fynsk.htm.
4. As posed in "The Principle of Reason: The University in the Eyes of Its Pupils", trans. Catherine Porter and Edward P. Morris, *Diacritics* 13.3 (1983): 2–20, at 3. Available at http://ic.ucsc.edu/~rlipsch/Pol291/Derrida.pdf.
5. Whereas for Heidegger – in 1955 – "man today is in *flight from thinking*. This flight-from-thought is the ground of thoughtlessness" ("Memorial Address," in Martin Heidegger, *Discourse on Thinking*, trans. John M. Anderson and E. Hans Freund [New York: Harper and Row, 1966], 43–57, at 45).
6. ... "and what does call for it?" (Martin Heidegger, *What is Called Thinking?*, trans. J. Glenn Gray, [New York: Harper Perennial, 2004], 21).
7. Ibid.
8. Maurice Blanchot, *The Writing of the Disaster*, trans. Ann Smock (Lincoln/London: University of Nebraska Press, 1995), 124. Or as Heidegger puts it: "What is called thinking? We must guard against the blind urge to snatch at a quick answer in the form of a formula" (Heidegger, *What is Called Thinking*, 48).
9. Ibid.
10. Gilles Deleuze, *Difference and Repetition*, trans. Paul Patton (London/New York: Continuum, 2004), 185.
11. Christopher Fynsk, *The Claim of Language: A Case for the Humanities* (Minneapolis/London: University of Minnesota Press, 2004), 44.
12. Heidegger, *What is Called Thinking?*, 117.
13. Paul Virilio, *The University of Disaster* (Cambridge/Malden: Polity Press, 2010).
14. Martin Heidegger, "Letter on Humanism," in *Basic Writings*, ed. David Farrell Krell, trans. Frank A. Capuzzi, in collaboration with J. Glenn Gray and David Farrell Krell (New York: Harper Collins, 1993), 217–65, at 265.
15. Heidegger, *What is Called Thinking?*, 4.
16. Heidegger, "Letter on Humanism," 217. And, as Heidegger asserts, "we must free ourselves from the technical interpretation of thinking. The beginnings of that interpretation reach back to Plato and Aristotle. They take thinking itself to be a *technē*, a process of reflection in service to doing and making. But here reflection is already seen from the perspective of *praxis* and *poiēsis*. For this reason thinking, when taken for itself, is not 'practical.' The characterization of thinking as *theōria* and the determination of knowing as 'theoretical' behavior occur already within the 'technical' interpretation of thinking. Such characterization is a reactive attempt to rescue thinking and preserve its autonomy over against acting and doing. Since then 'philosophy' has been in the constant predicament of having to justify its existence before the 'sciences'" (Ibid., 218).
17. Martin Heidegger, "Conversation on a Country Path about Thinking," in *Discourse on Thinking*, trans. John M. An-

derson and E. Hans Freund (New York: Harper and Row, 1966), 58–90, at 88.
18 Ibid., 89.
19 Heidegger, *What is Called Thinking?*, 170.
20 Ibid., 168ff.
21 Ibid., 153.
22 Gerald L. Bruns, *Maurice Blanchot: The Refusal of Philosophy* (Baltimore/London: John Hopkins University Press, 1997), 207.
23 Blanchot, *The Writing of the Disaster*, 100.
24 Ibid., 4.
25 "The horror – the honor – of the name, which always threatens to become a title" (Ibid., 7. Here, Ann Smock translates *surnom* as "title"; see note 3 on 148).
26 Ibid., 5.
27 Ibid.
28 Ibid., 43.
29 Ibid., 52.
30 Ibid., 48.
31 *Désastre* (from the Italian *disastro*, "ill-starred"), from dis- and astro. See http://www.etymonline.com/index.php?search=disaster&searchmode=none
32 Blanchot, *The Writing of the Disaster*, 75.
33 Ibid., 7.
34 Ibid., 33.
35 Ibid., 36.
36 Ibid., 1.
37 See also Bruns, *Maurice Blanchot*, 209: "The experience of the disaster is not a subjective possibility but a limit-experience, which means that it cannot be objectified or thematized […]. Just so, the temporality of the disaster is that of the *il y a* or the *es gibt*."
38 Maurice Blanchot, *The Infinite Conversation*, trans. Susan Hanson (Minneapolis/London: University of Minnesota Press, 1993), 208ff.
39 Whereas for Bruns, *Maurice Blanchot*, 207f. "the disaster is not a turning point where the possible begins to realize itself; it is (the) impossible." On the notion of in/possibility see also my text "In/possible relation: Being, Time, Death," in *Poligrafi* 17.65–66 (2012): 119–37.
40 Blanchot, *The Writing of the Disaster*, 120.
41 Ibid., 40.
42 Blanchot, *The Infinite Conversation*, 248.
43 Ibid., 75.
44 Blanchot, *The Writing of the Disaster*, 76f.

NJË THIRRJE PËR TË MENDUAR (SHKATËRRIMIN)[1]

Julia Hëlcël

Kjo do të thotë të mendosh vetë të menduarit. Kështu pra, të menduarit që duhet menduar këtu është t'i japim mendim të menduarit, ose më saktë, t'ia kthejmë mendimin të menduarit. Spese është pikërisht këtu, siç ishte gjetkë, në Muzeun Historik Kombëtar në Tiranë, që unë dua ta mendoj këtë gjetkë; një gjetkë deri në pafundësi. Sepse është pikërisht këtu, ku gjithçka duket se ka arritur një tjetër fund (filozofia, historia, vetë bota), këtu, ku fundi, me sa duket, është bërë një qëllim në vetvete, që nuk i gjendet *fundi as edhe universitetit* – qoftë kjo "në rrënoja" (siç e quajti Bill Redings librin e tij[2]), qoftë "në krizë" ose thjesht "akoma duke ardhur." Këtu, megjithatë, nuk dua të mbetem tek rrënojat e universitetit.[3] I shpallur i vdekur prej kohësh, nuk dua të jap edhe një tjetër elozh, sepse është me dhe përems fundit të tij që universiteti rikthehet, dhunshëm, tek rrënjët e tij (= etimologjinë e tij) i të qënit i/një plotë/si "tërësi." Universiteti, sot, edhe një here, bëhet universal: universiteti bëhet, universiteti nuk bën më. Këtu unë dua ta thyej dhunshëm këtë rreth vicioz, si të ishte një rreth. Këtu, të paktën njëherë, dhe ndoshta vetëm njëherë, unë do të pretendoj se mund të dal jashtë – vetëm njëherë. Këtu, të kthehemi aty ku u nisëm, unë do të përpiqem të dal jashtë këtyre rrathëve dhe të mendoj rreth të menduarit – sikur kjo të ishte e mundur. Këtu, nëse ma lejoni këtë faux pas metafizik, unë dua të bëj një hap mbrapa, jashtë këtyre të përtejshmeve, dhe të rishikoj pyetjen e Derridasë: "Si mund të mos flasim, sot, për universitetin?"[4] Sot, tridhjetë vjet më vonë, si mund të mos flasim për universitetin, por në vend të kësaj të rihapim thirrjen e Hajdegerit për të menduarit?[5] Si mundemi ne, atëherë, sot, të mos flasim për universitetin, por të rimendojmë çështjen e të menduarit?

Qartësisht, tepër qartësisht ndoshta, dhe të kujtojmë pyetjen hajdegeriane mbi të menduarit, e shtruar gjatë kursit të tij të fundit "zyrtar" në Freiburg, kësaj pyetje (pyetjes së tij), domethënë, "Çfarë është ajo që quajmë të menduarit?,"[6] "nuk do të mund t'i përgjigjemi kurrë duke propozuar një përkufizim të konceptit të *të menduarit* [...]. Në çka vijon, ne nuk do të mendojmë rreth çfarë është të menduarit. Ne mbetemi jashtë atij refleksioni të thjeshtë që e bën të menduarit objektin e tij."[7] Të menduarit,

do të argumentohet, duhet të mendojë shkatërrimin në sensin e Blanshosë [*Blanchot*], dhe duhet të mendojë kërcenimin e tij "në kërkim as të vendit, as të formulës"[8] – na duhet, me Hajdegerin, "të qëndrojmë me pyetjen."[9] Kjo, të paktën, është përgjigjia që do të propozohet këtu. Por cila, Zonja dhe Zotërinj, cila është pyetja? Sidoqoftë, pyetja në pikëpyetje këtu është: Si të *mendojmë* sot, dhe si ta mendojmë *të sotmen*? Si, dhe ku, të mendojmë të menduarit sot; si, dhe prej çfarë vendi, ta thërrasim, sot, një mendim të tillë? Këto nuk janë (thjesht) pyetje retorike. Pasi të menduarit, Zonja dhe Zotërinj, të menduarit sot nuk duhet vetëm të mendojë një tjetër teori mendimi: sot, dhe të përsërisim Dëlëzin [*Deleuze*] mbi Artonë [*Artaud*], të mendosh do të thotë "të ngjizësh 'të menduarit' brenda mendimit."[10] Mendimi nuk mund të mendojë të menduarit, por duket e sigurt se të menduarit duhet të mendojë mendimin. Nuk ka, ndoshta, udhë tjetër të të menduarit sot, asnjë udhë tjetër drejt të menduarit ndoshta, asnjë udhë tjetër për të menduar; në mënyrë që të menduarit të mendohet, mendimi duhet të mendohet nga të menduarit.

Kështu pra, të menduarit të cilit i bëjmë thirrje nuk mund të zhvillohet në atë që në gjermanisht do të mund ta quanim një *Denkanstalt,* një institucion i dhe për të menduarit. Sepse të menduarit, siç konstaton Kristofer Finsk në lidhje me humanitetet,[11] nuk mund të jetë një "abstraksion institucional"; të menduarit, Zonja dhe Zotërinj, nuk mund të ketë vendndodhje *por duhet të ndodhë*; të menduarit duhet menduar tjetërkundi; ku tjetër. Ne duhet të qëndrojmë me pyetjen, domethënë, me tjetërkundin, sepse vetëm prej një vendi të tillë mund t'i përgjigjemi thirrjes për dhe të të menduarit. Të menduarit i duhet bërë thirrje, gjithmonë; të menduarit, ndryshe nga mendimi, është një larg(ësi), gjithmonë, ashtu siç "të quash do të thotë [...] të vësh diçka në lëvizje, të bësh diçka të marrë udhë."[12]

E tillë, Zonja dhe Zotërinj, e tillë është thirrja që ngrihet këtu, një thirrje për të menduar dhe drejtuar të menduarit. Jo për një universitet tjetër pra, as edhe një universitet të shkatërrimit, siç imagjinon Virilio,[13] por për të menduar shkatërrimin dhe për të menduarit si shkatërrim. Të menduarit, sot, dhe përsëri, duhet t'i rikthej të menduarit mendimin. Sepse sot të menduarit është ajo që duhet menduar: "Ajo që na duhet në krizën e sotme botërore," pohon një Hajdeger turbullimshëm [*uncannily*] në hap me kohët tek *Letër mbi humanizmin,*

> është më pak filozofi, por më shumë vëmendje në të menduar; më pak letërsi, por më tepër kultivim të shkronjës. Të menduarit e ardhshëm nuk është më filozofi teksa mendon në mënyrë më origjinale se sa metafizika, emri i të cilës thotë të njëjtën gjë.[14]

Të menduarit që do të vijë, natyrisht, nuk ka për të ardhur. Sepse të menduarit që do të vijë, të menduarit që do të bëhet, duhet të rithërras, të qëndrojë me pyetjen, çdo herë: Si, dhe ku, të mendojmë të menduarit? Të menduarit, Zonja dhe Zotërinj, është *denk-würdig*; të menduarit mbetet për t'u menduar, gjithmonë. Të yshtim deklaratën e famshme famëkeqe të Hajdegerit:

> Ne emërtojmë tani dhe në çka vijon atë që gjithmonë, pasi qysh nga fillimi dhe para së gjithash, mbetet për t'u menduar: ajo që na fut në mendime më tepër [*das*

Bedenklichste]. Çfarë është ajo që na fut në mendime më tepër? [...] *Ajo që na fut në mendime më tepër është fakti se ne ende nuk po mendojmë* – akoma jo, megjithëse gjendja e botës na fut gjithnjë e më tepër në mendime. Vërtet, ky rrjedhim ngjarjesh duket se kërkon në fakt që njeriu të veprojë, pa vonesë, në vend që të japë fjalime nëpër konferenca dhe konventa [...] E megjithatë – mundet edhe që prej shumë shekujsh tashmë njeriu i deritanishëm ka vepruar shumë dhe menduar shumë pak.[15]

Të menduarit, me sa duket, nuk është thjesht një reaksion. Të menduarit, ndoshta, nuk është vetëm një riskenim i një akti por vepron pikërisht duke na shtyrë të veprojmë. Ose, për ta thënë, edhe një herë, me Hajdegerin reaksionar: "Të menduarit nuk bëhet veprim vetëm për shkak se prej tij rrjedh një pasojë apo sepse ai vihet në zbatim. Të menduarit vepron për sa kohë që mendon."[16]

Ne, megjithatë, akoma nuk po mendojmë, sepse ne jemi akoma duke menduar të menduarit në lidhje me mendimin. Të menduarit, edhe një herë, nuk duhet të bëhet mendim, por duhet të mbetet udhës: të menduarit duhet të mbetet të menduarit; të menduarit është, ndoshta, ajo që Hajdeger (ose më saktë, shkollari/dijetari) tek *Bisedim përgjatë një udhe fshati rreth të menduarit* i kujtohet si Ἀγχιβασίην e Heraklitit "ajo fjalë që, tërësisht e vetme, përbën Fragmentin 122" – dhe që do të thotë "të ecim drejt"[17], ose, fjalë për fjalë "ajo thotë 't'i afrohemi [...]," dhe gjithashtu "të-lëvizim-drejt-qenies-afër."[18] Tre mënyra, tre lloje lëvizjeje, gjatë-udhës, gjithmonë – sepse "nëse duam të mbetemi në udhë e sipër ne duhet që, pikësëpari, t'i kushtojmë vëmendje udhës. Lëvizja, hap pas hapi, është ajo çka është qenësore këtu. Të menduarit i bën udhë vetes vetëm gjatë ecjes pyetëse të tij."[19]

Ne jemi, atëherë, akoma me pyetjen: Si, dhe ku, të mendojmë të menduarit sot? Të menduarit, na kujtohet, është një dhe si *larg(ësi)*, sepse, dhe le të citojmë një pasazh të gjatë të Hajdegerit këtu,

> të menduarit vetë është një udhë. Ne i përkojmë kësaj udhe vetëm duke mbetur në udhë e sipër. [...]
>
> Që të arrijmë të jemi në udhë e sipër, ne duhet të bëhemi të gatshëm. Kjo ka një kuptim të dyfishtë: nga njëra anë, ne duhet të kapemi pas panoramës së udhës teksa shfaqet dhe vetë drejtimit të saj, nga ana tjetër, ne duhet t'i futemi udhës, d.m.th., të ndërmarrim hapat nëpërmjet të cilëve udha bëhet një udhë.
>
> Udha e mendimit nuk përvijohet nga diku tek diku tjetër si një tragë e shumëpërdorur, ajo as nuk gjendet në një vend. Të ecurit, vetëm dhe radhë të parë, këtu të pyeturit që mendon, është një lëvizje në udhë. [...]
>
> T'i përgjigjesh pyetjes "Çfarë quhet mendim?" do të thotë të vazhdosh të pyesësh, në mënyrë që të mbetemi në udhë e sipër. Kjo do të dukej më e lehtë se sa qëllimi për të zënë një pozicion fiks. Pasi si aventurierë, ne endemi drejt të panjohurës.[20]

Një udhë e panjohur është gjithmonë *en route, en passant*, dhe asnjë qiell me yje, kurrë: ja pse të menduarit nuk duhet ndoshta, siç pohon Hajdeger, të mendohet "brenda kontekstit qenësor na sjell ndërmend fjalën *Gedanc*, mendimin, falëminderit, kujtesën,"[21] por se një të menduar i tillë në udhë e sipër, një udhë e sipër e të menduarit të tillë, bën thirrje për shkatërrimin në sensin e Blanshosë. Shkatërrimi thërret të menduarit, është nodshta një thirrje për të menduarit – tërësisht i ndarë prej mendimit, shkatërrimi, "joapokaliptik," në udhën e vet, gjithmonë, "është ajo çka nuk e lë historinë të mbarojë, apo të marrë formë ose t'i jepet formë [...]. Ai ndalon kalimin nga fillimi në fund,"[22] dhe, duke qenë "jo vetëm shkatërrimtar,"[23] nuk është në asnjë mënyrë "absolut; përkundrazi, ai çorienton absoluten. Vjen dhe ikën, pështjellim bredharak."[24]

Shkatërrimi: jo vetëm një tjetër emër. Emri i tij nuk kërcënon të bëhet një *sur-nom* (mbi-emër)[25] sepse shkatërrimi

> nuk ndodh. Dhe kështu unë nuk mund të ndeshem kurrë me këtë mendim, veçse pa ditur, pa përvetësuar asnjë dije. Ose edhe një herë, është ardhja e asaj që nuk ndodh, e saj që do të vinte pa arritur, jashtë qënies, si të ishte duke ecur me rrymën.[26]

Ndoshta. Sepse shkatërrimi, Zonja dhe Zotërinj,

> është i panjohur; është emri i panjohur për atë që brenda vetë mendimit na shkruajon ta mendojmë atë, duke na lënë, veç afërsisë së tij, vetëm. Vetëm, dhe kështu të hapur ndaj mendimit të shkatërrimit që [...] përmbyt çdo lloj mendimi, si pohimi intens, i heshtur i jashtësisë.[27]

Kështu shkruan Blansho. Nuk mund ta njohim shkatërrimin sepse është vetë shkatërrimi ai që na drejton drejt tjeterkundit. Siç thotë Blansho:

> Kur mbizotërimi i të vërtetës pushon – domethënë, kur referimi ndaj dikotomisë së vërtetë-falsitet (dhe të bashkimit të të dyjave) nuk pi më ujë [...] – atëherë dija vazhdon të kërkojë vetveten dhe të kërkojë të përvijojë vetveten, por në nje vend tjetër ku nuk ka më asnjë drejtim. Kur dija nuk është më njohja e të vërtetës, vetëm atëherë fillon dituria: një dituri që përcëllon mendimin.[28]

I përcëlluar prej dijes, domethënë, kësaj dije, mendimi nuk mund ta mendojë shkatërrimin (ndonëse "nuk është mendimi ai që shkatërrimi bën të zhduket"[29]). Shkatërrimi zhgënjen. "*Zhgënjimi* i shkatërrimit: ai nuk iu përgjigjet pritshmërive, nuk lejon të vihen pikat mbi i-në ose të paguhet e gjithë shuma e duhur – i huaj për orientimin, madje edhe për orientimin si çorientim i thjeshtë ose thjesht si devijim."[30] Kjo është pra se si shkatërrimi, edhe një herë, nuk ysht rrënimin ose katastrofën por do të thotë, thënë thjesht, ca si tepër thjesht, pra etimologjikisht,[31] thjesht mungesën e qiellit e yjeve, e fatit – "ndarje prej yllit, ndarje me çdo lloj tërësie."[32] Shkatërrimi nuk mund të shihet, nuk mund të përjetohet, "është ajo gjë që i shpëton vetë mundësisë së përjetimit"[33]. Shkatërrimi nuk mund të thuhet, e megjithatë duhet thënë: "*Kur gjithçka është thënë, ajo që mbetet për t'u thënë është shkatërrimi. Rrënoja e fjalëve, rënia e shkrimit, "faintness faintly murmuring: ajo që mbetet pa mbetje,"* thotë Blansho.[34]

Na duhet, Zonja dhe Zotërinj, na duhet ta mendojmë këtë tjetërkund, dhe na duhet ta mendojmë këtë tjetërkund nga një vend tjetër; ku tjetër. Jo të mendojmë fundin e universitetit, jo të mbetemi pafundësisht në rrënojat e tij, por të mendojmë shkatërrimin: Sepse është brenda shkatërrimit ku ne ndodhemi. Jo në fund, jo më në fund, dhe sigurisht jo drejt asaj që vjen më pas, por diku tjetër, gjithmonë diku tjetër. E tanishmja e shkatërrimit është këtu – nuk është askund. "Përpara se të arrijë, askush nuk e pret; kur arrin, askush nuk e njeh: sepse nuk është aty – shkatërrimi. Ai ka shmangur ndërkaq fjalën "jam," duke e realizuar veten deri në atë masë sa nuk ka filluar."³⁵ Sepse, fillon Blansho *Shkrimin e Shkatërrimit*:

> Shkatërrimi nuk arrihet. [...] Ne jemi në prag të shkatërrimit pa qenë të aftë ta vendosim atë në të ardhmen: ai është gjithmonë ndërkaq i shkuar, e megjithatë ne jemi ne prag ose të kërcënuar, të tëra këto formulime që do të nënkuptonin të ardhmen – atë që nuk ka ardhur akoma – sikur shkatërrimi të mos ishte ai që nuk vjen, ai që i ka dhënë fund çdo lloj ardhjeje. Të mendosh shkatërrimin (nëse kjo është e mundur, dhe kjo nuk është e mundur për sa kohë ne dyshojmë se shkatërrimi mendohet) do të thotë të mos kesh më asnjë të ardhme në të cilën ta mendosh atë. [...] Kur shkatërrimi na bie përsipër, ai nuk vjen.³⁶

Shkatërrimi na hap ndaj asaj që Blansho quan "përvojë-limit" – përvoja e jashtësisë, gjithmonë që nga jashtë³⁷, dhe kështu e vetmja përvojë e një jashtësie që është e mundur. Dhe kjo përvojë na hap ndaj një pohimi joabsolut absolut: "Sepse mendimi," pohon Blansho,

> përvoja-limit përfaqëson diçka *të ngjashme me* një origjinë të re. Ajo që i ofron mendimit është dhurata thelbësore, shkapërderdhjen e pohimit; një pohim, për të parën herë, që nuk është një produkt (rezultati i një mohimi të dyfishtë), dhe që kështu i shpëton të gjitha lëvizjeve, kundërshtimeve dhe përmbysjeve të arsyes dialektike" [...]. Ky eveniment është vështirë për t'u rrethuar. Përvoja e brendshme pohon; është një pohimi i pastër dhe veç pohon. [...] Kjo është Po-ja deçisive. Prani(shmëri) pa qenë i pranishëm. [...] Kështu pra përvoja-limit është vetë përvoja: mendimi që mendon atë që nuk ia lejon vetes të mendojë; mendimi që mendon më shumë nga ç'është i aftë [të mendojë] nëpërmjet një pohimi që pohon më shumë nga ç'mund të pohohet. [...] Një pohim me të cilin gjithçka arratiset dhe që, duke u arratisur vetë, i shpëton unitetit. Kjo është gjithçka që mund të thuhet mbi këtë: ai nuk bashkon, nuk lejon as bashkimin e vetvetes.³⁸

Shkatërrimi: i në-pa/mundur [*in/possible*].³⁹ Në-pa/mundësi [*In/possibility*]: një mundësi/në [*possibility/in*], ku "në [*in*]" do të emërtonte një afërsi *dhe* një distance; një përbrenda, e megjithatë edhe një përjashta: një jo, *dhe* një as, dhe ndoshta të vetmen pa/mundësi [*im/possibility*] të mundshme. (Si) një mundësi akoma e padhënë, ai "fshin [...] marrëdhënien tone me botën si prani ose si mungesë,"⁴⁰ por nuk na drejton drejt një të përtejshmeje. Kurrë akoma pa ardhur, "'ndërkaq' ose 'gjithmonë ndërkaq' shënon shkatërrimin"; udha e sipër e tij: "transgresion i palëvizshëm, pasiviteti i kalimit përtej."⁴¹

Nuk ekziston pra, një këtu për tani-në e tij, askund, përveç *tjetërkundit*, dhe duhet të jetë diku tjetër, gjithmonë, që *tjetërkundi* mund të thuhet: *këtu*, tani, askund, tani këtu.

"Që fundi nuk përvetësohet më nga një e përtejshme"⁴²: Të mendojmë jo më fundin si një përtej (universitetit, filozofisë, vetë botës), por të mendojmë përtej fundit – dhe përtej duhet të mbetet i në-pa/mundur. Të mendojmë, atëherë, asnjë fund, por mbarime, çdo herë. Sepse "shkatërrimi [...] nuk shpaloset nën një qiell yjor, por këtu – një këtu më shumë se gjithë të qënit i pranishëm. Këtu: ku, pra?"⁴³ Tjetërkund, ku tjetër. Shkatërrimi blanshojan, Zonja dhe Zotërinj, dhe kjo është, ndoshta, thelbësore, "do të qe ai porcion i gëzimit skeptik, asnjëherë në dispozicion të askujt, që e bën seriozitetin [...] të kaloje përtej gjithë seriozitetit, po ashtu siç lehtëson teoriken duke mos na lejuar të kemi besim tek ajo."⁴⁴

Jo më të teorizojmë të menduarit, jo më të mendojmë (në) teori, por të mendojmë të menduarit. Dhe kjo është të mendosh, mendo këtë: Shkatërrimi *është* – shkatërrimi nuk do të vijë.

Shënime

1. Ky prezantim është, deri diku, një ri-prezantimi i një prezantimi që dhashë tek simpoziumi *Interventions* tek Corner College në Zyrih në 31 maj 2013. Teksti i këtushëm nuk është ama thjesht një ribërje-të-pranishëm të këtij ri-prezantimi. Pasi çdo shtjellim, jashtë si pranisë ashtu edhe mungesës, është gjithmonë, një-her(ë)azi, si njëherë, vetëm njëherë.
2. Bill Readings, *The University in Ruins* (Cambridge/Londër: Harvard University Press, 1996).
3. Si, p.sh., përpunuar nga Redingsi (sh. veçanërisht 175vv.) Për një tjetër mënyrë banimi shih Christopher Fynsk, "To Dwell in the Ruins of the University," *Crossings: A Counter-Disciplinary Journal* 3 (1999), që gjendet pjesërisht tek http://crossings.binghamton.edu/fynsk.htm.
4. Siç shtrohet tek "The Principle of Reason: The University in the Eyes of Its Pupils," përkth. Catherine Porter dhe Edward P. Morris, *Diacritics* 13.3 (1983): 2–20, në 3. Available at http://ic.ucsc.edu/~rlipsch/Pol291/Derrida.pdf.
5. Kurse për Hajdegerin – në 1955-n – "njeriu sot është në *arrati prej mendimit*. Kjo arrati-prej-mendimit është terreni i mosmendimit" ("Memorial Address," në Martin Heidegger, *Discourse on Thinking*, përkth. John M. Anderson dhe E. Hans Freund [Nju-Jork: Harper and Row, 1966], 43–57, në 45).
6. "...çfarë quhet mendim?" (Martin Heidegger, *Was heißt Denken?*, bot. i 5-të [Tübingen: Max Niemeyer, 1997], 9).
7. Po aty.
8. Maurice Blanchot, *The Writing of the Disaster*, përkth. Ann Smock (Lincoln/Londër: University of Nebraska Press, 1995), 124. Ose siç thotë Hajdegeri: "Çfarë quhet mendim? Le t'i druhemi tundimit të verbër që do të donte të rrëmbente një përgjigje sa më të shpejtë në formën e një formule." (Heidegger, *Was heißt Denken*, 19).
9. Po aty.
10. Gilles Deleuze, *Difference and Repetition*, përkth. Paul Patton (Londër dhe Nju-Jork: Continuum, 2004), 185.
11. Christopher Fynsk, *The Claim of Language: A Case for the Humanities* (Minneapolis/Londër: University of Minnesota Press, 2004), 44.
12. Heidegger, *Was heißt Denken?*, 82.
13. Paul Virilio, *The University of Disaster* (Cambridge/Malden: Polity Press, 2010).
14. Martin Heidegger, "Brief über den 'Humanismus'," në *Wegmarken* (Nju-Jork: Harper Collins, 1993), 313–64, në 364.
15. Heidegger, *Was heißt Denken?*, 2.
16. Heidegger, "Brief über den 'Humanismus'," 313. Dhe, siç pohon Hajdegeri, "duhet të çlirohemi nga interpretimi teknik i mendimit. Fillimet e atij interpretimi shkojnë pas tek Platoni dhe Aristoteli. Për ata vetë mendimi është një lloj *technē*-je, një proces reflektimi në shërbim të bërjes dhe krijimit. Por këtu reflektimi shihet ndërkaq nga perspektiva e *praksis*-it dhe *poiēsis*-it Për këtë arsye mendimi, i konsideruar për vetëveten, nuk është 'praktik.' Karakterizimi i mendimit si *theōria* dhe përcaktimi i dijes si sjellje 'teorike' ndodhin ndërkaq brenda interpretimit 'teknik' të mendimit. Ky është një përpjekje reaktıv për ta shpëtuar mendimin dhe për të ruajtur autonominë e tij mbi dhe kundër veprimit dhe bërjes. Që atëherë 'filozofisë' i është dashur urgjentisht që të justifikojë ekzistencën e saj para 'shkencave'" (Po aty, 314).
17. Martin Heidegger, "Conversation on a Country Path about Thinking," në *Discourse on Thinking*, përkth. John M. Anderson dhe E. Hans Freund (Nju-Jork: Harper and Row, 1966), 58–90, në 88.
18. Po aty, 89.

19 Heidegger, *Was heißst Denken?*, 164–5.
20 Po aty, 164.
21 Po aty, 98.
22 Gerald L. Bruns, *Maurice Blanchot: The Refusal of Philosophy* (Baltimore/Londër: John Hopkins University Press, 1997), 207.
23 Blanchot, *Writing of the Disaster*, 100.
24 Po aty, 4.
25 ""Tmerri – nderi – i emrit, që gjithmonë kërcënon të shndërrohet në një titull"(Po aty, 7. Këtu, Ann Smock përkthen *sur-nom* si "titull"; sh. shën 3 në 148).
26 Po aty, 5.
27 Po aty.
28 Po aty, 43.
29 Po aty, 52.
30 Po aty, 48.
31 *Désastre* (nga fjala italiane *disastro*, "nën një yll të keq"), nga dis- and astro. Sh. http://www.etymonline.com/index.php?search=disaster&searchmode=none
32 Blanchot, *The Writing of the Disaster*, 75.
33 Po aty, 7.
34 Po aty, 33.
35 Po aty, 36.
36 Po aty, 1.
37 Sh. edhe Bruns, *Maurice Blanchot*, 209: "Përjetimi i shkatërrimit nuk është një mundësi subjektive por një përjetim skajor, që do të thotë se ai nuk mund të sendëzohet ose tematizohet [...]. Kështu pra, kohësia e shkatërrimit është ajo e *il y a* ose e *es gibt*."
38 Maurice Blanchot, *The Infinite Conversation*, përkth. Susan Hanson (Minneapolis/Londër: University of Minnesota Press, 1993), 208vv.
39 Kurse për Bruns, *Maurice Blanchot*, 207v: "shkatërrimi nuk është një moment ndryshimi ku e mundura fillon të realizohet; ai është i (e) pamundur(a)."Mbi nocionin e (të) pamundur(ës) shih gjithashtu tekstin tim. "In/possible relation: Being, Time, Death," në *Poligrafi* 17.65–66 (2012): 119–37.
40 Blanchot, *The Writing of the Disaster*, 120.
41 Po aty, 40.
42 Blanchot, *The Infinite Conversation*, 248.
43 Po aty, 75.
44 Blanchot, *The Writing of the Disaster*, 76v.

THE RHETORIC OF DISASTER
SURVIVING THE END OF THE HUMANITIES

John Van Houdt

> *"The disaster ruins everything, all the while leaving everything intact."*
> – Maurice Blanchot, *The Writing of the Disaster*[1]

Introducing Disaster

In this paper I will present a potential critical use of the rhetoric of disaster or what I will sometimes call "disaster speak," borrowing largely from Blanchot's analysis in *The Writing of the Disaster*. So what is the present "disaster" we are talking about at this conference? For those working in and around academia today, it is hard to ignore the substantial changes the university is undergoing especially in the humanities. To wit, this generally recognized change in the university has given way to serious prognostications of the "end of the university." On this count, the humanities have outpaced the university itself. In my own discipline, philosophy, for instance, talk about the "end of philosophy" has been a common theme for at least a century or so. There are plenty of reasons for the prevalence of disaster-speak in our current situation (many of which have little to do with the university); and there is certainly no dearth of examples of disaster-speak applied to the situation of the university in general and the humanities in particular.[2] In what follows I will bracket the question of whether in fact the "end is nigh" and focus on the rhetoric of that impending disaster to evaluate a strategy for deflating the catastrophic sense of impending doom invoked by disaster-speak.

To this end, I argue that we should be actively creating our own "survival manual" for the end of the humanities. As with innumerable post-apocalyptic survival narratives, we need a set of procedures, what I will call "protocols," for addressing the presumed "worst-case" scenario implied by the end of the humanities. I say this with the following proviso: while we might take guidance from previous examples, institutions, our preferred texts and thinkers, this manual can only be made "on the fly," so to speak. That is to say, only by testing out our commitments with our fellow-travelers in this *practice* of survival can we make sense of the knowledge practices historically dubbed the "humanities" in a post-humanities world.

Getting out from under the rhetoric of disaster, however, will take substantial effort on our part, and for this reason, I believe we need to stage a kind of *disaster test* to distill the right sort of scenario for testing out these commitments. Finally, I will use the model of the zombie narrative as a staging of this disaster test. I will not, however, offer a discrete protocol for the proposed survival manual. I think that to properly address the rhetoric of disaster, the survival manual needs to remain under construction and open to review, hence "on the fly." The hope is that, should the prognosticated disaster arrive, we will be prepared for "survival" in the strict sense of surpassing – "living *beyond*" or "*over*" – the event of disaster, as meant by Blanchot's emphasis on the prefix in "*sur*-vival."[3] The advantage of the strategy proposed here is that even should the presumed disaster never arrive, we will have already extricated ourselves out from under the affective machinery of disaster-speak and can go about our business of survival in the humanities.

The strategy I think best serves the purposes of critical inquiry into disaster speak, particularly as regards discussions of the humanities, is to take the disaster as *an event of the past*: that is, to find a way out from under the coming disaster by taking it as a past-tense event we are simply living with in the present. For this reason, we should take the disaster in its full apocalyptic weight, the disastrous moment of the End has already passed and we, humanized byproducts of the humanities, live in the post-apocalyptic wasteland heralded in artifacts of the humanities from T.S. Eliot to zombie fiction.

Zombies at the Gates

This last example, zombie fiction, is actually quite elegant in its simplicity. So let's take the most popular version of the disaster narrative, the post-apocalyptic zombie narrative, as our model for a "survival manual" for the humanities here. Zombies rarely make it to the university (and I am not speaking here of David Chalmers's qualia-lacking zombies, but the flesh-eating, undead kind). There might be good reasons for this. How can a university, a relative pocket of luxury, for many a shelter from "real life," compare to the iconic orgy of consumption in a shopping mall recently liberated from flesh-eating corpses?

This relative absence of the university is actually quite strange, however. Since many (especially private) universities have walls and gates as well as their own police forces, these universities could be ideal zombie holdouts (especially during the summer months). Perhaps it would simply be too gratuitous, even obscene, to see a group hold up in, say, a gated Harvard, institutions which already pride themselves on their *exclusivity*, while those outside are at the mercy of the undead. I would venture that much of this lack of zombies at universities (some films start there, but they soon leave) has to do with the cultural attitude that universities are already, in some sense, a privilege, and to see people surviving *because of that privilege*, while everyone else is being eaten, runs counter to the democratizing function of the genre. Everyone is exposed to the possibility of becoming a zombie. While wealth and social position might give us an immediate survival advantage, over the long run we are all exposed to the danger of becoming a zombie. Even when we hold up in a panic room in a mansion (*Diaries of the*

Dead, 2007) or a fortified city (*Land of the Dead,* 2005), *eventually* the roving horde will overwhelm our defenses, and we'll be exposed.

A common thread in these narratives is that we form a semi-cohesive survival community by banding together in small groups, a view similar to how many already view the function of education, especially in the humanities. A.N. Whitehead, for instance, imagines education as a "band of scholars," which would be "stimulating each other, and freely determining their various activities."[4] In fact, Whitehead's rhetoric reflects the expediencies of the post-apocalyptic: there is "no escape" from drawing our attention to the conditions which will "produce such a band."[5] As participants in the project of the university, it is incumbent upon us to foster not only such a "band" but also the conditions likely to produce such a band. This model of a "band of scholars" also resembles Gérard Granel's "ship of fools," which would be "a mobile band of critical philosophers who would emerge freely and unexpectedly throughout the university and other cultural institutions with the purpose of conducting fundamental critique at the sites of intervention."[6] Increasingly, such a model of eccentric conspirators is becoming the preferred model for leftist politics.[7]

However, there is also a populism to the genre as well. The lesson which the common post-apocalyptic zombie narrative continuously reiterates – especially in recent iterations from *Dawn of the Dead* (2004) to *The Walking Dead* (2010–) – is that once the disaster hits, corpses rise from the grave, and the undead walk the earth eating the flesh of the living, it is the "soft" values traditionally associated with the humanities (ethics, art, literature, etc.) or the values they express (love, family, religious faith, community, etc.) that are the least likely to survive, and are at root superfluous. These "soft" values need to be replaced by harder, more durable, practical values. As the Commander in charge of a remnant fleet leverages the protagonist into taking the mission in *World War Z* (2013): "Take a look around here, Mr. Lane. Each and every one of these people are [*sic*] here because they serve a purpose. There's no room here for non-essential personnel." This too could describe a common view of the universities.

If the disaster rhetoric is to be trusted, under the threat of the economic futures looming for universities, our attitudes toward (investment in) education should follow suit. The same way that in the post-apocalyptic situation our chances of survival are best served by teaming up with people with survivalist training, former soldiers or law-enforcement officers, or *par court* experts, the State needs to "team up" in terms of its investment with disciplines with direct practical application, the so-called STEM disciplines. When the disaster comes, when the zombie apocalypse hits, we need to be surrounded by the right sorts of people, of which humanities-types are certainly not. (Isn't there something suspicious about these sorts anyway?)

In fact, this attitude has a much longer genealogy going back at least to the Reagan-Thatcher era debates which kindled the "culture wars" in the 1980s. As Ronald Reagan poignantly, if not prophetically, captured the contemporary mood in a campaign speech in 1980: "Why should we subsidize intellectual curiosity?" Meaning in this case, the humanities; a view given more recent voice by James Dyson (inventor of the vacuum of the same name): there are too many people today who "go off to study French lesbian poetry."[8] No, curiosity won't be subsidized, it will return to the class which can rightfully afford to be curious, as per David Cameron's campaign promise of "brazenly elitist" cuts in education.[9]

Indeed, we find a strange zombie type description by a Department of Education and Science (UK) minister in 1984 depicting the threatening mobs that would be created if educational privileges were not selectively rationed. It is worth quoting in length:

> There has to be selection because we are beginning to create aspirations which society cannot match. In some ways, this points to the success of education, in contrast to the public mythology which has been created.
>
> When young people drop off the education production line and cannot find work at all, or work which meets their abilities and expectations, then we are creating frustration, with perhaps disturbing consequences. We have to select: to ration the educational opportunities, so that society can cope with the output of education [...]
>
> We are in a period of considerable social change. There may be social unrest, but we can cope with the Toxteths [riots]. But if we have a highly educated and idle population, we may possibly anticipate more serious social conflict.
>
> People must be educated once more to know their place.[10]

Like the horde of flesh-eating zombies growing cleverer at the walls of the protected city in *Land of the Dead*, education is itself a danger precisely because it entails a process of *de-education* (a testament to its "success"). Through the "aspirations" it fosters, which cannot be met by society under its current allotment, it de-educates people from "knowing their place." Education policy must be reset in order to reeducate individuals to *once again* know their place.

Indeed, Whitehead makes a similar point about *imagination*: "It is a dangerous gift, which has started many a conflagration."[11] But as he adds: "If we are timid as to that danger, the proper course is to shut down our universities."[12] Whitehead's wager here is that this latter option would not be taken seriously; he is only making a point. However, in the current situation and for the DES minister above, it might be a gamble many would be willing to take (at least, for programs falling beneath the knife of "brazenly elitist" cuts).

Such overtures as to the "dangers" inherent in education can certainly be flattering for those in the humanities who long felt they were the carriers of a deadly zombie-inducing pathogen for those in power (*critique* or imagination as Whitehead's "contagious disease"[13]). But if this is meant as a sanction for the humanities, a member of the university administration or the above DES minister interested in benefiting a "society" he considers relatively homogenous, in further need of *more* stability, this answer will surely fall on deaf ears, if not elicit outright concern. "Why would you want to foster instability when today instability is precisely *the problem*? We certainly won't fund *that*!" We must only create individuals we can manage (a different sort of zombie), and Whitehead's "bands of scholars" or Granel's roving "ship of fools" does not fit the bill.

Zombie narratives are particularly helpful here in that they give us a single protocol for the entire range of human activity: *Not-becoming-zombie*. In these narratives the entire scope of human activity falls under the Occam's Razor of this single protocol. Insofar as an activity (whether immoral or not) fosters *not-becoming-zombie*, it has the sanction of a positive value in zombie world – any deviation from this protocol seems an admission of weakness, of holding on too tightly to our previous, pre-disaster lives, and thus, lacks positive sanction in zombie world. (Hence the criticism of moral recklessness that greeted the first iterations of the zombie genre.) The better variations on this protocol help to expose our deeper commitments, to test how far we would go under such a protocol, or more vaguely, how "human" we would remain within zombie world.

This gives us a model for the disaster-test for the humanities: the disaster should be interpreted in the form of a protocol (or restricted set of protocols) on the model of the single *not-becoming-zombie* protocol so that we can begin to evaluate what we can commit ourselves to *even if* the disaster has already taken place. Or conversely, to evaluate *what we could not give up* in zombie world. So if this is our new model for the survival manual, how can we deal with the threat of impending disaster?

The Rhetoric of Disaster

A partial solution can be offered by looking at the rhetoric of disaster itself. Disaster theorists inform us that disasters are "low incidence, high impact" events which are "post-normal" in character.[14] This idea of "normality" in "post-normal" events is somewhat surprising given that today we are everywhere inundated with the prospects of looming disaster. It seems that rather than being "post-normal" in character, disaster constitutes the new *Normal*, much as the State of Exception, discussed by political and legal theorists, is used to make emergency measures a "normal" state of affairs. Discussions of disasters by pundits, politicians, and policy-makers run through the normal media cycles; we frequently hear about the natural, human, and economic toll of natural disasters, human disasters for the environment, disasters wrought by terrorism, ethnic conflicts, genocide and war, even those of "failed states" and large-scale economic collapse. We are being warned too that "more and worse catastrophes are yet to come."[15] (So much for the "low incidence" of disasters.) It seems then that we have definitively entered into what Ulrich Beck calls the "risk society": a society in which technological capacity and scientific knowledge have led to the proliferation and worsening of disastrous risks rather than lessening them.[16] Much of our political imagination and policies are now occupied with, if not averting them outright, then at least *managing* these impending disasters.

These portents of disaster are matched with the usual end-times disaster scenarios we hear depicted by scientists: from the possibility of asteroid collisions, eruptions of super-volcanoes, pandemics of bacteria, viruses, and fungi, the old standby, nuclear threats, as well as a host of other less prominent possibilities of disasters in the near-future: alien invasion, the creation of black holes, or plagues of nano-robots. Even the *zombie apocalypse* itself has become a somewhat tongue-in-cheek object of study.[17] Indeed, we are even told by scientists that *this* quite plausibly will be the final century of the human species.[18]

Popular media too has kept pace, operating as gate-keepers of the narratives and images of disaster – 9/11 being the obvious example. After the images of 9/11 were endlessly repeated on television, frequent comparisons were made between the terrorist attack and scenes from action films. The disaster here blurred the lines between real-life and entertainment. It is little wonder then that Hollywood took up the theme of disaster more directly, incorporating *phobos* – terror or panic – as a central affective category in post-9/11 films, to depict the prevailing sense of the precarity of our lives.[19] As Slavoj Žižek remarked in this context: "Disaster films might be the only optimistic social genre that remains today, and that's a sad reflection of our desperate state."[20]

It is little wonder then that the language of "disaster" is so pervasive, but it is hard to see this language as any longer "post-normal" in any significant sense. Taken together, all this talk of "disaster" could be called more broadly the "rhetoric of disaster," as I have been using it. The rhetoric of disaster, as I take it, is not about understanding this or that disaster which has *already* taken place, which would be done by the jobs of mourning, remembrance, and solidarity. The rhetoric of disaster rather is a way of managing talk about *what is to come,* i.e. a way of monitoring, to use the Homeland Security jargon, the "threat-level" of the disaster.

Disaster speak in this way combines two main features: a) *talk about the future,* with all of the difficulties attendant to claims with any measure of certainty about future-tense events; as well as b) a powerful means for *interpellating subjects under the threat,* with all of the ambiguities and confusions of future-tense events of such magnitude that, given the way we speak about them, we (all?) *ought* to be concerned with their coming to pass. For disaster-speak, we are all under the threat of impending disaster. On pains of being accused of moral callousness, recklessness, or a general insensitivity toward the *eventual* victims of the disaster – in this case, *everyone* – the rhetoric of disaster provides an impressive affective machinery for the interpellation of subjects under threat of impending disaster. This interpellation under threat helps to institute, especially in its political manifestations, a kind of intellectual highjacking of the future; we are not permitted to think about the future without first thinking the omnipresence of disaster, and this way, the future is held hostage, "captive to the image" of disaster. Thus Blanchot claims: "To think the disaster [...] is to have no longer any future in which to think it."[21]

As Fredric Jameson frequently points out, however, there is something deeply cynical in our willingness to continually imagine the end of the world without thinking of any productive social and political alternatives to it. What Jameson calls the "dialectics of disaster"[22] is precisely this sort of intellectually highjacked future brought about by disaster-speak: "in this dialectic, in which each term of the opposition reinforces the other one, there does not have to come a moment of synthesis" – it is enough that there is "the prospect of that common ruin which must now fill us with foreboding."[23] If this picture is at all accurate, how are we to overcome this impasse between ourselves under threat of common ruin and the future held hostage by the image of disaster, especially as regards the humanities? I believe that attending to the rhetoric of disaster in the way analyzed by Blanchot gives us a tangible line of flight out of this impasse, and could start us toward a viable protocol for our survival manual.

Disaster speak puts its cards on the table in the claim that we could *never know* how we would actually act in such worst-case scenarios; that we do not know whether we would survive the disaster or in what form; that the disaster is too radical to be thought from our current pre-disaster situation; and that once the disaster arrives, though delaying every arrival, *everything* will be different.[24] Moreover, this shows the way in which disaster-speak involves a sort of disbelief, a disbelief borne both of the fact that the disaster *can* happen at all and that it *is* in fact happening. Blanchot describes this as presenting a question without any desire for an answer: "There is a question and yet no doubt; there is a question, but no desire for an answer; there is a question, and nothing that can be said, but just this nothing, to say. This is a query, a probe that surpasses the very possibility of questions."[25] For this reason, Blanchot claims that for the putative disaster-speaker: "He does not believe in the disaster. [...] Commensurate with it there is no faith, and at the same time a sort of disinterest, detached from the disaster."[26]

But if zombie world can serve as a disaster test, as I suggested above, it affords us the opportunity of *imagining ourselves* within that world *after* disaster. In this way, the zombie narrative offers us a kind of catharsis against the *phobos*, the foreboding of the threat, hence Žižek's "only optimistic social genre." Without giving a concrete depiction of the disaster, as though an event or happening like any other, we are permanently held under its threat. Yet if we can at least *begin* to imagine ourselves in the post-disaster landscape, our zombie world, we begin to think ourselves *out from under* the threat, and begin our imagined habitude in that post-disaster world. In the case of the zombie protocol, we know precisely what that world entails, at least in its fantasy form, *not-becoming-zombie.*

Now this protocol will play out differently in different zombie worlds. This is an important point. It makes a world of difference if the zombies are slow, stumbling *Night of the Living Dead* (1968) zombies or zombies that bolt at you full-speed after noticing you (*28 Days Later*, 2002). Or if "becoming-zombie" comes from a mysterious property of biting and dying (most zombie worlds), radiation from a satellite returning from Venus (*Night of the Living Dead*), an airborne toxin from a failed government experiment (*The Return of the Living Dead*, 1985), failed cure for a disease (*I Am Legend*, 2007), or a virus transmitted by blood (*28 Days Later*). It matters whether the zombies can only be killed by damaging the brain (virtually all zombie narratives) or not at all (*The Return of the Living Dead*). It matters whether the zombies can learn, adapt, or be trained as in Romero's *Day of the Dead* (1985) and *Land of the Dead* or *I Am Legend*. It matters whether the zombies themselves die by starvation (*28 Weeks Later*, 2007) or never die at all (*Day of the Dead*). It matters whether when the outbreak hits we are alone (*I Am Legend*), in a group (*Dawn of the Dead*), community (*The Walking Dead*) or a military facility (*Day of the Dead*); or where we are, say, if we are in the third-world (*The Dead*, 2010 or *Black Hawk Down*, 2001 – yes, that's a zombie film). And of course, it matters how we answer the perennial question: Why on earth do zombies *eat brains*?

All of these various construals of zombies and their various zombie worlds expose different ideological commitments, the presuppositions that "make sense" within the disaster test of the zombie fantasy. For instance, the quintessential zombie world fitting the picture of neoconservatives (and probably our DES minister) would be *The Omega Man* (1971), in which a scientist (Charlton Heston) roams around, driving a muscle car, uttering populist banalities by day, and has to return to his fortified mansion where he plays chess with himself, drinks fine wines, listens to music, trying to "solve" the zombie problem, fighting off a horde of luddite, religious extremist zombies by night.

The point here is that without fleshing out the specifics of the post-disaster zombie world we are facing, we cannot begin to judge how the single zombie protocol will be worked out in practice. For this reason, despite the elegant simplicity of the single zombie protocol, what this protocol entails *in practice* will depend a great deal on the kind of zombie world in which we live. Likewise, we should not be held hostage by disaster speak, taking the impending disaster seriously, without beginning to sketch out *what* our post-humanities world would look like and determining what the working out of that protocol would entail.

Post-Humanities Survival Manuals

So here I will return to the earlier suggestion that we produce our survival manual for the humanities "on the fly." There is a distinct set of problems about the "end of the humanities" arising from the positions many of us currently occupy in and around the university, something which for better or worse has been called "para-academia" (calling to mind images of para-militaries). Following our deflationary tactic to combat disaster speak, we need to think of *this* as the disaster scenario. The disaster has already come and we are already in the post-humanities world. It might get worse, but we are already living the humanities extinction event. Now we need our disaster test to begin to flesh out the various features of our post-humanities world so that we can begin to find the right sort of protocols for our survival manual.

Christopher Fynsk suggests, for instance (and I'm paraphrasing), that even the university in ruins is a good place to begin this pedagogical work of the humanities. I agree; that is, *if* one has or will get a viable position *within* the university in ruins. However, that person's survival manual will look considerably different from someone without a viable university position. With the rising number of adjuncts, for instance, receiving traditional positions within the humanities is no longer a reasonable expectation (if it ever was). It has more in keeping with winning a small scale lottery in which one labors continuously to even buy a ticket. Not a smart bet. Already in 1978 Lyotard commented: "It has become an enviable rarity these days to obtain a salary in exchange for the kind of discourse that is commonly called philosophy [...] Those who teach philosophy are thus condemned to decimation or worse, while those who have studied it remain unemployed or give themselves up as hostages to other professions."[27] The use of the zombie narrative I have been presenting here could give the impression that I am worried about *not-becoming-zombie* with some reference to this "hostage" work in professions outside the humanities. This is not what I am after.

It could be the case that one has a good position in the humanities at a relatively viable university (it could also not be the case). Noting this fact within zombie world, however, this is only a relative advantage. Remaining held up in a panic room as in *Diaries of the Dead* is only a relative advantage. Every viewer of zombie films knows that after the disaster, all bets are off, and relative advantages have a way of dwindling under the right set of circumstances. The disaster has already hit; the hordes are coming. Now we have to produce our survival manual. Starting out in different places in the disaster test does make a difference in zombie world, but all that entails is we set out different survival manuals apt for survival under those varying constraints. So insofar as we continue to exercise our collective and various commitments to the humanities, many of us are effectively living in the post-apocalyptic wasteland of the humanities with or without the university. But since this is a relatively new situation for many of us (at least in terms of expectations), where do we get our version of the zombie protocol?

Many of us are not inbuilt to the traditional university with its background assumptions and easy answers on behalf of the humanities (which were never the right kinds of answers anyway). In effect, what we are concerned with here is survival plain and simple, an existential problem if there ever was one. Any viewer of zombie films also knows that something's being more worthy of survival is no guarantee that it *will in fact* survive in zombie world. Just because we have reasonable answers as to the worth of the humanities (its indispensable social value), it is a moot point in terms of our survival. Part of the task will be assessing the conditions for producing a "band of scholars" or "ship of fools." This task is not served, however, by appealing to an idyllic past – we might say the Golden Age of the Humanities – which even if it did once exist is irrecoverable after the disaster. Keeping with the image of zombie contagions or disease, this time from another artifact of the humanities: the point is *how not* to be seduced by the idylls of our own making, namely, "how to keep the seductive ghost of a bliss long absconded from baiting you and hooking you and pulling you back out and eating your heart raw."[28]

An analogy from Robert L. Dorit, a molecular biologist, is perhaps helpful here: "Evolution is a creative scavenger, taking what is available and putting it to new use."[29] In this way, evolution operates more like a third-world auto mechanic – piecing together whatever she finds lying around to "get your car running again" – than the well-designed products of first-world automotive engineering. We too, like Whitehead's "band of scholars" or Granel's "ship of fools," are trying to flesh out the protocols of this post-apocalyptic wasteland, picking up and putting to use *what*-, indeed, *whom*ever we find around. Indeed, much of our efforts in this situation, because we cannot count on the traditional university, depend on the fact that we also continue to produce our own survival communities "on the fly." There is nothing necessary about the fact that we continue in this effort; we could simply quit. As long as we don't, however, it is incumbent upon us to find ways to survive. Now it will make a significant difference whether our post-apocalyptic humanities zombies are fast or slow, but I am optimistic that we will find the right sorts of protocols to create our "survival manual" because I am in great company here for testing out survival at the end of the humanities.

Notes

1 Maurice Blanchot, *The Writing of the Disaster*, trans. Ann Smock (Lincoln: University of Nebraska Press, 1995), 1.
2 Here is a sampling of recent cases of disaster-speak applied by scholars to "our" current situation: Bill Readings, *The University in Ruins* (Cambridge MA: Harvard University Press, 1996); Gayatri Chakravorty Spivak, *Death of a Discipline* (New York: Columbia University Press, 2003); Christopher Fynsk, *The Claim of Language: A Case for the Humanities* (Minneapolis: University of Minnesota Press, 2004); Isabelle Stengers, *Au temps des catastrophes: Résister à la barbarie qui vient* (Paris: Editions La Découverte, 2009); Paul Virilio, *The University of Disaster*, trans. Julie Rose (Cambridge: Polity, 2010).
3 Blanchot, *The Writing of the Disaster*, 105.
4 Alfred North Whitehead, *The Aims of Education and Other Essays* (New York: Free Press, 1985 [1929]), 99.
5 Ibid., 100.
6 Fynsk, *The Claim of Language*, 15.
7 Slavoj Žižek makes this point asking about the "conspirators" in *The Wire* (2002–8): "Is not this group a kind of proto-communist cell of conspirators, or a group of eccentrics from a Charles Dickens novel or a Frank Capra film, with the dilapidated basement office they are allocated as their secret conspiratorial lair?" (*The Year of Dreaming Dangerously* [London: Verso, 2012], 98).
8 Quoted in Graeme Paton, "Michael Grove Backs Study of 'French Lesbian Poetry,'" *The Telegraph* (November 14, 2012): http://www.telegraph.co.uk/education/educationnews/9678834/Michael-Gove-backs-study-of-French-lesbian-poetry.html. (Accessed May 27, 2013).
9 Quoted in Andrew Woodcock, "Tories Promise 'Brazenly Elitist' Approach to Education," *The Independent* (January 18, 2010): http://www.independent.co.uk/news/education/education-news/tories-promise-brazenly-elitist-approach-to-education-1871867.html. (Accessed July 19, 2013).
10 Quoted in Geoffrey Walford, *Privatisation and Privilege in Education* (London and New York: Routledge, 1990), pp. 113–5.
11 Whitehead, *The Aims of Education*, 101.
12 Ibid.
13 Ibid., 97.
14 For a discussion of disasters as "post-normal" events, see Stewart Williams, "Rethinking the Nature of Disaster: From Failed Instruments of Learning to a Post-Social Understanding," *Social Forces* 87.2 (December 2008): 1115–38.
15 See, for instance, Enrico. L. Quarantelli, "The Environmental Disasters of the Future Will Be More and Worse But the Prospect Is Not Hopeless," *Disaster Prevention and Management: An International Journal* 2 (1993): 11–25.
16 Ulrich Beck, *Risk Society: Towards a New Modernity* (London: Sage, 1992).
17 To give only one example that made headlines, the Centers for Disease Control and Prevention (US) released a novella "Preparedness 101: Zombie Apocalypse" as a "fun" way to learn disaster preparedness: http://emergency.cdc.gov/socialmedia/zombies.asp. (Accessed July 20, 2013).
18 This is the thesis of Martin Rees, *Our Final Hour: A Scientists Warning: How Terror, Error, and Environmental Disaster Threaten Humankind's Future in This Century – on Earth and Beyond* (New York: Basic Books, 2003).
19 Antonio Sánchez-Escalonilla, "Hollywood and the Rhetoric of Panic: The Popular Genres of Action and Fantasy in the Wake of the 9/11 Attacks," *Journal of Popular Film and Television* (2010): 10–20.

20 Quoted in Noam Yuran, "Disaster Movies as the Last Remnants of Utopia," *Ha'aretz* (January 14, 2003): http://www.haaretz.com/culture/arts-leisure/disaster-movies-as-the-last-remnants-of-utopia-1.22290. (Accessed June 2, 2013).
21 Blanchot, *The Writing of the Disaster*, 1.
22 Fredric Jameson, "The Dialectics of Disaster," *South Atlantic Quarterly* 101.2 (Spring 2002): 297–304.
23 Ibid., 304.
24 Blanchot, *The Writing of the Disaster*, 1.
25 Ibid., 9.
26 Ibid., 2.
27 Quoted in Fynsk, "A Pedagogy on the Verge of Disaster," this volume, 38.
28 David Foster Wallace, *Infinite Jest: A Novel* (London: Abacus, 1996), 374.
29 Robert L. Dorit, "A Review of Darwin's Black Box: The Biochemical Challenge to Evolution, by Michael J. Behe," *American Scientist* 85.5 (Sept.–Oct 1997): http://www.americanscientist.org/bookshelf/pub/a-review-of-darwins-black-box-the-biochemical-challenge-to-evolution-by-michael-j-behe. (Accessed July 19, 2013).

RETORIKA E SHKATËRRIMIT
T'I MBIJETOJMË FUNDIT TË HUMANITETEVE

Xhon Van Haut

"Shaktërrimi rrënon gjithçka, por duke lënë gjithçka të paprekur."
– Moris Blansho, *Shkrimi i shkatërrimit*[1]

Paraqitje e shkatërrimit
Në këtë artikull do të paraqis një përdorim potencialisht kritik të retorikës së shkatërrimit, që herë pas here kam për ta quajtur edhe e folura e shkatërrimit, duke u mbështetur kryesisht mbi analizen e Blanshosë tek *Shkrimi i shkatërrimit*. Cili është "shkatërrimi" për të cilin jemi duke folur në këtë konferencë? Për ata që punojnë brenda ose rreth akademisë sot, është e vështirë të shpërfillësh ndryshimet e qenësishme që po kalon universiteti e veçanërisht humanitetet. Që do të thotë, ky ndryshim brenda universitetit, që në përgjithësi njihet, i ka hapur rrugën prognostikimeve serioze të "fundit" të universitetit. Në këtë pikë, humanitetet ia kanë kaluar vetë universitetit. Në disiplinën time, filozofi, për shembull, ka rreth një shekull që flitet për "fundin e filozofisë." Ka shumë arsye pse e folura e shkatërrimit është kaq e përhapur në situatën në të cilën ndodhemi (shumë prej të cilave nuk kanë të bëjnë me universitetin); dhe sigurisht që shembuj të së folurës së shkatërrimit mbi situatën e universitetit në përgjithësi dhe të humaniteteve në veçanti nuk mungojnë.[2] Në çka vijon kam për të vënë mënjanë pyetjen nëse fundi është vërtetë afër, duke u përqëndruar tek retorika e atij shkatërrimi që zëre se ka ardhur për të vlerësuar një strategji për të shfryrë ndjesinë katastrofike të fundit që provokon e folura e shkatërrimit.

Për ta arritur këtë, argumentoj se ne duhet të krijojmë "manualë mbijetese" për fundin e humaniteteve. Siç ndodh rëndom në tregime [*narratives*] të panumërta pasapokaliptike, na duhet një grup procedurash, që unë do t'i quaj "protokollë," për t'u marrë me atë që ne shohim si rastin më të keq në lidhje me fundin e humaniteteve. E them këtë me kushtin që vijon: ndonëse ne mund të marrim shembull nga shembuj të mëparshëm, institucione, tekstet e parapëlqyer dhe mendimtarë, ky manual mund të bëhet vetëm nxitimthi, si të thuash. Që do të thotë, vetëm duke vënë në provë angazhimet tona me bashkëudhetarët tanë gjatë praktikimit të mbijetesës do të arrijmë të kuptojmë praktikat e dijes që historikisht janë quajtur "humanitetet" në një botë të pashumaniteteve.

Meqenëse do të na duhet goxha mundim për t'i shpëtuar retorikës së shkatërrimit mendoj se na duhet të inskenojmë një lloj *prove të shkatërrimit* për të distiluar skenarin e duhur për të vënë në provë këto angazhime. Për ta mbyllur, kam për të përdorur modelin e tregimit me zombi si inskenimin e kësaj prove të shkatërrimit. E megjithatë unë nuk kam për të ofruar një protokoll të veçantë e të plotë për momentin e mbijetesës që propozuam më lart. Mendoj se për t'u marrë seriozisht me retorikën e shkatërrimit ky manual duhet të mbetet në ndërtim e sipër dhe i hapur për rishikime, pra "nxitimthi." Shpresa është se, në rast se shkatërrimi i parashikuar vjen, ne do të jemi të përgatitur për të "mbijetuar" në kuptimin strikt të tejkalimit – "të jetuarit *përtej*" ose "*mbi*" – ngjarjes së shkatërrimit, siç nënkuptohet në theksin që Blansho vë mbi prefiksin tek "*mbi*-jetesa."[3] Avantazhi i strategjisë së propozuar këtu është se edhe nëse shkatërrimi i presupozuar nuk vjen kurrë, ne do të kemi arritur t'i shpëtojmë mekanizmave të aparatit afektiv të së folurës së shkatërrimit dhe do të mund të vazhdojmë të merremi me punët tona të mbijetesës brenda humaniteteve.

Mendoj se strategjia më e mirë për një hulumtim kritik mbi të folurën e shkatërrimit, e veçanërisht përsa i përket diskutimeve rreth humanieteve, është ta marrim shkatërrimin si *një ndodhi të së kaluarës*: domethënë, të gjejmë një mënyrë për t'i shpëtuar shkatërrimit të ardhshëm duke e marrë atë si një ndodhi të kohës së shkuar me të cilën ne thjesht jetojmë në të tashmen. Për këtë arsye, ne duhet ta marrim shkatërrimin me gjithë peshën e tij apokaliptike, momenti shkatërrimtar i Fundit tashmë ka kaluar dhe ne, nënprodukte të humanizuara të humaniteteve, jetojmë në shkretëtirën postapokaliptike të objekteve të humaniteteve që nga T.S. Ellioti deri te trillimet me zombi.

Zombitë pas derës

Shembulli i fundit, trillimet me zombi, është në fakt goxha elegant në thjeshtësinë e tij. Le të marrim pra versionin më popullor të tregimit të shkatërrimit, tregimin pasapokaliptik të zombive, si modelin tonë për një "manual mbijetese" për humanitetet. Zombitë rrallëherë arrijnë deri tek universiteti (dhe nuk e kam fjalën këtu për zombitë jocilësorë të Dejvid Çalmers [*David Chalmers*], por për ata të zhvdekurit që ushqehen me mish njeriu). Arsyet për këtë janë të kuptueshme. Si mundet një universitet, një cep lluksi relativ, për shumë vetë një arrati nga "jeta e vërtetë," të krahasohet me orgjinë ikonike të konsumit në një qendër tregëtare të sapo liruar prej kufomave mishngrënëse?

Mungesa relative e universitetit është megjithatë e çuditshme. Meqënëse shumë universitete (veçanërisht ata privatët) kanë mure rrethues dhe porta të mëdha hekuri si dhe forcat e tyre policore, këta universitete do të ishin vende ideale për t'u fshehur (veçanërisht gjatë muajve të verës). Por ndoshta do të ishte e tepruar, e neveritshme madje, të shihnim një grup të fshehur brenda, për shembull, një Harvardi të rrethuar, institucione që krenohen për *eksluzivitetin* e tyre, ndërkohë që ata që kanë mbetur përjashta janë në mëshirë të të zhvdekurve. Do të sugjeroja se në pjesën më të madhe të rasteve mungesa e zombive në universitete (disa filma fillojnë atje por shpejt largohen) lidhet me qëndrimin kulturor se universitetet janë që janë, në një kuptim, një privilegj, dhe se të shohësh njerëz të mbijetojnë *për shkak të atij privilegji*, ndërsa të gjithë të tjerët hahen, shkon kundër funksionit demokratizues të zhanrit. Të gjithë janë të zbuluar ndaj mundësisë për t'u shndërruar në një zombi. Dhe ndonëse pasuria dhe statusi ynë social mund të na japin një avantazh në çastet e para, në "planin" afatgjatë të gjithë ne jemi të zbuluar ndaj mundësisë për t'u shndërruar në një zombi. Edhe kur mbyllemi brenda dhomës së panikut në një shtëpi të madhe (*Diaries of the Dead,* 2007) ose një qyteti të fortifikuar (*Land of the Dead,* s005), *herët a vonë,* lukunia endacake ka për ta thyer mbrojtjen tonë dhe ne kemi për t'u zbuluar.

Një element që e ndajnë shumë prej këtyre tregimeve është ai i formimit të një komuniteti gjysëm koheziv mbijetese duke u bashkuar në grupe të vogla, një pikëpamje e ngjashme me atë të shumë njerëzve mbi funksionin e shkollimit, në veçanti brenda humaniteteve. A.N. Uajthed, për shembull, e imagjinon shkollimin si një "bandë dijetarësh" të cilët do të "stimulonin njëri-tjetrin, dhe do të cilësonin lirisht veprimtaritë e tyre të ndryshme."[4] Në fakt, retorika e Uajthed pasqyron volitë e pasapokaliptikes: nuk ka "asnjë shpëtim" prej përqendrimit të vëmendjes tonë mbi kushtet që do të "prodhojnë një bandë të tillë."[5] Si pjesëmarrës në projektin e universitetit, ne e kemi për detyrë jo vetëm të kultivojmë një "bandë" të tillë por gjithashtu edhe kushtet që do të mund ta prodhonin një bandë të tillë. Ky model i një "bande dijetarësh" i ngjan "anijes së budallenjëve" të Zherar [*Gérard*] Granelit, që do të ishte "një bandë endacake filozofësh kritikë që do të shfaqej lirisht dhe papritur gjithandej nëpër universitet apo institucione të tjera kulturore me qëllim për të zhvilluar një kritikë themelore të vendndodhjeve të ndërhyrjes."[6] Gjithmonë e më tepër një model i tillë konspiratorësh të çuditshëm po bëhet modeli i parapëlqyer për një politikë të majtë.[7]

Megjithatë, zhanri ka edhe një aspekt populist. Mësimi që tregimi pasapokapilptik i zombive përsërit vazhdimisht – veçanërisht në manifestimet e fundit që nga *Dawn of the Dead* (2004) e deri tek *The Walking Dead* (2010-) – është se pasi godet shkatërrimi e kufomat ngrihen prej varrit dhe të zhvdekurit ecin mbi tokë e hanë mishin e të gjallëve, janë pikërisht vlerat "e buta" tradicionalisht të lidhura me humanitetet (etika, arti, letërsia, etj.) ose vlerat që ato shprehin (dashuria, familja, besimi fetar, komuniteti, etj.) që kanë më pak shans për të mbijetuar dhe që janë në thelb të tepërta. Këto vlera "të buta" duhet të zëvendësohen me vlera më të forta, më jetëgjata, më praktike. Siç thotë Komandanti në krye të detyrës të një prej flotave të mbetura në *World War Z* (2013): "Hidhni një sy vërdallë Zoti Lejn. Secili prej këtyre njerëzve ndodhet këtu sepse ka një punë për të bërë. Nuk ka vend këtu për personel jo të domosdoshëm." Kjo mund të përshkruante një qëndrim të përhapur ndaj universiteteve.

Nëse retorika e shkatërrimit është për t'u besuar, nën kërcënimin e të ardhmeve ekonomike që varen mbi universitetet tona, qëndrimet tona (investimi ynë në) arsim duhet të ndjekin të njëjtën udhë. Në të njëjtën mënyrë se si në situatën pasapokaliptike u shërbejmë shanseve tona të mbijetesës më mirë duke iu bashkuar njerëzve që kanë trainim në mbijetesë, ish-ushtarë apo oficerë të rendit, ose ekspertë *par court,* Shteti duhet t'i "bashkohet," duke investuar në to, disiplinave që kanë aplikime praktike dhe të drejtpërdrejta, të ashtuquajturat disiplina STEM (shkenca, teknologjia, inxhinieri, matematika). Kur të vijë shkatërrimi, kur të godas apokalipsi i zombive, duhet të jemi të rrethuar nga njerëzit e duhur, dhe këta sigurisht që nuk janë tipat e humaniteteve. (A nuk janë këta tipa, sidoqoftë, disi të dyshimtë?)

Në fakt, ky qëndrim ka një gjenealogji shumë më të gjatë, që shkon pas në kohë deri të paktën tek debatet e periudhës së Theçerit dhe Rejganit që shkaktuan "luftat e kulturës" të viteve 80. Ronald Rejgan arriti ta rrokë këtë atmosferë në një fjalim elektoral të 1980-s: "Përse u dashka të subvencionojmë kuriozitetin intelektual?" Duke nënkuptuar në këtë rast, humanitetet; një këndvështrim që më pas gjeti një tjetër zë tek Xhejms Dajsoni [*James Dyson*] (shpikësi i fshesës me korent që mban të njëjtin emër): ka shumë njerëz sot që "shkojnë e studiojnë poezi lezbike franceze."[8] Jo, kurioziteti nuk do të subvencionohet, ai do të rikthehet klasës që me të drejtë mund ta përballojë të jetë kurioze, sipas premtimit elektoral të Dejvid Kameronit [*David Cameron*] për shkurtime buxhetore "paturpshëm elitiste" në arsim.[9]

Gjejmë një përshkrim të çuditshëm të stilit zombi nga një Ministër i Arsimit dhe Shkencës (MB) në vitin 1984 që portretizon turmat kërcënuese që do të krijoheshin nëse privilegjet arsimore nuk racionohen në mëyrë të përzgjedhur. Ia vlen ta citojmë plotësisht:

> Duhe të ketë përzgjedhje pasi po fillojmë të krijojmë aspirata të cilat shoqëria nuk është e aftë t'i përmbushë. Në një farë mënyre kjo flet për suksesin e arsiminit, në kundërshtim me mitologjinë publike që është krijuar.
>
> Kur të rinjtë dalin matanë linjës prodhuese të arsimit dhe nuk mund të gjejnë punë, ose punë që përputhet me aftësitë dhe pritshmëritë e tyre, atëherë ne po krijojmë pakënaqësi, ndoshta me pasoja turbulluese. Duhet të zgjedhim: të racionojmë mundësitë arsimore, në mënyrë që shoqëria të mund të përballet me prurjet e arsimit [...] Ne ndodhemi në një periudhë ndryshimesh të konsiderueshme shoqërore. Mund të ketë trazira shoqërore, ama ne jemi të aftë t'i përballojmë ato. Por nëse kemi një popullatë tepër të arsimuar dhe të papunë, ekziston mundësia e një konflikti shoqëror më serioz.
>
> Njerëzit duhen edukuar rishtazi të kuptojnë se ku e kanë vendin.[10]

Si lukunia e zombive mishngrënës që bëhen sa vjen e më të zgjuar pas mureve të qytetit të rrethuar në filmin *Land of the Dead*, vetë arsimi përbën një rrezik pikërisht sepse ai nënkupton një proces *çarsimimi* (dëshmi e "suksesit" të tij). Falë "aspiratave" që ai ushqen, që nuk mund të përmbushen prej shoqërisë sipas kuotave ekzistuese, ai çedukon njerëzit prej "njohjes së vendit të tyre." Programi arsimor duhet ribërë për të riedukuar individët që të kuptojnë *edhe një herë* vendin e tyre.

Whitehead thotë diçka të ngjashme rreth *imagjinatës*: "Ajo është një dhuratë e rrezikshme, që ka shkaktuar më shumë se një zjarrmi."[11] Por siç shton ai: "Nëse jemi të ndrojtur karshi atij rreziku, rruga e drejtë është t'i vëmë kyçin universiteteve tona."[12] Basti i Uajthedit këtu është se mundësia e dytë nuk do të merrej seriozisht; ai thjesht po paraqet një argument. Por, në situatën në të cilën ndodhemi, dhe për ministrin e përmendur më lart, kjo mund të jetë një hedhje zaresh që shumë do të ishin të gatshëm ta ndërmerrnin (të paktën, për programet që bien nën tehun e thikës se prerjeve "paturpshëm elitiste").

Uvertura të tilla ndaj rreziqeve të arsimimit sigurisht që mund t'iu bëjnë qejfin atyre brenda humaniteteve që prej kohësh besojnë se janë mbartësit e një patogjeni zombie-shkaktues për ata në pushtet (*kritika* ose imagjinata si "sëmundja ngjitëse" e

Uajthedit[13]). Por nëse kjo kuptohet si një aprovim për humanitetet, një anëtar i administratës së universitetit ose ministri i lartpërmendur që do t'i shërbejë një "shoqërie" që ai e konsideron relativisht homogjene, në nevojë të mëtejshme për *më tepër* qëndrueshmëri, përgjigjia pa dyshim që ka për të rënë në vesh të shurdhër, nëse nuk shkakton alarm. "Pse doni të ushqeni paqëndrueshmëri kur *problemi* qëndron pikërisht tek paqëndrueshmëria? As që bëhet fjalë që ne nuk kemi për ta financuar *atë*!" Ne duhet të krijojmë vetëm individë që mund t'i menaxhojmë (një lloj tjetër zombi) dhe "bandat e dijetarëve" të Uajthedit apo "anijet e budallenjëve" të Granelit nuk shkojnë për shtat.

Tregimet zombi në veçanti mund të na hyjnë në punë këtu pasi ato na japin një protokoll të vetëm për të gjithë shtrirjen e veprimtarisë njerëzore: Mos-bërjen-zombi. Në këto tregime e gjithë shtrirja e veprimtarisë njerëzore bie nën *Occam's Razor* të këtij protokolli të vetëm. Përsa kohë që një veprimtari e caktuar (qoftë kjo imorale apo jo) rrit shanset për *mos-bërjen-zombi,* ajo ka një vlerë pozitive në botën zombi – çdo devijim prej këtij protokolli duket si pranim dobësie, e mbetjes lidhur me jetët tona të mëparshme, para shkatërrimit, dhe kështu nuk ka vlerë pozitive në botën zombi. (Kjo është arsyeja për kritikat mbi moskokëçarjen morale që priti manifestimet e para të zhanrit zombie.) Variacionet më të mira të këtij protokolli na ndihmojnë të shfaqim angazhimet tona më të thella, të provojmë se deri ku do të ishim të gatshëm të shkonim nën një protokoll të tillë, ose më vagullt, sa "njerëzor" do të mbeteshim në botën zombi.

Kjo na jep një model për testin e shkatërrimit për humanitetet: shkatërrimi duhet kuptuar si një protokoll (ose një grup i kufizuar protokollesh) mbi modelin e protokollit të vetëm të *mos-bërjes-zombi* që ne të mund të fillojmë të vlerësojmë se për çfarë mund të zotohemi *edhe nëse* shkatërrimi ndërkaq ka ndodhur. Ose përkundrazi, të vlerësojmë *se nga se nuk do të ishim të gatshëm të hiqnim dorë* në botën zombi. Pra nëse ky është modeli ynë i ri për manualin e mbijetesës, si mund të merremi me kërcënimin e shkatërrimit që zërë se ka ardhur?

Retorika e shkatërrimit

Mund të ofrojmë një zgjidhje të pjesëshme duke parë vetë retorikën e shkatërrimit. Teoricienët e shkatërrimit na thonë se katastrofat janë ndodhi "të ulëta në numër, të mëdha në impakt" të një karakteri "pasnormal."[14] Ideja e "normalitetit" në ndodhi "pasnormale" është disi e habitshme duke qenë se sot ne jemi të rrethuar nga mundësia e pragut të shkatërrimit. Duket sikur në vend që të jetë "pasnormal" në karakter, shkatërrimi është *Normaliteti* i ri, ashtu siç Gjendja e Përjashtimit, e diskutuar nga teoricienë politikë dhe ligjorë, përdoret për t'i bërë masat e emergjencës gjendjen "normale" të gjërave. Diskutimet e shkatërrimit nga specialistë, politikanë, dhe policë-bërësit qarkullojnë nëpër ciklet normale mediatike; shpesh ne dëgjojmë për çmimin natyror, njerëzor dhe ekonomik të katastrofave natyrore, atyre njerëzore për mjedisin, katastrofave të shkaktuara nga terrorizmi, konfliktet etnike, genocide dhe lufta, madje dhe ato të "shteteve të dështuara" dhe të kolapsit ekonomik të përmasave të mëdha. Na paralajmërojnë madje se akoma "më shumë katastrofa, edhe më të rënda, kanë për të vijuar."[15] (Ja ku ua harrua edhe "shpeshtësia e ulët" e shkarërrimeve.) Mesa duket, ne kemi hyrë përfundimisht në "shoqërinë e rrezikut" të Ulrih Bekut: një shoqëri në të cilën kapaciteti teknologjik dhe dija shkencore kanë çuar drejt përhapjes dhe përkeqësimit të rreziqeve shkatërruese në vend që t'i lehtësojnë ato.¹⁶ Një pjesë e mirë e imagjinatës tonë politike dhe politikave tona merren tashmë me *menaxhimin,* nëse jo me shmangjen, e këyre shkatërrimeve të ardhshëm.

Këto ogure shkatërrimi përkojnë me skenarët e zakonshëm të fundbotës të parashikuar nga shkencëtarët: nga mundësia e përplasjes me asteroidë, shpërthime supervullkanësh, pandemi bakteriesh, virusesh, dhe kërpudhash [*fungi*], kërcënimet e vjetra berthamore, si dhe një mori mundësish të tjera jo aq të spikatura shkatërrimesh në të ardhmen e afërt: pushtim nga jashtëtokësorët, krijimi i vrimave të zeza, apo murtaja nano-robotësh. Vetë *apokalipsi zombi* është bërë një objekt studimi gjysëm-serioz.¹⁷ Shkencëtarët na thonë madje se ka gjasa që ky shekull të jetë shekulli i fundit i rracës njerëzore.¹⁸

Mediat popullore kanë mbajtur hapin, duke vepruar si kujdestarë të tregimeve dhe imazheve të shkatërrimit – 11 shtatori është rasti më i spikatur. Pasi imazhet e 11 shtatorit qenë përsëritur pafund në televizion, u bënë krahasime të shpeshta midis sulmit terrorist dhe skena filmash aksioni. Në këtë rast, shkatërrimi zbehu vijën ndarëse midis jetës reale dhe argëtimit. Nuk është pra për t'u habitur që Hollivudi e trajtoi temën e shkatërrimit në mënyrë më të drejtpërdrejtë, duke bërë *phobos* – tmerrin ose panikun – një kategori afektive qëndrore në filmat e pas-11 shtatorit, për të skicuar ndjesinë mbizotëruese të brishtësisë së jetëve tona.¹⁹ Siç ka thënë Sllavoj Zhizhek [*Slavoj Žižek*] në këtë kontekst: "Filmat e shkatërrimit ka mundësi të jenë zhanri i vetëm optimist shoqëror që na ka mbetur, dhe ky është një shëmbëllim i trishtë i gjendjes së dëshpëruar në të cilën ndodhemi."²⁰

Nuk është për t'u çuditur atëherë se ligjërata e "shkatërrimit" është kaq e përhapur, por është e vështirë ta shohim këtë ligjëratë si "pasnormale" në ndonjë mënyrë kuptimplotë. Të mbledhura bashkë, gjithë këtë llafosje mbi shkatërrimin mund ta quajmë më gjerësisht "retorika e shkatërrimit," ashtu siç unë e kam përdorur [këtë term]. Retorika e shkatërrimit, siç e kuptoj unë, nuk ka të bëjë me këtë apo atë shkatërrim që *tashmë* ka kaluar, që do kryhej nga puna e vajtimit [*mourning*], përkujtimit, dhe solidaritetit. Retorika e shkatërrimit është një mënyrë për të menaxhuar të folurit për *atë që do të vijë,* d.m.th. një mënyrë monitorimi, po të përdornim zhargonin e *Homeland Security,* të nivelit të kercënimit që përbën shkatërrimi.

Kësisoj, e folura e shkatërrimit kombinon dy tipare kyçe: a) *fjalosjen mbi të ardhmen,* me gjithë vështirësitë që shoqërojnë pretendime të çfarëdo shkalle sigurie në lidhje me ndodhi të kohës së ardhme; si dhe b) një mjet të fuqishëm për të *interpeluar subjektin nën rrezik,* me gjithë paqartësitë dhe pështjellimet e ndodhive të kohës së ardhme të përmasave të tilla që, duke pasur parasysh mënyrën se si ne flasim për to, (të gjithë?) ne *duhej* të shqetësoheshim për kalimin e tyre. Për të folurën e shkatërrimit, ne jemi të gjithë nën rrezikun e pragut të shkatërrimit. Për të shmangur akuza për zemërgurtësi morale, pakujdesi, apo mungesë ndjeshmërie në përgjithësi ndaj viktimave *eventuale* të shkatërrimit – në këtë rast, *të gjithë* – retorika e shkatërrimit paraqet një aparat afektiv mbresëlënës për interpelimin e subjekteve që kërcënohen nga pragu i shkatërrimit. Ky interpelim nën rrezik ndihmon në themelimin, veçanërisht në manifestimet e tij politike, të një pengmarrjeje intelektuale të së ardhmes; nuk na lejohet të flasim për të ardhmen pa menduar mbizotërimin e shkatërrimit, dhe kësisoj e ardhmja mbahet peng, "e burgosur e imazhit" të shkatërrimit. Kështu Blansho pohon: "Të mendosh shkatërrimin [...] do të thotë të mos kesh kohë në të cilën ta mendosh atë."[21]

E megjithatë, siç vëren Fredrik Xhejmson [*Fredric Jameson*] herë pas here, ka diçka mjaft cinike në gadishmërinë tonë për të imagjinuar vazhdimisht fundin e botës pa menduar ndonjë alternativë produktive sociale apo politike. Ajo që Xhejmson quan "dialektika e shkatërrimit"[22] është pikërisht kjo lloj e ardhmeje e marrë peng që shkaktohet nga e folura e shkatërrimit: "në këtë dialektikë, në të cilën çdo term i kundërshtimit përforcon tjetrin, nuk është e nevojshme të ketë një moment sinteze" – mjafton që ekziston "perspektiva e atij rrënimi të përbashkët që duhet tashmë të na mbushë me një parandjenjë të keqe."[23] Nëse ky portret është sadopak i saktë, si do të mund ta kapërcenim impasin midis vetvetes nën kërcënimin e një rrënimi të përbashkët dhe të së ardhmes të mbajtur peng nga imazhi i shkatërrimit, e veçanërisht në lidhje me humanitetet? Besoj se nëse e trajtojmë retorikën e shkatërrimit siç e analizon Blansho kjo do të na jepte një mundësi të prekshme për të dalë jashtë këtij impasi, dhe do të mund të na hapte rrugën ndaj një protokolli të dobishëm për manualin tonë të mbijetesës.

E folura e shkatërrimit i hap letrat kur pretendon se ne anjëherë nuk kemi si ta dimë, paraprakisht, se si do të veprojmë në situata të tilla të rastit-më-të-keq; se ne nuk kemi se si ta dimë nëse do t'i mbijetonim shkatërrimit ose në ç'formë; se shkatërrimi është tepër radikal për t'u menduar prej situatës tonë të parashkatërrimit; dhe se kur shkatërrimi të vijë, ndonëse ai vonon çdo ardhje, *gjithçka* ka për të qenë ndryshe.[24] Për më tepër, kjo tregon mënyrën se si e folura e shkatërrimit përfshin një lloj mosbesimi, një mosbesim i lindur prej faktit se shkatërrimi *mund* të ndodhë dhe se ai në fakt *po ndodh*. Blansho e përshkruan këtë si shtrimin e një pyetje pa dëshiruar përgjigje: "Ka një pyetje dhe prapë pa dyshim; ka një pyetje, por jo dëshirë për një përgjigje; ka një pyetje, dhe asgjë që mund të thuhet, por vetëm kjo asgjë, për të thënë. Kjo është një pyetje, një zhbirim që tejkalon vetë mundësinë e pyetjeve."[25] Për këtë arsye Blansho pohon se për shkatërrim-folësin: "Ai nuk beson tek shkatërrimi. [...] Në përpjestim me të nuk ka besim, dhe njëkohësisht një lloj moskokëçarje, larg prej shkatërrimit."[26]

Por nëse bota e zombive mund të shërbejë si një provë shkatërrimi, siç sugjerova më sipër, ajo na jep mundësinë për të *imagjinuar veten* brenda asaj bote *pas* shkatërrimit. Kësisoj, tregimi i zombive na jep një lloj katarsisi kundrejt *phobos*-it, parandjenjës së kërcënimit, ja pra pse ai është "i vetmi zhanër shoqëror optimist" sipas Zizhekut. Pa dhënë një përshkrim konkret të shkatërrimit, sikur ai të ishte një ndodhi si gjithë të tjerat, ne mbetemi përherë nën kërcënimin e tij. Por, nëse do të mund të *fillonim* ta imagjinonim veten në peizazhin passhkatërrim, bota jonë e zombive, do të mund ta mendonim veten *jashtë* kërcënimit, dhe të fillonim jetësën tonë të imagjinuar në atë botë passhkatërrimi. Në rastin e protokollit zombi, ne e dimë ekzaktësisht se çfarë nënkupton ajo botë, të paktën në formën e fantazisë, *mos-bërjen-zombi*.

Ky protokoll ka për të qenë ndryshe në botë të ndryshme zombish. Kjo është një pikë e rëndësishme. Bën shumë ndryshim nëse zombitë janë të ngadaltë dhe iu merren këmbët si tek *Night of the Living Dead* (1968), apo nëse ata vërsulen me gjithë shpejtësinë e tyre pasi të pikasin (*28 Days Later*, 2002). Ose nëse shndërrimi-në-zombi ndodh për pasojë të një vetie misterioze të kafshimit dhe vdekjes (shumica e botëve zombie), rrezatim atomik nga një satelit që kthehet nga Venusi (*Night of the Living Dead*), një lëndë toksike që transportohet nëpërmjet ajrit nga një eksperiment i falimentuar i qeverisë (*The Return of the Living Dead*, 1985), kurë e falimentuar për një sëmundje (*I Am Legend*, 2007), ose një virus që transmetohet përmes gjakut (*28 Days Later*). Ka rëndësi nëse zombitë mund të mësojnë, të përshtaten, ose të trainohen si në filmin e Romeros, *Day of the Dead* (1985) dhe *Land of the Dead* ose *I Am Legend*. Ka rëndësi nëse vetë zombitë vdesin nga uria (*28 Weeks Later*, 2007) ose nuk vdesin fare (*Day of the Dead*). Ka rëndësi nëse kur përhapja në masë godet jemi vetëm (*I Am Legend*), në grup (*Dawn of the Dead*), komunitet (*The Walking Dead*) ose një ndërtesë ushtarake (*The Dead*, 2010 apo *Black Hawk Down*, 2001; po, ai është një film zombi). Dhe, natyrisht, ka rëndësi se si i përgjigjemi pyetjes së përherëshme: Pse vallë zombit *hanë tru*?

Të gjithë këto interpretime të zombive dhe botëve të ndryshme të tyre nxjerrin në pah angazhime të ndryshme ideologjike, presupozimet që "bëjnë sens" në kuadrin e provës së shkatërrimit të fantazisë zombi. Për shembull, bota klasike e zombive që përputhet me botëkuptimin e neokonservativëve (dhe me gjasa edhe të ministrit tonë të arsimit) do të ishte *The Omega Man* (1971), ku një shkencëtar (Çarlton Heston) gjatë ditës vjen vërdallë me një makinë klasike amerikane duke dërdëllitur banalitete populiste kurse natën i duhet të kthehet në shtëpinë e tij të fortifikuar ku luan shah me veten, pi vera të shkëlqyera, dëgjon muzikë, dhe pëpiqet të "zgjidhë" problemin e zombive, duke zmbrapsur një turmë zombish "ludit" dhe ekstremistë fetarë.

Kështu pra çështja qëndron tek fakti se nëse nuk shtjellojmë specifikat e botës zombi passhkatërrim, nuk mund të fillojmë të gjykojmë se si protokolli i vetëm zombi ka për të funksionuar *në praktikë*. Kjo është edhe arsyeja pse, me gjithë thjeshtësinë elegante të protokollit të vetëm zombi, ajo çfarë ky protokoll nënkupton në praktikë do të varet nga lloji i botës zombi në të cilën ne jetojmë. Ngjashmërisht, ne nuk duhet të mbetemi pengje të së folurës së shkatërrimit, ta marrim shkatërrimin që zërë se ka ardhur seriozisht, pa filluar të skicojmë se si bota jonë e pashumaniteteve do të dukej dhe pa përcaktuar se çfarë do të nënkuptonte krijimi i atij protokolli.

Manualet e mbijetesës së pashumaniteteve

Këtu do t'i kthehem sugjerimit të mëhershëm se duhet të prodhojmë manualet tona të mbijetesës për humanitetet "nxitimthi." Një grup i qartë problemesh në lidhje me "fundin e humaniteteve" del prej pozicioneve që shumë prej nesh kanë për momentin brenda apo përqark universitetit, diçka që, për mirë apo për keq, është quajtur "paraakademia" (duke na sjellë ndërmend imazhe të trupave paraushtarake). Në vazhdimësi të taktikës tonë shfryrëse për të luftuar të folurën e shkatërrimit, ne duhet ta mendojmë *këtë* si skenarin e shkatërrimit. Shkatërrimi ka ardhur tashmë dhe ne ndodhemi në botën e pashumaniteteve. Ai mund të përkeqësohet, por ndërkaq ne jemi duke e përjetuar ngjarjen që është zhdukja e humaniteteve. Tani na duhet prova jonë e shkatërrimit për të filluar të cilesojmë tiparet e ndryshme të botës sonë të pashumaniteteve në mënyrë që të mund të fillojmë të gjejmë protokollet e duhura për manualin tonë të mbijetesës.

Kristofer Finsk sugjeron, për shembull (dhe po parafrazoj), se edhe universiteti në rrënoja është një vend i mirë për të filluar punën pedagogjike të humaniteteve. Jam dakord; *nëse* dikush ka ose do të ketë një pozicion *brenda* universitetit në rrënoja. Ama, manuali i mbijetesës së atij personi do të jetë mjaft i ndryshëm nga ai i dikujt që nuk ka një pozicion frytdhënës brenda universitetit. Me rritjen e numrit të lektorëve të jashtëm, për shembull, arritja e pozicioneve tradicionale brenda universitetit nuk është më një pritshmëri e arsyeshme (nëse ka qenë ndonjëherë e tillë). Ajo ngjanson më tepër me fitimin e një llotarie të vogël për të cilën individit i duhet të punojë vazhdimisht vetëm për të blerë një biletë. Nuk është një bast i zgjuar. Qysh në 1978 Liotar komentonte: "Ditët e sotme, përfitimi i një rroge në këmbim të asaj lloj ligjërate që zakonisht quhet filozofi është bërë diçka e rrallë dhe për t'u patur zili. [...] Kësisoj ata që japin mësim në filozofi janë të destinuar të përgjysmohen ose më keq, kurse ata që e kanë studiuar atë mbeten të papunë ose bëhen peng të profesioneve të tjera."[27] Përdorimi i tregimit zombi që kam paraqitur këtu mund të lërë përshtypjen se unë jam i shqetësuar për *mos-bërjen-zombi* në raport me këtë punë "pengu" në profesionet jashtë humaniteteve. Por unë nuk e kam hallin aty.

Mund të qëllojë që dikush ka një pozicion të mirë në humanitete brenda një universiteti relativisht frytdhënës (ose jo). Në botën zombi ama, ky fakt përbën një avantazh relativ. Mbyllja brenda dhomës së panikut, si tek *Diaries of the Dead,* është thjesht një avantazh relativ. Çdo shikues i filmave zombi e di fare mirë se pas shkatërrimit zaret janë hedhur tashmë dhe se avantazhet relative sa vijnë e zvogëlohen në rrethanat e duhura. Shkatërrimi tashmë ka goditur; lukunitë janë duke ardhur. Tani ne duhet të prodhojmë manualin tonë të mbijetesës. Në provën e shkatërrimit pikënisja padyshim që bën ndryshim në botën zombi, por gjithë çka ajo nënkupton është se ne na duhen manuale të ndryshëm mbijetese në varësi të shtrëngimeve të ndryshme. Kështu pra, përsa kohë që ne vazhdojmë të ushtrojmë angazhimet tona kolektive dhe të ndryshme ndaj humaniteteve, shumë prej nesh jetojmë që tani në shkretëtirën pasapokaliptike të humaniteteve me apo pa universitetin. Por duke qenë se për shumë prej nesh kjo është një situate relativisht e re (të paktën në lidhje me pritshmëritë tona), ku mund ta gjejmë versionin tonë të protokollit zombi?

Shumë prej nesh nuk i përkasim universitetit tradicional me presupozimet e tij të heshtura dhe përgjigjet e lehta në emër të humaniteteve (që nuk kanë qenë asnjëherë përgjigjet e duhura). Ajo me çka ne jemi duke u marrë këtu është mbijetesa vetë, një problem ekzistencial si asnjë tjetër. Çdo shikues i filmave zombi e di gjithashtu se fakti se diçka duhet të mbijetojë nuk është garanci se ajo *në fakt ka* për të mbijetuar në botën zombi. Fakti se ne kemi përgjigje të arsyeshme në lidhje me vlerën e humaniteteve (vlerën e tyre të patjetërsueshme shoqërore) nuk ka asnjë efekt mbi mbijetesën tonë. Pjesë e detyrës tonë ka për të qenë vlerësimi i kushteve për krijimin e një "bande dijetarësh" ose një "anije budallenjsh." Kjo detyrë nuk ndihet, ama, me apele ndaj një të kaluare idilike – do të mund ta quanim atë Epokën e Artë të Humaniteteve – që edhe nëse ka ekzistuar ndonjëherë është e parikuperueshme pas shkatërrimit. Sipas imazhit të infektimeve zombi ose sëmundjeve, kësaj rradhe prej një tjetër objekti të humaniteteve: çështja është *si të mos* joshemi prej idileve të shpikura prej vetë nesh, domethënë, "si të mos lejojmë që fantazma e një lumturie të braktisur prej kohësh të na joshë e të na bëjë për vete e më pas të na flakë tutje e të na hajë zemrën përsëgjalli."[28]

Një analogji nga Robert L. Doriti, një biolog molekular, mund të na ndihmojë këtu: "Evolucioni është një kërmangrënës krijues, që merr atë që gjen dhe e vë në punë."[29] Kësisoj, evolucioni funksionon më tepër si një mekanik i botës së tretë – që vë bashkë ato pjesë këmbimi që gjen vërdallë "për ta bërë makinën tënde të punojë sërish" – se sa një produkt i inxhinierisë së botës së parë. Ne, ashtu si "banda e dijetarëve" të Uajthedit ose "anija e budallenjëve" të Granelit, po përpiqemi të krijojmë protokollet e kësaj shkretëtire pasapokaliptike, duke marrë e duke përdorur *çfarë*- dhe, në të vërtetë, *cilin*do që na del përpara. Shumë prej përpjekjeve tona në këtë situate, për shkak se ne nuk mund të mbështetemi tek universiteti tradicional, varen nga vazhdimi i prodhmit të komuniteteve tona të mbijetesës "nxitimthi." Nuk ka asgjë të domosdoshme në faktin që ne vazhdojmë në këtë përpjekje; mund edhe të ndalojmë. Përsa kohë që ne nuk ndalojmë ama, e kemi për detyrë të gjejmë mënyra për të mbijetuar. Do të bëjë ndryshim nëse zombitë tanë pasapokaliptikë janë të shpejtë ose të ngadaltë, por unë jam optimist se ne kemi për të gjetur protokollët e duhur për të krijuar manualin tone të mbijetesës sepse këtu unë jam në shoqëri të shkëlqyer për të vënë në provë mbijetesën tonë në fundin e humaniteteve.

Shënime

1. Maurice Blanchot, *The Writing of the Disaster*, përkth. Ann Smock (Lincoln: University of Nebraska Press, 1995), 1.
2. Më poshtë mund të gjeni një përzgjedhje të përdorimit të gjatë kohëve të fundit të të folurës së shkatërrimit nga shkollarët tanë rreth situatës "tonë" të sotme: Bill Readings, *The University in Ruins* (Cambridge MA: Harvard University Press, 1996); Gayatri Chakravorty Spivak, *Death of a Discipline* (Nju-Jork: Columbia University Press, 2003); Christopher Fynsk, *The Claim of Language: A Case for the Humanities* (Minneapolis: University of Minnesota Press, 2004); Isabelle Stengers, *Au temps des catastrophes: Résister à la barbarie qui vient* (Paris: Editions La Découverte, 2009); Paul Virilio, *The University of Disaster*, përkth. Julie Rose (Cambridge: Polity, 2010).
3. Blanchot, *The Writing of the Disaster*, 105.
4. Alfred North Whitehead, *The Aims of Education and Other Essays* (Nju-Jork: Free Press, 1985 [1929]), 99.
5. Po aty, 100.
6. Fynsk, *The Claim of Language*, 15.
7. Sllavoj Zhizhek e bën këtë pikë kur pyet në lidhje me "konspiratorët" tek *The Wire* (2002–8): "A nuk është ky grup një qelizë konspiratorësh proto-komuniste, ose një grup njerëzish të çuditshëm nga një novelë e Çarls Dikensit ose nga një film i Frank Kapras, me zyrën gjysëm të rrënuar në bodrum që iu caktohet si strofa e tyre konspiratoriale?" (*The Year of Dreaming Dangerously* [Londër: Verso, 2012], 98).
8. Cituar në Graeme Paton, "Michael Grove Backs Study of 'French Lesbian Poetry,'" *The Telegraph* (14 nëntor 2012): http://www.telegraph.co.uk/education/educationnews/9678834/Michael-Gove-backs-study-of-French-lesbian-poetry.html. (Parë 27 maj 2013).
9. Cituar në Andrew Woodcock, "Tories Promise 'Brazenly Elitist' Approach to Education," *The Independent* (18 janar 2010): http://www.independent.co.uk/news/education/education-news/tories-promise-brazenly-elitist-approach-to-education-1871867.html. (Parë 19 korrik 2013).
10. Cituar në Geoffrey Walford, *Privatisation and Privilege in Education* (Londër and Nju-Jork: Routledge, 1990), pp. 113–5.
11. Whitehead, *The Aims of Education*, 101.
12. Po aty
13. Po aty, 97.
14. Për një diskutim të shkatërrimeve si ndodhi "pasnormale," sh. Stewart Williams, "Rethinking the Nature of Disaster: From Failed Instruments of Learning to a Post-Social Understanding," *Social Forces* 87.2 (dhjetor 2008): 1115–38.
15. Sh. p.sh. Enrico. L. Quarantelli, "The Environmental Disasters of the Future Will Be More and Worse But the Prospect Is Not Hopeless," *Disaster Prevention and Management: An International Journal* 2 (1993): 11–25.
16. Ulrich Beck, *Risk Society: Towards a New Modernity* (Londër: Sage, 1992).
17. Për të dhënë vetëm një shembull që bëri bujë, Qendra për Kontrollimin dhe Parandalimin e Sëmundjeve (SHBA) publikoi një novelë të shkurtër "Preparedness 101: Zombie Apocalypse" as a "fun" way to learn disaster preparedness: http://emergency.cdc.gov/socialmedia/zombies.asp. (Parë 20 korrik 2013).
18. Kjo është teza e Martin Rees, *Our Final Hour: A Scientists Warning: How Terror, Error, and Environmental Disaster Threaten Humankind's Future in This Century – on Earth and Beyond* (Nju-Jork: Basic Books, 2003).
19. Antonio Sánchez-Escalonilla, "Hollywood and the Rhetoric of Panic: The Popular Genres of Action and Fantasy in the Wake

of the 9/11 Attacks," *Journal of Popular Film and Television* (2010): 10–20.
20 Cituar në Noam Yuran, "Disaster Movies as the Last Remnants of Utopia," *Ha'aretz* (14 janar 2003): http://www.haaretz.com/culture/arts-leisure/disaster-movies-as-the-last-remnants-of-utopia-1.22290. (Parë 2 qershor 2013).
21 Blanchot, *The Writing of the Disaster*, 1.
22 Fredric Jameson, "The Dialectics of Disaster," *South Atlantic Quarterly* 101.2 (pranverë 2002): 297–304.
23 Po aty, 304.
24 Blanchot, *The Writing of the Disaster*, 1.
25 Po aty, 9.
26 Po aty, 2.
27 Cituar në Finsk, "Një Pedagogji në prag të shkatërrimit," ky vëllim, 50.
28 David Foster Wallace, *Infinite Jest: A Novel* (Londër: Abacus, 1996), 374.
29 Robert L. Dorit, "A Review of Darwin's Black Box: The Biochemical Challenge to Evolution, by Michael J. Behe," *American Scientist* 85.5 (shtat.–tet. 1997): http://www.americanscientist.org/bookshelf/pub/a-review-of-darwins-black-box-the-biochemical-challenge-to-evolution-by-michael-j-behe. (Parë 19 korrik 2013).

A PASSION FOR YES
COMING OUT AND AFFIRMATION
Vincent W.J. van Gerven Oei

I would like to offer you today the beginnings of a meditation on the word *yes*, on the gesture of affirmation. We should take great care not to conflate affirmation and saying *yes* – saying it once, twice, or many times over – and in which language? – all too easily. As I will try to elucidate, there is an abyss between saying *yes* and affirming that is not easily crossed, let alone bridged.

One of my entry points will be Jacques Derrida's essay on this word – but is it really a word? – in James Joyce's *Ulysses*,[1] which opens with the question of the translatability of the French *oui*, but which concerns as well – though through different inflections – the English *yes*, Dutch *ja*, or Albanian *po*. One could even say that Derrida grafts the question of translatability as such onto this word, which in French first answers to the *ouïe*, "I hear," as a response to a call, as the word in which communicability as such is at stake. He reminds us that *yes* also names language itself, not only in the sense of *langue d'oïl* or *langue d'oc*,[2] the two main French dialect groups which derive their names from their respective ancient words for *yes*, but also because "the affirmation of a language through itself is untranslatable."[3] And indeed names themselves are notoriously untranslatable, because they – especially the proper ones – hook into reality in a way that always suggests a more intimate relation between language and the world than linguists would want us to believe. I would invite anyone who doubts this to drive through the Kosovar countryside and observe the place name signs. The linguistically unstable status of *yes* – as adverb, interjection, or some other outsider category – only adds to its supposedly untranslatable status. And yet, it is the first word of any foreign language we venture to learn.

These issues of translatability and responsibility are further compounded by the question of conditionality: To what extent is a full responsibility which a *yes* would correspond to possible at all? A reading of the word *yes* in our present context would not be complete without at least a marginal mention of the uses of the Albanian word *po*, which not only translates the English *yes* but also introduces conditional sentences and accompanies the habitual verb form. If I would say "I am talking," *po flas*, I first of all affirm my own speech act. This is easily turned into a conditional, *po të flas*, "if I speak." In this sense – that is, my sense – *yes* does not always answer; it contains a trace of irresponsibility. Every *yes* contains something of a but, an outside or condition to affirmation that we continuously try to erase in repetition. We can think in the same line of Avital Ronell's reading of Heidegger's yes-saying to the Nazi party official,[4] or the more general epistemological problem of knowing what you're saying *yes* to. If we borrow the limited vocabulary of classical speech-act theory, the question then doesn't become so much "Do you know what you just said?" but rather "Do you know what you just did?"

Both Derrida and Ronell suggest that saying *yes* is "telephonic," both in the sense that it resounds over a distance and therefore always is affected by distortion and delay, and that the telephone as technological apparatus does not so much add to these inherent obstructions as it stands as a model for them. According to Derrida,

> Yes on the telephone can be crossed, in one and the same occurrence, by a variety of intonations whose differentiating qualities are potentialized on stereophonic long waves. They may appear only to go as far as interjection, the mechanical quasi-signal that indicates either the mere presence of the interlocutory *Dasein* at the other end of the line (*Hello, yes?*) or the passive docility of a secretary or a subordinate who, like some archiving machine, is ready to record order (*yes sir*) or who is satisfied with purely informative answers (*yes, sir; no, sir*).[5]

These multiple interferences in saying and hearing saying *yes*, these obstacles that somehow materialize in the telephonic circuit, constitute the traumatic dimension of *yes* that I would like to address today, namely the non-moment at which an individual *yes, oui, po* or *ja* becomes, constitutes an affirmation. Derrida asserts that in order for a *yes* to carry the value of affirmation, "it must carry the repetition within itself,"[6] yet "[t]his essential repetition lets itself be haunted by an intrinsic threat, by an internal telephone which parasites it like its mimetic, mechanical double, like its incessant parody."[7] At the same time *yes* "cannot be replaced by 'approval,' 'affirmation,' 'confirmation,' 'acquiescence,' 'consent.'"[8] It is impossible to arrive at an immediacy between saying *yes* and affirmation, the confirmation of this *yes* in one's own and other people's memories. *Yes* is always out of joint, and never coincides with the affirmation in and of memory itself. There is only, as Derrida puts it, a "dream of a reproduction which preserves as its truth the living *yes*, archived in the very quick of its voice."[9]

The gap that Derrida marks between saying *yes* and affirmation that is already operative between speaking, archiving, and commemorating, and which stands as a model for the technologically externalized, but no less internal, telephone, multiplies in the context of television, online video channels, and the currently ubiquitous capturing and recording devices, both private and public. This is precisely because, as Avital Ronell has put it, different from telephony, television – whether on- or offline – "has become the locus of testimony, even if we are faced with false testimony or resolute non-coverage."[10] Every *yes* on television is inscribed within a testimonial logic, can no longer count on the intimacy of private confession but is subjected to an inevitable legislative framework. The idea of a talk show, and by extension the majority of contemporary televised journalism, is founded on such globalization of testimony: It is determined to exploit the testimonial value of saying *yes* far beyond any affirmative value such a *yes* may carry. That it is a testimony has become a value in itself, a fact no longer integrated into any mode of evaluation, juridical, epistemological, archival, or otherwise. This is precisely what Ronell designates as trauma: pure testimony, without remainder.

> One problem with television is that it exists in trauma, or rather, trauma is what preoccupies television: it is always on television. This presents us with considerable technical difficulty, for trauma undermines experience and yet acts as its tremendous retainer. The "technical" difficulty consists in the fact that trauma can be experienced in at least two ways, both of which block normal channels of transmission: as a memory that one cannot integrate into one's own experience, and as a catastrophic knowledge that one cannot communicate to others.[11]

Although Ronell's essay was written before the ubiquitous presence of wireless networks and permanent internet access, its central claim still stands, if not stronger than ever. Trauma is always on, anywhere. Within the context of a conference on pedagogy, and the current monstrous increase in certain forms of online learning and other forms of telepedagogy, this traumatic element ought to be scrutinized in more detail than this brief text allows for. But within a televised context, the essential pedagogical moment of a student "getting it" becomes suspended, as is the teacher's relative certainty that at least part of the message has arrived. The traumatic dimension of any lesson therefore runs the risk of being repressed or evacuated and never becoming constitutive as a stable or unstable foundation for thinking and acting.

But let's put this pedagogical call on hold for a moment and return to the technological stress position in which my own teachers have placed the couple *yes* and affirmation. Would it be possible to think of a speech act that exacerbates the discontinuity between the two that potentially allows us some measure of the abyss that divides one from the other, where a soft-spoken *yes* suddenly affirms the tacit knowledge of the Other – thus annihilating its power over the speaker in a moment of what Foucault perhaps would refer to as *parrhēsia*.

I am speaking here of what usually called "coming out," a philosophically problematic term in itself as it seems to be external not only to the regular philosophical discourse but even to most queer theory. The coming out of an – in my case – gay philosopher is supposed to be implicit in his writing and is never explicitly treated as a condition for his enunciations. One of the reasons for this common disavowal is that it immediately implies the speaker as a sexual being, and as Anne Dufourmantelle has pointed out, sex and philosophy have proven to be the eternal uncomfortable bedfellows.[12] In this context, I only want to point out my own rhetorical device to speak of myself in the third person as one of so many ways that actually avoid coming out in my own text or in your presence today.

Coming out does not fit precisely into the strict categorization of *parrhēsia* that Foucault sets up and which stands at the basis of varied contemporary activities such as the

leaking of information into the public domain or psychoanalysis. But it could perhaps be thought of as a limit case, or, even better, a point where the internal contradictions of his definition become apparent. Hardly an enunciation, a coming out – a "yes I am gay" – nevertheless "speaks" the truth, incurs danger to the speaker, offers a critique of the Other – namely in its idea that knowledge of one's supposedly "hidden" sexual orientation wields a certain power –, and it should in some circumstances be considered a duty.[13] Moreover it constitutes an essential moment in the "care of the self" of any gay person and the result of a long process of self-critique and reflection. Yet its parrhesiastic power is paradoxical, as it shows the one speaking the truth as someone who is not supposed to speak it; the parrhesiastic *yes* of the coming out at the same disaffirms the speaker in his capacity to speak at all – he is minority, sick, and so on and so forth. Therefore, although for example a teacher by definition cannot engage in parrhesiastic activity while teaching because of his status, coming out as a teacher subverts the entire pedagogical situation.[14]

This situation is compounded by the fact that, as Derrida reminds us, *yes* itself is not gender neutral. Throughout the history of literature and philosophy it has been consistently cast in a feminine light, be that in the work of Nietzsche, Blanchot, or Molly's soliloquy at the close of *Ulysses*.[15] Whereas from Foucault's perspective, the *parrhēsiastēs* may risk his life in telling the truth, that he is in the position of telling the truth and risking his life is never at stake in the activity of truth telling itself. In the case of coming out, this no longer holds and this parrhesiastic failure, we may perhaps say, is constitutive of the gap between *yes* and affirmation: it is a *yes* that destabilizes any firm ground for affirmation because it in the same gesture calls into question, publicly, the so-called healthy archival capacities of the one who utters it.

Now that we have found a parrhesiastic limit case illustrative of the non-coincidence of *yes* and affirmation, it would perhaps be instructive provisionally to end this line of thought by extending Derrida's analysis of *yes* as telephonic through Avital's shift to the televised and maybe beyond. Let me formulate this as follows. Technology is that which occupies the rift between saying *yes* and any possible affirmation.

·

It has become my habit to treat of poetry in the texts that I prepare, because it has functioned, throughout the history of philosophy, as a privileged site where certain traumas are staged or relegated toward, or perhaps even attenuated. We may refer here for example to Heidegger's attachment to poetry in thinking the disasters of technology, or even Badiou's idea of the event as poetic interruption of the planes of mathematically rigorous boredom. Similarly, the famous expulsion of poets from Plato's polis should in be read as a rather unsuccessful attempt to rid the perfect state from trauma by expelling its mediators. While being conscious of the fact that I may execute a similar operation at this point in an attempt to dissolve by own trauma in the oceanic feeling of language, a point that deserves a treatment well beyond the edges of this paper and which once again stretches the limits of the biographically proper, I would like to stage a short confrontation with Wallace Stevens's poem "The Well Dressed Man with a Beard" from his volume *Parts of a World,* if only because this confrontation in itself forms a repetition.

> *After the final no there comes a yes*
> *And on that yes the future world depends.*
> *No was the night. Yes is this present sun.*
> *If the rejected things, the things denied,*
> *Slid over the western cataract, yet one,*
> *One only, one thing that was firm, even*
> *No greater than a cricket's horn, no more*
> *Than a thought to be rehearsed all day, a speech*
> *Of the self that must sustain itself on speech,*
> *One thing remaining, infallible, would be*
> *Enough. Ah! douce campagna of that thing!*
> *Ah! douce campagna, honey in the heart,*
> *Green in the body, out of a petty phrase,*
> *Out of a thing believed, a thing affirmed:*
> *The form on the pillow humming while one sleeps,*
> *The aureole above the humming house…*
>
> *It can never be satisfied, the mind, never.*[16]

There has been some speculation about whom this "well dressed man with a beard" refers to, but once we keep in mind that any well-formed poem synthesizes the universal with the particular I have no doubts on whom this is about. Nor do I doubt what this poem is about. It is precisely about the repetition of *yes* – this "thought to be rehearsed all day" – in the affirmation that we have encountered before, and on the self-reflection of the "speech of the self that must sustain itself on speech" and the risks that come (out) with it. But also about the blissful landscape once this *yes* – "this present sun" on which "the future world" depends – is spoken, in spite of the numerous obstacles I have thrown in front of it. As Derrida stated in the archaic language of metaphysics, "[Y]es is the transcendental condition of all performative dimensions."[17] And once this "thing believed," out of the pettiest of phrases, a *yes*, becomes "a thing affirmed": "The form on the pillow humming while one sleeps, / The aureole above the humming house…," Stevens recalls precisely the care of the self that is implied in the last sentence, a care of the self that I would like, for the last time, explicitly to bring into relation with the activity of coming out, of saying *yes* stripped of the desire for immediate affirmation. It is this *yes* that I would like to claim as the properly pedagogical *yes*.

Notes

1. Jacques Derrida, "Ulysses Gramophone: Hear Say Yes in Joyce," in *Acts of Literature*, ed. Derek Attridge (New York: Routledge, 1992), 253–309.
2. Ibid., 264n5.
3. Ibid., 257.
4. Avital Ronell, *The Telephone Book: Technology, Schizophrenia, Electric Speech.* Lincoln: University of Nebraska Press, 1989).
5. Derrida, "Ulysses Gramophone," 274–5.
6. Ibid., 276.
7. Ibid.
8. Ibid., 297.
9. Ibid., 276.
10. Avital Ronell, "TraumaTV: Twelve Steps Beyond the Pleasure Principle," in *Finitude's Score: Essays for the End of the Millennium* (Lincoln & London: University of Nebraska Press, 1994), 305–327, at 314.
11. Ibid.
12. Anne Dufourmantelle, *Blind Date: Sex and Philosophy,* trans. Catherine Porter (Urbana & Chicago: University of Illinois Press, 2007).
13. Michel Foucault, *Fearless Speech,* ed. Joseph Pearson (Los Angeles: Semiotext(e), 2001), 19: "[P]arrhesia is a verbal activity in which a speaker expresses his personal relationship to truth, and risks his life because he recognizes truth-telling as a duty to improve or help other people (as well as himself)."
14. See for example the reflections in Mary Bryson and Suzanne de Castell, "Queer Pedagogy: Praxis Makes Im/Perfect," *Canadian Journal of Education* 18:3 (1993), 285–305, at 286: "We have resisted writing this article for a long time now, knowing from past experience that to speak publicly about the possibilities and the dangers created by being 'out' as 'queer' educators is a speech act of either unconscionable arrogance or profound masochism! Invariably, speaking 'as a lesbian' one is the discursive 'outsider' – firmly entrenched in a marginal essentialized identity that, ironically, we have to participate in by naming our difference – like having to dig one's own ontological grave."
15. Derrida, "Ulysses Gramophone," 287.
16. Wallace Stevens, *Collected Poetry and Prose* (New York: Library of America, 1997), 224.
17. Derrida, "Ulysses Gramophone," 298.

NJË PASION PËR PO-NË
DALJA HAPUR DHE POHIMI
Vinsent V.J. van Herven Uj

Do të doja t'ju ofroja sot fillimin e një përsiatje mbi fjalen *po*, mbi gjestin e pohimit. Duhet të kemi kujdes të mos ngatërrojmë pohimin me thënien *po* – një herë, dy herë, apo më tepër – dhe në çfarë gjuhe? – ca si tepër lehtë. Siç do të përpiqem të qartësoj, ekziston një humnerë midis thënies *po* dhe pohimit që nuk kapërcehet – e jo më të bashkohet – lehtësisht.

Një nga pikënisjet e mia do te jetë sprova e Zhak Derridasë mbi këtë fjalë – a është ajo ama vërtet një fjalë? – tek *Uliksi* i Xhejms Xhojsit,[1] e cila fillon me cështjen e përkthyeshmërisë së fjalës franceze *oui,* por që ka të bëjë gjithashtu – ndonëse nëpërmjet eptimeve të tjera – me fjalën angleze *yes,* atë hollandeze *ja,* apo shqiptaren *po*. Mund të themi madje se Derrida transplanton pyetjen e përkthyeshmërisë në tërësinë e saj tek kjo fjalë, e cila në frëngjisht i përgjigjet fillimisht *ouïe,* "dëgjoj," si një përgjigje ndaj një thirrjeje, si fjala ku shprehshmëria vetë është në lojë. Ai na kujton se *po* emërton gjithashtu vetë gjuhën, jo thjesht në kuptimin e *langue d'oïl* ose *langue d'oc,*[2] dy grupimet dialektore kryesore në frëngjisht, emrat e të cilave rrjedhin prej flalëve të lashta përkatëse për po në to, por edhe sepse "vetëpohimi i një gjuhe është i papërkthyeshëm."[3]

Dhe vërtetë që emrat njihen si të papërkthyeshëm, pasi ata – veçanërisht emrat e përveçëm – kapen pas realitetit në një mënyrë që sugjeron një lidhje më të ngushtë midis gjuhës dhe botës nga se do të donin të pranonin gjuhëtarët. Do të ftoja këdo që e vë këtë në dyshim të shëtiste fshatrat e Kosovës dhe t'i kushtonte vëmendje emrave të këtyre vendeve. Statusi i paqëndrueshëm gjuhësor i fjalës *po* – si ndajfolje, pasthirrmë, apo ndonjë tjetër kategori jashtë strukturës klasike gjuhësore – përforcon statusin e saj si të papërkthyeshme. E megjithatë, ajo është fjala e parë që e çdo gjuhe të huaj që ne orvatemi të mësojmë.

Këto çështje përkthyeshmërie dhe përgjegjshmërie ndërlikohen më tej nga çështja e kushtëzimit: Deri në çfarë mase është e mundur përgjegjshmëria e plotë me të cilën do të pajtohej një *po*? Konteksti ynë nuk na lejon të japim një lexim të plotë të fjalës *po* pa përmendur, sikurse vetëm kalimthi, përdorimet e fjalës shqipe *po*, e cila jo vetëm që përkthen fjalën angleze *yes* por njëkohësisht luan edhe rolin e lidhëzes kushtore dhe shoqëron formën e foljes në kohën e tashme të vazhduar. Po të thoja "I am talking," *po flas,* unë pikë së pari pohoj akt-ligjërimin [*speech act*] tim. Shumë thjesht kjo mund të kthehet në një kushtore, *po të flas,* "If I speak." Në këtë kuptim – domethënë, siç e kuptoj unë – *po*-ja nuk përgjigjet gjithmonë; ajo përmban një gjurmë papërgjegjshmërie. Çdo *po* përfshin njëfarë "mirëpo," një jashtësi [*an outside*] ose një kusht ndaj pohimit që ne vazhdimisht përpiqemi ta fshijmë në përsëritje e sipër. Mund të mendojmë në të njëjtën linjë me Avital Ronell mbi thënien-po të Hajdegerit zyrtarit te partisë naziste,[4] apo të problemit më të përgjithshëm epistemologjik që është të dish se kujt apo çfarë po i thua *po*. Nëse huazojmë fjalorin e kufizuar të teorisë së akt-ligjërimit, atëherë pyetja nuk është edhe aq "A e di sa çfarë the?" se sa "A e di se çfarë bëre?"

Si Derrida ashtu dhe Ronell sugjerojnë se thënia po është "telefonike," si në kuptimin që ajo rikumbon përgjatë distancave dhe kësisoj rrezikohet gjithmonë nga deformime dhe vonesa, ashtu edhe në kuptimin se telefoni si aparat teknologjik më tepër se sa iu shtohet këtyre pengesave përfaqeson nje model të tyrin. Sipas Derridasë,

> *Po*-ja në telefon mund të përshkohet njëherazi nga një shumëllojshmëri intonacionesh, cilësitë dalluese të të cilave potencializohen në valët e gjata stereofonike. Mund të duket sikur këto nuk shkojnë përtej pasthirrmës, thuajse-sinjali mekanik i cili thjesht dëfton praninë e jaqenies [*Dasein*] bashkëfolës në fund të linjës (*alo, po?*) ose përuljen pasive të një sekretari apo të një nënpunësi që, sikur të ishte një apart arkivues, është gati të regjistrojë çdo urdhër (*po zotëri*) ose të kënaqet me përgjigje tërësisht informuese (*po, zotëri; jo, zotëri*).[5]

Këto ndërhyrje të shumta në thënien dhe dëgjimin e *po*-së, këto pengesa që në një farë mënyre materilizohen në qarkun telefonik, përbëjnë dimensionin traumatik të *po*-së që unë do të doja të diskutoja sot, veçanërisht jo-momentin kur një *yes, oui, po* apo *ja* individuale bëhet, përbën një pohim. Derrida pohon se në mënyrë që një *po* të mbartë vlerën e pohimit "ajo duhet të mbartë përsëritjen brenda vetes,"[6] e megjithatë "kjo përsëritje qenësore e lejon veten të mundohet nga kërcënimi i përbrendshëm, nga telefoni i brendshëm i cili e paraziton atë si binjaku i saj mekanik-mimetik, parodia e saj e pafund."[7] Në të njëjtën kohë, "'aprovimi', 'pohimi', 'konfirmimi', 'pranimi', 'miratimi' nuk mund ta zëvendësojnë"[8] *po*-në. Është e pamundur të arrihet një menjëhershmëri midis thënies *po* dhe pohimit, vërtetimit të kësaj *po*-je në kujtesën e individit si dhe të asaj të të tjerëve. *Po*-ja është gjithmonë e shthurur [*out of joint*], ajo nuk përputhet asnjëherë me pohimin në kujtesë dhe të asaj vetë. Ajo çka mbetet, siç thotë Derrida, është vetëm "ëndrra e një riprodhimi që *ruan,* si të vërtetën e tij, *po*-në e gjallë të arkivuar në zërin më me jetë."[9]

Hendeku që shënon Derrida midis thënies *po* dhe pohimit, që vepron ndërkaq midis të folurit, arkivimit dhe përkujtimit, dhe që shërben si model për atë telfon që trupëzohet teknologjikisht, por që është megjithatë jo me pak i brendshëm, shumëfishohet në kontekstin e televizionit, kanaleve video në linjë, si dhe mjetet e shumëpranishme të regjistrimit, si ato publiket dhe ato privatet. Kjo ndodh pikërisht për shkak se, siç thotë Avital Ronell, ndryshe nga telefonia [*telephony*], televizioni – qoftë në apo jo-në-linjë – "është bërë vendndodhja e dëshmisë, edhe në ato raste kur kemi të bëjmë me një dëshmi të rreme apo me një mospranim të patundur."[10] Çdo *po* në televizion përvijohet brenda një logjike dëshmuese; ajo nuk mund të vazhdojë të mbështetet tek intimiteti i një rrëfimi privat por i nënshtrohet një kornize legjislative të paevitueshme. Ideja e një *talk show*-i dhe kësisoj e një pjese të mirë të gazetarisë së televizuar bashkëkohore, mbështetet mbi një globalizim të tillë të dëshmisë: Ajo është e vendosur të shfrytëzojë vlerën dëshmuese të thënies po përtej çdo lloj vlere pohuese që një *po* e tillë mund të ketë. Qenia dëshmi përbën tashmë një vlerë në vetvete, një fakt që nuk përfshihet më në një metodë vlerësimi, juridik, epistemologjik, arkivues, apo tjetër. Kjo është pikërisht ajo që Ronell përcakton si traumë: dëshmia e pastër, pa mbetje.

> Një nga problemet me televizionin është se ai ekziston në traumë, ose më saktë, trauma është ajo çka merakos televizionin: ajo është gjithmonë në televizor. Kjo situatë paraqet një vështirësi të konsiderueshme teknike pasi trauma minon përvojën dhe njëkohësisht vepron si mbartësja e saj e pamasë. Vështirësia "teknike" qëndron në faktin se trauma mund të përjetohet të paktën në dy mënyra dhe se të dyja këto bllokojnë kanalet normale të transmetimit: si një kujtim që individi nuk mund ta përfshijë në përvojën e tij, dhe si një njohuri katastrofike të cilën ai nuk mund t'ia transmetojë të tjerëve.[11]

Ndonëse sprova e Ronellit është shkruar para kohëve të pranisë së gjithandejshme të rrjeteve pa tel [*wireless*] dhe hyrjes së përhershme në internet, teza kryesore vazhdon të qëndrojë, sot më shumë se kurrë madje. Trauma është gjithmonë ndezur [*on*], gjithandej. Në kontekstin e një konference mbi pedagogjinë, dhe te rritjes së përbindshme të mësimdhënies në linjë dhe të formave të tjera telepedagogjike, ky element traumatik duhet të shqyrtohet më në brendësi nga ç'më lejon ky tekst. Por në kontekstin televiziv, momenti thelbësor pedagogjik ku nxënësi "e kap" pezullohet, gjë që vlen edhe për bindjen e mësuesit se të paktën një pjesë e mesazhit ka vajtur në pikëmbërritje. Për pasojë, elementi traumatik i çdo mësimi rrezikon të shtypet ose të dëbohet dhe të mos bëhet kurrë një element themelor, i qëndrueshëm apo i paqëndrueshëm, për medimin dhe veprimin.

Por le ta vëmë mënjanë për momentin këtë thirrje pedaogjike dhe t'i rikthehemi pozicionit të shtrembërimit teknologjik në të cilin mësuesit e mi kanë vendosur çiftin *po* dhe pohim. A do të ishte e mundur të mendonim një akt-ligjërim që acaron mosvijueshmërinë midis tyre dhe që do të na jepte mundësinë të matnim humnerën që i ndan, ku një po e thënë butësisht pohon papritmas njohjen e heshtur të Tjetrit – duke asgjësuar kësisoj pushtetin e saj mbi folësin në një çast të asaj që Fuko [*Foucault*] ndoshta do ta përshkruante si *parrhēsia*.

E kam fjalën këtu për atë që zakonisht quhet "dalje hapur," një term problematik nga ana filozofike pasi ai duket nuk bën pjesë jo vetëm në ligjëratën filozofike por as edhe në atë të një pjese të mirë të *queer theory*-së. Dalja hapur e, në rastin tim, një filozofi homoseksual presupozohet te jetë e nënkuptuar në shkrimet e tij dhe nuk trajtohet asnjëherë në mënyrë të drejpërdrejtë si një kusht për shqiptimet [*enunciations*] e tij. Një nga arsyet për këtë mospranim të zakonshëm është fakti se dalja hapur e nënkupton folësin si një qenie seksuale dhe, siç ka vërejtur Anë Dyfurmantel, seksi dhe filozofia historikisht kanë qenë ortakë të sikletshëm.[12] Në këtë kontekst, dua vetëm të vë në pah mjetin tim retorik për të folur për veten në vetën e tretë, një nga mënyrat e shumta per të shmangur daljen time hapur në këtë tekst ose para jush sot.

Dalja hapur nuk përshatet plotësisht me kategorizimin e rreptë të *parrhēsia*-s nga Fukoja dhe mbi të cilin mbështeten lloj-lloj aktivitetesh te ndryshme bashkëhohore, si për shembull nxjerrja [*leaking*] e informacioneve në sferën publike apo gjatë psikanalizës. Por ajo mund të konceptohet ndoshta si një rast limit, ose, akoma më mirë, si një pikë ku kundështitë e brendshme të përkufizimit të Fukosë shfaqen hapur. Vështirësisht një shqiptim, një dalje hapur – një "po, jam gej" – megjithatë "flet" të vërtetën, rrezikon folësin, paraqet një kritikë të Tjetrit – domethënë, të idesë së tij se njohja e orientimit seksual, gjoja të "fshehur," të dikujt ushtron një lloj pushteti – , dhe se në disa raste ajo duhet konsideruar një detyrë.[13] Për më tepër ajo përbën një moment kyç në "kujdesin e vetes [*souci de soi*]" të çdo personi gej si dhe rezultatin e një procesi të gjatë vetëkritike dhe reflektimi. E megjithatë, fuqia e saj parresiastike është paradoksale, pasi ajo e paraqet atë që thotë të vërtetën si dikë që nuk duhet ta thojë atë; *po*-ja parresiastike e daljes hapur njëkohesisht mohon folësin në kapacitetin e tij si folës – ai është një minoritet, i sëmurë, e kështu me rradhë. Kësisoj, ndonëse një mësues, për shembull, nuk mund të angazhohet në aktivitete parresiastike ndërsa jep mësim për shkak të pozitës së tij, dalja hapur *si një mësues* minon të gjithë situatën pedagogjike.[14]

Kjo situatë vështirësohet prej faktit se, siç na kujton Derrida, *po*-ja nuk është pa gjinin. Gjatë gjithë historisë së letërsisë dhe filozofisë asaj vazhdimisht i janë atribuar trajta femërore, në veprën e Niçes [*Nietzsche*], asaj të Blanshosë [*Blanchot*], si dhe në monologun e Mollisë në fund të *Uliksit*.[15] Ndërsa nga këndvështrimi i Fukosë, ndonëse *parrhēsiastēs*-i mund të rrezikojë jetën duke thënë të vërtetën, mundësia për të thënë të vërtetën dhe rrezikuar jetën nuk është asnjëherë në lojë në aktin e thënies së të vërtetës. Në rastin e daljes hapur kjo nuk qëndron dhe mund të themi se ky falimentim parresiastik është themelor për hendekun midis po-së dhe pohimit: është një po që destabilizon çdo lloj terreni të qëndrueshëm për pohimin sepse në të njejtin moment vë në dyshim, publikisht, te ashtuquajturat kapacitete arkivuese të atij apo asaj që e shqipton atë.

Tani që kemi gjetur një rast limit të *parrhēsia*-s që ilustron mospërputhjen midis *po*-së dhe pohimit, do të ishte ndoshta edukative po ta çonim përkohësisht deri në fund këtë linjë mendimi duke e zgjatur analizën e Derridas të *po*-së, e kuptuar si një dukuri telefonike, nëpërmjet zhvendosjes së Ronellit tek televizivja dhe ndoshta edhe më tej. Më lejoni ta formuloj këtë si në vazhdim. Teknologjia është ajo që zapton çarjen midis thënies po dhe çdo lloj pohimi të mundshëm.

.

Më është bërë zakon të merrem me poezinë në tekstet që përgatis pasi gjatë gjithë historisë së filozofisë ajo ka luajtur rolin e hapsirës së privilegjuar ku dramatizohen, ose degdisen, apo ndoshta rishfaqen në një formë të dobësuar, trauma të caktuara. Mund të marrim si shembull këtu rëndësinë e poezisë për Hajdegerin në mendimin e katastrofave teknologjike, apo edhe idenë e Badiusë [*Badiou*] të eventit si një ndërprerje poetike e rrafsheve matematikisht rigoroze te mërzisë. Në mënyrë të ngjashme, dëbimi i famshëm i poetëve prej polit [*polis*] të Platonit duhet kuptuar si një përpjekje e dështuar për të zbrazur shtetin perfekt nga trauma duke dëbuar ndërmjetësuesit e saj. Duke qenë i vetëdijshëm për faktin se në përpjekje për të tretur një traumë tërësisht vetjake në ndjesinë oqeanike te gjuhës, një pikë që meriton një trajtim përtej caqeve të kësaj sprove dhe që zgjat vetë caqet e biografikes, ekziston rreziku që unë vetë të ndërmarr një hap të tillë, do të doja të bëja një ballafaqim të shkurtër me poezinë e Ualas Stivensit "Burri i veshur mirë me mjekër [*The Well Dressed Man with a Beard*]" , shkëputur nga vëllimi *Copëza të një bote* [*Parts of a World*] të autorit, qoftë thjesht sepse ky ballafaqim përbën një lloj përsëritjeje.

> Pas jo-së së fundit një po vijon
> Dhe mbi atë po bota e ardhme varet.
> Jo ishte nata. Po është i pranishmi diell.
> Sikur gjërat e mohuara, gjërat e ndaluara
> Të rrëshqisnin sipër kataraktit perëndimor, prapë një,
> Vetëm një, një gjë që do të ishte e ngjeshur, qoftë
> Jo më e madhe se briri i gjinkallës, jo më shumë
> Se një mendim i përsiatur gjithë ditën, një ligjëratë
> E vetes që duhet të mbahet me ligjërim,
> E vetmja gjë e mbetur, e pagabueshme, do të
> Mjaftonte. Ah! *douce campagna* e asaj gjëje!
> Ah! *douce campagna*, mjaltë në zemër
> Gjelbërim në trup, prej një fraze të vockël,
> Prej një gjëje të besuar, një gjë e pohuar:
> Forma mbi jastëkun që zukat ndërsa ti fle,
> Aureola mbi shtëpinë që zukat...
>
> Ajo nuk mund të ngopet kurrë, mendja, kurrë.[16]

Ka patur disa hamendësime rreth personit të cilit ky "burrë i veshur mirë me mjekër" i referohet, por nëse kemi parasysh se çdo poezi e mirëformuar sintetizon universalen me të përveçmen, unë nuk kam asnjë dyshim përsa i përket kësaj çështje. Nuk kam asnjë dyshim as edhe për *çfarë* flet kjo poezi. Bëhet fjalë pikërisht për përsëritjen e *po*-së – këtij "mendimi të përsiatur gjithë ditën" – brenda pohimit të hasur më herët, dhe mbi vetëshëmbëllimin [*self-reflection*] e "ligjërimit të vetes që duhet të mbahet me ligjërim" e të rreziqeve që vijnë me të. Por edhe për peizazhin e lumtur pasi kjo *po* – "i pranishmi diell" mbi të cilin "bota e ardhme" varet – shqiptohet, me gjithë pengesat e ndryshme që unë kam hedhur para saj. Siç ka thënë Derrida në gjuhën e lashtë të metafizikës, "*Po*-ja është kushti transhendental për çdo dimension performativ."[17] Dhe kur kjo "gjë e besuar," prej frazës më të vockël, një *po*, bëhet "një gjë e pohuar": "Forma mbi jastëkun që zukat ndërsa ti fle, / Aureola mbi shtëpinë që zukat...," Stevens na kujton pikërisht kujdesin e vetes që nënkupton vargu i fundit, një kujdes të vetes që, për të fundit herë, do të doja ta lidh me aktin e daljes hapur, me thënien *po* të zhveshur nga dëshira për pohim të menjëhershëm. Kjo është *po*-ja që do të doja të rivendikoja si *po*-në e mirëfilltë pedagogjike.

Shënime

1 Jacques Derrida, *Ulysse gramophone: Deux mots pour Joyce* (Paris: Galilée, 1987).
2 Po aty, 70, shën 1.
3 Po aty, 59.
4 Avital Ronell, *The Telephone Book: Technology, Schizophrenia, Electric Speech.* Lincoln: University of Nebraska Press, 1989).
5 Derrida, *Ulysse gramophone*, 86–7.
6 Po aty, 89.
7 Po aty.
8 Po aty, 125.
9 Po aty, 90.
10 Avital Ronell, "TraumaTV: Twelve Steps Beyond the Pleasure Principle," në *Finitude's Score: Essays for the End of the Millennium* (Lincoln & Londër: University of Nebraska Press, 1994), 305–327, në 314.
11 Po aty.
12 Anne Dufourmantelle, *Blind Date: Sex and Philosophy*, përkth. Catherine Porter (Urbana & Çikago: University of Illinois Press, 2007).
13 Michel Foucault, *Fearless Speech*, red. Joseph Pearson (Los Angeles: Semiotext(e), 2001), 19: "[P]arrhesia është një veprimtari folëse ku folësi shpreh marrëdhënien e tij me të vërtetën, dhe rrezikon jetën e tij pasi ai e kupton tregimin e të vërtetës si një detyrë për të përmirësuar apo ndihmuar të tjerët (si dhe veten)."
14 Sh., p.sh., reflektimet në Mary Bryson dhe Suzanne de Castell, "Queer Pedagogy: Praxis Makes Im/Perfect," *Canadian Journal of Education* 18:3 (1993), 285–305, në 286: "I kemi rezistuar dëshirës për ta shkruajtur këtë artikull prej një kohe të gjatë tashmë, duke e ditur nga përvoja jonë e mëparshme se të flasësh publikisht mbi mundësitë dhe rreziqet që krijohen nga qenia 'dalë hapur' si edukatorë *queer* është nje akt-ligjërim ose i një arrogance të pandërgjegjshme ose i një mazokizmi të thellë! Domosdoshmërisht, kur flet 'si një lezbike' ti je 'e huaja' ligjëruese, tërësisht e ngulitur në një identitet anësor të esencializuar në të cilin, ironikisht, ne duhet të marrim pjesë duke emërtuar dallimin tonë – tamam sikur të na duhej të hapnim varrin tonë ontologjik."
15 Derrida, *Ulysse gramophone*, 109.
16 Wallace Stevens, *Collected Poetry and Prose* (Nju-Jork: Library of America, 1997), 224.
17 Derrida, *Ulysse gramophone*, 126.

WELCOMING* THE STRANGER
FROM SOCIAL INCLUSION TO
EXILIC EDUCATION
Edith Doron

> *Though you have shelters and institutions,*
> *Precarious lodgings while the rent is paid,*
> *Subsiding basements where the rat breeds*
> *Or sanitary dwellings with numbered doors*
> *Or a house a little better than your neighbor's;*
> *When the Stranger says: 'What is the meaning of this city?*
> *Do you huddle close together because you love each other?'*
> *What will you answer? 'We all dwell together*
> *To make money from each other' or 'This is a community'?*
> *And the Stranger will depart and return to the desert.*
> *O my soul, be prepared for the coming of the Stranger,*
> *Be prepared for him who knows how to ask questions.*
> — T.S. Eliot, "Welcoming the Stranger"[1]

I open with this poem on the arrival of the stranger and the question of community because it speaks to the difference between the gesture of social inclusion legitimated by Kantian cosmopolitan ideals and translated into multicultural education in museums on one side, and the gesture of welcoming the stranger on the other. It speaks to the difference between reception of the other as an interested act, as part of the struggle for

* ON WELCOMING. The act of welcoming belongs to the host-guest relations of hospitality. In so far as these relations will concern issues of mastery and power, identity and challenges to it, sovereignty and alterity, ipseity and strangeness, homeliness and the uncanny, borders and thresholds, hospitality has far reaching implications for philosophical, cultural, political, and religious thought. From the earliest ancient Hebrew texts in Genesis on the ethics of *hachnassat orchim* – literally translated as "the entering-gathering of the ones-prepared-for" or simply, recognition for the sake of being-at-home and therefore as an act that constitutes one's sovereign ipseity on one side, and the encounter with the other for whom no common frontier exists and yet whose proximity creates the uncanny dispossession of home, the internal sense of an undoing. It speaks to the non-ground of community for which "I" and "you" are not individuals of a common concept. Among the poem's diversity of dwellings, a "we" emerges to perform the fiction of a social bond. The Stranger departs and returns to the desert – there where hospitality is a matter of life or death – but his utterance remains to make a desert of those dwellings in the mind where sovereign Identity lives as master; when for an instant astonishment makes Identity a guest. The host/author attests to the uncanny intrusion of this guest/stranger and recalls the words of Levinas:

> Neither possession, nor the unity of number nor the unity of concepts link me to the Stranger, the Stranger who disturbs the being at home with oneself.[2]

The poem speaks therefore to the question posed by the one outside the city limits, outside the City of God and the City of Man, outside the polis, who asks after the meaning of our being-together from the ancient regime to the regime of reason: from the Christian mandate to "Love Thy Neighbor," to the modern equivocation of equality behind numbered doors where the commerce between you and I is based in public intermediaries – economic, legal, and cultural categories – to which we have made ourselves adequate. These intermediaries regulate relations between us in order to overcome us, that is, in order to defer the face-to-face relation and prepare us for the permanent possibility of war which now, under the name of politics if not reason itself shadows our every action – all, ironically, in the name of perpetual peace, universal emancipation, that is, in the name of precisely those eternal institutions which carry forth Nature's plan and traverse the particular pathologies of our individual wills, harnesses the energy of our "unsocial sociability," uses the individual freedom of each to accomplish a universal one for all. This is the project for Kant: philosophy with a cosmopolitan intent. The history of humanity was at stake. From the moment Kant answered the question "What is enlightenment?" in his essay by the same title,[3] universal historical progress would find its cosmopolitan elaboration in the key of education.

hospitality – we find a vantage point for which to recover astonishing dimensions of the virtue of Genesis hospitality, a virtue Kant retrieves as a condition for cosmopolitan law but only in order to place under erasure. The story (Genesis 18) stages a scene of hospitality where Abraham is resting at the threshold of his tent in the hills of Mamre. As he is recovering from his *bris* or circumcision as a wound of covenant, he is visited by three guests. There are many ways in which Abraham's welcome is distinguished absolutely from anything resembling a modern or cosmopolitan gesture of reception. I will briefly mention four.

1. Abraham is the Torah's first self-named sojourner or stranger – *ger* in the Hebrew – and without accident, its first host. His welcome is not one of a masterful largess; his reception is not that of the landed certainty of a sovereign. He welcomes the strangers in when he is himself a nomad, homeless. His gesture is incomparable to

Let Us Then Speak in the Key of Education

It has long been the implicit purpose of traditional museums and the explicit mission of children's museums to be socially inclusive institutions in and through educational initiatives. Museums have strived to be valued resources in an increasingly diverse society. In aspiring to broaden its audience base, our work has shifted from developing educational programs and policies that are "object-based" to being "community-based." What this means for teaching in a museum is that programs depend less on the collections to "represent a culture" and instead have shifted their efforts to partnering with community-based organizations and creating events in collaboration with people "living a culture." To this end, multiculturalism has been deployed as a pivotal discourse used to reposition the relationship between museums and communities with the goal of creating a more just, robustly democratic space of learning.

In pedagogical terms, this shift in knowledge production from curating the collections to curating the community has major impact on the "what" and the "how" of teaching, that is, on the content and the method in which children learn. But the real tectonic shift, the ontological shift, occurs when, with this turn to the outside of community, we receive the child not as an object of visitorship studies, not as a subject of cognitive development, a diminutive figure of the lifelong learner, a nascent global citizen, or an embedded social agent, but instead welcome him/her as the *stranger* at our threshold, as the one who, as in Eliot's poem, knows how to ask questions.

In philosophical and political terms, this shift therefore represents a change in the kind of *resident* the children's museum is in the(ir) community. After generations of multicultural discourse at work in museum exhibitions and events, are we to understand this relationship as one of a museum and its communities, where the variously identified groups are invited in, or "targeted" via internal plans for "audience development," "diversification of visitorship" and "community outreach"? Or has the museum, in this new turn to the outside, in this role of multicultural host to a culturally diverse society, instead opened to the possibility of finding itself a guest at the table?

It is not by accident that I am evoking through terms like stranger, resident, host, and guest the relational structure, the metaphysical idea, the universal practice if not the eternal institution of hospitality, that which for some philosophers, is not one among other ethical practices, but names ethics itself. The central question of my research is:

the ancient Greek or Homeric scenes of receiving the stranger as there is no pact of brotherhood, no reciprocity of commitments overseeing or mediating the relation. Abraham turns to the Outside from the Outside.

2. As Abraham rests at the tent's threshold, Rashi (the 11th century commentator) tells us that he is nominally in the presence of God, Shechina שכנה – a word which shares the same root with שכן, meaning "neighbour." The extremely unusual mention of the weather in this scene – "in the heat of the day" or *kichom hayom* – is discussed by Rashi within the ancient customs of hospitality. The severe heat is there to keep travellers from being mobile, thereby keeping Abraham from having guests in the first place – all in order to allow him to recover from his circumcision. Rashi goes on to say that Abraham was sullen and when asked by God why he felt so, his response was, "I have no guests." It is here that the three figures appear in the

How does a museum engage in a responsibility to the other? But responsibility, as the exiled Jewish poet Edmond Jabès tells us is always already divided:

> On this side of responsibility there is solidarity.
> On the other, hospitality.[4]

On this side: solidarity… and with it, the metaphysics of subjectivity that privileges identity; with it, a conception of truth in its Roman translation and imperial referent as *veritas* as correct perception and that which commands intellectual agreement as the link that keeps men united; with it, a vision of community based in consensus, in the genus of the Same or as James Baldwin writes, in community as the "aggregation of provisional selves."[5] On the side of responsibility as solidarity, justice is based in a politics of recognition. It is this politics of recognition that is operant in multicultural educational initiatives which use the museum as an instrument to fashion the global citizen.

But a recurring conflict lies at the heart of this fashioning, this forming, this *Bildung*. All multicultural practice vacillates between its need to maintain and give priority to the particulars of individual (or group) cultural differences on the one hand and meet the demand of social cohesion on the other. Braced with the ideals of representation and tolerance, multiculturalism produces a discourse thick with contradictions and unexamined polarities: identity and difference, the cultural particular and the universal ideal, respect for diversity and deference to the common good, social inclusion and social cohesion, cultural relativity and trans-cultural norms.

As Joan Scott wrote, "multiculturalism pluralizes the notion of an American identity by insisting on attention to African-Americans, Native Americans and the like, but it leaves in place a unified concept of identity."[6] In conceiving identity as preceding relation, multiculturalism replicates the very metaphysics of subjectivity it claims to contest. And regardless of where in the spectrum of its discourse you are – from the particularism of Henry Giroux's insurgent multiculturalism to the universalism of Harvey Siegel's trans-cultural normative reach – the same double binds stultify the child because the same political impasse remains since the days of Kant's hymn to perpetual peace. Multiculturalism is passport cosmopolitanism where movement becomes method and observation is the paradigm of knowing.

unlikely "heat of the day." What is astonishing in this moment is that when these guests figure upon the horizon, Abraham leaves the שכנה; he is essentially turning away from the presence of God in order to turn toward his guests who are unknown, unnamed strangers – and he does so precisely after having just cut covenant with his Lord. This word "to turn," away or toward, shares the same etymological root in Hebrew with the word for face, *panim*: פנים. Recall that the Levinasian subject of hospitality welcomes the face of the other and conjures the second way to translate hospitality in Hebrew as *kabalat panim* or literally, the reception of the face, פנים קבלת.

3. Abraham's vision of the strangers arriving at the horizon is entirely ambiguous. The verse reads, "And God appeared to Abraham […] Abraham lifted his eyes and saw three men" (Genesis 18:1). Who exactly does Abraham see? How do they appear to him? There exists a foreignness to the

Who Is the Confident Cosmopolitan?

The subject of modern ethics is fundamentally constituted through the maintenance of boundaries. Kant is interested in regulating, in making increasingly clear and conditioned the borders of nation-states because he is modeling them on clearly defined borders of individual autonomy. Hospitality, however, precisely blurs the borders of host and guest and involves *im*mediate, intimate, face-to-face encounters – the "fact of contact." Why then does Kant introduce hospitality into the politics of a cosmopolitan citizenship?

> Hospitality means the right of a stranger not to be treated as an enemy upon his arrival in another's country [...] the *right to visit,* to associate belongs to all men .[7]

Kant revisits hospitality for two seemingly contradictory reasons. On the one hand, it invokes the power of a divine imperative and grounds a universalizable moral maxim. With this, he is able to transpose the moral and ethical import of the hospitality relation into the language of citizenship that is universalized to include all peoples.[8] On the other hand, Kant invites hospitality in only to erase its impossible obligation by reconciling the tension between the sovereign host who is at-home where he dwells and the nomadic stranger who has arrived unnamed at the threshold. As McNulty writes, "The ethics of hospitality reformulated to the now legislatable 'right to visit' eliminates/ denies the uncanny dimension of the stranger's penetration into the master's home."[9]

By turning hospitality into a right, Kant erases its risk, not only of the "what" of the host's reign – material culture, proper history, protected heritage – but the indivisibility of the host (culture's) identity as such. In the name of the sovereign propriety of the host and the inalienable rights of the guest, Kantian hospitality denies the involvement of the other in the master's subjectivity. The sovereignty of host and the rights of the guest at every visit are protected by Kantian cosmopolitan hospitality and guarantees "not only the elimination of personal risk, but *a refusal to risk the person*: in other words, to challenge the ideal of privative personhood on which this notion of sovereignty is based."[10]

So the question museums have to ask themselves is: has the Kantian cosmopolitan right to hospitality helped to create a more democratic, multicultural education for

other of divine proportions for even when God is nominally present, it is still a question of the human. And this double vision of the human and divine insists upon the incommensurability between the host and the guest, and with it, the infinite obligation to an other whose foreignness is illegible. With regards to this vision of the face, Levinas writes, "The shimmer of infinity, the face, can no longer be stated in terms of consciousness, in metaphors referring to light and the sensible. It is the ethical exigency of the face, which puts into question the consciousness that welcomes it" (Levinas, *Totality and Infinity,* 207). Lastly,

4. Because of this infinite obligation, the act of hospitality happens in such a way as to insist upon the host's *mis*recognition of the divine nature of his guest rather than his identification of or with it. This encounter is in breach of the politics or dialectics of recognition. Abraham does not extend himself on the condition or possibility that these strangers might be

children? Have museum policies of equal representation and inclusion, promising, if not producing, a multiplicity of identities within an increasingly extended map of anthropological order solved the problem of the Outside and the outsider? Do we feel more *heimlich*, more at-home now that we have made the stranger disappear, made a citizen of him?

The irreducible foreignness of the stranger is absorbed and equalized under a third, external "universal principle": the cosmopolitan law of global citizenship where the foreigner's identity is made adequate to a legal designation, an adequacy so deep in us that "we seldom even ask how it is possible to be a foreigner because we are so convinced of being naturally citizens, necessary products of the nation-state."[11] An impersonal, risk-free and economized reciprocity of a cosmopolitan society replaces the infinite obligations and impossible, face-to-face ethics of Genesis hospitality. But in the name of universal inclusion and equal recognition, *this sovereign no longer has an other*: children of this community do not need a guest. In this cosmopolitan museum community, "we" only *tolerate* the stranger.

For museum education to take place, in the sense of a leading out, hospitality can never just be about receiving the guest in the sense of reciprocal relations but instead must be thought from a fundamental incongruency or asymmetry of relation between host and guest. To think this incongruency and to enact the hospitality relation is the responsibility of cultural programming in museums. Multiculturalism, as the hitherto guarantor of socially inclusive education in a museum, has come to an ironic if not fated impasse because it denies the experience of strangeness as an irreducible relation and in its repetitive saying-I, flees from its exigency. Hospitality, understood no longer as a right but as a *risk,* can reengage the question of the museum's relation to communities because it reengages the child's relation to world and to the other. To prepare for this risk requires a dramatic shift in the western conceptualization of hospitality. We must release it from an a priori episteme of war and rethink its conditions of reception and community. We must ask: from where the welcome? In other words, how can we transform the museum into a living site of encounter rather than an overseer of the boundaries of cultural difference? Or, how do we turn to the Outside from an outside?

A difficult multiculturalism is vigilant to the improprieties of its politics of recognition; it is vigilant and committed to a poetics of exile that does not translate the ethical imperative of hospitality as "Love Thy Neighbor" but instead remembers it as "Make strangeness native to you." It is heard in the ancient Hebrew.[†] The primary moral responsibility of the stranger is to teach the other that she is a stranger too. In this way, the museum may become that space where children are invited to partake in a much more radical freedom that the emancipation promised them until now – "an emancipation

divine emissaries disguised as supplicants who test the character of human hosts. Abraham's act is not one of domestic performance and does not ground itself in reciprocity, of equal exchange of gesture for gesture or gift for counter-gift. Genesis hospitality is both motivated by the potentially sacred nature of the guest, whose true identity must nevertheless remain unknown for authentic hospitality to take place; Abraham not only welcomes God but welcomes him as a stranger, as an unknown.

without the other."¹² I believe that the museum maintains the particular privilege of an articulation, an elaboration of an opening to the presence of the other over against its historically situated collection and privileged episteme of observation and explanation of the other.

What hospitality means for education is that a museum does not need to rely on an ethnically, racially, religiously diverse visitorship to make the other matter; attuned to an exilic education, a museum does not require a vast collection to make the world *world*; the host does not depend on a cosmopolitan community to be able to invite the stranger in.

† ON STRANGERS, NATIVES AND NEIGHBOURS. The passage I am referring to is found in Leviticus 19:33–34:

וְכִי-יָגוּר אִתְּךָ גֵּר, בְּאַרְצְכֶם--לֹא תוֹנוּ, אֹתוֹ
כְּאֶזְרָח מִכֶּם יִהְיֶה לָכֶם הַגֵּר הַגָּר אִתְּכֶם, וְאָהַבְתָּ לוֹ
כָּמוֹךָ--כִּי-גֵרִים הֱיִיתֶם, בְּאֶרֶץ מִצְרָיִם: אֲנִי, יְהוָה
אֱלֹהֵיכֶם

which is translated as: "When the stranger resides with you in your land, you shall not wrong him. The stranger who resides with you shall be to you as the native among you; you shall love him as yourself, for you were strangers in the land of Egypt." It is often cited as a reminder of the affliction of centuries of Egyptian bondage so that future generations of Jews might treat with empathy the stranger among them. It is also, as a consequence of being understood as an empathetic directive, conflated with or believed to be echoed in the New Testament's statement "Love thy Neighbour." Indeed, in Christian translations of the "Old Testament," the passage is translated as: "The *alien* who resides with you shall be to you as the *citizen* among you; you shall love the *alien* as yourself, for you were *aliens* in the land of Egypt." But I want to argue that there is a much more radical "memory" that the language of the Torah is using. This "memory" of Egypt recalls a relation or comportment of being-toward the stranger in a way which

empathy alone cannot suffice. In other words, the treatment of the stranger is not based on merely remembering what it felt like to once have been a stranger, thereby conducting oneself on that basis according to how an individual wants or hopes to be treated. For that, again, is a "justice" anchored in the idea of a self in mirrored, reciprocal relation to the other, of a subjectivity formed prior to and free from the exigency of the other's presence. Empathy, which is always based in an identification with the other, does not first constitute being-with (*Mitsein*) but is first possible on its basis and is motivated by the prevailing modes of being-with in their inevitability (Martin Heidegger, *Being and Time,* trans. Joan Stambaugh [Albany: SUNY Press, 1996], 117). The Hebrew for the phrase, "When the stranger resides with you" is *Ki'yagur it'cha ger* or כיגור איתך גר. What is of note is that the word for stranger, *ger* גר is the same as that for resident, *gar* גר, the one who dwells, lives in familiarity with. Its implication is that the stranger, who is never at-home in the world has always already resided among you. What the Hebrew is saying is that dwelling in familiar surroundings has an inherent unfamiliarity. We must understand this not only in the sense of a foreigner residing among citizens, a subjected other among subjected selves. Although there are several variants to the legal status of the ger in ancient Hebrew

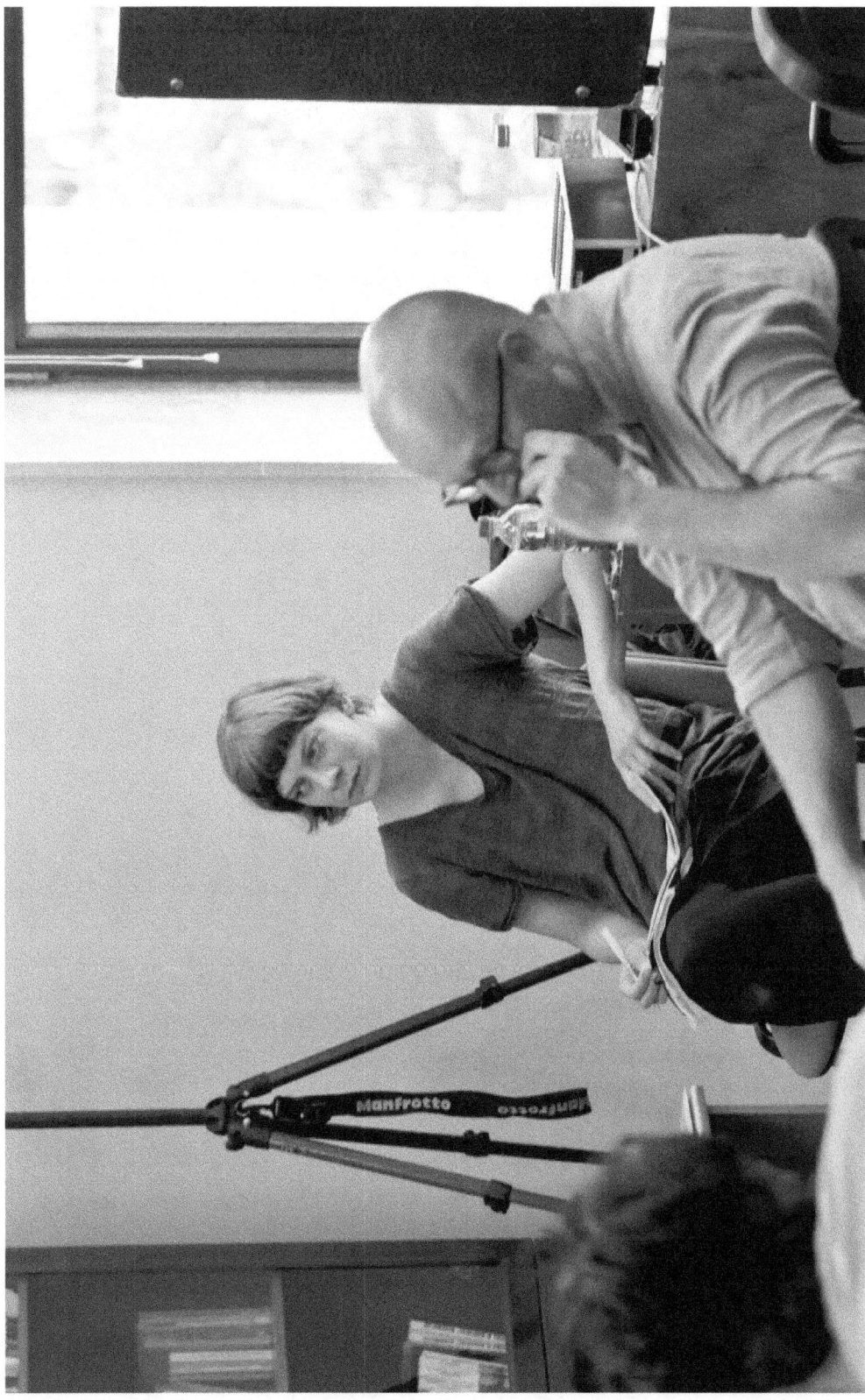

society, the "who" of the stranger is never simply 'someone' who can be identified and evaluated as either worthy or a threat to the community. That the stranger is the resident is an existential statement. It does not suffice to assign a positive identity, or a certain type of person/group whose task it is to occupy that role opposite a clan of Is. What the Hebrew is telling us is that the other cannot be reduced to a cultural, linguistic or religious designation. Although history attests to this invention and affliction of the other, to fantasies of unity in individual or group identity on either side of a dominating oppression – it cannot answer to the "who" of the stranger which is always present because it is internal to the "I" in all its historically contingent cultural, linguistic and religious attributes. What the Hebrew tells us is that to reside, to dwell in familiar surroundings of home is to, at once, know and not know this stranger. Strangeness is made native to identity itself, and is understood as internal to subjectivity, to the self-identified host at-home in the world. The directive of Leviticus and its charge on multicultural programming in museums is not to do with loving your neighbour despite their difference because we are, underneath it all, members of the Same – same humanity, history – but to "make strangeness native to you" because the concrete finitude of being-in-the-world rests on a more original exposure. What is internal to being is a radical exteriority, an exilic relation to world that makes gathering possible; this is what hospitality asks us to "remember." In the key of Jabès,

"Come from wherever you are coming.
Go wherever you are going.
Here you will find your bed", wrote a sage.
And added:

"*Forget who you are; it is thanks to this primal forgetting that you are my guest.*"
(Jabès, *Le Livre de l'hospitalité*.
My emphasis).

Notes

1. T.S. Eliot, "The Rock," in *Collected Poems 1909-1935* (London: Faber and Faber, 1934), 103.
2. Emmanuel Levinas, *Totality and Infinity: An Essay on Exteriority,* trans. Alphonso Lingis (Pittsburgh: Duquesne University Press, 1969), 39.
3. Immanuel Kant, "An Answer to the Question: What is Enlightenment?," in *Perpetual Peace and Other Essays,* trans. Ted Humphrey (Indianapolis: Hackett Publishing, 1983 [1784]).
4. Edmond Jabès, *Le Livre de l'hospitalité* (Paris: Gallimard, 1991). Cited from Edmond Jabès, "Le Livre de l'hospitalité," trans. Rosemary Waldrop, *Yale French Studies* 82 (1993): 115–17, at 115–16.
5. James Baldwin, "Nothing Personal," in *Collected Essays,* ed. Toni Morrison (New York: Library of America, 1998), 692–706.
6. Joan Scott, "Multiculturalism and the Politics of Identity," in *The Identity in Question,* ed. John Rajchman (New York: Routledge, 1995).
7. Kant, "An Answer to the Question: What is Enlightenment?," 118.
8. Tracy McNulty, *The Hostess: Hospitality, Femininity and the Expropriation of Identity* (Minneapolis: University of Minnesota Press, 2007), 48.
9. Ibid., 69.
10. Ibid., 65. My emphasis.
11. Julia Kristeva, *Strangers to Ourselves* (New York: Columbia University Press, 1991), 41.
12. Jean-François Lyotard and Eberhad Gruber, "Mainmise," in *The Hyphen: Between Judaism and Christianity,* trans. Pascale-Anne Brault and Michael Naas (Amherst: Humanity Books, 1998), 1–12.

MIRËPRITJA* E TË HUAJIT
GA PËRFSHIRJA SOCIALE TEK ARSIMI MËRGIMTAR

Edit Doron

> *Though you have shelters and institutions,*
> *Precarious lodgings while the rent is paid,*
> *Subsiding basements where the rat breeds*
> *Or sanitary dwellings with numbered doors*
> *Or a house a little better than your neighbor's;*
> *When the Stranger says: 'What is the meaning of this city?*
> *Do you huddle close together because you love each other?'*
> *What will you answer? 'We all dwell together*
> *To make money from each other' or 'This is a community'?*
> *And the Stranger will depart and return to the desert.*
> *O my soul, be prepared for the coming of the Stranger,*
> *Be prepared for him who knows how to ask questions.*
> – T.S. Eliot, "Welcoming the Stranger"[1]

Filloj me këtë poezi mbi ardhjen e të huajit dhe çështjen e komunitetit sepse ajo i drejtohet, nga njëra anë, dallimit midis gjestit të përfshirjes sociale të legjitimuar nga idealet kozmopolite kantiane dhe të përkthyer në arsimin multikulturor nëpër muze dhe, nga ana tjetër, gjestit të mirëpritjes së të huajit. Ajo i drejtohet, nga njëra anë, dallimit midis pritjes së tjetrit si një akt i interesuar, si pjesë e një beteje për njohje [*recognition*] për hir të të-qenit-si-në-shtëpi dhe kësisoj si një akt që vendos vetësinë [*ipseity*] sovrane të dikujt dhe, nga ana tjetër, takimit me tjetrin për të cilin nuk ekzi-

---

* Mbi mikpritjen. Akti i mirëpritjes i përket marrëdhënieve mikpritës-mysafir të mikpritjes. Për sa kohë që këto marrëdhënie kanë të bëjnë me çështje epërsie dhe pushteti, identiteti dhe sfidat ndaj tij, sovraniteti dhe tjetërsia [*alterity*], vetësia [*ipseity*] dhe çuditshmëria, familjariteti dhe të unheimlich, kufijsh dhe pragjesh, mikpritja ka pasoja të konsiderueshme për mendimin filozofik, ston asnjë kufi i përbashkët por afërsia e të cilit krijon megjithatë shpronësimin turbullues të shtëpisë, ndjenjën e brendshme të një zhbërje. Ajo i drejtohet joterrenit të komunitetit për të cilin "unë" dhe "ti" nuk jemi individë të një koncepti të përbashkët. Midis shumëllojshmërisë së banesave të poezisë, një "ne" lind për të performuar sajimin [*fiction*] e një lidhje sociale. I huaji largohet dhe kthehet në shkretëtirë – atje ku mikpritja është një çështje jete ose vdekje – por shqiptimi i tij mbetet për të kthyer në një shkretëtirë ato banesa në mendje ku Identiteti sovran jeton si zot; kur për një çast habija e bën identitetin një mysafir. Mikpritësi/autori pohon këtë ndërhyrje turblluese të këtij të ftuarit/huaji dhe kujton fjalët e Levinasit:

> As pasuria, as bashkimi i numrit as bashkimi i koncepteve nuk më lidhin me të Huajin, të Huajin që shqetëson qenien si-në-shtëpi me veten.[2]

Poezia i drejtohet kësisoj pyetjes së ngritur nga ai që ndodhet jashtë kufijve të qytetit, jashtë Qytetit të Zotit dhe Qytetit të Njeriut, jashtë polit [*polis*], që pyet për kuptimin e të-qenit-bashkë tonë që nga regjimi i lashtë e deri te regjimi i arsyes: që nga mandati i krishterë "Duaje Fqinjin," tek shumëkuptimësia moderne e barazisë pas dyerëve të numërtuara ku tregtia midis teje dhe meje bazohet në ndërmjetësues publikë – kategori ekonomike, ligjore, dhe kulturore – me të cilat ne jemi njëjësuar. Këta ndërmjetësues regullojnë lidhjet mes nesh për të na kapërcyer, domethënë, për të shtyrë lidhjen ballë-për-ballë dhe për të na përgatitur për mundësinë e përhershme të luftës që tani, nën emrin e politikës nëse jo të vetë arsyes ndjek çdo hap tonin si hije – e gjithë kjo, ironikisht, në emër të një paqeje të vazhdueshme, emancipimit universal, domethënë, në emër të pikërisht atyre institucioneve të përjetshme që përmbushin planin e Natyrës dhe përshkojnë patologjitë e veçanta të vullneteve tona, shfrytëzon energjinë e "socialitetit" tonë "josocial," përdor lirinë individuale të secilit për të arritur një universale për të gjithë. Ky është projekti për Kantin: filozofia me një qëllim kozmopolit. Historia e njerëzimit ishte në lojë. Që nga momenti që Kanti iu përgjigj pyetjes "Çfarë është Iluminizmi?" në sprovën e tij me të njëjtin titull,[3] progresi historik universal do të gjente shtjellimin e tij kozmopolit në çelësin e arsimit.

kulturor, politik, dhe fetar. Që nga tekstet më të herët çifut tek Zanafilla mbi etikën e *hachnassat orchim* – që fjalë për fjalë përkthehet "hyrja-grumbullimi i atyre-të-përgatitur-për" ose thjesht, mikpritje – ne gjejmë një pikë të favorshme nga ku mund të rifitojmë dimensione habitëse të virtytit të mikpritjes tek Zanafilla, një virtyt që Kanti e rigjen si një kusht për ligjin kozmopolit por vetëm për ta fshirë atë. Tregimi (Zanafilla 18) na jep në skenë mikpritje ku Abrahami po pushon në prag të tendës së tij në kodrat e Mamresë. Ndërsa ai ripërtërihet pas *bris*-it ose synetit të tij si një plagë e besëlidhjes, tre mysafirë i bëjnë vizitë. Mirëpritja e Abrahamit ndryshon absolutisht nga gjesti modern ose kozmopolit i pritjes në shumë aspekte. Unë do të përmend shkurtimisht katër.

1. Abrahami është bujtësi ose i huaji – *ger* në hebraisht – i parë i vetemërtuar i Torahut dhe, jo rastësisht, mikpritësi i parë. Mirëpritja e tij nuk është ajo e një bujarie imponuese; pritja e tij nuk është ajo e sigurisë që zotëron toka të një sovrani. Ai i mirëpret të huajtë kur ai vetë është një endacak, i pashtëpi. Gjesti i tij është i pakrahasueshëm me skenat e Greqisë së

Le të flasim atëherë në çelësin e arsimit.
Ka shumë kohë që misioni i nënkuptuar i muzeve tradicionalë dhe misioni i shprehur i muzeve të fëmijëve është të jenë institucione sociale përfshirëse në dhe nëpërmjet iniciativave arsimore. Muzetë janë përpjekur të jenë resurse të vyera në një shoqëri gjithnjë e më të larmishme. Duke aspiruar të zgjerojnë audiencën e tyre, puna jonë ka lëvizur nga zhvillimi i programeve dhe policave arsimore që bazohen në objekte [*object-based*] tek ai i atyre që bazohen në komunitete [*community-based*]. Nga pikëpamja e mësimdhënies në një muze kjo do të thotë se programet mbështeten më pak tek koleksionet për të "përfaqësuar një kulturë" dhe se kanë i kanë përqëndruar përpjekjet e tyre në partnerizimin me organizata me baza komunitare dhe krijimin e eventeve në bashkëpunim me njerëz që "e jetojnë një kulturë." Për ta arritur këtë, multikulturalizmi është përdorur si një ligjëratë kyçe për të ripozicionuar marrëdhënien midis muzeve dhe komuniteteve me synim krijimin e një hapësire më të drejtë, më demokratike mësimi.

Nga pikëpamja pedagogjike, kjo zhvendosje në prodhimin e dijes nga kurimi i koleksioneve tek kurimi i komunitetit ka një ndikim mjaft të madh mbi "*si-në*" dhe "*çfarë-in*" e mësimdhënies, domethënë, mbi brendësinë e asaj që fëmijët mësojnë dhe metodën që ndjekin. Por zhvendosja e vërtetë tektonike, ajo ontologjike, ndodh kur, me këtë kthim drejt asaj që është e jashtmja e komunitetit, ne e presim fëmijën jo si nje objekt të studimeve të vizitorit, jo si një subjekt të zhvillimit cognitive, një miniaturë e nxënësit të tërëjetshëm, një qytetar global të sapoformuar, ose një veprues social të fiksuar, por në vend të kësaj ne e mikpresim atë si *të huajin* në pragun tonë, si atë që, si në poezinë e Eliotit, di si të bëjë pyetje.

Nga pikëpamja filozofike dhe ajo politike, kjo zhvendosje përfaqëson kësisoj një ndryshim në llojin e *banuesit* që muzeu i fëmijëve është në komunitetin e tij (tyre). Pas brezash ligjërate multikulturore në ekspozitat dhe evenimentet e muzeve, a duhet ta kuptojmë këtë marrëdhënie si atë midis një muzeu dhe komuniteteve të tij, ku grupet e ndryshme ftohen brenda, ose "shënohen" nëpërmjet planesh të brendshme për "zhvillimin e audiencës," "rrijten e larmisë së vizitorëve" dhe "shtrirje drejt komunitetit"? Apo muzeu, me këtë kthim të ri drejt të jashtmes, në këtë rol si mikpritësi multikulturor

lashtë apo të Homerit të pritjes së të huajit pasi nuk ka një pakt vllazërie, asnjë reciprocitet angazhimesh që mbikqyrin ose ndërmjetësojnë marrëdhënien. Abrahami i kthehet Jashtësisë që nga Jashtë.

2. Ndërsa Abrahami pushon në prag të tendës, Rashi (komentatori i shekullit të 11-të) na thotë se ai është nominalisht në praninë e Perëndisë, *Shechina* שכנה – një fjalë që ndan të njëjtën rrënjë me שכ, që do të thotë "fqinj." Përmendja tejet e pazakontë e motit në këtë skenë – "nën piskun e vapës" ose *kichom hayom* – diskutohet nga Rashi në kuadër të zakoneve të lashta të mikpritjes. Vapa e madhe është aty për t'i penguar udhëtarët që të lëvizin, dhe kësisoj për të evituar që Abrahami të ketë mysafirë – e gjithë kjo për ta lejuar atë që të marrë veten pas synetit. Më tej Rashi thotë se Abrahami ishte i ngrysur dhe kur Perëndia e pyet pse, përgjigja e tij ishte, "Nuk kam mysafirë." Ky është moment në të cilin tre figurat shfaqen në "piskun e vapës." Ajo që është mahnitëse në këtë moment është se kur këta mysafirë shfaqen në horizont, Abrahami lë שכנה; në thelb ai i kthen shpinën pranisë së Perëndisë për t'iu drejtuar mysafirëve

i një shoqërie të larmishme nga pikëpamja kulturore, është hapur përkundrazi ndaj mundësisë për t'u bërë i ftuari në tavolinë?

Nuk po e ngre aksidentalisht, nëpërmjet termave si i huaji, banuesi, mikpritësi, dhe mysafiri, strukturën lidhore [*relational*], idenë metafizike, praktikën universale nëse jo institucionin e përjetshëm të mikpritjes, që për disa filozofë, nuk është një ndër praktikat etike, por vetë ajo. Pyetja qëndrore e kërkimit tim është: Si angazhohet muze në një përgjegjësi ndaj tjetrit? Por përgjegjësia, siç na thotë poeti i mërguar Edmond Zhabes është gjithmonë ndërkaq e ndarë:

Nga kjo anë e përgjegjësisë është solidariteti.
Nga tjetra, mikprijta.[4]

Nga kjo anë: *solidariteti*... dhe me të, metafizika e subjektivitetit që privilegjon identitetin; me të, një konceptim i të vërtetës në përkthimin romak të saj dhe referencuesin perandorak si *veritas* si perceptim të saktë dhe ajo që komandon mirëkuptimin intelektual si lidhjen që i mban njerëzit të bashkuar; me të, një vizion i komunitetit i bazuar në konsensus, në gjinin [*genus*] e të Njëjtës ose siç shkruan Xhejms Balduin, në komunitet si "bashkimi i veteve provizore."[5] Nga ana e përgjegjësisë si solidaritet, drejtësia bazohet tek një politikë njohje. Është po kjo politikë njohje që vepron në iniciativat arsimore multikulturore që e përdorin muzeun si një instrument për të formuar qytetarin global.

Por një konflikt që përsëritet qëndron në zemrën e këtij formimi, këtij *Bildung*-u. Të gjitha praktikat multikulturore lënkunden midis nevojës, nga njëra anë, për të ruajtur dhe për të përparësuar veçantitë e dallimeve kulturore individuale (ose të grupit), dhe, nga ana tjetër, për të përmbushur kërkesën për kohezion social. Të armatosur me idealet e përfaqësimit dhe tolerancës, multikulturalizmi prodhon një ligjëratë plot me kundërshtime dhe polaritete të pashqyrtuara: identiteti dhe ndryshimi, veçantia kulturore dhe idealja universale, respekti për larminë dhe nënshtrimin ndaj të mirës së përbashkët, përfshirje sociale dhe kohezion social, relativizëm kulturor dhe norma tejkulturore.

Siç shkruajti Xhoan Skot, "multikulturalizmi pluralizon nocionin e një identiteti amerikan duke insistuar mbi vëmendjen ndaj afrikano-amerikanëve, amerikanët au-

të tij që janë të huajë të panjohur për të dhe pa emër – dhe ai e bën këtë pikërisht menjëherë pasi ka prishur besëlidhjen me Perëndinë e tij. Fjala "të kthehesh," larg prej ose në drejtim të, ndan të njëjtën rrënjë epistemologjike në Hebraisht me fjalën për fytyrë, *panim*: פנים. Kujtohuni se subjekti levinasianë i mikpritjes mirëpret *fytyrën* e tjetrit dhe bëhet shkak për mënyrën e dytë të përkthimit të fjalës mikpritje në hebraisht si *Kababalt Panim* ose fjalë për fjalë, pritja e fytyrës, פנים

קבלת.

3. Vizioni i Abrahamit i të huajëve që po afrohen në horizont është tërësisht i paqartë. Vargu lexon, "Dhe Perëndia iu shfaq Abrahamit [...] Abrahami ngriti sytë dhe pa tre burra" (Zanafilli 18:1). Kë ekzaktësisht sheh Abrahami? Si i shfaqen ata atij? Tjetri karakterizohet nga një huajësi e përmasave hyjnore pasi edhe kur Zoti është nominalisht i pranishëm, ajo mbetet një çështje e njerëzores. Dhe ky vizion i dyfishtë i njerëzores dhe hyjnores

toktonë e të tjerë, por nuk sfidon një koncept të unifikuar të identitetit."[6] Duke e konceptuar identitetin si diçka që pararend lidhjen, multikulturalizmi kopjon vetë metafizikën e subjektivitetit që pretendon se kundërshton. Dhe pavarësisht se ku ndodhesh në spektrin e ligjëratës së tij – nga partikularizmi i multikulturalizmit kryengritës të Henri Xhirut [Henry Giroux] deri tek universalizmi i shtrirjes normative, transkulturore të Harvi Sigelit [Harvey Siegel] – ky impas shfuqizon fëmijën pasi mbetet i njëjti impas politik qysh nga ditët e himnit të Kantit ndaj paqes së përhershme. Multikulturalizmi është kozmopolitanizëm pasaport, ku lëvizja bëhet metodë dhe observimi është paradigmi i dijes.

Kush është kozmopoliti i sigurtë në vetvete?

Subjekti i etikës moderne themelohet nëpërmjet ruajtes së kufijëve. Kanti është i interesuar të kontrollojë, të bëjë gjithnjë e më të qartë dhe të kushtëzuar kufijtë e shteteve-komb pasi ai i modelon ata mbi kufijtë e përcaktuar qartë të autonomisë individuale. Mikpritja ama i mjegullon kufijtë e mikpritësit dhe mysafirit dhe përfshin takime të menjëhershme, intime dhe ballë-për-ballë – "fakti i kontaktit." Pse pra e fut Kanti mikpritjen në politikën e qytetarisë kozmopolite?

> Mikpritja nënkupton të drejtën e një të huaji të trajtohet si një armik kur mbërrin në vendin e dikujt tjetër [...] e drejta për të bërë vizitë, për t'u shoqëruar i takon të gjithë njerëzve.[7]

Kanti i rikthehet mikpritjes për dy arsye që në pamje të parë janë kundërshtuese. Nga njëra anë ajo i bën thirrje një komande hyjnore dhe themelon një aforizëm moral të universalizueshëm. Me këtë ai është i aftë të zhvendosë rëndësinë morale dhe etike të lidhjes së mikpritjes në gjuhën e qytetarisë që universalizohet për të përfshirë të gjithë njerëzit.[8] Nga ana tjetër, Kanti e fton mikpritjen vetëm për të fshirë detyrimin e saj të pamundur duke pajtuar tensionin midis mikpritësit sovran që ndihet në shtëpi atje ku banon dhe të huajit endacak që mbërrin i paemërtuar tek pragu. Siç shkruan Meknalti, "Etika e mikpritjes e riformuluar për të 'drejtën për të vizituar' që tani është e ligjësueshme, eliminon/mohon dimensionin turbullues të depërtimit të të huajit brenda shtëpisë së zotit."[9]

> këmbëngul mbi mospërpjestueshmërinë midis mikpritësit dhe mysafirit, dhe me të, detyrimin e pafund ndaj një tjetri huajësia e të cilit është e palexueshme. Për sa i përket këtij vizioni të fytyrës, Levinas shkruan, "vezullimi i pafundësisë, fytyra, nuk mund të shprehet më nga pikëpamja e ndërgjegjes, me metafora që i referohen dritës dhe të ndijueshmes. Është ekzigjenca etike e fytyrës që vë në pikëpyetje ndërgjegjen që e mirëpret atë" (Levinas, Totality and Infinity, 207). Së fundmi,

> 4. Për shkak të këtij detyrimi të pafund, akti i mikpritjes ndodh në mënyrë të tillë që këmbëngul mbi keqnjohjen [misrecognition] nga mikpritësitë natyrës hyjnore të mysafirit të tij në vend të indentifikimit të saj ose me të. Ky takim shkel politikën ose dialektikën e njohjes. Abrahami nuk e shtrin veten mbi kushtin ose mundësinë se këta të huaj mund të ishin emisarë hyjnorë të maskuar si lutës që testojnë karakterin e mikpritësve njerëzorë. Akti i Abrahamit nuk është ai i një perfor-

Duke e kthyer mikpritjen në një të drejtë, Kanti fshin rrezikun e saj, jo vetëm të "çfarëit" të sundimit të të zotit të shtëpisë – kulturës materiale, historisë së duhur, trashgimisë së mbrojtur – por të padukshmërisë së identitetit (të kulturës) të mikpritësit. Në emër të sjelljes së hijshme sovrane të mikpritësit dhe të të drejtave të patjetërsueshme të mysafirit, mikpritja kantiane mohon përfshirjen e tjetrit në subjektivitetin e zotit. Sovraniteti i mikpritësit dhe të drejtat e mysafirit mbrohen, në çdo rast, nga mikpritja kozmopolite e Kantit që garanton "jo vetëm eleminimin e rrezikut personal, por *një refuzim për të rrezikuar personin*: me fjalë të tjera, për të sfiduar idealin e personësisë [*personhood*] privative mbi të cilin bazohet ky koncept i sovranitetit."[10]

Kështu pra pyetja që muzetë duhet t'i bëjnë vetes është: a ka ndihmuar *e drejta* kozmopolite e Kantit në prodhimin e një arsimi më demokratik dhe multikulturor për fëmijët? A kanë zgjidhur policat muzeale të përfaqësimit të barabartë dhe përfshirjes që premtojnë, nëse jo prodhojnë, një shumësi identitetesh brenda një harte gjithnjë e më të shtrirë të rendit antropologjik, problemin e Jashtësisë dhe të të huajit? A ndihemi më *heimlich*, më si-në-shtëpi tani që e kemi bërë të huajin të zhduket, tani që e kemi bërë atë një qytetar?

Huajësia e pareduktueshme e të huajit përthithet dhe njëjësohet nën një "princip universal" të tretë: ligji kozmopolit i qytetarisë globale ku identiteti i të huajit njëjësohet me një përcaktim ligjor, një njëjësim kaq i thellë brenda nesh sa "ne rrallë herë pyesim se si është e mundur te jesh i huaj, kaq të bindur jemi mbi të qenit, natyralisht, qytetarë, prodhime të nevojshme të shtetit-komb."[11] Një reciprocitet pa rreziqe dhe i ekonomizuar i një shoqërie kozmopolite zëvendëson detyrimet e pafundta dhe etikën e pamundur të ballë-për-ballit të mikpritjes së Zanafillës. Por në emër të përfshirjes universale dhe njohjes së barabartë, *ky sovran nuk ka më një tjetër*: fëmijët e këtij komuniteti *nuk kanë nevojë për një mik*. Në këtë komunitet kozmopolit të muzeut, "ne" vetëm e *tolerojmë* të huajin.

Që edukimi në muze të ndodhë, në kuptimin e një drejtimi jashtë, mikpritja nuk mund të lidhet vetëm me pritjen e mikut në kuptimin e marrëdhënieve reciproke por përkundrazi duhet të mendohet prej një mospërputhje ose asimetrie të marrëdhënieve midis mikpritësit dhe mysafirit. Mendimi i kësaj mospërputhje dhe zbatimi i raportit të mikpritjes është përgjegjësia e programeve kulturore në muze. Multikulturalizmi, që deri tani ka qenë garantori i arsimit shoqërisht përfshirës në një muze, ka arritur në një impas ironik nëse jo të destinuar sepse ai mohon përvojën e huajësisë si një marrëdhënie e pareduktueshme dhe në thënien-unë të përsëritur të tijën arratiset nga kjo ekzigjencë. Mikpritja, e kuptuar jo më si një e drejtë por si një *rrezik*, mund të riangazhojë çështjen e lidhjes së muzeut me komunitetet sepse ajo riangazhon lidhjen e fëmijës me botën dhe tjetrin. Për t'u përgatitur për këtë rrezik, duhet një zhvendosje dramatike në konceptimin perëndimor të mikpritjes. Ne duhet ta çlirojmë atë nga një epistemë apriori lufte dhe të rimendojmë kushtet e saj të pritjes dhe komunitetit.

mance shtëpiake dhe nuk mbështetet në reciprocitet, në shkëmbimin e barabartë të gjesteve ose dhuratave. Mikpritja e Zanafillës motivohet nga natyra potencialisht hyjnore e mysafirit, identiteti i vërtetë i të cilit duhet megjithatë të mbetet i panjohur që mikpritja e vërtetë të ndodhë; Abrahami jo vetëm që e mirëpret Perëndinë por e mirëpret atë si një të huaj, një të panjohur.

Duhet të bëjmë pyetjen: prej ku e mirëpritura? E thënë ndryshe, si mund të transformojmë muzeun në një vendndodhje të gjallë të takimit në vend të një mbikëqyrësi të kufijëve të dallimeve kulturore? Ose, si mund t'i kthehemi Jashtësisë nga një jashtë?

Një multikulturalizëm i vështirë është vigjilant ndaj aspekteve të pahijshme të politikes së tij të njohjes; ai është vigjilant dhe besnik ndaj një poetike të mërgimit që nuk e përkthen komandën etike të mikpritjes si "Duaje Fqinjin" por përkundrazi e kujton atë si "Bëje huajësinë vendase për veten." Kjo dëgjohet në hebraishten e lashtë.† Përgjegjësia kryesore morale e të huajit është t'i mësojë tjetrit se ai është një i huaj gjithashtu. Kësisoj, muzeu mund të shndërrohet në atë vend ku fëmijët ftohen të marrin pjesë në një liri shumë më radikale se sa emancipimi i premtuar atyre deri tani – "një emancipim pa tjetrin."¹² Besoj se muzeu ruan të drejtën karakteristike të një nyjëzimi, një shtjellimi të një hapje ndaj pranisë së tjetrit mbi dhe kundër koleksionit të tij historik dhe episteme të privilegjuar të observimit dhe shpjegimit të tjetrit.

Ajo që mikpritja nënkupton për arsimin është se një muze nuk ka nevojë të mbështetet mbi një grup vizitorësh të larmishëm nga ana etnike, rraciale, apo fetare për ta bërë tjetrin të ketë rëndësi; i harmonizuar me një arsim mërgimtar, një muze nuk ka nevojë për një koleksion të gjërë për ta bërë botën botë; i zoti i shtëpisë nuk varet nga një komunitet kozmopolit për të qenë i aftë ta ftojë të huajin.

† MBI TË HUAJTË, VENDASIT DHE FQINJTË. Pasazhi të cilit i referohem gjendet tek Levitiku 19:33–34:

וְכִי־יָגוּר אִתְּךָ גֵּר, בְּאַרְצְכֶם--לֹא תוֹנוּ, אֹתוֹ
כְּאֶזְרָח מִכֶּם יִהְיֶה לָכֶם הַגֵּר הַגָּר אִתְּכֶם, וְאָהַבְתָּ לוֹ
כָּמוֹךָ--כִּי־גֵרִים הֱיִיתֶם, בְּאֶרֶץ מִצְרָיִם: אֲנִי, יְהוָה
אֱלֹהֵיכֶם

që përkthehet si: "Kur një i huaj banon bashkë me ju në vendin tuaj, mos e trajtoni keq. Të huajin [*stranger*] që banon midis jush ta trajtoni njëlloj si ai që ka lindur midis jush; ti do ta duash si veten tënde, sepse edhe ju ishit të huaj në vendin e Egjiptit." Citohet shpesh si një kujtim i fatkeqësisë së shekujsh skllavërie egjiptiane që brezat e ardhshëm të çifutëve të mund ta trajtojnë të huajin mes tyre me mirëkuptim. Për shkak se kuptohet si një direktivë mirëkuptuese, ai gjithashtu ngatërrohet me ose besohet se i dëgjohet jehona tek shpallja në Dhiatën e Ri "Duaje Fqinjin." Në fakt, në përkthime të krishtera të Dhiatës së Vjetër, ky pasazh përkthehet si, "Të huajin [*alien*] që banon midis jush ta trajtoni njëlloj si *qytetari* midis jush; ti do ta duash si veten tënde, sepse edhe ju ishit *joqytetare* në vendin e Egjiptit." Por unë dua të argumentoj se ka një "kujtim" shumë më radikal që e përdor gjuha e Torahut. Ky "kujtim" i Egjiptit na sjell ndërmend një lidhje ose sjellje ndaj të-qenit-drejt të të huajit në një mënyrë që mirëkuptimi nuk mund të mjaftojë. Me fjalë të tjera, trajtimi i të huajit nuk mbështetet thjesht në të kujtuarit se çfarë ka pasë qenë të jesh një i huaj, duke rregulluar kësisoj sjelljen në bazë të mënyrës se si një individ do apo shpreson të trajtohet. Pasi kjo, përsëri, është një "drejtësi" e ankoruar në idenë e një veteje në një raport të pasqyruar, reciprok me tjetrin, e një subjektiviteti të formuar para pranisë dhe ekzigjencës së pranisë së tjetrit. Mirëkuptimi, që mbështetet gjithnjë në një identifikim me tjetrin, nuk përbën fillimisht meqenie (*Mitsein*) por mundësohet fillimisht duke u bazuar në të dhe motivohet nga mënyrat mbizotëruese të të-qenit-me në paevitueshmërinë e tyre (Martin Heidegger, *Being and Time*, trans.

Joan Stambaugh [Albany: SUNY Press, 1996], 117). Hebraishtja për frazën, "Kur i huaji banon me ju" është *Ki'yagur it'cha ger* or גר איתך כיגור. Ajo që duhet vërejtur është se fjala për të huajin, ger גר është e njëjtë me atë për vendasin, gar גר, atë që banon, jeton në familjaritet me. Nënkuptimi i saj është se i huaji, që nuk është asnjëherë si-në-shtëpi në botë ka banuar ndërkaq gjithmonë mes jush. Ajo që thotë hebraishtja është se banimi në mjedise familjare ka një jofamiljaritet të përbrendshëm. Ne duhet ta kuptojmë këtë jo vetëm në sensin e një të huaji që jeton mes qytetarëve, një tjetër i nënshtruar [*subjected*] mes vetesh të nënshtruara [*subjected*]. Ndonëse ka disa variantë të statusit ligjor të ger në shoqërinë e lashtë çifute, "kush-i" it ë huajit nuk është kurrë thjesht "dikush" që mund të identifikohet dhe vlerësohet si i denjë ose një kërcënim për komunitetin. Se i huaji *është* banori është një konstatim *ekzistencial*. Nuk mjafton të caktojmë një identitet pozitiv, ose një lloj personi/grupi të caktuar detyra e të cilit është të marrë atë rol kundrejt një klani Unë-sh. Ajo që hebraishtja na thotë është se tjetri nuk mund të reduktohet në një cilësim kulturor, gjuhësor apo fetar. Megjithëse historia dëshmon për këtë sajim dhe fatkeqësi të tjetrit, për fantazitë e unitetit në identitetin individual apo të grupit nga secila anë e një zgjedhe – ajo nuk mund t'i përgjigjet "kush-it" të të huajit qe është gjithmonë i pranishëm sepse është një pjesë e brendshme e "Unë" në të tër atributet e tij, historikisht rastësore, kulturore, gjuhësore dhe fetare. Ajo që hebraishtja na thotë është se të jesh, të banosh në një mjedis familjar të shtëpisë është të, njëherazi, njohësh dhe mos njohësh këtë të huaj. Huajësia bëhet vendase për vetë identitetin, dhe kuptohet si e brendshme për subjektivitetin, për mikpritësin e vetidentifikuar si-në-shtëpi

në botë. Direktiva e Levitikut dhe akuza e saj mbi programimin multikulturor në muze nuk ka të bëjë me dashjen apo mosdashjen e fqinjit pavarësisht dallimeve sepse ne jemi, në thelb, anëtarë të së Njëjtës – të njëjtit njerëzim, të njëjtës histori – por me "ta bësh huajësinë vendase për ju" sepse fundmësia konkrete e të-qenit-në-botë mbështetet mbi një zbulim më original. Ajo që është e brendshme për qenien është jashtësia radikale, një raport mërgimtar me botën që bën të mbledhurit bashkë të mundur; kjo është ajo që mikpritja na kërkon të "kujtojmë." Në çelësin e Zhabesit,

"Hajde prej ngado po vjen.
Shko kudo po shkon.
Këtu ke për të gjetur shtratin tend,"
shkruajti një njeri i urtë.
Dhe shtoi:
"*Harro kush je; është falë kësaj harrese primal që ti je mysafiri im.*"
(Jabès, *Le Livre de l'hospitalité*.
Theksimi im).

Shënime

1. T. S. Eliot, "The Rock," në *Collected Poems 1909-1935* (Londër: Faber and Faber, 1934), 103.
2. Emmanuel Levinas, *Totality and Infinity: An Essay on Exteriority*, përkth. Alphonso Lingis (Pittsburgh: Duquesne University Press, 1969), 39.
3. Immanuel Kant, "An Answer to the Question: What is Enlightenment?," në *Perpetual Peace and Other Essays*, përkth. Ted Humphrey (Indianapolis: Hackett Publishing, 1983 [1784]).
4. Edmond Jabès, *Le Livre de l'hospitalité* (Paris: Gallimard, 1991). Cituar nga Edmond Jabès, "Le Livre de l'hospitalité," përkth. Rosemary Waldrop, *Yale French Studies* 82 (1993): 115–17, në 115–16.
5. James Baldwin, "Nothing Personal," në *Collected Essays*, red. Toni Morrison (Nju-Jork: Library of America, 1998), 692–706.
6. Joan Scott, "Multiculturalism and the Politics of Identity," në *The Identity in Question*, red. John Rajchman (Nju-Jork: Routledge, 1995).
7. Kant, "An Answer to the Question: What is Enlightenment?," 118.
8. Tracy McNulty, *The Hostess: Hospitality, Femininity and the Expropriation of Identity* (Minneapolis: University of Minnesota Press, 2007), 48.
9. Po aty, 69.
10. Po aty, 65. Theksimi im.
11. Julia Kristeva, *Strangers to Ourselves* (Nju-Jork: Columbia University Press, 1991), 41.
12. Jean-François Lyotard dhe Eberhad Gruber, "Mainmise," në *The Hyphen: Between Judaism and Christianity*, përkth. Pascale-Anne Brault and Michael Naas (Amherst: Humanity Books, 1998), 1–12.

"OCCUPY BAGHDAD"
ON THE OCCUPATION OF IMAGES
Urok Shirhan

OCCUPY BAGHDAD

Occupy Baghdad is a project that takes as its main premise the idea of non-physical occupation, in other words: how the image and idea of Iraq has been occupied by cultural and artistic production. The inception of this project was marked by strange "coincidence" that occurred when I had decided, in late 2011, to do something I had never done before: take my own family archive as material for artistic research.

Remake of Paul Chan's "Baghdad in No Particular Order"
As an Iraqi born refugee who has never been to Iraq, and having grown up in the Netherlands since 1993, I decided to work through fourteen VHS tapes of footage that my father had filmed during his first trip back to Baghdad in 2003. About one month after the fall of Saddam Hussein's dictatorship following the American invasion – or occupation – this trip marked a return after 25 years of forced exile. An artist himself, he took it on himself to conduct interviews with other artists and intellectuals in an attempt to recount the way in which cultural production in Iraq had been affected during Saddam's Ba'athist regime.

Most of the material was unusable in terms of clear image quality and sound. It also featured "home video-like" footage of my family in Baghdad (my cousins dancing in the living room); footage of the first Communist red flag-filled demonstration in over three decades; Al-Mutanabbi Street's famous book market; scenes from moving cars; Al Shabandar, one of Baghdad's oldest remaining cafes; a donkey in front of an anti Ba'athist graffiti-filled wall, and many more scenes.

During the process of cutting up and trying to edit this video material in many ways – none of which satisfied me – I happened to come across a video work by American artist Paul Chan, entitled "Baghdad in No Particular Order." A video of 51 minutes comprising of video material he filmed in Baghdad in 2002 during his stay as part of activist group "Voices in the Wilderness," just before the United States' military invasion in Iraq.

To my complete surprise and consequent confusion, his footage was rather similar and at times near identical to my father's footage. Girls dancing in living rooms; a pro-Saddam demonstration by armed female "soldiers"; the same book market; scenes from a moving car and an identical close-up of a painting inside the same café. There was no donkey in Chan's video, but there was a scene of a monkey sleeping inside a small cage.

Puzzled with questions as to why the footage is so much alike and what this close resemblance could possibly mean, I proceeded by doing the only thing I felt I could do: make an exact remake of Chan's video using my father's footage.

Left: Paul Chan
"Baghdad in no Particular Order"
Single-channel video, 51 minutes, 2003

Right: Urok Shirhan
"Remake of Paul Chan's 'Baghdad in No Particular Order"
Single-channel video, 51 minutes, 2012

"OCCUPY BAGHDAD"

Occupy Baghdad Archive

After making this work I realised the questions I had were in fact not about Paul Chan necessarily, but that in fact his work is a mere case study among many others. Artists worldwide have contributed to the mediatized war, to this "Occupation of Images."

The Occupy Baghdad Archive is an initiative that provides the first critical overview of artworks made with reference to the Iraq war, from outside of Iraq. It brings together the referential artworks to be reactivated, discussed and confronted as one body of collective occupation in order to critically analyse their intentions and consequences.

For instance, have these artworks ever travelled back to Iraq? To whom are the art works addressed? Could the artworks function in the context of Iraq? How? Is there such a thing as an exclusive "right" to representation? To which extent do artists share the responsibility for the occupation of the country? In what way might these works possibly influence any future political decisions that could be made regarding Iraq? Could artworks help stop a war, as well as – dare I say it – be complicit in war crimes?

Michael Rakowitz
Return (2004)

Mark Wallinger
State Britain (2007)

Wafaa Bilal
The Ashes Series (2003-2013)

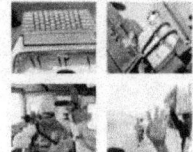
Sean Snyder
Untitled (Archive Iraq) (2003-2005)

Harun Farocki
Three Dead (2009)

Jeremy Deller
It is what it is (2009)

Above: Urok Shirhan
Occupy Baghdad Archive (selection)
2012–

Following pages: Urok Shirhan
Membership of the Occupation of Iraq
Membership document, 2012

The "Membership of the Occupation of Iraq" was first produced in the context of Home Workspace Program 2012–13 as part of "X-Apartments" curated by Matthias Lilienthal in Beirut, Lebanon.

"OCCUPY BAGHDAD"

Membership of the Occupation of Iraq

The mediatised reality of the war in Iraq is a reality that is shared by far more people than the actual war. More people have participated in the mediatised war, than in the physical war 'on the ground'. Consequently, Baghdad has not only been occupied in a military sense, but also in a mediatised sense. Two wars are being waged, and we have to take the war concerning representation just as seriously as the war on the ground – if only because of the immense amount of people that have taken part in it.

Since the Iraq War, 'Baghdad' is no longer limited to its borders. One could say that the mediatised invasion has "freed" it from the privacy of its actual inhabitants, and brought it into publicity. As such, 'Baghdad' has become a public good.

إن واقع الإعلام الموجّه للعراق هو واقعٌ مشتركٌ بين أشخاصٍ يفوقون في العدد أولئك الذين تورّطوا في الحرب نفسها.
فقد إشترك أناسٌ أكثر بكثير في حرب التّغطية الإعلاميّة ممن إشتركوا في الحرب الفعليّة على الأرض.

و بالتالي، لم تكن بغداد محتلَّةً فقط بالمعنى العسكري و إنما كانت محتلَّةً اعلامياً أيضاً.

هكذا شُنَّت حربين وعلينا أن نأخذ الحرب الخاصّة بالصورة المقدمة على نفس درجة جذية الحرب الفعليّة على الأرض إن لم يكن من أجل أي شيئ فيكفي الكم الهائل من النّاس الذين ساهموا فيها.
منذ حرب العراق لم تعد بغداد تقتصر على حدودها.
نستطيع أن نقول أن الإحتلال الإعلامي قد «حررها»

"OCCUPY BAGHDAD"

شروط العضوية

Membership Conditions

من خصوصية قاطنيها و ساقها نحو الأضواء. حيث أصبحت بغداد تمثّل الصّالح العام. وأصبحنا جميعاً سكّان هذا المكان عبرالصناعة وعبر إستهلاك صوره الإعلاميّة. هكذا نتقاسم جميعاً كمستهلكين و منتجين و مالكين –باعتبارما سيكون، مسؤولية هذا الصّالح العام المشترك.

إلا أن هذه المسؤوليّة المشتركة لا تعني بالضرورة أننا نحن المعتدون الفعليون، لكنها تعني أننا لسنا محايدون تماماً. بالنتيجة نصبح كأعضاء في إحتلال العراق مستعدين لمساءلة و كشف العواقب المترتّبة على موقفنا ضمن أشكال الحرب العالمية.

كأعضاء في إحتلال العراق ، نحن ها هنا نعلن جاهزيتنا لإنهاء عضويتنا في إحتلال العراق. ولن نقوى على مسؤولية انهاءها إلا بإعترافنا بالتواطؤ في الإحتلال الإعلامي حكماً.

We have all become inhabitants of this place, by way of manufacturing and consuming its mediatised images. As consumers, co-producers, and eventually, co-owners of this mediatised reality, we have a shared responsibility for our public good.

A shared responsibility does not entail that we are actual aggressors, but it means that we are not neutral either. The consequence is that as Members of the Occupation of Iraq, we are willing to question and explore the consequences of our position within forms of global warfare.

As Members of the Occupation of Iraq, we hereby declare our willingness to end our membership of the occupation of Iraq. Only by acknowledging our own complicity in the mediatised occupation, can we take responsibility for ending it.

I agree to my Membership of the Occupation of Iraq based on one or more of the following conditions. Please check the box when this condition applies to your situation:

I am not a citizen of Iraq

I have consumed information, images or other forms of knowledge concerning the invasion and continuous occupation of Iraq

I am a citizen of a country that has participated through political or military support in the Coalition of the Willing that is responsible for the invasion and continuous occupation of Iraq

أقرُّ بعضويتي في إحتلال العرق بناءاً على توفّر أحد الشروط التالية :
الرجاء وضع علامة بجانب الشرط الذي ينطبق على حالتك تبعا

☐ أنا لست مواطناً عراقياً لقد قمت باستهلاك معلومات و صور و اشكال معرفيّة أخرى تتعلق بغزو العراق والإحتلال المستمر للعراق.

☐ أنا مواطن دولة قامت بالمساهمة عبر الدعم السياسي و العسكري في تحالف الإرادات المسؤولة عن الغزو و الإحتلال المستمر للعراق.

"OCCUPY BAGHDAD"

شروط الإتفاق:

Terms of Agreement

☐ لقد قمت بإنتاج معلومات و صورا و اشكال معرفيّة أخرى،بصفتي صحفي أو عضو في منظمة غير حكومية أو فنان أو أي صفة أخرى حيث كنت أمثّل الغزو و الإحتلال المستمر للعراق.

I have produced information, images or other forms of knowledge, as a journalist, NGO member, artist, or otherwise, representing the invasion and continuous occupation of Iraq

☐ لقد إستفدت من سيارة أو طائرة أو أي وسيلة مواصلات أخرى تعتمد على تجارة النفط العالمية التي كان لها دور في تحفيز الغزو و الإحتلال المستمر للعراق.

I have made use of a car and/or airplane or other means of transportation that is dependent on the worldwide oil industry that has provided the motivation for the invasion and continuous occupation of Iraq

I agree that based on one or more of the aforementioned conditions, my situation corresponds to the Conditions of Membership.

Date:

أوافق على أنه بناءً على أحد الشروط السالفة الذكر أو أكثر من واحد، تتوافق حالتي مع شروط العضوية.

التاريخ:

"OCCUPY BAGHDAD"

Name:
Occupation:
Nationality:
Signature:

الإسم : _____
المهنة: _____
الجنسية: _____
التوقيع:

Name: Urok Shirhan
Occupation: Artist, Founder of Occupy Baghdad
Nationality: Dutch
Signature:

الإسم : أوروك شرهان
المهنة: فنانة و مؤسسة «إحتلو بغداد»
الجنسية: هولندية
التوقيع:

"OCCUPY BAGHDAD"
MBI PUSHTIMIN E IMAZHEVE
Urok Shirhan

OCCUPY BAGHDAD

Occupy Baghdad është një projekt premisa kryesore e të cilit është ideja s një pushtimi jofizik, e thënë ndryshe: se si imazhi dhe ideja e Irakut janë pushtuar nga prodhimtaria kulturore dhe artistike. Zanafilla e këtij projekti u shënua nga një "rastësi" e çuditshme që ndodhi kur unë vendosa, në fund të 2011-s, të bëj diçka që nuk e kisha bërë kurrë më parë: të përdorja arkivat e familjes time si material për kërkim artistik.

Rikrijimi i "Bagdadit jo sipas ndonjë renditje të caktuar" të Pol Çanit
Si një refugjate e lindur irakene por që nuk ka qenë asnjëherë në Irak dhe që qysh prej vitit 1993 është rritur në Hollandë, vendosa të punoj me katërmbëdhjetë kasetat me regjistrime që kishte xhiruar im atë gjatë udhëtimit të tij të parë atje në 2003-shin. Ky udhëtim, rreth një muaj pas rënies së diktaturës së Sadam Huseinit pas pushtimit amerikan, ishte një kthim në Bagdad pas 25 vitesh mërgimi të detyruar. Duke qenë vetë artist, im atë mori përsipër të intervistonte artistë dhe intelektualë të tjerë për të përshkruar se si prodhimtaria kulturore në Irak ishte prekur prej regjimit baatist të Sadamit.

Shumica e materialit ishte i papërdorueshëm nga pikëpamja e qartësisë së imazhit dhe zërit. Ai përfshinte gjithashtu regjistrime të stilit "home-video" të familjes time në

Bagdad (kushërinjtë e mi tek kërcenin në dhomën e ndenjes); regjistrime të demonstratës së parë komuniste në mbi tridhjetë vjetë plotpërplot me flamuj të kuq; pazari i famshëm i librave në rrugën "Al-Mutanabbi"; skena nga makina lëvizëse; "Al Shabandar," një nga kafenetë më të vjetra të mbetura në Bagdad; një gomar përpara një muri të mbuluar me grafiti kundërbaatist e shumë skena të tjera.

Ndërsa përpiqesha të prirja dhe montoja këtë material video në mënyra nga më të ndryshmet – asnjë prej të cilave nuk më bindte – qëlloi që u ndesha me një punë video të artistit amerikan Pol Çan [*Paul Chan*] të titulluar "Bagdadi jo sipas ndonjë renditje të caktuar." Një video që zgjaste 51 minuta dhe që përbëhej nga material të artistit të regjistruar në Bagdad në 2002-shin gjatë qëndrimit të tij atje si pjesë e grupit aktivist "Zëra në Shkretëtirë," shumë pak para pushtimit ushtarak të Irakut nga Shtetet e Bashkuara.

Për habinë time të madhe dhe konfuzionin pasues, regjistrimet e tij ishin në disa momente pothuajse identike me ato të tim eti. Vajza që kërcenin në dhoma ndenje; një demonstratë pro Sadamit me "ushtare" të armatosura; i njëjti pazar librash; skena nga një makinë lëvizëse dhe një plan detaj identik i një pikture brenda të njëjtës kafene. Në vend të gomarit, një skenë me një majmun që flinte brenda një kafazi të vogël.

E çoroditur me pyetje se pse regjistrimet ishin kaq të ngjashme me njëra-tjetrën dhe se ç'do të mund të thoshte kjo gjë, bëra të vetmen gjë që ndjeja se mund të bëja: një remake ekzakt të videos së Çan me regjistrimet e tim ati.

Majtas: Pol Çan
"Baghdad-i jo sipas ndonjë renditje të caktuar"
Video një-kanalëshe, 51 minuta, 2003

Djathtas: Urok Shirhan
"Rikrijimi i 'Baghdad-i jo sipas ndonjë renditje të caktuar'"
Video një-kanalëshe, 51 minuta, 2012

"OCCUPY BAGHDAD"

233

Arkivi *Occupy Baghdad*

Kur e mbarova këtë punë kuptova se në fakt pyetjet që kisha nuk ishin nevojshmërisht të lidhura me Pol Çanin, por se puna e tij përbënte një "rast studimor" mes shumë të tjerësh. Artistë nga mbarëbota kanë kontribuar në luftën e mediatizuar, në këtë "Pushtim të Imazheve."

Arkivi *Occupy Baghdad* është një nismë që përfaqëson mbivështrimin e parë kritik të punëve artistike të bëra në lidhje me luftën në Irak, nga jashtë Irakut. Ai i mbledh bashkë këto punë artistike për t'i riaktivizuar, diskutuar dhe ballafaquar si një trup i vetëm pushtimi kolektiv për të analizuar në mënyrë kritike si qëllimet ashtu dhe pasojat e tyre.

Për shembull, a janë kthyer këto punë ndonjëherë në Irak? Kujt i drejtohen ato? A do të mund të funksiononin në kontekstin e Irakut? Si? A ekziston diçka si e "drejta" ekskluzive për përfaqësim? Deri në çfarë mase ndajnë artistët përgjegjësinë për pushtimin e Irakut? Si mund të ndikonin këto punë mbi vendimet e ardhshme politike që mund të merren përsa i përket Irakut? A munden punët artistike të ndalojnë një luftë si dhe – marr guximin të them – të jenë bashkëfajtore në krime lufte?

Michael Rakowitz
Return (2004)

Mark Wallinger
State Britain (2007)

Wafaa Bilal
The Ashes Series (2003-2013)

Sean Snyder
Untitled (Archive Iraq) (2003-2005)

Harun Farocki
Three Dead (2009)

Jeremy Deller
It is what it is (2009)

Sipër: Urok Shirhan
Arkivi "Occupy Baghdad" (përzgjedhje)
2012–

Faqet vijuese: Urok Shirhan
Anëtarësia e pushtimit të Irakut
Tesera, 2012

"Anëtarësia e pushtimit të Irakut" u prodhua për herë të parë në kontekstin e Home Workspace Program 2012–13 si pjesë e "X-Apartments" kuruar nga Matias Liliental [Matthias Lilienthal] në Bejrut, Liban.

"OCCUPY BAGHDAD"

Anëtarësia e pushtimit të Irakut

Realiteti i mediatizuar i luftës në Irak është një realitet që ndahet nga shumë më tepër njerëz se vetë lufta. Më tepër njerëz kanë marrë pjesë në luftën e mediatizuar se në atë "në terren." Rrjedhimisht, Bagdadi nuk është pushtuar vetëm në një kuptim ushtarak, por edhe në një kuptim mediatik. Dy lufta janë duke u zhvilluar, dhe ne duhet ta marrim luftën e përfaqësimit po aq seriozisht sa atë që po zhvillohet në terren – qoftë edhe vetëm sepse një numër jashtëzakonisht i madh njerëzish kanë marrë pjesë në të.

Qysh me fillimin e Luftës së Irakut, "Bagdadi" nuk i përmbahet më kufijëve të tij. Mund të themi se pushtimi i mediatizuar e ka "çliruar" atë nga privacia e banorëve të tij aktualë, duke a sjellë kështu në publicitet. "Bagdadi" është bërë kësisoj një mall për konsum publik.

إن واقع الإعلام الموجّه للعراق هو واقعٌ مشتركٌ بين أشخاصٍ يفوقون في العدد أولئك الذين تورّطوا في الحرب نفسها.
فقد إشترك أناسٌ أكثر بكثير في حرب التغطية الإعلامية ممن إشتركوا في الحرب الفعلية على الأرض.

و بالتالي، لم تكن بغداد محتلّةً فقط بالمعنى العسكري و إنما كانت محتلّةً اعلامياً أيضاً.

هكذا شُنّت حربين وعلينا أن نأخذ الحرب الخاصّة بالصورة المقدمة على نفس درجة جدّية الحرب الفعليّة على الأرض إن لم يكن من أجل أي شئ فيكفي الكم الهائل من الناس الذين ساهموا فيها. منذ حرب العراق لم تعد بغداد تقتصر على حدودها. نستطيع أن نقول أن الإحتلال الإعلامي قد «حرّرها»

"OCCUPY BAGHDAD"

شروط العضوية

Kushtet e anëtarizimit

من خصوصية قاطنيها و ساقها نحو الأضواء .
حيث أصبحت بغداد تمثّل الصّالح العام.
وأصبحنا جميعاً سكّان هذا المكان عبرالصناعة و عبر إستهلاك صورهِ الإعلاميّة. هكذا نتقاسم جميعاً كمستهلكين و منتجين و مالكين –باعتبارمـا سيكون، مسؤولية هذا الصّالح العام المشترك.

إلا أن هذه المسؤوليّة المشتركة لا تعني بالضرورة أننا نحن المعتدون الفعليون، لكنها تعني أننا لسنا محايدون تماماً. بالنتيجة نصبح كأعضاء في إحتلال العراق مستعدين لمسائلة و كشف العواقب المترتّبة على موقفنـا ضمن أشكال الحرب العالمية.

كأعضاء في إحتلال العراق ، نحن ها هنا نعلن جاهزيتنا لإنهاء عضويتنا في إحتلال العراق. ولـن نقوى على مسؤولية انهاءها إلا بإعترافنا بالتواطؤ في الإحتلال الإعلامي حكماً.

Të gjithë ne jemi bërë banorë të këtij vendi, duke prodhuar dhe konsumuar imazhet e tij të mediatizuara. Si konsumatorë, bashkëprodhues, dhe pas një farë kohe, bashkëpronarë të këtij realiteti të mediatizuar, ne kemi një përgjegjësi të përbashkët për mallin tonë publik.

Një përgjegjësi e ndarë nuk do të thotë se të gjithë ne jemi agresorë, por do të thotë se ne nuk jemi asnjanës. Pasoja është se si Anëtarë të Pushtimit të Irakut, ne jemi të gatshëm të shqyrtojmë pasojat e pozicionit tonë brenda formave të luftës globale.

Si Anëtarë të Pushtimit të Irakut, ne shpallim gadishmërinë tonë t'i japim fund anëtarësisë tonë në pushtimin e Irakut. Vetëm duke pohuar bashkëfajësinë tonë në pushtimin e mediatizuar do të mund të marrim përgjegjësi për përfundimin e tij.

237

E pranoj Anëtarësinë time në Push-
timin e Irakut duke u mbështetur
ne një nga kushtet e mëposhtme. Ju
lutem shënoni kutinë përbri kushtit që
përcakton situatën tuaj:

Unë nuk jam një qytetar(e) iraken(e).

Unë kam konsumuar informacion,
imazhe ose forma të tjera njohurie në
lidhje me pushtimin e Irakut.

Unë jam një qytetar(e) i/e një shteti
që ka marrë pjesë në Koalicionin e të
Vullnetshmëve, që është përgjegjës për
pushtimin e vazhdueshëm të Irakut,
nëpërmjet mbështetjeve politike ose
ushtarake.

أقرُّ بعضويتي في إحتلال العرق
بناءاً على توفّر أحد الشروط التالية :
الرجاء وضع علامة بجانب الشرط الذي ينطبق
على حالتك تبعـا

☐ أنـا لسـت مواطنـاً عراقيـاً لقـد قمـت بإسـتهلاك
معلومـات و صـور و اشـكال معرفيّـة أخـرى تتعلـق
بغـزو العـراق والإحتـلال المسـتمر للعـراق.

☐ أنـا مواطـن دولـة قامـت بالمسـاهمة عبـر الدعـم
السياسـي و العسـكري فـي تحالـف الإرادات المسـؤولة
عـن الغـزو و الإحتـلال المسـتمر للعـراق.

"OCCUPY BAGHDAD"

شروط الإتفاق:

Kushtet e marrëveshjes

☐ لقد قمت بإنتاج معلومات و صورا و اشكال معرفيّة أخرى،بصفتي صحفي أو عضو في منظمة غير حكوميـة أو فنـان أو أي صفـة أخرى حيث كنت أمثّل الغزو و الإحتلال المستمر للعراق.

Kam prodhuar informacion, imazhe apo forma të tjera njohurie, si një gazetar(e), anëtar(e) i/e një OJQ-je, artist(e), apo tjetër, që paraqesin pushtimin e Irakut.

☐ لقـد إستفدت مـن سيـارة أو طائـرة أو أي وسيلة مواصلات أخرى تعتمـد علـى تجـارة النفط العالميـة التـي كان لهـا دور فـي تحفيـز الغزو و الإحتـلال المستمر للعـراق.

Kam përdorur një makinë ose një aeroplan ose mjete të tjera transporti që varen nga industria botërore e naftës që ka qenë motivimi për pushtimin e Irakut.

Bie dakord se nëse plotësoj dy ose më tepër nga kushtet e sipërpërmenduara, situata ime përputhet me Kushtet e Anëtarësimit.

Data:

أوافق على أنه بناءاً على أحد الشروط السالفة الذكر أو أكثر من واحد، تتوافق حالتي مع شروط العضويّة.

التاريخ:

"OCCUPY BAGHDAD"

الإسم : _____ Emër:

المهنة: _____ Profesioni:

الجنسية:_____ Kombësia:

التوقيع: Nënshkrimi:

الإسم : أوروك شرهان Emri: Urok Shirhan

المهنة: فنانة و مؤسسة «إحتلو بغداد» Profesioni: artiste, themeluesja e "Occupy Baghdad"

الجنسية: هولندية Kombësia: holandeze

التوقيع: Nënshkrimi:

ART AFTER DEMOCRATISM
THE PEDAGOGY OF THE
NEW WORLD SUMMIT
Jonas Staal

When Christina Aguilera Meets Dinosaurs:
Liberal Democracy's Mass Torture
In 2007, philosopher Vincent van Gerven Oei and myself came across a leaked file documenting an interrogation at Guantánamo prison in Cuba, which had been distributed through the website of *Time Magazine*. The log contained a detailed report of three months of interrogation of Mohammed Mani Ahmed al-Khatani, the supposed "20th hijacker" of the attacks on the Twin Towers and the Pentagon in 2001.

The report caught our interest specifically because of the nature of the torture techniques involved. Apart from the terrifying torture method called water boarding, we were struck by the use of popular culture as means of "torturing" the prisoner. The guards severely disoriented al-Khatani by moving him to different closed darkened spaces, which made it impossible for him to grasp the time of day or the direction in which he, as a Muslim, was supposed send his prayers. Subsequently, they deregulated his sleep pattern, upon which his general sense of disorientation became even more severe. This set the theatrical stage for the guards to subject al-Khatani to a complex of contemporary cultural iconography. He was, for example, exposed to loud popular music, such as songs by Metallica, Eminem, and Christina Aguilera's song "Dirrty."
Al-Khatani was further subjected to images of pin-up girls, non-halal Burger King food, and stroboscope lights. These are all symbols of Western "liberation," which in the context of Guantánamo obtain extremely oppressive dimensions. Or rather, in this context that the extremely oppressive dimensions already present in these symbols of so-called liberation become unbearably visible.

The tragic climax of the interrogation log is the first moment the guards allow al-Khatani a moment of respite. On January 10, 2003, at 22:45, the log mentions: "Interrogator allowed detainee to choose a topic to talk about." And then, from this obscure dark infrastructure of the state of emergency, the log consequently mentions that the *"Detainee wanted to talk about dinosaurs."*

Somehow, nothing in the interrogation strikes me as more tragic than this. The resonance of this question in this realm of false symbols of liberation: Christina Aguilera, Burger King, *Playboy Magazine,* all mixed up in a shocking and violent whirlpool. And from this brutal reality this single question emerges, one that attempts to relocate al-Khatani's disastrous present by reaching back into *pre-history.* A talk about dinosaurs as an antidote to the universe of hamburgers and pop-porn stars; the figure of the monumental diplodocus as the last beacon undisturbed by these false symbols of liberation. Al-Khatani seems to aim for a point as radically outside the oppressive symbolic realm of Guantánamo as one can possibly imagine.

However, it is the guard that is in charge of the dinosaurs' history, and his answer is logged as follows:

> Interrogator gave history of dinosaurs and talked about the meteor that wiped them out, and *equated this event with nuclear war.* Detainee expresses great ignorance about dinosaurs and space, topics that are taught in U.S. grade schools.[1]

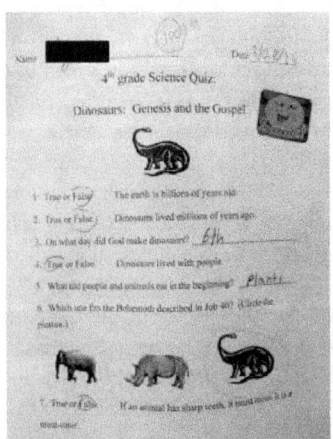

Now this final statement is of course easily contested by pointing out this 4th grader's test awarding the answer that dinosaurs were created by God on the sixth day with a smiley sticker. The Guantánamo interrogation takes the shape of a similar "test," that demands from al-Khatani to submit himself to the guard's historical narrative, which goes as follows: The dinosaurs were threatened by a meteor similar to Saddam and Bin Laden's threat to unleash nuclear war against the United States: *true or false?* ...

By means of the Guantánamo interrogation logs we are allowed to reach a disturbing understanding of our own culture. For what al-Khatani is forced to experience as an extreme form of mental torture forms the everyday décor of our own urban existences: everywhere we look the symbolism of disaster surrounds us in day to day life. Only we experience the sound, images, and our general consumption of these as acts of liberation. Al-Khatani makes us sensible once again to the *mass intellectual torture that we endure in the form of liberal democracy*.

Lenin in Japan:
The Discovery of Fundamental Democracy

The paradox of the creative industry that surrounds us is that it consists of symbols that we have learned to recognize as the flagships of freedom. Cheap processed food. Pop music. Pin ups. They are the problematic symptoms of what has also been a genuine emancipatory liberating movement. As artists engaged in deciphering and countering these false symbols of liberation, we are confronted with a complex operation. On one hand, we have to recognize what the emancipatory basis of the sexual revolution, of industrialization, and so on, have brought us. On the other hand, we have to liberate ourselves from the past symbols of liberation that today serve in the process of liberal democracy's operation of mass intellectual torture that shows its very core in the Guantánamo interrogation. In a perverse way, an emancipatory understanding of democracy and a repressive understanding of democracy are intertwined, resulting in a situation in which it is difficult to differentiate intellectual torture from emancipatory liberation.

So what we need is a language that allows us to differentiate in between the language of emancipation and a language of repression. Although "democracy" is a single word, we may observe that in the Spanish *Indignados* movement and in the War on Terror with its extraterritorial prisons, which both are legitimized through the word "democracy," this word is used to legitimate radically opposed operations.

When Lenin visited Japan, he was forced to perform an intervention that today we would recognize as the Deleuzian proposal to "speak of what we know best in a language that we know the least." Lenin's Japanese was as good as my Albanian is today, and when speaking to the masses, he was forced to make use of a translator. When he came to his fundamental critique of what he considered as "bourgeois democracy," the translator looked at him in a confused way. It became clear to Lenin than that the word "democracy" did not exist in Japanese language, at best, it could be translated as an *ism*: as *democratism*.

Translation here resulted in subversion. The term democracy broke fell apart, and *doubled up*. By speaking the language the least known to him, Lenin was confronted with a choice: the choice between democratism and democracy. In Japanese, democracy was the word that had yet *to be spoken*. For Lenin, similar to our situation today, democracy was a term that had yet to be *imagined in practice*.

Lenin made good use of the term, and after returning to Russia the following lines can be found in his essay "Working-Class and Bourgeois Democracy":

> Besides the interests of a broad section of the landlords, Russian bourgeois democratism reflects the interests of the mass of tradesmen and manufacturers, chiefly medium and small, as well as (and this is particularly important) those of the mass of proprietors and petty proprietors among the peasantry.[2]

Today, it is this concept of democratism that philosopher Alain Badiou refers to as "capitalist democracy." And the "liberated" symbols of pop-culture produced by the creative industry should be considered its art and preferred weapons of intellectual mass torture.

Our task, as political artists, is to liberate democracy from democratism. To *reimagine* a translation as fundamental as the one that the Japanese proposed to Lenin. A radical pedagogy in defense of a fundamental democracy that will oppose the democratist disaster that is upon us.

In order to do so, we are in need of an *art after democratism*.

Art after Democratism:
The Pedagogy of the New World Summit

I believe that the first act necessary to free art from the cultural industry of democratism that is keeping it hostage is to rearticulate the political context in which we want art to be operational. This process of re-articulation is not only discursive, but will have to take place *through the practice of art*. Art in defense of fundamental democracy thus means that we demand art to align with the project of progressive, emancipatory politics, but also that art will have to shape this project once again. For progressive art is not simply a product of politics, but a *political force in itself*.

It is for this reason that in the past years I have worked with political parties, non-parliamentary political organizations and social movements: all focused on exploring what a different role of art could be once we situate it in a different political sphere, but also *how this political sphere changes when artists engage with it.*

Allow me to introduce, as a case-study from my own practice, my artistic and political organization entitled the "New World Summit." Our organization in the past year

Jonas Staal, New World Summit – Berlin (2012). Photo by Lidia Rossner.

has developed a series of worldwide "alternative parliaments" for political and juridical representatives of organizations currently placed on so-called international terrorist lists.

The "terrorist lists" comprise organizations that are internationally considered to be state threats. In the European Union, a secret committee, the so-called "Clearing House," draws up the EU terrorist list. The Clearing House meets bi-annually, in secret and there are no public proceedings of the way decisions are made for the listing of political organizations. One could rightfully say that even by its own standards, the committee that is in charge of placing organizations "outside" of democratism, is itself organized in a fundamentally undemocratic manner.[3] The consequences for the listed organizations and people who are in contact with them include a block on all bank accounts and an international travel ban.

As the New World Summit, we attempt to explore at what level art can serve as a tool to bypass these anti-terrorist laws. On one hand, we try to circumvent these laws by operating as a *nomadic parliament*: the New World Summit has no fixed geographical location; it represents no nation state, no properties, or indefinite claims on the right to speak. As such, we can make use of discrepancies in global anti-terror legislation. On the other hand, we make maximum use of the juridical exceptional role of art: the fact that art, even on a constitutional level, is never simply present, *it is always simultaneously questioning the conditions of this presence.* This *radical ambiguity* creates the space where we believe the promise of progressive politics will have to take shape.

So in other words, at the point where our politics fails, where the democratic deficit shows most explicit, we artists should take over. As such, we claim art to be "more political than politics itself." From the domain of art, a new progressive political project will have to take shape. This is the project that we are dedicated to.

The first installment of the New World Summit took place on the 4th and 5th of May last year in the Sophiensaele, a theater and political platform in Berlin. Invitations to about one hundred organizations mentioned on international terrorist lists were dis-

Jonas Staal, New World Summit – Leiden (2012). Photo by Ernie Buts

patched. From the respondents we were capable of hosting four political representatives, and three juridical representatives, the lawyers of such organizations. I'll shortly introduce the political representatives present.

Luis Jalandoni spoke on behalf of the Communist Party of the Philippines and its armed wing the New People's Army, one of the last standing Maoist insurrection groups with several thousand armed forces stationed throughout the Philippines today – an organization that gained fame for legalizing gay marriage, far before the Filipino government was willing to do so, thus, on this issue, proving itself "more democratic than democracy itself." The project of radical egalitarianism between classes and gender thus resulted in the conclusion that all exchanges in the field of *love* ought to be just as equal.

Moussa Ag Assarid spoke on behalf of the National Liberation Movement of Azawad, a Tuareg led group of insurgents in Mali that claimed independence for two-third of the country, claiming it as the independent state of Azawad. They did so with weapons they stole from Gaddafi and used these in their struggle for a multi-ethnic and multi-religious secular state. Today they find themselves marginalized after Islamic elements from the organization took over the control of Azawad, leading to the intervention of the French army in Mali.

Jon Andoni Lekue spoke on behalf of the Basque independence movement, and his understanding of the notion of the "Basque" as representative for all suppressed people of the world – a category of "citizenship" no longer limited by notions of ethnicity or territoriality.

Fadile Yıldırım spoke on behalf of the Kurdish Women Movement, which works in conjoint opposition against the Turkish State and male domination within Kurdish revolutionary movement. As a correction to the history of male suppression and enslavement of women, which Yıldırım believes to be the patriarchal basis of constructs of both party and state, she proposes a radical feminist reading of history in order to *liberate democracy from the state*.

Jonas Staal, New World Summit – Kochi (2013).

It is this proposition from Yıldırım that lies at the foundation of my choice to continue to build the New World Summit into an actual artistic and political organization, rather than a one-time artistic project. Her proposition seems paradoxical, for is our contemporary notion of democracy not historically tied to the concept of the Athenian city-state? Here, an approach through Marx might be useful. As the Marxist Terry Eagleton tirelessly repeats, Marx was a great believer of the achievements of capitalism, but he believed socialism would be necessary to solve its internal contradictions when it came to guaranteeing equal access to the products of these achievements. In other words, capitalism is not capable of solving its internal dynamics of oppression and exploitation that support a privileged class in enjoying its benefits – socialism, according to Marx and Eagleton, is the name of the radical intervention needed to subvert this logic. If we follow Yıldırım's proposition we are confronted with the necessity of a very similar dialectic approach: the notion of democracy historically became possible through the state, but in order to shape its core principles of egalitarianism – the equal distribution of power and knowledge – we will need to *abolish the current notion of the state* in order to follow these principles to their final consequences.

The guiding principles of the New World Summit as such did not come from the artistic field in any isolated sense, but became possible by creating a space from the field of art which was shaped by forces of non-parliamentary politics. We have continued that effort in the second edition of the New World Summit in Leiden, hosting Professor Jose Maria Sison, the founder of the Communist Party of the Philippines and its New People's Army, as the keynote speaker, and in the third edition of the New World Summit in Kochi, India. Currently we are preparing the fourth edition in Brussels as well as the first three sessions of the New World Academy, in which artists and art students collaborate together with the organizations from the network of the New World Summit in order to explore the role of art within the field of political struggle today.

Concepts of emancipation, egalitarianism, and democracy, have turned into dead weight in the current dominant democratist discourse – flagged by invisible mass drone wars, or spoken by worn-out opposition leaders, caught in the idea that politics today is nothing but a choice between the lesser of evils. *They are not to be trusted with the legacy of emancipatory politics.*

I propose a pedagogy of fundamental democracy as its counterpoint, aimed at teaching how to liberate democracy from the state. The revolutionary tool called "art" will be the weapon to bring this pedagogy into practice and fight the representatives of democratism passionately.

And in all this, I hope the New World Summit can be my modest contribution.

Notes

1 Vincent van Gerven Oei and Jonas Staal, *US Army Torture Devices* (Amsterdam: Gallery Masters, 2008), 45.
2 Vladimir Lenin, "Working-Class and Bourgeois Democracy," in *Collected Works*, Vol. 8 (Moscow: Foreign Languages Publishing House, 1962), 72–82.
3 "Adding Hezbollah to the EU Terrorist List,"Hearing before the Subcommittee on Europe of the Committee on Foreign Affairs House of Representatives (June 20, 2007).

ARTI PAS DEMOKRATIZMIT
PEDAGOGJIA E SAMITIT TË RI BOTËROR

Jonas Stal

Kristina Agilera takon dinosaurët:
Tortura në masë e demokracisë liberale

Në 2007-n, filozofi Vinsent van Herven Uj dhe unë ndeshëm një dosje të klasifikuar që dokumentonte një interrogim në burgun e Guantanamos në Kubë, e cila ishte shpërndarë përmes website-it të *Time Magazine*. Kabllogrami përmbante një raport të detajuar të interrogimit përgjatë tre muajve të Mohamed Mani Ahmed Al-Katani, që presupozohej të ishte rrëmbyesi i 20-të i sulmeve mbi Kullat Binjake dhe Pentagonin në 2001-shin.

Në veçanti raporti na tërhoqi vëmendjen për shkak të natyrës së teknikave të tortures që ishin përdorur. Përveç metodës së tmerrshme të tortures të quajtur *water boarding*, na la përshtypje përdorimi i kulturës pop si një mjet për të "torturuar" të burgosurin. Rojet e çorientonin thellësisht Al-Katanin duke e lëvizur nëpër vende të ndryshme të errëta, gjë që e bënte të pamundur për të të rrokte kohën ose drejtimin në të cilin ai, si një mysliman, duhej të drejtonte lutjet e tij. Më pas, ata i çrregulluan edhe gjumin, duke bërë që ndjesia e përgjithme e çorientimit që ai kishte të thellohej akoma më tepër. E gjithë kjo ngriti skenën teatrale në të cilën Al-Katanin iu nënshtrua një ikonografie komplekse të kulturës bashkëkohore. Për shembull, ai iu nënshtrua dëgjimit të muzikës së zhurmët, si këngë nga Metallica, Eminem, dhe këngës "Dirrty" të Kristina Agileras.

Më tej Al-Katani iu nënshtrua edhe imazheve të vajzave *pin-up*, ushqimit johallall të Burger King, dhe dritave stroboskopike. Të gjitha këto janë simbole të çlirimit perëndimor, që në kontekstin e Guantanamos marrin dimensione mjaft shtypëse. Ose më saktë, në këtë kontekst, dimensionet jashtëzakonisht shtypëse që janë ndërkaq të pranishme në këto simbole dalin në pah në mënyrë padurueshme.

Kulmi tragjik i ditarit të interrogimit është momenti i parë në të cilin rojet i japin Al-Katanit një moment pushimi. Në 10 janar 2003, në orën 22:45, thuhet se: "Interroguesi i dha leje të burgosurit të zgjidhte një temë bisedimi." Dhe në atë moment, nga

kjo infrastrukturë e errët e gjendjes së jashtëzakonshme, ditari përmend se *"I burgosuri donte të fliste për dinosaurët."*

Se pse, asgje gjatë interrogimit nuk më duket më tragjike se kjo. Rikumbimi i kësaj pyetje në këtë botë simbolesh të rreme të çlirimit: Kristina Agilera, Burger King, *Playboy Magazine*, të përziera bashkë në një vorbull shokuese dhe të dhunshme. Dhe prej këtij realiteti brutal, lind një pyetje e vetme, që përpiqet ta rivendosë të tashmen katastrofike të Al-Katanit duke iu drejtuar *prehistorisë*. Një bisedim mbi dinosaurët si një ilaç ndaj hamburgerave dhe yjeve pop-porno; figura e diplodokusit monumental si pishtari i fundit i paprekur nga këto simbole të rremë të çlirimit. Al-Katani duket sikur po përpiqet të arrijë një pikë sa më jashtë rendit simbolik shtypës të Guantanamos që është e mundur.

Megjithatë, është roja ai që është përgjegjës për historinë e dinosaurëve, dhe përgjigjia e tij është regjistruar si më poshtë:

Interroguesi paraqiti historinë e dinosaurëve dhe foli për meteorën që i shfarrosi ata, dhe *e barazoi këtë ngjarje me luftën bërthamore*, i burgosuri shpreh injorancë të thellë për dinosaurët dhe kozmosin, tema që trajtohen në shkollat fillore në SHBA.[1]

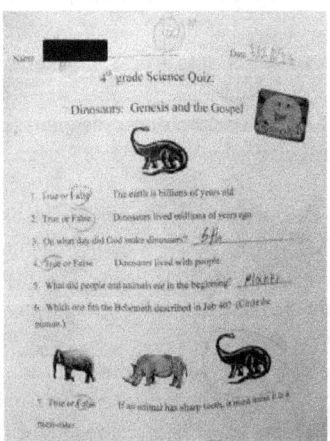

Konstatimin e fundit mund ta kundërshtojmë fare thjesht duke iu referuar provimit të këtij nxënësi të klasës së katërt, ku përgjigjia se dinosaurët u krijuan nga Zoti në ditën e gjashtë meriton një *smiley sticker*. Interrogimi në Guantanamo merr formën a një "provimi" të ngjashëm, që i kërkon Al-Katanit t'i nënshtrohet tregimit të historisë nga roja si në vijim: Dinosaurët u kërcënuan prej një meteori të ngjashëm me kërcënimin për të hapur luftë bërthamore kundër Shteteve të Bashkuara nga Sadami dhe Bin-Ladeni: *e vërtetë apo jo?*...

Falë kabllogrameve të interrogimeve në Guantanamo na jepet mundësia të arrijmë tek një kuptim turbullues i kulturës tonë. Pasi ajo çka Al-Katani detyrohet ta përjetojë si një formë të skajshme torture mendore, përbën për ne dekorin e përditshëm të jetëve tona urbane: kudo që kthejmë vështrimin, simbolizmi i shkatërrimit na rrethon në jetët tona të përditshme. Vetëm se ne i përjetojmë tingujt, imazhet, dhe konsumin tonë të përgjithshëm të këtyre akteve si çlirim. Al-Katani na bën të ndjeshëm edhe një herë *ndaj torturës intelektuale në masë që ne përjetojmë në trajtën e demokracisë liberale.*

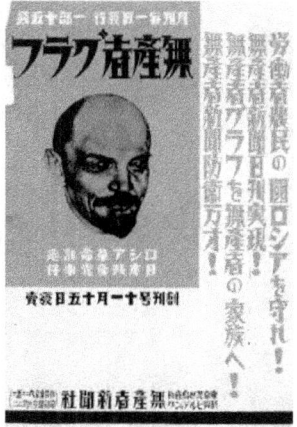

Lenin në Japoninë:
Zbulimi i demokracisë themelore

Paradoksi i industrisë krijuese që na rrethon është se ajo konsiston në simbole që ne jemi mësuar t'i identifikojmë si exemplarë të lirisë. Ushqimi i lirë i përpunuar. Muzika pop. Vajzat *pin-up*. Këto janë simptomat problematike të asaj që ka qenë edhe një lëvizje emnacipuese e mirëfilltë. Ndërsa artistët angazhoheshin në deshifrimin dhe kundërshtimin e këtyre simboleve të rreme, ne përballemi me një operacion të ndërlikuar. Nga njëra anë, duhet të njohim atë që na kanë dhënë bazat emancipuese të revolucionit seksual, industrial, e kështu me rradhë. Nga ana tjetër, duhet të shkëputemi prej simboleve të kaluara të çlirimit që funksionojnë sot brenda procesit të torturës intelektuale në masë të demokracisë liberale, thelbin e të cilës e gjejmë në interrogimin në Guantanamo. Në mënyre perverse, kuptimi emancipues i demokracisë dhe kuptimi shtypës i demokracisë janë të ndërlidhur, duke rezultuar në një situatë në të cilën është e vështirë të ndash torturën intelektuale prej emancipimit çlirues.

Kështu pra, na nevojitet një gjuhë që na lejon të bëjmë dallimin midis gjuhës së empancipimit dhe gjuhës së shtypjes. Ndonëse "demokracia" është një fjalë e vetme, do të mund të vërenim se në lëvizjen e *Indignados* në Spanjë dhe në Luftën Kundër Terrorizmit me burgjet e saj jashtëterritoriale, ku të dyja legjitimizohen përmes fjalës "demokraci," kjo fjalë përdoret për të legjitimizuar dy procese krejt të ndryshme.

Kur Lenini vizitoi Japoninë, ai u detyrua të kryente një ndërhyrje që sot ne do ta njihnim si propozimin dëlëzian për të "folur mbi atë që ne njohim më mirë në gjuhën që ne njohim më pak." Japonishtja e Leninit ishte po aq e mirë sa shqipja ime sot, dhe kur i drejtohej masave ai ishte i detyruar të përdorte një përkthyes. Kur arriti tek kritika e tij themelore e asaj që ai quante "demokracia borgjeze," përkthyesi e pa në një mënyrë konfuze. Lenini e kuptoi se në japonisht fjala "demokraci" nuk ekzistonte, dhe se në rastin më të mirë ajo mund të përkthehej si një *izëm*: si *demokratizëm*.

Në këtë rast përkthimi rezultoi në subversion. Termi demokraci u thye, u bë copë çika, dhe *u dyzua*. Duke folur gjuhën më pak të njohur për të Lenini u përball me një zgjedhje: atë midis demokratizmit dhe demokracisë. Në japonisht, demokraci ishte fja-

la që duhej ende të *flitej*. Për Leninin, ashtu si për ne sot, demokracia ishte një term që duhej ende të *imagjinohej në praktikë*.

Lenini e shfrytëzoi mirë këtë term, dhe pasi u kthye në Rusi rrjeshtat vijues mund të gjenden në sprovën e tij "Klasa punëtore dhe demokracia borgjeze":

> Përveç interesave të një sektori të madh të pronarëve të tokave, demokratizmi borgjez rus pasqyron interesat e masës së tregëtarëve dhe prodhuesve të manifakturës, kryesisht të mesëm dhe të vegjël, si dhe (dhe kjo është veçanërisht e rëndësishme) ato të masës së pronarëve dhe pronarëve të vegjël mes fshatarësisë. ²

Sot, koncepti i demokratizmit është pikërisht ajo që filozofi Alen Badiu [*Alain Badiou*] quan "demokracia kapitaliste." Dhe simbolet e çliruara të kulturës pop që prodhohen prej industrisë krijuese duhet të konsiderohen arti i saj dhe armët e saj të parapëlqyera të torturës intelektuale në masë.

Detyra jonë, si artistë politik, është ta çlirojmë demokracinë prej demokratizmit. Të riimagjinojmë një përkthim po aq rrënjësor sa ai që japonishtja i propozoi Leninit. Një pedagogji radikale në mbrojtje të një demokracie themeltare që do t'i kundërvihet katastrofës demokratiste që na ka rënë përsipër.

Për ta bërë këtë, na duhet një art pas demokratizmit.

Arti pas demokratizmit:
Pegagogjia e Samitit të Ri Botëror

Besoj se veprimi i parë i nevojshëm për të çliruar artin prej industrisë së kulturës të demokratizmit që po e mban peng, është riartikulimi i një konteksti politik në të cilin ne duam që arti të veprojë. Ky proces riartikulimi nuk është vetëm ligjërues, ai do të duhet gjithashtu të ndodhë *përmes praktikës së artit*. Arti në mbrojtje të demokracisë themeltare nënkupton se ne kërkojmë që arti të përqafojë projektin e politikave progresive dhe empancipuese, por edhe se arti do të duhet, edhe një herë, t'i jap formë këtij projekti. Pasi arti progresiv nuk është thjesht një produkt i politikës, ai është gjithashtu një *forcë politike në vetvete*.

Kjo është arsyeja pse gjatë viteve të fundit unë kam punuar me parti politike, organizata politike joparlamentare dhe lëvizje sociale: të gjitha të fokusuara mbi shqyrtimin e

Jonas Stal, Samiti i Ri Botëror – Berlin (2012). Fotografi nga Lidia Rosneri.

rolit që arti do të luante kur e vendosim atë në një sferë tjetër politike, por edhe se *si kjo sferë politike ndryshon kur artistët angazhohen në të*.

Më lejoni të prezantoj një rast studimor nga praktika ime, organizata ime artistike dhe politike e quajtur "Samiti i Ri Botëror." Gjatë vitit të fundit organizata jonë ka zhvilluar një seri "parlamentesh alternativë" në të gjithë botën për përfaqësues politik dhe juridik të organizatave që për momentin janë të listuara në listat ndërkombëtare të terrorizmit.

"Lista e terroristëve" përfshin organizata që konsiderohen ndërkombëtarisht kërcënime ndaj shtetit. Në Bashkimin Evropian, një komitet sekret, e ashtuquajtura *Clearing House,* bën listën e terroristëve për BE-në. *Clearing House* mblidhet dy herë në vit, në fshehtësi dhe nuk ekzistojnë procesverbalë të mënyrës se si merren vendimet për përzgjedhjen e organizatave politike. Dikush mund të thoshte me plotë të drejtë se sipas vetë standardeve të tij, komiteti që është përgjegjës për vendosjen e organizatave të ndryshme "jashtë" demokratizmit, është i organizuar në një mënyrë në thelb jodemokratike.[3] Pasojat për organizatat e listuar dhe njerëzit që kanë kontakt me to përfshin bllokimin e të gjithë llogarive bankare dhe ndalimin ndërkombëtar të aftësisë për të udhëtuar.

Si Samiti i Ri Botëror ne përpiqemi të shqyrtojmë se në çfarë niveli arti mund të funksionojë si një mjet për të anashkaluar këto ligje kundërterroriste. Nga njëra anë, ne përpiqemi t'iu shmangemi këtyre ligjeve duke funksionuar si një *parlament endacak*: Samiti i Ri Botëror nuk ka një vendndodhje fikse gjeografike; nuk përfaqëson asnjë shtet, asnjë pronë, apo pretendim të pakufizuar mbi të drejtën e fjalës. Nga ana tjetër, ne shfrytëzojmë në maksimum statusin e jashtëzakonshëm juridik të artit: faktin se arti, deri edhe në nivel kushtetues, nuk është thjesht i pranishëm, se *ai gjithmonë njëkohësisht vë në pikëpyetje kushtet e kësaj pranie*. Kjo *paqartësi radikale* krijon hapësirën ku ne besojmë se premtimi i një politike progresive do të marrë formë.

Me fjalë të tjera, në momentin kur politika jonë falimenton, kur deficiti demokratik shfaqet më hapur se kurrë, ne artistët duhet të marrim situatën në dorë. Kjo do të thotë

Jonas Stal, Samiti i Ri Botëror – Leidë (2012). Fotografi nga Erni Bëtsi

se ne mendojmë se arti është "më politik se sa vetë politika." Nga fusha e artit, do të duhet të marr formë projekti për një politikë të re progresive. Ky është projekti të cilit ne i jemi dedikuar.

Epizodi i parë i Samitit të Ri Botëror u zhvillua në 4 dhe 5 maj të vitit të kaluar në Sophiensaele, një teatër dhe platformë politike në Berlin. U dërguan rreth njëqind ftesa organizatave të përmendura në listat ndërkombëtare të terrorizmit. Prej atyre që u përgjigjën, ne patëm mundësinë të mirëprisnim katër përfaqësues politikë dhe tre përfaqësues juridikë, avokatët e këtyre organizatave. Më poshtë do t'ju prezantoj përfaqësuesit politikë të pranishëm.

Luis Jalandoni foli në emër të Partisë Komuniste të Filipineve dhe krahut të saj të armatosur Armata e Re e Popullit, një nga grupet e fundit kryengritëse maoiste që ka disa mijra forca të armatosura të vendosura sot në ishujt filipine – një organizatë që fitoi famë duke legalizuar martesat gej, shumë më parë nga ç'ishte e gatshme ta bënte këtë qeveria e Filipineve, duke e treguar veten, mbi këtë pikë, "më demokratike se sa vetë demokracia." Projekti i një barazie radikale midis klasave dhe gjinive rezultoi në këtë mënyrë në përfundimin se të gjitha shkëmbimet në fushën e dashurisë duhet të jenë po aq të barabarta.

Musa Ag Asarid foli në emër të Lëvizjes Kombëtare Çlirimtare të Azawadit, një grup kryengitësish i drejtuar prej tuaregëve në Mali që kërkonte pavarësi për dy të tretat e vendit, duke e shpallur atë si shtetin e pavarur të Azauadit. Ata e arritën këtë me armë të vjedhura prej Gadafit dhe i përdorën këto në luftën e tyre për një shtet laik multi-etnik dhe -fetar. Sot ata e gjejnë veten të margjinalizuar pasi elementët islamik brenda organizatës morën nën kontroll Azawad, duke çuar në ndërhyrjen franceze në Mali.

Jon Andoni Lekue foli në emër të lëvizjes baske për pavarësi, dhe kuptimi i tij i nocionit të "Baskut" si përfaqësues i të gjithë njerëzve të shtypur në botë – një kategori "nënshtetësie" që nuk kufizohet më nga nocionet e etnicitetit apo të kufijëve territorial.

Fadile Yëldërëm foli në emër të Lëvizjes Kurde të Grave, që punon njëkohësisht kundër Shtetit turk si dhe kundër sundimit të meshkujve brenda lëvizjes revolucionare

Jonas Stal, Samiti i Ri Botëror – Kochi (2013).

kurde. Si një korrigjim i historisë së shtypjes dhe skllavërimit të femrave prej meshkujve, që Yëldërëm beson përbën bazat patriarkale mbi të cilat ndërtohet si partia ashtu edhe shteti, ajo propozon një lexim feminist radikal të historisë për të *çliruar demokracinë nga shteti*.

Ky propozim është arsyeja kryesore pse unë vendosa që Samiti i Ri Botëror të jetë një organizatë e mirëfilltë artistike dhe politike, dhe jo një projekt artistik me afat skadence. Propozimi i saj duket paradoksal, pasi a nuk është koncepti bashkëkohor i demokracisë i lidhur historikisht me konceptin e qytet-shtetit të Athinës së lashtë? Mbi këtë pikë një qasje ndërmjet Marksit do të mund të na ndihmonte. Siç nuk lodhet duke përsëritur marksisti Teri Igëlton [*Terry Eagleton*], Marksi ishte një besimtar i madh në arritjet e kapitalizmit, por besonte se socializmi do të ishte i nevojshëm për të zgjidhur kundërshtimet e tij të brendshme kur të vinte puna për të garantuar hyrje të barabartë të produkteve të këtyre arritjeve. Me fjalë të tjera, kapitalizmi nuk është në gjendje të zgjidhë dinamikat e tij të brendshme të shtypjes dhe shfrytëzimit që mbështesin një klasë të privilegjuar gjatë gëzimit të benefiteve të tij – socializmi, sipas Marksit dhe Igëltonit, është emri i ndërhyrjes radikale që nevojitet për të minuar këtë logjikë. Nëse ndjekim propozimin e Yëldërëmit ballafaqohemi me nevojën për një qasje të ngjashme dialektike: hisotrikisht nocioni i demokracisë është mundësuar nga shteti, por për të formuar parimet e saj themelore të barazisë – shpërndarja e barabartë e pushtetit dhe dijes – ne duhet të *asgjësojmë nocionin ekzistues të shtetit* për t'i ndjekur këto parime deri në pasojat e tyre të fundit.

Parimet udhëzuese të Samitit të Ri Botëror nuk erdhën prej sferës artistike në kuptimin e ngushtë të fjalës, por u mundësuan falë krijimit të një hapësire nga bota e artit që ndikohej prej forcave të politikës joparlamentare. Ne e kemi vazhduar atë përpjekje gjatë epizodit të dytë të Samitit të Ri Botëror në Leidë, duke mirëpritur Profesorin Jose Maria Sison, themeluesi i Partisë Komuniste të Filipineve dhe Ushtrisë së Re të Popullit, si referues kryesor, si dhe gjatë epizodit të tretë të Samitit të Ri Botëror në Kochi të Indisë. Për momentin jemi duke përgatitur epizodin e katërt në Bruksel si dhe tre seancat e para të Akademisë së Re Botërore, ku artistët dhe studentët bashkëpunojnë me organizata të lidhura me Samitin e Ri Botëror për të eksploruar rolin e artit sot në fushën e luftës politike.

Koncepte si emancipimi, barazia, dhe demokracia, janë shndërruar në një peshë të vdekur brenda ligjëratës demokratiste që sundon sot – që karakterizohet nga lufta në masë e brumbujve [*drones*], dhe fjalët e lodhura të kryetarëve të opozitës, pengje të idesë se politika sot nuk është asgjë veçse zgjedhja e të keqes më të vogël. *Nuk iu duhet besuar atyre trashëgimia e politikës emancipuese.*

Unë propozoj një pedagogji të një demokracie themeltare si kundërpërgjigje, qëllimi i së cilës është të tregojë se si mund të çlirojmë demokracinë nga shteti. Mjeti revolucionar i quajtur "art" do të jetë arma që do ta sjellë këtë pedagogji në jetë dhe që do të luftojë me pasion përfaqësuesit e demokratizmit.

Dhe në tërë këtë, unë shpresoj se Samiti i Ri Botëror do të mund të jetë kontributi im modest.

Shënime

1 Vincent van Gerven Oei dhe Jonas Staal, *US Army Torture Devices* (Amsterdam: Gallery Masters, 2008), 45.
2 Vladimir Lenin, "Working-Class and Bourgeois Democracy," in *Collected Works*, Vol. 8 (Moscow: Foreign Languages Publishing House, 1962), 72–82.
3 "Adding Hezbollah to the EU Terrorist List," Hearing before the Subcommittee on Europe of the Committee on Foreign Affairs House of Representatives (20 qershor 2007).

"READING ON DISASTER" INTERVENTION
IMAGINARIES IN PARTICIPATORY ARTISTIC PRACTICE

Katharina Stadler

Voices

How to give a voice to others? How to invite a voice to articulate itself and further, to be heard. Amidst my own voicelessness and speechlessness while working in a location of foreign language. Focused on the process of including the voice/s of the barely audible in an academic conference.

> *during the "reading on disaster" intervention i chose a different location in tirana each day as to create a small space of possible participation. my popcorn bike as a mobile seminar room shaped the center of those imaginary spaces, providing each day's text in multiple copies, each day's motto as well as papers and pens.*
>
> *every day i worked on site, intervening the city with the purpose to engage thinking about education, the future of education in albania. collecting wishes/dreams/desires as*

to bring not only one voice but voices, combined in a manifesto medley envisioning an imaginary future to the "pedagogies of disaster" conference.

to trigger the agency of reflection and vision telling i had selected texts on education and/or knowledge production; texts by irit rogoff, boyan manchev, hakim bey, yael navaro-yashin, tim ingold, and jacques rancière. out of these texts the following daily mottos were chosen:

POTENTIALITIES; THE CRITICAL REALM [...] IS BY DEFINITION VOID; POETIC TER-RORISM; IN THE MIDST OF THE PILES OF THE DEBRIS OF KNOWLEDGE PRODUCTION; MOVEMENT IS KNOWING; KNOWING IS NOTHING. DOING IS EVERYTHING.[1]

The given POTENTIALITIES[2] thought with Giorgio Agamben are impotentialities at the same time:

> To be potential means to be one's own lack, to be in relation to one's own incapacity. Beings that exist in the mode of potentiality are capable of their own impotentiality; and only in this way do they become potential. They can be because they are in relation to their own non-being. In potentiality, sensation is in relation to anaesthesia, knowledge to ignorance, vision to darkness.[3]

Agamben's dichotomy of potentiality and impotentiality is not one of such. It is rather leaving the exclusiveness of belonging and categorizing to the definition through an outsider's analysis, yet complementing both potentiality and impotentiality.

> *the first intervention day, which i spent in front of the polytechnic university of tirana, felt like a drain. how to offer a space for potential agency without standing out in performance. how to take out the narrator's voice when collecting others' narratives.*
>
> *i found myself sitting next to my popcorn bike: impotentiality. not doing, not intervening. there. present. just observing: girls gathering in a car, smoking, flirting through the windshields. discussions among students, not to be understood. an election campaign speech and deafening dance music. language again not to be apprehended, the beats just loud and annoying. and nevertheless. the rhythm of the not-liked.*

A "pedagogy not preoccupied with succeeding but with trying"[4] as Irit Rogoff puts it. As a pedagogical concept it states the obvious. But this intervention was focused on bringing others' voices to a space, where they are usually not audible. Where the use of language and the titles of speakers scare the non-elite away. Where everybody who did not learn to speak in academic tongues becomes a subaltern of knowledge and therefore loses the power of raising a voice.

> The problem is that the subject's itinerary has not been traced so as to offer an object of seduction to the representing intellectual. [...] How can we touch the consciousness of the people even as we investigate their politics? With what voice-consciousness can the subaltern speak?[5]

How to escape the status as a representing intellectual, how to overcome talking about subalterns? How to raise a voice-consciousness without imposing? By listening. Not as to give a voice but as to hear the voices. Also the silent ones. Despite the argument that the voiceless do not exist. That either themselves or others have to bring them into existence.

> *how different the students from different universities, different faculties. the art students who think their education is perfectly set up to lead them to fame; the philosophy students who reflect, question and criticize everything; students from the private albanian university who pay for their incapability to think.*
>
> *my judgment hits in though i am only trying to observe and collect. it becomes more and more a challenge to take myself out of the process.*

In participatory artistic practice there is always an initiator, an artist or curator who sets the frame. Like an anthropologist who poses the initial research question this artist or curator structures the praxis in which participants are subsequently invited. Then flexibility is required and an openness to improvisation.

> *i reflect on my position in the whole setting, on the performative element when on the road with the popcorn bike. yes, this is about performativity, not in the ordinary sense, maybe also not in the act of standing out with your own performance but it is a performance of making your ego, making yourself invisible.*
>
> *not as to cheat the people you interact with, not to fake the participatory praxis. it still has to be you, has to be me there with my popcorn bike, but in my invisibility it has to be made clear that it is not about me and not about my opinion on education or even educational visions in albania.*
>
> *i feel my limits. since the first days of the intervention i am pushing that bike through the streets with a heavy cough. the rain does not make it better, makes it worse. i meet other bike people. one who is collecting bottles out of trash bins. one who is moving heavy loads from one place to another. in my invisibility i feel a strong connection to those workers though our motives are so different. i don't walk the streets for earning money; and yet, when we meet, we always greet each other.*

POETIC TERRORISM[6]: "[...] if it does not change someone's life (aside from the artist) it fails."[7] To change someone's life. To give someone the possibility to be heard, might this be a life changing event? It might and yet, it is not. Civil disobedience can be inspired, not organized. It is the main problem with all movements like "We are the 99 percent." One cannot speak for others. One cannot organize others. The "Reading on Disaster" intervention was never meant to be poetic terrorism in Hakim Bey's sense. The aim, clear from the very beginning, was the discussion of education and knowledge production, both in words and within a visual approach.

sometimes during longer conversations i offered participants who seemed particularly interested in either topic or intervention to carry a disposable camera* with them for a couple of days as to document their approach on education. i kept my ideas and request on my expectations intentionally vague. which often caused confusion. how can you visually grasp your ideas on a topic which is usually expressed in words. exactly that was the challenge. poetic terrorism in its inversion. using a medium of art and documentation to elaborate on the philosophical and political of future education.

The collection of voices and narratives, the element of surprise when people discovered the popcorn bike, when they were torn between curiosity about what the bike was there for and their aim to continue their day as planned. The ideal of poetic terrorism to change could be found within the popcorn bike, though the motivation to give a voice to other voices remained stuck in the question of the mere possibility of even thinking together. As Boyan Manchev replied to the question '"Is it possible to think together? […] A universal potential of thought?"[8] with "No, because the singularity of thought, its singular experience is irreducible to a totality; it is precisely its irreducibility that makes it thought."[9] Hence there was no other solution "than this radical experience of common singularity of thought, of the collective intelligence in the multitude"[10] and therefore paving the way, changing the idea of writing a manifesto with participants that could be presented at the conference, to keeping both the singularity of thought and the collective intelligence in the multitude by not analyzing, not choosing but focusing on the fragmentary.

* Four participants returned their disposable camera. A selection of the images they took is shown on the following spread.

INTERVENTION "READING ON DISASTER"

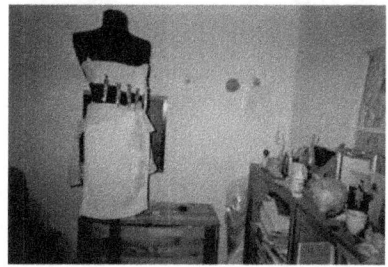

Imaginaries

To give voices an agency, an imagined space needs to be created and given spatial borders need to be destroyed. The mere imaginable destroys the possibility of the unthinkable, narrows it down to commonly known concepts. "The question that occurred to me was: could you have a social situation that so co-opted consciousness that no philosophical question could ever arise, that no ideas would ever come into our heads that were not controlled by the social situation."[11] The given social context of post-communist and pro-EU Albania, of pre-election thinking and post-election worries – the challenge to create a space that does not exclude any of these notions and yet opens the thinking space for a vision outside of, beyond the social situation, overcoming the risk, which Merab Mamardashvili had described, of thinking within the given limits.

> [THE] CRITICAL REALM – a realm of discernment, judgment and crisis (according to the etymology of 'krisis') at the heart of the public sphere – IS BY DEFINITION VOID.[12] It is the non-appropriate void at the heart of the public sphere, not belonging to any private interest, in which political existence sets conditions. It is the intense but empty, belonging-to-nobody, heart of democracy. It does not appropriate, but possesses immanent resistance to any appropriation.[13]

The question arises whether democracy holds non-appropriate spaces for its citizens, whether those spaces, sometimes surrendered willingly, are not as restricted as the ones suggested by Mamardashvili, limiting thought and consciousness. A given space is a limited space, necessarily restricted. A taken, imaginary space can exceed the borders of the given. Hence the question whether the space offered through the "Reading on Disaster" intervention, a space defined by the popcorn bike as mobile seminar, a space vaguely constructed around the limitation of the usage of English as a somehow common language, exceeded the given and appropriate into an imaginary shared and guarded by the participants.

The singularity of the intervened and therefore newly constructed space brought limitations. "A single language means an absence of language, because languages are always a multitude, they always exist in dynamic openness to each other, in their exposition and intersection."[14] The limitations which in analogy to Boyan Manchev's reflections on principles of communication, translation and knowledge sharing through and/or within language can be seen as creating an absence, an absence which might be the ideal for the imaginary after all, taking out the image of the possible creation, but asking the non-voiced questions. As Cornelius Castoriadis proposes in a short definition of the imaginary – "The imaginary of which I am speaking is not an image of. It is the unceasing and essentially undetermined (social-historical and psychical) creation of figures/forms/images, on the basis of which alone there can ever be a question of 'something.'"[15] – the imaginary can construct itself out of both absence and dialogue, a dialogue which also Manchev proposes when offering new forms of communication "on the only possible common space – that of singularity, and therefore of the untranslatability, of singular languages."[16] Moreover, he defines this space as a sphere "whose prime characteristic is precisely the opening up of homogeneous languages and the multiplication of singular idioms, and through them experimenting with the plasticity of existence."[17]

> *on the second day after intervening i meet a journalist. talking via perfect translation we still don't communicate with each other. my work is criticized for being too theoretical. i try in vain to explain the participatory intervention in its practice, yet it is not understood. further i am asked for my opinion on albania, on tirana, on the LGBT community... arguing that my stay, though performative in the intervention practice, does not center around me and my personal opinion, leading the conversation back to the theoretical concepts of the imaginary in space and time, voicing a future while envisioning in a newly offered space; the circle goes full stop. no dialogue has come into being.*
>
> *after the interview i wonder about communication differences. how come i can apparently talk to a policeman on the street who does not speak english, engaging with him through the intervention, but fail to communicate the concept of the "reading on disaster" in theory and practice to a journalist?*

The limitation seems to be connected to different understandings of the dialogic. When Mikhail Bakhtin discusses the dialogic relation of languages in his essay "Discourse in the Novel," he states:

> All languages of heteroglossia, whatever the principle underlying them and making each unique, are specific points of view on the world, forms for conceptualizing the world in words, specific world views, each characterized by its own objects, meanings and values. As such they all may be juxtaposed to one another, mutually supplement one another, contradict one another and be interrelated dialogically. As such they encounter one another and co-exist in the consciousness of real people.[18]

And yet, further on:

> As a living, socio-ideological concrete thing, as heteroglot opinion, language, for the individual consciousness, lies on the borderline between oneself and the other. The word in language is half someone else's. It becomes 'one's own' only when the speaker populates it with his own intention, his own accent, when he appropriates the word, adapting it to his own semantic and expressive intention. Prior to this moment of appropriation, the word does not exist in a neutral and impersonal language [...], but rather it exists in other people's mouths, in other people's contexts, serving other people's intentions.[19]

Having to choose, not only one's own words and their meanings, but also how to connect those own words to the words of the other, how to make an understanding which is dialogical at its best but which nonetheless often triggers a deeper non-understanding of (each) other/s. A dialogue does not solely exist of listening and speaking to one another, but of the consciousness of the boundaries in meaning and perception not only of language but of the world itself. Reflecting on the dialogic in the proceedings of the intervention, i realized

> *that i am not only an outsider in language and culture, coming to tirana with my eurocentric upbringing and education, but that my analogies to my work as educational programs curator at the center of contemporary art in tbilisi have brought as much obscure understanding of the perspectives on living conditions and education in the post-communist/post-socialist/post-soviet space as pure eurocentrism could have provided me with.*
>
> *the social situation in tirana within the comparison to the so similar and yet so different tbilisi faked a common ground. students talking about their aim to leave the country as to study abroad – which always implied studying in the "west" –, the brain drain going along with that notion, the wish for a better life in the present and a possible future.*
>
> *my criticism on the state of democracies in the 'west' as well as on the educational systems, which have long lost one of the core principles of wilhelm von humboldt's humanistic ideals: freedom. universities in the west having become factories of producing functioning citizens more than places for free thought.*
>
> *i felt stuck more than in my daily life in tbilisi, lost in a comparison not valid, in the perspective of an intruding other, who aims to use her own agency as to make audible the voices of others.*
>
> *what an absurd arrogance, fully embedded in a neocolonial notion.*

Fragmentation

Yes, *thinking for oneself, this is the key that will undo individualism…* this may seem a bit paradoxical, but it is indeed in thinking for ourselves that we will undo preconceived ideas, that we learn to confront ideas and not merely take them as already established and unquestionable.[20]

It is those individual ideas which claim to be universal because they express our concepts of the world and how it should function, those ideas based on theory or experience, which are essential for our relation to our surroundings as well as to our visions of a future to come, and yet, even if individualism takes it fails to become reality. The world and educational system we live and work in are fragmented ones, albeit fragmented not only in a negative sense, a world and system in pieces, pedagogies in disaster. The disaster which we witness and in which we take part can be seen as a constant, not as an eruptive or more or less sudden collapse. Disaster in its different stages of an ongoing circular movement has been part of both world history and the history of education. How many voices from the past can we name when education is not criticized, not envisioned of becoming something better or more, not striving for an ideal? Walter Benjamin's well known aphorism describes culture in ruins:

> A Klee painting named *Angelus Novus* shows an angel looking as though he is about to move away from something he is fixedly contemplating. His eyes are staring, his mouth is open, his wings are spread. This is how one pictures the angel of history. His face is turned toward the past. Where we perceive a chain of events, he sees one single catastrophe which keeps piling wreckage upon wreckage and hurls it in front of his feet. The angel would like to stay, awaken the dead, and make whole what has been smashed. But a storm is blowing from Paradise; it has got caught in his wings with such violence that the angel can no longer close them. The storm irresistibly propels him into the future to which his back is turned, while the pile of debris before him grows skyward. This storm is what we call progress.[21]

Yet, culture and knowledge always build up on ruination, as the educational systems always face disaster. As Yael Navaro-Yashin states, knowledge production is constantly a "subject to ruination."[22] She further describes her metaphor of ruins as both vertical and horizontal, quoting Deleuze and Guattari's dichotomy of the root and rhizome, combining them as a construct of memory, of traces of historical events together with an unforeseen and uncontrollable growth.[23] It is in this sense also that we may consider Tim Ingold's concept of "way-faring," a negotiation of a path through the world, a "storied world [where] things don't exist. They occur."[24] Knowledge production is a process that needs movement and the flexibility in thinking of things not as necessity but as action.

The "Reading on Disaster" was not about knowing what do people think but about which thoughts people, through a dialogue, would like to share.

> *ideally i thought that participants who were interested would help me gather the wishes/dreams/desires as to write a collective manifesto which then could be presented by them at the conference. as to step out of even the invisible performance and offer those 20 minutes of presentation time to the voices which i had intended to bring to the conference room. but then it was just me gathering all the written wishes/dreams/desires, including every single one of them into the manifesto as to avoid a manifesto written by only one, speaking for many. the multiplicity of voices all of which with the same value, a fragmentation depicting the questions instead of a manifesto of change.*

A collective, guided by an individual? An invisible performer leading into civil disobedience?

In the manifesto that was the result of the intervention,[25] the I was taken out, completely, even though my invisibility could be traced in the thematic arrangement of the text. It was an attempt at following Roland Barthes's "What is the significance? The sense if it is produced sensually."[26] The manifesto aimed not only to be heard by an unknown audience but to be sensually audible to the voices within.

> *before the conference opening i learnt how to make popcorn with a popcorn bike. i was taught how to control gas and electricity, how not to burn the seeds, how to listen to the process.*
>
> *then at the opening, for once the popcorn bike was just a popcorn bike and i was again i. i was handing out small bags of popcorn. to conference participants. to passersby. together with the 'reading on disaster' manifesto.*

Only one person who had participated in the intervention came to the presentation of the manifesto. Can this be seen as limitation? As justification for the exclusiveness of conference settings? Or as a previously unthought act? A taken agency? Of disobedience?

Notes

1. All quotations in italics derive from my intervention diary and notes as well as from the collected material during the intervention in Tirana.
2. Motto intervention day 1: Irit Rogoff, "Academy as Potentiality," in A.C.A.D.E.M.Y., ed. Angelika Nollen (Frankfurt am Main: Revolver, 2006), 14–15.
3. Giorgio Agamben, *Potentialities: Collected Essays,* ed. and trans. Daniel Heller-Roazen (Stanford: Stanford University Press, 1999), 178.
4. Rogoff, "Academy as Potentiality," 15.
5. Gayatri Chakravorty Spivak, "Can the Subaltern Speak?," in *Marxism and the Interpretation of Culture,* ed. Cary Nelson & Lawrence Grossberg (London: MacMillan, 1988), 27.
6. Motto intervention day 3: Hakim Bey, *The Temporary Autonomous Zone: Ontological Anarchy, Poetic Terrorism* (Brooklyn: Autonomedia, 1991): http://hermetic.com/bey/taz_cont.html
7. Ibid.
8. Boyan Manchev, "The Metaseminar: Theses on Education and the Experience of Critical Thought," *Springerin* 2/09 (2009): http://www.springerin.at/dyn/heft_text.php?textid=2206&lang=en#top
9. Ibid.
10. Ibid.
11. Merab Mamardashvili, "The Civil Society: An Interview with Merab Mamardashvili," *The Civil Arts Review* 2.3 (1989).
12. Motto intervention day 2: Manchev, "The Metaseminar."
13. Ibid.
14. Ibid.
15. Cornelius Castoriadis, *The Imaginary Institution of Society,* trans. Kathleen Blamey (Cambridge MA: MIT Press, 1987), 3.
16. Manchev, "The Metaseminar."
17. Ibid.
18. Mikhail Bakhtin, "Discourse in the Novel," in *Dialogic Imagination,* trans. Caryl Emerson and Michael Holquist (Austin: University of Texas Press, 1975/1992), 291–2.
19. Ibid., 293–4.
20. "Constitution of Happiness," this volume, 527ff.
21. Walter Benjamin, *Illuminations,* trans. Harry Zorn (London: Cape, 1970), 257–8.
22. Yael Navaro-Yashin, "Affective Spaces, Melancholic Objects: Ruination and the Production of Anthropological Knowledge," *Journal of the Royal Anthropological Institute* 15 (2009): 7.
23. Ibid., 14.
24. Tim Ingold, *Being Alive: Essays on Movement, Knowledge and Description* (Abingdon: Routledge, 2011), 160.
25. This volume, 295f.
26. Roland Barthes, *Le Plaisir du texte* (Paris: Seuil, 1973), 97. My translation.

NDËRHYRJE "TË LEXOJMË MBI SHKATËRRIMIN"
IMAGJINARET NË PRAKTIKAT PJESËMARRËSE ARTISTIKE

Katarina Stadler

Zëra

Si t'i japim zë të tjerëve? Si të ftojmë një zë të artikulohet e me tej të dëgjohet. Mes pazëshmërisë dhe paflashmërisë time ndërsa punoja në një vend me gjuhë të huaj. E përqëndruar tek përfshirja e zërit/zërave thuajse të padëgjuar në një konferencë akademike.

> gjatë ndërhyrjes "të lexojmë mbi shkatërrimin" zgjodha çdo ditë nga një vend të ndryshëm me qëllim për të krijuar një hapësirë sado të vogël pjesëmarrje të mundshme. biçikleta ime e kokoshkave, si një dhomë lëvizëse seminaresh, përbënte qendrën e atyre hapësirave imagjinare, duke ofruar tekstet e secilës ditë në kopje të shumëfishta, moton e secilës ditë si dhe fletë dhe stilolapsa.
>
> punova çdo ditë në vendndodhje, duke ndërhyrë në qytet për të angazhuar të menduarit mbi arsimin, të ardhmen e arsimit në shqipëri. duke mbledhur dëshira/

ëndrra për të përcjellë jo një zë por shumë zëra, të përmbledhura në një manifesto që parapërfytyronte një të ardhme imagjinare të konferencës mbi "pedagogjitë e shkatërrimit."

për të shkrepur kapacitetin për refleksion dhe vizion kisha perzgjedhur disa tekste mbi arsimin dhe/ose prodhimin e dijes; tekste nga irit rogoff, boyan manchev, hakim bey, yael navaro-yashin, tim ingold, dhe jacques rancière. prej këtyre teksteve u zgjodhën motot e përditshme në vijim:

POTENCIALITETE; SFERA KRITIKE [...] ËSHTË ME PËRKUFIZIM BOSH; TERRORIZËM POETIK; MES PIRGJEVE TË GËRMADHAVE TË PRODHIMIT TË DIJES; TË LËVIZËSH ËSHTË TË DISH; TË DISH NUK ËSHTË ASGJË. TË BËSH ËSHTË GJITHÇKA!¹

POTENCIALITETET² në fjalë, të menduara me Xhorxho Agambenin, janë njëkohësisht impotencialitete:

Të jesh potencial të jesh mangësia e vetvetes, të jesh në lidhje me inkapacitetet e tua. Qeniet që jetojnë sipas mënyrës së potencialitetit janë të për impotencialitetin e tyre; dhe vetëm kësisoj bëhen potencialë. Ata mund të jenë sepse ata janë në raport me joqenien e tyre. Në potencialitet, ndjesia është në raport me anestezinë, dija me injorancën, shikimi me errësirën.³

Dikotomia e Agambenit e potencialitetit dhe impotencialitetit nuk është ajo e këtyre. Ajo është më tepër t'ia lësh ekskluzivitetin e përkatësisë dhe të kategorizimit përkufizimit mes një analize prej pozicionit të të huajit, që megjithatë plotëson si potencialitetin dhe impotencialitetin.

dita e parë e ndërhyrjes, që e kalova përballë universitetit politeknik të tiranës, m'u duk si një shterim. si të ofrosh një hapësirë për kapacitetin potencial për veprim pa u spikatur gjatë kryerjes së kësaj. si të eliminosh zërin prej tregimtari kur mbledh tregimet e të tjerëve.

u ula përbri biçikletës time të kokoshkave: impotencialitet. pa bërë, pa ndërhyrë. atje. e pranishme. vetëm vrojtoja: vajza që hipnin në një makinë, pinin duhan, flirtonin përmes xhamave të dritareve. biseda mes studentësh, që nuk kuptoheshin. një fjalim fushate elektorale dhe muzikë shurdhuese dance. gjuhë që përsëri nuk merret vesh, rrahjet [e muzikës] zhurmëmëdha dhe të bezdisshme. e megjithatë. ritmi i të papëlqyerës.

Një "pedagogji që nuk merret me arritjen por me përpjekjen"⁴ siç thotë Irit Rogof. Si koncept pedagogjik thotë diçka që dihet. Por kjo ndërhyrje ishte përqëndruar mbi prurjen e zërave të të tjerëve në një hapësirë ku ata zokonisht nuk dëgjohen. Ku përdorimi i gjuhës dhe tituj e folësve trembin ata që nuk bëjnë pjesë tek elita. Ku kushdo që nuk ka mësuar të flasë në gjuhët e akademisë bëhet një nëntjetër [*subaltern*] i dijes dhe kësisoj humbet fuqinë për të ngritur zërin.

Problemi qëndron tek fakti se itinerari i subjektit nuk është përvijuar në mënyrë që të ofrojë një objekt joshjeje për intelektualin përfaqësues. [...] Si mund të prekim ndërgjegjen e njerëzve ndërsa hetojmë politikat e tyre? Me çfarë zë-ndërgjegje mund të flasë nëntjetri?⁵

Si t'i shpëtojmë statusit të intelektualit përfaqësues, si të kapërcejmë të folurit për nëntjerët? Si të ngremë një zë-ndergjegje pa u imponuar? Duke dëgjuar. Jo për te dhënë zë por për te dëgjuar zërat. Edhe ata të heshturit. Megjithë argumentin se zërat nuk e ekzistojnë. Se ose ata vetë ose të tjerët duhet t'i sjellin në jetë.

> sa të ndryshëm studentët nga universitete të ndryshëm, fakultete të ndryshëm. studentët e artit që mendojnë se arsimi që po marrin është i pajisur t'i çojë drejt famës; studentët e filozofisë që reflektojnë, pyesin dhe kritikojnë gjithçka; studentët e universitetit privat shqipëtar që paguajnë për paftësinë e tyre për të menduar.
>
> hyn në lojë gjykimi im ndonëse po përpiqem vetëm të vështroj dhe të grumbulloj. bëhet sa vjen më sfiduese të mos përfshihem në këtë proces.

Në një praktikë arti që përfshin pjesëmarrje ka gjithmonë një iniciator, një artist ose kurator që cileson parametrat. Si një antropolog që shtron pyetjen fillestare të kërkimit ky artist ose kurator strukturon praksin në të cilën më pas ftohen pjesëmarrësit. Ateherë kërkohet fleksibilitet dhe një hapje ndaj improvizimit.

> reflektoj mbi pozicionin tim në këtë situatë, mbi elementin performativ kur jam rrugëve me biçikletën e kokoshkave. po, kjo ka të bëjë me performativitetin, jo në kuptimin e zakonshëm të fjalës, ndoshta as edhe në kuptimin e aktit të rënies në sy me performancën tënde por është një performancë ë bërjes së egos tënde, të bësh veten të padukshme.
>
> jo për të mashtruar njerëzit me të cilët ndërvepron, jo për të shtirur praxis pjesëmarrëse. duhet të jesh vetë ti, vetë unë atje me biçikletën e kokoshkave, por në padukshmërinë time duhet të bëhet e qartë se nuk jam unë ajo që ka rëndësi dhe as opinioni im mbi arsimin apo edhe vizionet arsimore në shqipëri.
>
> ndjej kufijtë e mi. qysh prej ditëve të para të ndërhyrjes po e shtyj atë biçikletë mes rrugëve me një kollë të rëndë. shiu nuk i thjeshtëzon gjërat, i përkeqëson ato. takoj njerëz të tjerë biçikletash. një që po mbledh shishe tek koshat e plehrave. një që po lëviz ngarkesa të rënda nga një vend tek tjetri. në padukshmërinë time ndjej një lidhje të fortë me ata punëtorë ndonëse motivet tona janë kaq të ndryshëm. unë nuk endem rrugëve për të fituar para; e megjithatë, kur takohemi, ne përshëndetemi përherë.

TERRORIZËM POETIK[6]: "[...] nëse nuk i ndryshon jetën dikujt (përveç artistit) falimenton."[7] T'i ndryshosh jetën dikujt. T'i japësh dikujt mundësinë për t'u dëgjuar, a mund t'ia ndryshojë kjo jetën? Ka mundësi e megjithatë, jo. Mosbindja qytetare mund të frymëzohet, por jo të organizohet. Ky është problemi kryesor me të gjitha lëvizjet si "Ne jemi 99 përqindja." Nuk mund të flasim për të tjerët. Nuk mund t'i organizojmë të tjerët. Ndërhyrja "Të lexojmë mbi shaktërrimin" nuk pati asnjëherë për qëllim te ishte terrorizëm poetic në kuptimin e Hakim Bejt. Qëllimi, i qartë qysh prej fillimit, ishte debatimi i arsimit dhe i prodhimit të dijes, me fjalë dhe me qasje pamore.

ka raste kur gjatë bisedave më të gjata iu ofrova pjesëmarrësve që dukeshin veçanërisht të interesuar ose tek tema ose tek ndërhyrja të merrnin me vete një aparat fotografik* njëpërdorimsh dhe ta mbanin për nja dy ditë për të dokumentuar qasjen e tyre ndaj arsimit. idetë dhe pritshmëritë që kisha i mbajta qëllimisht të vagullta. që shpesh shkaktoi konfuzion. si mund të rrokësh në mënyrë pamore idetë e tua mbi një temë që zakonisht shprehet me fjalë. sfida qe pikërisht ajo. terrorizmi poetik i kthyer mbrapsht. përdorimi i artit dhe i dokumentimit për të shtjelluar filozofinë dhe politikën e arsimit të ardhshëm.

Grumbullimi i zërave dhe tregimeve, elementi i befasimit kur njerëzit zbulonin biçikletën e kokoshkave, kur ndiheshin të ndarë mes kureshtjes për të zbuluar se për çfarë hynte në punë biçikleta dhe qëllimit për të vazhduar me planet e ditës. Ideali i terrorizmit poetik për të ndryshuar mund të gjendej brenda biçikletës së kokoshkave, ndonëse motivimi për t'i dhënë një zë zërave të tjerë ngeci tek mundësia qoftë edhe për të menduar së bashku. Siç iu përgjigj Bojan Mançev pyetjes "A është e mundur të mendojmë së bashku? [...] Një potencialitet universal i mendimit?"[8] me "Jo, pasi vetëqenësia [*singularity*] e mendimit, e përjetimit të tij nuk mund të reduktohet në një totalitet; është pikërisht pareduktueshmëria e tij që e bën mendim."[9] Nuk kishte pra rrugë tjetër "përveç kësaj eksperience radikale të vetëqenësisë së përbashkët të mendimit, të inteligjencës së përbashkët brenda shumicës"[10] dhe kësisoj të hapjes së rrugës, ndryshimit të idesë për shkrimin e një manifesti me pjesëmarrësit që do të paraqitej gjatë konferencës, tek mbajtja si e vetëqenësisë së mendimit dhe të inteligjencës së përbashkët në shumicë duke mos analizuar, mos zgjedhur por duke u përqëndruar tek e fragmentuara.

* Katër pjesëmarrës i kthyen kamerat e tyre njëpërdorimshme. Një përzgjedhje e imazheve që ata morën tregohet më sipër.

Imagjinaret

Për t'iu dhënë zërave një kapacitet veprimi duhen shkatërruar kufijtë fizikë dhe duhet krijuar një hapësirë imagjinare. Thjesht imagjinarja shkatërron mundësinë e të pamendueshmes, e redukton atë në koncepte që njihen nga të gjithë. "Pyetja që më lindi qe: do të mund të kishim një situatë shoqërore që zapton ndërgjegjen deri në atë masë sa asnjë pyetje filozofike nuk do të mund të ngrihej më, sa asnjë ide nuk do të mund të na vinte më në mendje pa qenë e kontrolluar nga situata shoqërore."[11] Konteksti shoqëror paskomunist dhe pro-BE i Shqipërisë, i mendimësisë para-elektorale dhe shqetësimeve paselektorale – sfida për të krijuar një hapësirë që nuk përjashton asnjë prej këtyre nocioneve e megjithatë hap hapësirën menduese për një vizion jashtë, përtej situates shoqërore, duke kapërcyer rrezikun, që Merab Mamardashvili e kishte përshkruar, e të menduarit brenda kufijve të përcaktuar.

> SFERA KRITIKE – një sferë mendje-mprehtësie, gjykimi dhe krize (sipas etimologjisë së 'krisis') në zemër të sferës publike – ËSHTË ME PËRKUFIZIM BOSH.[12] Ajo është boshllëku i papërshtatshëm në zemër të sferës publike, që nuk i përket asnjë interesi privat, ku ekzistenca politike bën ligjin. Ajo është zemra e zjarrtë por boshe, që nuk i përket askujt, e demokracisë. Ajo nuk përvetëson, por ka rezistencën imanente ndaj çdo lloj përvetësimi.[13]

Lind pyetja nëse demokracia ka vende të papërshtatshme për qytetarët e saj, nëse këto vende, ndonjëherë të dorëzuara vullnetarisht, nuk janë aq të kufizuara sa ato që sugjeron Mamardashvili, që kufizojnë mendimin dhe ndërgjegjen. Një vend i caktuar është doemos një vend i kufizuar. Një hapësirë imagjinare mund të zgjasë kufijtë e të caktuarës. Ja pra pse pyetja nëse hapësira që ofrohet ndërmjet ndërhyrjes "Të lexojmë mbi shkatërrimin," një hapësirë që cilesohet prej biçikletës së kokoshkave si një seminar lëvizës, një hapësirë që ndërtohet në mënyrë të vagullt rreth kufizimit të përdorimit të anglishtes si një gjuhë njëfarësoj e përbashkët, tejkaloi të caktuarën dhe të përshtatshmen tek një imagjinare të ndarë dhe të ruajtur prej pjesëmarrësve.

Vetëqenësia e hapësirës së ndërhyrë dhe kësisoj risisht të krijuar solli kufizime. "Një gjuhë e vetme nënkupton mungesën e gjuhës, sepse gjuhët janë gjithmonë një shumësi, ato ekzistojnë në një hapje dinamike ndaj njëra-tjetrës, në zbulimin dhe kryqëzimin e tyre."[14] Kufizimet që në analogji me reflektimet e Bojan Mançevit mbi principet e komunikimit, përkthimit dhe ndarjes së dijes përmes dhe/ose brenda gjuhës mund të shihen se krijojnë një mungesë, një mungesë që mund të jetë idealja për imagjinaren, që eliminon imazhin e një krijimi të mundshëm, por ngre pyetjet e heshtura. Siç propozon Korneli Kastoriadis në një përkufizim të shkurtër të imagjinares – "Imagjinarja për të cilën po flas nuk është një imazh i saj. Ajo është krijimi (socio-historik dhe psikik) i parreshtur dhe në thelb i papërcaktuar i figurave/formave/imazheve, dhe vetëm në bazë të saj mund të ngrihet çështja e 'diçkasë'."[15] – imagjinarja mund të ndërtohet vetëm përmes si mungesës ashtu edhe dialogut, një dialog që Mançev gjithashtu propozon kur ofron forma të reja komunikimi "mbi të vetmen hapësirë të përbashkët të mundshme – atë të vetëqenësisë, dhe kësisoj të papërkthyeshmërisë, të gjuhëve të veçanta."[16] Për më tepër, ai e përkufizon këtë hapësirë si një sferë "tipari parësor i së cilës është pikërisht hapja e gjuhëve homogjene ndaj shumëfishimit të idomave të veçanta, dhe përmes tyre eksperimentimi me plasticitetin e ekzistencës."[17]

> *ditën e dytë pas ndërhyrjes takoj një gazetare. ndonëse flasim mes një përkthimi të përkryer prapë nuk merremi vesh. puna ime kritikohet si tepër teorike. më kot përpiqem ta shpjegoj ndërhyrjen pjesëmarrëse në praktikimin e saj, ajo prapë nuk kuptohet. më tej pyetem mbi mendimin tim mbi shqipërinë, mbi tiranën, komunitetin* LGBT... *argumentoj se ndonëse prania ime është performative në praktikimin e ndërhyrjes, ajo nuk përqëndrohet tek unë apo mendimet e mia personale, që e çon bisedimin edhe një herë tek konceptet teorike të imagjinares në hapësirë dhe kohë, t'i japësh zë një të ardhmeje ndërsa përfytyron brenda një hapësire të ofruar risisht; rrethi rrotullohet. asnjë dialog nuk ka lindur.*
>
> *pas intervistës bluaj në mendje dallimet në komunikim. si është e mundur që unë mund të flas me një polic në rrugë që nuk flet anglisht, ta angazhoj atë përmes ndërhyrjes, por nuk arrij t'ia komunikoj konceptin e "të lexuarit mbi shkatërrimin" në teori dhe në praktikë një gazetareje?*

Kufizimi duket se lidhet me kuptimet e ndryshme të dialogjikes. Kur Mihail Bahtin diskuton raportin dialogjik të gjuhëve në sprovën e tij "Ligjërata brenda novelës," ai thote:

> Të gjitha gjuhët e *heteroglossia*-s, cilido parimi i nënvendosur që e bën secilën prej tyre unike, janë këndvështrime specifike mbi botën, forma për të konceptualizuar botën me fjalë, botëkuptime të ndryshme, secili i karakterizuar nga objektet e tij, kuptimet dhe vlerat e tij. Kështu ato mund të pranëvihen [*juxtapose*], të plotësojnë njëra-tjetrën, të kundërshtojnë njëra-tjetrën dhe të ndërlidhen dialogjikisht.

> Kështu ato ndeshen me njëra-tjetrën dhe bashkekzistojnë në ndërgjegjen e njerëzve realë.[18]

E megjithatë, me tutje:

> Si një gjë jetuese, socio-ideologjikisht konkrete, si mendim heteroglot, gjuha, për ndërgjegjjen individuale, gjendet në kufi mes vetes dhe tjetrit. Fjala në gjuhë i përket gjysëm tjetrit. Ajo bëhet e vetë individit vetëm kur folësi e mbush atë me qëllimin e tij, theksin e tij, kur ai përvetëson fjalën, ia përshtat atë qëllimit të tij semantic dhe shprehës. Para këtij moment përvetësimi, fjala nuk ekziston në një gjuhë asnjanëse dhe jopersonale [...], por ekziston në gojët e njerëzve të tjerë, në kontekstet e njerëzve të tjerë, në shërbim të qëllimeve te njerëzve të tjerë.[19]

Të detyrohesh të zgjedhësh, jo vetëm fjalët e tua dhe kuptimet qe ato kanë, por edhe si t'i lidhësh ato fjalë me fjalët e tjetrit, si të krijosh një mirëkuptim që është në rastin më të mire dialogjik e që megjithatë bëhet shtysë për një moskuptim më të thellë të (njëri-) tjetrit/të tjerëve. Një dialog nuk krijohet vetëm duke dëgjuar dhe folur me njëri-tjetrin, por në ndërgjegjësimin për kufijtë në kuptim dhe perceptimin të jo vetëm gjuhës por edhe të vetë fjalës. Duke reflektuar mbi dialogjiken në punimet e ndërhyrjes, kuptova se

> nuk jam e huaj vetëm në gjuhë dhe kulturë, duke ardhur në tiranë me rritjen dhe arsimimin tim eurocentrik, por se analogjitë e mia me punën time si kuratore e programeve arsimore në qendrën për artet bashkëkohore në tsbilisi më kanë dhënë një kuptim po aq të errët të perspektivave të kushteve të jetesës dhe arsimimit në hapësirën paskomuniste/passocialiste/passovjetike sa vetë eurocentrizmi i pastër do të më kishte dhënë.
> situata shoqërore në tiranë brenda krahasimit me tbilisin kaq të ngjashëm e megjithatë kaq të ndryshëm krijoi një terren të përbashkët të rremë. student që flasin për qëllimin e tyre për t'u larguar nga vendi për të studiuar jashtë – që gjithmonë nënkuptonte në 'perëndim' –, shterja e trurit që e shoqëron atë nocion, dëshira për një jetë më të mirë në të tashmen dhe për një të ardhme të mundshme.
> kritika ime e gjendjes së demokracisë në 'perëndim' si dhe të sistemeve arsimore, që ka kohë që kanë humbur një nga vlerat kyçe të idealeve humaniste të wilhelm von humboltit: lirinë. pasi universitetet në perëndim janë shndërruar në fabrika që prodhojnë qytetarë funksionalë më tepër se vende për mendimin e lirë.
> u ndjeva më e bllokuar nga ç'ndihem në jetën time të përditshme në tbilisi, e humbur në një krahasim që nuk shkonte, në perspektivën e një tjetri ndërhyrës, që do të përdorë kapacitetin e saj për të vepruar për t'iu dhënë zë zërave të tjerëve.
> çfarë arrogance absurde, tërësisht e rrënjosur në nocionin neokolonial.

Fragmentimi
Po, të mendosh me mendjen tënde, ky është çelësi që do të zhbëjë individualizmin... kjo mund të duket pak paradoksale, por vetëm kur të mendojmë me mendjen tonë do të zhbëjmë idetë e paragjykuara, të ballafaqohemi me idetë dhe jo thejsht t'i marrim si të mirëqena dhe të padiskutueshme.[20]

Janë ato ide individuale që pretendojnë se janë universali pasi shprehin konceptet tona mbi botën dhe mënyrën se si ajo duhet të funksionojë, ato ide të bazuara në teori ose në përvojë, që janë thelbësore për raportin tone me atë që na rrethon si dhe për vizionet tona për një të ardhme të mundshme, e megjithatë, edhe nëse individualizmi zë ai nuk arrin të bëhet realitet. Bota dhe sistemi arsimor që ne jetojmë janë të fragmentuara, ndonëse vetëm në një kuptim negative, një botë dhe një sistem cope-cope, pedagogji në shkatërrim. Shkatërrimi i të cilit ne jemi dëshmitarë dhe në të cilin ne marrim pjesë mund të shihet si një konstante, jo si një kolaps shpërthyes apo pak a shumë i papritur. Shkatërrimi në fazat e tij të një lëvizje të vazhdueshme ciklike ka qenë pjesë si e historisë së botës ashtu edhe e asaj të arsimit. Sa zëra prej të kaluarës mund të emërtojmë nëse arsimi nuk kritikohet, nuk përfytyrohet si diçka më mirë ose më tepër, që nuk përpiqet të arrijë një ideal? Aforizmi i mirënjohur i Valter Benjaminit përshkruan kulturën në rrënoja:

> Një pikturë e Klesë e quajtur *Angelus Novus* tregon një ëngjëll që duket sikur është gati për t'u larguar prej diçkaje që po e kundron me vëmendje. Sytë e tij janë të ngulur, goja e hapur, krahët e shpalosur. Kështu e imagjinojmë ëngjëllin e historisë. Fytyra e tij është e kthyer ndaj të kaluarës. Aty ku ne perceptojmë një zinxhir ndodhish, ai sheh një katastrofë të vetme që vë pirg njëri mbi tjetrin rrënim mbi rrënim dhe ia hedh ato tek këmbët. Ëngjëlli do të donte të qëndronte, të zgjonte të vdekurit, dhe të bënte një atë që është thyer. Por një furtunë fryn nga Parajsa; ajo është ngatërruar në krahët e tij me kaq dhunë sa që ëngjëlli nuk mund t'i palosë më. Furtuna e shtyn atë drejt të ardhmes ndaj të cilës është kthyer kurrizi i tij, ndësa gërmadha para tij duket sikur do rroki qiellin. Kjo furtunë është ajo çka ne quajmë progres.[21]

Po, kultura dhe dija gjithmonë ndërtohen mbi rrënoja, ashtu siç sistemet e arsimit gjithmonë përballen me shkatërrimin. Siç thotë Jael Navaro-Jashin, prodhimi i dijes vazhdimisht i "nënshtrohet rrënimit."[22] Ajo e përshkruan metaforën e rrënojës si njëherazi vertikale dhe horizontale, duke cituar dikotominë e Dëlëz [*Deleuze*] dhe Guatarit [*Guattari*] të rrënjës dhe rizomës, duke i kombinuar ato si një konstrukt i kujtesës, i gjurmësh ngjarjesh historike së bashku me një zhvillim të paparashikuar dhe të pakontrollueshëm.[23] Mund të kuptojmë kësisoj edhe konceptin e "rrugëtimit" të Tim Ingoldit, negocimi i një rruge në botë, një "botë historish [ku] gjërat nuk ekzistojnë. Ato ndodhin."[24] Prodhimi i dijes është një proces që ka nevojë për lëvizje dhe fleksibilitet në mendimin e gjërave jo si nevojë por si aksion.

"Të Lexojmë mbi shkatërrimin" nuk lidhej me të diturit se çfarë mendojnë njerëzit por me mendimet që ata, përmes një dialogu, do të donin të ndanin.

> *mendova se pjesëmarrësit që ishin të interesuar do të më ndihmonin të grumbulloja dëshira/ëndrra për të shkruar një manifest kolektiv që do të mund të paraqitej më pas prej tyre gjatë konferencës. për të dalë jashtë edhe performancës së padukshme dhe për t'ua ofruar ato 20 minuta zërave që kisha dashur t'i sillja brenda dhomës së konferencës. por isha vetëm unë ajo qe mblidhja gjithë ato dëshira/ëndrra, duke ndërthurur secilën prej tyre brenda manifestit për të evituar një manifest të shkruar nga vetëm një person*

por që përfaqësonte shumë. shumësia e zërave që kishin të gjithë një vlerë të barabartë, një fragmentim që përshkruante pyetjet në vend të ndryshimeve në manifest.

Një kolektiv i drejtuar nga një individ? Një performues i padukshëm që çon në mosbindje qytetare?

Në manifestin që qe produkti i ndërhyrjes,[25] unë u hoq tërësisht, ndonëse padukshmëria ime mund të gjurmohej në organizimin tematik të tekstit. Qe një përpjekje për të ndjekur "Cili është kuptimi? Kuptimi nëse ai prodhohet sensualisht."[26] Manifesti kishte për qëllim jo vetëm të dëgjohej prej një audience të panjohur por edhe të ishte sensualisht i dëgjueshëm për zërat përbrenda.

para hapjes së konferencës mësova të bëj kokoshka me biçikletën e kokoshkave. më mësuan si të kontrolloj gazin dhe elektricitetin, si të mos digjja farat, si t'i vija vesh procesit.

dhe më pas, gjatë hapjes, biçikleta e kokoshkave u kthye sërish në një biçikletë të thjeshtë dhe unë u bëra sërish vetvetja. po iu shpërndaja qeska të vogla me kokoshka. pjesëmarrësve të konferencës. kalimtarëve. bashkë me manifestin 'të lexojmë mbi shkatërrimin.'

Vetëm një person që kishte marrë pjesë në ndërhyrje erdhi tek paraqitja e manifestit. A mund të shihet kjo si një kufizim? Si justifikim për ekskluzivitetin e hapësirës së konferencës? Ose si një veprim i që nuk qe menduar më parë? Një kapacitet veprimi i marrë? Mosbindjeje?

Shënime

1. Të gjitha citimet në kursive janë shkëputur prej ditarit që kam mbajtur gjatë ndërhyrjes në Tiranë si dhe prej shënimeve të mia dhe materialeve që grumbullova.
2. Motoja e ndërhyrjes ditën e parë: Irit Rogoff, "Academy as Potentiality," në *A.C.A.D.E.M.Y.*, red. Angelika Nollen (Frankfurt am Main: Revolver, 2006), 14–15.
3. Giorgio Agamben, *Potentialities: Collected Essays*, red. dhe përkth. Daniel Heller-Roazen (Stanford: Stanford University Press, 1999), 178.
4. Rogoff, "Academy as Potentiality," 15.
5. Gayatri Chakravorty Spivak, "Can the Subaltern Speak?," në *Marxism and the Interpretation of Culture*, red. Cary Nelson & Lawrence Grossberg (Londër: MacMillan, 1988), 27.
6. Motoja e ndërhyrjes ditën e tretë: Hakim Bey, *The Temporary Autonomous Zone: Ontological Anarchy, Poetic Terrorism* (Brooklyn: Autonomedia, 1991): http://hermetic.com/bey/taz_cont.html
7. Po aty.
8. Boyan Manchev, "The Metaseminar: Theses on Education and the Experience of Critical Thought," *Springerin* 2/09 (2009): http://www.springerin.at/dyn/heft_text.php?textid=2206&lang=en#top
9. Po aty.
10. Po aty.
11. Merab Mamardashvili, "The Civil Society: An Interview with Merab Mamardashvili," *The Civil Arts Review* 2.3 (1989).
12. Motoja e ndërhyrjes ditën e dytë: Manchev, "The Metaseminar."
13. Po aty.
14. Po aty.
15. Cornelius Castoriadis, *The Imaginary Institution of Society*, përkth. Kathleen Blamey (Cambridge MA: MIT Press, 1987), 3.
16. Manchev, "The Metaseminar."
17. Po aty.
18. Mikhail Bakhtin, "Discourse in the Novel," në *Dialogic Imagination*, përkth. Caryl Emerson dhe Michael Holquist (Austin: University of Texas Press, 1975/1992), 291–2.
19. Po aty, 293–4.
20. "Kushtetuta e lumturisë," ky vëllim, 531vv.
21. Walter Benjamin, *Illuminations*, përkth. Harry Zorn (Londër: Cape, 1970), 257–8.
22. Yael Navaro-Yashin, "Affective Spaces, Melancholic Objects: Ruination and the Production of Anthropological Knowledge," *Journal of the Royal Anthropological Institute* 15 (2009): 7.
23. Po aty, 14.
24. Tim Ingold, *Being Alive: Essays on Movement, Knowledge and Description* (Abingdon: Routledge, 2011), 160.
25. Ky vëllim, 297v.
26. Roland Barthes, *Le Plaisir du texte* (Paris: Seuil, 1973), 97.

MANIFESTO FOR EDUCATION IN ALBANIA

We are students, professors, people with or without jobs, with children or young ourselves. Who demand.

We aim for an adequate education of European standard. Meaning better schools, academic freedom, more study possibilities, language classes and choice of language in our studies. As well as a focus on Albanian language and expression. Meaning improved physical environments at universities and most definitely *no corruption*.

We ask students to be more idealistic and active, work for a common progress in education as well as follow the rules and excercise their rights.

We ask professors to be more conscious about their teaching and provide students with knowledge and abilities as for them to persevere their interests.

As to increase practical knowledge, sponsor creative thinking and encourage critical thinking We envision reading groups, platforms for debates and idea exchanging, open lectures with the possibility of students' active participation as well as involvement in cultural events or other events connected to our society.

We desire exchange. On multiple levels.

We yearn for creative cooperation of experienced professionals and the young generation. We long for exchange between students, within the faculties, between different universities in Albania, and internationally.

We want to study abroad, especially for our MA studies, at European Union or American universities. We want to live abroad. We want to travel. As to get to know the world.

MANIFESTO FOR EDUCATION IN ALBANIA

My dream is to study in Sorbonne for philosophy.

I wish students to be more idealist, to work for a common good and progress.
I wish prooffesors to be more conscient on what they do and on what they demand.
Things can and must be better!

My dream is to work like a social worker all around the world and help people
Sabina Seferi

As to exchange. As to study. As to come back and let our experiences have an impact on our work and lives. WE wish for more funding possibilities, also from Albanian side, as to be part of the world.

WE are concerned about our knowledge. Concerned about passing exams and finishing our studies. WE are even more concerned about our jobs. WE have so many dreams about our futures. First of all to find a job, ideally a stable one, a good one or even one of our dreams. WE demand jobs to be not only for those with connections. WE think education should prepare us for our futures and provide us with knowledge and experience as to be able to work both in local and international context.

WE desire even more. To become famous for what we are doing, to be known for what WE want to present. Our ideas, our engagement or our home country.

WE can not discuss education apart from our lives. WE believe education and our dreams and wishes for our present and future lives are intertwined. WE want to have a future! WE long for a change in Albania so we all learn how to decide for ourselves and know what we really want from life. WE want to be happy and to live peaceful lives, in freedom with enough money. Together with the people we love.

MANIFEST PËR ARSIMIN NË SHQIPËRI

NE jemi studentë, pedagogë, njerëz me ose pa punë, me fëmijë ose të rinj vetë. Që kërkojmë.

NE duam një arsimim të standardeve evropiane. Që do të thotë, shkolla më të mira, liri akademike, më tepër mundësi studimi, klasa gjuhe dhe mundësinë për të zgjedhur gjuhën në të cilën studiojmë. Dhe gjithashtu fokus mbi gjuhën shqipe. Që do të thotë, ambiente më të mira në universitetet tona dhe *jo korrupsion*.

NE kërkojmë që studentët të jenë më idealist dhe më aktiv, të punojnë për progresin e përbashkët në arsim si dhe të zbatojnë rregullat dhe të ushtrojnë të drejtat e tyre.

NE kërkojmë që pedagogët të jenë më të përgjegjshëm kundrejt mësimdhënies së tyre dhe t'iu japin studentëve njohuri dhe aftësi për të ndjekur interesat e tyre.

Për të rritur njohuritë praktike, për të promovuar mendimin krijues dhe për të inkurajuar mendimin kritik. NE imagjinojmë grupe leximi, platforma për debat dhe shkëmbime idesh, leksione të hapura që mundësojnë pjesëmarrjen aktive të studentëve, si dhe përfshirje në evenimente kulturore apo evenimente të tjera që kanë të bëjne me shoqërine tonë.

NE kërkojmë shkëmbime. Në një sërë nivelesh. NE dëshirojmë bashkëpunim krijues mes profesionistëve me eksperiencë dhe gjeneratës së re. NE dëshirojmë shkëmbime mes studentëve, brenda fakuleteve, midis universiteteve të ndryshme në Shqipëri, si dhe në nivel ndërkombëtar.

NE duam të studjojmë jashtë shtetit, veçanërisht për studimet Master, në një universitet të Bashkimit Evropian ose të Shteteve të Bashkuara të Amerikës. NE duam të jetojmë jashtë shtetit. NE duam të udhëtojmë. Që të mund të njohim botën. Që të mund të shkëmbejmë. Që të mund të mësojmë. Që kur të kthehemi eksperiencat tona të kenë një efekt mbi punën dhe jetën tonë. NE duam më tepër mundësi për sponsorizim, edhe nga ana shqiptare, për t'u bërë pjesë e botës.

NE jemi të shqetësuar për njohuritë tona. Të shqetësuar për provimet tona dhe për përfundimin e studimeve tona. NE jemi akoma edhe më të shqetësuar për punët tona. NE kemi kaq shumë ëndrra për të ardhmen tonë. Fillimisht, të gjejmë një pune, sidomos një punë të qëndrueshme, një punë të mirë apo edhe punën që ëndërrojmë. NE kërkojmë që puna të jetë e arritshme jo vetëm për ata që kanë te njohur. NE mendojmë se arsimi duhet të na përgatisë për të ardhmen dhe të na japi njohurinë dhe eksperiencën e nevojshme për të punuar si në një kontekst lokal ashtu edhe në një kontekst ndërkombëtar.

NE dëshirojmë akoma më tepër. Të bëhemi të famshëm për atë që bëjmë, të njihemi ashtu siç NE duam ta paraqesim veten. Idete tona, angazhimin tonë ne vendin tonë.

NE nuk mund ta diskutojme arsimin veç nga jetët tona. NE besojmë se arsimi dhe ëndrrat tona dhe dëshirat për të tashmen dhe të ardhmen tonë janë të nderlidhura. NE duam të kemi një të ardhme! NE dëshirojmë shumë ndryshim në Shqipëri që të mund të mësojmë të vendosim për veten dhe të dimë se çfarë kërkojmë realisht nga jeta. NE duam të jemi të lumtur dhe të jetojmë në paqe, në liri dhe me para të mjaftueshme. Së bashku me njerëzit që duam.

PHILOSOPHY AND HUMANISTIC EDUCATION J.S. MILL'S CATASTROPHIC PEDAGOGY

Andreas Vrahimis

> καὶ πάλιν δι' εἰωθότων ἐτῶν ὥσπερ νόσημα ἥκει φερόμενον αὐτοῖς ῥεῦμα οὐράνιον καὶ τοὺς ἀγραμμάτους τε καὶ ἀμούσους ἔλιπεν ὑμῶν, ὥστε πάλιν ἐξ ἀρχῆς οἷον νέοι γίγνεσθε.
>
> – Plato, *Timaeus*, 23a–b

It is almost a commonplace nowadays to hear of the end of the humanities, and defenses of the humanities against all kinds of attack abound. A diagnosis might be in place, as an aside, before we begin: though these arguments in defense of the humanities are at the moment in vogue, the position of the attackers is not a dialogical one. Indeed, the attack does not seem to be founded on argument, but rather, in many ways, on unshakeable force – the kind of force that is not able to respond to argument (or even willing to read defenses of the humanities). In short, though there appear to be numerous ways of defending and attempting to fortify the humanities through perfectly valid and sound argument, the onslaught against the humanities does not seem bound either to listen or to respond.

To bring things into perspective, it might help if Plato's words, quoted above, are allowed to remind us here of the extent of the disaster that is the subject of our discussion. Plato's tale, one might recall, at the beginning of the *Timaeus*, is that of Solon's travels to Egypt. In Egypt, Solon is reminded by a local priest of the effect that natural disasters have on the state of human knowledge. The Egyptian priest notes that a civilization that developed next to the Nile could sow the benefits of avoiding the various kinds of natural disasters which he attributes either to excessive fire or excessive water. Thus Egyptians, favored by geography, were able to keep on collecting the surviving recollections of their ancestors' knowledge and know-how. By contrast to the Egyptians, old and wise, the Athenians are in a perpetual state of youthfulness with regard to knowledge, since they keep losing access to their past through recurring disasters. It is those whom the priest calls unlettered and uncultured (*agrammatous te kai amousous*) that tend to survive such disasters.

The current onslaught against the university presents itself in the guise of a natural disaster: non-negotiable and irrevocable. Thankfully, however, the mode of presentation differs from what is actually the case. Like Plato's natural disasters, the onslaught appears to pave a path towards the prevalence of illiteracy and *amousia*. There is, however, bound to be at least some remedy for such illnesses. There certainly can be a kind of youthfulness, as Plato's Egyptian priest talks of it, without the loss of "letters" or "culture"; is it not philosophy itself that had turned to this Athenian youthfulness that Plato talks of, seeing its potential for being a virtue rather than a vice?

What follows does not, indeed it could not, purport to completely heal the illnesses that follow the disaster to come. Rather, in response to the realization that the illnesses are, at least to some extent, bound to follow the disaster, this paper attempts to point to a direction that could lead toward what may turn out to be partly therapeutic, if not simply palliative care.

Clusters

I recently attended a keynote speech by Gayatri Spivak at the Cyprus University of Technology where I was teaching at the time.[1] Aside from her contributions to postcolonial theory, Spivak is also trained as a singer in the Indian Classical Music tradition. Indian Classical Music famously involves what is called a drone (the buzzing background notes) over which a single melodic line is improvised through a very rigorous system of rules (for example on how to ascend or descend a scale, and so on). In her talk, Spivak discussed the relation between drone and improvisation as a kind of metaphor for political activism. Spivak extended the metaphor to talk of "sounding a keynote," and how a keynote needs to somehow resonate with all other speeches that surround it.

Inspired by Spivak's talk of keynotes and music, this article, given as a keynote for the "Pedagogies of Disaster" conference held at Tirana (June 8, 2013), was conceived along a different musical metaphor. Rather than draw on the fascinating tradition of Indian Classical Music, I chose to look to contemporary Western classical music for a metaphor that would help with navigating through the material that follows. One practice that prevails in many twentieth century compositions is the use of so-called "tone clusters."[2] Tone clusters are, roughly speaking, chords made up of notes that are close together. There's a particular kind of cluster that can be produced by a specific technique on the piano. It requires the piano player to strike a large number of piano keys simultaneously. This could be done by using the length of both arms, from hand to elbow, to strike the piano while holding down the sustain pedal.[3] A similar effect can also be achieved if one simply sits on the keys. In effect this turns the piano into a kind of box full of open strings. The open strings end up resonating whatever note is fed to them after the player strikes the cluster.

In this paper, rather than sound one particular "key note," I attempt to strike a number of different notes, and allow them to resonate. Fortunately, unlike in the realm of the physics of sound, it doesn't have to be just one note that is the keynote which resonates. It is not impossible, so to speak, to let a thousand keynotes sound.

Anti-Psychologism and Anti-Biographism

The first note I'd like to sound has something to do with biography.

Contemporary philosophy has very little, if any, interest in biography or autobiography.

This lack of interest, particularly insofar as twentieth century philosophy is concerned, may have something to do with the troubled reception by philosophers of the rise of experimental psychology during the late 19th century. The primary dispute over the status of psychology began in Germanophone academia, and is usually referred to by the German term *Psychologismusstreit*. It was instigated by the publication of the first volume of Edmund Husserl's *Logische Untersuchungen* in 1900. Husserl's book begins with the attempt to refute John Stuart Mill's quasi-empiricist contention that logic is part of psychology. Husserl had sought to distinguish between psychology and logic, the latter of which he conceived of, following Bolzano, as a *Wissenschaftslehre*, a theory of science or science of science.[4] This was what subsequently caused Gilbert Ryle to ridicule Husserl as conceiving of philosophy as the Mistress Science, attributing this to Husserl's not having been inoculated against philosophical megalomania by conversing with scientists at Oxford colleges, like Ryle had.[5] Husserl's logic as Wissenschaftslehre is conceived in a quasi-Platonist manner, separating the contingent facts that psychology can reach through empirical investigation from the proper subjects of logical investigations such as those Husserl undertook. There can be no psychological experiment that would fully elucidate what Husserl takes to be logical concepts, e.g. the concept "object," the concept "number," the concept "concept," and so on.

Husserl's effort led to an onslaught of attacks among philosophers, who would vaguely accuse each other of the fallacy of "psychologism." It would be difficult to clearly define exactly what this accusation means, since as Martin Kusch has argued,[6] different philosophers thought that different intellectual vices could be summed up by the term. The overall impetus seems to be that anyone who confusedly inserts into their philosophical work, broadly construed, that which pertains to psychological investigations, broadly construed, is automatically in error. Anyone familiar with Heidegger's *Sein und Zeit* will have an idea of how this debate evolved, since in the earliest passages (Part I, Division I, 1.10) Heidegger sets out to distinguish the "analytic of Dasein"[7] from psychologism, anthropologism, and biologism, the fallacies pertaining to particular types of empirical investigation having by now multiplied.

One could imagine a different, but related, fallacy, that philosophers like, say, Kierkegaard, or Augustine, had fallen prey to: biographism. Given that, for philosophy, the twentieth century began with its divorce from psychology, it is no wonder that biographical concerns have had little place in it. And if contemporary philosophers have introduced some unavoidable elements of auto-biography in their work, in most cases it is so they can abstract from such particulars to something universalizable.

Ancient Βίοι

This contemporary philosophical lack of interest in biography shows up by contrast to the ideas revolving around ancient philosophical biographies. Although there the impetus towards a kind of universalizing of the particulars of a person's life is still one of the driving forces behind this concern, biography has a central role to play in ancient philosophy. Given the general meta-philosophical consensus among the ancients regarding the view that philosophy constituted a kind of art of living (*technē peri ton bion*), then ancient biographies of philosophers would play a formative role in communicating the way in which this art was practiced.

As John Sellars has argued,[8] ancient philosophy is meant to transform all facets of one's life, even the length of one's beard (with Cynics growing long untrimmed beards, Stoic beards grown long but trimmed, Peripatetic beards kept short, and so on). More importantly, Sellars argues, biography would have a particular role to play in education.

> To become a student of philosophy in antiquity did not mean merely to learn a series of complex arguments or engage in intellectual debate. Rather, it involved engaging in a process of transforming one's character (ἦθος) and soul (ψυχή), a transformation that would itself transform one's way of life (βίος). Lucian, in his biography of the philosopher Demonax, makes it clear that his reason for writing this account is to provide such students with an example of a philosopher's life that they can use as a pattern or model (παράδειγμα) for their own lives. In the light of this, ancient philosophy should perhaps be approached as a series of biographies of *philosophers* or examples of ideal philosophical lives rather than as a collection of theoretical systems or *philosophies*.[9]

To add to what Sellars points to here, we may note that the act of writing these biographies of philosophers itself seems to have been an act of transforming a life (βίος) into a kind of educational instrument or prop. The life of Socrates, for example, is transformed by the various schools who think of themselves as his followers into a kind of ideal philosophical way of life, placing different emphases on the virtues each school sought to cultivate. It is a life to be imitated, a life that illustrates a successful instance of the cultivation of virtue and the application thereof. Sellars shows that it is not merely the facts of a particular philosopher's life that matter in ancient biographies, but rather the way in which he lived it.[10] It does not matter exactly when Empedocles died, and how he died of course varies from author to author, some offering up the position that he was deified. This is clearly not something that modern philosophers would conceive themselves as even remotely connected to.

Facing Death

Yet though most of these βίοι are success stories about how philosophers have managed to practice what they preach, there are elements of disaster that are already lingering in ancient philosophical lives. Though Simon Critchley's *The Book of Dead Philosophers*[11] shows that surprising deaths run throughout the history of the discipline, few subsequent deaths live up to how spectacularly some ancient philosophers died. Some of the ancient reports of philosophers' deaths seem to factually record historical events, such as the gruesome tale of the Cypriot king of Salamis Nicocreon brutally killing Anaxarchus by grinding him in a mortar.[12] Other deaths, however, are clearly fantastical, the most well known example being Empedocles' descent into Mt. Etna. And if one is tempted to dismiss this as appropriate only to the pre-Socratics, who were still not philosophical enough, then one could simply look to the life of Apollonius of Tyana, a contemporary of Jesus. Philostratus's third century CE *Life of Apollonius* depicts him as the son of a god, performing miracles, raising the dead, and as being resurrected and worshiped as a god. Some reports of deaths clearly serve to portray examples of some of the values these figures and the schools that followed them upheld. Socratic heroism in the face of death is a characteristic shared by most schools. Various Stoic figures are portrayed as willingly affirming death, allowing themselves to die once called to do so. One example is that of Zeno of Citium, who is said to have held his breath to death after tripping and breaking his toe. His last words, from a poem by Timotheus of Miletus, were directed to the earth on which he fell, and can be translated roughly as ἔρχομαι: τί μ' αὔεις; – "Don't shout, I'm coming."[13]

Other fictions surrounding philosophers' deaths may be seen as propaganda, obviously written as *ad hominem* arguments by opponents of particular philosophers, aimed at undermining some of their views by portraying them as leading towards absurdity. Among these one may find, for example, Heraclitus's death, purportedly a result of his choice to self-medicate by covering himself with cow dung.[14] Apparently this was meant to ridicule his belief in the opposition between dryness and wetness, and accordingly the philosopher's opponents seem to have attributed his death either to too much dryness, resulting in his being baked by the Ionian sun, or too much wetness, resulting in drowning in cow dung.

Facing Disaster

Beside these stories about various ways of facing death, there are those which deal with facing various kinds of disasters through philosophy. I was thinking in particular here of the story narrating the entry of Zeno of Citium, founder of the Stoic school, into an education in philosophy. Zeno was running some errands for his merchant father when his ship was shipwrecked on the shore near Athens. As the story goes, this led Zeno to a bookshop in Athens, where he came across Xenophon's work on Socrates. When he enquired where he might find a man like Socrates, he was pointed to the Cynic philosopher Crates passing by, who agreed to become Zeno's teacher. Zeno's response to this was captured in the following aphorism: νῦν εὐπλόηκα, ὅτε νεναυάγηκα[15] – "I sailed well, because I was shipwrecked."*

This brings us to the next note to sound. The story from Zeno's life contains in it something that we can find reflected in the biographies of many recently prominent intellectuals in the humanities. It has something to do with the relation between philosophy and the exilic aftermath of disaster. There are certainly many recent stories resembling that of Zeno to be found throughout the academic spectrum of knowledge (but in the exact sciences it would be more difficult to see the direct relevance of the parallel).

Think of the impact the rise of Nazism and the Second World War has had in shaping the development of contemporary Western academia, philosophy in particular,

---

* One could juxtapose to this the story of Justinian's dissolution of the Athenian Neo-Platonic academy in 529 CE, as recounted by Agathias in his *Histories* (2.31). Agathias maps out a journey in the opposite direction from that Zeno took, with the last academics facing their exile from Athens by moving eastward to the court of the Sassanid King of Persia, Khosroes I.

through the waves of immigration that ensued. The Vienna Circle of logical positivists, for example, had developed their philosophy during the interwar as part of a broader modernistic radicalism in Viennese left-wing politics (and Viennese adult education in particular).[16] Having been forced to flee, they came to be portrayed as safely apolitical, a stance which was adopted by various Circle members during the Cold War.[17] It was this apolitical understanding of their philosophy that would shape the subsequent course of the history of analytic philosophy. The supposedly merely biographical factoid of their prior political commitments would not play an important role in the reception of their thought until recent studies brought it to the surface once more.

A similar story may be told about another strand of politically active philosophers during the interwar, the Frankfurt School. Looking at interwar politics in relation to Germanophone philosophy, one could easily position the Frankfurt School close by to the Vienna Circle. Even an alliance between the two could be imagined, and indeed an apparent effort towards such an alliance was attempted during the thirties, through Max Horkheimer's contact with Otto Neurath. As Thomas Uebel and John O'Neill have shown,[18] nonetheless, the effort quickly led to a break in relations between the two sides, with Horkheimer attacking the Vienna Circle's positivism, and refusing to publish Neurath's response to the attack. Horkheimer's attack in the mid-30s included the claim that what he called the "latest attack on metaphysics"[19] by positivism (and here he had in mind Rudolf Carnap's polemic against Martin Heidegger), was equally responsible for the rise of Nazism as the metaphysical worldviews under attack. This kind of criticism is not exactly fair to the Vienna Circle, who, by contrast to Heidegger (at the time a member of the Nazi party), were fleeing Germany and Austria. The Vienna Circle's subsequent apolitical response to the Cold War, contrasted with the Frankfurt School's associations with the New Left, did not help oppose Horkheimer's accusations.

Exile transformed both the Vienna Circle and the Frankfurt School. With the former, exile meant the earlier politics of its members would be ignored as a mere biographical factoid. With the latter, there is certainly some connection to be glimpsed between the biographical fact of exile and the subjects with which critical theory became concerned. Many would suspect that there is, even, too much connection. Is there not in Adorno and Horkheimer's condemnation of jazz as a product of the culture industry too much of their own musical pedigree, and too little by way of argument? But at the same time it is the argument that matters, it is the movement toward the abstract. One could detect here too much reliance on what is merely autobiographical, and simultaneously too little acknowledgement of the force of the autobiographical.

And this detection of a sort of anxiety in relation to autobiography could be stretched throughout the recent history of ideas. Most of the leading intellectuals of the second half of the twentieth century have been émigrés, fleeing in different ways from some of the greatest disasters of recent history. Think, for example, of Edward Said and the Palestinian problem, Slavoj Žižek, Yugoslavia and the fall of communism, Derrida and other French thinkers' relation to Algeria. How much can be glimpsed of the relevant disasters in the works of these intellectuals? Perhaps not all that much. It's almost as if the West (whatever the term might mean) desires to be told the stories of these disasters. Not only to be told these stories in the way that the West chooses to tell them to itself, but also as they are recounted by people who have in some way lived through them. The provision seems to be that those recounting them are not storytellers, and that they do not talk about their having lived through them directly.

The Analytic–Continental Divide

This last note has brought me to where I'd like to have began, that is to say the so-called "analytic"–"continental" divide in philosophy. For those of you who aren't familiar with the term, it refers to a phenomenon that has been prevalent in post-war academic philosophy. One of the problematic ways in which the divide has been depicted is as one between a philosophical camp, called "analytic," which sees itself in the light of the exact sciences, and another called "continental" which relates to the arts and humanities.

Some scholars of the divide have traced it back to the 19th century, and what is seen as one of its precursors occurs in the work of John Stuart Mill. It was the self-proclaimed "mental crisis" that John Stuart Mill had been led to through his utilitarian education by Bentham and his father that seems to have led to his diagnosis of a divide in his contemporary philosophy. So in a way, as we shall soon go on to see, Mill's autobiography seems to guide his metaphilosophy, grounding his goal of bridging the divide he proclaims on the lessons he drew from the disaster of his own education.

But before I go on to the story of Mill's crisis, I'd like to point out that I turned to it through my own relation to a different kind of crisis, namely the one that just occurred on the island of Cyprus. To a great extent, of course, the way that the crisis now presents itself is precisely as a pedagogical disaster: Cyprus has one of the highest rates of university graduates in the EU, and these are suddenly finding themselves facing Žižek's parable of the cartoon character that has run of a cliff but has not yet noticed the lack of a ground to be running on.[20] What can philosophy be in a place and time like this? What role can education play in such situations, other than by giving false expectations or some false sense of entitlement?

One of the aporias I found myself facing was how I could even begin to address these questions through my own academic interests. Even though there might be some connections, I doubt that there is much about the highly abstract metaphilosophical questions that I've had to deal with in relation to the analytic–continental divide that may have anything to do with facing the catastrophic current financial crisis. But there is this sidelined story from John Stuart Mill's biography that seems to me to be able to shed some light on a way in which metaphilosophy may respond to such disasters.

J.S. Mill

Mill famously was the subject of an educational experiment by his father James Mill and his godfather Jeremy Bentham. The young Mill was given an education based on the utilitarian principles developed by his mentors. He spoke Greek by three, Latin by eight, and before reaching adolescence had read Plato and Aristotle, had mastered logic and mathematics, had a firm grasp of economic theory, and so on. There was, however, one subject that his mentors had been happy to exclude from their curriculum. Since Bentham thought that poetry was as good as push-pin (a popular children's game at the time),[21] it was left out from the young Mill's pedagogy.

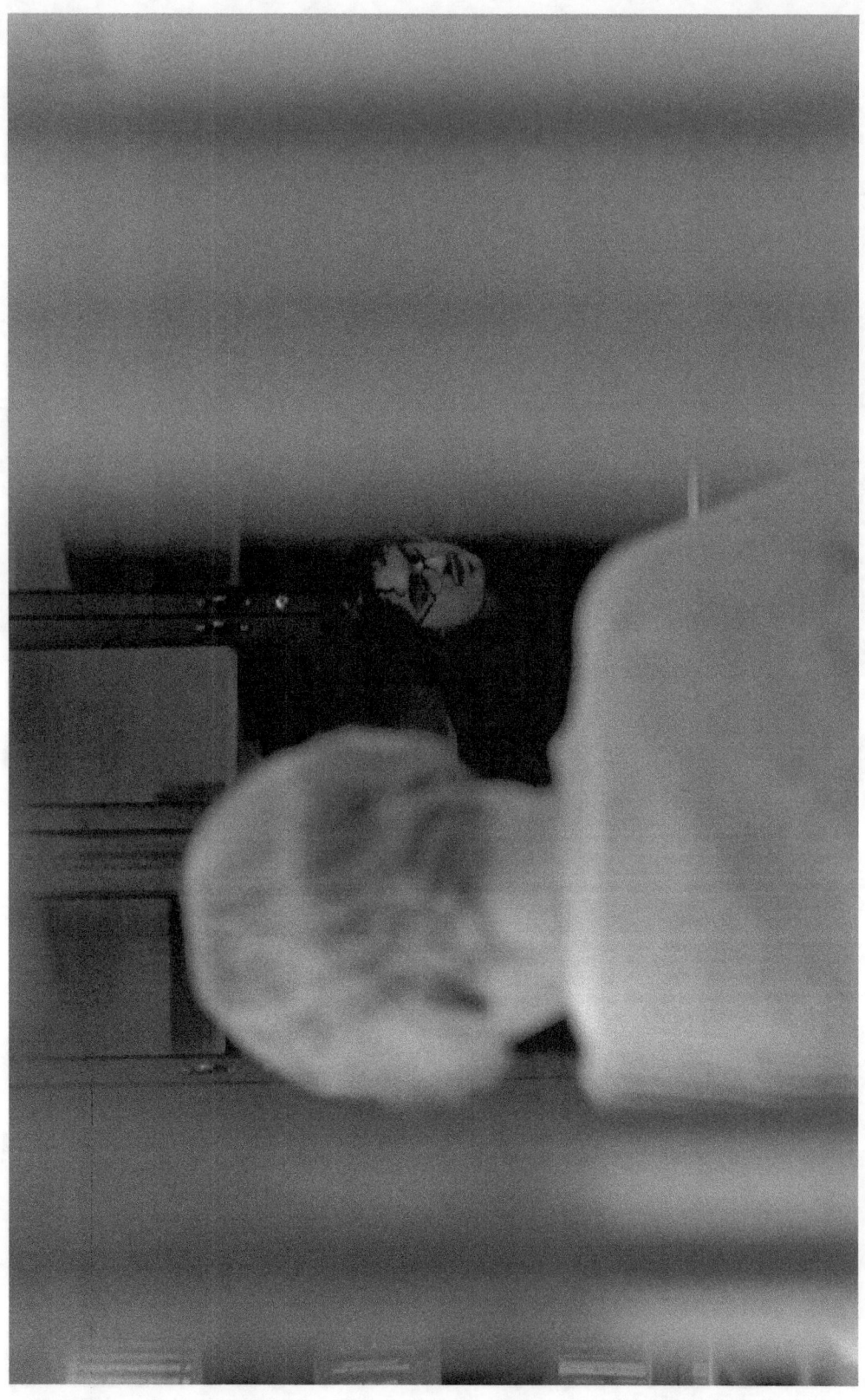

In the winter of 1826–27, at the age of twenty, Mill had what he called a "mental crisis."[22] He suffered from severe depression, which was accompanied by doubts regarding the correctness of the philosophical radicalism that Bentham and his father had educated him into.[23] He had come to see his Benthamite education as a constituting a barrier to his ability to relate to his emotions. Mill would later proclaim that his recovery from this depression was led by his discovery of poetry, and Wordsworth in particular.

A decade after his crisis, Mill wrote two texts on what he saw as the two conflicting philosophical attitudes of his time. Mill first published in 1838 an article celebrating the work of Jeremy Bentham, who had died in 1832, and then in 1840 wrote on the work of Samuel Coleridge, who had died in 1834. The two articles go hand in hand, since Mill sees the work of Bentham and Coleridge as expressing two opposed but supplementary worlds. Mill repeats Coleridge's assertion that one is born either an Aristotelian or a Platonist, by claiming that "every Englishman of the present day is by implication either a Benthamite or a Coleridgean." He further explicates this division in the following manner:

> By Bentham, beyond all others, men have been led to ask themselves, in regard to any ancient or received opinion, "Is it true?" and by Coleridge, "What is the meaning of it?" [...] From this difference in the points of view of the two philosophers, and from the too rigid adherence of each of his own, it was to be expected that Bentham should continually miss the truth which is in the traditional opinions, and Coleridge that which is out of them, and at variance with them. But it was also likely that each would find, or show the way to finding, much of what the other missed.[24]

Bentham is proclaimed by Mill to have been the paradigmatic "progressive" philosopher, while Coleridge is thought to be representative of a "reactionary" traditionalism. For Mill, the goal is to see through the eyes of both thinkers, since, as he says above, each taken separately misses something very important.

Mill gives the type of philosophy Coleridge was involved in a name that has stuck with us since then. Coleridge was, at the time, one of the chief importers of Germanophone philosophical thought into his contemporary Anglophone world. Among others, Coleridge had not only read and commented on Kant, but seems to have been part of a larger post-Kantian romantic movement. It was due to this that Mill used the term "continental philosophy" to name the kind of reactionary romanticism he had perceived in Coleridge. In Mill, we find the first instance of this term. Commentators on Mill's use of the term, like Jonathan Rée,[25] or Simon Critchley,[26] have seen the term "continental philosophy" to apply to a particularly British view of the relation between Britain and Europe. But then I have my reservations regarding this idea that the divide between analytic and continental philosophy could be projected so far back in time. It is really only a century after Mill, with the rise of analytic philosophy after the Second World War, that we can meaningfully talk about such phenomena. Although the relation to Kant and post-Kantianism certainly does play its part, it would be, I think, anachronistic to imagine that Mill had perceived this way back then.

Two Different "Two Cultures"

Nonetheless there is an element of the divide that Mill draws which survives into the more recent academic culture that determined the way the analytic-continental divide developed. Though it is not directly descended from Mill, one could claim that C.P. Snow's idea of the "two cultures" parallels in many ways what Mill had been pointing to a century earlier.

Snow first raised this issue in a well-known paper titled "The Two Cultures" presented at Cambridge in 1959.[27] In "The Two Cultures" Snow argues that the increasing specialisation which has characterised the life of academia in the twentieth-century has led to a split between the humanities and the sciences. There has been, Snow argues, a breakdown in communication between literary intellectuals and scientists. Snow called for an overcoming of this divide.

Snow's project of bridging the two cultures was taken up in British educational policy. A series of universities, newly established in the 60s and 70s, would implement an attempt of bridging the two cultures by developing curricula that would aim at overcoming it.[28] The impact of these efforts on philosophy departments is very interesting to look at. A large aspect of the development of so-called "continental philosophy" in British academia came about as a result of these policy implementations. Universities that implemented Snow's bridging project have philosophy departments with both analytic and continental programmes. It could be argued that this experiment gave rise to a need to re-examine this divide, and that what I am saying about the divide is derivative of this move.

Through the implementation of Snow's bridging project in higher education, we get a kind of implicit parallel between analytic philosophy and a scientific conception of the discipline on the one hand, and continental philosophy and a humanistic conception of the discipline on the other. Yet it is not clear that the notion of a divide between analytic and continental philosophy does clearly match with some form of divide between science and the humanities. If not absolutely false, then this is at least a very rough impression. The fundamental problem with this rough impression is that when we talk about analytic and continental philosophy, it is not in any way clear that we are referring to two monolithic movements in philosophy. The general consensus nowadays seems to be that at best we are talking about more than two loosely defined traditions, sharing various family resemblances, but not bound by a common programme, method, or style. On the one hand, many leading figures in analytic philosophy have conceived of their discipline, either explicitly or not, as humanistic. Bernard Williams's recent explicit defense of the thesis that philosophy is a humanistic discipline is only one of many examples, though of course Williams himself associates this thesis with an overcoming of the analytic-continental divide.[29] With continental philosophy, on the other hand, it has been argued that one possible family resemblance that unifies thinkers lumped together in this group seems to be that they tend to either ignore science or be critical of it.[30] But this might be simply to ignore the work of a number of continental philosophers of science (predominantly French).

The perspective of the institutional development of the so-called analytic-continental divide seems in various ways able to bring Snow's account in alignment with Mill's.[31] But these two accounts don't seem as neatly aligned when it comes to the issue of demarcating between the sciences and the humanities, and even less so with the question of finding out what a humanistic philosophy may be. A large part of Mill's education was certainly in the humanities, while the distinction Mill draws between Bentham and Coleridge is not clearly one between the sciences and humanities. This is reflected in the problems that arise in the alignment of Snow's bridging program with the bridging of the analytic–continental divide.

What I was interested in with regard to Mill's discussion of his "crisis," which would give rise to his perception of a divide in his contemporary philosophy, is nonetheless a particular aspect of a humanistic approach to education. It is the way in which Mill remedies his prior education, which led to his breakdown, through the self-medication of an autodidactic pedagogy. In Mill's case, it was the romantic poetry of Wordsworth that would prove therapeutic, and would lead to his appreciation of the Coleridgean philosophical worldview, apparently opposed to the Benthamite one. But this is contingent on the particulars of Mill's biography, which of course would determine his move from the mere autobiographical factoid of his "mental crisis" to his diagnosis of a grand clash of worldviews. I would hesitate to call this a move from a utilitarian approach to education to one that is concerned with *eudaimonia*. Perhaps, moving abstractly beyond the biographical particulars of Mill's mental crisis, one could here glimpse a reaction to a kind of instrumentalist approach to education. This reaction is not in its entirety a move towards the eudaimonistic projects to which the ancient βίοι attempted to contribute, though some elements of such an approach may transpire through it. It does not, in other words, absolutely embrace the view that philosophy teaches one how to die, and thereby how to live. It can be seen, instead, as saying something about how an education may allow a face to face encounter with disaster.[32]

Notes

1. Gayatri Chakravorty Spivak, "No Definitions for activism," Cyprus University of Technology, November 23, 2012 (http://vimeo.com/58282980).
2. Examples of the use of tone clusters abound throughout contemporary music, and some famous uses occur in the work of Xenakis, or in Stockhausen's *Klavierstück* series.
3. For example Henry Cowell's 1917 "The Tides of Manaunaun" for piano, a piece that has a significant place in the history of the tone cluster, uses the left arm in this way.
4. See P. Simons, "Bolzano, Tarski, and the Limits of Logic," *Philosophia Naturalis*, 24.4 (1987): 378–405.
5. G. Ryle, "Phenomenology vs. The Concept of Mind," in *Collected Papers: Critical Essays*, Vol. 1 (London: Hutchinson, 1971), 179-196, at 181: "I guess that our thinkers have been immunised against the idea of philosophy as the Mistress Science by the fact that their daily lives in Cambridge and Oxford Colleges have kept them in personal contact with real scientists. Claims to Fuehrership vanish when postprandial joking begins. Husserl wrote as if he had never met a scientist – or a joke."
6. M. Kusch, *Psychologism: A Case Study in the Sociology of Philosophical Knowledge* (New York: Routledge, 1995).
7. M. Heidegger, *Being and Time*, trans. J. Stambaugh (Albany: SUNY Press, 1996), 42–7.
8. J. Sellars, *The Art of Living: The Stoics on the Nature and Function of Philosophy* (Aldershot: Ashgate, 2003).
9. Ibid., 23.
10. Ibid., 22.
11. S. Critchley, *The Book of Dead Philosophers* (London: Granda Books, 2009).
12. Diogenes Laertius, *The Lives of Eminent Philosophers*, Book IX, 10, 58–9.
13. Ibid., Book VII, 1, 28.
14. Ibid., Book IX, 1, 3.
15. Ibid., Book VII, 1, 4.
16. See e.g. J. Dvorak, "Otto Neurath and Adult Education: Unity of Science, Materialism and Comprehensive Enlightenment." In T. Uebel (ed.), *Rediscovering the Forgotten Vienna Circle: Austrian Studies on Otto Neurath and the Vienna Circle* (Dordrecht: Kluwer, 1991), 265–74.
17. See e.g. G.A. Reisch, *How the Cold War Transformed Philosophy of Science* (Cambridge: Cambridge University Press, 2005); J. McCumber, *Time in the Ditch: American Philosophy and the McCarthy Era* (Evanston IL: Northwestern University Press, 2001).
18. John O'Neill & Thomas Uebel, "Horkheimer and Neurath: Restarting a disrupted debate," *European Journal of Philosophy* 12.1 (2004): 75–105.
19. M. Horkheimer, "The Latest Attack on Metaphysics," in *Critical Theory: Selected Essays* (New York: Continuum, 1982), 132–87.
20. S. Žižek, "The Cyprus crisis is a symptom of what is rotten in the EU," *The Guardian* (April 8, 2013). Available at: http://www.guardian.co.uk/commentisfree/2013/apr/08/cyprus-crisis-symptom-rotten-eu (Accessed June 26, 2013).
21. J.S. Mill, "Bentham," in *The Collected Works of John Stuart Mill*, Vol. X – Essays on Ethics, Religion, and Society, ed. J. M. Robson (London: Routledge and Kegan Paul, 1969), 75–117, at 113.
22. See J.S. Mill, *Autobiography* (London: Longmans, Green, Reader, and Dyer, 1873), 132–40.
23. Ibid., 135: "My education [...] had been conducted without any regard to the possibility of its ending in this result [...] the failure was probably irremediable."
24. J.S. Mill, "Coleridge," in *The Collected*

Works of John Stuart Mill, Vol. x - Essays on Ethics, Religion and Society, ed. J. M. Robson (London: Routledge, 1969), 117–64, at 119–20.

25 J. Reé, "Continental Philosophy," in *The Concise Encyclopedia of Western Philosophy*, eds. J. O. Urmson & J. Rée, 3rd ed. (New York: Routledge, 2005), 79–80.

26 S. Critchley, *Very Short Introduction to Continental Philosophy* (Oxford: Oxford University Press, 2001), 41–8.

27 C.P. Snow, *The Two Cultures and the Scientific Revolution* (New York: Cambridge University Press, 1959).

28 See Critchley, *Very Short Introduction to Continental Philosophy*, 51–2.

29 B. Williams, *Philosophy as a Humanistic Discipline* (Princeton: Princeton University Press, 2006).

30 See e.g. J. Reynolds & J. Chase, *Analytic versus Continental: Arguments on the Methods and Value of Philosophy* (Stocksfield: Acumen, 2011), Chapter 15.

31 See e.g. Critchley, *Very Short Introduction to Continental Philosophy*, 50.

32 I am deeply thankful to Jonida Gashi, and to Vincent W. J. van Gerven Oei for inviting me to present a keynote for the "Pedagogies of Disaster" conference. I am also thankful to all others present at the conference for their comments, support, and criticism.

FILOZOFIA DHE SHKOLLIMI HUMANIST PEDAGOGJIA KATASTROFIKE E J.S. MILLIT

Andreas Vrahimis

> καὶ πάλιν δι' εἰωθότων ἐτῶν ὥσπερ νόσημα ἥκει φερόμενον αὐτοῖς ῥεῦμα οὐράνιον καὶ τοὺς ἀγραμμάτους τε καὶ ἀμούσους ἔλιπεν ὑμῶν, ὥστε πάλιν ἐξ ἀρχῆς οἷον νέοι γίγνεσθε.
>
> – Platoni, *Timeu*, 23a–b

Jemi mësuar tashmë të dëgjojmë për fundin e humaniteteve dhe mbrojtje të humaniteteve nga sulme të llojeve të ndryshme nuk mungojnë. Ia vlen ndoshta që, në parantezë, të bëjmë një diagnozë këtu, sa pa filluar mirë: ndonëse sot këto argumenta në mbrojtje të humaniteteve janë në modë, pozicioni i sulmuesve nuk është një pozicion bashkëbisedues. Në fakt, duket sikur sulmi nuk bazohet mbi argumenta, por, në shumë pikëpamje, mbi një forcë të patundur – një lloj force që nuk është në gjendje t'i përgjigjet argumentit (ose të paktën të jetë e gatshme të lexojë mbrojtjet për humanitetet). Shkrutimisht pra, ndonëse duket sikur ka shumë mënyra për të mbrojtur dhe për të përforcuar humanitetet nëpërmjet argumentash tërësisht të vlefshëm dhe të shëndoshë, vërshimi kundër humaniteteve nuk duket se ka ndërmend as të dëgjojë e as të përgjigjet.

Për t'i vënë gjërat në perspektivë, do të mund të na ndihmonte sikur fjalët e Platonit, të cituara më lart, do të na kujtonin shkallën e shkatërrimit për të cilin jemi duke folur këtu. Përralla e Platonit, ndoshta ju kujtohet, në fillim të *Timeut*, është ajo e udhëtimeve të Solonit në Egjipt. Në Egjipt, Soloni kujtohet falë një prifti të zonës për efektet e katastrofave natyrore mbi dijen e njeriut. Prifti egjiptian vë re se një qytetërim i zhvilluar përbri Nilit do të mund të përfitonte prej benefiteve të ndryshme të shmangjes së katastrofave natyrore që sipas tij shkaktoheshin ose prej zjarrit të tepërt ose prej ujit të tepërt. Kështu pra, egjiptianët, të favorizuar nga gjeografia, qenë të aftë të mbledhin ato kujtime të paraardhësve të tyre që kishin mbijetuar mbi dijen dhe dijen e tyre praktike. Në kundërshtim me egjiptianët, të vjetër e të mençur, athinasit jetojnë në një gjendje të vazhdueshme rinie në raport me dijen, pasi ata vazhdojnë të humbasin të kaluarën falë katastrofave të përsëritura. Ata që prifti i quan të palexuar dhe të pakulturuar (*agrammatous te kai amousous*) janë ata që në përgjithësi iu mbijetojnë katastrofave të tilla.

Vërshimi i ditëve të sotme kundër humaniteteve shfaqet në formën e një katastrofe natyrore: e panegociueshme dhe e pakthyeshme. E megjithatë, fatmirësisht, forma e paraqitjes ndryshon prej aktualitetit. Po ashtu si katastrofat natyrore të Platonit, vërshimi duket sikur po çan një rrugë drejt mbizotërimit të analfabetizmit dhe *amousia*-s. Duhet, sidoqoftë, të ketë të paktën një ilaç për një sëmundje të tillë. Sigurisht që mund të ketë një lloj rinie, siç thotë prifti egjiptian i Platonit, pa humbur "letrat" dhe "kulturën"; a nuk iu drejtua filozofia vetë kësaj rinie athinase për të cilën flet Platoni, kur pa potencialin e saj për të qenë një virtyt dhe jo një ves?

Çka vijon nuk pretendon, dhe nuk mund të pretendojë, të shërojë plotësisht sëmundjet që vijojnë pas shkatërrimit që ka për të ardhur. Përkundrazi, si reagim ndaj zbulimit se sëmundjet nuk mundqë sëmundjet të mos e pasojnë shkatërrimin, kjo sprovë përpiqet të tregojë një drejtim i cili do të na çonte drejt asaj që ndoshta mund të jetë, pjesërisht, një kurë terapeutike, dhe jo vetëm paliative.

Tufat

Para jo shumë kohësh dëgjova një referatë kryesore [*keynote speech*] nga Gajatri Spivak në Universitetin e Teknologjisë së Qipros, ku isha duke dhënë mësim.[1] Përveç kontributeve që ajo ka bërë në fushën e teorisë postkoloniale, Spivak është një këngëtare e trainuar në traditën e muzikës klasike indiane. Dihet se muzika klasike indiane përfshin atë që quhet një iso mbi të cilën improvizohet një linjë e vetme melodike sipas një sistemi majft strikt rregullash (për shembull si të hipësh e të zbresësh një shkallë, e kështu me rradhë). Gjatë referatës së saj, Spivak diskutoi raportin midis isos dhe improvizimit si një lloj metafore për aktivizmin politik. Spivak e zgjati metaforën duke folur për "tingëllimin e një note tonike [*keynote*]," dhe si një referatë kryesore duhet në një farë mënyre të rikumbojë me të gjithë referatat e tjera që e rrethojnë.

I frymëzuar prej fjalëve të Spivakut mbi referatat kryesore dhe muzikën, ky artikull, i dhënë si një referatë kryesore gjatë konferencës "Pedagogjitë e Shkatërrimit" të mbajtur në Tiranë (8 qershor 2013), u konceptua karshi një metafore tjetër muzikore. Në vend që të mbështetesha mbi traditën magjepsëse të muzikës klasike indiane, zgjodha t'i drejtohem muzikës bashkëkohore perëndimore për një metaforë që do të më ndihmonte gjatë rrugëtimit përmes materialit që vijon. Një praktikë që e gjejmë në shumë kompozime të shekullit të njëzet është përdorimi i të ashtu-quajturave "tufa tonesh."[2] Tufa tonesh janë, pak a shumë, akorde të përbëra prej notash që janë afër njëra tjetrës. Një lloj i veçantë tufe mund të prodhohet nëpërmjet një teknike specifike në piano. Nevojitet që pianisti t'i bjerë njëkohësisht një numri të madh çelësash. Kjo mund të arrihet duke përdorur të dy parakrahët për t'i rënë pianos ndërkohë që mbajmë shtypur këmbëzin tingullmbajtës.[3] Një efekt i ngjashëm mund të arrihet duke u ulur mbi çelësat. Në thelb, kjo e shndërron pianon në një kuti plotë me tela të hapur. Telat e hapur rikumbojnë çdo notë që iu transmetohet pasi pianisti godet tufën.

Në këtë sprovë, në vend që të godas vetëm një "notë" (të përqëndrohem tek një pikë), do të përpiqem të godas disa prej tyre, dhe t'i lejoj ato që të rikumbojnë. Fatmirësisht, në kundërshtim me botën e fizikës së tingullit, nuk është e nevojshme që të jetë vetëm një notë, që është nota tonike, që rikumbon. Nuk është e pamundur, si të thuash, të lejosh njëmijë nota tonike të kumbojnë.

Kundërpsikilogjizmi dhe kundërbiografizmi
Nota e parë që dua të godas ka të bëjë me biografinë.

Filozofia bashkëkohore ka shumë pak, për të mos thënë aspak, interes për biografinë dhe autobiografinë.

Mungesa e këtij interesi, veçanërisht përsa i përket filozofisë së shekullit të njëzetë, mund të ketë të bëjë më pritjen problematike nga ana e filozofëve të rritjes së psikologjisë eksperimentale gjatë pjesës së vonët të shekullit të 19-të. Mosmarrëveshja kryesore mbi statusin e psikologjisë e pati zanafillën në akademinë gjermanofone, dhe përshkruhet zakonisht me termin gjerman *Psychologismusstreit*. Ajo u shkaktua nga publikimi i volumit të parë të *Hulumtimeve logjike* [*Logische Untersuchungen*] të Edmund Husserl në vitin 1900. Libri i Husserlit fillon me përpjekjen për të hedhur poshtë tezën pothuajse empirike të Xhon Stjuart [*John Stuart*] Mill se logjika është pjesë e psikologjisë. Husserl ishte përpjekur të dallonte midis psikologjisë dhe logjikës, të dytën prej të cilave ai e konceptonte, në vazhdën e Bolzanos, si një *Wissenschaftslehre*, një teori të shkencës ose shkencë të shkencës.[4] Më vonë, Zhilbert Rajl [*Gilbert Ryle*] do ta kritikonte Husserlin pikërisht për këtë, domethënë, për konceptimin e filozofisë si Shkenca Zonjë, duke ia atribuar këtë faktit se Husserl nuk ishte inokuluar kundër megalomanisë filozofike duke biseduar me shkencëtarët në kolegjet e Oxfordit ashtu siç kishte bërë Rajl.[5] Logjika e Husserlit si *Wissenschaftslehre* konceptohet në një mënyrë thuajse platonike, duke ndarë faktet rastësore që psikologjia mund të arrijë nëpërmjet kërkimit empirik nga subjektet e vërteta të kërkimeve logjike si ato që ndërmerrte vetë Husserl. Asnjë eksperiment psikologjik nuk do të mund të kthjellonte plotësisht ato që Husserl i quan koncepte logjike, p.sh. koncepti "objekt," koncepti "numër," koncepti "koncept," e kështu me rradhë.

Përpjekja e Husserlit shkaktoi një vërshim sulmesh ndërmjet filozofëve, që filluan të akuzonin njëri tjetrin për rrejshmërinë e "psikologjizmit." Do të ishte e vështirë të cilësonim ekzaktësisht se çfarë nënkuptonte kjo akuzë, pasi siç ka argumentuar Martin Kush,[6] filozofë të ndryshëm mendonin se ky term përmblidhte vese të ndryshme filozofike. Në përgjithësi ama, duket sikur kushdo që pa dashur dhe/ose pa dijeni fuste në punën e tij filozofike, në kuptimin e gjërë të fjalës, atë që lidhej me kërkimin psikologjik, në kuptimin e gjërë të fjalës, ishte automatikisht në gabim. Të gjithë ata që e njohin mirë *Qenia dhe koha* [*Sein und Zeit*] të Hajdegerit [*Heidegger*] kanë një ide se ç'formë mori ky debat më pas, pasi qysh në pasazhet fillestare (Pjesa I, Divizioni I, 1.10) Hajdeger kërkon të bëjë dallimin midis "analitikut të jaqenies"[7] dhe psikologjizmit, antropologjizmit, dhe biologjizmit, rrejshmëritë që i përkisnin tipave të ndryshëm të kërkimit empirik që ndërkohë ishin shumëfishuar.

Do të mund të imagjinonim një tjetër rrejshmëri, që megjithatë është e ngjashme, të cilës i ranë pre filozofë si, për shembull, Kirkegard [*Kierkegaard*] apo Agostin: biografizmi. Duke qenë se, për filozofinë, shekulli i njëzetë filloi me divorcin e saj prej psikologjisë, nuk duhet të habitemi me faktin se çështjet biografike nuk kanë luajtur një rol të madh tek ajo. Dhe nëse filozofët bashkëkohor kanë futur disa elementë të pashmangshëm autobiografikë në punën e tyre, në shumicën e rasteve qëllimi është që nëpërmjet një procesi abstraksionimi të arrihet të nxirret diçka universale prej veçantive të tilla.

Βίοι të lashtë

Kjo mungesë interesi për biografinë shfaqet në kundërshtim me idetë rreth biografive filozofike të lashtësisë. Ndonëse edhe në lashtësi hovi drejt një lloj universalizimi të veçantive të jetës së një personi vazhdon të jetë një nga shtysat pas këtij interesi, biografia luan një rol kyç në filozofinë e lashtësisë. Duke marrë parasysh konsensusin e përgjithshëm meta-filozofik midis të lashtëve në lidhje me faktin se filozofia përbënte një lloj arti të jetës (*technē peri ton bion*), mund të themi se biografitë e lashta të filozofëve luanin një rol formues në komunikimin e mënyrës se si ky art praktikohej.

Siç ka argumentuar Xhon Sellars,[8] filozofia e lashtësisë ka për qëllim të transformojë të gjitha aspektet e jetës së individit, duke përfshirë edhe gjatësinë e mjekrrës (kështu për shembull cinikët mbanin mjekrra të gjata dhe të parregulluara, perpatetikët mbanin mjekrra të shkurtra, e kështu me rradhë). Për më tepër, Sellars thekson se biografia do të luante një rol të rëndësishëm gjatë shkollimit.

> Për t'u bërë student filozofie në lashtësi nuk mjaftonte vetëm të mësoje një sërë argumentash të ndërlikuar apo të merrje pjesë në debate intelektuale. Përkundrazi, ajo nënkuptonte gjithashtu një proces transformimi të karakterit të individit (ἦθος) si dhe të shpirtit të tij (ψυχή), një transformim që do të transformonte jetesën e individit (βίος). Luciani, në biografinë që shkruajti mbi filozofin Demonaks, e bën të qartë se arsyeja pse ai e shkruajti këtë vepër është që t'ju japë këtyre studentëve shembullin e jetës së një filozofi që ata do të mund ta përdorin si një shembull (παράδειγμα) në jetët e tyre. Duke pasur këtë parasysh, filozofia e lashtësisë duhet kuptuar si një seri biografish të filozofëve ose shembujsh jetësh ideale filozofike në vend të një koleksioni sistemesh teorike ose filozofirash.[9]

Mund të shtojmë se vetë akti i shkrimit të këtyre biografive të filozofëve të ndryshëm duket të ketë qenë një akt transformimi i një jete (βίος) në një lloj mjeti shkollues. Jeta e Sokratit, për shembull, transformohet prej shkollave të ndryshme që e mendojnë vetveten si ndjekësit e tij në një lloj jetese ideale filozofike, duke i kushtuar vëmendje të veçantë atyre virtyteve që shkolla të ndryshme përpiqeshin të kultivonin. Një jetë për t'u imituar, një jetë që ilustron një rast të suksesshëm të kultivimit të virtytit dhe vënies së tij në zbatim. Sellars na tregon se nuk ishin vetëm faktet e jetës së një filozofi të caktuar që kishin rëndësi në biografitë e lashtësisë, por mënyra se si ai e jetoi atë.[10] Pak rëndësi ka se kur vdiq Empedokli, dhe se si ai vdiq ndryshon nga autori në autor, disa prej të cilëve paraqesin tezën se ai u shenjtërua. Kjo është diçka me të cilën filozofët modern nuk e shohin veten aspak të lidhur.

Ballafaqimi me vdekjen

Ndonëse shumica e këtyre βίος janë histori suksesi se si filozofët arritën të praktikonin atë që predikonin, mund të gjejmë elemente shkatërrimi edhe në jetët e filozofëve të lashtësisë. Megjithëse libri i Sajmon Kriçlit *Libri i filozofëve të vdekur*[11] tregon se vdekje të habitshme i gjejmë gjatë gjithë historisë së kësaj discipline, pak vdekje të mëvonshme mund të krahasohen me mënyrën spektatolare se si vdiqën disa filozofë të lashtësisë. Disa raportime të lashta të vdekjeve të filozofëve duket se regjistrojnë në mënyrë faktike ngjarje historike, si për shembull historia rrënqethëse e vrasjes së Anaksarkut prej mbretit qipriot të Salami Nikokreonit me grirje në havan.[12] Vdekje të tjera ama janë qartësisht fantastike, më e njohura prej të cilave është zbritja e Empedoklit në brendësi të malit Etna. Dhe nëse dikush tundohet ta shoh këtë si një dukuri që iu përket vetëm parasokratikëve, të cilët nuk ishin ende mjaftueshëm filozofikë, atëherë do të mjaftonte të shikonim jetën e Apollonit nga Tajna, një bashkëkohës i Jezusit. Portreti i Filostratit i shekullit të tretë, *Jeta e Apollonit* e përshkruan atë si të birin e një perëndie, që kryente mrekulli, ngrinte të vdekurit, dhe që u ringjall dhe u adhurua si një perëndi. Disa raportime vdekjesh përpiqen të ilustrojnë shembuj të disa prej vlerave që këto figura dhe shkollat që i pasuan ato kishin. Heroizmi sokratik kundrejt vdekjes është një karakteristikë që e ndajnë shumica e këyre shkollave. Figura të ndryshme stoike portretizohen si të gatshme për të pohuar vdekjen vullnetarisht, duke e lejuar veten të vdesin kur kjo iu kërkohet. Një shembull është ai i Zenonit nga Kitiumi që thuhet se e mbajti frymën deri sa vdiq pasi u pengua dhe theu gishtin e madh të këmbës. Fjalët e tij të fundit, sipas një poezie të Timoteit nga Mileti, iu drejtuan tokës mbi të cilën ai ra, dhe mund të përkthehen, pak a shumë, si ἔρχομαι: τί μ' αὔεις; – "Mos bërtit, erdha."[13]

Fabula të tjera rreth jetëve të filozofëve mund të shihen si propagandë, qartësisht të shkruara si argumenta *ad hominem* prej kundërshtarëve të filozofëve të caktuar, që kishin për qëllim të minonin disa prej pikëpamjeve të tyre duke i përshkruar ato sikur të çonin drejt absurditetit. Midis këtyre mund të gjejmë, për shembull, vdekjen e Heraklitit, që thuhet se rezultoi prej vendimit të tij për t'u mbuluar më bajga lope.[14] Mendohet se qëllimi ishte për të përqeshur besimin e tij në kundërshtimin midis thatësisë dhe lagështisë, dhe kundërshtarët e filozofit duket se ia kanë atribuar vdekjen e tij ose thatësisë së tepërt, rezultat i pjekjes së tij nën diellin e Jonit, ose lagështisë së tepërt, rezultat i mbytjes në bajga lope.

Ballafaqimi me shkatërrimin
Përveç historive të tilla që lidhen me mënyrat e ndryshme se si mund të përballohet vdekja, kemi edhe ato që merren më përballjen me shkatërrime të ndryshme nëpërmjet filozofisë. Kam parasysh këtu në veçanti historinë që tregon për hyrjen e Zenonit nga Kitiumi, themeluesit të shkollës stoike, në një shkollim në filozofi. Zeno po kryente disa punë për të atin, një tregëtar, kur iu fundos anija afër brigjeve të Athinës. Thuhet se kjo u bë shkak që Zenoni të hynte në një librari ku qëlloi që ai ndeshi punën e Ksenofonit mbi Sokratin. Kur ai pyeti se ku mund të gjente një njeri si Sokrati, e drejtuan tek filozofi cinik Krates që ndërkohë ishte duke kaluar, dhe që ra dakord të bëhej mësuesi i Zenonit. Reagimi i Zenonit ndaj gjithë kësaj përmblidhet në aforizmin në vijim: νῦν εὐπλόηκα, ὅτε νεναυάγηκα[15] – "Pata një udhëtim të mbarë sepse mu mbyt anija."*

---

* Mund të vëmë përbri kësaj historie atë të shpërbërjes nga Justiniani të akademisë neoplatonike të Athinës në 529, siç tregohet nga Agathia tek *Historitë* (2.31). Agathia harton një udhëtim në drejtim të kundërt me atë që mori Zenoni, ku akademikët që kishin mbetur u përballën me mërgim nga Athina duke lëvizur drejt lindjes për tek oborri i mbretit sasanid të Persisë, Khosroes I.

Nota tjetër. Historia e mësipërme e shkëputur nga jeta e Zenonit ka një element që e shohim të pasqyruar në biografitë e shumë intelektualëve të njohur të kohëve të fundit brenda humaniteteve. Ky element ka të bëjë me marrëdhënien midis filozofisë dhe pasojat mërgimtare të shkatërrimit. Sigurisht që histori të ngjashme me atë të Zenonit mund t'i gjejmë në tërë spektrin akademik të dijes (por në shkencat ekzakte do të ishte më e vështirë te shihnim rëndësinë e paralelizmit).

Kujtohuni për ndikimin që kanë patur Nazizmi dhe Lufta e Dytë Botërore në formimin e akademisë bashkëkohore perëndimore, e në veçanti të filozofisë, falë valëve të emigrimit që i pasuan. Qarku Vjenez i pozitivistëve logjik, për shembull, e zhvilluan filozofinë e tyre gjatë periudhës midis dy luftave si pjesë e një radikalizmi më të gjërë modernist në politikën e majtë vjeneze (dhe në veçanti në arsimimin adult).[16] Të detyruar të arratisen, ata filluan të portretizoheshin si një grupim apolitik, një qëndrim që në fakt e morën disa prej anëtarëve të Qarkut gjatë Luftës së Ftohtë.[17] Ky kuptim jopolitik i filozofisë së tyre do të luante një rol të rëndësishëm në formimin e historisë së mëvonshme të filozofisë analitike. Fakti "thjesht" biografik i angazhimit të tyre të mëparshëm në politikë nuk kishte për të luajtur një rol të rëndësishëm në pritjen e mendimit të tyre deri në momentin kur studime të vonëta e sollën atë në sipërfaqe edhe njëherë.

Mund të tregojmë një histori të ngjashme për një tjetër grupim filozofësh që ishin politikisht aktivë gjatë periudhës midi dy luftave, Shkollën e Frankfurtit. Nga pikëpamja e pozicionimit të filozofisë gjermanofone karshi politikës së periudhës midis dy luftave, Shkolla e Frankfurtit dhe Qarku Vjenez janë shumë afër njëri tjetrit. Nuk do të qe e vështirë madje as të imagjinonim një aleancë midis tyre, dhe në fakt duket se një përpjekje e tillë u bë gjatë viteve tridhjetë, nëpërmjet kontaktit ndërmjet Maks Horkhajmer dhe Oto Nojrat. Tomas Ybel dhe Xhon Onil kanë treguar[18] megjithatë se kjo përpjekje dështoi shumë shpejt, dhe çoi në prerjen e marrëdhënieve midis palëve, me sulmin e Horkhajmerit ndaj pozitivizmit të Qarkut Vjenez dhe refuzimin e tij për të publikuar përgjigjen e Nojrat ndaj këtij sulmi. Sulmi i Horkhajmerit në vitet tridhjetë përfshinte edhe akuzën se "sulmi i fundit mbi metafizikën,"[19] siç e quante ai, prej pozitizmit (Horkhajmer kishte ndërmend polemikën e Rudolf Karnapit [*Carnap*] kundër Martin Hajdegerit), ishte po aq përgjegjës për ngritjen e nazizmit sa ç'ishin pikëpamjet metafizike nën sulm. Kjo lloj kritike nuk është e drejtë ndaj Qarkut Vienez, të cilët, në kundërshtim me Hajdegerin (asokohe anëtar i partisë naziste), ishin duke u arratisur nga Gjermania dhe Austria. Reagimi i mëvonshëm apolitik i Qarkut Vjenez ndaj Luftës së Ftohtë, krahasuar me lidhjet që Shkolla e Frankfurtit kishte me të Majtën e Re, nuk ndihmoi në kundërshtimin e akuzave të Horkhajmerit.

Mërgimi transformoi si Qarkun Vjenez ashtu edhe Shkollën e Frankfurtit. Në rastin e të parëve, mërgimi do të bënte që politika e mëparshme e anëtarëve të tij të injorohej si thjesht një fakt biografik. Në rastin e të dytëve, sigurisht që mund të bëjmë një lidhje midis faktit biografik të mërgimit dhe subjekteve me të cilat teoria kritike u morr më vonë. Shumë do të dyshonin madje se lidhja është ca si tepër e fortë. A nuk gjejmë në ndëshkimin që Adorno dhe Horkhajmer i bëjnë xhazit si produkt i industrisë së kulturës shumë prej derës së tyre muzikore, dhe shumë pak argumentim? Në të njëjtën kohë ama, argumenti, lëvizja drejt abstraktes, është e vetmja gjë që ka vlerë. Do të mund të dallonim këtu një mbështetje të madhe mbi atë që është thjesht biografike, dhe njëkohësisht shumë pak pranim të forcës së autobiografikes.

Një ankth të tillë në raport me autobiografinë e gjejmë gjatë gjithë historisë së vonët të ideve. Shumica e intelektualëve më të njohur të pjesës së dytë të shekullit të njëzetë kanë qenë emigrantë, që janë arratisur në mënyra të ndryshme prej disa prej katastrofave më të mëdha të historisë së vonët. Mendoni, për shembull për Eduard Saidin dhe problemin palestinez, për Sllavoj Zhizhek [*Slavoj Žižek*], Jugosllavinë dhe rënien e komunizmit, për Derridanë dhe raportin e mendimtarëve të tjerë francez me Algjerinë. Sa të pranishme janë këto katastrofa në punën e këtyre intelektualëve? Ndoshta jo dhe aq. Duket sikur Perëndimi (pavarësisht nga ç'nënkuptojmë me këtë term) dëshiron t'i tregohen historitë e këtyre shkatërrimeve. Jo vetëm në mënyrën se si ai ia tregon ato vetvetes, por edhe në mënyrën se si ato rikujtohen prej njerëzve që në një farë mënyre i kanë përjetuar. Duket se kushti është se ata që i rikujtojnë nuk janë tregimtarë, dhe se ata nuk flasin për faktin që i kanë përjetuar në mënyrë të drejtpërdrejtë.

Ndarja analitike–kontinentale
Nota e fundit më ka sjellë aty ku do të kisha dashur të filloja, që do të thotë, tek e ashtuquajtura ndarje "analitike"–"kontinentale" brenda filozofisë. Për ata prej jush që nuk e njohin mirë këtë term, ai i referohet një dukurie të përhapur në filozofinë akademike të pasluftës. Një nga mënyrat problematike se si është përshkruar kjo ndarje është si një ndarje midis një grupi filozofik të quajtur "analitik" që e sheh veten nën dritën e shkencave ekzakte, dhe një grupi tjetër të quajtur "kontinental" që lidhet me artet dhe humanitetet.

Disa studiues të ndarjes ia kanë gjetur zanafillën në shekullin e 19-të, dhe një pararendës të saj në veprën e Xhon Stjuart Millit. Ishte "kriza mendore" e vetëshpallur e Xhon Stjuart Millit në saj të shkollimit të tij utilitar në duart e Bentamit [*Bentham*] dhe të të atit, që e shtyu atë të bënte diagnozën e një ndarje në filozofinë e tij bashkëkohore. Në një farë mënyre pra, siç kemi për të parë, biografia e Milit duket se udhëheq metafilozofinë e tij, duke përbërë bazat e qëllimit të tij për të mbyllur këtë ndarje falë mësimeve që ai nxorri prej shkatërrimit që qe shkollimi i tij.

Përpara se t'i futem historisë së krizës së Millit, do të doja të theksoja se iu drejtova asaj në saj të lidhjes time me një tjetër krizë, një lloj tjetër krize, që është kriza që sapo ka ndodhur në ishullin e Qipros. Kjo krizë është në një farë mënyre më së tepërmi një krizë pedagogjike: Qiproja ka një nga nivelet më të larta të të arsimuarëve të lartë në BE, të cilët papritur e papandehur po e gjejnë veten ballë për ballë me parabolën e Zhizhekut mbi personazhin e filmit vizatimor që ka vrapuar matanë shkëmbit pa vënë re mungesën e tokës mbi të cilën do të mund të vazhdonte të vraponte.[20] Çfarë mund të jetë filozofia në një vend dhe në një kohë të tillë? Çfarë roli mund të luaj shkollimi në situata të tilla, përveçse të pajisë me pritshmëri të rreme. Një nga aporitë më të cilat u përballa ishte se si do të mund të merresha me këto pyetje përmes interesave të mi akademikë. Ndonëse mund të ketë disa lidhje, nuk besoj se pyetjet metafilozofike dhe mjaft abstrakte me të cilat më është dashur të merrem në lidhje me ndarjen analitike–kontinentale kanë të bëjnë ndopak me ballaqimin me krizën e sotme financiare. Ekziston ama kjo histori e neglizhuar në biografinë e Xhon Stjuart Millit që mendoj se mund të hedh pak dritë mbi mënyrën se si metafilozofia mund t'iu përgjigjet katastrofave të tilla.

J.S. Mill

Mill, siç dihet, kishte qenë subjekti i një eksperimenti në shkollim të drejtuar nga i ati Xhejms [*James*] Mill dhe kumbari Xheremi [*Jeremy*] Bentam. Millit të vogël iu dha një shkollim i bazuar në parimet utilitare të zhvilluara nga kujdestarët e tij. Ai mund të fliste greqisht në moshën trevjeçare, latinisht në moshën shtatëvjeçare, dhe para se të arrinte adoleshencën kishte lexuar Platonin dhe Artistotelin, kishte zotëruar logjikën dhe matematikën, kishte një rrokje të mirë të teorisë ekonomike, e kështu me rradhë. Ekzistonte një lëndë ama që kujdestarët e tij kishin qenë të lumtur ta përjashtonin nga plani i tyre mësimor. Meqenëse Bentam mendonte se poezia ishte po aq e dobishme sa *push-pin* (një lojë popullore fëmijësh në ato kohë)[21], ajo nuk u përfshi në pedagogjinë e Millit të vogël.

Në dimrin e 1826/27-s, në moshën njëzet vjeç, Mill pati një "krizë mendore."[22] Ai vuajti nga një depresion i thellë, i cili u shoqërua me dyshime në lidhje me saktësinë e radikalizmit filozofik në të cilin e kishin shkolluar Bentam dhe i ati.[23] Mill kishte filluar ta shihte shkollimin e tij Bentamit si një pengesë ndaj aftësisë së tij për të komunikuar me ndjenjat e tij. Më vonë ai do të deklaronte se ripërtëritja prej këtij depresioni u mundësua kryesisht nga zbulimi i poezisë, e në veçanti asaj të Uërdsuërthit [*Wordsworth*].

Një dhjetëvjeçar pas kësaj krize, Mill shkruajti dy tekste mbi ato që ai i shihte si dy qëndrimet filozofike konfliktuale të kohës. Fillimisht, në vitin 1838, Mill publikoi një artikull lëvdues mbi veprën e Xheremi Bentamit, që kishte vdekur në vitin 1832, dhe më pas, në vitin 1840 shkruajti mbi veprën e Samuel Kolrixhit [*Coleridge*], që kishte vdekur në vitin 1834. Dy artikujt shkojnë dorë për dore pasi Mill sheh të pasqyruar në veprën e Bentamit dhe Kolrixhit dy botë të kundërta por plotësuese. Mill përsërit pohimin e Kolrixhit se njeriu lind ose aristotelian ose platonist, duke deklaruar se "çdo anglez i ditëve të sotme është për pasojë ose bentamit ose kolrixhan." Ai e shtjellon këtë ndarje më tej si më poshtë:

> Falë Bentamit, mbi gjithë të tjerët, njerëzit janë nxitur të pyesin veten, në lidhje me çdo opinion të lashtë apo marrë për të vërtetë, "A është i vërtetë?" dhe falë Kolrixhit, "Cili është kuptimi i tij?" [...] Prej këtij dallimi midis këndvështrimeve të dy filozofëve, dhe besnikërisë absolute të secilit për të tijin, duhej pritur se Bentam nuk do të dallonte të vërtetën që gjendet në opinionet tradicionale, dhe Kolrixh atë që gjendet jashtë tyre, dhe në ndryshim me to. Por është njëkohësisht e mundur që secili të gjente, ose të tregonte rrugën për të gjetur, shumë prej asaj që tjetri nuk e kishte gjetur.[24]

Bentam shpallet nga Milli të ketë qenë filozofi "progresiv" paradigmatik, ndërsa Kolrixh mendohet të ketë qenë përfaqësues i një "tradicionalizmi" reaksionar. Për Millin, qëllimi është të shohë mes syve të të dy mendimtarëve, pasi, siç thotë më sipër, secili i marrë veçmas lë pas diçka mjaft të rëndësishme.

Milli i jep filozofisë me të cilën merrej Kolrixh asokohe një emër që i ka mbetur edhe sot e kësaj dite. Kolrixh ishte, asokohe, një nga importuesit kryesorë të mendimit filozofik gjermanofon në botën e tij bashkëkohore anglofone. Mes të tjerash, Kolrixh jo vetëm që kishte lexuar dhe komentuar mbi Kantin, por duket se ka qenë pjesë e një lëvizje romantike paskantiane më të gjërë. Kjo është arsyeja pse Mill përdori termin "filozofi kontinentale" për të emërtuar atë lloj romantizmi reaksionar që kishte perceptuar tek Kolrixhi. Tek Milli ne gjejmë rastin e parë të përdorimit të këtij termi. Komentatorë mbi përdorimin e këtij termi nga Milli, si Xhonatan Re[25] ose Sajmon Kritçli,[26] e kanë kuptuar termin "filozofi kontinentale" t'i referohet një këndvështrimi specifikisht britanik të marrëdhënies midis Britanisë dhe Evropës. Por unë kam rezervimet e mija në lidhje me këtë ide se ndarja mes filozofisë analitike dhe kontinentale mund të projektohet kaq mbrapa në kohë. Në fakt, vetëm një shekull pas Millit, me rritjen e filozofisë analitike pas Luftës së Dytë Botërore, mund të flasim në një mënyrë kuptimplotë për dukuri të tilla. Ndonëse raporti me Kantin dhe paskantianizmin sigurisht që luan rolin e vet, do të qe, mendoj unë, anakroniste të imagjinojmë se Mill e kishte perceptuar këtë që atëherë.

Dy "dy kulturat" të ndryshme

E megjithatë një element i ndarjes që skicon Mill mbijeton në kulturën akademike të mëvonët që pëcaktoi mënyrën se si ndarja analitike-kontinentale u zhvillua. Ndonëse ajo nuk zbret drejtpërdrejt nga Milli, mund të themi se ideja e C.P. Snout mbi "dy kulturat" në shumë këndvështrime ecën paralelisht me atë që Mill kishte identifikuar një shekull më parë.

Snou e ngriti këtë çështje për herë të parë në një referim të mirënjohur të titulluar "Dy kulturat" të paraqitur në Cambridge në vitin 1959.[27] Tek "Dy kulturat" Snou argumenton se rritja në specializim që ka karakterizuar jetën e akademisë në shekullin e njëzetë ka çuar në një ndarje mes humaniteteve dhe shkencave. Ka pasur, thotë Snou, një prishje të komunikimit midis intelektualëve të letrave dhe shkencëtarëve. Snou bëri thirrje për kapërcimin e kësaj ndarje.

Projekti i Snout për rilidhjen e dy kulturave u bë pjesë e programit arsimor në Britani. Një sërë universitetesh, të sapokrijuara në vitet 1960 dhe 1970, do të zbatonin një përpjekje për të rilidhur dy kulturat duke zhvilluar plane mësimorë qëllimi i të cilëve ishte kapëricimi i saj.[28] Pasojat e këtyre përpjekjeve në departamentet e filozofisë janë mjaft interesante për t'u vëzhguar. Një pjesë e madhe e zhvillimit të së ashtuquajturës "filozofi kontinentale" në akademinë britanike i detyrohet pikërisht zbatimit të këtyre policave. Universitetet që zbatuan projektin e rilidhjes së Snout kanë deparatamente filozofie me programe si analitike ashtu edhe kontinentale. Do të mund të argumentohej se ky eksperiment çoi në rritjen e nevojës për të ekzaminuar sërish këtë ndarje, dhe se ajo që unë jam duke thënë rreth ndarjes është rrjedhojë e kësaj lëvizje.

Falë zbatimit të projektit të rilidhjes së Snout në arsimin e lartë, përftojmë një lloj paralelizmi të nënkuptuar midis filozofisë analitike dhe një konceptimi shkencist [*scientistic*] të disiplines nga njëra anë, dhe filozofisë kontinentale dhe një konceptimi humanist të disiplines nga ana tjetër. E megjithatë nuk është e qartë se nocioni i një ndarje midis filozofisë analitike dhe kontinentale përputhet me një lloj ndarje midis shkencës dhe humaniteteve. Nëse jo tërësisht e rremë, atëherë kjo është një përshtypje shumë e përafërt. Problemi kryesor me këtë përshtypje të përafërt është se kur ne flasim për filozofinë analitike dhe kontinentale nuk është aspak e qartë se po i referohemi dy lëvizjeve monolitike në filozofi. Konsensusi i përgjithshëm ditët e sotme duket se është se, në rastin më të mirë, ne po flasim për dy tradita të përcaktuara jo ekzaktësisht, të cilat ndajnë ngjashmëri të ndryshme, por që nuk kanë një program të përbashkët, metodë apo stil. Nga njëra anë, shumë figura kyçe në filozofinë analitike e kanë konceptuar disiplinën e tyre, qoftë hapur apo jo, si humaniste. Mbrojtja e hapur dhe e drejtpërdrejte e tezës se filozofia është një disiplinë humaniste e kohëve te fundit nga Bernard Uilliams është vetëm një prej shembujve të shumtë, ndonëse Uilliams vetë e lidh këtë tezë me kapërcimin e ndarjes analitike–kontinentale.[29] Përsa i përket filozofisë kontinentale, nga ana tjetër, është argumentuar se një ngjashmëri familjare e mundshme që bashkon mendimtarët e futur në këtë grup duket se është se ata kanë tendencën ose të injorojnë shkencën ose të jenë kritikë ndaj saj.[30] Ekziston mundësia ama se kjo do të thotë të injorojmë punën e një numri filozofësh kontinentalë të shkencës (kryesisht francezë).

Perspektiva e zhvillimit institucional të së ashtuquajturës ndarje analitike-kontinentale duket se, në mënyra të ndryshme, është e aftë të sjellë në një linjë raportin e Snout dhe atë të Millit.[31] Por këto dy raporte nuk duken aq të bashkërenditur kur vjen puna tek çështja e demarkimit midis shkencave dhe humaniteteve, dhe akoma më pak tek pyetja se çfarë do të mund të ishte një filozofi humaniste. Një pjesë e madhe e arsimimit të Millit ishte padyshim në humanitete, kurse dallimi që ai bën midis Bentamit dhe Kolrixhit nuk është qartësisht një dallim midis shkencave dhe humaniteteve. Kjo pasqyrohet në problemet që dalin në bashkërenditjen e programit të rilidhjes së Snout me kapërcimin e ndarjes analitike–kontinentale.

Ajo që më interesoi në lidhje me diskutimin e Millit të "krizës" së tij, që do të çonte në perceptimin e tij të një ndarje në filozofinë e tij bashkëkohëse, është prapë së prapi një aspekt i veçantë i një qasjeje humaniste ndaj arsimit. Ajo është mënyra se si Mill ndreq arsimimin e tij të mëparshëm, që çoi në kolapsin e tij, përmes vetëmjekimit të një pedagogjie autodidaktike. Në rastin e Millit qe poezia romantike e Uërdsuërth që do të dilte terapeutike, dhe që do të çonte në vlerësimin e tij për botëkuptimin filozofik kolrixhan, që dukej se ishte i kundërt me atë bentamit. Por kjo varet nga veçantitë e biografisë së Millit, që natyrisht do të cilësonin lëvizjen e tij nga fakti thjesht autobiografik i "krizës mendore" që kaloi tek diagnoza e një përplasjeje të madhe botëkuptimesh. Do të hezitoja ta quaja këtë një lëvizje nga një qasje utilitare ndaj arsimit në një që merret me *eudaimonia*. Ndoshta, duke lëvizur në mënyrë abstrakte përtej veçantive biografike të krizës mendore të Millit, do të mund të spikatnim këtu një reagim ndaj një qasje instrumentaliste ndaj arsimit. Ky reagim nuk është në tërësinë e tij një lëvizje drejt projekteve mbi mirëqenien shpirtërore [*eudaimonistic*] për të cilat u përpoq të kontribonte βίοι i lashtë, ndonëse elemente të një qasje të tillë mund të dalin nëpërmjet tij. Me fjalë të tjera, nuk përqafon absolutisht pikëpamjen se filozofia na mëson si të vdesim, dhe kësisoj si të jetojmë. Mund të shihet, përkundrazi, se thotë diçka mbi mënyrën se si arsimimi mund të lejojë një ballafaqim me shkatërrimin.[32]

Shënime

1. Gayatri Chakravorty Spivak, "No Definitions for activism," Cyprus University of Technology, 23 nëntor 2012 (http://vimeo.com/58282980).
2. Shembuj të përdorimit të tufave të toneve gjenden gjithandej në muzikën bashkëkohore, dhe disa përdorime të mirënjohura tek vepra e Xenakis-it, ose tek seria *Klavierstück* e Stockhausen-it.
3. Për shembull, "The Tides of Manaunaun" (1917) për piano e Henry Cavell-it, një pjesë që zë një vend të rëndësishëm në historinë e tufës së toneve, e përdor krahun e majtë kësisoj.
4. Sh. P. Simons, "Bolzano, Tarski, and the Limits of Logic," *Philosophia Naturalis*, 24.4 (1987): 378–405.
5. G. Ryle, "Phenomenology vs. The Concept of Mind," në *Collected Papers: Critical Essays*, Vëll. 1 (Londër: Hutchinson, 1971), 179-196, në 181: "Them se mendimtarët tanë janë imunizuar kundër idesë së filozofisë si Shkenca Zonjë nga fakti se në jetët e tyre të përditshme në Kolegjet e Cambridge-it dhe Oxford-it ata janë në kontakt me shkencëtarë të vërtetë. Pretendimet për Udhëheqjen zhduken kur fillojnë shakatë e pasbukës. Husserl shkruante sikur nuk kishte takuar asnjëherë ndonjë shkencëtar – ose shaka."
6. M. Kusch, *Psychologism: A Case Study in the Sociology of Philosophical Knowledge* (Nju-Jork: Routledge, 1995).
7. M. Heidegger, *Being and Time*, përkth. J. Stambaugh (Albany: SUNY Press, 1996), 42–7.
8. J. Sellars, *The Art of Living: The Stoics on the Nature and Function of Philosophy* (Aldershot: Ashgate, 2003).
9. Po aty, 23.
10. Po aty, 22.
11. S. Critchley, *The Book of Dead Philosophers* (Londër: Granda Books, 2009).
12. Diogenes Laertius, *The Lives of Eminent Philosophers*, Book IX, 10, 58–9.
13. Ibid, Book VII, 1, 28.
14. Ibid, Book IX, 1, 3.
15. Ibid, Book VII, 1, 4.
16. Sh. p.sh. J. Dvorak, "Otto Neurath and Adult Education: Unity of Science, Materialism and Comprehensive Enlightenment," në T. Uebel (red.), *Rediscovering the Forgotten Vienna Circle: Austrian Studies on Otto Neurath and the Vienna Circle* (Dordrecht: Kluwer, 1991), 265–74.
17. Sh. p.sh. G.A. Reisch, *How the Cold War Transformed Philosophy of Science* (Cambridge: Cambridge University Press, 2005); J. McCumber, *Time in the Ditch: American Philosophy and the McCarthy Era* (Evanston IL: Northwestern University Press, 2001).
18. John O'Neill dhe Thomas Uebel, "Horkheimer and Neurath: Restarting a disrupted debate," *European Journal of Philosophy* 12.1 (2004): 75–105.
19. M. Horkheimer, "The Latest Attack on Metaphysics," në *Critical Theory: Selected Essays* (Nju-Jork: Continuum, 1982), 132–87.
20. S. Žižek, "The Cyprus crisis is a symptom of what is rotten in the EU," *The Guardian* (April 8, 2013). Available at: http://www.guardian.co.uk/commentisfree/2013/apr/08/cyprus-crisis-symptom-rotten-eu (Parë 26 qershor 2013).
21. J.S. Mill, "Bentham," në *The Collected Works of John Stuart Mill*, Vëll. X – Essays on Ethics, Religion, and Society, red. J. M. Robson (Londër: Routledge and Kegan Paul, 1969), 75–117, në 113.
22. Sh. J.S. Mill, *Autobiography* (Londër: Longmans, Green, Reader, and Dyer, 1873), 132–40.
23. Po aty, 135: "Shkollimi im [...] qe kryer pa asnjë vëmendje ndaj mundësisë që do të përfundonte kësisoj [...] dështimi i tij

ishte ndoshta i paevitueshëm."

24 J.S. Mill, "Coleridge," në *The Collected Works of John Stuart Mill*, Vëll. x - Essays on Ethics, Religion and Society, red. J. M. Robson (Londër: Routledge, 1969), 117–64, në 119–20.

25 J. Reé, "Continental Philosophy," në *The Concise Encyclopedia of Western Philosophy*, red. J. O. Urmson & J. Rée, bot. i 3-të (Nju-Jork: Routledge, 2005), 79–80.

26 S. Critchley, *Very Short Introduction to Continental Philosophy* (Oxford: Oxford University Press, 2001), 41–8.

27 C.P. Snow, *The Two Cultures and the Scientific Revolution* (Nju-Jork: Cambridge University Press, 1959).

28 See Critchley, *Very Short Introduction to Continental Philosophy*, 51–2.

29 B. Williams, *Philosophy as a Humanistic Discipline* (Princeton: Princeton University Press, 2006).

30 See e.g. J. Reynolds dhe J. Chase, *Analytic versus Continental: Arguments on the Methods and Value of Philosophy* (Stocksfield: Acumen, 2011), Kreu 15.

31 See e.g. Critchley, *Very Short Introduction to Continental Philosophy*, 50.

32 Do të doja të falenderoja thellësisht Jonida Gashin dhe Vinsent V.J. van Herven Ujin për ftesën që më bënë për të paraqitur një referatë kryesore gjatë konferencës "Pedagogjitë e shkatërrimit." Do të doja të falenderoja gjithashtu të gjithë ata që ishin të pranishëm tek kjo konferencë për komentet, mbështetjen dhe kritikat e tyre.

WALTER BENJAMIN AND THE INHUMANITIES
TOWARDS A PEDAGOGICAL ANTI-NIETZSCHEANISM

Matthew Charles

The following discussion is intended as a critical intervention into recent debates about the "crisis of the humanities," reading the symptomaticity of crisis in the medical sense of a *turning point*. It does so from the perspective of the work of Walter Benjamin, whose own transdisciplinary practice of thought has been characterized as a "philosophy directed against philosophy" and a "philosophizing beyond philosophy," and stands as a model for the kind of intellectual and para-academic activity evoked here.[1] Historically re-situating Benjamin's famous allegory of the Angel of History from the twentieth-century context of the "crisis of culture" to the contemporary "crisis of education," it attempts to reconstruct a dialectical understanding of *pedagogization* within Benjamin's work, which is used to sketch out the contours of a critically reimagined pedagogy of the Inhumanities.

Benjamin's Angel of History as Anti-Nietzscheanism

It is preferable to avoid invoking Paul Klee's *Angelus Novus*, the watercolour Walter Benjamin owned and with which he famously identified his figure of the Angel of History, precisely because its familiarity today entails the historical loss of its capacity to shock. As Susan Buck-Morss writes, the painting has become "too famous, the words so thickly applied that we cannot see the Klee image without the overlay of Benjamin's comments on it."[2] In the context of this conference on "Pedagogies of Disaster," however, it is impossible not to recall the Angel's disturbing revelation of the course of history as one single great catastrophe, an ever-growing heap of carcasses and detritus.[3] As a result of one particular catastrophe – the bitter circumstances of Benjamin's own suicide in 1940 and its connections to the broader political events evoked in his theses "On the Concept of History" – Klee's *Angelus Novus* has, Buck-Morss warns, become "pinned down" by those specific historical determinations, such that a philosophical conception of history has hardened into ontology. Today, we only recall the Angel's impotent wings and overlook its savage fangs.

In the interests of de-ontologizing this understanding of history, and perhaps reinvesting it with the capacity to intervene within the acquiescence of contemporary academic thinking, it is necessary to re-historicize it, bringing it into closer connection with our current moment. Given the topic of this conference, I propose to do so not through an analysis of contemporary political catastrophe but a reconsideration of the ideological terrain upon which Benjamin negotiates his response: turning from the context of the crisis of culture of the early twentieth century to that of the crisis of education at the beginning of the twenty-first.

The initial philosophical-historical point I want to draw from the theses "On the Concept of History" is that Benjamin's politicizing of history should be understood as a precise inversion of a Nietzschean theory of culture. To provide some political context for this claim, it should be noted that the development of Friedrich Nietzsche's thought in the 1870s, orientated around the modern crisis of culture heralded by the figure of the "cultural philistine," is a response to the Pyrrhic victory of German bourgeois imperialism with the founding of the Prussian Empire in 1871 but also the specter of the Paris Commune that briefly flickered the same year: Nietzsche draws upon the cultural elitism of classical antiquity as an alternative to the "pseudo-cultures" of both the German Empire and French socialism.

Celebrating the fall of the Commune in a letter dated 21st June 1871, for example, Nietzsche declares himself in good spirits because not everything had capitulated to what he calls "Franco-Jewish levelling" and "the greedy instincts of *Jetztzeit* [now-time]."[4] Similarly, in "The Greek State" (written in 1871/2), he claims:

> Accordingly, we must learn to identify as a cruel-sounding truth the fact that slavery belongs to the essence of a culture: a truth, granted, that leaves open no doubt about the absolute value of existence… The misery of men living a life of toil has to be increased to make the production of the world of art possible for a small number of Olympian men. […] Every moment devours the preceding one, every birth is the death of countless beings, procreating, living and murdering are all one. Therefore, we may compare the magnificent culture to a victor dripping with blood, who, in his triumphal procession, drags the vanquished along, chained to his carriage as slaves…[5]

Significantly, Benjamin does not object to or criticize this conception of culture in his theses "On the Concept of History," in which the Angel of History appears, but draws the opposite political conclusion from its recognition to that of Nietzsche:

> Whoever has emerged victorious participates to this day in the triumphal procession in which the present rulers step over those who are lying prostrate. According to traditional practice, the spoils are carried along in the procession. They are called cultural treasures, and a historical materialist […] cannot contemplate [them] without horror. They owe their existence not only to the efforts of the great minds and talents who have created them, but also to the anonymous toil of their contemporaries. There is no document of civilization which is not at the same time a document of barbarism.[6]

Benjamin's inverted Nietzscheanism retains a critical suspicion towards bourgeois culture and a nihilistic rejection of its values but – to evoke the *Untimely Meditations* which proved especially influential on the young Benjamin – is oriented towards a *transhistorical remembrance* of the oppressed rather than Nietzsche's *unhistorical forgetting* of the shameful origins of cultural production. Benjamin's catastrophic vision of history, a Faustian pact with a fallen Angel, is based on time conceived not as infinitely successive but that revolutionary *Jeztzeit* (now-time) or interruption of eternity that Nietzsche associated with the "Franco-Jewish levelling" of the Communards.[7]

Philistinism, or the Limits of Nihilism

Malcolm Bull's *Anti-Nietzsche* not only engages in a comparable inverting of Nietzschean cultural politics but supplements this with an immanent critique of the historical limits of Nietzsche's own nihilism that will prove relevant – when read back through Benjamin – for understanding our contemporary situation. Bull argues that Nietzsche's reflections on cultural philistinism and his proposition regarding the *aesthetic* justification of the world represent not the completion of nihilism but an attempt to arrest or suspend it, since his celebration of the devaluation of all religious and moral values does not extend to the sphere of cultural and aesthetic value as well. Tracing the historical negation of values through the phantasmagoric parade of specters that have been seen haunting Europe – atheism, anarchism, nihilism, philistinism – Bull concludes that "the aesthetic is just the residuum left by the previous history of negation, and philistinism its corresponding but as yet unrealized negative [...]."[8] Much modern European philosophy and Marxist theory inherits this Nietzschean affirmation, Bull suggests, conceiving art as not merely subject to this dialectic but a position through which the dialectic works.

The implications of the nihilist transvaluation demands not merely the dialectical embrace of philistinism, however, but also the awareness that philistinism itself is only the most recent but not final nihilistic negation of values. Yet when Bull asks, "where are the philistinism's new seas?" he leaves this incoming wave of the post-aesthetic unexplored.[9] Returning to the work of Benjamin is relevant here, I want to argue, not only because its anti-Nietzscheanism is rare in extending to the blind spot of philistinism (in contrast to much contemporary leftist theory, *The Philistine Controversy* aside)[10] but because it also anticipates a movement beyond this position in relation to the post-aesthetic. Specifically, what interests me about Benjamin's thought is how, most noticeably after his return in 1927 from a stay in the "great laboratory table" of Moscow under Stalin, he engages with the political project of philistinism in essays such as "Karl Kraus" (1931), "The Author as Producer" (1934), and "The Work of Art in the Age of its Technological Reproducibility" (1935–9). Whereas Nietzsche, in his lectures "On the Future of Our Educational Institutions" and in the *Untimely Meditations,* identified the debasement of genuine culture with journalism – characterized by its ephemeral politicality, its leveling down of aristocratic distinctions, and its barbaric corruption of artistic style – in these essays Benjamin suggests that such elements conceal a dialectical political moment for the masses: "... it is at the scene of the limitless debasement of the word – the newspaper, in short – that salvation is being prepared."[11]

It was Bertolt Brecht, Benjamin points out, who "was the first to make of intellectuals the far-reaching demand not to supply the apparatus of production without, to the utmost extent possible, changing it in accordance with socialism."[12] In doing so, Benjamin stresses the need for technical innovations that aim to transform the apparatus of bourgeois cultural production, in the interests of the masses, through a process Brecht named *Umfunktionierung* (refunctioning). In the context of literary culture, the ramifications of this Brechtian idea force a rejection of the Nietzschean denigration of journalism as "pseudo-culture" all along the line, asserting the dialectical usefulness of journalism precisely *because* of its ephemeral temporality, its fluid sociality, and its anti-individualistic and collectively productive features.

This position, especially when contrasted to the writings of Adorno and Horkheimer (which remain, especially in their observations on "The Culture Industry," closer to Nietzsche), is often misconstrued as hopelessly optimistic or utopian. But this is to miss the extent to which, already overdetermined by the recognition of its particular catastrophic conditions, Benjamin's intervention unfolds from a hopeless position of pessimistic or nihilistic extremism, in which measured waiting can appear only as a historical luxury. If such a position has been proved wrong *historically*, however, this only proves its *diagnostic* correctness. For Benjamin, the historical moment of the ideological crisis of culture in the late 19th and mid-20th centuries was prepared by the technological forces of "massification" and the economic conditions of "commodification": the former was predicated on jettisoning the historical contingency of the bourgeois concept of "culture" and the "artwork" in the politics interests of the masses; the latter banked precisely on their survival (since the value of art under capitalism resides in the *semblance* of its antithesis to exchange-value; a semblance which, ironically, increasingly determines its exchange-value in the contemporary art market). In the aftermath of this missed historical opportunity (whose symptom is the very endurance of the bourgeois concept of art and culture as a precondition of the contemporary culture industry), art in contemporary capitalist societies – for all their intrinsic artistic value and specific political form or content – can no longer serve any effective political function; radicality is compromised as marketability. For this reason, I want to suggest, *our* crisis is no longer that circumscribed by culture and art, forcing us to revisit the historical and political conditions of nihilism today.

The New (Old) Philistinism

Considering Benjamin's work in the light of our historical present, however, his broader demand for the refunctioning of art is too directly misconceived as "politicization." What has tended to be underplayed in Benjamin's discussion of the crisis brought about by the technological conditions of mass culture is the extent to which this transformation of art and culture involves not so much the *politicization* of art but its *pedagogization*.[13] When he is being more specific, Benjamin reads the transformation of the use-value of art under the dominance of exchange-value as bifurcating into "entertainment/distraction [*Zerstreuung*] value" (or what he elsewhere calls "consumer value [*Konsumwert*]") and "education value [*Lehrtwert*]"; in Brecht's work, he claims, the two converge, "making possible a new kind of learning."[14] Here, we might recall Fredric Jameson's more recent retrieval of the usefulness of Brechtian method as a modernism which unfolds from the sphere of art into that of pedagogy (supplementing Marx's task of the "educating of the educators" with Maoist teaching concerning the inevitability of change).[15] Reading Bull's anti-Nietzschean philistinism through Benjamin's (Brechtian) cultural politics schematically reveals the latter's anticipation of a further historical shift in value, from the terrain of culture in general to the more specific field of education.

Louis Althusser is perhaps most well-known for detailing such an ideological shift. In the precapitalist period, Althusser argues, the now distinct functions of Culture and Education both lay curled up, amongst others, within the dominant ideological power of Religion.[16] But if, as Althusser suggests, Education has now become the dominant Ideological State Apparatus under capitalism, it is important to recognize that until recently Education's primary purpose was the transition and reproduction of Cultural capital itself (that is, Culture was the fundamental ideological apparatus of the capitalist nation-State). If Bill Readings is correct in claiming that the institutionalization of Cultural Studies itself was symptomatic of the very disappearance of Culture in its ideological function (in an increasingly transnational and multicultural knowledge economy), I think what we are currently experiencing is not the transition to a post-ideological notion of Education, as Readings argued in *The University in Ruins*,[17] but the emergence of the discrete ideological functioning of Education itself from within the nested higher sphere of Culture (itself previously nested within the sphere of Religion), producing a direct and corresponding "crisis of education" under the inherited conditions of its own increasing "massification" and "commodification."

How might we think through such a contemporary anti-Nietzscheanism within our current historical conjuncture, one that Martha Nussbaum has called a "world-wide crisis in education" and in particular a "crisis of humanities"?[18] What is required today is a critical theory of mass education which explores the historical contingencies of our own bourgeois concept of pedagogy and makes a comparable demand for the refunctioning of our educational apparatus under such critical conditions. This demands not a reactionary conceptual retreat to a quasi-aristocratic, quasi-elitist, and individualist pedagogy for the eternal values of "culture," "cultivation," and "character" (Nietzsche's *unhistorical* appeal to an education for Culture, which continues to resonate within much post-Nietzschean thought in its right and left variations), but instead a rethinking of the educational apparatus through its conditions of "massification" over and against its "commodification."

We might bear in mind here how the German word *philister* originally meant not a disavowal of the value of art and culture – the meaning it eventually acquired under the dominance of aesthetics within cultural education in the nineteenth century – but a more general derogatory term to distinguish the ordinary townspeople from educated university students.[19] Polemically speaking, a dialectical conception of a new *philistinism* would be orientated towards a rejection of educational elitism (in all its post-Nietzschean incarnations as "minority education"), a recognition of the complicit role education serves in the reproduction of social inequalities (including the attempt to extend an unrefunctioned bourgeois apparatus into new social spheres), an increasing dissolution of the distinction upon which the philistine value-distinction rests (through an affirmation of "mass education"), and the embrace of the negatively perceived values of "massification" itself as it comes to transform the form and content of academic activity. To sketch out one broad implication of such a perspective, we might begin by noting that bourgeois, humanist concepts of education are predominantly *temporal*, to the extent they focus on the teleological goal of cultivation.[20] The pedagogical correlate of Benjamin's interruptive understanding of temporal *Jetztzeit*, I would like to suggest, would be a spatialized concept of educational expansion.

The Inhumanities

In *Anti-Nietzsche*, Malcolm Bull suggests that throughout the historical sequence of modern value negations (atheism, anarchism, nihilism, philistinism), the absent negative is repeatedly defined as a *subhuman* inversion of the positive humanist value within the prevailing system. Bull's construction of an anti-Nietzschean position, directed against the recovery of Culture and the hierarchical mastery of the Nietzsche's *Übermensch*, argues that "there can be no humanist response to Nietzsche" and that we must give "up the idea of becoming more than man and think only of becoming something less."[21] Bull's subsequent and implicitly pedagogic strategy of "reading like a loser" (that is, identifying – against the grain – with the rhetorically abject subject of a given narrative) therefore dissolves the boundaries drawn around an inclusive reading community, flooding them with the antisocial nihilism of the "mass of abject powerless men who have no communal feeling."[22]

Such subhumanism is theoretically anticipated in the figure of the "destructive character" introduced in Benjamin's essays from this period and identified as a precursor to the Angel of History. In his essay on the misanthropy of the contemporary satirist Karl Kraus, for example, Benjamin recognizes in the satirist's writings the condemnation of a thoroughly impoverished humanity, played out primarily for Kraus in the erosion of the distinction between "private" and "public" life within journalism.[23] Benjamin, intervening within Kraus's polemics to dialectically rescue the figure of collective emancipation, identifies Kraus's quasi-Nietzschean reaction against the classical ideal of humanity (his retreat from philanthropy into *misanthropy* staged as the withdrawal into withered private life) with an effectively unconscious confession of the "materialist humanism" of the early Marx. Similarly, we might identify the apparent asociality that is a leitmotif of Brecht's work – clearly evident, for example, in his *Handbook for City-Dwellers* and the *Stories of Mr. Keuner* – as its "properly utopian feature": an appeal beyond the individualism of bourgeois humanism to the utopian completion of the individual in the collective.[24]

Towards the conclusion of his essay on Karl Kraus, Benjamin insists that,

> Work as a supervised task – its model being political and technical work – is attended by dirt and detritus, intrudes destructively into matter, is abrasive to what is already achieved and critical towards its conditions, and is in all this the opposite to the work of the dilettante luxuriating in creation [...] And therefore the *Unmensch* stands among us as the messenger of a more real humanism [...] [One must have] seen Klee's *New Angel* (who preferred to free men by taking from them, rather than make them happy by giving to them) to understand a humanity that proves itself by destruction.[25]

Here, the figure of the Nietzschean *Übermensch* is countered with the technologically collectivized and abject posthumanism of the *Unmensch*: the "monstrous" or "inhuman," as an inverted Nietzschean pragmatism. For Benjamin, Brecht was one such embodiment of the "destructive character"; taking my cue from his recognition of a "new kind of learning" encapsulated in the pedagogical refunctioning of Brechtian method, I wish to conclude by proposing that a concept of pedagogy theoretically informed by this inverted Nietzscheanism should be grounded not in a temporalized idea of the Humanities but a spatialized image of the *Inhumanities*.

The Anarchic University

This claim can be elaborated, negatively, against the existing positive value of humanistic education. Brecht's "figure of Keuner concentrates his attention on showing that the plethora of problems and theories, theses and world views, is a fiction and the fact that they cancel each other out is neither accidental nor grounded in thought itself; rather, it is grounded in the interests of the people who have placed the thinkers in their posts."[26] What is suggested here is that the multiplicity of "viewpoints" arranged in shallow opposition to each other (Left versus Right, Pro versus Anti…), and the encouragement of "private opinions" in turn, is the explicit function of contemporary capitalist ideology, which insists everyone have their opinion but that therefore no opinion is of more "consequence" or "truth" than any other. In contradistinction to Althusser, Brecht proposes this as a negative thesis of ideology: that the neutralization of thought *through the plethora of thoughts themselves* ensures the ideological intended outcome of rendering – in advance – all thought as *consequenceless*. I would like to present Brecht's account as the contemporary functioning of ideology today as it migrates into the locus of the educational sphere.

In general, it corresponds to the uncritical *pedagogization* of contemporary social conditions (media, art, technology, business, and education itself) that a more radical concept of the Inhumanities seeks to contend with. Indeed, the paradigm of such ideology is anticipated in the *legislative university* idealized by Kant in "An Answer to the Question: What is Enlightenment?" and *On the Conflict of the Faculties*. In a complex articulation of the distinction between and the legitimacy of the "private" and "public" uses of reason, Kant conceives of the critical function of the Humanities (primarily philosophy) under the banner of Fredrick II's watchword: "Only one ruler in the world says, '*Argue* as much as you like and about whatever you like, *but obey*.'"[27] Underpinning this motto is a laissez-faire model of the "public" use of reason (meaning the autonomy of the "learned community" to debate amongst themselves, free from the commands of government and the influence of the public) and an authoritarian concept of the "private" use of reason (meaning the legislation of the government over the teachings of the theology, law, and medicine, whose public officials are not to think for themselves but execute the socially acceptable teachings decided by scholars).[28]

This understanding of the role of the lower faculty of the Humanities, including philosophy, reveals the complexity of Kant's understanding of Enlightenment, since his primary purpose is to agitate for the government to *legislate* over the higher (professional) faculties to prevent them from both encroaching on the terrain of critical philosophy and in doing so unduly influencing the people with false promises of happiness.

Kant's defence of the Humanities promotes a *critically legislative* autonomy, indirectly enlightening the people by *protecting* them from the influence of the enthusiastic teachings of the professional faculties. Indeed, the government is accused of "authorizing *anarchy* itself" when it permits the professional faculties to "philosophize" and by implication the government itself to be led by the popular inclinations of the people (the *philistines* in the original sense) as they are duped by the tantalizing sophistry of the "businessmen of the faculties – clergymen, legal officials, and doctors – who understand a botched job (*savoir faire*) and have the people's confidence."[29]

Against the negative thesis of ideology outlined above, Brecht and Benjamin develop a version of ideology-critique as "interventionist thinking" which seeks to disrupt the functioning of ideology first and foremost by *producing consequences*. Against the liberalized privatization of opinions, truth is now pragmatically conceived – in terms reminiscent of Kant's much-maligned *savoir faire* – as that which is rich in collective social consequences.[30] In a concomitant call for the "impoverishment of thought," Benjamin declares that, "Every thought, other than that which is realisable in a society, is to be shattered." What is decisive here is not merely a rejection of "private thinking" but of the very distinction between "private" and "public" in the sphere of thought as well as action.

In contrast to Kant's legislative university, the inverted Nietzschean pragmatism of such interventionist thinking produces what Kant can only conceive of as *anarchism*: the speculative transdisciplinarity of philosophizing (beyond the Philosophy faculty), the blurring of the distinction between the "public" and "private" uses of reason with the dissolution of academic autonomy, and the intrusion of populist, empirical, and heteronomous know-how (*savoir faire*) within practical reasoning. Perhaps the motto of this anarchic university would be a populist reversal of Kant's Enlightenment humanism: "*Agree*; but disobey as much as you will." In contrast to Kant's vision of the philosophical Humanities at the *heart* of the *legislative university* (academically reprimanding the professional faculties, who in turn instruct the public), the anarchic university finds the Inhumanities situated at its ever-expanding *peripheries,* as both the dissolving agent of the academy's own enclosure and as the object to be dissolved through its encounter with the philistines.

Nietzsche identified the process of becoming sub- or inhuman with the revolutionary egalitarian projects of socialism: "The *total degeneration of humanity* down to what today's socialist fools and nitwits see as their 'man of the future' – as their ideal! – this degeneration and diminution of humanity into the perfect herd animal (or, as they say, into man in a 'free society') [...]."[31] The revolutionary socialist document of 1796, "The Conspiracy of Equals," notoriously proclaimed: "Let all the arts perish, if need be, as long as real equality remains!" To conclude, polemically, what if – in the context of our crisis of education – we are faced with a Nietzschean or Brechtian choice: an embrace of the "good old" education for Culture or the "bad new"[32] one of an increasingly massified, commodified, and impoverished education system whose crisis may nonetheless conceal a dialectical moment? It may be untimely to formulate the experiment ahead in such starkly Brechtian terms, but if the concept of education can no longer be applied to the thing transformed into a commodity, we may have to eliminate this concept with due caution but without fear, lest we liquidate the function of the very thing as well. What if we declared: "Let *education* perish, if need be," – measuring this perishing against the older, elitist concept of education – "as long as real equality remains"?

Notes

1. Theodor W. Adorno, "A Portrait of Walter Benjamin," in *Prisms*, trans. Samuel Weber (Cambridge MA: MIT Press, 1983), 235; Howard Caygill, *Walter Benjamin: The Colour of Experience* (London and New York: Routledge, 1998), 119.
2. Susan Buck-Morss, "The Gift of the Past," in *The Democratic Imaginary in the Era of Globalization* (Barcelona: Academy of Latinity, 2011), 286–7.
3. Cf. Walter Benjamin, "On the Concept of History," in Walter Benjamin, *Selected Writings* [henceforth, SW], Vol. 4, ed. Howard Eiland and Michael W. Jennings (Cambridge MA: Harvard University Press, 1999).
4. Friedrich Nietzsche to Baron von Gersdorff, 21/6/1871. *Works*, ed. Schlechta, III, 1092ff, cited in Georg Lukács, *The Destruction of Reason* (Atlantic Highlands NJ: Humanities Press, 1981), 235.
5. Friedrich Nietzsche, "The Greek State," in *On The Genealogy of Morality*, ed. Keith Ansell-Pearson (Cambridge: University of Cambridge Press, 2007), 166.
6. Benjamin, "On the Concept of History," 391–2.
7. For a discussion of Benjamin's philosophy of history, see Peter Osborne and Matthew Charles, "Walter Benjamin," *The Stanford Encyclopedia of Philosophy*, ed. Edward N. Zalta (Winter 2012 Edition), §8.
8. Malcolm Bull, *Anti-Nietzsche* (London: Verso, 2011), 12.
9. Ibid., 26.
10. Cf. Dave Beech and John Roberts (eds.), *The Philistine Controversy* (London: Verso, 2002).
11. Walter Benjamin, "The Newspaper," in SW2, 742; "The Author As Producer," in SW2, 772.
12. Benjamin, "The Author as Producer," 774.
13. "Such is the aestheticizing of politics, as practiced by fascism. Communism replies by politicizing art" (Walter Benjamin, "The Work of Art in the Age of Its Technological Reproducibility," in SW3, 122).
14. Walter Benjamin, "Theory of Distraction," in SW3, 142.
15. Fredric Jameson, *Brecht and Method*, 2nd ed. (London: Verso, 2011), 34.
16. Louis Althusser, "Ideology and Ideological State Apparatuses," in *Ideology* (London: Verso, 2008), 25.
17. Cf. Bill Readings, *The University in Ruins* (Cambridge MA: Harvard University Press, 1996).
18. Martha Nussbaum, *Not For Profit: Why Democracy Needs the Humanities* (Princeton NJ: Princeton University Press, 2010), 2.
19. Bull, *Anti-Nietzsche*, 12.
20. "Psychology and ethics are the poles around which bourgeois education theory revolves [...] in an undialectical manner. On the one hand, there is the question of the nature of the child (psychology of childhood and adolescence), and on the other, the goal of education: the complete human being, the citizen." (Walter Benjamin, "A Communist Pedagogy," in SW2, 273).
21. Bull, *Anti-Nietzsche*, viii; 42.
22. Ibid., 51.
23. Cf. Benjamin, "Karl Kraus," in SW2.
24. Jameson, *Brecht and Method*, 10.
25. Benjamin, "Karl Kraus," in SW2, 456.
26. Benjamin, "Bert Brecht," in SW2, 368.
27. Immanuel Kant, "An Answer to the Question: What is Enlightenment?" in *Kant: Politics Writings*, ed. H.S. Reiss (Cambridge: Cambridge University Press, 2003), 55.
28. That this inverts our habitual way of thinking about "public" and "private" is evident from Kant's own defence of his *Religion within the Limits of Reason* in the preface

to *The Conflict of the Faculties,* where he rejects the accusation of corrupting the young on the grounds that the book was an academic debate among scholars and unintelligible to the public (i.e. the "public" use of reason) but that as a university professor teachings classes, he refrained from engaging in any discussion of the legislated disciplines of theology and religion (i.e. the "private" use of reason), cf. Immanuel Kant, *The Conflict of the Faculties,* trans. Mary J. Gregor (Lincoln and London: University of Nebraska Press, 1992), 13–19.

29 Ibid., 51.
30 Walter Benjamin, "On Theoretical Foundations," trans. Andrew McGettigan and Sami Khatib, *Radical Philosophy* 179 (May/June 2013): 28.
31 Friedrich Nietzsche, *Beyond Good and Evil,* eds. Rolf-Peter Horstmann and Judith Norman (Cambridge: Cambridge University Press, 2003), 92.
32 "Don't start from the good old things but the bad new ones" (Bertolt Brecht, quoted in Walter Benjamin, "Conversations with Brecht," in *Understanding Brecht,* trans. Anna Bostock [London: Verso, 2003], 121).

VALTER BENJAMIN DHE INHUMANITETET DREJT NJË KUNDËRNIÇANIZMI PEDAGOGJIK

Methju Çarls

Diskutimi vijues ka për qëllim të jetë një ndërhyrje kritike në debatet e kohëve të fundit mbi idenë e "krizës së humaniteteve," duke e lexuar simptomaticitetin e krizës si një *kthesë* në kuptimin mjekësor të fjalës. Ai e bën këtë nga perspektiva e veprës së Valter Benjamin, praktika transdisiplinare e mendimit të të cilit është karakterizuar si një "filozofi kundër filozofisë" dhe një "filozofim përtej filozofisë," dhe qëndron si model për veprimtarinë intelektuale dhe para-akademike që ngrihet këtu.[1] Duke zhvendosur alegorinë e famshme të Benjaminit të Ëngjellit të Historisë nga konteksti i "krizës së kulturës" të shekullit të njëzetë dhe duke e rivendosur ate tek "kriza e arsimit" e ditëve të sotme, ai përpiqet të rindërtojë një kuptim dialektik të pedagogjizimit brenda veprës së Benjaminit, që përdoret për të skicuar konturet e një pedagogjie të riimagjinuar në mënyrë kritike të inhumaniteteve.

Ëngjëlli i Historisë i Benjaminit si kundërniçanizëm

Do të qe më mirë të mos e përmendnim pikturën *Angelus Novus* nga Pol Kleja [*Paul Klee*] të Benjaminit me të cilën ai identifikoi figurën e tij të Ëngjëllit të Historisë, pikërisht sepse familiariteti me të sot nënkupton humbjen e aftësisë së saj për të shokuar. Siç shkruan Suzan Bak-Mors, piktura është bërë "tepër e famshme, fjalët të aplikuara kaq trashë sa nuk mund ta shohim imazhin e Klesë pa cipën e komenteve të Benjaminit mbi të."[2] Por, në kontekstin e kësaj konference mbi "Pedagogjitë e Shkatërrimit," është e pamundur të mos kujtohemi për zbulesën turbulluese nga Ëngjëlli të udhës së historisë si një katastrofë e madhe, një pirg kufomash dhe pluhuri që sa vjen e zmadhohet.[3] Për shkak të një katastrofe në veçanti – rrethanat e hidhuara të vetëvrasjes së Benjaminit në 1940-n dhe lidhjet e saj me ngjarjet politike më të gjera që ngrihen në tezat e tij "Mbi konceptin e historisë" – *Angelus Novus* i Klesë, paralajmëron Bak-Mors, është "mbërthyer" prej atyre përcaktimeve historike specifike në mënyrë të tillë që një konceptim filozofik i historisë është ngurtësuar në ontologji. Sot, ne kujtohemi vetëm për krahët e pafuqishëm të Ëngjëllit dhe jo për dhëmbët e tij të egër.

Për ta çontologjizuar këtë kuptim të historisë, dhe ndoshta për t'i ridhënë kapacitetin për të ndërhyrë tek nënshtrimi i mendimit bashkëkohor akademik, është e nevojshme ta rihistorizojmë atë, ta sjellim më pranë momentit tonë të tanishëm. Duke marrë parasysh temën e kësaj konference, propozoj ta bëj këtë jo nëpërmjet një analize të katastrofës politike bashkëkohore por nëpërmjet një rishikimi të terrenit ideologjik mbi të cilin Benjamin negocion reagimin e tij; duke kaluar nga konteksti i krizës së kulturës të fillimit të shekullit njëzetë tek kriza e arsimit në fillim të shekullit njëzet e një.

Pika e parë historiko-filozofike që dua të nxjerr nga tezat "Mbi Konceptin e historisë" është se politizimi i historisë nga Benjamini duhet kuptuar si një përmbysje preçize e një teorie niçane të kulturës. Për t'i dhënë pak kontekst politik këtij pretendimi, duhet vënë re se zhvillimi i mendimit të Fridrih Niçes [*Friedrich Nietzsche*] në vitet 1870, i orientuar rreth krizës moderne të kulturës të kumtuar nga figura e "filistinit kulturor," është një reagim ndaj fitores pirrike të imperializmit borgjez gjerman me themelimin e Perandorisë prusiane në 1871-shin por edhe ndaj hijes të Komunës së Parisit që u drodh shkurtimisht po atë vit: Niçe mbështetet tek elitizmi kulturor i lashtësisë klasike si një alternativë ndaj "pseudo-kulturave" të socializmit gjerman dhe atij francez.

Duke kremtuar rënien e Komunës në një letër të datuar 21 qershor 1871, për shembull, Niçe deklaron se është me humor të mirë pasi jo gjithçka kishte kapitulluar ndaj asaj që ai quan "nivelimi franko-çifut" dhe "instiktet lakmitarë të *Jetztzeit*-it (tani-koha)."[4] Në mënyrë të ngjashme, tek "Shteti grek" (shkruar në 1871/2), ai thotë:

> Kësisoj, ne duhet të mësojmë të identifikojmë si një të vërtetë të hidhur faktin se skllavëria i përket thelbit të një kulture: një e vërtetë që, duhet pranuar, nuk lë asnjë dyshim mbi vlerën absolute të ekzistencës... Dëshpërimi i njerëzve që jetojnë një jetë stërmundimi duhet të rritet për ta bërë prodhimin e botës së artit të mundur për një numër të vogël burrash olimpianë. [...] Çdo moment gllabëron të mëparshmin, çdo lindje është vdekja e qenieve të panumërta, bijimi, jeta dhe vrasja janë të tëra një. Kësisoj ne mund ta krahasojmë kulturën e madhërishme me fitimtarin që pikon gjak, i cili, në procesionin e tij triumfal, tërheq zvarrë, të lidhur pas karrocës së tij si skllevër, të mundurit...[5]

Benjamin nuk e kundërshton apo kritikon këtë konceptim të kulturës në tezat "Mbi Konceptin e historisë," ku shfaqet Ëngjëlli i Historisë, por nxjerr përfundimin e kundërt politik nga pohimi i tij nga ç'bën Niçe:

> Kushdo që ka dalë fitimtar merr pjesë deri sot e kësaj dite në procesionin triumfal në të cilin sunduesit e sotëm shkelin mbi ata që shtrihen përdhe. Sipas praktikës tradicionale, plaçkat e luftës mbarten gjatë procesionit. Ato quhen thesarë të kulturës, dhe një materialist historik [...] nuk mund t'i mendojë pa llahtar. Ato ia detyrojnë ekzistencën e tyre jo vetëm punës së mendjeve të mëdha dhe talenteve që i kanë krijuar, por edhe stërmundimit anonim të bashkëkohësve të tyre. Nuk ka asnjë dokument të qytetërimit që nuk është njëherazi një dokument barbarizmi.[6]

Niçanizmi i përmbysur i Benjaminit ruan një dyshim kritik ndaj kulturës borgjeze dhe një mohim nihilist të vlerave të saj por – për të ndjellë *Meditime të parakohshme* që pati mjaft influencë mbi Benjaminin e ri – orientohet drejt një kujtimi transhistorik të të shtypurve në vend të harrimit johistorik të Niçes të origjinave të turpshme të prodhimit kulturor. Vizioni katastrofik i historisë i Benjaminit, një pakt faustian me një Ëngjëll të rënë, bazohet mbi konceptimin e kohës jo si pafundësisht vijuese por si ai *Jetztzeit* revolucionar ose ndërprerje e përjetësisë që Niçe e lidhte me "nivelimin franko-çifut" të pjesëtarëve të Komunës.[7]

Filistinizmi, ose limitet e nihilizmit

Kundër-Niçja e Malkom Bullit [*Malcolm Bull*] jo vetëm që angazhohet në një përmbysje të krahasueshme të politikës kulturore niçane por e plotëson këtë me një kritikë imanente të limiteve historike të nihilizmit të vetë Niçes që do të jetë me vlerë – kur lexohet nëpërmjet Benjaminit – për kuptimin e situatës tonë të sotme. Bull argumenton se reflektimet e Niçes mbi filistinizmin kulturor dhe propozimi i tij në lidhje me justifikimin *estetik* të botës nuk përfaqësojnë përmbushjen e nihilizmit por një përpjekje për ta ndaluar ose pezulluar atë, pasi kremtimi i tij i zhvlerësimit të të gjitha vlerave fetare dhe morale nuk shtrihet deri tek sfera e vlerave kulturore dhe estetike. Duke përvijuar mohimin historik të vlerave nëpërmjet paradës fantazmagorike të hijeve që kanë ndjekur Evropën – ateizmi, anarkizmi, nihilizmi, filistinizmi – Bull arrin në përfundimin se "estetikja është thjesht mbetja e lënë pas nga historia e mëparshme e mohimit, dhe filistinizmi negativja që i përkon por që është ende e parealizuar…"[8] Një pjesë e mirë e filozofisë moderne evropiane dhe e teorisë marksiste trashëgojnë këtë pohim niçan, sugjeron Bull, duke e konceptuar artin jo thjesht si një subjekt i kësaj dialektike por si pozicionin nëpërmjet të cilit dialektika punon.

Megjithatë, pasojat e transvlerësimit nihilist kërkojnë jo vetëm përqafimin dialektik të filistinizmit, por edhe dijeninë se vetë filistinizmi është vetëm mohimi më i fundit [*most recent*] por jo ai i fundit [*final*] i vlerave. Megjithatë, kur Bull pyet, "ku janë detet e rinj të filistinizmit?" ai e lë këtë dallgë në ardhje të pasestetikes të pazbuluar.[9] Një kthim te puna e Benjaminit është me vlerë këtu, dua të argumentoj, jo vetëm sepse kundër-niçanizmi i saj është i rrallë në shtrirjen deri tek pikat e verbëra të filistinizmit (në kundërshtim me shumë prej teorisë bashkëkohore të majtë, me përjashtim të *Debatit filistin*)[10] por sepse ajo paraprin gjithashtu një lëvizje *përtej* këtij pozicioni në lidhje me pasestetiken. Ajo që më intereson në veçanti tek mendimi i Benjamin-it është se si, sidomos pas kthimit të tij në 1927-n nga një vizite në "tryezën e madhe të laboratorit" që është Moska nën Stalinin, ai angazhohet me projektin politik të filistinizmit në sprova si "Karl Kraus" (1931), "Autori si prodhues [*Der Autor als Produzent*]" (1934), dhe "Vepra e artit në epokën e riprodhueshmërisë së saj teknike [*Das Kunstwerk im Zeitalter seiner technischen Reproduzierbarkeit*]" (1935–39). Ndërsa Niçe, tek leksionet e tij "Mbi të ardhmen e institucioneve tona arsimore [*Über die Zukunft unserer Bildungsanstalten*]" dhe tek *Meditimet e parakohshme,* e identifikoi poshtërimin e kulturës së vërtetë me gazetarinë – që karakterizohet nga politikësia [*politicality*] e saj jetëshkurtër, nivelimin e dallimeve aristokrate dhe korruptimin barbar të stilit artistik – në këto sprova Benjamin sugjeron se kësi elementësh fshehin një moment dialektik politik për masat: "…është në skenën e një poshtërimi të pafund të fjalës – shkurtimisht, gazeta – ku shpëtimi po përgatitet."[11]

Ishte Bertolt Breht [*Brecht*], vë në dukje Benjamin, që "qe i pari që iu bëri intelektualëve kërkesën me pasoja të mëdha për të mos furnizuar aparatin e prodhimit pa e ndryshuar atë, sa më shumë të ishte e mundur, në përputhje me socializmin."[12] Duke e bërë këtë Benjamin thekson nevojën për risi teknike që kanë për qëllim të transformojnë aparatin e prodhimit kulturor borgjez, në interes të turmave, nëpërmjet një procesi që Breht e quajti *Umfunktionierung* (rifunksionim). Në kontekstin e një kulture letrare, pasojat e kësaj ideje brehtiane detyrojnë një mohim të poshtërimit niçan të gazetarisë si "pseudo-kulturë" në çdo hap, duke pohuar dobinë dialektike të gazetarisë pikërisht për shkak të kohësisë [*temporality*] së saj jetëshkurtër, socialitetit të saj të lirshëm, dhe tipareve të saj kundërindividualiste dhe prodhuese kolektive.

Ky pozicion, sidomos kur krahasohet me shkrimet e Adornos dhe Horkhajmerit (të cilët mbeten, veçanërisht në vërejtjet e tyre tek "Industria Kulturore," më afër Niçes), shpesh keqinterpretohet si një pozicion pashpresëshmërisht optimist ose utopik. Por kjo do të thotë të mos shohësh deri në çfarë mase ndërhyrja e Benjaminit, e mbipërcaktuar [*overdetermined*] nga pohimi i kushteve të saj katastrofike, shpaloset nga një pozicion i pashpresë ekstremizmi pesimist ose nihilist, ku pritja e matur mund të duket vetëm si një lluks historik. Nëse një pozicion i tillë është provohet që është i gabuar historikisht, ama, kjo vetëm provon saktësinë e tij diagnostike. Për Benjaminin, momenti historik i krizës ideologjike të kulturës në fund të shekullit të 19-të dhe nga mesi i shekullit të 20-të qe përgatitur nga forcat teknologjike të "masifikimit [*massification*]" dhe kushtet ekonomike të "mallëzimit [*commodification*]": e para predikohej mbi heqjen qafe të rastësisë [*contingency*] historike të konceptit borgjez të "kulturës" dhe të "veprës së artit" në interesin politik të masave; e dyta varej pikërisht nga mbijetesa e tyre (meqenëse vlera e artit nën kapitalizëm qëndron tek ngjashmëria e antitezës së tij me vlerën e këmbimit [*exchange-value*]; një ngjashmëri që, ironikisht, gjithmonë e më tepër cileson vlerën e tij të këmbimit në tregun bashkëkohor të artit). Pas këtij rasti të humbur historik (simptoma e të cilit është jetëgjatësia e konceptit borgjez të artit dhe kulturës si një kusht për industrinë bashkëkohore të kulturës), arti në shoqëritë bashkëkohore kapitaliste – me gjithë vlerën e tyrë të përbrendshme artistike dhe formën ose brendësinë e tyre speficike politike – nuk mund t'i shërbejnë më ndonjë funksioni efektiv politik; radikaliteti komprometohet si tregtueshmëri. Kjo është arsyeja pse, dua të sugjeroj, kriza jonë nuk është më ajo që përvijohet nga arti dhe kultura, çka na detyron të rishikojmë kushtet historike dhe politike të nihilizmit sot.

Filistinizmi (i vjetër) i ri

Megjithatë, duke e parë veprën e Benjaminit nën dritën e momentit të tashëm historik, kërkesa e tij më e gjerë për rifunksionimin e artit keqkuptohet në mënyrë të drejtpërdrejtë si "politizim [*politicization*]." Ajo që nuk është theksuar në diskutimin e Benjaminit të krizës së shkaktuar nga kushtet teknologjike të kulturës në masë [*mass culture*] është se deri ku ky transformim i artit dhe kulturës nënkupton jo dhe aq politizimin e artit se sa pedagogjizimin e tij.[13] Kur tregohet më specifik, Benjamin e lexon transformimin of vlerës së përdorimit [*use-value*] të artit nën mbizotërimin e vlerës së këmbimit si ndarje më dysh në "vlerë zbavitjeje/tërheqjeje vëmendjeje [*Zerstreuung*]" (ose në atë që tjetërkund ai quan "vlerë konsumatori [*Konsumwert*]") dhe "vlerë arsimore [*Lehrtwert*]"; në veprën e Brehtit, pretendon ai, këto të dyja bashkohen, "duke bërë të mundur një lloj të ri të të mësuarit."[14] Mund të përmendim këtu rigjetjen e mëvonëshme të metodës brehtiane nga Fredrik Xhejmsoni [*Fredric Jameson*] si një modernizëm që shpaloset nga sfera e artit tek ajo e pedagogjisë (duke plotësuar detyrën e Marksit për "arsimin e edukatorëve" me mësime maoiste në lidhje me paevitueshmërinë e ndryshimit).[15] Duke lexuar filistinizmin kundërniçan të Bullit nëpërmjet politikës (brehtiane) kulturore të Benjaminit në mënyrë skematike tregon se si kjo e dyta paraprin një tjetër zhvendosje historike në vlerë, nga terreni i kulturës në përgjithësi tek fusha më specifike e arsimit.

Lui Altyser njihet ndoshta më tepër pikërisht për detajimin e një zhvendosje të tillë ideologjike. Në periudhën parakapitaliste, argumenton Altyser, funksionet tashme të dallueshme të Kulturës dhe Arsimit, ishin bërë grusht që të dyja, bashkë me të tjera, brenda pushtetit mbizotërues ideologjik të Fesë.[16] Por nëse, siç sugjeron Altyser, Arsimi është bërë tashmë Aparatusi Ideologjik Shtetëror mbizotërues nën kapitalizëm, është e rëndësishme të njohim se deri vonë qëllimi kryesor i Arsimit ka qenë kalimi dhe riprodhimi i vetë kapitalit Kulturor (domethënë, Kultura ishte aparati ideologjik themelor i komb-shtetit kapitalist). Nëse Bill Redings është i saktë në pretendimin se institucionalizimi i vetë Studimeve Kulturore ishte simptomatik i zhdukjes së vetë Kulturës në funksionin e saj ideologjik (në një ekonomi dije gjithnjë e më tepër transnacionale dhe multikulturore), mendoj se ajo që jemi duke kaluar sot nuk është kalimi tek një nocion pasideologjik i Arsimit, siç argumentoi Redings tek *Universiteti në Rrënoja*,[17] por lindja e funksionimit të përmbajtur të vetë Arsimit nga sfera më e lartë e Kulturës (e cila prehej më parë në sferën e Fesë), duke prodhuar një "krizë të arsimit" përkuese dhe të drejtpërdrejtë nën kushtet e trashëguara të "masifikimit" dhe "mallëzimit" të saj në rritje.

Si do të mund të bluanim ne mend një kundërniçanizëm të tillë bashkëkohor brenda konjukturës tonë historike të tanishme, që Marta Nusbaum e ka quajtur një "krizë botërore në arsim" dhe në veçanti një "krizë të humaniteteve"?[18] Ajo që kërkohet sot është një teori kritike e arsimit në masë që heton rastësitë historike të konceptit tonë borgjez të pedagogjisë dhe bën një kërkesë të ngjashme për rifunksionimin e aparatit tonë arsimor nën kushte të tilla kritike. Kjo kërkesë nuk është një zmbrapsje reaksionare konceptuale tek një pedagogji thuajse-aristokrate, thuajse-elitiste, dhe individualiste e vlerave të përjetshme të "kulturës," "kultivimit," dhe "karakterit" (thirrja *johistorike* e Niçes për një arsim për Kulturën, që vazhdon të rikumbojë brenda shumë prej mendimit pasniçan në variacionet e tij të majta e të djathta), por përkundrazi një rimendim i aparatusit arsimor nëpërmjet kushteve të tij të "masifikimit" mbi dhe kundër atyre të "mallëzimit."

Mund të kujtojmë këtu se si fjala gjermane philister nënkuptonte fillimisht jo mohimin e vlerës së artit dhe kulturës – kuptimin që ajo mori më pas nën mbizotërimin e estetikës në arsimin kulturor të shekullit të nëntëmbëdhjetë – por një term më të përgjithshëm përçmues për të dalluar njerëzit e zakonshëm të qytetit nga studentët e arsimuar të universitetit.[19] Polemikisht, një konceptim dialektik i një filistinizmi të ri do të orientohej drejt një refuzimi të elitizmit arsimor (në të gjithë mishërimet e tij pasniçane si "arsim minoritar"), një pohimi të rolit bashkëpunues që luan arsimi në riprodhimin e pabarazive sociale (duke përfshirë përpjekjen për të zgjatur një aparat borgjez jo të refunksionuar në sfera të reja sociale), një tretje në rritje të dallimit mbi të cilin mbështetet në dallimin e vlerave (përmes një pohimi të "arsimit në masë"), dhe përqafimit të vlerave, të perceptuara negativisht, të vetë "masifikimit" ndërsa ai transformon formën dhe brendësinë e veprimtarisë akademike. Për të skicuar një prej pasojave të gjera të një perspektive të tillë, mund të fillonim duke vërejtur se konceptet borgjeze dhe humaniste të arsimit janë kryesisht kohore, për sa kohë që ato përqëndrohen tek synimi teleologjik i kultivimit.[20] Përkuesi pedagogjik i kuptimit *ndërprerës* të *Jetztzeit*-it kohor të Benjaminit është, do të sugjeroja, një koncept i hapësinuar [*spatialized*] i zgjerimit arsimor.

Inhumanitetet

Tek *Kundër-Niçja*, Malkom Bull sugjeron se gjatë gjithë vazhdimësisë [*sequence*] historike të mohimit të vlerave (ateizmi, anarkizmi, nihilizmi, filistinizmi), negativja e munguar përkufizohet vazhdimish si një përmbysje *nënnjerëzore* e vlerës pozitive humaniste brenda sistemit ekzistues. Ndërtimi i një pozicioni kundërniçan nga Bulli, i drejtuar kundër rikuperimit të Kulturës dhe epërsisë hierarkike të mbinjerëzit të Niçes, argumenton se "nuk mund të ketë një përgjigje humaniste ndaj Niçes" dhe se ne duhet të heqim dorë "nga ideja se të bërit më shumë se njeri dhe të mendojmë vetëm për t'u bërë diçka më pak."[21] Strategjia e mëpasshme, pedagogjike, e Bullit për të "lexuar si një humbës" (domethënë, identifikimi – kundër rrymës – me subjektin retorikisht të mjerë të një tregimi [*narrative*] të caktuar) tret kësisoj kufijtë rreth një komunitetit lexuesish, duke i përmbytur ata me nihilizmin kundërsocial të "masës së njerëzve të mjerë e të papushtetshëm që nuk kanë asnjë ndjenjë komuniteti."[22]

Një nënhumanizëm i tillë paraprihet teorikisht tek figura e "karakterit shkatërrues" që sfaqet në sprovat e Benjaminit të kësaj periudhe dhe që identifikohet si një paraardhës i Ëngjëllit të Historisë. Në sprovën e tij mbi mizantropinë e satiristit bashkëkohor Karl Kraus, për shembull, Benjamin dallon në shkrimet e satiristit dënimin e një njerëzimi të skamur, që duket për Krausin më qartë në gërryerjen e dallimit midis jetës "private" dhe "publike" në gazetari.[23] Benjamin, duke ndërhyrë në brendësi të polemikës së Krausit për të shpëtuar dialektikisht figurën e emancipimit kolektiv, e identifikon reagimin thuajse-niçan të Krausit kundër idealit klasik të njerëzimit (zmbrapsjen e tij nga bamirësia [*philanthropy*] tek mizantropia e inskenuar si tërheqja në brendësi të jetës së fiskur private) me një rrëfim [*confession*], në thelb të pavetëdijshëm, të "humanizmit materialist" të Marksit të herët. Ngjashmërisht, do të mund të identifikonim asocialitetin që duket se është një lejtmotiv i veprës së Brehtit – krejt e qartë, për shembull, tek *Manual për banorë qyteti* [*Handbuch für Stadtbewohner*] dhe *Tregime nga Z. Këner* [*Geschichte vom Herren Keuner*] – si "karakterin" e tij "tamam utopik": një thirrje përtej individualizmit të humanizmit borgjez për një plotësim utopik të individit brenda kolektivit.[24]

Drejt fundit të sprovës së tij mbi Karl Krausin, Benjamin këmbëngul se,

> Puna si një detyrë e mbikqyrur – modeli i të cilës është puna politike dhe teknike – shoqërohet me pisllëk dhe pluhur, ndërhyn shkatërrimisht tek materia, është gërryese për atë që është arritur ndërkaq dhe kritike ndaj kushteve të saj, dhe në tërë këtë është e kundërta e punës së diletantit që bulbëron në krijimtari [...] Dhe kësisoj çnjeriu [*Unmensch*] qëndron mes nesh si lajmëtari i një humanizmi më

real [...] [Dikush duhet ta ketë] parë *Ëngjëllin e ri* të Klee-së (që parapëlqente t'i çlironte njerëzit duke marrë prej tyre, në vend që t'i kenaqte duke iu dhënë) për të kuptuar një njerëzim që e provon veten nëpërmjet shkatërrimit të tij.[25]

Këtu, figurës së *mbinjerëzit* të Niçes i kundërvihet posthumanizmi i mjerë dhe i kolektivizuar teknologjikisht i *çnjeriut*: e "përbindshmja" ose "çnjerëzorja," si një pragmatizëm niçan i përmbysur. Për Benjaminin, Brehti ishte një trupëzim i tillë i "karakterit shkatërrues"; duke marrë shkas nga pohimi i tij i "një lloj të ri mësimi" të përmbledhur në rifunksionimin pedagogjik të metodës brehtiane, dua ta mbyll duke propozuar se një koncept i pedagogjisë që informohet teorikisht nga ky niçanizëm i përmbysur duhet të bazohet jo në një ide të kohëzuar [*temporalized*] të Humaniteteve por në një imazh të hapësinuar [*spatialized*] të Inhumaniteteve.

Universiteti anarkik
Ky pretendim mund të shtjellohet, negativisht, kundër vlerës ekzistuese pozitive të arsimit humanist. "Figura e Kënerit," e Brehtit, "e përqëndron vëmendjen e tij për të treguar se tepria e problemeve dhe teorive, tezave dhe botëkuptimeve, është një trillim dhe fakti se ato anullojnë njëra tjetrën nuk është as aksidental as i bazuar tek vetë mendimi; përkundrazi, ai mbështetet në interesat e njerëzve që i kanë vënë mendimtarët në postet e tyre."[26] Ajo që sugjerohet këtu është se shumësia e "këndvështrimeve" të rregulluara në kundërshti të cekët me njëra-tjetrën (e mjata kundër të djathtës, pro kundër anti ...), dhe inkurajimi i "opinioneve private," është funksioni i shpallur i ideologjisë bashkëkohore kapitaliste, që këmbëngul se të gjithë kanë opinionin e tyre por se kësisoj asnjë opinion nuk ka më tepër "rëndësi" ose të "vërtetë" se asnjë tjetër. Në dallim nga Altyseri, Breht e propozon këtë si një tezë negative të ideologjisë: se asnjanëzimi i mendimit *nëpërmjet teprisë së vetë mendimeve* siguron rezultatin e synuar ideologjik të bërjes – paraprakisht – të gjithë mendimit të *parëndësishëm*. Do të doja ta shtroja përshkrimin e Brehtit si funksionimin bashkëkohor të ideologjisë sot ndërsa ajo i drejtohet sferës arsimore.

Në përgjithësi, ajo përkon me pedagogjizimin jokritik të kushteve sociale bashkëkohore (media, arti, teknologjia, biznesi, dhe vetë arsimi) që një koncept më radikal i Inhumaniteteve kërkon të konkurojë. Paradigma e një ideologjie të tillë paraprihet në *universitetin legjislativ* të idealizuar prej Kantit tek "Përgjigja e pyetjes: Çfarë është Iluminizmi? [*Beantwortung der Frage: Was ist Aufklärung?*]" dhe *Konflikti i fakulteteve* [*Der Streit der Fakultäten*]. Në një artikulim të ndërlikuar të dallimit midis dhe legjitimitetit të përdorimeve "private" dhe "publike" të arsyes, Kanti e koncepion funksionin kritik të Humaniteteve (kryesisht filozofisë) nën flamurin e parullës së Frederikut II: "Vetëm një sundimtar në botë thotë, '*Debatoni* sa të doni dhe mbi çfarë të doni, *por binduni.*'"[27] Kjo moto nënkupton një model *laissez-faire* të perdorimit "publik" të arsyes (që do të thotë autonominë e "komunitetit të mësuar" për të debatauar mes tyre, të lirë nga komandat e qeverisë dhe ndikimi i publikut) dhe një koncept autoritar i përdorimit "privat" të arsyes (që do të thotë legjislacionin e qeverisë mbi mësimin e teologjisë, ligjeve, dhe mjekësisë, nënpunësit publikë të së cilës nuk duhet të mendojnë me mendjen e tyre por të ekzekutojnë mësimet e pranuara nga shoqëria që caktohen nga shkollarët).[28]

Kuptimi i rolit të fakultetit më të ulët të Humaniteteve, përfshi filozofinë, zbulon kompleksitetin e kuptimit të Kantit të Iluminizmit, pasi qëllimi i tij parësor është të bëj zhurmë që qeveria të *ligjërojë* mbi fakultetet më të larta (profesionale) për të parandaluar që ato të cënojnë terrenin e filozofisë kritike dhe kësisoj të ndikojnë mbi njerëzit me premtime të pavërteta lumturie. Mbrojtja e Kantit e Humaniteteve përkrah një autonomi *kritikisht legjislative,* që i ndriçon njerëzit në mënyrë jo të drejtpërdrejtë duke i *mbrojtur* ata nga ndikimi i mësimeve [*teachings*] entuziaste të fakulteteve profesionale. Qeveria akuzohet madje se po "autorizon *anarkinë* vetë" kur i lejon fakultetet profesionale të "filozofojnë" dhe kësisoj qeverinë vetë të prihet nga animet e njerëzve (*filistinët* në kuptimin origjinal të fjalës) ndërsa ata gënjehen nga sofizmi tundues i 'biznesmenëve të fakulteteve – klerikët, nënpunësit ligjorë, dhe mjekët – që e kuptojnë një punë të katranosur [*savoir faire*] dhe kanë mirëbesimin e njerëzve.²⁹

Kundër tezës negative të ideologjisë të përvijuar më lart, Breht dhe Benjamin zhvillojnë një version të kritikës së ideologjisë si një "mendim ndërhyrës" që kërkon të përçajë funksionimin e ideologjisë kryesisht duke *prodhuar pasoja*. Kundër privatizimit të liberalizuar të opinioneve, e vërteta konceptohet tani në mënyrë pragmatike – në terma që sjellin ndërmend dijen praktike [*savoir faire*] e shumë-kritikuar të Kantit – si ajo që është e pasur në pasoja shoqërore kolektive.³⁰ Në një thirrje shoqëruese për "varfërimin e mendimit," Benjamin deklaron se, "Çdo mendim, me përjashtim të atij që është i realizueshëm në shoqëri, duhet të thyhet." Ajo që është vendimtare këtu nuk është thjesht një refuzim i "mendimit privat" por i vetë dallimit midis "privates" dhe "publikes" në sferën e mendimit si dhe të veprimit.

Në kundërshtim me *universitetin legjislativ* të Kantit, pragmatizmi i përmbysur niçan i një mendimi të tillë ndërhyrës prodhon atë që Kant mund ta konceptojë vetëm si anarkizëm: transdisiplinaritetin spekulativ të filozofimit (përtej fakultetit të Filzofisë), mjegullimin e dallimit midis përdorimeve "publike" dhe "private" të arsyes me shpërberjen e autonomisë akademike, dhe ndërhyrjen e një dije praktike populiste, empirike dhe heteronome në arsyetimin praktik. Ndoshta motoja e këtij universiteti anarkik do të ishte një zhbërje populiste e humanizmit iluminist të Kantit: "*Bini dakord*; por mos u bindni sa të doni." Në kundërshtim me vizionin e Kantit të Humaniteteve filozofike në *zemër* të *universitetit legjislativ* (që qorton akademikisht fakultetet profesionale, që janë ato që instruktojnë publikun), universiteti anarkik i gjen *Inhumanitetet* në periferitë e tij që sa vjen e shtrihen, si ajo që tret vetërrethimin e akademisë dhe si objekti që duhet tretur në ndeshjen e tij me filistinët.

Niçe e identifikoi procesin e bërjes nën- apo çnjerëzor me projektet revolucionare egalitare të socializmit: "*Degjenerimi i plotë i njerëzimit* deri tek ai që budallenjtë dhe kokëboshët e sotëm socialistë e shohin si 'njeriun e të ardhmes' – si idealin e tyre! – ky degjenerim dhe zvogëlim i njerëzimit në kafshën e përkryer të kopesë (ose, siç thuhet, në njeriun në një 'shoqëri të lirë')...."³¹ Dokumenti revolucionar socialist i 1796-s, "Komploti i të Barabartëve," shpalli: "Lëri të gjitha artet të vdesin, nëse nevojitet, për sa kohë që mbetet barazia e vërtetë!" Për ta mbyllur, polemikisht, po sikur – në kontekstin e krizës tonë të humaniteteve në arsim – ne përballemi me një zgjedhje niçane ose brehtiane: të përqfojmë ose arsimin "e mirë e të vjetër" për Kulturën ose atë "të keq e të ri"³² të një sistemi arsimor gjithnjë e më tepër të masifikuar, mallëzuar, dhe varfëruar kriza e të cilit mund të fshehë megjithatë një moment dialektik? Ndoshta është e parakohshme ta formulojmë eksperimentin që na pret në terma kaq brehtianë, por nëse koncepti i arsimit nuk mund t'i aplikohet më gjësë që shndërrohet në një mall, ndoshta do të na duhet ta eliminojmë këtë koncept me kujdes por pa frikë, nëse nuk duam të likuidojmë gjithashtu funskionin e vetë gjësë. Po sikur të deklaronim: "Le të vdesë arsimi, nëse nevojitet," – duke e matur këtë vdekje kundër konceptit të vjeter, elitist te arsimit – "për sa kohë që mbetet barazia e vërtetë"?

Shënime

1. Theodor W. Adorno, "A Portrait of Walter Benjamin," në *Prisms*, përkth. Samuel Weber (Cambridge MA: MIT Press, 1983), 235; Howard Caygill, *Walter Benjamin: The Colour of Experience* (Londër dhe Nju-Jork: Routledge, 1998), 119.
2. Susan Buck-Morss, "The Gift of the Past," në *The Democratic Imaginary in the Era of Globalization* (Barcelona: Academy of Latinity, 2011), 286–7.
3. Khs. Walter Benjamin, "On the Concept of History," në Walter Benjamin, *Selected Writings* [henceforth, SW], Vëll. 4, red. Howard Eiland dhe Michael W. Jennings (Cambridge MA: Harvard University Press, 1999).
4. Friedrich Nietzsche për Baron von Gersdorff, 21.6.1871. *Works*, red. Schlechta, III, 1092ff, cited in Georg Lukács, *The Destruction of Reason* (Atlantic Highlands NJ: Humanities Press, 1981), 235.
5. Friedrich Nietzsche, "The Greek State," në *On The Genealogy of Morality*, red. Keith Ansell-Pearson (Cambridge: University of Cambridge Press, 2007), 166.
6. Benjamin, "On the Concept of History," 391–2.
7. Për një diskutim të filozofisë së historisë së Benjaminit, sh. Peter Osborne dhe Matthew Charles, "Walter Benjamin," *The Stanford Encyclopedia of Philosophy*, red. Edward N. Zalta (Botimi i dimrit 2012 Edition), §8.
8. Malcolm Bull, *Anti-Nietzsche* (Londër: Verso, 2011), 12.
9. Po aty, 26.
10. Khs. Dave Beech dhe John Roberts (red.), *The Philistine Controversy* (Londër: Verso, 2002).
11. Walter Benjamin, "The Newspaper," në SW2, 742; "The Author As Producer," në SW2, 772.
12. Benjamin, "The Author as Producer," 774.
13. "I tillë është estetizimi i politikës, siç praktikohet nga fashizmi. Komunizmi përgjigjet duke politizuar artin." (Walter Benjamin, "The Work of Art in the Age of Its Technological Reproducibility," në SW3, 122).
14. Walter Benjamin, "Theory of Distraction," në SW3, 142.
15. Fredric Jameson, *Brecht and Method*, bot. i 2-të (Londër: Verso, 2011), 34.
16. Louis Althusser, "Ideology and Ideological State Apparatuses," në *Ideology* (Londër: Verso, 2008), 25.
17. Khs. Bill Readings, *The University in Ruins* (Cambridge MA: Harvard University Press, 1996).
18. Martha Nussbaum, *Not For Profit: Why Democracy Needs the Humanities* (Princeton NJ: Princeton University Press, 2010), 2.
19. Bull, *Anti-Nietzsche*, 12.
20. "Psikologjia dhe etika janë polet përqark të cilave vërtitet teoria borgjeze e arsimit [...] në një mënyrë jodialektike. Nga njëra anë, është çështja e natyrës së fëmijës (psikologjia e fëmijërisë dhe adoleshencës), dhe nga ana tjetër, synimi i arsimit: njeriu i plotë, qytetari." (Walter Benjamin, "A Communist Pedagogy," në SW2, 273).
21. Bull, *Anti-Nietzsche*, viii; 42.
22. Po aty, 51.
23. Khs. Benjamin, "Karl Kraus," në SW2.
24. Jameson, *Brecht and Method*, 10.
25. Benjamin, "Karl Kraus," në SW2, 456.
26. Benjamin, "Bert Brecht," në SW2, 368.
27. Immanuel Kant, "An Answer to the Question: What is Enlightenment?" in *Kant: Politics Writings*, red. H.S. Reiss (Cambridge: Cambridge University Press, 2003), 55.
28. Që kjo kthen përmbys mënyrën tonë të zakonshme të mendimit të "publikes" dhe "privates" është e qartë nga mbrojtja që i bën Kanti librit të tij *Religion within the Limits of Reason* tek parathënia e *The*

Conflict of the Faculties, ku ai mohon akuzën se po korrupton rininë me argumentin se libri ishte një debat akademik mes shkollarësh dhe i pakuptueshëm për publikun (d.m.th. përdorimin "publik" të arsyes) por se si një profesor universiteti që jep klasa, ai nuk u përfshi në ndonjë diskutim të disiplinave të ligjëruara të teologjisë dhe fesë (d.m.th. të përdorimit "privat" të arsyes),khs. Immanuel Kant, *The Conflict of the Faculties,* përkth. Mary J. Gregor (Lincoln and Londër: University of Nebraska Press, 1992), 13–19.

29 Po aty, 51.
30 Walter Benjamin, "On Theoretical Foundations," përkth. Andrew McGettigan dhe Sami Khatib, *Radical Philosophy* 179 (maj/qershor 2013): 28.
31 Friedrich Nietzsche, *Beyond Good and Evil,* red. Rolf-Peter Horstmann dhe Judith Norman (Cambridge: Cambridge University Press, 2003), 92.
32 "Mos fillo nga gjërat e mira të vjetra por nga ato të këqijat të reja" (Bertolt Brecht, cituar në Walter Benjamin, "Conversations with Brecht," në *Understanding Brecht,* përkth. Anna Bostock [Londër: Verso, 2003], 121).

PEDAGOGY BEYOND THE PERAS
THINKING WITH/IN THE PERIPHERY

Nico Jenkins

To discuss, as we have been tasked to do, the concept of pedagogy requires that we first imagine what it is to learn, as well as what it is to be taught before we can even begin to venture forth on what it is to teach, and especially what it is to teach with/in what has been called the disaster. That the modern form of education is tightly constrained and regimented seems obvious, and therefore any thinking about thinking (any thinking about disasters) must inevitably pass *between* the constraints, or *under* the regimes. This movement of thinking is always a call *towards,* and a call *from.* Martin Heidegger, in the two essays discussed here, asks that we attune ourselves well to venture onto this path, to listen before we begin (again) to teach; he asks us to listen to the unnecessary before we begin to discuss the necessary, to listen, *perhaps,* to the silence(s) which lie between thoughts, as much as to the thoughts themselves.

In the third part of Heidegger's *Country Path Conversations,* a dialogue is described between "an older man" and a "younger man" which takes place in the vast Russian forests in the closing days of a devastating war. The dialogue is important significant for a number of reasons. Written in 1944–1945, in the waning days of World War II, "Evening Conversation," as the essay is called, depicts, in a sense, a father's lament; Heidegger's own sons were then missing in the East and presumed dead. The Third Reich lay shattered, as did the dream of authoritarian certainty, in which the modern, existential plea of "What then shall we do?" was never so absent. (We can imagine – *perhaps* – what it is to be certain, even dead certain; to know rather than to doubt, to be sure in the face of uncertainty, to not see even the uncertainty, *to be certain that there is no uncertainty.*) Yet "Evening Conversation," and much of Heidegger's work, especially after *die Kehre,* or "the turn," embodies a reaction against this authority of authoritarianism. This restless *what then shall we do?* includes within it the question of "'what then shall we learn?," "what then shall we teach?," and "how should we begin (*again*) to think (*again*)?" It is this concern with incipient thought which we should focus on as we also begin to think and begin to learn. *Again.*

Before pursuing the question of pedagogy (and the thought of pedagogy with/in the disaster) we should pause for a minute to examine the idea of dialogue as central to our project; a dialogue is a form of listening as much as it is a form of saying. It is a celebration of the participatory multivocal over the tyranny of the univocal author. It is a play between participants, both between the speakers named, as well as between author and reader; the dialogue comes to be only *in between*. A dialogue refuses to *say the absolute* (refuses the absolute) and refers the reader to the gaps between the interlocutors, to the relations and space between thoughts as much as to the actual *sayings* of the participants. In a dialogue, as in a performed work, the space between utterances, the gaps, the stuttering of unuttered thoughts, the pauses, hold as much importance as that which is said. Silences, in effect, create the work as much as the babble and chatter of language. It is important interesting to note that especially in Heidegger's later essays, the mode or construct of the univocal is questioned to such a degree that the hegemony of the author – and thereby "the said," the authority of the fact – is, to a large degree, broken down, subtracted, absented from the text itself, leaving a more pure space for thought, for things to emerge, for things to come.

But this is not an essay on Heidegger's later work, nor even absolutely on Heideggerian terms; rather its aim is to borrow from Heidegger's writings certain key notions from which we can begin to think and question the role of pedagogy. More importantly for us, for the necessity of this address, is a small section of "Evening Conversation" towards the end of the dialogue in which Heidegger broaches what he calls the "necessary unnecessary." In the dialogue between the two prisoners, the old man and the young man wrestle with the seeming incongruity of the necessity of what Heidegger calls the "unnecessary." We know that the necessary is that which is expected, that which is formulated, dictated, inscribed and proscribed. The necessary is the absolute, while the unnecessary is that which transcends the necessary, that which makes thinking (to follow Heidegger's concerns), or at least the question of thinking, important.

In the dialogue, the older man says: "The obsession of mere expecting and the greed of accumulating always cling only to what is purportedly necessary."

The younger man responds that: "They make the eyes of our essence blind to the unnecessary." And the dialogue continues:

> OLDER MAN: And to the fact that the unnecessary remains at all times the most necessary of all.
> YOUNGER MAN: Only one who has learned to know the necessity of the unnecessary can appreciate anything at all of the pain that arises when the human is barred from thinking.
> OLDER MAN: Thinking is thus the unnecessary, and yet you attribute to thinking a high rank of honor in the essence [*Wesen*] of the human.[1]

The necessary then closes off thinking while the unnecessary defiantly remains open, allows to come forth that which, as Christopher Fynsk mentioned at the beginning of this conference, *has yet to come*.

This concern with the ineffable, transcendent necessity of the unnecessary comes up as well in a more well known essay by Heidegger, "What Calls for Thinking?" As with the *Country Path Conversations,* "What Calls for Thinking?," culled from an early 1950s lecture course of the same name, hones in on the idea of learning, of allowing what is to be learned *to be learned.* To achieve this (and perhaps achieve is too strong a word here and we should use instead practice) is to practice a form of surrender to that which already is, and not to that which we seek to form ourselves. Rather than thinking being understood as a willful action, an undertaking, Heidegger seems to direct us more towards this surrender, or letting be, or *gelassen.* He writes that science does not think, that the rational, responsible thinking of procedural, Baconian inductive thinking, does not, in itself "think" and that, famously, we, trapped in this kind of thought, have not even "begun to think." This specified type of thinking, according to Heidegger, deceives itself into believing that it is "bridge-making," that it is gathering facts and building connections between them. Heidegger writes that, instead, and in reference to this preferential type of thinking that should concern us, that "there is no bridge here – only the leap." This leap then is a type of surrender, a falling away from the proscribed and a falling into the unnecessary. Writing some pages further on, Heidegger takes up the theme of the leap again, noting:

> The way is long. We dare take only a few steps. If all goes well, they will take us to the foothills of thought. But they will take us to places that we must explore to reach the point where only the leap will help further. The leap alone takes us into the neighborhood where thinking resides […] In contrast to a steady progress, where we move unawares from one thing to the next and everything remains alike, the leap takes us abruptly to a place where everything is different, so different that it strikes us as strange. Abrupt means the sudden sheer descent or rise that marks the chasm's edge. Though we may founder in such a leap, what the leap takes us to will confound us.[2]

Abrupt. Descent. Chasm. Founder. Strange. When we consider these words in contrast to the practice of contemporary, academic thought with which many of us in this room concern ourselves – either through teaching, thinking or learning – they seem a far cry from the current discourse on pedagogical "best practices." My own institution, for example, recently took eighteen months to finalize the following statement:

> The School of Science and Humanities provides the broad intellectual resources necessary to help students meet the University's goal of fostering critical self-reflection, qualitative, quantitative, cultural and ethical literacies with an education in the liberal arts. This mission is crucial to student success in pre-professional, professional and graduate work.
>
>   Science and Humanities faculty encourage student engagement with local, regional, and global communities and ideas through scholarly endeavors and through pedagogy which provides opportunities for practical application, through creative and critical approaches to general education in the arts and sciences, and through modeling critical awareness, thoughtful inquiry, collegiality and collaboration.[3]

That this statement seems to say absolutely nothing must be obvious, and indeed the gulf (though not the chasm that Heidegger writes about) seems vast between what "calls for thinking" and what is taught today to be thinking. The question then of pedagogy is the same as Heidegger's; that is, what calls for thinking?

The modern university, bureaucratic and corporate is vastly different from Plato's quiet olive grove, and even from the *Akademie*'s more contemporary models. It is rather based more on the existential exigencies of profit motive, concerning itself with student excellence (measured in students activities, general happiness and most importantly, retention) and, when it is concerned with the market, it is not the *agora* where Diogenes leaned and loafed, but with the free market and expanding its market share. It is self-referential and its reason for being is not necessarily to foster the thinking that Heidegger "calls" to (and which draws us forth) but rather simply to perdure as a source, as well as a draw, of capital. It is self-enclosed and as such defines itself by the *peras* or boundary and builds borders, walls and zones of exclusion which separate itself from the outside world, and which isolate individual departments and faculty from each other. Rather than a matrix, it operates as a series of peripherally connected but deeply separate cells. This in effect enforces – instructs, schools – the isolation from others that is a fundamental trait of alienation, and it is this alienation that is carried forth into the world, into society. What is thought, when it is thought, is often predictable, categorizable, named and above all safe.

Amongst my own students, the predictable is what is craved and what is to be expected. Today's student in the United States is emerging from a twelve year experiment in goals and outcomes under a project called "No Child Left Behind," a flagship policy developed under the administration of George W. Bush. Standardization is not limited to the United States however; it is a crisis that seems to be emerging across the developed (and developing) world. It is a project meant to concretize the experience of education (and thus thinking) in predictable goals and outcomes and in doing so denies the existence of the unnecessary (viewing it as just that) in favor of the supposedly necessary, which is manifested in the form of standardized testing, anticipated results, and the promise of a job (an activity to take one quietly through one's life until death) within the apparatus of a moribund, yet tightly controlled and managed, economy. There is little, if no room for the unknown, and certainly even less for leaping. Having learned this in their formative years, I see in my students (future nurses, police officers, physical therapists and pharmacists in one institution, electrical engineers and chemists in another) a profound lack of interest in taking risks, in creative (versus critical) thinking; analysis – of a text or a situation – when practiced, is limited to seeking a quantifiable answer, and there is little concern, amongst students, faculty or certainly administrators to practice what Hölderlin (whom I read through Heidegger) calls "a sign that is not read."

The disaster of standardized, predictable education, the negation of creative thinking, doesn't allow for questioning of one's own existence. In that case, as in totalitarianism, everything is a certainty and there is no fear, because all is prescribed. Students are programmed through standardized education to close down any empathic movement (the movement of the unnecessary) and in this way we lose one of the fundamental aspects of humanity. When we no longer turn towards others, we are no longer necessary, but rather instead secondary, replaceable.

The disaster is not an event – for that we can point to the endless, countless events of history; the first, second, or third battles of Ypres and Passchendale, (almost 550,000 thousand dead in each), the Holocaust, Hiroshima (260,000 dead in nine seconds), the coming and unfolding environmental crisis (the dead still to be counted), the campus shootings of Columbine, Virginia Tech, and Sandy Hook (and, as I write this, last night, Santa Monica College, seven dead). Nor is the disaster limited to this or that University department undergoing the death of another great Humanities department. The disaster is rather a mode of being; it is the anxiety that Chris Fynsk has described so well, the concern *towards* which defines a condition. The disaster is not a result of a series of cataclysmic circumstances, but a mode of being, an anxiety manifested as an ethical concern but rather this concern towards others, towards oneself; the disaster provides an opportunity for a movement towards others that recognizes an ethical imperative. It is an ethical response to one's (and another's) finitude, and the disaster opens this finitude towards the infinite, and provides a window towards empathy. To teach, or to learn, or to simply be, within that mode – to practice the concern of disaster – is, as I see it, paramount. The dead of war or the event(s) of school shootings are crisis and, as such, solvable. The crisis of the environment is equally solvable. Unsolved, the crises will indeed result in disastrous events, but there is no reason (aside from the machinations of capital and our societal greed and discomfort with sacrifice) that they *cannot* be solved. The above description of my own department's struggle with relevance is a sideshow, a distraction, and disastrous certainly (at least to the humanist experiment) but not in fact *the disaster*. To think it as such is to limit it, and in fact to limit it is not to heed the call of disaster, which is exactly the call of thinking, which is in turn the call of poetry, of art, of the creative. It is the call to leap, to hurl oneself recklessly, and not to bridge. A disaster would be precisely *the lack of a disaster,* or rather, *that the disaster was ignored, taunted, laughed at.*

Without using the word "disaster," Nishida Kitarō, writing in 1903, seems to point us towards this leap in an early essay, *Jinshin no giwaku,* or *On The Doubt in Our Heart.* The concept of doubt – radical doubt – as outlined here is relatively (deceptively) simple, but worth exploring. He writes:

> When people get used to not understanding things, they consider it as only normal. Then, though they don't understand them, they come to accept that that's just the way they are. But, when we think with a very clear and calm mind, there's nothing so incomprehensible as this world of ours. Although there are times when things go as we would like, when we are at once unexpectedly confronted with this doubt, our heart is suddenly enveloped in clouds of grief, and our suffering is unbearable [...]
>
> Holding on to the doubt mentioned above might seem too negative and destructive; but we do not doubt simply for doubting's sake, nor do we destroy simply to destroy. We doubt deeply in order to seek a profound solution; we destroy thoroughly so as to have a solid foundation [...] Our doubt must be sincere

and earnest, like a thirsting man in search of water or a lost child yearning for her parents [...]

> The doubt of the human heart which I'm talking about is not a mere philosophical problem based on an intellectual demand. It arises out of our relation with the world. This doubt is rooted in the facts of our sorrow and happiness, wants and desires, and is the problem of life which must be answered with blood, sweat and tears.[4]

The sense of doubt that Nishida invokes is the disaster of relations, not the disastrous event. That those relations will end, that we will die, that the world is bounded and defined by limits, is the disaster, and yet this is a disaster not to be avoided, but answered, albeit "with blood, sweat and tears."

Jean-Luc Nancy, in his essay "Shattered Loves" also seems to direct us towards this mode of thinking. He writes:

> Love does not call for a certain kind of thinking, or for a thinking of love, but for thinking in essence and in its totality. And this is because thinking, most properly speaking, is love. It is the love for that which reaches experience; that is to say, for that aspect of being that gives itself to be welcomed.[5]

The disaster then is the experience of love, which is the experience of doubt and the experience of thinking. The disaster that we speak about here is the opening towards the creative, an infinite gesture bounded by or own radical finitude. It is not an event to be avoided or feared or solved; it is not a crisis. It is the experience of surrender and sacrifice, not for a quantifiable cause, like the martyr, but for the causeless, for the unknown, for that which is always already unknown, for that which remains resolutely *beyond*. It is that which lets us into the draft which Heidegger says calls us towards that which withdraws; the disasters serves to open us to the call of thinking; it is thin wedge which breaks open the mundane, the predictable. It is the stuttering unsaid of the dialogue, it is the thought that remains unthought because it is so terrifying, so disastrous with love, with doubt.

But we must return to think again of the practice of pedagogy; the idea of teaching, what teaching must do, *as well as what learning must be,* is to assume the risk of pure thinking, which, with Nancy we can call the risk of pure love and what, as I write elsewhere, is irresponsible thinking, or irresponsible love. It is the disaster of the vulnerability of relation, the sacrifice, the surrender. To sacrifice oneself is irresponsible, to surrender is equally so. To teach then, *as to exist,* is to love and to not fear this love (to think and not to fear this thinking), to practice it irresponsibly and to not deny the relations which give themselves to this act (and which arise, or are called forth, from this act).

Heidegger writes, in "What Calls for Thinking?," that "we must let ourselves be admitted into questions that seek what no inventiveness can find."[6] We must seek admission to the thinking of the disaster in order to experience the trauma of thinking, the trauma of love, the trauma of sacrifice. Perhaps only in this way will we become human, or remain human, perhaps this way will we begin to be able to explore the limitless limit of a horizon. Perhaps, through this admission to the unnecessary necessary, will we become what we are already, that is become our own limitless (*in*)finitude.

Notes

1. Martin Heidegger, *Country Path Conversations,* trans. Brett Davis. (Bloomington: Indiana University Press), 143.
2. Martin Heidegger, "What Calls for Thinking," in *Basic Writings,* ed. David Farrell Krell. (New York: HarperCollins, 1993), 369–91, at 377.
3. From an internal email, and not yet, despite even more meetings, available to the public.
4. Nishida Kitaro, "On The Doubt in Our Hearts," *The Eastern Buddhist* 17.2 (Autumn, 1984): 7–11, at 9.
5. Jean-Luc Nancy, *The Inoperative Community,* trans. Peter Connor, Lisa Garbus, Michael Holland, and Simona Sawhney (Minneapolis: University of Minnesota Press, 1991), 84.
6. Heidegger, "What Calls for Thinking," 374.

PEDAGOGJIA PËRTEJ PERASË
TË MENDOJMË ME PERIFERINË

Niko Xhenkins

Të diskutojmë, siç na është caktuar për detyrë, konceptin e pedagogjisë kërkon që në fillim të imagjinojmë se çfarë do të thotë të mësosh, si dhe çfarë është të të mësojnë, para se të marrim guximin të shtjellojmë se çfarë është të japësh mësim, dhe veçanërisht se çfarë është të japësh mësim me atë që është quajtur shkatërrim. Që forma moderne e shkollimit është mjaft e shtrënguar dhe e regjimentuar duket se është e qartë, dhe prandaj çdo të menduar mbi të menduarit (çdo të menduar mbi shkatërrimet) duhet doemos të kalojë *midis* shtrëngimeve, ose *nën* regjimet. Kjo lëvizje e të menduarit është gjithmonë një thirrje *drejt*, dhe një thirrje *prej*. Martin Hajdeger, në dy sprovat e diskutuara këtu, kërkon që ne të harmonizohemi mirë për të marrë këtë rrugë, të dëgjojmë para se të fillojmë (sërish) të japim mësim; ai na kërkon të dëgjojmë të panevojshmen para se të fillojmë diskutojmë të domosdoshmen, të dëgjojmë, *ndoshta*, heshtjen/t që shtrihet/n midis mendimeve, po aq sa vetë mendimet.

Në pjesën e tretë të *Biseda të një rruge fshati* të Hajdegerit, përshkruhet një dialog midis një "burri më të moshuar" dhe një "burri më të ri" që zhvillohet në pyjet e mëdha ruse gjatë ditëve të fundit të një lufte rrënuese. Dialogu është i rëndësishëm për një sërë arsyesh. I shkruar në 1944–1945, gjatë ditëve të fundit të Luftës së Dytë Botërore, "Bisedë mbrëmje," siç titullohet sprova, përshkruan, në një kuptim, vajin e një babai; vetë djemtë e Hajdegerit asokohe ishin shpallur të humbur në frontin Lindor dhe presupozohej të kishin vdekur. Rajhu i Tretë ishte bërë copë e çika, po ashtu si ëndrra e sigurisë autoritare, në të cilën lutja moderne, ekzistenciale, "Çfarë do të bëjmë pra?" nuk kish qenë kurrë kaq e munguar. (Mund të imagjinojmë – *ndoshta* – se çfarë do të thotë të jesh i sigurt, mëse i sigurt madje; të dish në vend që të dyshosh, të jesh i sigurt përballë pasigurisë, as të mos e shohësh pasigurinë, *të jesh i sigurt se nuk ka pasiguri*.) E megjithatë, "Bisedë mbrëmje," dhe një pjesë e mirë e veprës së Hajdegerit, veçanërisht pas *die Kehre*, ose "kthesës," trupëzon një reagim kundër këtij autoriteti të autoritarianizmit. Kjo *çfarë do të bëjmë* pra e paqetë përfshin brenda vetes pyetjen "çfarë do të mësojmë pra?," "çfarë do t'ju mësojmë pra?," dhe "si duhet të fillojmë (*sërish*) të

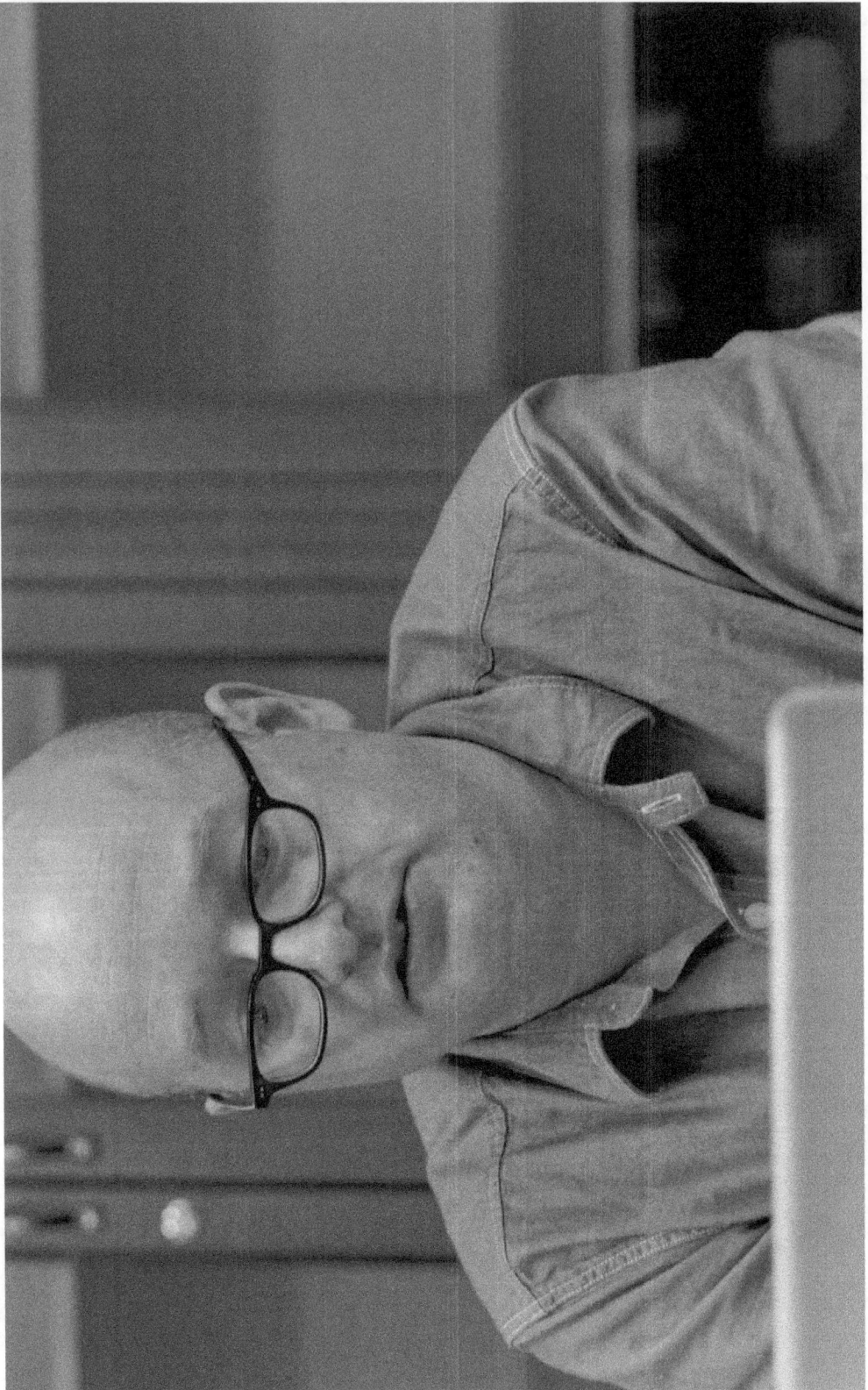

mendojmë (*sërish*)?" Është ky interes për mendimin embrional ku ne duhet të përqëndrohemi ndërsa vetë fillojmë të mendojmë dhe të mësojmë. *Sërish*.

Para se t'i futemi çështjes së pedagogjisë (dhe të mendimit të pedagogjisë me shkatërrimin) duhet të ndalojmë e të ekzaminojmë idenë e dialogut si diçka qëndrore për projektin tonë; një dialog është një formë dëgjimi po aq sa një formë thënie. Ai është një kremtim i të shumëzëshmes pjesëmarrëse mbi tiraninë e autorit të njëzëshëm. Është një lojë mes pjesmarrësve, si midis folësve të emërtuar ashtu edhe midis autorit dhe lexuesit; dialogu lind vetëm midis. Një dialog refuzon të *thojë absoluten* (mohon absoluten) dhe e drejton lexuesin tek boshllëqet midis bashkëbiseduesve, tek marrëdhëniet dhe hapësirat midis mendimeve po aq sa tek *thëniet* e pjesëmarrësve. Gjatë një dialogu, si gjatë një pune të ekzekutuar, hapësira midis shqiptimeve, boshllëqeve, belbëzimin e mendimeve të pathëna, pauzat, kanë po aq rëndësi sa ajo që thuhet. Heshtjet, në fakt, e krijojnë punën po aq sa llomotitja e gjuhës. Është e rëndësishme të vërjemë se veçanërisht në sprovat e mëvonëta të Hajdegerit, mënyra ose konstrukti i të njëzëshmes vihet në pikëpyetje deri në atë masë sa hegjemonia e autorit – dhe kësisoj "e thëna," autoriteti i faktit – shpërbëhet, hiqet, mungesohet prej vetë tekstit, duke lënë një hapësirë më të pastër për mendimin, që gjërat të lindin, të vijnë.

Por kjo nuk është një sprovë mbi veprën e mëvonshme të Hajdegerit, as edhe absolutisht në terma hajdegeriane; qëllimi i saj përkundrazi është të marrë prej shkrimeve të Hajdegerit disa nocione kyçe prej të cilave ne mund të fillojmë të mendojmë dhe të ngremë çështjen e rolit të pedagogjisë. Më e rëndësishme për ne, për nevojën e kësaj fjale, është një pjesë e vogël e "Biseda mbrëmje" afër fundit të dialogut ku Hajdegeri hap çështjen e asaj që ai quan të "panevojshmen e domosdoshme." Gjatë dialogut midis dy të burgosurve, burri i moshuar dhe ai i riu kapen me mospajtimin e domosdoshmërisë së saj që Hajdegeri quan të "panevojshmen." Ne e dimë se e domosdoshmja është ajo që pritet, ajo që formulohet, diktohet, përvijohet dhe ndalohet. E domosdoshjma është absolutja, ndërsa e panevojshmja është ajo që tejkalon të domosdoshmen, që bën të menduarit (për të ndjekur interesat e Hajdegerit), ose të paktën çështjen e të menduarit, të rëndësishme.

Tek dialogu, burri më i moshuar thotë: "Obsesioni i thjesht të priturit dhe lakmia e të grumbulluarit gjithmonë i ngjiten vetëm asaj që mendohet se është e domosdoshme."

Burri më i ri përgjigjet se: "Ato e bëjnë vështrimin e qenësitë tonë të verbër ndaj të panevojshmes." Dhe dialogu vazhdon:

Burri më i moshuar: Dhe ndaj faktit se e panevojshmja mbetet përherë më e domosdoshmja nag të tëra."

Burri më i ri: Vetëm ai që ka mësuar të pohoj domosdoshmërinë e të panevojshmes arrin të kuptojë diçka rreth dhimbjes që lind kur njeriut i mohohet të menduarit.

Burri më i moshuar: Të menduarit është pra e panevojshmja, e megjithatë ti i atribon të menduarit një shkallë të lartë nderi në qenësinë [*Wesen*] e njerëzores.[1]

E domosdoshmja pra i mbyll dyert të menduarit ndërsa e panevojshmja mbetet e hapur, lejon të dalë përpara atë që, siç përmendi Kristofer Finsk [*Christopher Fynsk*] në fillim të kësaj conference, *duhet ende të vijë*.

Ky interes për domosdoshmërinë transhendente, të patregueshme të së panevojshmes del në pah gjithashtu në një sprovë më të mirënjohur të Hajdegerit, "Çfarë e kërkon të menduarin?" Ashtu si *Biseda të një rruge fshati*, "Çfarë e kërkon të menduarin?," e përzgjedhur prej një seri leksionesh në fillim të viteve 1950 që mban të njëjtin emër, përqëndrohet tek ideja e të mësuarit, e lejimit *të mësimit* të asaj që duhet mësuar. Ta arrish këtë (dhe ndoshta "arrish" është një fjalë tepër e fortë këtu dhe ne duhet të përdorim "praktikosh" në vend të saj) është të praktikosh një formë dorëzimi asaj që ekziston ndërkaq, dhe jo asaj që ne vetë kërkojmë të krijojmë. Në vend që të menduarit të kuptohet si një veprim i qëllimshëm, një sipërmarrje, Hajdeger duket sikur na drejton më tepër drejt këtij dorëzimi, ose të lenit të qetë, apo *gelassen*. Ai shkruan se shkenca nuk mendon, se të menduarit racional, të përgjegjshëm, induktiv, në vetëvete nuk "mendon" dhe se ne, të ngecur brenda këtij lloji mendimi, as që nuk kemi "filluar të mendojmë." Ky lloj specifik mendimi sipas Hajdegerit, e gënjen veten të besojë se është lidhës, se ai mbledh fakte dhe ndërton lidhje midis tyre. Hajdegeri shkruan se, përkundrazi, dhe duke iu referuar këtij lloj mendimi preferencial që duhet të na interesojë, se "nuk ka një urë këtu – vetëm një hedhje." Kjo hedhje është atëherë një lloj dorëzimi, një rënie prej të ndaluarës dhe një rënie tek e panevojshmja. Disa faqe më tutje, Hajdegeri i rikthehet temës së hedhjes edhe një herë, duke vënë në dukje:

> Kjo rrugë është e gjatë. Ne guxojmë të marrim vetëm disa hapa. Nëse gjithçka shkon mirë, ata do të na çojnë deri tek rrëza e mendimit. Por ata do të na çojnë në vende që ne duhet t'i eksplorojmë për të arritur pikën ku vetëm hedhja do të mund të na ndihmojë më pas. Vetëm hedhja na shpie aty ku qëndron mendimi [...] Në kundërshtim me një progres të qëndrueshëm, ku ka lëvizim pavetëdijshëm nga një gjë tek tjetra dhe gjithçka mbetet e ngjashme, hedhja na shpie vrazhdësisht tek një vend ku gjithçka është e ndryshme, kaq e ndryshme sa na duket e çuditshme. Vrazhdë nënkupton rënien e pingultë ose ngjitjen që shënon skajin e hendekut. Ndonëse ne mund të fundosemi gjatë një hedhje të tillë, ajo tek e cila hedhja na shpie do të na hutojë.[2]

Vrazhdë. Rënie. Hendek. Fundosje. Çuditshme. Kur i konsiderojmë këto fjalë karshi praktikës së mendimit akademik bashkëkohor me të cilin merren shumë prej nesh në këtë dhomë – nëpërmjet mësimdhënies, të menduarit ose të mësuarit – ato ngjajnë shumë larg prej ligjëratës së sotme mbi "praktikat më të mira" pedagogjike. Institucionit tim, për shembull, iu deshën tetëmbëdhjetë muaj për të finalizuar deklaratën e mëposhtme:

> Shkolla e Shkencave dhe Humaniteteve siguron burimet e gjera intelektuale që nevojiten për të ndihmuar studentët të përmbushin qëllimin e Universitetit për të ushqyer vetëreflektimin kritik, dije [*literacies*] cilësore, sasiore, kulturore dhe etike nëpërmjet një arsimi në artet liberale. Ky mision është thelbësor për suksesin e studentit në punën para-profesionale, profesionale dhe universitare.

Fakulteti i Shkencave dhe Humaniteteve inkurajon angazhimin e studentit në komunitete lokale, rajonale dhe globale si dhe të ideve përmes orvatjeve shkollare dhe përmes një pedagogjie që siguron mundësi për aplikim praktik, përmes qasjeve krijuese dhe kritike ndaj shkollimit të përgjithshëm në arte dhe shkenca, dhe përmes modelimit të vetëdijes kritike, hulumtimeve të mirëmenduara, kolegjialitetit dhe bashkëpunimit.[3]

Që kjo deklaratë nuk na thotë asgjë duhet të jetë e qartë, dhe vërtetë hendeku (por jo ai për të cilin shkruan Hajdegeri) duket i madh midis asaj që "kërkon të menduarit" dhe asaj që mësohet ditët e sotme si të menduarit. Pyetja e padagogjisë është pra e njëjtë me atë të Hajdegerit; domethënë, çfarë kërkokon të menduarit?

Universiteti modern, burokratik dhe korporativ është shumë i ndryshëm prej korijes së qetë të ullirit të Platonit, madje edhe prej modeleve më bashkëkohore të *Akademie*-së. Ai mbështetet më tepër tek ekzigjencat ekzistenciale të motivit të përfitimit, merret me pësosmërinë e studentëve (që matet me aktivitete studentore, lumturinë e tyre të përgjithshme dhe kryesisht me mbajtje) dhe, kur merret me tregun, ky nuk është *agora* ku Diogjeni rrinte e priste durueshëm, por tregu i lirë që zgjeron pjesën e tij të tregut. Është vetëreferues dhe arsyeja e të qenit të tij nuk është domosdoshmërisht të ushqejë të menduarit të cilit Hajdegeri i bën thirrje (dhe që na tërheq) por përkundrazi të vazhdojë të ekzistojë si burim, si dhe si thithje, kapitali. Është i vetëpërmbajtur dhe kësisoj e përkufizon vetëveten nga *pera* [*peras*] ose kufiri dhe ndërton kufijë, mure dhe zona përjashtimi që e ndajnë nga bota e jashtme, dhe që izolojnë departamentet dhe fakultetet nga njëra-tjetra. Në vend të një matriksi, ai funksionon si një seri qelizash thellësisht të mëvetësishme që kanë disa lidhje periferike. Ky efekt përforcon – instrukton, mëson – izolimin prej të tjerëve që është një tipar rrënjësor i tëhuajësimit, dhe është pikërisht ky tëhuajësim që mbartet në botë, në shoqëri. Ajo që mendohet, kur mendohet, është shpesh e parashikueshme, e kategorizueshme, e emërtuar dhe mbi të gjitha jo e rrezikshme.

Mes studentëve të mi, e parashikueshmja është ajo që dëshirohet dhe ajo që pritet. Studenti i sotëm në Shtetet e Bashkuara është produkt i një eksperimenti dymbëdhjetëvjeçar në synime dhe përfundime në kuadër të një projekti të quajtur "Asnjë fëmijë i mbetur pas," një policë pararojë e zhvilluar gjatë administratës së Xhorxh U. Bush. Por standardizimi nuk është vetëm karakteristikë e Shteteve të Bashkuara; ai është një krizë që duket se po shfaqet mes për mes botës së zhvilluar dhe asaj në zhvillim. Është një projekt që ka per qëllim të konkretizojë përvojën e shkollimit (dhe kësisoj e të menduarit) në synime dhe përfundime të parashikueshme dhe duke bërë këtë mohon ekzistencën e të panevojshmes (duke e kuptuar si të tillë, d.m.th. të panevojshme) në favor të asaj që është gjoja e domosdoshme që manifestohet në formën e testimeve të standardizuara, rezultateve të pritura, premtimin e një pune (një veprimtari për ta shoqëruar njeriun qetë-qetë deri në vdekje) brenda apartit të një ekonomie që është duke dhënë shpirt por që megjithatë kontrollohet dhe të menaxhohet rreptësisht. Ka pak, nëse aspak, hapësirë për të panjohurën, dhe akoma më pak për hedhje. Duke qenë se ata e mësojnë këtë gjatë viteve të tyre formues, shoh në studentët e mi (infermjerë, policë, fizioterapistë dhe farmacistë të ardhshëm në një institucion, inxhinierë elektrikë dhe kimistë në tjetrin) një mungesë të thellë interesi në marrjen e rreziqeve, në të menduarit krijues (në kundërshtim me atë kritik); analiza – e një teksti apo e një situate – kur praktikohet, kufizohet tek kërkimi i një përgjigje të matshme, dhe ka shumë pak interes, mes studentëve, fakultetit ose administratorëve të caktuar për të praktikuar atë që Hölderlin (të cilin unë e lexoj nëpërmjet Hajdegerit) quan "një shenjë që nuk lexohet."

Shkatërrimi i arsimit të standardizuar, të parashikueshëm, mohimi i të menduarit krijues, nuk lejon për vënien në pikëpyetje të ekzistencës së njeriut. Kësisoj, siç ndodh në totalitarianizëm, gjithçka është e sigurtë dhe nuk frika nuk ekziston, pasi gjithçka është paracaktuar. Studentët programohen nëpërmjet arsimit të standardizuar t'i vënë kapakun çdo lloj lëvizjeje empatike (lëvizja e të panevojshmes) dhe kësisoj ne humbasim një prej aspekteve thelbësore të njerëzimit. Kur ne nuk i kthehemi më të tjerëve, ne nuk jemi më të nevojshëm, por përkundrazi, të dytësorë, të zëvendësueshëm.

Shkatërrimi nuk është një ngjarje – për këtë ne mund t'i drejtohemi ngjarjeve pambarim, të panumërta të historisë; beteja e parë, e dytë apo e tretë e Ypres dhe Passchendale, (thuajse 550.000 të vdekur në secilën), Holokausti, Hiroshima (260.000 të vdekur brenda nëntë sekondave), ardhja dhe shpalosja e krizës mjedisore (të vdekurit duhet ende të numërohen), hapjet e zjarrit në shkollat e Columbine, Virginia Tech dhe Sandy Hook (dhe, ndërsa shkruaj këtë, mbrëmë, Santa Monica College, shtatë të vdekur). Shkatërrimi as nuk kufizohet me këtë apo atë department Universitar që po kalon vdekjen e një tjetër departamenti të madh të Humaniteteve. Shkatërrimi është përkundrazi një mënyrë të qeni; është ankthi që Kristofer Finsk ka përshkruar kaq mirë, interesi *drejt* që cileson një kusht. Shkatërrimi nuk është pasojë e një sërë rrethanash kataklizmike, por një mënyrë të qeni, një ankth i manifestuar si një shqetësim etik por jo i drejtuar të tjerëve por vetes; shkatërrimi paraqet mundësinë për një lëvizje drejt të tjerëve që pohon një urdhëresë etike. Ai është një përgjigje etike ndaj fundmësisë [*finitude*] së vetes dhe të tjetrit, dhe shkatërrimi e hap këtë fundmësi ndaj pafundësisë, dhe jep një hapje ndaj ndjeshmërisë. Të japësh mësim, ose të mësosh, ose thjesht të jesh, në atë mënyrë – të praktikosh çështjen e shkatërrimit – është, siç e kuptoj unë, e rëndësisë parësore. Të vdekurit e luftës apo të ngjarjes/ve të hapjes së zjarrit në shkolla janë kriza dhe, si të tilla, të zgjidhshme. Kriza e mjedisit është po ashtu e zgjidhshme. Nëse mbeten të pazgjidhura, këto kriza sigurisht që do të rezultojnë në ngjarje shkatërruese, por nuk ka arsye (me përjashtim të makinacioneve të kapitalit dhe lakmisë tonë si shoqëri dhe mosrehatit me sakrificën) pse ato *nuk mund* të zgjidhen. Përshkrimi më lart i luftës së departamentit tim për përkatësi është një dukuri anësore, diçka që tërheq vëmendjen, dhe sigurisht që shkatërruese (të paktën për eksperimentin humanist) por jo, në fakt, vetë *shkatërrimi*. Ta mendosh atë vetë është ta kufizosh, dhe në fakt ta kufizosh nuk do të thotë t'i vësh veshin thirrjes së shkatërrimit, që është pikërisht thirrja e të menduarit, që është më pas thirrja e poezisë, e artit, e krijueses. Është thirrja për t'u hedhur, të hedhur veten pa e vrarë mendjen, dhe jo për të lidhur. Një shkatërrim do të ishte pikërisht *mungesa e shkatërrimit,* ose më saktë, *se shkatërrimi u injorua , u tall, u përqesh.*

Pa përdorur fjalën "shkatërrim," Nishida Kitaro, në 1903-shin, duket sikur na drejton për te kjo hedhje në një sprovë të herët, *Jinshin no gawaku,* ose *Mbi dyshimin në zemrën tonë*. Koncepti i dyshimit – radikal – siç përvijohet këtu është relativisht i thjeshtë, kështu duket të paktën, por ia vlen të eksplorohet. Ai shkruan:

Kur njerëzit mësohen me moskuptimin e gjërave, ai iu duhet diçka normale. Pra, ndonëse ata nuk i kuptojnë ato, ata arrijnë të pranojnë se ajo është mënyra se si ato janë. Por, kur ne mendojmë me një mendje shumë të qartë dhe të qetë, nuk ka asgjë aq të pakuptueshme për ne sa kjo bota jonë. Ndonëse ka raste kur gjërat shkojnë ashtu si ne do të donim, kur ne ballafaqohemi sërish dhe papritur me këtë dyshim, zemra jonë mbështillet në re pikëllimi, dhe vuajtja jonë është e padurueshme [...]

Ta mbajmë dyshimin e lartpërmendur mund të duket diçka negative dhe shkatërruese; por ne nuk dyshojmë për hir të të dyshuarit, as nuk shkatërrojmë për hir të të shkatërruarit. Ne dyshojmë thellësisht për të kërukar një zgjidhje të thellë; ne shkatërrojmë tërësisht për të patur një bazament të qëndrueshëm [...] Dyshimi ynë duhet të jetë i sinqertë dhe zellshëm, si një njeri i etur në kërkim të ujit ose një fëmijë i humbur në kërkim të prindërve [...]

Dyshimi i zemrës njerëzore për të cilin po flas nuk është thjesht një problem filozofik që bazohet mbi një kërkesë intelektuale. Ai buron prej lidhjes tonë me botën. Ky dyshim është thellësisht i rrënjosur në faktet e brengës dhe të lumturisë tonë, dëshirave tona, dhe ai është problemi i jetës të cilit i duhet përgjigjur me gjak, djersë dhe lotë.[4]

Kuptimi i dyshimit që ndjell Nishida është shkatërrimi i lidhjeve, jo ngjarja shkatërruese. Që ato marrëdhënie do të marrin fund, që ne do të vdesim, që bota është e kufizuar dhe e përcaktuar nga caqe, është një shkatërrim, e megjithatë një shkatërrim që nuk duhet evituar por që i duhet përgjigjur, ndonëse me "gjak, djersë dhe lotë."

Zhan-Lyk Nansi, në sprovën e tij "Dashuri të thërrmuara," po ashtu duket se na drejton për te po kjo mënyrë të menduari. Ai shkruan:

> Dashuria nuk bën thirrje për një lloj të caktuar mendimi, apo për të menduarit e dashurisë, por për të menduarit në qenësinë dhe tërësinë e vet. Dhe kjo ndodh sepse të menduarit, në fakt, është dashuri. Është dashuria për atë çka arrin përvojën; domethënë, për atë aspekt të qenies që e bën veten të mirëpritet.[5]

Shkatërrimi është pra përjetimi i dashurisë, që është përjetimi i dyshimit dhe i të menduarit. Shkatërrimi për të cilin ne flasim këtu është një hapje ndaj krijueses, një gjest i pafund i kufizuar nga fundmësia jonë radikale. Nuk është një ngjarje që duhet shmangur apo që i duhet trembur apo që duhet zgjidhur; nuk është një krizë. Është përjetimi i dorëzimit dhe i sakrificës, jo për një kauzë të matshme, si martiri, por për të pakauzën, të panjohurën, për atë që është gjithmonë ndërkaq e panjohur, për atë që mbetet vendosshmërisht, përtej; shkatërrimi shërben për të na hapur ndaj thirrjes së mendimit; ai është pykë e hollë që hap të zakonshmen, të parashikueshmen. Është e pathëna belbëzuese e dialogut, është mendimi që mbetet i pamenduar për arsye se është kaq i tmerrshëm, kaq shkatërrues me dashuri, me dyshim.

Por ne duhet të kthehemi të mendojmë sërish për praktikën e pedagogjisë; ideja e mësimdhënies, e asaj që ajo duhet të bëjë, *si dhe të asaj që ajo duhet të jetë*, është të marrë përsipër rrezikun e të menduarit të pastër, të cilin, me Nansinë, do të mund ta quanim rrezikun e dashurisë së pastër dhe atë që, siç është përmendur, është të menduarit e papërgjegjshëm, ose dashuria e papërgjegjshme. Është shkatërrimi i brishtësisë së lidhjes, sakrificës, dorëzimit. Të sakrifikosh veten është e papërgjegjshme, të dorëzohesh po aq. Të japësh mësim atëherë, *dhe të ekzistosh,* do të thotë të dashurosh dhe të mos trembesh nga kjo dashuri (të mendosh dhe të mos i trembesh këtij të menduarit), ta praktikosh atë papërgjegjshmërisht dhe të mos mohosh lidhjet që i falen këtij akti (dhe që lindin, ose thirren, prej këtij akti).

Hajdegeri shkruan, në "Çfarë quhet mendimi?," se "ne duhet ta lemë veten të pranohemi në pyetje që kërkojnë atë që asnjë mendjepjellësi nuk mund ta gjejë." Duhet të kërkojmë hyrje tek të menduarit e shkatërrimit për të përjetuar traumën e të menduarit, traumën e dashurisë, traumën e sakrificës. Ndoshta vetëm kësisoj do të bëhemi sërish njerëzorë, ose do të mbetemi njerëzorë, ndoshta kështu do të fillojmë të mundemi të ekspolorjmë kufirin pakufi të një horizonti. Ndoshta, nëpërmjet këtij pranimi tek e panevojshmja e domosdoshme, kemi për t'u bërë ata që në fakt ne jemi, që do të thotë, *(pa)*fund*(m)*ësia [*(in)finitude*] jonë e pafund.

Shënime

1. Martin Heidegger, *Country Path Conversations*, përkth. Brett Davis. (Bloomington: Indiana University Press), 143.
2. Martin Heidegger, "What Calls for Thinking," në *Basic Writings*, red. David Farrell Krell. (Nju-Jork: HarperCollins, 1993), 369–91, në 377.
3. Nga një email i brendshëm që nuk është ende i hapur për publikun ndonëse janë zhvilluar akoma më tepër takime.
4. Nishida Kitaro, "On The Doubt in Our Hearts," *The Eastern Buddhist* 17.2 (Vjeshtë, 1984): 7–11, në 9.
5. Jean-Luc Nancy, *The Inoperative Community*, përkth. Peter Connor, Lisa Garbus, Michael Holland dhe Simona Sawhney (Minneapolis: University of Minnesota Press, 1991), 84.
6. Heidegger, "What Calls for Thinking," 374.

CYBER-CATASTROPHE
TOWARDS A PEDAGOGY OF ENTROPY

Justin Joque

One of the earliest glimpses of the possible impact of an all out cyberwar occurred in June of 1997. That month a small team of hackers using publicly available tools and programs was supposedly able to gain access to the power grid in nine United States cities, their emergency response systems and a number of critical Pentagon networks including those that managed military supply chains and the command-and-control structure. According to James Adams who has written at length about these attacks:

> The hackers also managed to infect the human command-and-control system with a paralyzing level of mistrust. Orders that appeared to come from a commanding general were fake, as were bogus news reports on the crisis and instructions from the civilian command authorities. As a result, nobody in the chain of command, from the president on down, could believe anything. This group of hackers using publicly available resources was able to prevent the United States from waging war effectively.[1]

Luckily, the series of attacks, which have been code-named Eligible Receiver, were carried out by the US's National Security Agency as an unannounced test of military and civilian digital infrastructure. The attackers, who were working as part of a No-Notice Interoperability Exercise Program, were asked only to prove what was possible and not to actually destroy anything.

While the military provided no substantial evidence about Eligible Receiver, aside from interviews with the media and congressional testimony, for a while Eligible Receiver was repeatedly referenced as a brief glimpse of future war and the dark nature of our digital technologies. Of course, there were those who were convinced it was merely the media-security complex displaying their newest bogeyman. In *The Crypt Newsletter*, a hacking publication whose provenance and history have gone the way of dial-up modems but still lingers in various parts of the Internet, Joseph K refers to Eligible

Receiver as, "A Pentagon ghost story repeated *ad nauseum* to journalists and the easily frightened in which ludicrous or totally unsubstantiated claims about menaces from cyberspace are passed off as astonishing deeds of techno-legerdemain performed by cybersoldiers working within a highly classified wargame."[2]

Although Joseph K meant to dismiss Eligible Receiver, the discourse surrounding it seems to still tell an interesting ghost story especially if it is treated as such and read not as baseless, but as a myth that functions even without proof. John Arquilla, a military theorist who teaches at the US Naval Postgraduate School, sums up the state of the public relation to the event aptly when in an interview he says, "Eligible Receiver is a classified event about which I can't speak. What I can say is that when people say there is no existence proof of the seriousness of the cyber threat, to my mind, Eligible Receiver provides a convincing existence proof of the nature of the threat that we face."[3] This Kafkaesque claim is telling: he cannot say what transpired, but its existence, despite being under classified erasure, proves the point he would like to make. This event appears in this light not then as an attack against military information systems, but instead as an attack against our belief in the digital systems that increasingly provide the fabric of everyday life. Perhaps in Adams's claims that no one could believe anything from the President on down, we should read a warning that we too, outside the wargame, can no longer believe anything from the President on down. It takes little extra imagination to suggest the implied result is some cascading catastrophic social collapse. Ultimately, the collapse of the entire system may already be upon us. It is not merely our military communication technologies that are at stake in Eligible Receiver but the entirety of society.

Computer systems, especially when seen as data storage devices, function to guarantee that the writing of the past persists into the future. While computers are often theorized solely as computing devices or communication machines, it is clear that in contemporary society they serve to store information about the past into the future. Anything that calls computer security into question in the future undermines it in the present as well. Thus, the futurity of a "real" attack like Eligible Receiver infects our belief in these systems in the present. To conceptualize the situation in Virilio's terms: the database is the invention of the data accident. Furthermore, Eligible Receiver moves this possibility even further into the realm of a militarized data catastrophe. Not only is it possible that our computer systems will fail us in the future, but it is possible they are already compromised in the present. As much as this unannounced test-exercise may have been a test of military security, it is also a test of our belief in our digital world. And it is not only our digital systems, as we could add to this digital catastrophe a catastrophe for every system our lives are embedded in: ecological collapse, speculative bubbles, new drug-resistant diseases, market crashes, global warming, the end of the university, etc.

Joseph K's mocking dismissal then appears, like a pithy sermon by an unknown sage of our digital belief, to reassure us that these events are merely phantasms thought up to terrify the gullible and will never come to pass. At the same time these claims seem to serve another purpose. The complete dismissal of this ghost story doubles the future: on the one hand the possibility of utter collapse and on the other complete faith and resilience. Likewise, it doubles the structure of belief and skepticism. Are the believers those who put faith in our technological world or those who blindly take the military's word that the catastrophe is around any corner? If we cannot believe "anyone from the President on down," how can we believe those who call that belief into question?

The future catastrophe becomes immanent to these technologies, not because of any inevitability but precisely because of its undecidability. The future becomes binary but also probabilistic, in so much as we can never know if we are condemned to catastrophe or not. It is not merely unknown but contains both the possible catastrophe and the non-event of the digital everyday. As such the future appears closed. It is either a future of the total collapse of systems or the non-event of the continuation of neoliberal capitalism. This binary structure overwhelms the future closing off the possibility of new meanings and new modes of thought. To teach and learn in the space of this closure requires a pedagogy that must be a pedagogy of disaster, but at the same time also a pedagogy of the non-event. Brian Massumi, in a 2012 article, puts this closure well when he describes the effect of the Bush doctrine and preemption on global politics: "The only certainty is that you have to act now to do everything possible to preempt the potential. In the vocabulary of Bush's Secretary of Defense, Donald Rumsfeld, the only thing certain is that you have to "go kinetic," even though "you don't really know and can't know and know you don't know."[4] The catastrophe does not efface the present order; it rather calls into question the symbolic present and as such leaves the present order, with our digital belief, as the only alternative. Moreover, it calls the present order to act preemptively, against the catastrophe, to always be ready to go kinetic against the unknown future. It becomes a dedication not to the possibility of the future, but merely the survival of the present. The only future that matters now is the future that is already here, the future of constant capitalist innovation that we are always already late for. Any other future is already lost.

Despite the appearance of this closure, it may be possible that another reading of the current situation is already encoded into our increasingly communicative and controlled world. In 1948, in his text *Cybernetics or Control and Communication in the Animal and Machine*, Norbert Wiener laid out the basics of a new science of systems entitled cybernetics, intended to explore the science and study of systems, their structures, regulation, emergent properties and possibilities across a large array of disciplines from technology to biology to society. The term cybernetics refers to the Greek *kybernētēs* meaning steersman or governor. Its earlier advocates, including Wiener, believed it would develop into the science of science. While there are still waves of cybernetics being developed, its more grandiose plans largely collapsed and the mathematical and scientific breakthroughs made under the name cybernetics have been parceled out to other fields including communication theory, engineering, cryptography, complex systems, network analysis, etc. One of the main focuses of cybernetics was on mathematically describing information and communication within systems. Wiener along with Claude Shannon developed the key mathematics that underlie our present understanding of communication systems, including the Internet, cellular phones, encryption technologies and information compression systems. In many ways our current situation, with the rise of communicative capitalism and societies of control, owes much to the history of cybernetics as the enabling science behind many technologies of both war and peace. Furthermore, even so-called "French Theory" is deeply indebted to cybernetics as it influenced countless thinkers including Roman Jakobson, Levi-Strauss, Lacan, etc., not to mention Heidegger and Derrida's more critical positions on the science.[5] It could thus be argued that cybernetics underwrites much of the closure of the future we find ourselves in, but my hope is to suggest that there in the heart of this closure lies another possibility.

While Wiener and Shannon both developed what is now called communication theory, Claude Shannon's abstract mathematical description of communication channels and their information capacity has become the standard in the field. In 1948, Shannon, who worked on cryptographic systems during the war, published a now legendary article in the *Bell Systems Technical Journal*, entitled "A Mathematical Theory of Communication." The following year a book length version of the article, with a more easily readable (and also slightly more philosophical) introduction written by Warren Weaver, was published as *The Mathematical Theory of Communication*.[6] Prior to Shannon's mathematical description, the communication possibilities of a given channel, which could be a radio signal, a telegraph line, or now a fiber optic cable, were largely determined experimentally by engineers. Shannon was able to define the upper limit for any channel to carry information. Hence his work has become the basis of our contemporary thinking about communication, at least as an engineering problem.

One of the major breakthroughs that Shannon made was to consider a communication system being between a source and a destination (with transmitters and receivers added). It should be noted that for Shannon this was solely a question of the material support of communication, and not of meaning. For the current purposes, I will follow him in that distinction, but much could be said about the relationship between information and meaning. Regardless, Shannon theorized the selection of the message as a random process. If the creation of the message is treated as random, it then follows that the amount of information contained in a given message is a result of the randomness of its selection. The larger the potential message-space, or number of possible messages, the more random the selection is and thus the more information that can be communicated. Furthermore, the probability of any given message affects the total information that can be communicated over a given channel. A simple example can demonstrate this well. In written English it is incredibly rare to have a *q* followed by any letter other than a *u*. Hence, the *u* by being highly determined provides very little additional information. Other linguistic markers, letters, etc. display similar properties. It should be noted that the claim is never that they are useless. In fact adding redundancy, as Shannon calls it, is critical to be able to send a message over a noisy channel since the message then does not depend on every sound or bit arriving intact. At the same time the more redundancy the less information can be transmitted. Similarly to the lack of information provided by the *u* following a *q*, a message source that only transmitted a single series of ones would provide no information at all.

The formula that Shannon developed to describe the amount of information in a message or across a channel depends then on the probability of a given message, or part of a message, being selected. Shannon chose to call the amount of information, or we could say the randomness of a message, entropy. This was mainly due to the similarity between his formula and the statistical formula for thermodynamic entropy, but also represented the modeling of communication systems as random processes. While the term Shannon-entropy has become standard in the field to describe the amount of information in a message or transmittable across a channel, I believe such terminology makes an interesting and important philosophical and ideological claim. To suggest that information, and although this is not meaning per se, at least the possibility of communicating meaning, comes to rest on entropic random processes is rather radical. With this definition it follows then that even noise adds information to a message as it increases the randomness. Granted encoding schemas can minimize the effect of noise on a message, but still this is a somewhat shocking conclusion that even noise increases the amount of information in a message. What this means, and is so radical, is that the very possibility of information becomes in Shannon's work premised on our not knowing, or our never completely knowing. In Shannon's world knowledge of the message can never exist ahead of time, only in the moment of receiving the message. Not only that, but were we to know too early, we would gain nothing and by definition there would be no message. It is a process not of control but a communication that while always working with a limited message space must be open to its unpredictability. While of course Shannon never considered it as such, it is possible to read his work as a mathematical manifesto of unknowing; of living in a world we cannot know. We arrive in a sense at Massumi's point from above, but now by necessity, the world, especially as communicative technologies take hold, writes randomness and unknowability into its very rules.

Norbert Wiener's description of this work in his text *Cybernetics*, suggests just how radical Shannon's claims were. Wiener, who was working on related mathematical descriptions and directly referencing Shannon's work, says in the introduction to *Cybernetics*,

> The notion of the amount of information attaches itself very naturally to a classical notion in statistical mechanics: that of entropy. Just as the amount of information in a system is a measure of its degree of organization, so the entropy of a system is a measure of its degree of disorganization; and the one is simply the negative of the other.[7]

In describing information and its relation to entropy, Wiener is unable to describe communication as premised on entropy. He instead reverses the description claiming that information and entropy are opposed rather than the description of each other. While this divergence of terminology was mentioned very little at the time or afterwards, and some texts even refer to "Shannon–Wiener Entropy," it suggests how radical Shannon's discovery was and how much it challenged Wiener's desire to see cybernetics as uniting communication and control.

In this light, Shannon's work provides an important lesson, and even a philosophical position, on technology, thought and their respective futures. In tracing this lesson, we arrive by way of Shannon at an especially Deleuzean moment. For Deleuze the subject, the interior and thought itself is always a fold of the outside. In his text on Foucault he develops the idea that thought itself is random chance, even comparing it to a dice throw. As such, thought is always a thought of the outside. Deleuze says, "Artaud contrasted the innate and the acquired with the 'genital', the genitality of thought as such, a thought which comes from the outside that is farther away than any external world, and hence closer than any internal world. Must this outside be called Chance?"[8] Shannon's treatment of communication as an entropic process is based then on a similar structure, communication itself becomes a thought of the outside. All communication and communication technology folds the entropic outside inwards, creating a possibility that exists not in one place, but in the space between two. Even a closed or limited message-space, such as a dice with only six sides, still folds chaotic random processes inside.

Not only is this the lesson of Shannon's discovery, but also of his praxis. Shannon never set out to create an entropic world, rather he found it there waiting for him, one possibility or one message out of a limited message space. The confluence between thermodynamic and information entropy appears as the replication of a mathematical structure. It strikes one as a random possibility in the very construction of the universe. It becomes in a sense undecidable whether Shannon's mathematical theory of communication is his thought or the universe's. Perhaps it appears itself as a line of communication between the two. A random entropic process that reveals itself only after it is sent and received. A thought of the universe folded inside Claude Shannon.

As communication technologies proliferate and turn also into technologies of control, surveillance, war and catastrophe, the lesson of Shannon is that even as the future closes tightly around us an entropic outside is always there. In the midst of closure there are always possibilities. This is not to say that some, if not most of these possibilities, may be as or more horrific and terrifying than the current global system, but still it calls us to think, to theorize, and to learn their possibilities in the face of the future and present catastrophe; whether this is the catastrophe of a global cyberwar or of the university. Deleuze in the appendix to his text on Foucault, published first in 1986, says something similar:

> Dispersed work had to regroup in third-generation machines, cybernetics and information technology. What would be the forces in play, with which the forces within man would then enter into a relation? It would no longer involve raising to infinity or finitude but an unlimited finity, thereby evoking every situation of force in which a finite number of components yields a practically unlimited diversity of combinations […]. The forces within man enter into a relation with forces from the outside, those of silicon which supersedes carbon, or genetic components which supersede the organism, or agrammaticalities which supersede the signifier […] it is the advent of a new form that is neither God nor man and which, it is hoped, will not prove worse than its two previous forms.[9]

Deleuze outlines here, some forty years afterwards, the lesson of Shannon: even as everything including the future seems closed, we always have access to an unlimited finity, the entropic space of communication that carries with it an uncontrollable fold of the outside.

While claiming that "it is hoped" an unlimited finity will prove better than earlier forms is a rather modest sentiment, it is striking how positive it is given Deleuze's tendency to stress how easily systems can fall back upon themselves unleashing even worse outcomes. This hopeful note with which Deleuze ends the Foucault text is drastically different from his discussion of similar themes in "Postscript on the Societies of Control" published four years later in 1990.[10] In the short text Deleuze outlines the new type of society that he believes will replace the disciplinary societies Foucault explicated in his work. Deleuze says of these new societies:

> Everyone knows that these institutions [prisons, hospitals, schools, etc.] are finished, whatever the length of their expiration periods. It's only a matter of administering their last rites and of keeping people employed until the installation of the new forces knocking at the door. These are the societies of control, which are in the process of replacing disciplinary societies [...] There is no need to invoke the extraordinary pharmaceutical productions, the molecular engineering, the genetic manipulations, although these are slated to enter into the new process. There is no need to ask which is the toughest or most tolerable regime [...] There is no need to fear or hope, but only to look for new weapons.[11]

It is a minor change, but the hope of unlimited finity is replaced in the latter text with only the need for new weapons. It is not merely a rhetorical shift away from hope. Deleuze's development of this notion of control marks a closure of the possibilities of the third form he outlines in the Foucault text. The fold of the outside now constitutes only a new mechanism of power to individualize (or dividualize as Deleuze calls it) its methods of domination. Instead of treating workers as a mass they are now made to compete with each other for salaries. Deleuze sees the machines and technologies associated with such a movement arising from the same "third generation machines" and information technology that marked the moment of hope in the text on Foucault. Deleuze goes on in the "Postscript" to invoke both the closure of the future in the non-event of neoliberal capitalism and the unlimited finity of this situation stating, "Control is short-term and of rapid rates of turnover, but also continuous and without limit, while discipline was of long duration, infinite and discontinuous. Man is no longer man enclosed, but man in debt."[12] It is now completely negative; the unlimited finity no longer marks new possibilities but rather the unlimited debt and resilience of the current global system.

This reconsideration of both the closure of the future and hope for an unlimited finity is striking. While it may be that this shift is merely a result of historical pessimism, it seems also to reflect Deleuze's reading of Shannon. At the very least, it is possible to read Shannon against this shift in Deleuze. Deleuze and Guattari in *A Thousand Plateaus* refer to Shannon's work, though not by name, saying:

> The most general schema of information science posits in principle an ideal state of maximum information and makes redundancy merely a limitative condition serving to decrease this theoretical maximum in order to prevent it from being drowned out by noise. We are saying that the redundancy of the order-word is instead primary and that information is only the minimal condition for the transmission of order-words (which is why the opposition to be made is not between noise and information but between all the indisciplines at work in language, and the order-word as discipline or "grammaticality").[13]

Immediately, two problems with their reading of information theory should be noted. First, for Shannon noise and information are not opposed. Noise, in adding uncertainty to the message, increases the raw information (even if for a particular engineering problem this added information is undesirable). Second, there is no reason to assume that redundancy is secondary in Shannon's formulation. While it is true that redundancy does decrease the amount of information transmitted across a channel, Shannon sees it as important as any element in communicating information. Deleuze and Guattari's reading assumes that Shannon envisions some ideal system with zero redundancy, but that would only be a possible solution to a system with no noise. What Shannon's discovery realizes and makes it so powerful is that the condition of zero noise is highly unlikely; thus any effective communication system requires redundancy. The breakthrough that Shannon makes is by recognizing the noisy condition and hence the condition requiring redundancy for communication as the mathematically interesting case.

In missing this, and reading Shannon as placing redundancy second, Deleuze and Guattari end up downplaying the radical nature of Shannon's discovery especially in terms of the relationship between the inside and outside. Speaking again of information theory in *A Thousand Plateaus*, they say, "In fact, there must not be any exterior [...]. One can make subjective choices between two chains or at each point in a chain only if no outside tempest sweeps away the chains and subjects."[14] It is here that the implication of this reading of Shannon becomes apparent. For Shannon the message is selected as part of a random process, not unlike Deleuze's dice-throw, and not by a subject. By making noise a primary part of the system, Shannon admits the necessity of the outside rather than a subject who chooses. In its most radical, Shannon's work is not the closure of the outside but instead the exact opposite. It is the mathematical theory of that "outside tempest that sweeps away both chains and subjects."

We can return then to the discrepancy between the text on Foucault and the "Postscript." In *Foucault* the future appears open as a result of the hoped-for unlimited finity, but in the "Postscript" Deleuze sees in our situation precisely the discipline and closure he and Guattari see in information theory. Ultimately, Deleuze in the "Postscript" seems to fall into the closure of the future catastrophe outlined above. While it is not the total cyber-catastrophe of all information systems, it is a similarly structured micro-catastrophe of technology enabled complete control. Deleuze ends the "Postscript" with a grim future with very few options. While he does make some suggestions for future research and resistances, they pale in comparison to the hope of an unlimited finity. Thus, I think it is ultimately necessary to read Shannon against this closure that operates even here in Deleuze's work. Shannon in writing randomness, chaos and entropy into the heart of these technologies should serve as a reminder that even in the heart of catastrophe and control there are always entropic possibilities. In the entropic realizations of Shannon's work there exists a reading of technology and communication that ultimately point back to the hope of Deleuze's earlier text.

Not only does this lesson of Shannon suggest a relation to the forces of technology and capitalism, but it also speaks to the future of academia and its exteriors (which Deleuze differentiates from the completely outside). First, I think it calls for a program of thought and inquiry that would attune itself to the notion of unlimited finity, especially as it produces possibilities out of the entropy of a closed set of options. I believe it calls for a program of thinking, of learning from the world and its outside, that does not attempt to pre-empt the unknown; to try to know the world too early but rather opens itself up to the communicative thought of the outside. Instead of "going kinetic" against the unknown as the Bush Doctrine suggests, we must prepare instead to think the unknown in all its radicality only at the moment the message arrives. Moreover, precisely at this moment where technology along with the University and its exteriors themselves appear closed, ossified, stagnant and over coded by cheap technological and managerial tricks that attempt to sell off education and gut it of all its prospects, we must hold open the possibility that at the very heart of this closure, and indeed within all communicative and technological systems still lie new combinations, new thoughts, new outsides, new unlimited finities, and new pedagogies.

Notes

1. James Adams, "Virtual Defense," *Foreign Affairs* (May/June 2001).
2. Joseph K, "The Joseph K Guide to Tech Terminology: Eligible Receiver," *The Crypt Newsletter* (December/January 1998–9): http://www.thehackademy.net/madchat/vxdevl/vxmags/crptlt52/CRYPT52.TXT
3. John Arquilla, "Interview John Arquilla," Frontline (March 4, 2003): http://www.pbs.org/wgbh/pages/frontline/shows/cyberwar/interviews/arquilla.html
4. Brian Massumi, "The Remains of the Day," in *Histories of Violence* (2012): http://historiesofviolence.com/reflections/brian-massumi-the-remains-of-the-day/
5. For more on the connections between cybernetics and French Theory see Céline Lafontaine, "The Cybernetic Matrix of 'French Theory,'" *Theory, Culture & Society* 24.4 (2007): 27–46.
6. Claude Shannon and Warren Weaver, *The Mathematical Theory of Communication* (Urbana: University of Illinois Press, 1971 [1949]). It is worth noting that in the short space of a year the title was changed from "a theory" to "the theory," suggesting the importance of Shannon's discovery.
7. Norbert Wiener, *Cybernetics: or the Control and Communication in the Animal and the Machine*, 2nd ed (Cambridge MA: MIT Press, 1961 [1948]), 11.
8. Gilles Deleuze, *Foucault*, trans. Sean Hand (Minneapolis: University of Minnesota Press, 1988 [1986]), 117.
9. Ibid., 132.
10. Originally in French: *L'Autre Journal* 1 (May 1990).
11. Gilles Deleuze, "Postscript on the Societies of Control," *October* 59 (Winter 1992): 4.
12. Ibid., 6.
13. Gilles Deleuze and Félix Guattari, *A Thousand Plateaus*, trans. Brian Massumi (Minneapolis: University of Minnesota Press, 1987 [1980]), 79.
14. Ibid., 179.

KATASTROFA KIBERNETIKE
DREJT NJË PEDAGOGJIE TË ENTROPISË

Xhustin Xhouk

Një nga vezullimat më të herëta të impaktit të mundshëm të një lufte të hapur kibernetike u shfaq në qershor të 1997-s. Mendohet se atë muaj një skuadër e vogël hakerash, duke përdorur mjete dhe programe në dispozicion të të gjithëve, arriti të depërtonte në rrjetin elektrik të nëntë qyteteve amerikane, sistemet e tyre të emergjencës dhe një numër rrjetesh mjaft të rëndësishme të Pentagonit duke përfshirë këtu edhe ato rrjete që menaxhonin zinxhirët e furnizimit të ushtrisë dhe strukturës komandë-dhe-kontroll. Sipas Xhejms Adamsit që ka shkruar gjatë mbi këto sulme:

> Hakera arritën gjithashtu të infektonin sistemin njerëzor komandë-dhe-kontroll me një nivel paralizues mosbesimi. Urdhërat që duket se vinin nga gjeneralët në komandë ishin të rreme, po ashtu siç ishin të rreme edhe lajmet mbi krizën dhe instruksionet nga autoritetet e komandës civile. Për pasojë, askush në zinxhirin e komandës, nga presidenti e poshtë, nuk mund të besonte asgjë. Ky grup hakerash që po përdornin resurse që ishin në dispozicion të të gjithëve qe i aftë ta pengonte SHBA-në të bënte luftë në mënyrë efektive.[1]

Fatmirësisht, këto sulme, që janë quajtur "Eligible Receiver," u ndërmorrën nga Agjensia e Sigurimit Kombëtar (ASK) të SHBA-së si një test i panjoftuar i infrastrukturës dixhitale ushtarake dhe civile. Sulmuesit, që po punonin si pjesë e një "No-Notice Interoperability Program," u instruktuan vetëm të tregonin se çfarë qe e mundur pa dëmtuar gjë.

Ndonëse ushtria nuk paraqiti evidencë qenësore mbi "Eligible Receiver," me përjashtim të intervistave me mediat dhe dëshmive në kongres, për ca kohë "Eligible Receiver" u perceptua si një vezullim i luftës së ardhshme dhe natyrës së errët të teknologjive tona dixhitale. Sigurisht që kishte nga ata që ishin të bindur se nuk bëhej fjalë për gjë tjetër veç gogolit më të fundit të kompleksit media-sigurim. Tek *Crypt Newsletter*, një publikim hakeri prejardhja dhe historia e të cilit ka marrë rrjedhën e modemeve "dial-up" por që vazhdon të ekzistojë në pjesë të ndryshme të internetit, Josef K i refe-

rohet "Eligible Receiver" si "Një histori Pentagoni fantazmash e përsëritur *ad nauseum* për gazetarët dhe ata që tremben lehtë ku pretendime qesharake dhe tërësisht të pabazuara në lidhje me kërcënimet nga hapësira kibernetike paraqiten si akte mahnitëse tekno-prestidigjitatorësh të kryera nga ushtarë kibernetikë që punojnë brenda një loje lufte tepër të klasifikuar."[2]

Ndonëse qëllimi i Josef K-së ishte ta shpërfillte "Eligible Receiver," ligjërata që e rrethon atë duket se vazhdon të tregojë një histori interesante fantazmash, sidomos nëse ajo trajtohet si e tillë dhe lexohet jo si një histori e pabazë por si një mit që funksionon edhe pa prova. Xhon Arkilla, një teoricien ushtarak që jep mësim tek US Naval Postgraduate School, përmbledh saktësisht gjendjen e raportit publik me ndodhinë gjatë një interviste ku thotë, "Eligible Receiver është një ndodhi e klasifikuar mbi të cilën nuk mund të flas. Ajo që mund të them është se kur njerëzit thonë se nuk ka prova mbi seriozitetin e kërcënimit kibernetik, Eligible Receiver është sipas meje një provë bindëse e natyrës së kërcënimit që na kanoset."[3] Ky pretendim kafkaesk është kuptimplotë: ai nuk mund të thotë se çfarë ndodhi, por ekzistenca e "Eligible Recovery," ndonëse e klasifikuar, verifikon pikën që ai do të bëjë. E parë nga një këndvështrim i tillë, kjo ndodhi shfaqet jo si një sulm kundër sistemeve ushtarake të informacionit por, përkundrazi, si një sulm kundër besimit që ne kemi tek sistemet dixhitale që gjithnjë e me tepër përbëjnë stofën e jetës së përditshme. Ndoshta ajo që duhet të marrim nga pretendimet e Adamsit se askush, nga Presidenti e poshtë, nuk mund të besonte asgjë, është një paralajmërim se edhe ne që jemi jashtë lojës së luftës nuk mund të besojmë më asgjë duke filluar nga Presidentin e poshtë. Pak imagjinatë duhet për të sugjeruar se rezultati i nënkuptuar është një shembje sociale e përmasave katastrofike. Në fakt, shembja e gjithë sistemit mund edhe të ketë filluar ndërkaq. Ajo që është në lojë tek "Eligible Receiver" nuk janë pra vetëm teknologjitë ushtarake të komunikimit por e gjithë shoqëria.

Sistemet kompjuterike, veçanërisht kur shihen si pajisje për ruajtjen e të dhënave, funksionojnë për të garantuar se regjistrimi i të kaluarës do të vazhdojë të ekzistojë në të ardhmen. Ndonëse kompjuterat shpesh teorizohen si pajisje për përllogaritje apo makina komunikimi, është e qartë se në shoqërinë bashkëkohore ata shërbejnë për të ruajtur informacione mbi të kaluarën për [në] të ardhmen. Çdo gjë që vë në dyshim sigurinë e kompjuterave në të ardhmen e minon atë edhe në të tashmen. Kësisoj, ardhmëria [*futurity*] e një sulmi "real" si "Eligible Receiver" infekton besimin që ne kemi tek këto sisteme në të tashmen. Për ta konceptuar këtë situatë sipas termave të Virilios: databaza është shpikja e aksidentit të të dhënave. Për më tepër, "Eligible Receiver" e shtyn këtë mundësi akoma më thellë në sferën e një katastrofe të të dhënave të militarizuara. Jo vetëm që është e mundur që sistemet tona kompjuterike do të dështojnë në të ardhmen, por është e mundur se ato janë tashmë të kompromentuara. Sado që ky test i panjoftuar mund të ketë qenë një test i sigurimit ushtarake, ai është gjithashtu një test i besimit që ne kemi tek bota dixhitale. Dhe nuk bëhet fjalë vetëm për sistemet tona dixhitale, pasi ne do të mund t'i shtonim kësaj katastrofe dixhitale një katastrofë për çdo sistem në të cilin fiksohen [*embedded*] jetët tona: shembje ekologjike, flluska spekulative, sëmundje që janë rezistente ndaj trajtimeve, shembje tregjesh, nxehja e planetit, fundi i universitetit, etj.

Shpërfillja përqeshëse e Josef K shfaqet pra, si predikimi i një njeriu të urtë e të panjohur i mosbesimit tonë dixhital, për të na siguruar se këto ndodhi janë thjeshtë fantazma për të tmerruar ata që mashtrohen lehtë dhe që në fakt nuk kanë për të ndodhur ndonjëherë. Shpërfillja e plotë e kësaj historie fantazmash dyfishon të ardhmen: nga njëra anë, mundësia e shembjes totale dhe nga ana tjetër besimi i plotë dhe aftësia ripërtëritëse. Ajo dyfishon po ashtu strukturën e besimit dhe të skepticizmit. A janë besimtarët ata qe e vënë besimin mbi botën tonë teknologjike apo ata që i besojnë verbërisht fjalëve të ushtrisë se katastrofa është prapa derës? Nëse ne nuk mund t'i besojmë "askujt nga Presidenti e poshtë," si mund t'iu zëmë besë atyre që vënë në pikëpyetje këtë besim?

Katastrofa e ardhme bëhet imanente për këto teknologji, jo për shkak të ndonjë paevitueshmërie por pikërisht për shkak të papërcaktueshmërisë së saj. E ardhmja bëhet e dyjore por gjithashtu probabilistike, për sa kohë qe ne nuk mund ta dimë nëse jemi të dënuar ndaj katastrofës ose jo. Ajo nuk është thjesht e panjohur por përmban si katastrofën e mundshme ashtu edhe jondodhinë e të përditshmes dixhitale. Kësisoj e ardhmja duket e mbyllur. Ajo është ose një e ardhme e shembjes totale të sistemeve ose jondodhia e vazhdimit të kapitalizmit neoliberal. Kjo strukturë dyjore kaplon të ardhmen duke mbyllur mundësinë për kuptime të reja dhe forma të reja të mendimit. Të japësh mësim dhe të mësosh në hapësirën e kësaj mbylljeje kërkon një pedagogji që duhet të jetë një pedagogji shkatërrimi, por njëkohësisht një pedagogji e jondodhisë. Brajn Masumi, në një artikull të 2012-s e përcakton mirë këtë mbyllje kur përshkruan efektin e doktrinës Bush dhe të parapritjes [*preemption*] mbi politikën globale: "E vetmja siguri që ke është se duhet të veprosh tani për të bërë gjithçka të mundshme për të parapritur të mundshmen. Në fjalorin e Donald Ramsfeldit, Sekretarit të Mbrojtjes së Bushit, e vetmja gjë e sigurtë është se ti duhet të "bëhesh kinetik," megjithëse "ti në të vërtetë nuk di dhe nuk ke se si të dish dhe e di se nuk di."[4] Katastrofa nuk e fshin rendin ekzistues; përkundrazi, ajo vë në pikëpyetje të tashmen simbolike dhe kësisoj lë rendin e tanishëm, së bashku me besimin tonë dixhital, si alternativën e vetme. Për më tepër, i bën thirrje rendit ekzistues të veprojë në mënyrë parapritëse, kundër katastrofës, të jetë gjithmonë gati për t'u bërë kinetik kundër të ardhmes së panjohur. Ajo shndërrohet në një dedikim jo ndaj mundësisë së të ardhmes por thjesht mbijetesës së të tashmes. E vetmja e ardhme që ka rëndësi tani është e ardhmja që është ndërkaq këtu, e ardhmja e risisë së vazhdueshme kapitaliste për të cilën ne jemi gjithnjë me vonesë. Çdo e ardhme tjetër është e humbur për ne.

Megjithë shfaqjen e kësaj mbylljeje, ekziston ndoshta mundësia që një tjetër lexim i situatës së tanishme është ndërkaq i koduar brenda botës tonë gjithnjë e më komunikuese e më të kontrolluar. Në 1948-n, në tekstin e tij *Kibernetika ose kontrolli dhe komunikimi tek kafshat dhe makinat* [*Cybernetics or Control and Communication in the Animal and Machine*], Norbert Uiner [*Wiener*] skicoi elementet bazë të një shkence të re të sistemeve të quajtur kibernetikë, që synonte të eksploronte shkencën dhe studimin e sistemeve, strukturave të tyre, rregullave të tyre, atributeve të tyre dhe mundësitë e tyre në një numër të madh disiplinash nga teknologjia te biologjia te shoqëria. Termi kibernetikë i referohet fjalës greke *kybernētēs* që do të thotë drejtues ose guvernator. Mbështetësit e saj më të hershëm, duke përfshirë Uiner, besonin se ajo do të shndërrohej në shkencën e shkencave. Ndonëse ka akoma valë të zhvillimit të kibernetikës, shumica e planeve të saj më madhështore u shembën dhe arritjet matematikore dhe shkencore të bëra nën emrin e kibernetikës janë transferuar në fusha të tjera duke përfshirë teorinë e komunikimit, inxhinierinë, kriptografinë, sistemet komplekse, analizën e rrjeteve, etj. Një nga pikat ku u përqëndrua kibernetika ka qenë përshkrimi i informacionit dhe komunikimit brenda sistemeve. Uiner së bashku me Klod Shenonin [*Claude Shannon*] zhvilluan matematikën mbi të cilën mbështetet kuptimi bashkëkohor i sistemeve të komunikimit, duke përfshirë internetin, telefonat celularë, teknologjitë e enkriptimit dhe sistemet e ngjeshjes së informacionit [*information compression systems*]. Në shumë pikëpamje situata në të cilën ndodhemi, me ngritjen e kapitalizmit komunikues dhe të shoqërive të kontrollit, i detyrohet po aq historisë së kibernetikës sa shkencës që mundësoi shumë teknologji si të paqes dhe të luftës. Për më tepër, edhe e ashtu-quajtura "Teori franceze" i është mjaft borxhlie kibernetikës pasi ajo pati ndikim mbi mendimtarë të panumërt, duke përfshirë Roman Jakobson, Levi-Straus, Lakan, etj., për të mos përmendur qëndrimet më kritike të Hajdegerit dhe Derridasë mbi këtë shkencë.[5] Do të mund të thonim pra se kibernetika nënvijon një pjesë të mirë të mbylljes së të ardhmes në të cilën ndodhemi, por shpresa ime është të sugjeroj se në zemrën e kësaj mbylljeje ka një tjetër mundësi.

Ndonëse Uiner dhe Shenon e zhvilluan së bashku atë që tani quhet teori komunikimi, përshkrimi abstrakt matematikor i Klod Shenonit i kanaleve të komunikimit dhe kapacitetit të tyre për informacion është bërë standardi në këtë fushë. Në 1948-n, Shenon, që kishte punuar mbi sisteme kriptografike gjatë luftës, publikoi një artikull tashmë legjendar tek *Bell Systems Technical Journal* të titulluar "Një Teori matematike e komunikimit [*A Mathematical Theory of Communication*]." Vitin që pasoi një libër i bazuar mbi këtë artikull, me një parathënie disi më të lehtë për t'u lexuar (dhe gjithashtu pakëz më filozofike) të shkruar nga Uaren Uiveri, u publikuar si *Teoria Matematike e Komunikimit*.[6] Përpara përshkrimit matematik të Shenonit, mundësitë e komunikimit të një kanali te caktuar, që mund të ishin sinjale radio, një linjë telegrafi, ose tani një kabëll fibre optike, përcaktoheshin kryesisht nga inxhinierët në mënyrë eksperimentale. Shenon arriti të përcaktonte kufirin e sipërm të çdo kanali për të mbartur informacion. Kësisoj puna e tij është shndërruar në bazën e mendimit bashkëkohor mbi komunikimin, të paktën si një problem inxhinierik.

Një nga arritjet madhore të Shenon qe të konsideronte një sistem komunikimi si midis një pikënisjeje dhe një pikëmbërritjeje (duke shtuar transmetuesit dhe marrësit). Duhet vënë re se për Shenon kjo ishte thjesht një çështje e suportit material të komunikimit, dhe jo të kuptimit që ai kishte. Unë do t'i mbahem këtij dallimi këtu, megjithëse do të kisha shumë për të thënë mbi marrëdhënien midis informacionit dhe kuptimit. Sidoqoftë, Shenon e teorizoi përzgjedhjen e mesazhit si një proces rastësor [*random*]. Nëse krijimi i mesazhit trajtohet si rastësor atëherë sasia e informacionit që përmban mesazhi është rezultat i rastësorisë [*randomness*] së përzgjedhjes së tij. Sa më e madhe hapësira e mundshme e mesazhit, ose numri i mesazheve të mundshëm, aq më rastësore është përzgjedhja dhe kësisoj aq më shumë informacion mund të komunikohet. Për më tepër, probabiliteti i secilit mesazh ndikon mbi informacionin total që mund të transmetohet përgjatë një kanali të caktuar. Një shembull i thjeshtë e vërteton bukur këtë. Në anglishten e shkruar është shumë e rrallë që një *q* të pasohet nga ndonjë shkronjë tjetër përveç *u*-së. Kësisoj, *u*-ja, duke qenë mjaft e përcaktuar [*determined*], na jep shumë pak informacion shtesë. Shënues të tjerë gjuhësorë, shkronja, etj., shfaqin veti të ngjashme. Duhet vënë re se pretendimi nuk është asnjëherë se këta janë të pavlefshëm. Përkundrazi, shtimi i teprisë [*redundancy*], siç e quan Shenon, është kritik që të arrish të dërgosh një mesazh përgjatë një kanali të zhurmshëm pasi atëherë mesazhi nuk mbështetet tek mbërritja sakllam e çdo tingulli apo pjese të tij. Në të njëjtën kohë, sa më e madhe tepria aq më e vogël sasia e informacionit që mund të transmetohet. Siç ndodh me mungesën e informacionit që na jep një *u* që vijon pas një *q*-je, një burim informacioni që transmeton vetëm një seri njëshash nuk do të na jepte asnjë informacion.

Formula që zhvilloi Shenon për të përshkruar sasinë e informacionit tek një mesazh ose përgjatë një kanali varet pra mbi probabilitetin që një meshazh i caktuar, ose një pjesë e këtij mesazhi, do të përzgjidhet. Shenon zgjodhi ta quajë sasinë e informacionit, ose mund të thonim rastësorinë e mesazhit, entropi. Kjo ndodhi kryesisht për shkak të ngjashmërisë midis formulës së tij dhe formulës statistikore për entropinë termodinamike, por përfaqësonte gjithashtu modelimin e sistemeve të komunikimit si procese rastësore. Ndonëse termi entropia-Shenon është bërë standard në fushë për përshkrimin e sasisë së informacionit brenda një mesazhi apo të informacionit të transmetueshëm përgjatë një kanali, besoj se kjo lloj terminologjie bën një pretendim interesant dhe të rëndësishëm filozofik dhe ideologjik. Të sugjerosh se informacioni, dhe ndonëse ky nuk është kuptim në vetvete, të paktën mundësia për të komunikuar kuptimin, mbështetet mbi procese entropike rastësore është goxha radikale. Sipas këtij përkufizimi del se madje edhe zhurma i shton informacion një mesazhi pasi ajo rrit rastësorinë. Duhet pranuar se skemat enkodimi mund të minimizojnë efektin e zhurmës tek një mesazh, por megjithëkëtë përfundimi se edhe zhurma shton sasinë e informacionit të një mesazhi mbetet disi shokues. Ajo që kjo do të thotë, dhe që është kaq radikale, është se në punën e Shenonit vetë mundësia e informacionit kushtëzohet nga mosdija jonë, ose nga dija jonë gjithmonë e pjesshme. Në punën e Shenonit, njohuria mbi mesazhin nuk mund të ekzistojë përpara në kohë por vetëm në momentin kur mesazhi merret. Dhe jo vetëm kaq, sikur të kishim njohuri mbi të para kohe nuk do të përfitonim asgjë dhe, sipas përkufizimit, nuk do të kishte mesazh. Ky nuk është një proces jashtë kontrolli por një komunikim që ndërsa punon me një hapësirë të kufizuar mesazhi duhet të jetë i hapur ndaj mosparashikueshmërisë së tij. Ndonëse Shenon natyrisht nuk e konceptoi kurrë si të tillë, do të mund ta lexonim punën e tij si një manifest matematik të mosdijes; të jetesës në një botë që nuk mund ta njohim. Në një farë kuptimi kemi arritur kështu tek pika e Masumit e përmendur më lartë, por tani bota domosdoshmërisht, dhe veçanërisht ndërsa teknologjitë komunikuese zënë rrënjë, e fut rastësorinë dhe mosdijen në vetë rregullat e saj.

Përshkrimi i kësaj pune nga Norbert Unieri në tekstin e tij *Kibernetika*, na jep një ide se sa radikale ishin pretendimet e Shenonit. Uiner, që ishte duke punuar mbi përshkrime të ngjashme matematikore që i referoheshin drejtpërdrejtë punës së Shenonit thotë tek hyrja e *Kibernetikës*:

> Nocioni i sasisë së informacionit puthitet shumë natyrshëm me një nocion klasik në mekanikën statistikore: atë të entropisë. Ashtu si sasia e informacionit në një sistem tregon nivelin e tij të organizimit, po ashtu entropia e një sistemi tregon nivelin e tij të çorganizimit; dhe njëra është thjesht negativja e tjetrës.[7]

Tek përshkruan lidhjen midis informacionit dhe entropisë, Uiner nuk është i aftë ta përshkruajë komunikimin si të kushtëzuar nga entropia. Në vend të kësaj ai e zhbën përshkrimin duke pretenduar se informacioni dhe entropia e kundërshtojnë në vend që ta përshkruajnë njëra-tjetrën. Ndonëse kjo divergjencë në terminologji është përmendur shumë pak, dhe disa tekste flasin për "Entropia Shenon–Uiner [*Shannon–Wiener Entropy*]," ajo sugjeron sa radikal ishte zbulimi i Shenonit dhe sa shumë e sfidoi ai dëshirën e Uinerit për ta parë kibernetikën si atë që bashkonte komunikimin me kontrollin.

Nën këtë dritë, puna e Shenonit na jep një mësim të rëndësishëm, dhe madje edhe një pozicion filozofik, mbi teknologjinë, mendimin dhe të ardhmet e tyre përkatëse. Duke e përvijuar këtë mësim, ne arrijmë, nëpërmjet Shenonit, tek një moment tepër deleuzeian. Për Dëlëzin subjekti, e brendshmja dhe mendimi vetë janë gjithmonë një palë e jashtësisë. Në tekstin e tij mbi Fukonë [*Foucault*] ai zhvillon idenë se vetë mendimi është një rastësi rastësore [*random chance*], duke e krahazuar atë me hedhjen e një zari. Kësisoj mendimi është gjithmonë një mendim i jashtësisë. Dëlëz thotë, "Arto [*Artaud*] i kundërvinte të lindurës [*innate*] dhe të fituarës [*acquired*] 'gjenitalen,' gjenitalitetin e mendimit në vetvete, një mendim që vjen nga jashtë dhe është më larg se çdo botë e jashtme, dhe kësisoj më afër se çdo botë e brendshme. A duhet quajtur kjo jashtësi Rastësi?"[8] Trajtimi i Shenonit i komunikimit si një proces entropik mbështetet pra mbi një strukturë të ngjashme, komunikimi vetë bëhet një mendim i jashtësisë. Komunikimi në tërësi dhe teknologjia e komunikimit palosin jashtësinë entropike për nga brenda, duke krijuar një mundësi që ekziston jo në një vend, por në hapësirën midis dy vendeve. Edhe një hapësirë mesazhi e mbyllur apo e kufizuar, si një zar që ka vetëm gjashtë faqe, prapë së prapë palos procese kaotike rastësore brenda vetes.

Ky nuk është vetëm mësimi i zbulimit të Shenonit, por gjithashtu ai i praksit së tij. Shenon nuk u nis me qëllimin për të krijuar një botë entropike, ai e gjeti atë duke pritur, një mundësi ose një mesazh nga një hapësirë e kufizuar mesazhi. Bashkimi midis entropisë termodinamike dhe informatike shfaqet si riprodhimi i një strukture matematikore. Ai duket si një mundësi rastësore në vetë ndërtimin e universit. Në një farë kuptimi bëhet e pavendosshme nëse teoria matematikore e komunikimit e Shenonit është mendimi i tij apo i universit. Ndoshta ajo vetë shfaqet si një linjë komunikimi midis të dyve. Një proces entropik rastësor që e tregon veten vetëm pasi dërgohet dhe merret. Një mendim i universit i palosur brenda Klod Shenonit.

Ndërsa teknologjitë e komunikimit shumëfishohen dhe kthehen në teknologji të kontrollit, mbikëqyrjes, luftës dhe katastrofës, mësimi i Shenonit është se edhe ndërsa e ardhmja mbyllet fort rreth nesh një jashtësi entropike është megjithatë gjithmonë aty. Në mes të mbylljes ka gjithmonë mundësi. Kjo nuk do të thotë se disa, nëse jo shumica e këtyre mundësive, nuk mund të jenë po aq ose më të tmerrshme dhe më të llahtarshme se sistemi global i sotëm, por ai prapë na fton të mendojmë, teorizojmë, dhe të mësojmë mundësitë e tyre në ballafaqim me katastrofën e ardhme dhe atë të tanishmen; qoftë kjo katastrofa e një lufte kibernetike globale apo ajo e universitetit. Dëlëz, tek shtojca e tekstit të tij mbi Fukonë, publikuar në 1986-n, thotë diçka të ngjashme:

Puna e shpërndarë duhej të rigrumbullohej tek makinat, kibernetika dhe teknologjia e informacionit të brezit të tretë. Cilat do të ishin forcat në lojë, me të cilat forcat brenda njeriut do të hynin në një raport? Nuk do të nënkuptonte më të rritësh deri në pafundësi apo fundmësinë por një fundmësi të pakufizuar, duke ndjellë kësisoj çdo situatë force ku një numër i fundshëm përbërësish prodhojnë një larmi praktikisht të pakufizuar kombinimesh [...] Forcat brenda njeriut hyjnë në një raport me forcat prej nga jashtë, ato te silikonit që tejkalon karbonin, ose përbërësit gjenetikë që telkalojnë organizmin, ose agramatikalitetet që tejkalojnë shënjuesin [...] është ardhja e një forme të re që nuk është as Perëndia as njeriu dhe që, shpresohet, nuk do të jete më e keqe se dy format e mëparshme.⁹

Dëlëz përvijon këtu, nja dyzetë vjetë më vonë, mësimin e Shenonit: edhe kur gjithçka, duke përfshirë të ardhmen, duket e mbyllur, ka gjithmonë një fundmësi të pakufizuar, një hapësirë entropike komunikimi që mbart brenda vetes një palë të pakontrollueshme të jashtësisë.

Ndërsa pretendon se "shpresohet" se një fundmësi e pakufizuar do të jetë më e mirë se format e mëparshme është një ndjenjë modeste, është e habitshme se sa pozitive është ajo, duke patur parasysh tendencën e Dëlëzit për të theksuar sa kollaj mund të shemben sistemet mbi veten e tyre duke shkaktuar pasoja akoma më të këqija. Kjo notë shpresëplotë me të cilën Dëlëz mbyll tekstin e tij mbi Fukonë ndryshon dramatikisht nga diskutimi i tij i temave të ngjashme tek "Pasthënie mbi shoqëritë e kontrollit" i publikuar katër vjetë më vonë në 1990-n.¹⁰ Në këtë tekst të shkurtër Dëlëz përvijon llojin e ri të shoqërisë që ai beson do të zëvendësojë shoqëritë disiplinare të shtjelluara nga Fukoja në veprën e tij. Dëlëz thotë për këto shoqëri:

Të gjithë e dinë se këto institucione [burgje, spitale, shkolla, etj.] kanë marrë fund, cilado qoftë kohëzgjatja e periudhave të tyre të skadimit. Tani është thjesht çështje e dhënies së riteve të fundit dhe të mbajtjes së njerëzve në punë për sa kohë që forcat e reja që po trokasin tek dera nuk janë instaluar akoma. Këto janë shoqëri kontrolli, që janë duke zëvendësuar shoqëritë disiplinare [...] Nuk ka nevojë të ndjellim prodhimet e jashtëzakonshme farmaceutike, inxhinierinë molekulare, manipulimet gjenetike, ndonëse këto do të hyjnë në procesin e ri. Nuk ka nevojë të pyesim se cili është regjimi më i ashpër dhe ai më i tolerueshmi [...] Nuk ka nevojë të kemi as frikë e as shpresë, por vetëm të kërkojmë armë të reja.¹¹

Ndryshimi është i vogël por shpresa për një fundmësi të pakufizuar është zëvendësuar në tekstin e dytë me nevojën për armë të reja. Nuk është thjesht një zhvendosje retorike. Zhvillimi i Dëlëzit i këtij nocioni të kontrollit shënon një mbyllje të mundësive të formës së tretë që ai përvijon në tekstin mbi Fukonë. Pala e jashtësisë përbën tani vetëm një mekanizëm të ri pushteti për të individualizuar (ose ndarë [*dividualize*] siç e quan Dëlëz) metodat e saj të mbizotërimit. Në vend që t'i trajtojë punëtorët si një masë, ata detyrohen tani të garojnë për rrogat e njëri-tjetrit. Sipas Dëlëzit makinat dhe teknologjitë që lidhen me një lëvizje të tillë dalin prej po atyre "makinave të brezit të tretë" dhe teknologjive të informacioni që shënonin momentin e shpresës në tekstin mbi Fukonë. Tek "Pasthënia" Dëlëz ndjell si mbylljen e të ardhmes në jondodhinë e kapitalizmit neoliberal ashtu edhe fundmësinë e pakufizuar të kësaj situate duke konstatuar, "Kontrolli është jetëshkurtër dhe ka ritme të shpejta qarkullimi, por gjithashtu i vijueshëm dhe pa kufij, ndërsa disiplina ishte jetë-gjatë, e pafund dhe e pavijueshme. Njeriu nuk është më njeriu i rrethuar, por njeriu në borxh."[12] Ajo është tani tërësisht negative; fundmësia e pakufishme nuk shënon më mundësi të reja por borxhin e pafund dhe aftësitë ripërtëritëse të sistemit të sotëm global.

Ky rishikim si i mbylljes së të ardhmes ashtu edhe shpresës për një fundmësi të pakufizuar është habitës. Ndonëse ka mundësi që kjo zhvendosje është vetëm pasojë e një pesimizmi historik, ajo duket se reflekton gjithashtu leximin e Dëlëzit të Shenonit. Është e mundur të paktën ta lexojmë Shenon kundër kësaj zhvendosjeje tek Dëlëzi. Dëlëz dhe Guatari i drejtohen punës së Shenon tek *Një Mijë Rrafshnalta*, ndonëse jo vetë atij me emër:

> Skema më e përgjithshme e shkencës së informacionit presupozon në parim një gjendje ideale të maksimumit të informacionit dhe e bën teprinë vetëm një kusht kufizues që shërben të zvogëlojë këtë maksimum teorik për të ndaluar që ai të mbytet nga zhurma. Ne po themi përkundrazi se teprica e fjalës së rendit është parësore dhe se informacioni është vetëm kushti minimal për transmetimin e fjalëve të rendit (që është arsyeja pse kundështia që duhet bërë nuk është ajo midis zhurmës dhe informacionit por midis të gjitha jodisiplinave që veprojnë në gjuhë, dhe fjalës-rend si disiplinë ose "gramatikalitet").[13]

Duhen vënë re menjëherë dy probleme me leximin e tyre të informacionit. I pari, për Shenonin zhurma dhe informacion nuk janë të kundërta. Zhurma, duke i shtuar pasiguri mesazhit, rrit informacionin e papërpunuar (edhe nëse për një problem të caktuar inxhinierik ky informacion i shtuar është i padëshirueshëm). I dyti, nuk ka arsye për të supozuar se tepria është dytësore në formulimin e Shenonit. Ndonëse është e vërtetë se teprica zvogëlon sasinë e informacionit që transmetohet pëgjatë një kanali, për Shenonin ajo është po aq e rëndësishme sa çdo element tjetër në komunikimin e informacionit. Leximi i Dëlëz dhe Guatarit presupozon se Shenon përfytyron ndonjë sistem ideal me zero tepri, por kjo do të ishte një zgjidhje e mundshme vetëm në rastin e një sistemi pa zhurmë. Ajo që tregon zbulimi i Shenonit dhe që e bën atë kaq të fuqishëm është se kushti i mungesës së plotë të zhurmës ka shumë pak gjasa për t'u përmbushur; kësisoj, çdo sistem komunikimi efektiv kërkon tepri. Arritja e Shenonit ndodh sepse ai pohon se kushti i zhurmshëm dhe kësisoj kushti që kërkon tepri për komunikim është rasti më interesant nga pikëpamja matematikore.

Duke mos e kapur këtë, dhe duke e lexuar Shenonin sikur ai e vë teprinë në vend të dytë, Dëlëz dhe Guattari minimizojnë rëndësinë e natyrës radikale të zbulimit të Shenonit, veçanërisht nga pikëpamja e raportit midis brendësisë dhe jashtësisë. Duke folur përsëri mbi teorinë e informacionit tek *Një Mijë Rrafshnalta*, ata thonë, "Nuk duhet madje të ketë asnjë jashtësi [...]. Mund të merren vendime subjektive midis dy zinxhirëve ose në çdo hallkë të një zinxhiri vetëm nën kushtin se asnjë stuhi e jashtme nuk fshin zinxhirët dhe subjektësi."[14] Këtu pasoja e këtij leximi të Shenonit bëhet mësë e qartë. Për Shenonin përzgjedhja e mesazhit është pjesë e një procesi rastësor, të ngjashëm me hedhjen e zarit të Dëlëzit, dhe nuk bëhet nga një subjekt. Duke e bërë zhurmën një pjesë parësore të sistemit, Shenon pranon domosdoshmërinë për një jashtësi dhe jo atë për një subjekt që zgjedh. Në versionin e saj më radikal puna e Shenonit nuk qëndron tek mbyllja e jashtësisë por pikërisht tek e kundërta. Ajo është teoria matematikore e asaj "stuhie të jashtme që fshin si zinxhirët ashtu edhe subjektet."

Tani mund t'i kthehemi mospërputhjes midis tekstit mbi Fukonë dhe "Pasthënies." Tek *Fuko* e ardhmja shfaqet e hapur si rezultat i fundmësisë së pakufizuar, kurse tek "Pasthënia" Dëlëz dallon tek situata jonë pikërisht disiplinën dhe mbylljen që ai dhe Guatari dallojnë në teorinë e informacionit. Tek "Pasthënia" Dëlëz duket sikur bie brenda mbylljes së katastrofës së ardhme të skicuar më sipër. Ndonëse ajo nuk është katastrofa kibernetike totale e të gjithë sistemeve të informacionit, ajo është një mikrokatastrofë e kontrollit total të mundësuar teknologjikisht me një strukturë të ngjashme. Dëlëz e mbyll "Pasthënien" me një të ardhme të zymtë me pak mundësi. Ndonëse ai bën disa sugjerime mbi kërkime dhe rezistenca të ardhshme, ato zbehen në krahasim me shpresën e një fundmësie të pakufizuar. Kështu, mendoj se është e domosdoshme ta lexojmë Shenon kundër kësaj mbylljeje që vepron edhe në veprën e Dëlëzit. Shenon, duke e futur rastësorinë, kaosin dhe entropinë në zemër të këtyre teknologjive, duhet të shërbejë si një përkujtesë se edhe në zemrën e katastrofës dhe kontrollit ka gjithmonë mundësi entropike. Në kuptimet entropike të punës së Shenonit ekziston një lexim i teknologjisë dhe komunikimit që në fund të fundit na drejtojnë tek shpresa e tekstit të mëhershëm të Dëlëzit.

Ky mësim që na jep Shenon sugjeron jo vetëm një lidhje midis forcave të teknologjisë dhe kapitalizmit por flet gjithashtu për të ardhmen e akademisë të jashtmes së saj (që për Dëlëzin ndryshon nga ajo që është tërësisht e jashtme). Në rradhë të parë, besoj se ai bën thirrje për një program mendimi dhe vëzhgimi që do të harmonizohej me nocionin e një fundmësie të pakufizuar, sidomos teksa prodhon mundësi prej entropisë së një bashkësie të mbyllur mundësish. Besoj se bën thirrje për një program të mendimit, të mësimit prej botës dhe jashtësisë së saj, që nuk tenton apo parapret të ardhmen; për ta njohur botën tepër shpejt por përkundrazi hapet ndaj mendimit komunikues të jashtësisë. Në vend që të "bëhemi kinetikë" kundër të panjohurës siç sugjeron Doktrina "Bush," ne duhet të përgatitemi të mendojmë të panohurën në tërë radikalitetin e saj vetëm në momentin që mbërrin mesazhi. Për më tepër, pikërisht në këtë moment kur teknologjia së bashku me Universitetin dhe pjesët e tij të jashtme duken të mbyllura, të eshtërzuara, të ndenjura dhe të mbikoduara nga hile të ulëta menaxheriale që përpiqen ta shesin arsimin dhe t'i zhvasin të gjithat perspektivat, ne duhet të mbajmë hapur mundësinë se në zemër të kësaj mbylljeje, dhe në fakt brenda të gjithë sistemeve komunikuese dhe teknologjike ka kombinime të reja, mendime të reja, jashtësi të reja, fundmësi të pakufizuara të reja dhe pedagogji të reja.

Shënime

1. James Adams, "Virtual Defense," *Foreign Affairs* (maj/qershor 2001).
2. Joseph K, "The Joseph K Guide to Tech Terminology: Eligible Receiver," *Crypt Newsletter* (dhjetor/janar 1998–9): http://www.thehackademy.net/madchat/vxdevl/vxmags/crptlt52/CRYPT52.TXT
3. John Arquilla, "Interview John Arquilla," Frontline (4 mars 2003): http://www.pbs.org/wgbh/pages/frontline/shows/cyberwar/interviews/arquilla.html
4. Brian Massumi, "The Remains of the Day," në *Histories of Violence* (2012): http://historiesofviolence.com/reflections/brian-massumi-the-remains-of-the-day/
5. Për lidhje të mëtejshme midis kibernetikës dhe teorisë franceze, sh. Céline Lafontaine, "The Cybernetic Matrix of 'French Theory,'" *Theory, Culture & Society* 24.4 (2007): 27–46.
6. Claude Shannon dhe Warren Weaver, *The Mathematical Theory of Communication* (Urbana: University of Illinois Press, 1971 [1949]). Ia vlen të vihet re se një brenda rreth një viti titulli u ndryshua nga "një teori" në "teoria," që sugjeron rëndësinë e zbulimit të Shenonit.
7. Norbert Wiener, *Cybernetics: or the Control and Communication in the Animal and the Machine,* bot. i 2-të (Cambridge MA: MIT Press, 1961 [1948]), 11.
8. Gilles Deleuze, *Foucault,* përkth. Sean Hand (Minneapolis: University of Minnesota Press, 1988 [1986]), 117.
9. Po aty, 132.
10. Origjinalisht në frëngjisht: *L'Autre Journal* 1 (maj 1990).
11. Gilles Deleuze, "Postscript on the Societies of Control," *October* 59 (dhimër 1992): 4.
12. Po aty, 6.
13. Gilles Deleuze dhe Félix Guattari, *Mille Plateaux: Capitalisme et schizophrénie* (Paris: Minuit, 1980), 100.
14. Po aty, 219–20.

FACULTY IN WITHDRAWAL
NOT TO KNOW AND THE UNCERTAINTIES OF SELF-INSTITUTIONALIZATION

Tijana Stevanović

Introduction

The best "tendency" is wrong if it does not prescribe the attitude with which it ought to be pursued.[1]

These words produced some eighty years ago, still speak to us with the fresh "pedagogical" attitude Benjamin himself deliberately sought to inhabit when writing about the revolutionary intellectual. No matter how finished the objects of production may seem to appear, what seemed more urgent, he argued, has been to uncover the techniques of production's own potentialities for exposing the organizational complex of fabrication within. If the institutional dimension of constructing subjectivities were acknowledged as a continuing existence of the bourgeois apparatus, it would be possible for the functional distinction between products and producers to ultimately crack open and evaporate. Central to his project on the disappearance of the author through careful dissemination, Benjamin praised Brecht's *Umfunktionierung* as an idea of transforming actively institutions and instruments of production by radical intellectuals: "It's not a question of being against the institution: We are the institution."[2]

Forming any sense of progressiveness starts with recognizing that we are simultaneously the products and producers; institutions are not oppositional to, but part of ourselves. In an age of deep mistrust in public educational systems, we have become confined to the attempts at reforming the way in which we approach education itself by turning away from the institutional environment toward various forms of communal endeavors to overcome these (always to a certain extent) dictated contexts through a constant questioning of their (and our own) institutional tendencies. By means of an analysis of two different practices – which both rejoice in disappearance and the creation of voids, constantly surrounded by catastrophes that are not occupied but rather elaborated – I would like to address the following questions:

What is the invisible in productive pedagogical relations that makes it possible for its constitutional practices to always be singularized, appropriated, presented, and commonly perceived only as productive of a fixed, finished object without acknowledging all the affects and production conditions that support it? What are the singularizing intentions that support the idea of the authorial power, reiterated even in the projects motivated by insurgencies? Can we think of self-institutionalization as a perpetual practice of self-criticality, one which involves the constant questioning of power structures from which it emerges?

A Critical Assembly
The Copenhagen Free University has never wanted to become a fixed identity and as a part of the concept of self-institutionalisation we have always found it important to take power and play with power but also to abolish power. This is why the Copenhagen Free University closed down at the end of 2007.[3]

This text engages with the different practices of Faculty of Invisibility (FOI) and Copenhagen Free University (CFU), in order to question to what extent their self-institutionalization and constant re-composition, may show the operative examples of subversion not as a singled out experience, but rather as the insurgence of a space of crisis and inhabitation that facilitates criticality rather than criticism. FOI and CFU are both composite assemblages of people and activities evading representation. However, they also claim a gesture of withdrawal integral to their permanent processes of their self-institutionalization. The Faculty of Invisibility, established in 2006, is still operational although not embedded in a physical space, whereas Copenhagen Free University officially seized to exist in 2007 after six years of being located at the founders' two apartments in Copenhagen. "We have won!,"[4] was their simple, final declaration, where they recall: "a mattress became a residency, the bedroom a cinema, the living room a meeting space, the workroom an archive, our flat became a university.[5] They also claim that

> There have been no singular end products; of importance were all the various experiences and conclusions that people carried into their own lives and networks after taking part in the activities at the CFU. This is why we haven't published papers or dissertations to wrap up the research projects that we have worked with. We found that the research and the knowledge spun at the CFU did not need a closure. But the institution did.[6]

This resignation from producing knowledge and the emphasis on sharing is, then, manifested through the CFU's invisibility and the unrepresentability of the relations and networks that were created through sharing experiences. It relies on the communication of the affective sides of knowledge. For communication may happen only, as Jean-Luc Nancy proposes, through experience, not through work or operation.[7] This experiential side is what suggests communication as a way of "unworking" the institutional order. On these grounds, the CFU wanted to enable the communication of myriad desires, "fluctuated passions and affective instabilities" as they emphasize, instead of their sublimation into a singular body.

The Faculty of Invisibility constitutes and assembles itself upon invitations of institutions and individuals. It also invites tutors who are at the same time students of other departments, such as the Department of Haunting, the Department of Reading, the Department of Doubt, the Department of Uncertainty, whereas CFU initially opened their door to whomever was in need of discussing the non-institutionalized knowledge economy. It involved talks, screenings, several hours long real-time TV streaming of non-action, of dwelling inside, cooking, and sleeping in the same apartment. These difficult and sometimes awkward symbolic and real inhabitations and cohabitations are the first step, I believe, to put into force forms of what Irit Rogoff explains as "Deleuzian criticality."[8] She describes this concept as being always situated within the power structures, and impossibility of completely disentangling from them:

> Criticality is then a recognition that we may be fully armed with theoretical knowledge, we may be capable of the most sophisticated modes of analysis but we nevertheless are also living out the very conditions we are trying to analyse and come to terms with. Therefore, criticality, is a state of duality in which one is at one and the same time, both empowered and disempowered, knowing and unknowing. [...] In theoretical terms we have moved from Criticism, to critique to criticality, to the actual inhabitation of a condition in which we are deeply embedded as well as being critically conscious.[9]

Criticality is, she understands, the full acknowledgment of the situatedness in certain system of power; of all the levels above and below, and using the experience of this "uncertain ground of actual embededness" in bringing together "that being studied and those doing the studying, in an indelible unity" she continues.[10] This is what I believe should be understood in the two modes of inhabitation here – criticality of departments that do not occupy study rooms but our understanding of relations with/in institutions, of inhabitation itself through living-in-and-with an educational institution. These long-term projects attempt to embody standpoints that are primarily to be assessed by their potentiality of the self-negating power. For instance, FOI embraces the uncertainty of its own framework of working bodies, and takes it as one of its rare solid points upon which it institutionalizes as a practice. This, in turn, allows for the renewal, reworking, and criticality of its production:

> The Faculty observes its own process of forming an institutional body investigating the demand for solidity as well as its capacity to remain uncertain and undefined [...]. Still, to call in for an institution which in the first place is characterized by its amount of uncertainty draws my attention to the possibility of the Faculty to not know itself. This uncertainty at its fundament leaves it one sphere of activity but to produce itself.[11]

Knowledge is not given, nor asked for, it is communicated in the altogether affective process[12] which has no defined aim in issuing titles and diplomas, but rather researching the relations that arise in the different densities throughout processes of self-institutionalization. These processes are irrepresentable, yet constitutive for their practices.

Rather than denying the relations in the production of knowledge (as in formal educational system), they acknowledge this power right at the beginning of forming the assemblages.[13]

Transgression of the Author

This text would certainly go against these practices' critical stance toward individual authority if it would start mentioning the names of the founders of Faculty of Invisibility and Copenhagen Free University. They themselves sign with names of the faculties/departments and adopt Foucault's idea of anonymity which allows for their voice to be heard, whereas "being acknowledged as an authority would only hinder." Department of Reading suggests this is a place in writing that the reader may enter: "What is in question of writing, Foucault suggested is not so much the expression of a subject as the opening of a space, in which the writing subject does not cease to disappear."[14]

Speaking of themselves, FOI states that it "was founded [...] as an institution that transgresses formats of public organization. In productions as the Speech, Communiqué, the Invitation and Resignation the Faculty of Invisibility questions formats of public assembly." According to the assembly's own uncertain structure, one could add that FOI has an indeterminable future circle of potential practitioners. Since its "first assembly" it comes into being through simultaneous refusal of representation and appearances only shaped by its communication. Although one may classify the FOI's initiatives as art projects in the framework of the formal education of the majority of its founders, these practices evaded representation and mediation in the formal art structures and regimes, such as exhibitions, biennials, and especially the art market. In essence its motivation becomes diffused with the method of delivery, and this is what makes these practices desiring textures rather than subjects, in Deleuzian terms.

In one of FOI's appearances, eight letters were sent to 562 addresses across the world. They were a personal inscription because of its direct address, but with an uncanny impersonalization through absence of names and the classic typewriter font. The addresses formed the readership and by its dispersal of actors, perhaps we can say they all emulated the services of curatorship. The incorporation of the medium into the distribution of the work (including people, time, space) makes the medium not only a vehicle for but essential and integral to undertaking of the work's criticality. The agency of the text becomes activated by the mode of its distribution and replication, thus eliminating the chance of fixing it in the mode of art object or authorial product:

> Text is always on the way to something else. The fantasy of the text is that of the perfect conversation. I am victim of this fantasy, I'm sending you imaginary files for Christ's sake, and I'm talking to an imaginary reader who, as you read, shifts into place.[15]

These intimate messages that explicitly ask for nothing in return address all the imaginary readers as one. This idealized conversation is the trigger for the Faculty to renew itself, to reappear as affective gesture of communication through the immediacy of the gift in letters; to base its power on the power of dissolution and dispersion. The letters take on the regular, established form of addressing, yet they talk in a language at a remove from established speech. The letters were sent at various times, this delay being part of their address, whereas their repetition questioned the uniqueness of the work itself. Thus the process of writing and reading become intertwined throughout the period of the project's dissemination. The assemblage of imaginary readers is caught in weaving the language of the project, just like participants in any other conversation.

The disappearance of the author in FOI's letters and texts is what presents language as a source and condition for appropriation. The letters blur the distinction between reading and writing, which in turn signifies the impossibility of the clear division between consumption and production in this process, as well as work and non-work. In an eponymous text, "Death of the Author," Roland Barthes believes "ascribing a text an Author" means also "imposing a limit to the text," because of the singular interpretation of it.[16] Against such an interpretation he posits the idea of refusing a single interpretation of the text through its author; language already contains previously encountered ideas transmitted in a different form, even when unacknowledged or unreferenced. Such a situation of eroded subjectivity would imply the knowledge economy principle that any form of sociality is always already capital. If the knowledge economy already dictates through means of expression the materiality of the communication, sending the gift of the written text to the receiver is thus materialization, a signifier of the inner emotion. The material form, though, can be reinvented, as CFU members believe:

> That's the central struggle [...]: the struggle with language. The struggle to produce a space where you can express yourself. That's really a struggle. To come back to life in the knowledge economy, there are no means for those kinds of passionate expressions, those kind of perversions. You have to invent them again.[17]

The disappearance of the author in the reader presents us here with entropy as functionality. Text is the representation of a network, circulation, and is inhabited.

Economy of Visibility

On the occasion of "Parallel Events," *Manifesta* 8 in Murcia, Spain the letters of FOI's resignation were sent to all the people that were involved in the administrative or executive delivery of *Manifesta* as an art biennial arrangement, without invitation. Resigning letters are written in the first person, addressing the person in question, yet fully acknowledging their replaceability within the organization. The letters are written from an authorial position that seems to a certain extent imaginary as it does not relate to a person, but a role within the power structure of *Manifesta* organization. There are no simply addressed individuals, only institutional roles: "Head of Department," "Erasmus Mundus & External Cooperation," "Lifelong Learning," "Human resources," "Administration," "Communication," "Finance," etc.

The Faculty of Invisibility's refusal to take part in *Manifesta* at the same time attempts to activate the migratory place of the individual within the system, and address the organization through/over the individual, acknowledging the latter's importance. This kind of refusal to be represented in the event is not a resignation of practice, but making a practice out of the resignation, in exodus, a subtle enlargement of the field and texture of the practice through migration of the method into the material – communicating criticality through the fragmented and performative elements of the institution. Insurrectional pedagogy is not shown in opposition to taking part, yet, in an attempt to perform Bartleby's "I'd prefer not to,"[18] retreat from the visibility while taking place.[19] Paradoxically, FOI takes part in *Manifesta* through a gesture that is invisible to the established format of art work presented in such an art manifestation. Though text is always the visibility of the thought, it does not imply the visibility of work. In this instance, invisibility as the mode of operation opens the whole field for the collective criticality to take place, to emerge, to be present without imposing its authority of skepticism, and acknowledging the uncertainty and perhaps its ultimate impossibility.

Avoiding the economy of visibility is what enables production of criticality in the case of CFU, too. The core project of CFU collective is to remain invisible on the map of academic production while positioning itself as a space for knowledge production and enlargement. The only way to know the CFU is to experience it to such a degree that it becomes uncertain whether this experience is fully transmittable. And finally, on the grounds of deploying even the informal knowledge and relations inside neoliberal "knowledge economy," instead of criticizing the institutions and acting as individuals against them, CFU acknowledged the power lying in an institution. They thus readily accepted that everyone needed their own one, thus demanding the production of many different kinds through collaboration, such as Manoa Free University, Universität in Gründung (Informal University in Foundation), University of Openness, etc.

In Praise of Laziness

"In Praise of the Laziness" is Mladen Stilinović's manifesto where he is quoting Marx that work is a disease.[20] Stilinović notes that work, being an assault, creates the condition in which art could not exist in the West because the artists had no time to concen-

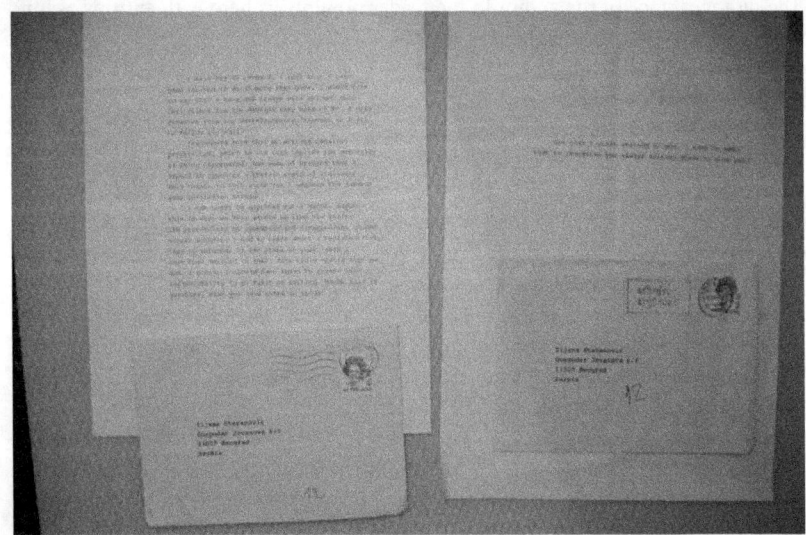

Photograph of the letters sent by the Faculty of Invisibility to 562 addressees (Belgrade, 2008)

trate on it, while working on everything else – getting into art circles and productions. Artists in the East had the time to be lazy because they did not concentrate on art's mediation but merely produced art, he cynically argues. The moment of dysfunction and the expendability of the artist's work force is where he contemplates the space for the critique, the dissent from ever enlarging relation of consumption/production. Roland Barthes, similarly, favors idleness as a critical point for the author, stepping out of the replicating rhythm of production.

> This rupture of construction, whether desired or not, indicates that, in the situation of idleness, the subject is almost dispossessed of his consistence as subject. Once decentred, saying "I" isn't even possible. Now that would be true idleness, managing, in certain moments, to no longer even have to say "I".[21]

Therefore, idleness is for Barthes related to the freedom of the author (subject) to disappear. It is a right not to decide (of Bartleby) and a right not to do what is instructed on Sunday (instituted laziness) what Barthes considers a real freedom of creation. This inner, invisible space of decision making in any part of an artistic practice might be better suited for understanding the practice of insurrection. Stilinović's act of representing himself sleeping in the gallery space while claiming to be "at work" may be an oppositional strategy searching for the recognition of the power in dissident's hands. Yet, in his manifesto he asserts that he is liberated from producing art by circumventing the embeddedness in the structures of artistic representation.

Finally, ideas of the possession of time, its control, manipulation, and delay here are vital for understanding the method of transgression in the examples analyzed above:, namely through the convergence of living and building (CFU) or intertwining method and material (FOI). The management of time is equally important for the freedom of delay, the postponement of idleness or steps toward reaching it. Gregory Shollette pointed out recently that nothing could be more subversive than not showing the other workers your working conditions.[22] I would add that the same may perhaps hold for production time, which as we see can last for decades. Theodor Adorno insisted that resignation from "praxis" is not a negative act as long as there exists a choice *not* to reach for the praxis if it is the only option, to take the time *not* to engage in the first possible action.[23] Stilinović's working conditions (sleep) remain hidden and invisible, precisely as he locates them in the political system of the state which is taken for granted as given, yet unexplained. With his idea in mind, I would like to propose that Stilinović's work, like the practices of CFU and FOI, is rather a call to start with a colophon, start at the end, start with the acknowledgment of both out power and powerlessness and then unpack the roles and responsibilities retroactively suggested by it. The question before us is whether we decide to facilitate the singular-based dissent (that in turn, as Raymond Williams points out always paradoxically comes back as an institution in its "next life"[24]); or, on the other hand, whether we want to look at these subversive pedagogical practices as perhaps a form of action that is enabled only through investing time in sketching an organism; a practice that does not end with institutionalization, but which starts with it.

Notes

1. Walter Benjamin, "The Author as Producer," in *Selected Writings 1931–1934*, Vol. 2 part 2, eds. M. Jennings, H. Eiland, and G. Smith (New York: Harvard University Press, 1999), 768–83, at 778.
2. Andrea Fraser, "From the Critique of Institutions to an Institution of Critique", *Artforum* 44.1 (Sept. 2005): 278–86, at 284.
3. Copenhagen Free University Abolition Committee, "We Have Won!" (2007): http://www.copenhagenfreeuniversity.dk/won.html (Accessed May 31, 2012).
4. Ibid.
5. Ibid.
6. Ibid.
7. I think of communication in accordance with Jean-Luc Nancy's writing of inoperative community basis: "Community is not the work of singular beings, nor it can claim them as its works, just as communication is not a work or even an operation of singular beings, for community is simply their being – their being suspended upon its limit. Communication is the unworking of work that is social, economic, technical and institutional" (Jean-Luc Nancy, *The Inoperative Community* [University of Minnesota Press, 1991], 31).
8. Irit Rogoff, "'Smuggling' – An Embodied Criticality" (2006): http://transform.eipcp.net (Accessed May 31, 2013).
9. Ibid.
10. Ibid.
11. Faculty of Invisibility (n.d.): www.faculty.cc (Accessed May 31, 2012).
12. CFU worked with the complexity of the tendency of social relations to becoming knowledge in the age of cognitive capitalism: "If knowledge is created through the social relations then the proprietorship of that knowledge alters. So I guess knowledge becomes more a matter of the general intellect or a communal construction of knowledge through the social relations rather than specific individuals imparting a pre-formed knowledge[...] the shift might be one from a conventional art material of information to a new kind of material which we can call social relations" (Copenhagen Free University Exchange, "Desire and Kind of Playfulness," *Variant Magazine* 15 [2002]).
13. There is an underlying act of emptying the meaning of institution through the enunciation of free university: "Because, of course, institutions as such are becoming internalised in our own psyche. Then again, the psyche is already always social and so on. So, instead of being anti-institutional we're saying "we are building an institution" and in this way we aren't maintaining the romantic notion of an outside of institutions, because institutions are in language and minds and in desire as well" (CFU, "Desire and Kind of Playfulness").
14. Giorgio Agamben, "The Author as Gesture," in *Echo's Book,* ed. Sönke Hallmann (Maastricht: Jan van Eyck Academie, 2010).
15. Steve Rushton, "Readable Memory, Work and Text," in *Echo's Book,* ed. Sönke Hallmann (Maastricht: Jan van Eyck Academie, 2010), 265–70, at 265.
16. Roland Barthes, "Death of the Author," in *Image-Music-Text* (London: HarperCollins, 1977).
17. CFU, "Desire and Kind of Playfulness."
18. Herman Melville, *Bartleby, the Scrivener: A Story of Wall-Street* (1853): http://www.bartleby.com/129/ (Accessed May 31 2013).
19. For example, I suggest the well-known Bartleby's gesture of withdrawal from the dead-letter office in Melville's short story *Bartleby, The Scrivener* as read in an interpretation found in an article Tiqquin's 2nd

issue ("Sonogram of a Potential," *Tiqqun* 2 (2010): http://caringlabor.wordpress.com/2010/10/31/tiqqun-2-sonogram-of-a-potential/#more-496 [Accessed May 31 2013].) "I would prefer not to" which seems like his only signature, is in itself already a practice, but not the one that seeks authorial power.

20 Mladen Stilinović, "In Praise of the Laziness" (1986): http://www.guelman.ru/xz/english/XX22/X2207.HTM (Accessed May 31 2013).

21 Roland Barthes, "Osons être paresseux", *Le Monde* (September 16, 1979), trans. J.D. Tuyes.

22 Gregory Sholette, *Dark Matter: Art and Politics in the Age of Enterprise Culture* (London: Pluto Press, 2010), 152.

23 Theodor Adorno, "Resignation," in *The Culture Industry: Selected Essays in Mass Culture*, ed. J.M. Bernstein (London: Routledge, 1991), 198–203.

24 Raymond Williams, *The Long Revolution* (London: Chatto & Windus, 1961), 89.

FAKULTETI NË ZMBRAPSJE
MOSDITJA DHE PASIGURITË E VETËINSTITUCIONALIZIMIT

Tijana Stevanoviq

Hyrje
"Tendenca" më e mire është e gabuar nëse ajo nuk paracakton mënyrën se si duhet ndjekur.[1]

Këto fjalë të shkruara thuajse tetëdhjetë vite më parë ende rikumbojnë me risinë e qëndrimit "pedagogjik" që vetë Benjamin ishte përpjekur të merrte ndërsa shkruante për intelektualin revolucionar. Pavarësisht se sa të përfunduara mund të duken objektet e prodhimit, ajo që dukej më urgjente, thotë Benjamin, ka qenë zbulimi i potencialiteteve të vetë teknikave të prodhimit për të zbuluar kompleksin organizativ të mashtrimit brenda tyre. Po të pranonim se dimensioni institucional i ndërtimit të subjektiviteteve nuk është veçse ekzistenca e vazhduar e aparatit borgjez, do të qe e mundur që dallimi funksional midis prodhimeve dhe prodhuesve të zhdukej një herë e mirë. Një aspekt i rëndësishëm në projektin e tij mbi zhdukjen e autorit përmes shpërhapjes së kujdesshme, Benjamin lëvdoi rifunksionimin [*Umfunktionierung*] të Brehtit [*Brecht*] si një ide për transformimin aktiv të institucioneve dhe mjeteve të prodhimit prej intelektualëve radikalë: "Nuk është puna t'i kundërvihemi institucionit: Ne jemi institucioni."[2]

Formimi i një ndjenje progresi fillon me pohimin se ne jemi njëkohësisht prodhimet dhe prodhuesit; institucionet nuk janë kundër nesh por pjesë e jona. Në një epokë mosbesimi të thellë kundrejt sistemeve arsimore shtetërore, jemi kufizuar me përpjekje për të reformuar qasjen tonë ndaj vetë arsimit duke i kthyer shpinën mjedisit institucional dhe duke iu drejtuar formave të ndryshme përpjekjesh kolektive për të kapërcyer këto kontekste (deri diku) të detyruara duke vënë në pikëpyetje në mënyrë të vazhdueshme tendencat e tyre (dhe tonat) institucionale. Ndërmjet një analize të dy praktikave të ndryshme – që i gëzohen zhdukjes dhe krijimit të boshllëqeve, të rrethuara vazhdimisht nga katastrofa që nuk pushtohen por shtjellohen – do të doja të ngrija pyetjet në vijim:

Çfarë është e padukshmja në marrëdhëniet prodhuese pedagogjike që bën të mundur që praktikat e saj konstitucionale gjithmonë të veçohen, përvetësohen, paraqiten, dhe në përgjithësi të perceptohen si prodhuese vetëm të një objekti fiks, të mbaruar, pa pohuar të gjitha afektet dhe kushtet e prodhimit që i mbështesin? Cilat janë qëllimet veçuese që mbështesin idenë e pushtetit të autorit, e përsëritur edhe në projektet e motivuara nga kryngritjet? A mund ta mendojmë vetinstitucionalizimin si një praktikë të vazhdueshme vetëkritikësie që përfshin vënien e vazhdueshme në pikëpyetje të strukturave të pushtetit prej të cilave buron?

Një Asamble kritike
Universiteti i Lirë i Kopenhagës nuk ka dashur asnjëherë të ketë një identitet të qëndrueshëm dhe si pjesë e konceptit të vetinstitucionalizimit na është dukur gjithmonë e rëndësishme të marrim pushtet dhe të luajmë me pushtetin por edhe ta zhdukim atë. Kjo është arsyeja pse Universiteti i Lirë i Kopenhagës u mbyll në fund të 2007-s.[3]

Ky tekst trajton praktikat e ndryshme të Fakultetit të Padukshmërisë (FIP) dhe Universitetit të Lirë të Kopenhagës (ULK) për të kuptuar se deri në çfarë mase vetinstitucionalizimi i tyre dhe ripërbërja e vazhdueshme na tregon se shembujt veprues të subversionit nuk janë një eksperiencë e veçuar, por shpërthimi i një hapërise krize që lehtëson kritikësinë në vend të kritikës. Të dyaj, FIP-ja dhe ULK-ja, janë bashkëlidhje komplekse njerëzish dhe aktivitetesh që i shmangen përfaqësimit. Njëkohësisht, ato pretendojnë se një gjest zmbrapsje luan një rol të rëndësishëm në procesin e tyre të përhershëm të vetinstitucionalizimit. Fakulteti i Padukshmërisë, i krijuar në 2006-n vazhdon të funksionojë ndonëse nuk ka një hapësirë konkrete, ndërsa Universiteti i Lirë i Kopenhagës pushoi së ekzistuari zyrtarisht në vitin 2007, pas gjashtë vitesh ekzistence në apartamentet e dy themeluesve të tij në Kopenhagë. "Kemi fituar!,"[4] ishte deklarata e tyre e thjeshtë e fundit, ku ata kujtojnë se: "një dyshek u shndërrua në një rezidencë, dhoma e gjumit në kinema, dhoma e ndenjes në vend takimi, dhoma e punës në arkiv, apartamenti në një universitet."[5] Ata pretendojnë gjithashtu se:

> Nuk ka patur produkte të caktuara; rëndësi kanë patur të gjithë përvojat që njerëzit morën dhe i futën në jetët e tyre dhe rrjetet e tyre pas pjesëmarrjes në ULK. Kjo është arsyeja pse nuk kemi publikuar artikuj apo dizertacione për të përmbledhur projektet kërkimore mbi të cilat kemi punuar. Na është dukur se puna kërkimore dhe dija e prodhuar tek ULK-ja nuk kishte nevojë për një mbarim të tillë. Institucioni po.[6]

Heqja dorë nga prodhimi i dijes dhe theksi që vihet mbi të ndarit së bashku manifestohet kështu përmes padukshmërisë së ULK-së dhe papërfaqsueshmërisë së marrëdhënieve dhe rrjeteve që ishin krijuar falë ndarjes se përjetimeve. Ai mbështet në komunikimin e aspekteve afektive të dijes. Pasi komunikimi, siç propozon Zhan-Lyk Nansi, mund të ndodhë vetëm nëpërmjet eksperiencës, dhe jo punës ose veprimit.[7] Ky aspekt që lidhet me eksperiencën është ai që sugjeron se komunikimi është një mënyrë për të "zhbërë" rendin institucional. Këto janë arsyet pse ULK-ja donte të mundësonte komunikimin e shumë dëshirave, të "pasioneve që lënkunden dhe paqëndrueshmëri emocionale" siç theksojnë, në vend të sublimimit të tyre në një trup të vetëm.

Fakulteti i Padukshmërisë krijohet dhe mblidhet falë ftesave që i drejton institucioneve dhe individëve të ndryshëm. Ai fton gjithashtu edhe docentë që janë njëkohësisht studentë të departamenteve të tjera, si Departamenti i Fanitjes, Departamenti i Leximit, Departamenti i Dyshimit, Departamenti i Pasigurisë, ndërsa ULK-ja në fillimet e saj ia hapi dyert kujtdo që donte të diskutonte ekonominë e pa-institucionalizuar të dijes. Fakulteti i Padukshmërisë përfshinte edhe ekranizime, orë të tëra strimingu mosveprimesh, banimit brenda, gatimit, dhe fjetjes në të njëjtin apartament në kohë reale në TV. Besoj se këto banime dhe bashkëjetesa simbolike dhe reale të vështira dhe me raste të sikletshme janë hapi i parë i sjelljes në jetë të asaj që Irit Rogof e ka përshkruar si një "kritikësi dëlëziane."[8] Ajo e përshkruan këtë koncept si të ishte i vendosur brenda strukturave të pushtetit, dhe pamundësisë për t'u shkëputur prej tyre:

> Kritikësia është pra pohimi se ne mund të jemi të armatosur deri në dhëmbë me dije teorike, se ne mund të jemi të aftë të bëjmë analizat më të sofistikuara, por se megjithatë ne jetojmë pikërisht ato kushte të cilat po përpiqemi të analizojmë dhe të kuptojmë. Kritikësia është pra një gjendje dualiteti në të cilën ne jemi njëkohësisht të fuqizuar dhe të shfuqizuar, të ditur dhe të paditur. [...] Nga pikëpamja teorike, ne kemi lëvizur nga një kritikë tek tjetra, tek kritikësia, tek banimi i një kushti në të cilin ne jemi të plotësisht të fiksuar dhe njëkohësisht të ndërgjegjshëm në mënyrë kritike.[9]

Kritikësia është, sipas saj, pohimi i plotë i të qenit brenda një sistemi të caktuar pushteti; i të gjitha niveleve sipër dhe poshtë, dhe përdorimi i përvojës së këtij "terreni të pasigurt të fiksimit [*embeddedness*] aktual" në krijimin e "asaj që po studiohet dhe të atyre që po e studiojnë atë në një unitet të pashlyeshëm" vazhdon ajo.[10] Besoj se kjo është ajo që duhet të kuptojmë me dy mënyrat e banimit këtu – kritikësinë e departamenteve që nuk kanë dhoma studimi por kuptimin tonë të marrdhënieve me dhe brenda institucioneve, e vetë banimit nëpërmjet jetës-brenda-dhe-me një institucion arsimor. Këto projekte afatgjata përpiqen të trupëzojnë qëndrime që duhen vlerësuar kryesisht nga pikëpamja e potencialitetit të tyre të fuqisë vetëmohuese. Për shembull, FIP-ja përqafon pasigurinë e strukturës së gjymtyrëve të saj vepruese, dhe e merr atë si një nga pikat e saj të rralla të qëndrueshme mbi të cilat institucionalizohet si praktikë. Kjo hap rrugën për ripërtëritjen, ripërpunimin dhe kritikësinë e prodhimit të saj:

> Fakulteti vështron procesin e tij të formimit të një trupi institucional dhe heton kërkesën për qëndrueshmëri si dhe kapacitetin e tij për të mbetur i pasigurtë dhe i papërcaktueshëm [...]. E megjithatë, të bësh thirrje për një institucion që karakterizohet pikësëpari nga sasia e pasigurisë më bën të dyshoj se Fakulteti nuk e njeh vetveten. Kjo pasiguri thelbësore nuk i lë atij veçse një sferë veprimtarie, prodhimit të vetvetes.[11]

Dija as nuk jepet e as nuk kërkohet, ajo komunikohet gjatë procesit afektiv[12] që nuk ka për qëllim lëshimin e titujve dhe diplomave por, përkundrazi, të hetojë marrdhëniet që lindin në densitetet e ndryshme përgjatë proceseve të vetëinstitucionalizimit. Këto procese janë të papërfaqësueshme, e megjithatë vendimtare për praktikat e tyre. Në vend që të mohojnë marrdhëniet në prodhimin e dijes (siç ndodh në sistemin formal të arsimit), ata pohojnë këtë pushtet qysh në fillim të formimit të bashkërenditjeve.[13]

Transgresioni i autorit

Ky tekst padyshim që do të shkonte kundër qëndrimit kritik të këtyre praktikave kundrejt autoritetit individual po të fillonte të përmendte emrat e themeluesve të Fakultetit të Padukshmërisë dhe Universitetit të Lirë të Kopenhagës. Ata vetë nënshkruajnë me emrat e fakulteteve/departamenteve dhe përdorin idenë e Fukosë [*Foucault*] mbi anonimitetin që bën të mundur që zëri i tyre të dëgjohet, ndërkohë që po "të njiheshin si autoritet, kjo vetëm do ta pengonte këtë." Departamenti i Leximit sugjeron se ky është një vend në shkrim ku mund të hyjë lexuesi: "Çështja kur shkruajmë, sugjeroi Foucault, nuk është tek shprehja e një subjekti se sa tek krijimi, hapja e një hapësire, në të cilën subjekti që shkruan nuk rrësht së zhdukuri."[14]

Duke folur për veten, FIP konstaton se "u themelua [...] si një institucion që shkel formatet e organizimit publik. Në prodhime si Ligjërata, *Communiqué*, Ftesa dhe Dorëheqja Fakulteti i Padukshmërisë vë në pikëpyetje formatet e grumbullimeve publike." Sipas strukturës së pasigurtë të vetë asamblesë, mund të shtojmë se FIP-ja ka një rreth të papërcaktueshëm praktikuesish të ardhshëm. Qysh prej "asambles së parë", ai krijohet përmes refuzimit të përfaqësimit si dhe njëkohësisht përmes shfaqjes aty këtu përmes komunikatave të tij. Ndonëse dikush mund t'i klasifikojë iniciativat e FIP-së si projekte arti në kuardin e arsimimit formal të shumicës së themeluesve të tij, këto praktika iu shmangën përfaqësimit dhe ndërmjetësimit të strukturave formale dhe regjimeve të artit, si ekspozitat, bienalet, dhe veçanërisht tregut të artit. Në thelb motivimi i FIP-së fillon e bëhet njësh me metodën e shpërndarjes, dhe kjo është ajo çka i bën këto praktika struktura dëshiruese dhe jo subjekte dëshiruese, e thënë në terma dëlëziane.

Gjatë një prej paraqitjeve të FIP-së, tetë letra u dërguan në 562 adresa rreth e qark botës. Ato kishin një aspekt personal për faktin se i drejtoheshin individëve të caktuar, por me një aspekt jopersonal për shkak të mungesës së emrave dhe përdorimit të stilit klasik të makinave të shkrimit në të shkruar. Adresat përbënin lexuesit dhe mes shpërndarjes së aktorëve, ndoshta mund të themi se të gjitha ato emulojnë shërbimet e kurimit. Përdorimi e mjetit në shpërndarjen e punës (duke përfshirë njerëz, kohë, hapësirë) e bën mjetin jo vetëm një mjet por thelbësor për ndërmarrjen e kritikësisës së punës. Kapaciteti i tekstit për të vepruar aktivizohet prej mënyrë së shpërndarjes dhe riprodhimit të tij, duke eliminuar kështu çdo mundësi për ta fiksuar atë në mënyrën e një objekti arti ose një produkti të një autori:

> Teksti është gjithnjë në rrugë drejt diçkaje tjetër. Fantazia e tekstit është ajo e një bashkëbisedimi të përkryer. Unë jam viktima e kësaj fantazie, po ju dërgoj dosje imagjinare për atë Zot, dhe po I flas një lexuesi imagjinar që, ndërsa ti lexon fillon e zë vend.[15]

Këto mesazhe intime që nuk kërkojnë asgjë në kthim i drejtohen të gjithë lexuesve imagjinarë si të ishin një. Ky bashkëbisedim i idealizuar është shtysa që FIP të ripërtërihet, të rishfaqet si një gjest afektiv komunikimi përmes menjëhershmërisë së dhuratës në shkronja; ta bazojë pushtetin e tij në pushtetin e shpërbërjes dhe shpërndarjes. Letrat iu drejtohen marrësve në mënyrën e zakonshme, e megjithatë ato flasin në një gjuhë që distancohet prej ligjërimit të zakonshëm. Letrat u dërguan në kohë të ndryshme, që bënte pjesë në mënyrën se si ato i drejtoheshin marrësve, kurse përsëritja e tyre vuri në pikëpyetje veçantinë e vetë veprës. Kësisoj procesi i shkrimit dhe leximit ndërthuren gjatë gjithë periudhës së shpërndarjes së projektit. Grupi i lexuesve imagjinarë kapet në thurjen e gjuhës së projektit, si pjesëmarrësit në çdo bashkëbisedim.

Zhdukja e autorit në letrat e FIP-së është ajo që e paraqet gjuhën si një burim dhe kusht përvetësimi. Letrat mjegullojne dallimin midis leximit dhe shkrimit, kurse ky i fundit shënon pamundësinë e dallimit të qartë midis konsumit dhe prodhimit në këtë proces, si dhe midis punës dhe jopunës. Tek "Vdekja e autorit," Roland Bart beson se "t'i atribosh nje tekst një Autori" do të thotë gjithashtu të "vendosësh një kufi mbi tekstin," për shkak të interpretimit unik të tij.[16] Në kundërshtim me një interpretim të tillë ai ofron idenë e refuzimit të një interpretimi të vetëm të tekstit nëpërmjet autorit të tij; gjuha gjithmonë përmban ide të ndeshura më parë që i transmeton në një formë tjetër, edhe kur këto nuk pohohen ose referencohen. Një situatë e tille e një subjektiviteti të gërryer nënkupton parimin e ekonomisë së dijes se çdo forme shoqërizimi është gjithmonë ndërkaq kapital. Nëse ekonomia e dijes dikton nëpërmjet mjeteve të shprehjes materialitetin e komunikimit, dërgimi i dhuratës së tekstit të shkruar marrësit është kësisoj materializim, një shënjues i emocionit të brendshëm. Por, forma materiale mund të rikrijohet, siç besojnë anëtaret e ULK-së:

> Ajo është beteja kryesore [...]: beteja me gjuhën. Beteja për të prodhuar një hapësirë ku ti mund të shprehësh vetveten. Ajo është tamam një betejë. Të kthehesh në jetë edhe një herë në ekonominë e dijes, nuk ka mjete për ato lloje shprehjesh pasionante, ato lloje perversitetesh. Duhet t'i rikrijosh ato sërish.[17]

Zhdukja e autorit tek lexuesi na paraqet këtu me entropinë si funksionalitet. Teksti është përfaqësimi i një rrjeti, qarkullimi, dhe është i banuar.

Ekonomia e Dukshmërisë

Me rastin e "Ndodhi paralele," *Manifesta* 8 në Murcia, Spanjë, letrat e dorëheqjes së FIP-së iu dërguan te gjithë atyre që ishin përfshirë në aspektet administrative ose ekzekutive të organizimit të *Manifesta*-s si një formë bienaleje arti, pa ftesë. Letrat e dorëheqjes shkruhen në vetën e parë, i drejtohen personit në fjalë, e megjithatë pohojnë njëherazi zëvendësueshmërinë e tyre brenda oragnizatës. Letrat shkruhen nga pozicioni i një autori që është deri në një farë mase imagjinar pasi nuk ka të bëjë me një person por me një rol brenda strukturës së pushtetit të organizatës së *Manifesta*-s. Në çdo rast përmendet si emri ashtu edhe roli institucional i individit: "Shef Departamenti," "Erasmus Mundus & Bashkëpunim i Jashtëm," "Mësim i Tërëjetshëm," "Burime Njerëzore," "Administratë," "Komunikim," "Financë," etj.

Refuzimi i FIP-së për të marrë pjesë tek *Manifesta* përpiqet njëherazi të ndezë vendin mërgimtar të individit brenda sistemit, dhe t'i drejtohet organizatës nëpërmjet dhe mbi individit, ndonëse duke pohuar rëndësinë e këtij të fundit. Ky lloj refuzimi për t'u përfaqësuar në një eveniment nuk është një dorëheqje nga praktika, por bërja e dorëheqjes një praktikë, në të dalët, një zmadhim i hollë i fushës dhe thurjes së praktikës nëpërmjet mërgimit të metodës tek materiali – komunikimi i kritikësisë nëpërmjet elementeve të fragmentuara dhe performative të institucionit. Pedagogjia kryengritëse nuk shfaqet në kundërshtim me pjesëmarrjen, ndërsa, në përpjekje për të performuar "Do të preferoja të mos,"[18] të Bartelbit, zmbrapset nga dukshmëria ndërsa ndodh.[19] Në mënyrë paradoksale, FIP merr pjesë tek *Manifesta* nëpërmjet një gjesti që është i padukshëm për formatin ekzistues të veprës së artit që prezantohet në një manifestim të tillë arti. Ndonëse teksti është gjithmonë dukshmëria e të menduarës, ai nuk nënkupton dukshmërinë e punës. Në këtë rast, padukshmëria si mënyra e veprimit hap tërë fushën ndaj kritikësisë kolektive, që ajo të shfaqet, të jetë e pranishme pa imponuar autoritetin e saj të skepticizmit, dhe duke pohuar pasigurinë dhe ndoshta vetë pamundësinë e saj.

Shmangia e ekonomisë së dukshmërisë është ajo që mundëson prodhimin e kritikësisë edhe në rastin e ULK-së. Projekti thelbësor i kolektivit ULK është të mbeten të padukshëm në hartën e prodhimit akademik ndërsa pozicionohen pikërisht si një hapësirë per prodhimin dhe zgjerimin e dijes. E vetmja mënyrë për ta njohur ULK-në është ta përjetosh atë deri në atë masë sa është e paqartë nëse kjo eksperiencë është plotësisht e transmetueshme. Dhe më në fund, në kuadër tëpërdorimit të dijes dhe lidhjeve informale brenda "ekonomisë" neoliberale "të dijes," në vend që të kritikonin institucionet dhe të vepronin si individë kundër tyre, ULK pohoi pushtetin e institucionit. Ata pranuan kështu se kushdo kishte nevojë për të tijin, duke kërkuar kësisoj prodhimin e shumë llojeve të ndryshme nëpërmjet bashkëpunimit, si Manoa Free Uni-

Fotografi e letrave të dërguara nga Fakulteti i Padukshmërisë
562 adresave (Belgrad, 2008)

versity, Üniversität in Gründung (Universiteti në Themelim), University of Openness, etj.

Elozh Përtacisë

"Elozh Përtacisë" është manifesti i Mladen Stilinoviq ku ai citon Marksin se puna është një sëmundje.[20] Stilinoviq vëren se puna, duke qenë një sulm, krijon kushte në të cilat arti nuk mund të ekzistonte në Perëndim pasi artistët nuk kishin kohë për t'u përqendruar tek ai, ndërsa merreshin me gjithçka tjetër – të futeshin në qarqet dhe prodhimet e artit. Artistët në Lindje kishin kohë për të qenë përtacë sepse ata nuk përqëndroheshin tek ndërmjetësimi i artit por thjesht prodhonin art, argumenton ai cinikisht. Momenti i keqfunksionimit dhe mosdomosdoshmëria e forcës punëtore të artistit është ku ai bluan hapësirën për kritikë, mospajtimin me lidhjen konsum/prodhim. Ngjashmërisht, Roland Bart favorizon dembellëkun si një pikë kritike për autorin, duke dalë kështu nga riprodhimi i ritmit të prodhimit.

> Kjo ndërprerje e ndërtimit, qoftë ajo e dëshiruar apo jo, tregon se, në një situatë dembellëku, subjekti është pothuajse i shpronësuar nga konsistenca e tij si subjekt. Pas kësaj, të thuash "Unë" nuk është madje as e mundur. Ky do të ishte një dembellëk i vërtetë, të arrish, në momente të caktuara, të mos të duhet të thuash "Unë".[21]

Kësisoj, dembellëku lidhet për Bartin me lirinë e autorit (subjektit) për t'u zhdukur. Ai është e drejta për për të mos vendosur (e Bartelbit) dhe e drejta për të mos bërë atë që duhet bërë të dielave (dita e caktuar për dembellëk), që Bart e konsideron lirinë e vërtetë të krijimit. Kjo hapësirë e brendshme, e padukshme vendimmarrje në çdo cep të një praktike artistike mund të shërbentë më mirë për të kuptuar praktikën e kryengritjes. Akti i përfaqësimit te vetvetes duke fjetur në hapësirën e galerisë i Stilinović-it ndërsa pretendon se është "duke punuar" mund të jetë një strategji kundërshtuese që kërkon pohimin e pushtetit në duart e disitentit. Megjithatë, në manifestin e tij ai shpall se është i çliruar nga prodhimi i artit duke i bërë bisht fiksimit në strukturat e pëfaqësimit artistik.

Për ta mbyllur, idetë mbi zotërimin e kohës, kontrollimin, manipulimin dhe vonimin e saj, janë qenësore këtu për të kuptuar metodën e transgresionit në shembujt e analizuar më sipër; domethënë, nëpërmjet konvergjencës së të jetuarit dhe ndërtimit (ULK) ose ndërthurjes së metodës dhe materies (FIP). Menaxhimi i kohës është po aq i rëndësishëm për lirinë e vonimit, të shtyrjes që karakterizon dembellëkun ose hapat drejt arritjes së tij. Gregori Shollet ka vënë në dukje kohët e fundit se asgjë nuk do të ishte më subversive se sa të mos iu tregosh punëtorëve të tjerë kushtet e tua të punës.[22] Do të shtoja se e njëjta gjë shkon edhe për prodhimin e saj të kohës. Teodor Adorno këmbëngulte se dorëheqja nga "praksi" nuk është një akt negativ per sa kohë që ekziston mundësia për të mos e zgjedhur praxis nëse ajo është opsioni i vetëm, të gjesh kohën për të mos u angazhuar në veprimin e parë të mundshëm.[23] Kushtet e punës së Stilinoviqit (gjumi) mbeten të fshehura dhe të padukshme, pikërisht sepse ai i vendos ato në sistemin politik të shtetit ekzistenca e të cilit merret për e mirëqenë, e megjithatë lihet e pashpjeguar. Duke i qëndruar kësaj ideje, do të doja të propozoja se puna e Stilinoviqit, si praktikat e ULK-së dhe FIP-së, është përkundrazi një thirrje për të filluar me një kolofon, të fillojmë nga fundi, të fillojmë me pohimin si të pushtetin ashtu edhe të mungesës së tij, dhe më pas të shtjellojmë rolet dhe përgjegjësite e sugjeruara prej saj në mënyrë retroaktive. Pyetja që kemi përpara është nëse ne do të vendosim ta lehtësojmë mospajtimin e bazuar tek njëjësi (që, siç vë në dukje Rejmond Uilliems rikthehet, në mënyrë paradoksale, në "jetën tjetër" të tij si një institucion[24]); ose, nga ana tjetër, nëse duam t'i rishikojmë këto praktika pedagogjike subversive si një formë veprimtarie që mundësohet vetëm duke investuar kohë në skicimin e një organizmi; një praktikë që nuk përfundon me institucionalizim, por që fillon me të.

Shënime

1. Walter Benjamin, "The Author as Producer," në *Selected Writings 1931–1934*, Vëll. 2 pjesë 2, red. M. Jennings, H. Eiland dhe G. Smith (Nju-Jork: Harvard University Press, 1999), 768–83, në 778.
2. Andrea Fraser, "From the Critique of Institutions to an Institution of Critique," *Artforum* 44.1 (shtator 2005): 278–86, në 284.
3. Copenhagen Free University Abolition Committee, "We Have Won!" (2007): http://www.copenhagenfreeuniversity.dk/won.html (Parë 31 maj 2012).
4. Po aty.
5. Po aty.
6. Po aty.
7. E mendoj komunikimin në përputhje me shkrimet e Zhan-Lyk Nansisë mbi bazat jooperative të komunitetit: "Komuniteti nuk është vepër e njerëzve të veçantë, dhe as ata veprat e tij, ashtu si komunikimi nuk është një punë ose madje as edhe një veprim i njerëzve të veçantë, pasi komuniteti është thjeshtë qenia e tyre – qenia e tyre e pezulluar në cakun e saj. Komunikimi është zhbërja e punës sociale, ekonomike, teknike dhe institucionale." (Jean-Luc Nancy, *The Inoperative Community* [University of Minnesota Press, 1991], 31).
8. Irit Rogoff, "'Smuggling' – An Embodied Criticality" (2006): http://transform.eipcp.net (Parë 31 maj 2013).
9. Po aty.
10. Po aty.
11. Faculty of Invisibility (n.d.): www.faculty.cc (Parë 31 maj 2012).
12. CFU punoi me kompleksitetin e tendencës së marrëdhënieve sociale për t'u bërë dije në epokën e kapitalizmit cognitive: "Nëse dija krijohet nëpërmjet marrëdhënieve sociale atëherë pronësia e asaj dije ndryshon. Dija ka të bëjë në këtë rast më tepër me intelektin e përgjithshëm ose një ndërtim të përbashkët të dijes nëpërmjet marrëdhënieve sociale sesa me individë të caktuar që kalojnë dije ekzistuese [...] zhvendosja mund të jetë ajo nga një material artistik informacioni konvencional tek një lloj i ri materiali që do të mund t'i quanim marrëdhënie sociale"(Copenhagen Free University Exchange, "Desire and Kind of Playfulness," *Variant Magazine* 15 [2002]).
13. Gjejmë këtu një akt të nënvendosur të boshatisjes së kuptimit të institucionit nëpërmjet shqiptimit të universitetit të lirë: "Sepse, patjetër, vetë institucionet po përbrendësohen në psikikën tonë. Nga ana tjetër, vetë psikika është gjithmonë ndërkaq sociale e kështu me rradhë. Kështu pra, në vend që të jemi kundërinstitucionalë ne po themi "ne po ndërtojmë një institucion" dhe kësisoj nuk po ruajmë nocionin romantik të një jashtësie të institucioneve, pasi institucionet janë në gjuhë dhe në mendje dhe në dëshirë gjithashtu" (CFU, "Desire and Kind of Playfulness").
14. Giorgio Agamben, "The Author as Gesture," në *Echo's Book*, red. Sönke Hallmann (Maastricht: Jan van Eyck Academie, 2010).
15. Steve Rushton, "Readable Memory, Work and Text," në *Echo's Book*, red. Sönke Hallmann (Maastricht: Jan van Eyck Academie, 2010), 265–70, në 265.
16. Roland Barthes, "Death of the Author," në *Image-Music-Text* (Londër: HarperCollins, 1977).
17. CFU, "Desire and Kind of Playfulness."
18. Herman Melville, *Bartleby, the Scrivener: A Story of Wall-Street* (1853): http://www.bartleby.com/129/ (Parë 31 maj 2013).
19. Për shembull, unë sugjeroj se gjesti i mirënjohur i Bartlebit tek tregimi i shkurtër i Melvillit *Bartleby, The Scrivener*, ku ai tërhiqet prej zyrës së letrave të padërdueshme, siç interpretohert në një artikull në numrin e dytë të Tiqqun

("Sonogram of a Potential," *Tiqqun* 2 (2010): http://caringlabor.wordpress.com/2010/10/31/tiqqun-2-sonogram-of-a-potential/#more-496 [Parë 31 maj 2013].) "Do të parapëlqeja të mos" që duket si nënshkrimi i tij i vetëm, është në vetëvete ndërkaq një praktikë, por jo ajo që kërkon pushtet autorial.

20 Mladen Stilinović, "In Praise of the Laziness" (1986): http://www.guelman.ru/xz/english/XX22/X2207.HTM (Parë 31 maj 2013).

21 Roland Barthes, "Osons être paresseux," *Le Monde* (16 shtator 1979), përkth. J.D. Tuyes.

22 Gregory Sholette, *Dark Matter: Art and Politics in the Age of Enterprise Culture* (Londër: Pluto Press, 2010), 152.

23 Theodor Adorno, "Resignation," në *The Culture Industry: Selected Essays in Mass Culture*, red. J.M. Bernstein (Londër: Routledge, 1991), 198–203.

24 Raymond Williams, *The Long Revolution* (Londër: Chatto & Windus, 1961), 89.

ON PROTOTYPES
SHOULD WE EAT MAO'S PEAR, SAIL SAINT-EXUPÉRY'S BOAT, DRINK WITH HEIDEGGER'S PITCHER, OR USE NIETZSCHE'S HAMMER TO RESPOND TO THE CRISIS?

Denisa Kera

In 1972 philosophers, sociologists, and architects, such as Jean Baudrillard, Umberto Eco, Octavio Paz, Hannah Arendt, Manuel Castells, and others, gathered at the Museum of Modern Art (MOMA) to discuss "The Universitas Project: Solutions for a Post-Technological Society." Their responses and proposals on how to deal with the environmental, financial and political crises were assembled by Emilio Ambasz, an Argentinian architect, appointed at that time as a curator of Design at MOMA. He defined the goal of the symposium and the whole project as:

> a critical and prospective inquiry into the relation of man to the natural and the sociocultural environment [...] specifically planned to explore the possibility of establishing in the United States *a new type of institution centered around the task of evaluating and designing the man-made milieu.*[1]

The "Universitas Project" presents a blueprint for many later reflections on the role of the university as institution and the humanities education vis-à-vis crises, which were also the topic of Tirana 2013 symposium on the "Pedagogies of Disaster." The lingering disasters described in the project as crises of elites, loss of legitimacy, but also autonomy of the university to the technocratic rule, initiated a "critical and prospective inquiry," which was also a call for a new type of institution. It embraced practices, which were more involved (politically, socially, architecturally, and technologically) with the world outside of the university walls. The shared sentiment was "to do" something about the crisis rather than only rethink its conditions (that why it was a prospective and not only critical inquiry), which meant giving legitimacy to new, post-1968 movements and groups. It also revealed a deeper, unresolved tension between *epistēmē* and *technē*, theory and practice, *vita activa* and *vita contemplativa*, expressed in various political, but also epistemological and ontological dichotomies, which will be the focus of this paper.

Interpreting and Changing the World

The unresolved tension between *epistēmē* and *technē* haunts the university ever since its beginnings and the scholastic controversies surrounding nominalist and realists discussions on whether it is the Reason or the Will of God, upon which everything exists and should be governed.[2] In the "Universitas Project" this is reformulated through a Marxist tension between knowing and changing the world, but also in more neutral dichotomies between understanding the old and producing the new, or in Emilio Ambasz's words, between the analytic work of the sciences, which map what there is, and the synthetic and normative work of the engineers and designers, who deal with what ought to exist:

> Natural science deals with an order that can be assumed to exist already in the world, and to be independent of human activity. Its statements are properly declarative and empirical, whereas design statements, being about a man-made order, must also include the normative, and cannot be exclusively empirical and independent of the observer […] The future of the man-made milieu does not merely unfold from the present […] Rather, it *depends on what we think it ought to be and what we do to bring this about. The envisioning of alternative futures, which are not contained in the present but which are to be created, purposefully worked toward if they are found to be desirable, is fundamental to a design endeavour* that is not concerned just with designing strategies and producing artefacts to meet a set of requirements, but with the *larger task of synthesis of the man-made milieu, of giving meaning and structure to the productions of man.*[3]

These responses to the 1968 events and to the emergent ecological, political, and social crises embrace various social and technical interventions in the world as opposed to pure reflection and critical assessment. Ambasz claims that design, art, but also social action will work hand in hand with both natural sciences (analysis and discovery) and with philosophy (larger task of synthesis of the man-made milieu, of giving meaning and structure to the productions of man) to improve the conditions. The participants of the symposium then try hard to convince each other that not only technical sciences, economy, and policy oriented disciplines, but also social action, creativity and the ability to envision "alternative futures" (and the related disciplines of design, art, and humanities) can make a difference.

All these attempts to bridge the gap between action and reflection, analysis and synthesis, had little if any real effects on the actual state of the society and the universities after 1972. The universities continued to embrace non-emancipatory notions of knowledge, which was gradually reduced to descriptive and empirical facts and then to issues of efficiency and performativity serving pre-determined expectations set up by national policies around employment and economic performance.[4] This leads us to the present situation, where universities are just ancilla, handmaiden of the industry and various corporate interests rather than autonomous institutions with a goal to protect academic freedom or any pursuit of knowledge, as it became clear in the latest MIT saga over Aaron Swartz.[5] Martin Niemöller's speech "First they came…"[6] summarizes better this whole decline of the academia than any present reflection. The calls for "open science" and more socially involved engineering or even human-centric design, in which I happened to be involved as an academic and advocate, often feel more like the last strophe of Niemöller's speech and poem: "Then they came for me, and there was no one left to speak for me."

In what follows, I would like to rethink the relation between *epistēmē* and *technē* as the core issue in the present crises, and to look into its genealogy and its present form as a constant search for tools and concepts, which can be productive and reflective at the same time. After discussing various attempts to connect the practices of thinking and doing, I will argue for a philosophy based on prototypes rather than concepts as a proper response to the "Pedagogy for Disaster" challenge. Collaborative and artisan prototypes built in the so called hackerspaces and DIY (Do-It-Yourself)-bio labs around the world offer a convergence between philosophy and design and connect the creative practices of thinking and doing. The use of free and open source software (FOSS) and hardware (OSHW) in these projects enables sharing and improving design ideas while sustaining a dialogue on the various appropriations and (mis)uses, which are reflective and creative at the same time.

Prototypes as Material Paradigms and Poetic Exempla

Digital fabrication, 3D printing, together with OSHW prototyping platforms, such as Arduino, and custom made circuit boards support the creation of collaborative and reflective prototypes, which are tools of thinking and doing, reflecting upon the world and changing it. They support the emergence of alternative and independent R&D spaces, the so called hackerspaces, makerspaces, and citizen labs, which enable various communities to adopt, develop and discuss their own technological solutions to local issues. The artisan and collaborative practices around open hardware define prototypes as tools for doing philosophy and reflecting upon the "man-made order" and milieu. While working on OSHW prototypes we continuously rethink the social and legal contexts and status of our technologies. We engage in an active transformation of our everyday tools while creating a dialogue on the possible futures. Whether it is DIY drones or Bitcoin wallets, the prototypes created in the hackerspaces react to the present technological, social and political challenges and inspire citizens to learn and engage in the development and regulation of these technologies.

Artisan and collaborative prototypes as tools of philosophy and design bring together thinking and doing through material, rather than only discursive practice. They assist various forms of collective actions, negotiations, and deliberation through on-going experiments, which are collectively assessed by people developing the prototypes around the world (for example DIY Geiger counters or various air quality sensor solutions). They literally embody the "artisan's emancipation" described by Rancière as a poetic experience, where the "material activity" merges with communication and discourse and where learning merges with transforming the world:

> The virtue of our intelligence is less in knowing than in doing. *"Knowing is nothing. doing is everything."* But this doing is fundamentally an act of communication. And, for that, "speaking is the best proof of the capacity to do whatever it is." In the act of speaking man doesn't transmit his knowledge, he makes poetry; he translates

and invites others to do the same. *He communicates as an artisan: as a person who handles words like tools.* Man communicates with man through the works of his hands just as through the words of his speech: "When man acts on matter, the body's adventures become the story of the mind's adventures." *And the artisan's emancipation is first the regaining of that story, the consciousness that one's material activity is of the nature of discourse.* He communicates as a poet: as a being who believes his thought communicable, his emotions sharable. *That is why speech and the conception of all works as discourse are, according to universal teaching's logic, a prerequisite to any learning.* The artisan must speak about his works in order to be emancipated; the student must speak about the art he wants to learn.[7]

While Rancière presses his point that the act of speaking is the ultimate performative act, in which knowing is transformed into doing, and learning into emancipation, we will make a case that prototypes can go a step further. They are tools which enable not only communication and individual empowerment, but also collaboration and transformation of the world through material practices and tinkering as an open and collaborative process.

This view of prototypes is inspired by the emphasis of the "Universitas Project" on design as a normative response to the technocratic rule, which can connect reflection, collaboration, and intervention. It expands Rancière's poetic experience of learning as a relation between performance and discourse in *The Ignorant Schoolmaster* to practices, which are not only linguistic, such as building and making prototypes and tools. It also refers to Giorgio Agamben's use of paradigms in *The Signature of All Things* as a method, through which singular examples and cases can create a new way of understanding and looking at phenomena, new ways of interacting with the world, without reducing this performance and insight into a general rule or law how things should be:

> a paradigm is simply an example, a single case that by its repeatability acquires the capacity to model tacitly the behaviour and research practices of scientists. *The empire of the rule, understood as the canon of scientificity, is thus replaced by that of the paradigm; the universal logic of the law is replaced by the specific and singular of the example.*[8]

Prototypes are similar forms of cognitive (and material) performance, through which meaning and use of the objects are constructed and revealed at the same time as "*neither universal nor particular, neither general nor individual, [but] a singularity which, showing itself as such, produces a new ontological context.*"[9] The intelligibility and the insight gained through a paradigm or a prototype is always also an ontological (and even material) event, it is not a representation of anything nor a simple phenomenon or instance of something larger or more general:

> If one asks whether the paradigmatic character lies in things themselves or in the mind of the inquirer, my response must be that the question itself makes no sense. *The intelligibility in question in the paradigm has an ontological character. It refers*

not to the cognitive relation between subject and object but to being. There is, then, a paradigmatic ontology.[10]

Rancière's insistence on the importance of improvisation and poetic virtue, which he sees as reflective and performative acts, together with Agamben's paradigms, explains how prototypes can bridge the gap between understanding and changing the world and how they can make this a collective and not only an individual experience. Prototypes just like paradigms can connect the imaginary with the material (real), the individual (needs, requirements) with the collective, the universal with the particular, and the theoretical with the empirical. They are poetic experiments with technologies in various social and cultural contexts, which enable individual learning, but also collective negotiations and democratization of the technologies. Rancière's passionate defense of the poetic "doing," which is always also a communication, opens a possibility of a material and object that "speaks," that is reflective and empowering, such as prototypes, where the human agency merges with that of the material, code, customs etc. Similarly, Agamben's view of exempla and paradigms introduces the moment when "being and seeming are undecidable," when a collectively envisioned and tested objects can transform the context, in which they were created, and when the intelligible is always already ontological event, part of a material intervention.

Maker's and Artisan's Knowledge as the Origin of Prototypes

Prototypes connect reflection and intervention, understanding and doing, theory and application by making tinkering and collaboration more important than some agreement on what is the proper scientific method or demarcation of knowledge. They are close to some premodern concepts of science (mechanical arts, natural philosophy), and they construct their social support and context (like hackerspaces and citizen labs), but also the theory and methodology in parallel with the actual tinkering. They refuse the division between primary and applied knowledge and research, which is responsible for the present disaster by enabling the problematic division between university and industry, science and policy to occur.

The divisions between primary (more theoretical) and applied (practical) research are the unintended consequences of the "Baconian" project of science, which tried to create autonomy for the sciences, while making strict regulations in terms of their methods and institutional support. Bacon's insistence on both autonomy and regulation served an important function back in the 16th century to protect the emergent science endeavor from scholastic and overly regulated, theoretical and theological discussions of nature, but more importantly it was also a protection against the wild and unregulated powers of mechanical arts and its serendipitous *experimenta fructifera* providing results without any theoretical basis and system.[11]

Bacon placed his scientific experiments as something that produces knowledge and not only practical effects and called the *experimenta lucifera* as opposite to the tinkering experiments of the mechanical artists (*experimenta fructifera*). He claimed that his well-documented experiments with shareable protocols will bring controllable knowledge and sustainable innovation as means of restoring human power over the creation (instauration) which for him was the goal of both science and religion.[12] While his in-

ductive reasoning and qualitative methods are often discussed in the history of science, Bacon's ethical, social and religious and the theological project of instauration of the original human condition are rarely mentioned or discussed. Science simply followed the ethical and social aspirations of Bacon's religious project without reflecting upon them and simply translating them into humanist and enlightenment ideals of a rational order in human affairs leading to progress towards an ideal state.[13] What remains forgotten are the alternative projects by other mechanical artists and alchemist in Bacon's time on how to bring science and society, technological advancements and social progress together. These projects placed much stronger emphasis on tinkering rather than a system and a method, and which were simply more plural in terms of their values[14] and closer to the present functions of the paradigms and to the hackerspaces.

The old discussion of how to bring together scientific truth (protocols), social discourse (customs, idols) and public value (norms, laws) plays an crucial role in our understanding of modern science. While mechanical arts were connecting science protocols with various social, political norms and even mythical motives and aesthetic values in an ad hoc fashion, the Baconian project promised a method that will bring progress to both (science and society). It was this idea of a method that will restore human powers over the creation (nature) and which would automatically lead to the moral improvement (*instauratio*) of humanity, which influenced all our modern ideas of science and society interactions. Bacon's vision of *instauratio*[15] informs the whole modern project of science as a pursuit for maximum efficiency and performance that will magically resolve all social and human problems. This "modern" implementation of *instauratio* is problematic not because of its insistence on the empirical and experimental sciences and knowledge, but because of these conservative views of moral virtue being something we can simply restore, something non-experimental and given in advance by the supernatural and transcendental authority.

The right (scientific) knowledge was believed to bring moral and other improvements,[16] and this theological idea about the human power over the creation given to man by God is still the base of modern ideals of scientific progress and technological improvement. The belief that moral advancement will automatically follow our knowledge about nature and the idea of power over some pre-given creation showed their ugly side in the numerous ecological and economic crises of the recent decades. The idea of technocratic solutions to every problem is a simplified version of this original theological position in Bacon. The whole modern project of science and its institutions strictly separate the domains of knowledge and practice, because it is assumed that one will automatically lead to the improvement of the other. Bacon's *instauratio* states that resolving uncertainty in our knowledge about nature will automatically create a moral certainty together with social and political stability.

In the Renaissance period this was not a unique position, but there were also other projects and possibilities, how to connect the new science, the technological tools and emergent social structures. Alchemists and tinkerers such as Johann Becher[17] or Cornelis Drebbel offered a more balance and more importantly, a plural view of these interactions between society and science, facts and norms. Their views were based on an alchemist ideal of the "inner," personal work and experiments being as important as the experiments in the laboratory. They refused to divide theory from practice and knowledge from tinkering and even personal growth, and their whole emphasis was always more on the process rather than the outcome, which was the mystical and unachievable "gold." For the alchemist every scientific fact has its social and political reality which is experimental rather than final, everything is open to contingencies and practices.[18] Maker's knowledge works with "scientific" facts that are embedded in a very rich and plural system of symbolic, ethical, theological, and even personal implications and meanings. It uses iconography with paradoxical and often provocative imagery addressing small groups of "adepts" and individuals rather than the larger society.

Mechanical arts based on tinkering and their rich web of aesthetic, theological, political, and other references, metaphors and iconography connect the scholarly, artisanal, and entrepreneurial forms of knowledge and offer an alternative perspective on what is the ideal science and society interaction:

> As the issue of practice increasingly has come to the fore, alchemy now appears to be a fitting emblem for studies that aim to incorporate a broad array of practitioners and forms of natural knowledge into narratives about the emergence of the "new science" in the early modern period. *Simultaneously bookish, experiential, and experimental, alchemy stubbornly resists any attempt to separate out the histories of reading, writing, making, and doing.* In fact, *it demands that these various engagements with nature, the relationships among them, and the people of all social strata who created them all be kept in play in any account of its history.* In this sense, alchemy offers a model for thinking about early modern science more generally, particularly in light of recent work that has explored the intersection of scholarly, artisanal, and entrepreneurial forms of knowledge.[19]

As these recent studies of alchemy show,[20] tinkering and entrepreneurial knowledge was deeply embedded into the artisanal and commercial culture of the Renaissance period and served various visions of society. The present insistence on design and entrepreneurship in various fields revives these complex interactions between science, community, business and even arts and entertainment. The "Universitas Project" calls for connecting design and science, as well as the emergence of collaborative and artisanal prototype cultures in the hackerspaces, embodying the "premodern" aspirations, reviving the ability of science to bring forth creative and imaginative convergences. Tinkering and opening both science and society to more pluralistic views of the future means experimenting and collaborating. The unique interactions and convergences between scientific practice and community creation based on the revival of tinkering offer a more resilient, democratic but also more experimental model for acting and decision making. These experimental collectives testing various relations to emergent technologies probe the relation between policy and design envisioned earlier in the concept of cosmopolitics.[21] Rather than a separation of powers and domains of knowledge and acting, policy and research, ethics and science, the public forms of participation in the sciences, like in DIYbio, or in the alternative R&D culture of the hackerspaces, inspire us to rethink the function of similar separations in our political, social and scientific lives.

Artisanal and Philosophical Prototypes for the Disasters

The "Pedagogies of Disaster" are just like the "Universitas project" attempts to rethink the modern university and its division of disciplines in order to make them more relevant, but also reflective, critical and "prospective" for the society. In this sense, we never lost the continuity with the past and we are just rephrasing an old dichotomy between *epistēmē* and *technē,* contemplation and action, theoretical and practical reason. Rather than searching and claiming autonomy of the sciences or the humanities, we could try to remind ourselves of these complex genealogies going back to the issue of tinkering and mechanical arts and maybe even earlier. Before the Royal Academy of Arts was established as a model for all future science and society interactions, and connected with the university, mechanical arts and natural philosophy were experimenting with various forms of connecting the emergent science with what was called the "court" (politics, society). The genealogy of these plural interactions between science, university, and society can give us a valuable perspective on the present situation as an opportunity rather than accepting the demise of ontological, social, and ethical values and aspirations in favor of performance indicators. These premodern interactions can help us understand the present hackerspaces and their culture of prototypes as attempts to create more resilient communities facing various crises (such as radiation, food safety, surveillance etc.). I use such prototypes and models in my own work as an educator and tinkerer, because they support active engagement with the technologies as a form of *elenchos* against the passive acceptance and consumerism. These prototypes are artisanal, they always bear a unique story of an individual or group that created them and offered them as a kit for other tinkerers to join and contribute. I call them philosophical, because they enable everyone to witness and experience the production of knowledge around these tools and to reflect upon them.

The example, which demonstrates this "pedagogy" could be the "NeuroNetworking Workshop" in Prague in April 2012,[22] which used prototypes as forms of technological *elenchos* involving "strangers" in a discussion and design reflecting on neuroethical issues. The two days workshop brought together graduate students and academics interested in issues of Science Communication, Policy, Design, but also Science, Technology, and Society studies (Charles University, National University of Singapore), members of the Hackerspace in Prague (Brmlab.cz) involved in building neuromodulators affecting cognitive functions, and also artists and designers from CIANT, Prague (Center for Art and New Technologies), who work with brain data. The work was also consulted with neuroscientists, policy and industry experts from UK, US, and Singapore, and partially documented in a form of a wiki, which is supporting the ongoing projects. Together we created a design fiction on neuromodulators "Citizen Oxygen Monitoring Agency (COMA)," which revamped Foucault's biopolitics, but also a proposal for brain data market and a DIY kit for sharing EEG/EMG/ECG data (MindSpy.org). The prototypes were material (mock-ups and existing neuromodulators), but also conceptual (design fiction), and our reflection and experience with them was happening in parallel, and some of the research is still ongoing both in Prague and Singapore.

Conclusion

Agamben described paradigms as an attitude rather than a methodology, which brings together reflection and practice into a hermeneutic circle or a "form of life" (*forma vitae*). They inspire everyone to perform them, rethink them, test them, and in similar manner, people also build and test prototype kits. To gain an insight or experience by building a tool is more than to accept something as a given representation, which just needs to repeated, or to buy a product and simply use it following the instruction manual. Building a tool from a kit or using a paradigm is a performance that emphasizes its own singularity rather than its perfection and it also makes you a part of a community:

> [A]t least until Saint Benedict, the *rule does not indicate a general norm but the living community* (koinos bios, cenobio) *that results from an example and in which the life of each monk tends at the limit to become paradigmatic – that is, constitute itself as* forma vitae [...] paradigm entails a movement that goes from singularity to singularity and, without ever leaving singularity, transforms every singular case into an exemplar of a general rule that can never be stated a priori.[23]

The prototypes, as I understand them and follow them around the world since 2010, form such living and global communities around the hackerspaces and through the various uses of wikis and other social media. They are learning and research tools, with serve both individual and collective goals and needs. They are like probes into possible futures, which we need to negotiate and decide upon by actively tinkering and following their production. They are not just tools, which designers use to gather user requirements, test ideas of future products or improve present tools, but more like tools of imagining, negotiating and empowering. Furthermore, they are used not only by designers and engineers, but also by geeks, science amateurs, various dreamers and tinkerers around the world. They can break idols like Nietzsche's "hammer," but they can also restore a sense of connection with the world of man-made objects like Heidegger's pitcher. They often express and "do" what philosophers hoped to achieve with various other "metaphorical" objects in their writings. They can be like Mao's pears, which we need to taste and consume in order to transform the world and understand how our thinking and action form history:

> Whoever wants to know a thing has no way of doing so except by coming into contact with it, that is, by living (practicing) in its environment. [...] *If you want knowledge, you must take part in the practice of changing reality. If you want to know the taste of a pear, you must change the pear by eating it yourself* [...]. If you want to know the theory and methods of revolution, you must take part in revolution. All genuine knowledge originates in direct experience.[24]

They are also like Saint-Exupéry's "boats," which enable us to long for the "endless immensity of the sea," to dream and create visions of a future, which is maybe not achievable in the present, but inspire us to take immense challenges: "If you want to build a ship, don't drum up people to collect wood and don't assign them tasks and work, but rather teach them to long for the endless immensity of the sea." That is why our response to the crises and a proposal for "pedagogy" is to build prototypes, individually and collectively, and to engage with all forms of present materiality with its complex legal, economic and social contexts. Eat Mao's pears, drink with Heidegger's pitcher, break idols with Nietzsche's hammer and sail with Saint-Exupéry's boats, but do not only read about them!

Notes

1. Emilio Ambasz and N. Y. York. *The Universitas Project: Solutions for a Post-Technological Society* (New York: The Museum Of Modern Art, 2006), 299. My emphasis.
2. See Lloyd L. Weinreb, *Natural Law and Justice* (Cambridge: Harvard University Press, 1987).
3. Ambasz and York, *The Universitas Project*, 31. My emphasis.
4. See Jean-François Lyotard, *The Postmodern Condition: A Report on Knowledge* (Minneapolis: University of Minnesota Press, 1984).
5. Kevin Poulsen, "MIT Moves to Intervene in Release of Aaron Swartz's Secret Service File," *Wired* (July 18, 2013): http://www.wired.com/threatlevel/2013/07/mit-swartz-intervene (Accessed July 20, 2013).
6. United States Holocaust Memorial Museum, "Martin Niemöller: First they came for the Socialists...": http://www.ushmm.org/wlc/en/article.php?ModuleId=10007392 (Accessed July 20, 2013).
7. Jacques Rancière, *The Ignorant Schoolmaster: Five Lessons in Intellectual Emancipation* (Stanford: Stanford University Press, 1991), 64–5. My emphasis.
8. Giorgio Agamben, *The Signature of All Things: On Method,* trans. Kevin Attell (New York: Zone Books, 2009), 11–12. My emphasis.
9. Giorgio Agamben, "What is a Paradigm" (2002): http://www.egs.edu/faculty/giorgio-agamben/articles/what-is-a-paradigm/ (Accessed July 22, 2013). My emphasis.
10. Agamben, *The Signature of Things*, 32. My emphasis.
11. See Lisa Jardine, *Francis Bacon: Discovery and the Art of Discourse* (London: Cambridge University Press, 1974); Glen R. Driscoll, Paolo Rossi, and Sacha Rabinovitch, "Francis Bacon: From Magic To Science," *The American Historical Review* 74.3 (1969): 979.
12. See Antonio Pérez-Ramos, "Francis Bacon And The Disputations Of The Learned." *The British Journal for the Philosophy of Science* 42.4 (1991): 577–88.
13. See Larry Stewart, Robert K. Faulkner, and John E. Leary. "Francis Bacon And The Project Of Progress," T*he American Historical Review* 100.4 (1995): 1245.
14. See Tara Nummedal, "Words and Works in the History of Alchemy." *Isis*, 102.2 (2011): 330–7; William Royall Newman, *Promethean Ambitions: Alchemy and the Quest to Perfect Nature* (Chicago: University of Chicago Press, 2004).
15. See Pérez-Ramos, "Francis Bacon."
16. Ibid.
17. See Pamela H. Smith, *The Business of Alchemy: Science and Culture in the Holy Roman Empire* (Princeton: Princeton University Press, 1994).
18. See Newman, *Promethean Ambitions*.
19. Nummedal, "Words and Works in the History of Alchemy," 331.
20. See Nummedal, "Words and Works in the History of Alchemy"; Newman, *Promethean Ambitions*.
21. See Bruno Latour, *Politics of Nature: How to Bring the Sciences into Democracy* (Cambridge MA: Harvard University Press, 2004).
22. "NeuroNetworking – Hackteria. Design for NeuroNetwoking: How to Interact over Brain Data?" (Prague, April 27 –30, 2012): http://hackteria.org/wiki/index.php/NeuroNetworking (Accessed July 22, 2013).
23. Agamben, *The Signature of Things*, 21–2. My emphasis.
24. http://www.marxists.org/reference/archive/mao/works/red-book/ch22.htm. My emphasis.

MBI PROTOTIPET
A DUHET TË HAMË DARDHËN E MAOS, TË LUNDROJMË VARKËN E SENT-EKSYPERISË, TË PIMË ME KANËN E HAJDEGERIT APO TË PËRDORIM ÇEKANIN E NIÇES PËR T'IU PËRGJIGJUR KRIZËS?

Denisa Kera

Në 1972-shin, filozofë, sociologjistë, dhe arkitektë si Zhan Bodrijar [*Jean Baudrillard*], Umberto Eko [*Eco*], Oktavio Pas [*Octavio Paz*], Hanna Arent [*Hannah Arendt*], Manuel Castells e të tjerë, u mblodhën tek Muzeu i Artit Modern (MOMA) për të debatuar "Projekti Universitas: Rrugëdalje për një shoqëri pasteknologjike." Përgjigjet dhe propozimet e tyre mbi mënyrën se si duhej marrë me krizat mjedisore, financiare dhe politike u mblodhën bashkë nga Emilio Ambasi, një arkitekt argjentinas që ato kohë ishte kurator i Dizajnit tek MOMA. Ai e përcaktoi qëllimin e simpoziumit dhe të të gjithë projektit si:

> një hetim kritik dhe paraprak mbi marrëdhënien e njeriut me ambientin natyral dhe socio-kulturor [...] e planifikuar posaçërisht për të shqyrtuar mundësinë për të krijuar një lloj të ri institucioni në Shtetet e Bashkuara të përqëndruar tek vlerësimi dhe dizenjimi i ambientit të bërë nga njeriu.[1]

"Projekti Universitas" përfaqëson një plan për shumë reflektime të mëvonëta mbi rolin e universitetit si institucion dhe të shkollimit në humanitete vis-à-vis krizave, që ishte gjithashtu tema e simpoziumit "Pedagogjitë e Shkatërrimit" në Tiranë në 2013-n. Krizat e përshkruara në projekt si kriza elitash, humbje legjitimiteti, por edhe të autonomisë së universitetit ndaj rendit teknokratik, u bënë shkak për një "hetim kritik dhe paraprak" që ishte gjithashtu një thirrje për një lloj tjetër institucioni. Ai përqafoi praktika që ishin më të përfshira (politikisht, socialisht, arkitekturalisht, dhe teknologjikisht) me botën jashtë mureve të universitetit. Ndjenja e përgjithshme ishte se duhej "bërë" diçka rreth krizës në vend që vetëm të rishikoheshin kushtet e saj (kjo është arsyeja pse ai ishte një hetim paraprak dhe jo vetëm kritik), që nënkuptonte legjitimitet për lëvizjet dhe grupimet e reja të pas-1968-s. Ai zbuloi gjithashtu një tension të pazgjidhur mes *epistēmē*-s dhe *technē*-s, teorisë dhe praktikës, *vita activa*-s dhe *vita contemplativa*-s, i shprehur në dikotomi të ndryshme politike, por edhe epistemologjike dhe ontologjike, mbi të cilat unë do të përqëndrohem në këtë artikull.

Interpretimi dhe ndryshimi i botës

Tensioni i pazgjidhur mes *epistēmē*-s dhe *technē*-s e mundon universitetin që nga fillimet e tij dhe polemikat skolastike rreth debateve nominaliste dhe realiste nëse ishte Arsyeja apo Vullneti i Zotit vendi mbi të cilin mbështetej dhe duhej qeverisur gjithçka tjetër.[2] Tek "Projekti Universitas" ky riformulohet përmes një tensioni marksist midis njohjes së botës dhe ndryshimit të saj, por edhe në dikotomi më asnjanëse midis kuptimit të së vjetrës dhe prodhimit të së resë, ose siç thotë Emilio Ambas, midis punës analitike të shkencave, që përvijon atë që ekziston, dhe punës sintetike dhe normative të inxhinierëve dhe dizajnerave, që merren me atë që duhet të ekzistojë:

> Shkencat natyrore merren me një rend që mund të supozohet se ekziston ndërkaq në botë, dhe se është i pavarur nga veprimtaria njerëzore. Konstatimet e tyre janë deklarative dhe empirike, ndërsa konstatimet e dizajnit, duke qenë mbi një rend të bërë nga njeriu, duhet të përfshijnë gjithashtu normativen, dhe nuk mund të jenë ekskluzivisht empirike dhe të pavarura nga vrojtuesi [...] E ardhmja e mjedisit të bërë nga njeriu nuk shpaloset vetëm nga e tashmja [...] Përkundrazi, ajo *varet nga çfarë ne mendojmë se ajo duhet të jetë dhe çfarë bëjmë për ta realizuar këtë. Përfytyrimi i të ardhmeve alternative, që nuk janë të përmbajtura në të tashmen por që duhen krijuar, për të cilat duhet punuar nëse ato janë të dëshirueshme, është thelbësor për një sipërmarrje dizajni* që nuk merret vetëm me strategji dhe prodhimin e artifakteve që plotësojnë një numër kriteresh, por me *detyrën më të madhe të sintezës së mjedisit të bërë nga njeriu, i dhënies kuptim dhe strukturë produkteve të njeriut*.[3]

Këto reagime ndaj ndodhive të 1968-s dhe krizave ekologjike, politike dhe sociale që sapo fillonin të shfaqeshin përqafojnë ndërhyrje të ndryshme sociale dhe teknike në botë në vend të refleksionit të pastër dhe vlerësimit kritik. Ambas pretendon se dizajni, arti, por edhe aksioni social do të punojnë dorë për dore si me shkencat natyrore (analiza dhe zbulimi) ashtu edhe me filozofinë (detyra më e madhe e sintezës së mjedisit të bërë nga njeriu, t'i japësh kuptim dhe strukturë produkteve të njeriut) për të përmirësuar kushtet. Pjesëmarrësit në simpozium më pas përpiqen fort të bindin njëri-tjetrin se jo vetëm shkencat teknike, ekonomia dhe disiplinat e orientuara drejt policave, por edhe aksioni social, krijimtaria dhe aftësia për të përfytyruar "të ardhme alternative" (dhe disiplinat e ndërlidhura të dizajnit, artit dhe humaniteteve) mund të bëjnë ndryshim.

Të gjithë këto përpjekje për të kapërcyer hendekun midis veprimit dhe reflektimit, analizës dhe sintezës, patën pak, në mos aspak, efekte reale mbi gjendjen aktuale të shoqërisë dhe universiteteve pas 1972-shit. Universitetet vazhduan të përqafojnë nocione jo-empancipuese dijeje, që gradualisht u reduktua në fakte empirike dhe përshkruese e më pas në çështje efikasiteti dhe performativiteti në shërbim të pritshmërive të paracaktuara në polica kombëtare rreth punësimit dhe performanca ekonomike.[4] Kjo na sjell tek situata e sotme, ku universitetet janë thjesht shtesa, shërbëtorë të industrive dhe interesave të ndryshëm korporativ në vend që të jenë institucione autonome që kanë për qëllim të mbrojnë lirinë akademike apo çdo ndjekje të dijes, siç u bë e qartë në sagën e fundit të DIY-së me Aron Shuarcin.⁵ Fjalimi i Martin Nimëler, "Në fillim ata erdhën..."⁶ e përmbledh më mirë këtë rënie të akademisë se çdo reflektim i sotëm. Thirrjet për një "shkencë të hapur" dhe inxhinieri më të përfshirë shoqërisht ose dizajn të përqëndruar tek njerëzorja, në të cilin unë jam përfshirë si akademike dhe mbështetëse aktive, shpesh ngjajnë më tepër me strofën e fundit të fjalimit dhe poezisë së Nimëlerit: "E më pas ata erdhën të më merrnin, dhe s'kish' mbetur askush të thoshte një fjalë për mua."

Në çka vijon, do të doja ta rishikoja raportin midis *epistēmē*-s dhe *technē*-s si çështjen kyçe në krizën e sotme, dhe t'i futem gjenealogjisë së saj dhe formës së saj të tanishme si një kërkim i vazhdueshëm për mjete dhe koncepte, që mund të jenë të dobishme dhe reflective njëherazi. Pasi të diskutoj përpjekje të ndryshme për të lidhur praktikat e mendimit dhe veprimit, do të argumentoj për një filozofi të bazuar mbi prototipe në vend të koncepteve si një përgjigje e përshtatshme ndaj sfidës së "Pedagogjive të Shkatërrimit." Prototipet bashkëpunuese dhe artizanale që ndërtohen në të ashtu-quajturat hapësira hakerash [*hackerspaces*] dhe bio laboratorë DIY (bëjë vetë) nëpër botë ofrojnë një konvergjencë midis filozofisë dhe dizajnit dhe lidhen me praktikat krijuese të mendimit dhe të veprimit. Përdorimi i FOSS (Softuer [*software*] i lirë dhe me burim të hapur) dhe OSHW (Harduer [*hardware*] me burim të hapur) në këto projekte ndihmon në ndarjen [*sharing*] dhe përmirësimin e ideve të dizajnit duke mbështetur ndërkohë një dialog mbi përvetësimet e ndryshme dhe (keq)përdorimet që janë njëherazi reflektuese dhe krijuese.

Prototipet si paradigma materialë dhe ekzemplarë poetik

Podhimi dixhital, printimi 3D, së bashku me platformat për prototipe OSHW si Arduino dhe circuit boards të sajuara enkas mbështesin krijimin e prototipeve bashkëpunuese dhe reflektuese, që janë mjete mendimi dhe veprimi, reflektimi mbi botën dhe ndryshimin e saj. Ato mbështesin shfaqjen e hapësirave alternative dhe të pavarura të R&D (*Research and Development*), të ashtu-quajturat hapësira hakerash, hapësira krijuesish, dhe laboratorët qytetarë, që lejojnë komunitete të ndryshme të marrin, zhvillojnë dhe diskutojnë zgjidhjet e tyre teknologjike ndaj problemeve lokale. Praktikat artizanale dhe bashkëpunëtore rreth harduerit të hapur i përkufizojnë prototipet si mjete për të bërë filozofi dhe për të reflektuar mbi "rendin" dhe mjedisin "e bërë nga njeriu." Ndërsa punojmë mbi prototipet OSHW ne vazhdimisht rishikojmë kontekstet sociale dhe ligjore dhe statusin e teknologjive tona. Angazhohemi në një transformim aktiv të mjeteve tona të përditshme ndërsa krijojmë një dialog mbi të ardhmet e mundshme. Çfarë do qofshin, prototipet e krijuara në hapësira hakerash reagojnë ndaj sfidave të tanishme teknologjike, sociale dhe politike dhe frymëzojnë individët që të angazhohen në zhvillimin dhe rregullimin e këtyre teknologjive.

Prototipet artizanale dhe bashkëpunuese si mjete të filozofisë dhe dizajnit bashkojnë mendimin dhe veprimin nëpërmjet materialit, në vend që të na japin vetëm një praktikë ligjërore. Ato asistojnë forma të ndryshme veprimesh kolektive, negociata, dhe diskutime nëpërmjet eksperimentesh në vazhdim e sipër që vlerësohen kolektivisht nga njerëz që zhvillojnë prototipe nëpër botë (për shembull matësit Geiger DIY apo zgjidhje të tjera për sensorët e cilësisë së ajrit.) Ata mishërojnë "emancipimin e artizanit" të përshkurar nga Ransjeri [*Rancière*] si eksperiencë poetike, ku "veprimtaria materiale" bashkohet me komunikimin dhe ligjëratën dhe ku të mësuarit bashkohet me transformimin e botës:

> Virtyti i mençurisë tonë është më pak në të diturin se sa në të bërin. *"Të dish nuk është asgjë, të bësh është gjithçka."* Por kjo bërje është në thelb një akt komunikimi. Dhe, për atë, "të flasësh është prova më e mirë e kapacitetit për të bërë çfarëdo qoftë." Në aktin e të folurit njeriu nuk transmeton njohurinë e tij, ai bën poezi; ai përkthen dhe fton të tjerët të bëjnë të njëjtën gjë. *Ai komunikon si një artizan: si një person që i trajton fjalët si mjete.* Njeriu komunikon me njeriun nëpërmjet punëve të duarve të tij si dhe nëpërmjet fjalëve të ligjërimit të tij: "Kur njeriu vepron mbi materien, aventurat e trupit bëhen historia e aventurave të mendjes." *Dhe emancipimi i artizanit është fillimisht rifitimi i asaj historie, ndërgjegjësimi se veprimtaria materiale është e natyrës ligjërore.* Ai komunikon si poet: si një krijesë që e beson mendimin e tij të komunikueshëm, emocionet e tij të ndashme [*sharable*]. *Ja pse ligjërata dhe konceptimi i të gjitha punëve si ligjëratë janë, sipas logjikës së mësimit [teaching] universale, kusht për çdo mësim* [learning]. Artizani duhet të flasë për punët e tij për t'u emancipuar; studenti duhet të flasë për artin që do të mësojë.⁷

Ndërsa Ransjer këmbëngul mbi pikën se akti i të folurit është akti më performativ, në të cilin dija transformohet në veprim, dhe mësimi [*learning*] në emancipim, ne do të themi se prototipet shkojnë një hap më tutje. Ato janë mjete që mundësojnë jo vetëm komunikimin dhe fuqizimin individual, por edhe bashkëpunimin dhe transformimin e botës nëpërmjet praktikave materiale dhe sajimit [*tinkering*] si një proces të hapur dhe bashkëpunues.

Ky këndvështrim mbi prototipet frymëzohet nga theksi i "Projektit Universitas" mbi dizajnin si një reagim normativ ndaj regjimit teknokratik, që mund të lidhë reflektimin, bashkëpunimin, dhe ndërhyrjen. Zgjeron eksperiencën poetike të mësimit [*learning*] të Ransjerit si një lidhje midis performancës dhe ligjëratës tek *Mësuesi injorant* me praktika që nuk janë vetëm gjuhësore, si ndërtimi dhe krijimi i prototipeve dhe mjeteve. I referohet gjithashtu përdorimit nga Xhorxho Agamben të paradigmave tek *Nënshkrimi i të gjitha gjërave* si një metodë nëpëmjet të cilës shembuj dhe raste vetëqenësorë krijojnë një mënyrë të re të kuptimit dhe vështrimit të dukurive, mënyra të reja për të ndërvepruar me botën, pa e reduktuar këtë performancë dhe depërtim në një rregull ose ligj të përgjithshëm mbi mënyrën se si duhet të jenë gjërat:

> një paradigmë është thjesh një shembull, një rast i vetëm që falë përsëritshmërisë së tij përfton kapacitetin për të modeluar heshtazi sjelljen dhe praktikat kërkimore të shkencëtarëve. *Perandoria e rregullës, e kuptuar si kanoni i shkencorisë* [scientificity]*, zëvendësohet kësisoj nga ajo e paradigmës; logjika universale e ligjit zëvendësohet nga specificiteti dhe vetëqenësia e shembullit.*⁸

Prototipet janë forma të ngjashme performancas njohëse (dhe materiale) nëpërmjet të cilave kuptimi dhe përdorimi i objekteve ndërtohen dhe shfaqen njëherazi si *"as universale as të veçanta, as të përgjithshme as individuale, [por] një vetëqenësori që, duke e treguar veten si të tillë, prodhon një kontekst të ri ontologjik."*[9] Kuptueshmëria dhe depërtimi që fitohen nëpërmjet një paradigmi ose një prototipi janë gjithmonë gjithashtu ndodhi ontologjike (dhe madje materiale), ato nuk janë përfaqësimi i ndonjë gjëje dhe as i një dukurie të thjeshtë apo i një shembulli të diçkaje më të madhe apo më të përgjithshme:

> Nëse dikush pyet nëse karakteri paradigmatik qëndron tek vetë gjërat apo në mendjen e vëzhguesit, përgjigja ime është se vetë pyetja nuk ka kuptim. *Kuptueshmëria në fjalë tek paradigmi ka një karakter ontologjik. Ajo nuk i referohet lidhjes njohëse midis subjektit dhe objektit por qenies.* Ekziston, pra, një ontologji paradigmatike.[10]

Këmbëngulja e Ransjerit mbi rëndësinë e improvizimit dhe virtytit poetik, që ai i kupton si akte reflektuese dhe performative, së bashku me paradigmat e Agambenit, shpjegon se si prototipet mund të bashkojnë hendekun midis kuptimit dhe ndryshimit të botës dhe se si ato mund ta bëjnë këtë një përvojë kolektive dhe jo individuale. Prototipet ashtu si paradigmat mund të lidhin imagjinaren me materialen (realen), individualen (nevojat, kërkesat) me kolektiven, universalen me të përveçmen, dhe teoriken me empiriken. Ato janë eksperimente poetike me teknologji ne kontekste të ndryshme shoqërore dhe kulturore, që mundësojnë mësimin [*learning*] individual, por edhe negociatat kolektive dhe demokratizimin e teknologjive. Mbrojtja pasionante e Ransjerit e "të bërës poetike," që është gjithnjë një komunikim, hap mundësinë e një materiali dhe objekti që "flet," që është reflektues dhe fuqizues, si prototipet, ku kapaciteti njerëzor për veprim bashkohet me atë të materialit, kodit, zakoneve, etj. Ngjashmërisht, vëzhgimi i Agambenit mbi ekzemplarët dhe paradigmat na jep momentin kur "qenia dhe dukja [*seeming*] janë të papërcaktueshme," kur objektet e përfytyruara dhe testuara kolektivisht mund të transformojnë kontekstin në të cilin ato u krijuan, dhe kur e kuptueshmja është gjithmonë ndërkaq një ndodhi ontologjike, pjesë e një ndërhyrje materiale.

Dija e krijuesve dhe artizanëve si origjina e prototipeve

Prototipet lidhin reflektimin dhe ndërhyrjen, kuptimin dhe veprimin, teorinë dhe aplikimin duke i bërë sajimin dhe bashkëpunimin më të rëndësishëm se ndonjë marrëveshje mbi atë që është metoda e duhur shkencore ose ndarjen e dijes. Ato iu afrohen disa koncepteve paramoderne të shkencës (arteve mekanike, filozofisë natyrore), dhe ndërtojnë mbështetjen e tyre shoqërore dhe kontekstin e tyre (si hapësirat hakerash dhe laboratorët qytetarë), por edhe teorinë dhe metodologjinë e tyre paralelisht me sajimin. Ato mohojnë ndarjen midis dijes parësore dhe të aplikuar dhe kërkimit, që është përgjegjëse për shkatërrimin e sotëm pasi mundëson ndarjen problematike midis universitetit dhe industrisë, shkencës dhe policave.

Ndarja e kërkimit parësor (më teorik) dhe atij të aplikuar (praktik) është një pasojë e paparamenduar e projektit "bakonian" të shkencës, që u përpoq të themelonte autonominë e shkencave ndërsa sajonte rregulla të rrepta mbi metodat e tyre dhe mbështetjen e tyre institucionale. Këmbëngulja e Bakonit mbi autonominë dhe rregullsinë patën një funksion të rëndësishëm në shekullin e 16-të për të mbrojtur orvatjet shkencore që po fillonin të shfaqeshin nga diskutimet skolastike të mbirregulluara dhe teologjike të natyrës, por edhe nga fuqitë e egra dhe të parregulluara të arteve mekanike dhe *experimenta fructifera* të tyre fatlume që jepnin rezultate pa u bazuar në ndonjë sistem teorik apo baza teorike.[11]

Bakon i shihte eksperimentet e tij shkencore si diçka që prodhon dije dhe jo efekte praktike dhe i cilësoi experimenta lucifera si të kundërta me eksperimentet e arteve mekanike (*experimenta fructifera*). Ai pretendonte se eksperimentet e tij të mirë-dokumentuara me protokolle të ndashme do të sillnin dije të qëndrueshme dhe risi të qëndrueshme si mjete për të rivendosur pushtetin njerëzor mbi krijimin (themelimin) që për të ishte synimi si i shkencës ashtu edhe i fesë.[12] Ndërsa arsyetimi i tij induktiv dhe metodat e tij cilësore diskutohen shpesh në historinë e shkencës, projekti etik, social, fetar dhe teologjik i Bakonit për themelimin e një kushti njerëzor origjinal rrallëherë përmendet apo diskutohet. Shkenca thjesht ndoqi aspiratat etike dhe sociale të projektit fetar të Bakonit pa reflektuar mbi to, duke i përkthyer ato në ideale humaniste dhe iluministe të një rendi racional në punët njerëzore që çojnë në një progres drejt një gjendje ideale.[13] Ndërkaq projektet alternative të artistëve mekanikë dhe alkimistëve bashkëkohës të Bakonit për të bashkuar shkencën dhe shoqërinë, përparimin teknologjik dhe progresin social, janë harruar. Këto projekte theksuan më tepër sajimin se sa ndonjë sistem apo metodë, dhe ishin thjesht më plurale pikëpamja e vlerave të tyre[14] dhe më pranë funksioneve të sotme të paradigmave dhe hapësirave hakerash.

Debati i vjetër se si duheshin bashkuar e vërteta shkencore (protokollët), ligjërata sociale (zakonet, idhujt) dhe vlerat publike (normat, ligjet) luan një rol kyç në mënyrën se si ne e kuptojmë shkencën moderne. Ndërsa artet mekanike lidhnin protokollët shkencorë me norma të ndryshme sociale dhe politike dhe madje edhe motive mitike dhe vlera artistike në një mënyrë *ad hoc*, projekti bakonian premtonte një metodë që do të sillte progres si për shkencën ashtu edhe për shoqërinë. Qe kjo ide e një metode që do të rivendoste fuqitë njerëzore mbi krijimin (natyrën) dhe që do të çonte automatikisht në përmirësimin moral (*instauratio*) të njerëzimit që ndikoi mbi të gjithë idetë tona moderne mbi ndërveprimet midis shkencës dhe shoqërisë. Vizioni i Bakonit i *instauratio*-s[15] informon të tërë projektin modern të shkencës si një kërkim për efikasitet maksimal dhe një performancë që si me magji ka për të zgjidhur të gjitha problemet njerëzore. Ky zbatim "modern" i *instauratio*-s është problematik jo sepse ai këmbëngul mbi shkencat empirike dhe eksperimentale, por për shkak të këtyre pikëpamjeve konservative mbi virtytin moral si diçka që ne nuk mundemi thjesht ta rivendosim, si diçka jo-eksperimentale dhe e dhënë paraprakisht nga autoriteti i mbinatyrshëm dhe transhendental.

Dija e saktë (shkencore) besohej se sillte përmirësime morale dhe jo vetëm,[16] dhe kjo ide teologjike rreth pushtetit mbi krijimin që Zoti i jep njeriut vazhdon të jetë baza e idealeve moderne të progresit shkencor dhe përmirësimit teknologjik. Besimi se përparimi moral ka për të ndjekur automatikisht atë të dijes tonë mbi natyrën dhe ideja e pushtetit mbi një krijim të paradhënë kanë treguar anën e tyre të keqe gjatë krizave të ndryshme ekologjike dhe ekonomike gjatë dhjetëvjeçarëve të fundit. Ideja e zgjidhjeve teknokratike për çdo problem është një version i thjeshtëzuar i pozicionit origjinal të Bakonit. I gjithë projekti modern i shkencës dhe institucioneve të saj ndan rreptësisht domenet e dijes dhe praktikës, sepse presupozohet se njëra prej tyre ka për të çuar automatikisht në përmirësimin e tjetrës. *Instauratio* e Bakonit konstaton se zgjidhja e pasigurisë në lidhje me dijen tonë mbi natyrën ka për të krijuar automatikisht një siguri morale së bashku me qëndrueshmëri politike dhe sociale.

Gjatë periudhës së Rilindjes ky nuk ishte një pozicion unik, por ekzistonin gjithashtu projekte dhe mundësi të tjera për të lidhur shkencën e re me mjetet teknologjike dhe strukturat sociale që po fillonin të shfaqeshin. Alkimistët dhe sajuesit si Johan Beher [*Becher*][17] apo Kornelis Drebel [*Cornelis Drebbel*] ofruan një këndvështrim më të balancuar dhe, që është më e rëndësishme, më plural të këtyre ndërveprimeve midis shoqërisë dhe shkencës, fakteve dhe normave. Këndvështrimet e tyre bazoheshin mbi një ideal alkimist të të "brendshmes," se puna dhe eksperimentet personale janë po aq të rëndësishme sa eksperimentet në laborator. Ata refuzuan të ndanin teorinë dhe dijen nga sajimi dhe madje edhe nga zhvillimi personal, dhe theksin e vinin gjithmonë mbi procesin në vend të rezultatit, që ishte përherë "ari" mistik dhe i paarritshëm. Për alkimistin çdo fakt shkencor ka realitetin e tij social dhe politik, që është eksperimental dhe jo përfundimtar, dhe gjithçka është e hapur ndaj rastësive dhe praktikave.[18] Dija e krijuesve punon me fakte "shkencore" që janë të fiksuara në një sistem plural dhe mjaft të pasur pasojash dhe kuptimesh simbolike, etike, teologjike, dhe madje edhe personale. Ajo përdor ikonografi me imazhe paradoksale dhe shpeshherë provokuese për t'iu drejtuar grupeve të vogla "kompetentësh" dhe individëve të caktuar në vend të shoqërisë më gjërë.

Artet mekanike që mbështeten mbi sajimin dhe rrjetin e tyre të pasur të referencave estetike, teologjike, politike si dhe të tjera, metafora dhe ikonografia lidhin format shkollare, artizanale dhe sipërmarrëse të dijes dhe ofrojnë një perspektivë alternative mbi ndërveprimin ideal midis shkencës dhe shoqërisë:

> Teksa çështja e praktikës ka dalë në plan të parë, duket se alkimia është tanimë një emblemë për studime që kanë synojnë të përmbledhin një grupim të gjërë praktikantësh dhe formash dije natyrore në histori të ndryshme mbi lindjen e "shkencës së re" në periudhën e herët moderne. *Njëherazi e dhënë pas librave, përvojore* [experiential], *dhe eksperimentale, alikimia i reziston me kokëfortësi çdo përpjekjeje për t'i ndarë veçmas historitë e shkrimit e këndimit, të krijuarit dhe të vepruarit. Në fakt, ajo kërkon që këto angazhime të ndryshme me natyrën, marrëdhëniet midis tyre, dhe njerëzit e të gjitha shtresave që i krijuan ato, të mbeten në lojë në çdo version të historisë së saj.* Në këtë kuptim, alkimia ofron një model për të menduar mbi shkencën moderne të herët, sidomos duke marrë parasysh punën e kohëve të fundit që ka shqyrtuar kryqëzimin e formave shkollare, artizanale dhe sipërmarrëse të dijes.[19]

Siç tregojnë këto studime mbi alkiminë,[20] sajimi dhe dija sipërmarrëse ishin thellësisht të fiksuara në kulturën artizanale dhe tregëtare të periudhës së Rilindjes dhe i shërbenin vizioneve të ndyshme mbi shoqërinë. Këmbëngulja e tanishme mbi dizajnin dhe sipërmarrjen në fusha të ndryshme rigjallëron këto ndërveprime komplekse midis shkencës, komunitetit, biznesit dhe madje edhe artit dhe argëtimit. "Projekti Universitas" bën thirrje për të lidhur dizajnin dhe shkencën, si dhe për daljen e kulturave bashkëpunuese dhe artizanale të prototipeve në hapësira hakerash, duke mishëruar aspirata paramoderne dhe duke rigjallëruar aftësinë e shkencës për të prodhuar konvergjenca krijuese dhe imagjinuese. Sajimi dhe hapja si e shoqërisë ashtu edhe e shkencës ndaj pikëpamjeve më pluraliste mbi të ardhmen do të thotë eksperimentim dhe bashkëpunim. Ndërveprimet unike dhe konvergjencat midis praktikës shkencore dhe krijimit komunitar që mbështeten tek një rigjallërim i sajimit ofrojnë një model më elastik, më demokratik por gjithashtu më eksperimental për të vepruar dhe marrë vendime. Këto koletiva eksperimentale që testojnë lidhje të ndryshme me teknologjitë më të reja shqyrtojnë lidhjen midis policave dhe dizajnit të përfytyruar më herët tek koncepti i kozmopolitikës.[21] Në vend të ndarjes së pushteteve dhe domeneve të dijes dhe veprimit, policave dhe kërkimit, etikës dhe shkencës, format publike të pjesëmarrjes tek shkencat, si DIY-bio, ose kultura alternative R&D e hapësirave hakerash, na frymëzojnë të rishikojmë funksionin e ndarjeve të ngjashme në jetët tona politike, sociale dhe shkencore.

Prototipe artizanale dhe filozofike për shkatërrimin

"Pedagogjitë e shkatërrimit" janë tamam si përpjekjet e "Projektit Universitas" për të rishikuar universitetin modern dhe ndarjen e tij të disiplinave për t'i bërë ato më të rëndësishme, por edhe reflektuese, kritike dhe paraprake për shoqërinë. Në këtë kuptim, ne nuk e humbëm kurrë vazhdimësinë me të kaluarën dhe thjesht po perifrazojmë një dikotomi të vjetër midis *epistēmē*-s dhe *technē*-s, reflektimit dhe veprimit, arsyes teorike dhe asaj praktike. Në vend që të kërkojmë dhe të pretendojmë autonominë e shkencave apo të humaniteteve, mund të përpiqeshim të kujtoheshim për këto gjenealogji komplekse që na çojnë pas në kohë tek çështja e tinkering dhe e arteve mekanike dhe ndoshta edhe më herët. Përpara se Akademia Mbretërore e Arteve të bëhej një model për të gjithë ndërveprimet e ardhshme midis shkencës dhe shoqërisë, dhe përpara se të lidhej me universitetin, artet mekanike dhe filozofia natyrore po eksperimentonin me forma të ndryshme për të lidhur shkencën që po shfaqej me atë që quhej "oborri" (politika, shoqëria). Gjenealogjia e këtyre ndërveprimeve plurale midis shkencës, universitetit dhe shoqërisë na ofron një perspektivë të çmuar mbi situatën e tanishme si një shans në vend që të pranojmë fundin e vlerave ontologjike, sociale dhe etike dhe të aspiratave për hir të treguesve të performancës. Këto ndërveprime paramoderne na ndihmojnë t'i kuptojmë hapësirat e hakerve e sotëm dhe kulturën e tyre të prototipeve si orvatje për të krijuar komunitete më elastike që ballafaqohen me kriza të ndryshme (si rrezatimi atomik, siguri ushqimore, mbikëqyrje, etj.). Unë përdor prototipe dhe modele të tilla në punën time si mësuese dhe sajuese, pasi ato mbështesin angazhimin aktiv me teknologjitë si një formë *elenchos*-i kundër pranimit pasiv të konsumerizmit. Këto prototipe janë artizanale, ato mbartin gjithmonë një histori unike të individit apo grupit që i krijoi dhe i ofroi ato si një veglëri [*kit*] që të tjerë të mund të përfshiheshin dhe të kontribonin. I quaj filozofike pasi ato e bëjnë të mundur për këdo të dëshmojë dhe të përjetojë prodhimin e dijes përqark këtyre mjeteve dhe të reflektojnë mbi to.

Shembulli që vërteton këtë "pedagogji" mund të ishte "NeuroNetworking Workshop" në Pragë në prill 2012,[22] që i përdori prototipet si forma *elenchos*-i teknologjik që përfshinin "të huaj" në një diskutim dhe dizajn që reflektonin mbi çështje neuroetike. Ky uorkshop dyditor bashkoi studentë dhe akademikë të interesuar në çështje të Komunikimit të Shkencës, Policave, Dizajnit, por edhe të Shkencës, Teknologjisë, dhe Shoqërisë (Charles University, National Singapore University), anëtarë të Hapësirës së hakerve në Pragë (Brmblab.cz) të përfshirë në ndërtimin e neuromodulatorëve që prekin funksionet cognitive, si dhe artistë dizajnera nga CIANT, Prague (Center for Art and New Technologies), që punojnë me të dhëna të trurit. Puna u konsultua gjithashtu me neuroshkencëtarë, ekspertë policash dhe të industrisë nga MB, SHBA, dhe Singapori, dhe u dokumentua pjesërisht në formën e një wiki, që po mbeshtet projektet në vazhdim. Së bashku ne krijuam një sajim dizajni mbi neuromodulatorët, "Citizen Oxygen Monitoring Agency (COMA)," që restauroi biopolitikën e Fukosë [*Foucault*], por edhe nje propozim për një treg për të dhënat e trurit si dhe një vegleri DIY për të ndarë të dhëna EEG/EMG/ECG (MindSpy.org). Prototipet ishin konkretë (modele dhe neuromodulatorë ekzistues), por gjithashtu konceptualë (sajim dizajni), dhe reflektimet tona dhe eksperienca jonë me to ndodhën paralelisht, dhe një pjesë e kërkimit vazhdon të zhvillohet në Pragë dhe Singapor.

Përfundim

Agamben i përshkroi paradigmat si një qëndrim në vend të një metodologjie, që bashkon reflektimin dhe praktikën në një qark hermeneutik ose një "formë jete" (*forma vitae*). Ato frymëzojnë kushdo që i performon, rishikon, teston, dhe në një mënyrë të ngjashme njerëzit gjithashtu ndërtojnë dhe testojnë veglëri prototipesh. Të fitosh një depërtim ose eksperiencë me ndërtimin e një vegle është më shumë se të pranosh diçka si një përfaqësim të caktuar, që duhet thjesht të përsëritet, ose të blesh një produkt dhe ta përdorësh atë vetëm sipas instruksioneve të manualit. Të ndërtosh një mjet nga një veglëri ose duke përdorur një paradigmë është një performancë që thekson vetëqenësorinë e saj në vend të përkryeshmërisë së saj duke të bërë gjithashtu pjesë të një komuniteti:

> Të paktën deri tek Shën Benedikti, *rregulli nuk përfaqëson një normë të përgjithshme por komunitetin e gjallë* (koinos, bios, cenobio) *që rezulton prej një shembulli dhe ku jeta e çdo murgu ka tendencën që në caqet e saj bëhet paradigmatike – domethënë, të përbëjë një* forma vitae [...] *paradigmi nënkupton një lëvizje që shkon nga vetëqenësoria tek vetëqenësoria dhe, pa e lënë kurrë vetëqenësorinë, transformon çdo rast vetëqenësor në një ekzemplar të një rregulle të përgjithshme që nuk mund të shtrohet kurrë apriori.*[23]

Prototipet, siç i kam kuptuar dhe ndjekur rreth e qark botës që në 2010-n, formojnë komunitete të tilla të gjalla dhe globale rreth hapësirave hackrash dhe nëpërmjet përdorimeve të ndryshme të wikis dhe mediave të tjera sociale. Ato janë vegla mësimi dhe kërkimi, që i shërbejnë si synimeve dhe nevojave individuale si atyre kolektive. Ato janë si shqyrtime të të ardhmeve të mundshme, mbi të cilat ne duhet të negociojmë dhe të vendosim duke sajuar aktivisht dhe duke ndjekur prodhimin e tyre. Ato nuk janë thjesht vegla që dizajnerët përdorin për të mbledhur kërkesat e përdoruesit, testuar ide për produkte të ardhshme apo përmirësuar veglat ekzistuese, por edhe vegla për të imagjinuar, negociuar dhe fuqizuar. Për më tepër, ato përdoren jo vetëm nga dizajnerët dhe inxhinierët, por edhe nga *geeks*, amatorë të shkencës, ëndërrimtarë dhe sajuesit përqark botës. Ato mund të thyejnë idhuj si "çekiçi" i Niçes [*Nietzsche*], por gjithashtu mund të rivendosin një ndjenjë raporti me botën e objekteve të bëra nga njeriu si kana e Hajdegerit [*Heidegger*]. Ato shpesh shprehin dhe "bëjnë" atë që filozofët janë përpjekur të arrijnë nëpërmjet objekteve të tjera "metaforike" në shkrimet e tyre. Ato mund

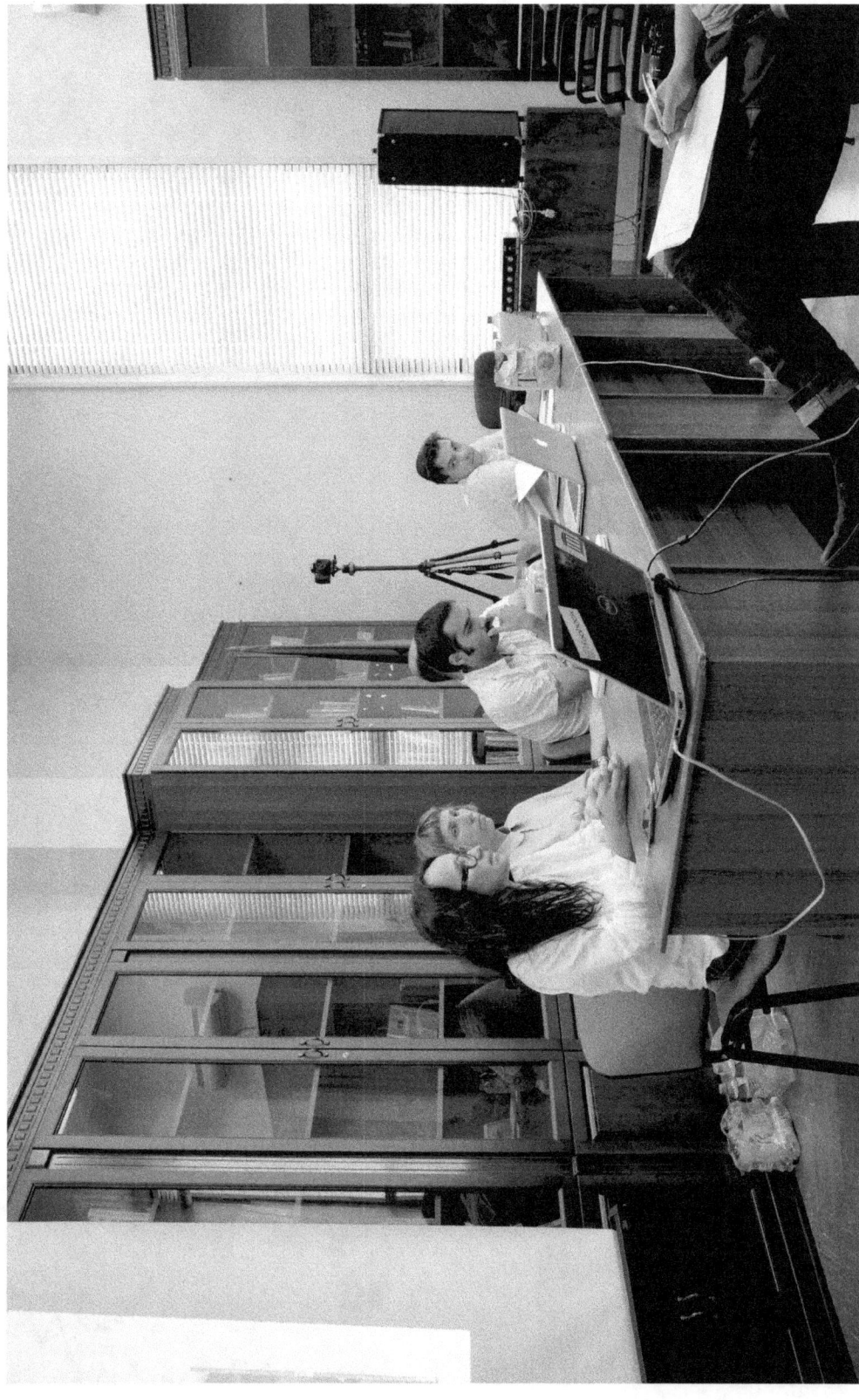

të jenë si dardha e Maos, të cilën na duhet ta provojmë e ta hamë për të ndryshuar botën dhe për të kuptuar se si mendimi dhe veprimi ynë formojnë historinë:

> Njeriu nuk mund të njohë ansjë fenomen pa rënë në kontakt me të, domethënë në qoftë se jeta e tij (praktika) nuk zhvillohet në kushtet e këtij fenomeni. [...]
> *Në qoftë se don të fitosh dituri, merr pjesë në praktikën që ndryshon realitetin. Në qoftë se don të dish shijen e dardhës, duhet ta ndryshosh atë – ta përtypësh.* [...] Në qoftë se don të njohësh teorinë dhe metodat e revolucionit, huhet të marrësh pjesë në revolucion. Të gjitha dijet e vërteta burojnë nga eksperienca e drejtpërdrejtë.[24]

Ato janë gjithashtu si "barkat" e Sent-Eksyperisë [*Saint-Exupéry*] që na bëjnë të mallohemi për "pamatësinë e pafund të detit," të ëndërrojmë dhe të krijojmë vizione për një të ardhme, që ndoshta nuk është e arritshme në të tashmen por që na frymëzon të marrim sfida të mëdha: "Nëse do të ndërtosh një anije, mos i dërgo njerëzit të mbledhin dru e mos iu cakto detyra e punë por mësoju të mallohen për pamatësinë e pafund të detit." Kjo është arsyeja pse reagimi ynë ndaj krizave dhe një propozim për "pedagogjinë" është të ndërtojmë prototipe, veçmas dhe së bashku, dhe të angazhohemi me të gjitha format ekzistuese të materialitetit dhe kontekstet e tyre komplekse ligjore, ekonomike dhe sociale. Ha dardhat e Maos, pi me kanën e Hajdegerit, shkërmoq idhuj me çekiçin e Niçes dhe lundro me barkat e Sent-Eksyperisë, por mos u mjafto thjesht me leximin mbi to!

Shënime

1. Emilio Ambasz dhe N. Y. York. *The Universitas Project: Solutions for a Post-Technological Society* (Nju-Jork: The Museum Of Modern Art, 2006), 299. Theksimi im.
2. Sh. Lloyd L. Weinreb, *Natural Law and Justice* (Cambridge: Harvard University Press, 1987).
3. Ambasz dhe York, *The Universitas Project*, 31. Theksimi im.
4. Sh. Jean-François Lyotard, *The Postmodern Condition: A Report on Knowledge* (Minneapolis: University of Minnesota Press, 1984).
5. Kevin Poulsen, "MIT Moves to Intervene in Release of Aaron Swartz's Secret Service File," *Wired* (18 korrik 2013): http://www.wired.com/threatlevel/2013/07/mit-swartz-intervene (Parë 20 korrik 2013).
6. United States Holocaust Memorial Museum, "Martin Niemöller: First they came for the Socialists...": http://www.ushmm.org/wlc/en/article.php?ModuleId=10007392 (Parë 20 korrik 2013).
7. Jacques Rancière, *The Ignorant Schoolmaster: Five Lessons in Intellectual Emancipation* (Stanford: Stanford University Press, 1991), 64–5. Theksimi im.
8. Giorgio Agamben, *The Signature of All Things: On Method*, përkth. Kevin Attell (Nju-Jork: Zone Books, 2009), 11–12. Theksimi im.
9. Giorgio Agamben, "What is a Paradigm" (2002): http://www.egs.edu/faculty/giorgio-agamben/articles/what-is-a-paradigm/ (Parë July 22, 2013). Theksimi im.
10. Agamben, *The Signature of Things*, 32. Theksimi im.
11. Sh. Lisa Jardine, *Francis Bacon: Discovery and the Art of Discourse* (Londër: Cambridge University Press, 1974); Glen R. Driscoll, Paolo Rossi dhe Sacha Rabinovitch, "Francis Bacon: From Magic To Science." *The American Historical Review* 74.3 (1969): 979.
12. Sh. Antonio Pérez-Ramos, "Francis Bacon And The Disputations Of The Learned." *The British Journal for the Philosophy of Science* 42.4 (1991): 577–88.
13. Sh. Larry Stewart, Robert K. Faulkner dhe John E. Leary. "Francis Bacon And The Project Of Progress," *The American Historical Review* 100.4 (1995): 1245.
14. Sh. Tara Nummedal, "Words and Works in the History of Alchemy." *Isis*, 102.2 (2011): 330–7; William Royall Newman, *Promethean Ambitions: Alchemy and the Quest to Perfect Nature* (Çikago: University of Chicago Press, 2004).
15. Sh. Pérez-Ramos, "Francis Bacon."
16. Po aty.
17. Sh. Pamela H. Smith, *The Business of Alchemy: Science and Culture in the Holy Roman Empire* (Princeton: Princeton University Press, 1994).
18. Sh. Newman, *Promethean Ambitions*.
19. Nummedal, "Words and Works in the History of Alchemy," 331.
20. Sh. Nummedal, "Words and Works in the History of Alchemy"; Newman, *Promethean Ambitions*.
21. Sh. Bruno Latour, *Politics of Nature: How to Bring the Sciences into Democracy* (Cambridge MA: Harvard University Press, 2004).
22. "NeuroNetworking – Hackteria. Design for NeuroNetwoking: How to Interact over Brain Data?" (Pragë, 27 –30 prill 2012): http://hackteria.org/wiki/index.php/NeuroNetworking (Parë 22 korrik 2013).
23. Agamben, *The Signature of Things*, 21–2. Theksimi im.
24. Mao Ce-Dun, "Në Lidhje me praktikën," në *Vepra të zgjedhura*, Vëll. 1 (Instituti i Historisë së Partisë, 1963), 359–60. Theksimi im.

THE NECESSITY OF EDUCATION
HOW CAN ONE STILL BE AN ALTHUSSERIAN IN THE WAKE OF BADIOU?

Sina Badiei

In his essay, "Ideology and the Ideological State Apparatus,"[1] Althusser proclaims the educational apparatus to have become what the church or religious apparatus was in the Middle Ages. That is to say, the educational apparatuses are the ones where people are more effectively than anywhere else subjected to becoming subjects, in the negative sense of this term used in Althusser.

The main reason he cites for this choice is that "no other ideological state apparatus has the obligatory (and not least, free) audience of the totality of the children in the capitalist social formation, eight hours a day for five or six days out of seven."[2] Yet if we were to accept what Althusser tells us, we can't, overlook another phenomenon which has been emerging in our epoch; I am here referring to an article in one of the issues of *The Economist* magazine where concerned parents were advised not to send their children to schools at all and to have them study only and only computer programming from the earliest years if they wanted them to become successful in IT professions. What can we make of this paradox?

Putting aside many easy ways to resolve this, it seems to me that the best approach might be to read Althusser against himself. According to Althusser, ideology is not a domain which ought to be overcome in order for us to become capable to see the underlying reality. It is through and by means of these ideologies that reality is accessible to us, *ipso facto* a reality without ideology is not imaginable. This leads Althusser to posit that

> historical materialism cannot conceive that even a communist society could ever do without ideology. [...] So ideology is not an aberration or a contingent excrescence of History, it is a structure essential to the historical life of societies.[3]

Does *The Economist* magazine's call to parents to abstain from sending their children to school mean that another ideological state apparatus (ISA) has taken the leading role?

Or does it mean that, to be even more of a typical analytic theoretician, there has never been, neither in Althusser's time nor in the present conjuncture, a dominant ISA and that many ISAs work hand in hand to impose a certain ideological vision?

It might be more judicious that from this contradiction, of an order manifestly undermining its most dominant ideological inculcator, without seemingly having one in stock to replace it, we draw more radical conclusions. The most sweeping of these is to posit the insufficiency of Althusser's understanding of ideology. Althusser achieves a lot by relinquishing the simple Marxist vision according to which we ought to get behind ideology to see the true reality. He moves on the right track by admitting the necessity of the so-called Symbolic and Imaginary as much as the Real. Yet what remains problematic is his way of apprehending the relation between the three. That is to say, what Althusser is missing is Lacan's attitude, who posits the Real no longer as a positive existing reality, but only as the limit of the Imaginary and the Symbolic. In other words, it is not enough to posit that the Symbolic/Imaginary axis is as indispensable as the Real, that the Real is only conceivable through the intermediacy of ideology. If there be a positive Real out there, the quest at reaching it first hand and with no intermediary can never be expected to be so convinced as to give itself up. It is only through Lacan's manner of perceiving the Real as only the limit of the Symbolic that one fully appreciates the necessity of ideology. Put differently, it is only through Lacan that we sufficiently grasp that by losing the Symbolic, we end up losing the Real itself.

In Althusser, in spite of the presence of similar currents and tendencies, by continuing to hypothesize the Real of the forces of production, one gets stuck in the ideological dream of overcoming ideology. But if this is how things are, and if we try not to abandon Althusser's contribution on this point, how should we think of him?

I think that if the so-called forces of production and their corresponding relations are not the Real, they are themselves parts of the Symbolic structure of any society. In this light, the immanent laws of capital, if not expressive of the Real of a certain historical epoch, at least represent the dominant ideology at work. And here we would be getting into the realm of religiosity. This idea is by no means a novelty on my behalf. There are clear allusions to it in Benjamin's short essay "Capitalism as Religion," and in Simmel's *Philosophy of Money,* and indeed other places. But It exists more than anywhere else in Marx himself, for example in his reference to the existence of an asceticism in capitalism which transcends even those of Abrahamic religions:

> Accumulate, accumulate! This is Moses and the prophets! [...] Therefore save, save, i.e. reconvert the greatest possible portion of surplus value or surplus product into capital! Accumulation for the sake of accumulation, production for the sake of production: this was the formula in which classical economics expressed the historical mission of the bourgeoisie in the period of its domination [...] If, in the eyes of classical economics, the proletariat is merely a machine for the production of surplus value, the capitalist too is merely a machine for the transformations of his surplus value into surplus capital.[4]

Notwithstanding that there is indeed no class outside ideology, it is not the case that all classes are subject to the same ideology. Let me then add that if the lower classes are entitled to be worked on by a certain ideology, it is not at all true that the ruling classes are subjected to the same exact ideology, not even in the sense of occupying the dominant positions within that ideology. Still, in spite of this non-unity, there is conjunction between these various ideologies, so a sort of totality within this non-homogeneity. Maybe if we read Althusser accurately, we may find in him an attempt to theorize what would be the science of the Symbolic, that is, that which makes the relations between these different ideologies, and their interaction with other social variables, thinkable.

Accordingly, we should stop taking Althusser at his words, so as not to commit the mistakes for which Badiou rightfully takes Althusser to task, such as having attributed to Marx the founding of the science of History, thus ascribing to History a totality which it certainly does not have. However, by thinking effectively Althusser's endeavor, in the light of more recent theoretical interventions,[5] what we may discern is an understanding of history not as the Real but as the Symbolic. In other words, Althusser is not giving us a theory of being, but a theory of appearance, and this does not deviate significantly from Badiou's own strives in *Logics of Worlds*.

Nonetheless, this point cannot be fully supported without first interrogating the way in which any analysis of a Symbolic order is intertwined with the Real as that which lays bare the falsity of the Symbolic order's pretensions to totality. Badiou formulates our problematics very accurately:

> If, as Lacan says, the Real is the impasse of formalization, as we saw when we ran up against the limit as return, we must venture from this point that formalization is the im-passe of the Real.[6]

Elsewhere he explicates this point in more penetrating fashion by exposing his predilection for dialectics:

> What are the heresies of materialism? The mechanicist one isolates the metaphor of the reflection. It imagines adequation without remainder. It sticks to repetition. The dynamicist one does the same with the asymptote. Universalizing the doctrine of the remainder, it poses that all is flux, tendency, approximation. For this heresy, every unified configuration is an illusion, or even a "totalitarian" threat.[7]

The problem that we are facing then is one of the determinant aspects of a Symbolic structure versus the Real of a revolution that undermines the structure's reductive supremacy, that which renders inoperative its tendency to swallow its elements' potentiality in toto.

Whereas in Lacan and Badiou it is the act that should be given primacy, I think that in Althusser, following Lenin, one tends to state the non-primacy of the two processes: the attempt, on the one hand, whether scientific or not, to grasp the complex system of causality at work in any Symbolic One; the one-sided insistence, on the other hand, on subjectivity as that which, beyond any possibility of knowledge vis-à-vis the present conjuncture, throws its whole support and capacity behind the event that has revealed the impotence of the structure's totalizing forces, thus participating in the possible unfolding of a new order. Althusser could recognize this point, that is, the significance of positing the non-primacy of any of these two processes, due to his familiarity with the dilemma in which Lenin had found himself: he had faced, on the one hand, the mechanistic conventionality of the Second International, according to which the Russian revolution was not communist because it did not conform to the so-called laws of historical development supposedly propounded in *Capital*; on the other hand, he had encountered different left wing communists, who in extreme cases, like Gramsci's, considered the same revolution to have taken place against *Capital*, the book, that the revolution had everything to do with the voluntary and conscious action of men, of the masses, and not a book with its scientific pretensions. Lenin's position, according to Althusser, was that "Marxist theory is produced by a specific theoretical practice, outside the proletariat, and that Marxism must be 'imported' into the proletariat."[8]

Here, indeed, "imported" carries an external overtone, in the sense of having to occupy a place during the revolutionary period without having necessarily emerged from within this period itself. Yet, like Lenin, Althusser announces the radical autonomy of the epistemological labor, thus declaring flawed any attempt in reducing scientific knowledge to one of adequation.

Let us briefly analyze one of the more recent embodiments of this sort of theory. I am alluding to the Nyquist–Shannon sampling theorem in signal processing, arguably the cornerstone of today's digitalization. This theory intends to give us the means to determine the minimum number of samples, necessary to be taken from any given signal, in order for us to then be able to reconstruct it exactly as it was. Thus at the heart of this theory lies the idea that there exists a fundamental redundancy in the real world.

The empirical idea of knowledge operates along the same lines, which is why empiricism is deeply embedded within the tradition of skepticism. This is because empiricism is not only always critical of theory for being abstract; it is equally critical of reality for having a lot of superfluity. Seen in this light, even empiricism's critique of theory as abstract can be interpreted as having to do with its apprehension of reality as being indefinite. For empiricism then, there exists an essential inconsistency in the real world, on the one hand it has so much redundancy, on the other it is also indefinite. Hence empiricism moves within a vicious circle, which is not even a profound one, for it is its very idea of the redundancy of the real world that makes the mirror theory of knowledge feasible in the first place. But then again, because of the second feature of the real world, its indefiniteness, this very possibility, too, should be repudiated as insufficient, hence the position of skepticism.

Thought of in this manner, Althusser's repudiation of the idea that the ideal of any theory of knowledge is one of perfect adequation, and that precisely because of this ideal any theory is always abstract, is not only a defense of theory and its autonomy, but it equally defends reality from the way that empiricism apprehends it as redundant. This is why for Althusser we have two totally separate realms, theory and reality, with no simple way of linking them together.

This observation can be appreciated even better if we try to trace Althusser's intellectual lineage. If we did, we would find a lot of influence exerted on him by Feuerbach. This might seem strange as we tend to think of Feuerbach as one of the central figures of humanism and of Althusser as a hardcore anti-humanist. However, a close reading of Feuerbach's *The Essence of Christianity* reveals that in Feuerbach, too, we have the concomitant presence of many, even conflicting, patterns.

According to Feuerbach, perhaps the best place to inquire about the essence of Christianity is through its idea that God has created the world out of nothing. For Feuerbach, this is not even intended as a cosmological or scientific statement, on the contrary, it expresses the value of the world for the Christian consciousness. So if the world was created, by pure force of will and imagination, out of nothing, this means that the world, in its present composition, still carries this value of nothingness.

> Creation out of nothing is the highest expression of omnipotence: but omnipotence is nothing else than subjectivity exempting itself from all objective conditions and limitations [...] nothing else than the ability to posit everything real as unreal – everything conceivable as possible: nothing else than the power of the imagination, or of the will as identical with the imagination.[9]

Put differently, if the world was created out of nothing by the pure force of will, it can also go back to nothing by the same pure force. And this is what we find at work in many other Christian doctrines and dogmas. So, for example, the conversion of water to wine is not really a conversion but the creation of the wine out of nothing. Nowhere can this be better comprehended than in the typical retort of religious people against atheists, that they have not yet, in their life, found themselves confronted with the misfortunes of the causal system at work in the world. So only a drowning person who does not know how to swim would want by all means that the system of causality at work, according to which the drowning person should die, be abolished, i.e. reduced to nothing.

> The Christian, the religious Providence, is quite another than that which clothes the lilies and feeds the ravens. The natural Providence lets a man sink in the water, if he has not learnt to swim; but the Christian, the religious Providence, leads him with the bond of omnipotence over the water unharmed.[10]

The essence of religion is thus to posit the absolute value of subjective will and imagination, and the nothingness of the objective causal system over against which the subject finds himself. So to be an atheist, one should loudly proclaim the non-nothingness of the structural causal system at work in the symbolic domain:

> [T]he much-belied doctrine of the heathen philosophers concerning the eternity of matter, or the world, thus implies nothing more than that Nature was to them a theoretic reality.[11]

Althusser's defense of the theoretical stance towards the object as opposed to the subjective reduction of its significance to nothing moves along much the same lines. Besides, just as Feuerbach tells us that "the nothing out of which the world was produced, is a still inherent nothingness,"[12] Althusser, too, informs us that various historical accounts about the origin of the world are nothing but the retroactive reconstitution of that history according to the present understanding of it.

> Instead of the ideological myth of a philosophy of origins and its organic concepts, Marxism establishes in principle the recognition of the givenness of the complex structure of any concrete "object," a structure which governs both the development of the object and the development of the theoretical practice which produces the knowledge of it. There is no longer any original essence, only an ever-pre-givenness, however far knowledge delves into its past.[13]

If we concur that the most impressive characteristic of modern science is its embracing of non-linear complex causality instead of the classical linear, simple causality, then Althusser's theory of knowledge conforms to this modern vision. But then precisely because the causal order is of a non-linear nature, there exists no easy way of explicating in what sense its analysis can be of use for the day-to-day life of people, and by analogy, how the knowledge of the Symbolic order can serve the interests of the revolutionaries. Still, despite not just being a Marxist but equally a Communist, Althusser could not theorize or at least sufficiently address the necessary link that should be "forged" between the two orders. He simply tells us, following Lenin, that the link ought to be "fabricated" "somehow."

I am thus inclined to think that one way to redeem Althusser today is by adding to his theory of knowledge a dose of Lacan's logic of the feminine, that of non-all. Seen in this way, Althusser's true shortcoming may have been his failure to rhetorically posit the independence of reality. He should have been more careful to emphasize the independence of reality in its disjunction from the theoretical work. And this is strange coming from someone who otherwise postulates the eternal pertinence of ideology.

Having said this, let us not forget Althusser's great dialectical breakthrough, which is his positing of heterogeneity as that which is primary and unity as that which comes in the second place. It is only when unity loses its primordial status that one really abandons historicism. And thus the true dialectical inversion of the religious story of the Fall does not take place when one postulates the primacy of action over theory, of the dynamism of reality over the reductive tendencies of thought. On the contrary, we move beyond the suffocating grip of unity when we opt for a different order of preference between unity and difference. Instead of unity being primary and heterogeneity secondary, a true dialectical insight, by positing the secondary, thus emerging, nature of unity does away with any premature propensity for unity, which claims unity to have been interrupted and pleads for a quick restoration of it. The emerging unity, if it is not then of a reductive order, and if it is not a necessary return, à la classical interpretations of Hegel, viz. an unfolded individuated return, to an already existing prior unity, cannot be but a work in progress and as such it is not the positive outcome that is of interest. What can this be then but the co-constructive aspect of the unity, a co-construction?

Instead of *Mitsein* this unity is then *Mitarbeit*, because the simple fact of being together is nothing beyond positing the anteriority of heterogeneity. Heidegger was at least consistent in propounding this state as one of a return to an order which had existed, for being-together is for him both the primary state and the future state to come, the two separated by a reductive "forgetful" unity. Yet as Marxists we do not support any such return, for the fundamental case for having rejected the originality of unity was the renunciation of anything that would push us out of the dialectical process, even if it is in the guise of a return to a fully heterogeneous past which might have been. In the words of Badiou:

> Missing from this argument are the thoughts of an effective destruction of the old law and the observation that what recomposes itself can no longer in anyway be the same. In this way, the real of the subject guarantees consistency without the mediation of the imaginary. Even the impasse of the political subject does not restore the old rule. That is what the Marxist debate is all about. In the USSR, we have neither an "interrupted" revolution, nor I don't know what totalitarian rendition of the bourgeois world, under the repetitive concept of the modern state. We have a new bourgeoisie.[14]

With that in mind, then maybe what we need is not so much a deconstruction of educational pretensions, or exposing the ignorance of the school master, or merely laying bare the metaphysics of the unity, but instead an education which is more and more a co-education, for indeed we all need to be disciplined. And not disciplined according to I don't know whose imaginary idea, but according to the Real of the common work in progress of the organization of education.

Notes

1 Louis Althusser, *Lenin & Philosophy & Other Essays,* trans. Ben Brewster (Monthly Review Press, 1971), 152.
2 Ibid., 156.
3 Louis Althusser, *For Marx,* trans. Ben Brewster (London: Verso, 2005), 232.
4 Karl Marx, *Capital,* Vol. 1, trans. Ben Fowkes (Penguin Classics, 1990), 742.
5 Among others, I would like to emphasize the works of Lacan, Badiou, Balibar and Žižek.
6 Alain Badiou, *Theory of the Subject,* trans. Bruno Bosteels (London: Continuum, 2009), 23.
7 Ibid., 206.
8 Louis Althusser & Étienne Balibar, *Reading Capital,* trans. Ben Brewster (London: Verso, 2009), 156.
9 Ludwig Feuerbach, *The Essence of Christianity,* trans. George Eliot (New York: Dover, 2008), 85.
10 Ibid., 87.
11 Ibid., 97.
12 Ibid., 92.
13 Althusser, *For Marx,* 199.
14 Badiou, *Theory of the Subject,* 246.

NEVOJA PËR ARSIM
SI MUND TË VAZHDOJMË TË JEMI ALTYSERIANË PAS BADIUSË?

Sina Badiji

Në sprovën e titulluar "Ideologjia dhe aparatet ideologjike shtetërore"[1] Altyser deklaron se aparati arsimor ka zënë vendin që kisha ose aparati fetar kishte në Mesjetë. Kjo do të thotë se aparatet arsimore janë ato ku më shumë se kudo tjetër njerëzit i nënstrohen bërjes subjekt, në kuptimin e keq të kësaj fjale në përdorimin e saj prej Altyserit.

Altyser e justifikon këtë me faktin se "asnjë aparat ideologjik shtetëror nuk ka si publik në formimin shoqëror kapitalist tërësinë e fëmijëve për nga tetë orë në ditë dhe pesë ose gjashtë ditë në javë, një publik që është njëkohësisht i detyruar dhe falas."[2] Po ta merrnim për të mirëqenë atë që thotë Altyser atëherë do të duhej të merrnim në konsideratë edhe një fenomen që ka filluar të shfaqet në kohët tona; po i referohem një artikulli të publikuar në një numër të revistës *The Economist* ku prinderit e shqetësuar për këtë çështje këshilloheshin të mos i dërgonin fare në shkollë fëmijët e tyre dhe t'i bënin ata të studjonin vetëm programim kompjuteri sa më herët në mënyrë që me kohë ata të bëheshin profesionistë informatike të suksesshëm. Si mund ta trajtojmë një paradoks të tillë?

Duke vënë mënjanë mënyrat e thjeshta për të zgjidhur këtë paradoks, mendoj se qasja më e mirë do të ishte të lexonim Altyserin kundër vetvetes. Sipas Altyserit ideologjia nuk është diçka që duhet kapërcyer në mënyrë që ne të bëhemi të aftë për të parë realitetin. Përkundrazi, realiteti është i kapshëm vetëm nëpërmjet këtyre ideologjive, *ipso facto* nuk mund të imagjinohet një realitet pa ideologji. Kjo e bën Altyserin të propozojë se:

> Materializmi historik nuk mund të konceptoj as edhe një shoqëri komuniste pa ideologji. [...] Pra ideologjia nuk është një anomali apo një rritje rastësore e Historisë por një strukturë thelbësore e jetës shoqërore të çdo shoqërie.[3]

A është thirrja që revista *The Economist* iu bën prindërve të mos i dërgojnë fëmijët e tyre në shkollë një shenjë se një tjetër aparat ideologjik shtetëror (AIS) ka marrë rolin kryesor? Apo është ajo një shenjë se, për t'u treguar teoricien analitik akoma më tipik, nuk ka pasur kurrë, as në kohën e Altyserit dhe as në konjukturën e tanishme, një AIS mbizotëruese dhe se shumë AIS punojnë krah për krah për të imponuar një vizion ideologjik të caktuar?

Do të ishte më mirë sikur nga kjo kontradiktë, e një rendi që haptazi minon indoktrinuesin e tij kryesor, në pamje të parë pa pasur një zëvendesues të menjëhershëm për të, të nxirrnim përfundime më radikale. Më gjithëpërfshirësja prej tyre do të ishte ajo se konceptimi i ideologjisë prej Altyserit nuk është i plotë. Altyser bën përparime të mëdha kur heq dorë nga vizioni i thjesht marksist sipas të cilit për të arritur tek e vërteta duhet të kapërcejmë ideologjinë. Ai është në rrugën e duhur kur pohon rëndësinë e të ashtuquajturës Simbolikes dhe Imagjinares po aq sa atë të Reales. Ajo që mbetet problematike është mënyra se si ai e koncepton marrëdhënien midis këtyre të trejave. Domethënë, ajo që i mungon Altyserit është qëndrimi i Lakanit [*Lacan*], për të cilin Realja nuk përbën më një realitet ekzistues pozitiv por cakun e Imagjinares dhe të Simbolikes. E thënë ndryshe, nuk mjafton të presupozojmë se aksi Simbolik/Imagjinar është po aq i rëndësishëm sa Realja, se realiteti nuk mund të konceptohet veçse përmes ndërmjetësimit të ideologjisë. Nëse ekziston një realitet pozitiv ne nuk mund të presim që kërkimi për ta arritur atë në mënyrë të drejtpërdrejtë e të menjëhershme dhe jo nëpërmjet ideologjisë të dorëzohet lehtë. Vetëm nëse e perceptojmë Realen si Lakan, domethënë si cakun e Simbolikes, do të arrijmë të kuptojmë domosdoshmërinë e ideologjise. E thënë ndryshe, vetëm nëpërmjet Lakanit arrijmë të rrokim se kur humbasim simboliken humbasim edhe Realen.

Ndonëse tendenca të ngjashme i gjejmë edhe tek Altyseri, nëse vazhdojmë te hipotezojmë se forcat e prodhimit janë Realja rrezikojmë te mbetemi të burgosur brenda ëndrrës tërësisht ideologjike të kapërcimit të ideologjisë. Nëse puna qëndron vërtetë kështu, dhe nëse duam të përpiqemi të mos e braktisim kontributin e Altyserit mbi këtë pike, si duhet të mendojmë për të?

Mendoj se nëse të ashuquajturat forca prodhimi dhe marrëdhëniet përkatese mes tyre nuk janë Realja, ato janë pjesë e strukturës simbolike të çdo shoqërie. Nga ky këndvështrim ligjet imanente të kapitalit, ndonëse nuk përfaqësojnë më Realen e një epoke të caktuar historike, përfaqesojnë së paku ideologjinë mbizotëruese të kësaj epoke. Na bie pra të futemi në botën e fesë. Kjo nuk është një ide origjinale e imja. Benjamin i referohet po kësaj ideje tek sprova e tij e shkurtër "Kapitalizmi si fe," Simmel gjithashtu tek *Filozofia e parasë*, per të mos përmendur të tjerë. Këtë ide e ndeshim më shumë se kudo tjetër në veprën e vetë Marksit, si për shembull në momentin ku ai përmend ekzistencen e një lloj asketizmi në Kapitalizëm i cili tejkalon atë të feve abrahamike:

> Grumbulloni! Grumbulloni! Ne jemi Mojsiu dhe Profetët! Pra kurseni, kurseni, d.m.th., rikëmbeni pjesën me të madhe të mundshme të vlerës së shtuar ose të mallit të shtuar në kapital! Grumbullim për hir të grumbullimit, prodhim për hir të prodhimit: kjo ishte formula me të cilën ekonomia klasike shprehu misionin historik të borgjezisë gjatë periudhës së saj të sundimit [...] Nëse, në sytë e ekonomisë klasike, proletariati është vetëm një makinë për prodhimin e vlerës së

shtuar, kapitalisti është gjithashtu vetëm një makinë për transformimin e vlerës së shtuar në kapital.⁴

Ndonëse është e vërtetë se asnjë klasë nuk i shpëton dot ideologjisë, nuk është e vërtetë që të gjitha klasat i nënshtrohen të njëjtës ideologji. Më lejoni pra të shtoj se nëse klasat e ulëta meritojne nga një ideologji e caktuar, nuk është e thënë që klasat mbizotëruese t'i nënshtrohen të njëjtës ideologji, as edhe në kuptimin që ato zënë pozicionet mbizotëruese brenda asaj ideologjie. Megjithë mungesën e një uniteti ideologjik ka disa pika bashkimi midis ideologjive të ndryshme, pra një lloj tërësie mes këtij johomogjeniteti. Nëse ndjekim Altyserin me kujdes ndoshta do të mund te gjenim tek ai një përpjekje për të teorizuar atë që do të mund ta quanim shkenca e Simbolikes, domethënë, atë që mundëson për mendimin marrëdhëniet midis këtyre ideologjive dhe ndërveprimet e tyre me ndryshore të tjera sociale.

Gjithashtu, ne duhet të mos i besojmë verbërisht Altyserit, që të mund të evitojmë ato gabime për të cilat Badiu [*Badiou*] më të drejtë e kritikon atë, si për shembull, argumentin se Marksi është themeluesi i shkencës së historisë dhe se rrjedhimisht historia ka një tërësi të cilën ajo në fakt nuk e ka. Nga ana tjetër, nëse përpjekjet e Altyserit i shqyrtojmë duke u nisur nga ndërhyrjet e mëpasshme filozofike mbi këtë pikë,⁵ ne mund të dallojmë trajtat e një konceptimi të Historise jo si Realja por si Simbolikja. E thënë ndryshe, Altyser nuk na propozon një teori të qenies por një teori të dukjes dhe kjo nuk devijon shumë nga përpjekjet e Badiusë në *Llogjikat e botëve*.

Do ta kishim të vështire të shtjellonim këtë pikë pa hetuar fillimisht mënyrën se si çdo analizë e një rendi Simbolik ndërthuret me Realen si të ishte ajo që vë në pah fallcitetin e pretendimeve të rendit Simbolik kundrejt tërësisë. Badiu e ka formuluar këtë problematikë mjaft saktë:

> Nëse, siç thotë Lakan, Realja është impasi i formalizimit, siç pamë kur u ndeshem me cakun si kthim, nuk na mbetet veçse të supozojmë se formalizimi është impasi (*im-passe*) i Reales.⁶

Badiu e ka shtjelluar këtë pikë më thellë gjetkë, duke shfaqur kështu parapëlqimin e tij për dialektikën:

> Cilat janë herezitë e materializmit? Ai mekanicist izolon metaforën e reflektimit. Ai imagjinon një barazvlefshmëri pa mbetje. Nuk i ndahet përsëritjes. Ai dinamicist bën të njëjtën gjë me asimptotën. Duke universalizuar doktrinën e mbetjes ai propozon se gjithçka është fluks, tendencë dhe përafersi. Për këtë herezi çdo konfigurim i unifikuar është një iluzion, apo edhe një kërcënim totalitar.⁷

Problemi me të cilin ballafaqohemi sot është ai i aspekteve përcatkuese të një strukture Simbolike kundër Reales së një revolucioni që minon epërsinë reduktive të strukturës, atë që shfuqizon tendencën e saj për të gllabëruar potentialitetin e elementeve të saj në tërësi.

Mendoj se, duke ndjekur Leninin, tek Altyseri, në kundërshtim me Lakanin dhe Badiunë tek të cilët akti është parësor, tendenca është për të theksuar joperparësinë e këtyre dy proceseve: nga njëra anë përpjekja, shkencore apo jo, për të rrokur sistemin shkakësor që vepron brenda çdo Njëje Simbolike; nga ana tjetër, këmbëngulja e njëanshme mbi subjektivitetin si diçka që përtej çdo mundësie për të njohur konjukturën e tanishme jep të gjithë mbështetjen dhe kapacitetin e tij për një event i cili zbulon pafuqinë e forcave totalizuese të kësaj strukture, duke marrë pjesë në këtë mënyrë në shpalosjen e një rendi të ri. Altyser arriti ta kuptojë një gjë të tillë, domethënë, rëndësinë e pohimit të joparësisë të secilit prej këtyre proceseve, falë familjaritetit të tij me po atë dilemë që kishte munduar edhe Leninin: nga njëra anë, Lenini u ballafaqua me konvencionalitetin mekanistik të Internacionales së Dytë, sipas të cilës Revolucioni rus nuk kishte qenë një revolucion i vërtetë komunist pasi ai nuk përputhej me të ashtuquajturat ligje të zhvillimit historik që thuhet se gjenden te *Kapitali*; nga ana tjetër, ai kishte takuar komunistë të një lloji tjetër që në raste ekstreme, si për shembull në rastin e Gramshit [*Gramsci*], mendonin se po ky revolucion kishte ndodhur në kundërshtim me *Kapitalin*, librin, dhe se revolucioni ka të bëjë mbi të gjitha me punën e lirë dhe te ndërgjegjshme të njerëzve, të masave, dhe aspak me pretendimet shkencore të një libri. Sipas Altyserit qëndrimi i Leninit ishte se "teoria marksiste është produkt i një praktike të caktuar teorike, jashtë proletariatit, dhe se marksizmi duhet të 'importohet' brenda proletariatit."[8]

Fjala "importohet" vërtetë që ka nuanca të përjashtme në këtë kontekst, domethënë në kuptimin që ajo duhet të ketë një vend gjatë periudhës revolucionare pa qenë domosdoshmërisht produkt i asaj periudhe. E megjithatë, ashtu si Lenini, Altyser shpall autonominë radikale të punës epistemologjike duke shpallur kështu si të rreme çdo përpjekje për të reduktuar dijen në barazvlefshmëri.

Le të analizojmë shkurtimisht një nga mishërimet e kohëve të fundit të kësaj teorie. E kam fjalën për teorinë e mostrave [*sampling theory*] të proçesimit të sinjaleve të Nykwist–Shenonit [*Nyquist-Shannon*], për të cilën mund të themi se është një nga gurët themelorë të dixhitalizimit të botës së sotshme. Kjo teori ka për qëllim të na pajisë me mjetet e nevojshme për të përcaktuar numrin më të vogël të mostrave që duhet të marrim nga çdo sinjal për ta rindërtuar atë më pas krejtësisht ashtu siç ishte. Pra në thelbin e kësaj teorie qëndron ideja se në botë ekziston një tepri e paevitueshme.

Ideja empirike e dijes funksionon në të njëjtën mënyrë dhe kjo është arsyeja pse empirizmi është i rrënjosur në traditën e skepticizmit. Kjo ndodh sepse epmirizmi nuk është gjithmonë kritik ndaj teorisë për shkak se ajo është abstrakte; ai është po aq kritik ndaj realitetit për arsye se ai ka shumë tepricë. Nga ky këndvështrim, kritika e empirizmit kundrejt abstraksionit të teorisë mund të interpretohet si diçka që ka lidhje me realitetin si të papërcaktuar. Pra për empirizmin ekziston një inkonsistence thelbësore në botën reale, nga njëra anë ajo ka shumë tepricë, nga ana tjetër ajo është e papërcaktuar. Kështu pra empirizmi lëviz brenda një rrethi vicioz, që nuk është as i thellë, sepse është vetë ideja e tepricës në botën reale që mundëson teorinë pasqyruese të dijes. E megjithatë, për pasojë të aspektit të dyte të botës reale, papërcaktueshmërinë e saj, vetë kjo mundësi duhet të mohoet si e pamjaftueshme, ja pra dhe skepticizmi.

Nëse i konceptojmë gjërat kështu i bie që kur Altyser mohon idenë se idealja e çdo teorie të njohurisë është barazvlefshmëria, dhe se pikërisht si pasojë e kësaj idealeje çdo teori është gjithmonë abstrakte, ai jo vetem që mbron teorinë dhe autonominë e saj, ai mbron gjithashtu realitetin nga mënyra se si empirizmi e kupton atë, si tepri. Kjo është arsyeja pse për Altyserin kemi dy sfera, tërësisht të ndara, teoria dhe realiteti, dhe asnjë mënyrë për t'i lidhur ato me njëra tjetrën.

Do të mund ta vlerësonim këtë akoma më shumë sikur të përpiqeshim të ndiqnim trashgiminë intelektuale të Altyserit. Po ta bënim këtë do të dallonim ndikimin e madh të Fojerbahut [*Feuerbach*]. Kjo mund të duket e çuditshme pasi ne jemi mësuar ta shikojmë Fojerbahun si një nga figurat qëndrore të humanizmit kurse Altyserin si një antihumanist të palekundur. Megjithatë, një lexim i hollësishem i *Qenësia e krishtërimit* të Fojerbahut tregon se edhe tek ai gjejmë praninë e njëkohësishme të shumë motiveve, madje edhe kundërshtuese.

Sipas Fojerbahut, pika më e mirë prej ku mund të fillojmë të hulumtojmë mbi thelbin e krishtërimit është ideja se Zoti e krijoi botën nga hiçi. Për Fojerbah ky nuk është një pohim kozmologjik apo shkencor, përkundrazi, ai përcjell vlerën që ka bota për ndergjegjen e krishterë. Dhe nëse bota u krijua prej hiçit vetëm falë forcës së vullnetit dhe të imagjinatës kjo do të thotë se edhe sot e kësaj dite bota vazhdon të mbart vlerën e këtij hiçi.

> Krijimi prej hiçit është shprehja më e lartë e plotfuqisë: por plotfuqia nuk është veçse subjektiviteti që përjashton vetveten prej të gjitha kushteve objektive dhe kufizimeve [...] asgjë tjetër veçse aftësia për të shpallur gjithçka të vërtetë të pavërtetë – çdo gjë të menduar të mundur: asgjë tjetër veçse fuqia e imagjinatës, ose e vullnetit si identik me imagjinatën.⁹

E thënë ndryshe, nëse falë forcës së vullnetit bota u krijua nga hiçi, falë po kësaj force ajo mund të kthehet prapë në një hiç. Kjo pasqyrohet në shumë doktrina e dogma të tjera të krishtera. Për shembull, shndërrimi i ujit në verë nuk është në fakt shndërrim por krijimi i verës prej hiçit. Arrijmë ta kuptojmë këtë më qartë se kudo tjetër në përgjigjen tipike që njerëzit fetarë iu japin ateistëve se në jetën e tyre ata nuk janë përplasur akoma më fatkeqësitë e sistemit shkakësor qe vepron mbi botën. Kështu pra, vetëm dikush që është duke u mbytur dhe që nuk di të notojë do të donte me çdo kusht që sistemi shkakësor sipas llogjikës të së cilit ky njeri duhet të vdesë të eliminohet, domethënë, të shndërrohet në një hiç.

> Providenca e krishterë, fetare, ndryshon prej asaj që vesh zambakët e ushqen korbat. Providenca natyrore e lë njeriun të mbytet nëse ai nuk di të notojë; kurse e krishterja, fetarja, e nxjerr atë prej ujit me besëlidhjen e plotfuqisë shëndoshë e mirë.¹⁰

Pra qenësia e fesë është të pohojë vlerën absolute të vullnetit subjektiv dhe të imagjinatës dhe asgjënë e sistemit objektiv shkakësor mbi dhe kundër të cilit subjekti gjen veten. Domethënë, për të qenë ateist dikush duhet të shpallë joasgjënë e sistemit objektiv shkakësor që vepron në sferën Simbolike:

> Doktrina shumë e keqkuptuar e filozofëve të pafe lidhur me pafundësinë e materies, apo të botës, nuk nënkupton gjë tjetër veçse për ta Natyra ishte një realitet teorik.¹¹

Mbrojta që Altyser i bën qëndrimit teorik kundrejt objektit në kundërshtim me reduktimin subjektiv të domethënies së tij në zero merr pak a shumë të njëjtën formë. Për më tepër, ashtu siç Fojerbah na thotë se "hiçi prej të cilit u krijua bota është një hiç ende i përbrendshëm"[12], Altyser na informon se raportet e ndryshme historike mbi origjinën e botes nuk janë gjë tjetër veçse rindërtimi retroaktiv i asaj historie sipas kuptimit të tanishem të saj.

> Në vend të mitit ideologjik të një filozofie origjinash dhe koncepteve organike të saj, marksizmi vendos si princip njohjen e dhënësisë [*givenness*] të strukturës komplekse te çdo "objekti" konkret, një strukturë që qeveris si zhvillimin e objektit ashtu edhe zhvillimin e praktikës teorike që prodhon dijen e tij. Nuk ka më një esencë origjinale, vetëm një gjithnjë-paradhënësi [*ever-pre-givenness*], sado thellë në të kaluarën e saj të zhytet dija.[13]

Nëse pranojmë se tipari më impresionues i shkencës moderne është përqafimi i një sistemi shkakësor kompleks dhe jolinear në vend të sistemit klasik linear, atëherë teoria e Altyserit mbi njohurinë përputhet me këtë vizion modern. Por pikërisht pse rendi shkakësor është i një natyre jolineare nuk ekziston një mënyrë e thjeshtë për të shpjeguar se si analizimi i tij mund t'iu hyjë në punë njerëzve në jetën e tyre të përditshme, dhe, për analogji, se si njohja e rendit Simbolik mund t'i shërbejë interesave të revolucionarëve. Sidoqoftë, ndonëse Altyser ishte jo vetem marksist por edhe komunist, ai nuk mundi të teorizoje ose të paktën të trajtojë plotësisht lidhjen e nevojshme që duhet të vendoset midis këtyre rendeve. Ai thjesht na thote, duke ndjekur Leninin, se lidhja duhet "shpikur" "në një farë mënyre."

Pra unë mendoj se një mënyrë për të shpëtuar Altyserin sot do të ishte sikur ti shtonim teorisë së tij të dijes një dozë nga llogjika femërore e Lakanit, atë të jogjithçkasë [*non-all*]. E parë kështu, e meta e vetme e Altyserit mund të ketë qenë falimentimi i tij për të pohuar në mënyrë retorike autonominë e realitetit. Ai duhet të kishte qenë më i kujdesshëm dhe të theksonte autonominë e realitetit në ndarjen e tij prej punës teorike.

Megjithatë, le të mos harrojmë arritjen e madhe dialektike të Altyserit, që është pohimi se heterogjenitetit është primar dhe unitetit ai që vjen pas. Vetëm kur uniteti humb statusin e tij të kryehershëm mund të braktisim historicizmin. Kështu pra, përmbysja e vërtetë dialektike e fabules së Rënies nuk ndodh kur ne shpallim parësine e të bërit mbi teorinë, e dinamizmit të realitetit mbi tendencat reduktive të mendimit. Përkundrazi, ne arrijmë të shpëtojmë prej shtrëngimit mbytës të unitetit vetëm kur zgjedhim një tjetër rend parapëlqimi mes unitetit dhe dallimit. Në vend që të jetë uniteti parësor dhe heterogjeniteti dytësor, një depërtim i vërtetë dialektik, duke pranuar natyrën dytësore, pra emergjente, të unitetit eliminon çdo tendencë të pamatur drejt unitetit, e cila na thotë se uniteti është ndërprerë dhe kërkon rindërtimin e tij. Uniteti emergjent, nëse ai nuk është i një rendi reduktiv, dhe nëse ai nuk është një kthim i domosdoshëm, alla interpretimeve klasike të Hegelit, d.m.th. një kthim i individualizuar që shpaloset, nuk mund veçse të jetë një punë në zhvillim e sipër dhe si e tillë përfundimi pozitiv nuk përbën më interes. Ç'mund të jetë kjo atëherë veçse aspekti bashkëkonstruktiv i unitetit, një bashkëkonstruksion?

Në vend të *Mitsein* (meqenie), pra, ky unitet është *Mitarbeit* (bashkëpunim), për arsyen e thjeshtë se të qenit bashkë nuk është asgjë veçse pohimi i pararendësisë së heterogjenitetit. Të paktën Hajdeger [*Heidegger*] ishte konsistent kur e shpallte këtë gjendje si një kthim tek një rend që kishte ekzistuar, sepse bashkëqenie është për të njëkohësisht gjendja fillestare dhe ajo e ardhmja, të ndara nga një unitet "harrues" reduktiv. Por ne si marksistë nuk e pranojmë një kthim të tillë, pasi argumenti kryesor për mohimin e origjinalitetit të unitetit ishte mohimi i çdo gjëje që do të na shtynte jashtë procesit dialektik, edhe kur ky merr formën e një kthimi tek një e kaluar tërësisht heterogjene që mund të ketë ekzistuar. Në fjalët e Badiusë:

> Ajo që mungon në këtë argument është mendimi mbi shkatërrimin të rendit të vjetër dhe vërejtja se ajo që rindërton vetveten nuk mund të jetë kurrësesi e njëjta gjë. Në këtë mënyrë, e vërteta e subjektit garanton vijueshmëri llogjike pa ndërmjetësimin e imagjinares. As impasi i subjektit politik nuk e rivendos rendin e vjetër. Debati marksist ka të bëjë pikërisht me këtë. Në BRSS, nuk kemi as një revolucion të "ndërprerë," as nuk e di çfarë versioni totalitar të botës borgjeze, nën konceptin përsëritës të shtetit modern. Kemi një borgjezi të re.[14]

Duke pasur këtë parasysh, ndoshta ajo që nevojitet nuk është çndërtimi i pretendimeve arsimore, ose të zbulojmë injorancën e mësuesit, ose thjesht të zhveshim metafiziken e unitetit, por një arsim që është gjithnjë e më tepër një bashkarsim, pasi të gjithë ne kemi nevojë të disiplinohemi. Dhe jo të disiplinohemi sipas idesë imagjinare të nuk di se kujt, por sipas Reales së punës të përbashkët në vazhdimësi të organizates së arsimit.

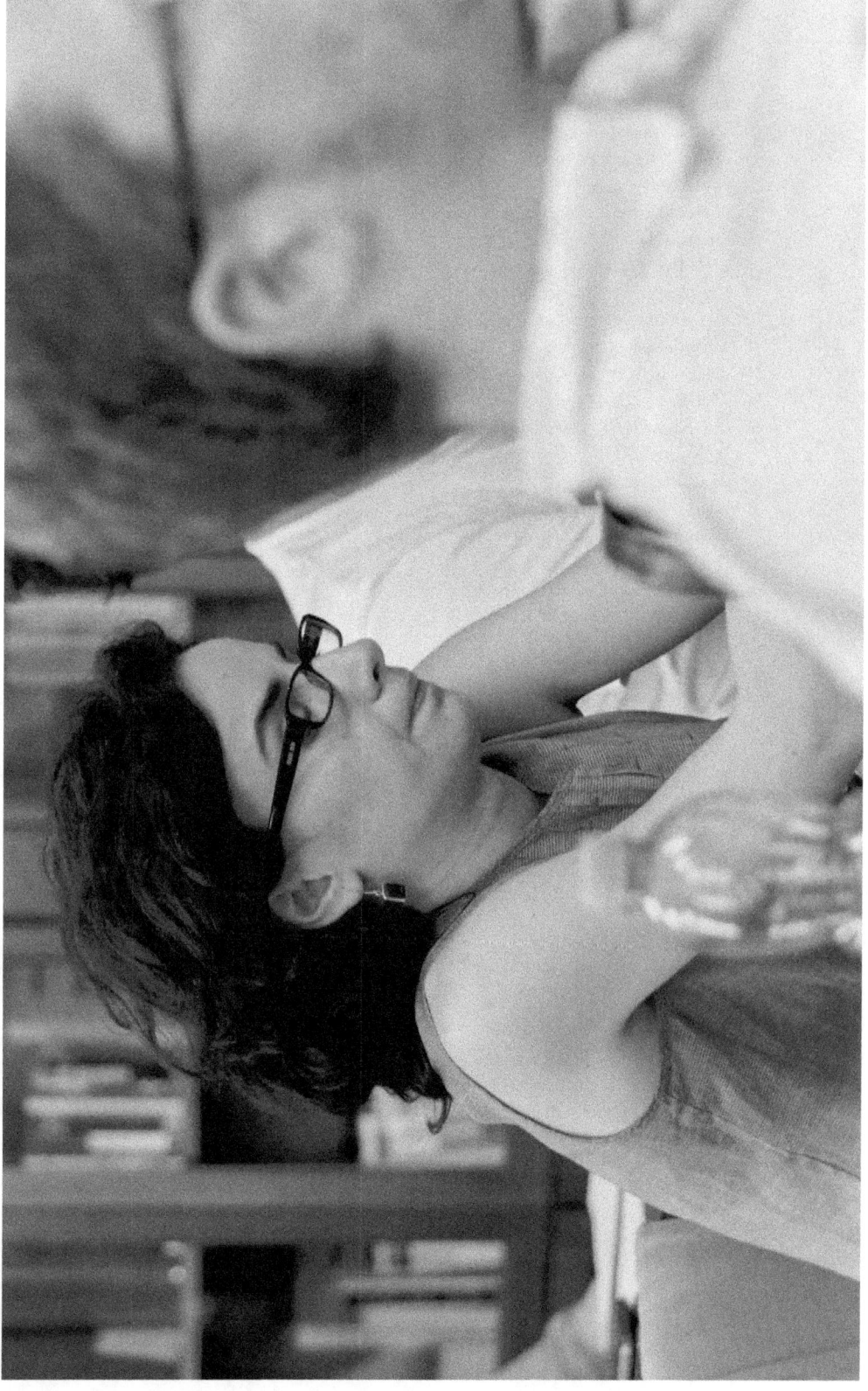

Shënime

1. Louis Althusser, *Lenin & Philosophy & Other Essays*, përkth. Ben Brewster (Monthly Review Press, 1971), 152.
2. Po aty, 156.
3. Louis Althusser, *For Marx*, përkth. Ben Brewster (Londër: Verso, 2005), 232.
4. Karl Marx, *Capital*, Vol. 1, përkth. Ben Fowkes (Penguin Classics, 1990), 742.
5. Mes të tjerëve, do të doja të theksoja veprën e Lakanit, Badiusë, Balibarit dhe Zhizhekut.
6. Alain Badiou, *Theory of the Subject*, përkth. Bruno Bosteels (Londër: Continuum, 2009), 23.
7. Po aty, 206.
8. Louis Althusser dhe Étienne Balibar, *Reading Capital*, përkth. Ben Brewster (Londër: Verso, 2009), 156.
9. Ludwig Feuerbach, *The Essence of Christianity*, përkth. George Eliot (Nju-Jork: Dover, 2008), 85.
10. Po aty, 87.
11. Po aty, 97.
12. Po aty, 92.
13. Althusser, *For Marx*, 199.
14. Badiou, *Theory of the Subject*, 246.

THE UNIVERSITY MUST BE TRANSCENDED

Nick Skiadopoulos

Pedagogies *en l'état*

It seems that I am not the only one here among us who linked the title of this conference to Maurice Blanchot's last work *L'Écriture du désastre* – a text that begins with the following phrase: "Le désastre ruine tout en laissant tout en l'état."[1] The modality of disaster is thus to ruin everything while leaving everything *in state*. Destruction is not disposal, what is destroyed is not transferred to some place arranged specifically for that purpose. If there is a place reserved for disaster it is only that of the ruin: what is destroyed *remains* there, on the same ground that once supported its coherency.

But what of the state of our pedagogies? As much as I hate to utter banalities, pedagogy (from Plutarch to Rousseau and up to the field of philosophy of education) is a word charged with agents, spaces, ceremonies, and unnamable desires. And whereas it can be distinguished from the administrative aspect of education, in that it assumes a more or less personal relationship between the educator and the educated, I take this distinction to be overtly metaphysical. Both pedagogy and its administrative aspect are technologies that can be viewed and analyzed on the same, immanent level. Pedagogy is administrative exactly because it is performative and administration is pedagogical in that it involves several forms of discipline. The strict distinction between a pedagogical and an administrative aspect of education is thus a mere illusion. But it is a highly interesting one, exactly because it takes itself to be real, leading us to believe that had the balance between the administrative and the pedagogical been disturbed in favor of the former, humanities could face the danger of their destruction.

Most of us are affiliated with a particular university or institution of higher learning. We find our place there because our very field was constructed primarily through this institution. And we find ourselves in the position to witness the gradual extinction of our objects by the very institution that once brought them to life. Partaking in the destruction of our very pedagogies, right there at the ruin of the university: literally and inescapably *en l'état*. In order to justify this paradoxical position we often point to some distant but operant, bureaucratic system that cares only about what is quantifiable, applicable and assessable. And it would not be far from reality if we identified several governmental and administrative factors as responsible for this situation. In such a manner that all these symptoms would be interpreted as an "invasion of values" foreign to the ones required by the pedagogies of humanities.

But is this due to some obscene capitalistic spirit spreading over a university that was once free from its influence, as Max Weber thought almost a century ago?[2] I would be very reluctant to adhere to such a truism. And this because throughout the history of modern political systems (from capitalism to nationalist socialism and communism) the humanities have been one with the institution of the university, an institution that not merely sanctioned but literally bred most of the thinkers we cherish today. So maybe the pedagogies of humanities are not independent from the modern University, regardless of its political foundations. They did not constitute a different sphere; their practices were not organized outside its walls. And this is why what is happening today in relation to humanities cannot be described as some form of abolition through the invasion of some alienating mindset. It should be rather thought as a form of self-mutilation, the guilty disposal of something that sprang out of the university and now rests like a sublated fossil: a ruin. A ruin not of humanities, but of something else: given that the humanities were only possible within the University this "something" is what is *left* from their mutilation. It is what humanities themselves have to leave behind in their self-deceiving refusal to perish.

In short, there seems to be a part of the humanities that no longer belongs to them. One that managed to emerge from within the university, under the epistemological pretext that their study offered and, now that humanities are near extinction it can finally escape the institution that once produced it as a residue.

Epistemological Anxiety

During the 19th century the birth of the *Geisteswissenschaften, sciences humaines* or "humanities" was related to an epistemological question. Certainly the humanities were established as an object that was epistemologically distinct from one of the natural sciences. But if they managed to distance themselves, it was exactly because they had to be all about the knowledge of something.[3] This should not be taken to mean that humanities in their historical development implied some form of ontological, transcendental, or even epistemic unity. It is of no importance whether their epistemological status was founded on something else rather than man (a structural relation, a biological function, a transcendental principle unrelated to man).[4] What is important is that humanities were and still remain tied to an epistemological question.

At the same time the object of humanities was fundamentally opaque from the very beginning, as it presented itself both as something to be known and as something not possible to be known.[5] Due to this fundamental ambiguity, the humanities were always in need of an epistemic legitimization that the natural sciences *de facto* enjoyed. This need for legitimization did not only produce a plurality of objects and methods. It also gave rise to types of thought that transcended or simply bypassed the epistemological question: interpretative sociology, critical theory, fundamental ontology, questions related to power, writing, and the historical construction of subjectivity are some examples. But whereas new problematics were opened and novel objects were constructed, all these attempts were institutionally registered under some humanities department. And this happened because these new problematics were produced in a residual manner, inside the university and within the disciplinary domain of humanities. The university was their institutional and material condition of possibility. And although it can be argued that they managed to survive outside it walls, they only did so in a state of misery that redeemed itself only when they belatedly found their place back to the university: the works of Nietzsche, Marx, and Benjamin are exemplary of this symptom.

But is the university such an inescapable and indispensable condition? Is any attempt to exit it a predetermined failure (of recognition, of esteem, of legitimization)? Or is it that these residual forms of thought failed to produce their institutional equivalent? To answer this question one must first look at the disciplinary politics that these objects raised *within* the university as they posed a certain disciplinary anxiety: for they could neither be subsumed under humanities nor be described in terms of some unitary "paradigm." And this anxiety was not only disciplinary; it was also administrative: let us recall here Lyotard's *La Condition postmoderne,* a text commissioned by the University Council of Quebec and subtitled "A report on knowledge."[6] Most importantly let us not forget that this anxiety quickly assumed the form of politics *proper.* Popper's libel against Marx and Hegel,[7] Hayek's attack against the intellectuals and their relation to socialism,[8] the replacement of "political theory" with cold-war "political science" (a shift that Leo Strauss related to the dire future of liberal democracy[9]) and the scientific approach to collective decision making with Arrow and Buchanan,[10] all these were attacks not only in the name of scientific knowledge, but also in the name of the democratic values that scientific knowledge supposedly implied. In such a fashion that any thought departing from the epistemological question related to the humanities, was deemed irrational and potentially totalitarian. It therefore seems that these new problematics were produced within the University and at the same time disrupted its disciplinary, institutional and political functions.

But this refuge to politics was not only a privilege of the "adversary." For, as it often happens with anxiety, it did not only affect its subject but also its very object. It is therefore of no surprise that many intellectuals related to these residual objects were politically involved to the point that this involvement made their thought easily identifiable for their adversaries. It would be trivial to remind us here of Heidegger, Sartre or May '68. Or to speak about forms of left radicalism related to particular philosophers. But perhaps it is also suspicious of me to imply that thought or philosophy should take its distance from politics. This is not what I am trying to say. *What I am suggesting is that a thought departing from the traditional problematic of humanities should lead to equally novel forms of political thought rather than obstinately reforming political ideas that preceded its moment. Above all, it should first situate politics within its very institutional and disciplinary environment.*

Unfortunately, as in the realm of politics this residual thought did not manage to bring about a novel political theory, so in the institutional realm of the university it did not manage to produce novel forms of pedagogical institutions.

It is to this latter problem that I will now turn.

Familiar ruins

The ruin of the university inscribes the trace of its pedagogies. Practices, memories, and expectations are part of this very trace – but it is highly doubtful whether they belong to our generation. A great part of today's younger scholars were educated by professors who experienced a time of great expectations (I am mostly referring to the period between the late '60s and the mid '80s). The pedagogies responsible for their intellectual formation were defined by the promises and expectations of their professors, who thought they could introduce novel educational techniques in order to reform the University. In that respect, these expectations were highly paradoxical: on the one hand they raised the question of politics before the question of institutions and on the other they claimed the implementation of certain politics on the institutions of the very political system they criticized. They did not take over the University in order to turn it into something else. They did not build a Christian church on the ruins of some pagan temple. Rather they tried to change the function of the institution while maintaining the institution as it stood.

The most notorious example is Vincennes, the educational aftermath of a great political mobilization, tagged as *gauchiste* from its very beginnings. Vincennes can be seen as the common effort (in the sense of a pedagogical community) of a great part of French intellectuals until then scattered around the great Universities of Paris. In terms of concrete practices, it struggled to bring about radical changes (reforms that extended from the curriculum and the way classes were delivered to the manner by which students were graded and diplomas were awarded). But in retrospect there was a very problematic aspect to this story, namely that this effort had to follow (rather than prepare) a particular political mobilization. And this is why Vincennes did not raise the question of a novel institution but that of the reform an old one: when the quality of its philosophy program was questioned – "Did the *gauchiste* university conform to the standards of education as defined by the State? Should its graduates be allowed to teach at the *secondaire*?" – Vincennes simply struggled for institutional legitimization. This otherwise reformed establishment remained an institution that fulfilled a particular educational function within a modern State. What is even more surprising is that philosophers who were very vigilant in relation to questions of power and governance defended this reform expressing rather naïve beliefs such as the one stated by Michel Foucault: "if questions such as these were posed in a philosophy class, it is clear that its traditional foundations would be profoundly transformed."[11]

How are we to explain this surprising naiveté? And how can we explain that it persisted many years after the institutional failure of Vincennes, in celebrated texts such as the "University without condition" by Jacques Derrida?[12] In the face of the Bologna process, of the recent budget cuts and closings of entire departments, are we to believe that the University will unconditionally allow a never-ending reform in the name of Humanities? Or are we to believe that the University functions under some Habermasian discourse ethics where "at any moment a new face can suddenly appear and a new idea can unexpectedly arrive"?[13] How is it possible for these *maîtres penseurs* to neglect the very history of the University, the very fact that it emerged from the institution of the Church and came to replace it as the institutional embodiment of society's relation to truth? How did they allow themselves to approach it almost *sub specie aeternitatis*?

I would dare to say that the reason for this neglect lies in the fact that the thought of this generation was nourished *within* the university and by means of a critical reaction to the epistemological question. Of course this was not an easy task – but at least it was not impossible. It demanded a former generation that was already there to sanction such questionings. There could never be a Foucault or a Derrida without a Canguillhem, an Hyppolite, or an Althusser. Today, however, the generation of our professors is institutionally disarmed. Not necessarily because it proved to be conformist, but because it brought the University to its limits – limits that are anything but unconditional. Historically, the very material condition of our professors' generation has become their biggest enemy. But the responsibility does not weigh on them. Rather, it weighs on us. In the name of what our professors tried to achieve, we are the ones who are now called to put forward what they failed to do: to transcend the university.

Pedagogies Beyond – Recognition
Can we pretend that such dislocation (if not transcendence) has not taken place? Given the affiliation of many of my friends and present participants to institutions such as the European Graduate School, the Le Collège International de Philosophie or the Jan Van Eyck Academie it would be a great omission if I did not take them into consideration. And indeed, these structures seem to take over from the university the pedagogies of the aforementioned residual disciplines and welcome them in a novel institutional environment. But how certain are we that these institutions are innovative rather than emulative? The reason for my bad faith lies in the fact that many of their administrational traits bear the sign of a certain *mauvaise conscience*. Allow me to explain myself.

Most of the institutions above have a structure which is highly reminiscent of University departments: some award Master's and PhD degrees for which a student is asked to pay a relatively high amount of tuition fees. Within such a condition, they need to legitimize the importance of their degrees both to their clients and to academia. Others try to gain legitimacy by establishing relations with particular universities and departments, channeling their work back to the institution they wish to evade. Of course I am quite aware that institutional legitimization of some sort along with the necessary networking are much important factors for funding. And as a matter of fact I take funding to be one of the most serious of issues regarding the future or our pedagogies. Not simply because the existence of any institute is dependent on it, but mainly because the funding of institutes should not stand in the way of what those institutes try to achieve.

Let me be clear on this: the pedagogies we have been talking about are not to be dealt with as a nearly extinct species just because they cannot survive outside an institution that either is or looks like the university. If the institution that nourished them can no longer afford them it is because they are mature enough to escape their breeding ground – not because they are particularly wasteful. In a very traditional language, the institution must be the means for the pedagogy's goals. In a more modern one, it must be their expression. So if a novel institutional setting is too expensive for them, then maybe the problem lies not in their "nature" (their aristocratic setting in some prestigious, expensive, and innovative establishment) but in the way we interpret this nature institutionally. Our pedagogies need not involve buildings. They need not involve visas and stamps. They need not involve tuition fees, academic writing, publication records, term papers, and ECTS points. They might not even involve degrees. This does not mean that they do not involve anything at all, but that *they need not involve all those things unnecessary to their strict discipline, which exhausts itself in the much complex tasks of learning how to read and learning how to write.*

If the goal of our pedagogies is to carry on a mode of thinking and writing that is rendered almost impossible from the practices of the modern University and if our attempts to keep it alive are so costly as to endanger the very pedagogies of this thought, then maybe we should not simply give up the university but the very notion of material space that a traditional institution both implies and requires. Maybe the theoretical step beyond the epistemological question needs to find its counterpart in an institutional step towards a novel type of space. As banal as it may sound, maybe the cyberspace should accommodate our pedagogies from now on. Open access journals, such as *continent.*, online lectures such as the ones published online by EGS, innovative practices such as MOOCs (Massive Open Online Courses) are very modest beginnings compared to the already open possibilities offered by the medium. This conference is already a step beyond, given that it is materially grounded on the existence of an online, open access journal created in order to bypass certain academic obstacles that stand in the way of our thinking and writing. It would therefore not be an exaggeration to say that the possibility of an independent and autonomous institute, with worldwide participations from both professors and students, with an engaging curriculum, public lectures, seminars, readings, publishing structures and most of all the opportunity to produce autonomous, original work worthy of its pedagogy is right in front of us. It needs no alibi, no apology and no legitimization.

It only requires that we emerge from the ruins of the University.

Notes

1. Maurice Blanchot, *L'Ecriture du désastre* (Paris: Gallimard, 1980), 7.
2. "In very important respects German university life is being Americanized, as is German life in general. This development, I am convinced, will engulf those disciplines in which the craftsman personally owns the tools, essentially the library, as is still the case to a large extent in my own field." Max Weber, "Science as a Vocation" in *Essays in Sociology*, ed. and trans. H.H. Gerth and C. Wright Mills (New York: Oxford University Press, 1946), 131.
3. For this case, Windelband's 1894 rectorial address is exemplary: philosophy appears at once as a form of thought above and beyond all other disciplines and at the same time tied to the epistemological question of knowledge and its possibility. Cf. Wilhelm Windelband, "Rectorial Address Strassbourg," *History and Theory* 19.2 (Feb. 1980): 169–85.
4. In that sense Foucault's argument regarding the "death of man" should not be taken to imply the end of humanities. Rather, it is through the proliferation of humanities that this end is achieved. Cf. Michel Foucault, *Les mots et les choses* (Paris: Gallimard, 1965), 355–98.
5. In the neo-Kantian tradition this question was reflected in the problem of the *hiatus irrationalis* (a term borrowed by Fichte), viz. the problem of reconciling the particular character of cultural objects and works with universal categories related to the possibility of them being known by the human intellect. Cf. Heinrich Rickert, *The Limits of Concept Formation in Natural Science: A Logical Introduction to the Historical Sciences*, ed. and trans. Guy Oakes, (Cambridge: Cambridge University Press, 1986), viii–ix.
6. Jean-François Lyotard, *La Condition postmoderne: Rapport sur le savoir* (Paris: Minuit, 1979).
7. Karl Popper, *The Open Society and Its Enemies*, vols. 1 & 2, 5th ed. (revised) (Princeton: Princeton University Press, 1966).
8. Friedrich Hayek, "Intellectuals and Socialism," *The University of Chicago Law Review* 16.3, (Spring, 1949): 417–33.
9. Cf. Leo Strauss, "An Epilogue," in *An Introduction to Political Philosophy: The Essays by Leo Strauss*, ed. Hilail Gildin (Detroit: Wayne State University Press, 1975) 125–55.
10. On this very interesting historical-disciplinary question see Sonja Amadae, *Rationalizing Capitalist Democracy* (Chicago: University of Chicago Press, 2003) and John G. Gunnell, *Between Philosophy and Politics: The Alienation of Political Theory* (Amherst: University of Massachusetts Press, 1986).
11. Michel Foucault, "Le piège de Vincennes," interview with P. Loriot, *Le Nouvel Observateur* 274 (Feb. 9–15), 33–5, republished in *Dits et Écrits*, vol. 1, text 78 (Paris: Gallimard, 2001).
12. Jacques Derrida, *L'Université sans condition* (Paris: Galilée, 2001).
13. Jürgen Habermas, "The Idea of the University: Learning Processes," *New German Critique* 41, Special Issue on the Critiques of the Enlightenment (Spring–Summer, 1987): 3–22.

UNIVERSITETI DUHET TEJKALUAR

Nik Skiadopulos

Pedagogjitë *en l'état*

Është e qartë se unë nuk jam i vetmi këtu mes nesh që ka bërë lidhjen midis titullit të kësaj konference dhe veprës së fundit të Moris Blanshosë [*Maurice Blanchot*] *Shkrimi i shkatërrimit* [*L'Écriture du désastre*] – një tekst që fillon me frazën vijuese: "Le désastre ruine tout en laissant tout en l'état – Shkatërrimi rrënon gjithçka, por duke lënë gjithçka të paprekur."¹ Modaliteti i shkatërrimit është të rrënojë gjithçka duke lënë gjithçka *en l'état*.* Shkatërrimi nuk është flakje tutje, ajo që shkatërrohet nuk transferohet në ndonjë vend që ekziston apostafat për atë punë. Nëse ka ndonjë vend të rezervuar për shkatërrimin kjo është vetëm rrënoja: çfarë shkatërrohet *mbetet* atje, në të njëjtin vend që një herë e një kohë mbështeste koherencën e saj.

Por ç'mund të themi për gjendjen e pedagogjive tona? Megjithëse urrej të them banalitete, pedagogjia (duke filluar nga Plutarku, duke vazhduar me Russonë [*Rousseau*], e deri tek sfera e filozofisë së arsimit) është një fjalë e ngarkuar me aktorë, hapësira, ceremoni dhe dëshira pa emër. Dhe ndonëse ajo mund të dallohet prej aspektit administrative të arsimit, sepse ajo nënkupton një marrëdhënie pak a shumë personale midis mësuesit dhe nxënësit, për mua ky dallim është ca si tepër metafizik. Si pedagogjia ashtu dhe aspekti administrativ i saj janë teknologji që mund të vërehen dhe të analizohen në të njëjtin plan imanent. Pedagogjia është administrative pikërisht sepse ajo është performative dhe administrata është pedagogjike sepse ajo përfshin forma të ndryshme disipline. Pra dallimi definitiv midis aspekteve pedagogjike dhe administrative të arsimit është thjesht një iluzion. Ama ai është një iluzion mjaft interesant, pikërisht sepse ai mendon se është i vërtetë, duke na bërë të mendojmë se nëse balanca midis administratives dhe pedagogjikes do të ishte lëkundur në favor të së parës, humanitetet do të mund të përballeshin me kërcënimin e shkatërrimit të tyre.

---

* *Shën. i përkth.* – Sh. shën. në f. 121.

Shumica prej nesh kanë lidhje të ngushta me një universitet të caktuar apo me një institucion të arsimit të lartë. Ne e gjejmë vendin tonë aty sepse vetë fusha jonë është ndërtuar kryesisht ndërmjet këtij institucioni. Dhe në e gjejmë veten në pozicionin e dëshmitarit të zhdukjes graduale të objekteve tona prej vetë institucioneve që i sollën ato në jetë. Një pjesmarrës tjetër në shkatërrimin e pedagogjive tona, aty në mes të rrënojës së universitetit: mirëfilli dhe në mënyrë të pashmangshme *l'état* (shtet). Në përpjekje për të justifikuar këtë pozicion paradoksal shpesh i drejtohemi një sistemi burokratik, të largët por sidoqoftë funksional, që mendon vetëm për atë që është e matshme, e aplikueshme dhe e vlerësueshme. Dhe nuk do të ishte larg të vërtetës nëse do të identifikonim disa faktorë qeveritar dhe administrativ si përgjegjës per këtë situatë. Në mënyrë të tillë që të gjitha këto simptoma do të ndërpriteshin si një pushtim vlerash të huaja prej atyre të kërkuara prej pedagogjive të humaniteteve.

Po a është kjo pasojë e përhapjes të një shpirti të ndyrë kapitalist brenda po atij universiteti që njëherë e një kohë kishte qenë i lirë prej tij, siç mendonte Maks Veber pothuajse një shekull më parë?[2] Do të ngurroja ta pranoja një pseudo të vërtetë të tillë. Dhe kjo për arsye se gjatë gjithë historisë të sistemeve politike moderne (nga kapitalizmi te nacional-socializmi te komunizmi) humanitetet kanë qenë njësh me institucionin e universitetit, një institucion që jo vetëm sanksionoi por gjithashtu polli shumicën e mendimetarëve që ne vlerësojmë sot. Pra pedagogjite e humaniteteve ndoshta nuk janë të pavarura nga Universiteti modern, pavarësisht nga themelet e tij politike. Ato nuk përbënin një sferë tjetër; praktikat e tyre nuk organizoheshin jashtë mureve të tij. Dhe kjo është arsyeja pse ajo çka po ndodh sot me humanitetet nuk mund të përshkruhet si një lloj shfuqizimi përmes pushtimit nga një mentalitet i tëhuajsuar. Përkundrazi, ajo duhet menduar si një lloj vetëgjymtimi, flakja tutje, prej ndjenjës së fajit, të diçkaje që mbiu nga universiteti dhe tani pushon si një fosil i vetëpërtëritur [*sublated*]: një rrënojë. Rrënojë jo e humaniteteve por e diçkaje tjetër: duke qëne se humanitetet mund të ndodhnin vetëm brenda Universitetit kjo "diçka" është ajo çka *mbetet* prej gjymtimit të tyre. Është ajo çka vetë humanitetet duhet të lënë pas në refuzimin e tyre vetëmashtrues për t'u shuar.

Shkurtimisht, me sa duket ekziston një pjesë e humaniteteve që nuk iu përket më atyre. Një pjesë që arriti të lind nga brenda universitetit, nën pretekstin epistemologjik që ofronte studimi i tyre dhe tani që humanitetet janë afër zhdukjes ajo mund të arratiset prej institucionit që e prodhoi si një mbetje.

Ankthi epistemologjik

Lindja në shekullin e 19-të e *Geisteswissenschaften, sciences humaines* ose "humaniteteve" ishte e lidhur me një çështje epistemologjike. Padyshim që humanitetet u vendosën si një objekt që nga pikëpamja epistemologjike ndryshonte prej atij të shkencave natyrale. Por nëse ato arritën të distancohen, kjo që pikërisht sepse ato kishin të bënin me dijen e diçkaje.[3] Me këtë nuk duhet të kuptojmë se humanitetet, gjatë zhvillimit të tyre historik, përbënin ndonjë tërësi ontologjike, transhendentale ose epistemike. Pak rëndësi ka nëse statusi i tyre epistemologjik u themelua mbi diçka tjetër dhe jo njeriun (një lidhje strukturore, biologjike, një parim transhendental që nuk ka të bëjë me njeriun).[4] Ajo që është e rëndësishme është se humanitetet ishin dhe vazhdojnë të jenë të lidhura me një çështje epistemologjike.

Nga ana tjetër, qysh në fillim objekti i humaniteteve ka qenë, në thelb, i paqartë pasi ai e prezantoi veten si diçka që duhej njohur dhe njëkohësisht si diçka që nuk mund të njihej.[5] Falë kësaj paqartësie rrënjësore, humanitetet kanë pasur gjithmonë nevojë për legjitimizimin epistemik që, *de facto,* shkencat natyrore e kanë pasur gjithmonë. Kjo nevojë për legjitimizim nuk prodhoi vetëm objekte dhe metoda të shumta. Ajo u bë gjithashtu shkak për ato lloje mendimi që kapërcyen ose thjesht anashkaluan çështjen epistomologjike: sociologjia interpretuese, teoria kritike, ontologjia rrënjësore, çështje të lidhura me pushtetin, të shkruarit dhe natyrën historike të subjektivitetit janë disa shembuj. Por ndonëse u çelën problematika të reja dhe u ndërtuan objekte të reja, të gjitha këto përpjekje kishin një karakter institucional pasi ato u zhvilluan brenda një departamenti ose tjetrit të humaniteteve. Kjo ndodhi sepse këto problematika u prodhuan në mënyrë të mbetur, brenda universitetit dhe gamës disiplinore të humaniteteve. Universiteti ishte kushti institucional dhe material i mundësimit të tyre. Dhe ndonëse mund të argumentohet se ato arritën të mbijetonin jashtë mureve të universitetit, ato arritën ta bënin këtë në një gjendje mjerimi dhe arritën të rimëkëmben vetëm kur, më në fund, e gjetën prapë vendin brenda universitetit: veprat e Niçes [*Nietzsche*], Marksit dhe Benjaminit janë shembuj ekzemplarë te kësaj simptome.

Po a është universiteti një kusht kaq i nevojshëm dhe i pashmangshëm? A është çdo përpjekje për të dalë prej tij e destinuar të falimentojë (nga pikëpamja e njohjes, vlerësimit dhe legjitimizimit)? Apo mund të themi se këto forma të mbetura mendimi nuk arritën të prodhojnë institucionet që iu përshtateshin? Për t'iu përgjigjur kësaj pyetje duhet që fillimisht të analizojmë politikat disiplinore që këto objekte ngrenë *brenda* universitetit pasi ato shkaktuan një lloj ankthi disiplinor: ato nuk mund të përfshiheshin brenda humaniteteve apo të përshkrueshin sipas një paradigme të vetme. Dhe ky nuk ishte vetëm një ankth disiplinor; ai ishte gjithashtu një ankth administrativ: le të rikujtojmë *Kushtin postmodern* të Liotarit, një tekst i porositur prej Këshillit Universitar të Quebec-ut dhe i nëntitulluar "Një raport mbi situatën e dijes."[6] Mbi të gjitha le të mos harrojmë se ky ankth shumë shpejt mori trajtat e politikës së *mirëfilltë*. Shpifjet e Poperit [*Popper*] kundër Marksit dhe Hegelit,[7] sulmi i Hajekut [*Hayek*] kundër intelektualëve dhe lidhjes së tyre me socializmin,[8] zëvendësimi i "teorisë politike" me "shkencat politike" të Luftës së Ftohtë (një zhvendosje që Leo Straus [*Strauss*] e ka lidhur me fatin e trishtueshëm të demokracise liberale[9]) dhe qasja shkencore ndaj vendimmarrjes kolektive e Errout [*Arrow*] dhe Bjukenanit [*Buchanan*],[10] të gjitha këto ishin sulme jo vetëm në emër të diturisë shkencore por gjithashtu në emër të vlerave demokratike që dituria shkencore gjoja nënkuptonte. Në mënyre të tillë që çdo mendim që nisej prej çështjes epistemologjike që lidhet me humanitetet u quajt i paarsyeshëm dhe potencialisht totalitar. Pra me sa duket këto problematika të reja u prodhuan brenda universitetit dhe njëkohësisht çekuilibruan funksionet e tij disiplinore, institucionale dhe politike.

Por kjo arratisje drejt politikës nuk ishte vetëm një privilegj i "kundërshtarit." Sepse, siç ndodh rëndomtë me ankthin, ai nuk preku vetëm subjektin e tij por edhe objektin e tij. Nuk duhet të habitemi atëherë që shumë intelektualë të lidhur me këto objekte të mbetura ishin të përfshirë në politikë deri në ate pikë ku kjo përfshirje e bëri mendimin e tyre lehtësisht të identifikueshem për kundërshtarët e tyre. Do të qe bajate të përmendnim këtu Hajdegerin [*Heidegger*], Sartrin apo Majin e 1968-s. Ose të flisnim për lidhjet midis formave të radikalizmit të majtë dhe filozofëve të caktuar. Por ndoshta dëshira ime për të distancuar mendimin ose filozofinë nga politika është po aq e dyshimtë. Por kjo nuk është ajo që unë po përpiqem të bëj. *Ajo që jam duke sugjeruar është se një mendim që niset prej problematikës tradicionale të humaniteteve duhet të na çojë drejt formash mendimi politik po aq të reja në vend që të reformojë idetë politike që paraprinë momentin e tij. Mbi të gjitha, fillimisht ai duhet ta vërë politikën mes ambientit të saj institucional dhe disiplinor.*

Fatkeqësisht, siç ndodh në sferën e politikës ky mendim i mbetur nuk arriti të sillte një teori politike të re, kështu që në sferën institucionale të universitetit ai nuk arriti të prodhojë forma të reja institucionesh pedagogjike.

Ky është problemi të cilit do t'i kthehem tani.

Rrënoja të njohura

Rrënoja e universitetit skicon gjurmët e pedagogjive të tij. Praktika, kujtime, dhe pritshmëri janë pjesë të vetë kësaj gjurme – por është për t'u dyshuar nëse ato i përkasin brezit tonë. Një pjesë e mirë e shkollarëve të rinj të sotshëm u arsimuan prej pedagogëve të cilët përjetuan një kohë me pritshmëri të mëdha (po i referohem kryesisht periudhës midis fundit të viteve '60 dhe mesit të viteve '80). Pedagogjitë përgjegjëse për formimin e tyre intelektual u cilesuan nga premtimet dhe pritshmëritë e pedagogëve të tyre, të cilët mendonin se mund të fusnin teknika të reja arsimi në Universitet për ta reformuar atë. Përsa i përket kësaj pike, këto pritshmëri ishin mjaft paradoksale: nga njëra anë ato ngritën çeshtjen e politikës para asaj të institucioneve dhe nga ana tjetër ato kërkuan zbatimin e politikave të caktuara brenda institucioneve të po atij sistemi politik që kritikonin. Ato nuk e zaptuan Universitetin për ta kthyer atë në diçka tjetër. Ato nuk ndërtuan një kishë të krishterë mbi rrënojat e ndonjë tempulli pagan. Jo, ato u përpoqën të ndryshonin rolin e institucionit duke e mbajtur atë ashtu siç ishte.

Shembulli më famëkeq është Vincennes, pasoja arsimore e një mobilizimi të madh politik, etiketuar *gauchiste* qysh prej fillimeve të saj. Vincennes mund të shihet si produkti i përbashkët (në kuptimin e një komuniteti pedagogjik) i një pjese të madhe të intelektualëve francez deri në momentin kur ata u shpërndanë nëpër Universitetet e mëdha të Parisit. Praktikisht, ajo u përpoq të sjell ndryshime radikale (reforma që shtriheshin nga programi mësimor dhe mësimdhënia e deri tek mënyra si vlerësoheshin studentët dhe diplomat që ata fitonin). Por, në retrospektivë, kjo histori kishte një aspekt mjaft problematik, domethënë, që kësaj orvatje iu desh të ndiqte (në vend që të pregatiste) një mobilizim të caktuar politik. Kjo është edhe arsyeja pse Vincennes nuk ngriti çështjen e një institucioni të ri por atë të reformës së një institucioni të vjetër: kur cilësia e programit të saj të filozofisë u vu në pikëpyetje – "A i plotësonte universiteti *gauchiste* standardet arsimore të përcaktuara nga Shteti? A duhen lejuar të diplomuarit e saj të japin mësim në të mesmen?" – Vincennes thjesht luftoi per legjitimizim institucional. Ky ent që përndryshe ishte i reformuar mbeti një institucion që përmbushte një funksion të caktuar arsimor brenda një Shteti modern. Ajo që është akoma më e habitshme është se filozofët që ishin shumë vigjilent rreth çështjeve që kishin të bënin me pushtetin dhe qeverisjen e mbrojtën këtë reformë duke shprehur besime naive si ai i Fukosë: "nëse pyetje të tilla do të shtroheshin në një klasë filozofie, është e qartë se themelet tradicionale do të transformoheshin thellësisht."[11]

Si ta shpjegojmë këtë naivitet të habitshëm? Si ta shpjegojmë faktin që ai zgjati për shumë vite pas falimentimit institucional të Vincennes, në tekste të mirënjohur si "Universiteti pa kusht" i Zhak Derridasë?[12] Të ballafaquar me procesin e Bolonjës, prerjet e buxhetit të kohëve të fundit dhe mbylljen e deparatamenteve të tëra, mos duhet vallë të besojmë se Universiteti do të vazhdojë të lejojë, në mënyre të pakushtëzuar, një reformë pa mbarim në emër të Humaniteteve? Apo duhet të besojmë se Universiteti funksionon sipas ndonjë etike ligjërimi habermasiane ku "në çdo moment një fytyrë e re mund të shfaqet befasishëm dhe një ide e re të mbërrij papritur"?[13] Si është e mundur që këta *maîtres penseurs* lënë pas dore vetë historinë e Universitetit, faktin se ai lindi nga institucioni i Kishës dhe me kohë e zëvendësoi atë si mishërimi institucional i marrëdhënies së një shoqërie me të vërtetën? Si ia lejuan ata vetes të marrin një qasje thuajse *sub specie aeternitatis*?

Do të merrja guximin të thoja se arsyeja për këtë neglizhim është se mendimi i këtij brezi u formua *brenda* universitetit dhe nëpërmjet një reagimi kritik ndaj pyetjes epistemologjike. Natyrisht që kjo nuk ishte një punë e lehtë – por të paktën nuk ishte as e pamundur. Asaj i duhej një brez i mëparshëm që ishte ndërkaq aty që të sanksiononte këto hulumtime. Nuk mund të kishte pasur një Fuko ose një Derrida pa një Kangilem [*Canguilhem*], një Hipolit [*Hyppolite*] ose një Altyser [*Althusser*]. Kurse sot brezi i pedagogëve tanë është i çarmatosur nga ana institucionale. Jo sepse ky brez doli konformist por sepse ai e shtyu Universitetin deri tek caqet e tij – caqe që janë gjithçka veçse të pakushtëzuar. Historikisht, vetë rrethanat materiale të brezit të pedagogëve tanë janë bërë armiqtë e tyre më të mëdhenj. Por përgjegjësia nuk bie mbi ta. Përkundrazi, ajo bie mbi ne. Në emër të asaj që pedagogët tanë u përpoqën të arrinin jemi ne ata që sot na bie përsipër të bëjmë atë që ata nuk mundën: të kapërcejmë universitetin.

Pedagogji përtej – njohjes

A mund të pretendojmë se një zhvendosje (nëse jo një kapërcim) i tillë nuk ka ndodhur tashmë? Duke patur parasysh lidhjet që shumë prej miqeve të mi dhe pjesëmarrësit e pranishem kanë me institucione si "European Graduate School," "Le Collège International de Philosophie" apo "Jan Van Eyck Academie," do të ishte e pafalshme të mos i merrja ato në konsideratë. Dhe vërtetë që duket sikur këto struktura kanë marrë përsipër prej universitetit pedagogjitë e disiplinave të mbetura të sipërpërmendura dhe i kanë mirëpritur ato në një ambient të ri institucional. Sa të sigurt jemi ama se këto institucione janë risiprurëse dhe joemulative? Arsyeja për dyzimin tim qëndron në faktin se shumë nga trajtat e tyre administrative japin shenjat e një *mauvaise conscience*. Më lejoni të shpjegohem.

Shumica e institucioneve të lartpërmendura kanë një strukturë që na kujton shumë atë të departamenteve të Universitetit: disa japin diploma masteri dhe doktorata për të cilat një student duhet të paguaj një shumë relativisht të madhe parash. Në rrethana të tilla, ato janë të detyruara të legjitimizojnë rëndësinë e programeve të tyre para klientëve të tyre si dhe akademisë. Të tjerë përpiqen të fitojnë legjitimitet duke ndërtuar marrëdhenie me universitete dhe departamente të caktuara, duke e rifutur punën e tyre brenda institucionit të cilit duan t'i shmangen. Sigurisht që unë jam i ndërgjegjshëm për faktin se një lloj legjitimizimi institucional së bashku me krijimin e nevojshëm të marrëdhënieve janë faktorë të rëndësishëm për financimin. Dhe në fakt mendoj se financimi është një nga çështjet më të rëndësishme përsa i përket së ardhmes së pedagogjive tona. Jo vetëm sepse ekzistenca e çdo instituti varet prej tij, por kryesisht sepse financimi institucioneve nuk duhet t'i pengoj ato të arrijnë atë që duan.

Më lejoni të tregohem i qartë mbi këtë: pedagogjitë për të cilat kemi folur nuk duhet të trajtohen si një specie gati e zhdukur vetëm sepse ato nuk mund të mbijetojnë jashtë një institucioni që është universiteti ose i ngjan universitetit. Nëse institucioni që i ushqeu ato nuk i përballon dot më kjo ndodh sepse ato janë tashmë aq të pjekura të largohen prej vatrës së tyre – jo sepse ato janë shumë të kushtueshme. E thënë në gjuhë tradicionale, institucioni duhet të jetë mjeti për qëllimet e pedagogjisë. Në gjuhë më moderne, ai duhet të jetë shprehja e tyre. Kështu që nëse një kontekst i ri institucional është shumë i shtrenjtë për to, atëherë ndoshta problemi nuk qëndron tek "natyra" e tyre (konteksti i tyre aristokratik në ndonjë ent prestigjoz, të shtrenjtë dhe risiprurës) por në mënyrën se si ne e interpretojmë këte natyrë nga ana institucionale. Pedagogjitë tona nuk kanë nevojë për ndërtesa. Ato nuk kanë nevojë për viza dhe vula. Nuk kanë nevojë për taksa shkolle, shkrim akademik, dokumentim publikimesh, provime në fund të semestrit, dhe pika "ECTS." Ato mund të mos kenë as diplomа. Kjo nuk do të thotë se ato nuk kanë as edhe një gjë por se ato *nuk kanë nevojë të përfshijnë të gjitha gjërat e panevojshme për disiplinën e tyre, që mbaron me detyrat mjaft të komplikuara të të mësuarit si të shkruajmë e të lexojmë.*

Nëse qëllimi i pedagogjive tona është të çojnë përpara një lloj mendimi që praktikat e Universitetit modern e bëjnë thuajse të pamundur, dhe nëse përpjekjet tona për ta mbajtur atë gjallë janë kaq të kushtueshme sa rrezikonjë vetë pedagogjitë e këtij mendimi, atëherë ndoshta ne nuk duhet thjesht të heqim dorë nga universiteti por nga nocioni i hapësirës materiale që një institucion trandicional nënkupton dhe kërkon. Ndoshta hapi teorik që kapërcen çështjen epistemologjike duhet të gjejë barasvlerësinë në një hap institucional drejt një hapësire të një lloji tjetër. Megjithëse kjo mund të duket banale, ndoshta hapësira kibernetike duhet të strehojë pedagogjitë tona që tani e tutje. Revista "open access," si *continent.*, leksione në linjë si ato të publikuara prej EGS, praktika risi-prurëse si MOOCs (*Massive Open Online Courses*) janë fillime mjaft modeste nëse marrim parasysh mundesitë e ofruara nga ky mjet. Kjo konferencë është ndërkaq një hap përtej, sepse nga pikëpamja materiale ajo bazohet në ekzistencën e një reviste "open access" në linjë të krijuar për të anashkaluar pengesa të caktuara akademike që i zënë rrugën shkrimit dhe mendimit tonë. Pra nuk do të qe një ekzagjerim po të thonim se mundësia për një institut autonom dhe të pavarur, me pjesëmarrje nga pedagogët dhe studentët nga e gjithë bota, me një plan mësimor tërheqës, leksione publike, seminare, lexime, struktura publikimi dhe mbi të gjitha mundësinë për të prodhuar punë origjinale dhe autonome që ia vlen pedagogjisë së tij është para nesh. Ai nuk ka nevojë per alibi, falje apo legjitimizim.

Kërkon vetëm që ne të dalim prej rrënojave të Universitetit.

Shënime

1. Maurice Blanchot, *L'Ecriture du désastre* (Paris: Gallimard, 1980), 7.
2. "Në disa kuptime mjaft të rëndësishme universiteti gjerman është duke u amerikanizuar, ashtu si vetë jeta gjermane në përgjithësi. Ky zhvillim, jam i bindur, do të gëlltis ato disiplina në të cilat artizani është i zoti i veglave të tij, në thelb biblioteka, siç është në fakt ajo që vazhdon të ndodhë në fushën time." Max Weber, "Science as a Vocation" në *Essays in Sociology*, red. dhe përkth. H.H. Gerth dhe C. Wright Mills (Nju-Jork: Oxford University Press, 1946), 131.
3. Në këtë rast, fjalimi rektoral i Windelbandit në 1894-n është ekzemplar: filozofia shfaqet njëherazi si një formë mendimi mbi dhe përtej gjithë disiplinave të tjera dhe njëkohësisht e lidhur me çështjen epistemologjike dhe mundësinë e saj. Khs. Wilhelm Windelband, "Rectorial Address Strassbourg," *History and Theory* 19.2 (Feb. 1980): 169–85.
4. Në atë kuptim argumenti i Fukosë në lidhje me "vdekjen e njeriut" nuk duhet të nënkuptojë fundin e humaniteteve. Përkundrazi, është pikërisht nëpërmjet përhapjes së humaniteteve që ky fund përmbushet. Khs. Michel Foucault, *Les mots et les choses* (Paris: Gallimard, 1965), 355–98.
5. Në traditën neokantiane kjo çështje u reflektua në problemin e *hiatus irrationalis* (një term i huazuar nga Fihtja), d.m.th. problemi i pajtimit të karakterit të përveçëm të objekteve kulturore me vepra me kategori universale lidhej me mundësinë e njohjes së tyre nga intelekti njerëzor. Khs. Heinrich Rickert, *The Limits of Concept Formation in Natural Science: A Logical Introduction to the Historical Sciences*, red. dhe përkth. Guy Oakes, (Cambridge: Cambridge University Press, 1986), viii–ix.
6. Jean-François Lyotard, *Kushti postmodern: Një Raport mbi situatën e dijes*, përkth. Orgest Azizi (Tiranë: Edlora, 2011)
7. Karl Popper, *The Open Society and Its Enemies*, vëll. 1 & 2, bot. i 5-të (rishikuar) (Princeton: Princeton University Press, 1966).
8. Friedrich Hayek, "Intellectuals and Socialism," *The University of Chicago Law Review* 16.3, (pranverë, 1949): 417–33.
9. Khs. Leo Strauss, "An Epilogue," në *An Introduction to Political Philosophy: The Essays by Leo Strauss*, red. Hilail Gildin (Detroit: Wayne State University Press, 1975) 125–55.
10. Mbi këtë çështje historiko-disiplinare mjaft interesante, sh. Sonja Amadae, *Rationalizing Capitalist Democracy* (Çikago: University of Chicago Press, 2003) dhe John G. Gunnell, *Between Philosophy and Politics: The Alienation of Political Theory* (Amherst: University of Massachusetts Press, 1986).
11. Michel Foucault, "Le piège de Vincennes," intervistë me P. Loriot, *Le Nouvel Observateur* 274 (shkurt 9–15), 33–5, ribotuar në *Dits et Écrits*, vëll. 1, tekst 78 (Paris: Gallimard, 2001).
12. Jacques Derrida, *L'Université sans condition* (Paris: Galilée, 2001).
13. Jürgen Habermas, "The Idea of the University: Learning Processes," *New German Critique* 41, Special Issue on the Critiques of the Enlightenment (pranverë–verë, 1987): 3–22.

COMPTER SUR L'IMPOSSIBLE INEXISTANT – TO RELY ON THE INEXISTENT IMPOSSIBLE[1]

Judith Balso

What is the value of the word "disaster"? This has been my first question, when I read the title of our meeting: "Pedagogies of the Disaster."

Its value is certainly linked to its subjective power: today we feel and experiment countless situations as pure disasters. Disaster is the name we give to our violent feeling that – if we speak as Marcellus did in *Hamlet* – "something is rotten" in all our States of Denmark. Yet, in spite of its apparent radicalism, the word "disaster" is not an elucidating word. In fact, it easily becomes a consensual designation of an elusive state of things. For instance, most reactionary people would agree with the existence of disaster, as far as education is concerned. Furthermore, when you speak of disaster, you cannot say which time you are in: After the disaster? Within the disaster? Before the disaster? At the eve of it? At its dawn? And then, what should be our task? Preventing the disaster? Overcoming it? In fact, "disaster" seems to me a noun that suspends time, and therefore suspends thought and action. Quoting John Van Houdt, I would like to highlight his interrogation: "We should hesitate before attributing any clear critical function to the rhetoric of disaster."

My personal conviction is that we should replace this rhetoric of disaster by a thought in terms of space and places. We should ask the question: where are we? Rather than the question: when are we? – I mean: shall we be able to create new sites, new places? And what do we need to do that? My choice: talking about teaching and learning, about what I am doing when I am teaching and learning, rather than talking about disaster.

So I'll propound to *replace any analysis in terms of disaster by the prescriptive decision of creating new "locus," places "elsewhere,"* places from which we may anticipate, places we have to build. *Naming our time requires creating new places*. This will be my first hypothesis. I'll name it *Nico's hypothesis*, for obvious reasons, since in his first presentation he called us to "to examine the irresponsibility of teaching philosophy to nurses and policemen", to "meet thinking in the market place and on the streets." At the same time it is

Nick's hypothesis, because Nick firmly reminded us that if we want to do something, we just have to begin, we do not need anything else than our own true common decision.

Maybe the strongest diagnosis we all share here deals with the incompatibility between existing schooling and thinking. At the end of the sixties of the previous century, Lacan identified the speech of University as the "speech of knowledge." He already pointed to a tension, a conflict, between knowledge and truth, between knowledge and thought: knowledge was something like the waste of truth, or the corpse of thought. Yet, University and school were still giving access to knowledge without preventing thought. Today, on the contrary, we experience that schooling institutions destroy thinking, at different levels, with different means: but this is how they work. And consequently we experience that *teaching is fighting to rebuild shared abilities to think*. So, *to think must be at the center, at the core of any new schooling place*. This second hypothesis should be called *Julia's hypothesis*, as she distinctly asked: "from where today to call such thinking? To think thinking today?"

Actually, there were two questions within Julia's hypothesis: the question of "today, *thinking*" and the question of "thinking *today*." We should rebuild shared abilities to think, but also new capacities of thinking what our today is made of. This proposal still extends the diagnosis, and consequently our task: existing schooling institutions are not only adverse to thinking, they are also obstacles to think today. In spite of all predominating official assertions about the requisite adaptability of University and schools to the existing world, they obviously produce neither a thought, nor even a true knowledge, of this world. This is one reason why I guess that the existing schooling institutions are already over – even when they survive, and above all when they transform themselves to adapt themselves to the existing world. This third hypothesis should lead us *to abandon a reflection limited to critical investigations and throw us into questions of affirmation, imagination and invention*: What are we able to sketch as the main axis of a new teaching? This hypothesis deserves to be named *Adam's hypothesis*: isn't he, among us, the one who passionately asked for "a space that accommodates the exposure of irrepressible imagination"?

However, "today" is not the last word of what we have to think. We have to re-appropriate a still silent history and to open our present time to a future. I mean: we should create new strength, new might, to influence on the life to come. Our common work should reinforce each of us in facing the disastrous worlds in which we all live. There are several questions at stake here: *Are the so-called Humanities still a guide for life to become human again? How is it possible to work for democratic constructions fighting monopolies of power? How shall we face the violence against unknowing, and learn to create from an immanent unknowability? Shall we be able to invent "exilic education" for all, instead of social inclusion for the weakest, for "the man below the man below the man,"* – of whom Stevens draws the potent figure at the end of his astounding poem of the thirties, "Owl's Clover"? Several names were obviously possible to designate this fourth set of questions, but I will propose to call it *Vincent's hypothesis* to thank him for having imagined, and organized our meeting here: a first place where these crucial matters may begin to be discussed.

Now I would like to go deeper into three points:
1. What may we learn from the historical existence of University and school?
2. Should we defend the Humanities, or invent a new set of in-human disciplines?
3. What could be some principles and orientations to begin with?

What May We Learn from the Historical Existence of University and School?
One of Mao's maxims was: if we want to investigate a question, we should begin by studying its history. I shall follow this method. I think that we need history today against a certain "essentialization" of the present. What I call "essentialization" is a way of transforming everything existing today into eternal essences, valuable for what existed before. We need history to supple our visions and become more imaginative. I must add that I do not consider History as a matter of objective facts. As I understand it, as I work with it, History deals with singularities and discontinuities. I am interested in "processes," in what emerges and what ends – that is to say, in identifying sequences as problematic moments of what exists.

In Western countries, University has already had two different figures: the Middle Ages University and the Modern European University. There is no continuity at all between these two figures. Both were contingent and singular inventions. Our first mental effort should be to admit that university and school are not permanent institutions; masters and students always exist, while university and school do not always exist. They began once and once they find their end. And I am quite convinced that *university and school are already over, even if something still exists under these names.* We should not separate the fate of university from the fate of secondary schools. In France, for instance, secondary institutions have become just oppressive and destructive places for two-thirds of young girls and boys; last year, 900.000 of them had left school and were entirely out of any schooling. We cannot imagine that University may survive when secondary education is now so widely opposed to youth.

This does not mean that we can no longer do anything at university or at school. But we should be aware that the scale of a possible action is the class, which has no capacity to transform the institution as a whole – this is probably one reason why I never belonged to any university, and only taught in places where people were volunteers: the Collège international de philosophie in Paris, the European Graduate School, the Atelier La Vignette in Montpellier…

It is not the place to go into details about the Middle Ages University, but I think it is important to recall and emphasize some features of its birth and destiny.[2] At the origin of Middle Ages University, we find the existence of wandering people, following whom they choose as their masters, their intellectual masters. These masters taught in all kinds of places, being wandering masters themselves. Abélard, for instance, was one of them, and famous because of his teaching of "dialectics," the fact that he based his arguments only on the resources of his own mind, refusing any recourse to tradition and authorities.

At the core of the movement that will lead to the creation of universities as such, we find what I propound to call three emancipatory claims:

FIRST CLAIM: the affirmation that "on ne peut croire ce qui ne se comprend pas" – "one cannot believe what is not understandable." This means that we have to free ourselves from the domination of faith, and from the influence of Church. Or, as Bernard de Chartres wonderfully puts it: Je refuse de "suivre en captif la chaîne d'une autorité affabulatrice" – I refuse to be "captive in the chains of fabled inventions of any authority."

SECOND CLAIM: the conviction that all human workers should belong to the same whole, to a unique set. Countrymen and craftsmen should not be separated from artists and intellectuals. This idea has great consequences for the appearing of new branches in schooling: physics, mechanics, economics and, of course, dialectics, add themselves to the previous disciplines - grammar, rhetoric, arithmetic, music, geometry, and astronomy. The name "Liberal Arts" incarnates clever technics of what it is "to make." So, to think and to make are closely linked.

THIRD CLAIM: Multiplicity of origins, and multiplicity of ages. Every teaching place is international, masters and students come from everywhere, and the most graduated masters are allowed to teach wherever. Universities are not even restricted to higher teaching; their attendants are from eight up to thirty-five, forty years old.

In fact, the emergence of Middle Ages University is supported by a vigorous collective trend which Gilbert de Tournai sums up quite well: "Jamais nous ne trouverons la vérité si nous nous contentons de ce qui est déjà trouvé – we'll never find the truth if we satisfy ourselves with what has already been found." And, "la vérité est ouverte à tous, elle n'a pas encore été possédée tout entière – truth is open to everyone, no one has ever been entirely in possession of it." This trend exists as a decisive part of the town, even if it has no places of its own, no buildings as such, being sheltered in churches or convents. In Paris, craftsmen, tradesmen, and poor people constituted the "Big Town"; the nobility, the Court and the Church constituted the "City"; and students and their schools were the "University." Of course, they are part of the urban development, of the communal movement, of the organization of different crafts in towns. But I insist: the movement is intellectual first. It bears new crucial decisions about intellectuality. *A totally new intellectual will expresses itself, and its existence precedes the existence of any official institution, of any State initiative.*

It is so true that, when these decisions ceased to be alive, the nature of university deeply changed. In the 14th century, when States, Popes, and Kings created a great number of universities, teaching becomes hidebound, ossified. It is the moment when people like Rabelais, Montaigne, or the poet François Villon openly mocked the "Sorbonagres" and the "Sorbonicoles" (as Rabelais calls them). Henceforth, the "Sorbonne" incarnated false knowledge. Creators and thinkers were no more linked to universities. For a long period, education and schooling fell again into the hands of the Church. Remember how, at the end of the 18th Century, people like Hegel, Hölderlin, and Schelling were taught in seminaries, that is to say, in training college for the priesthood (the "Stift" in Tübingen, where they met, was meant for turning out religious ministers).

And remember how, for rich people, schooling was a business of private teachers (and precisely the only way Hölderlin found to escape his liability to pastorate).

What may we deduce from the way Medieval University emerged? *I think that we should keep in mind the fact that intellectual new claims, new principles regarding knowledge and thought, are the true origin of any new schooling institutions. Then I would try to show you how teaching and schooling are always linked, not to the ordinary history of the State, but to crucial emancipatory decisions,* that may (or not) force themselves to the State. In fact, I would like to comment why Reagan was justified when he asked in the eighties: "Why should we subsidize intellectual curiosity?" It is a true question: Why should a state subsidize intellectual curiosity? We have a naïve vision of what a state is, when we imagine that education and schooling are always one of its functions. And especially now, when Western states are breaking with all their positive functions.

Modern University itself was born from the French Revolution,[3] first through the creation of the short-lived "Central Schools" (Ecoles centrales) – organized after long and complex debates in the revolutionary Convention –, and second through the invention of the "Higher Scientific Institutes," created from principles Humboldt propounded in the aftermath of the same sequence. With the "Central Schools," all sciences that religions and churches had banished from education suddenly entered the school, above all the study of physical and natural phenomena, as well as of historical and social phenomena. Another major innovation was the existence of *free lessons*. Each student may choose the classes he wanted to attend, and freely organize his own syllabus. This possibility being related to the new conviction that knowledge should no longer be conceived as an exclusive and hierarchical system, but as a free and boundless research.

Some years later, Humboldt laid down the same idea as an axiomatic founding for Modern university: students need teachers, but teachers need students even more, because *knowledge is something entirely open, never completed, constantly in progress*. Teachers and students are potentially equal. Moreover, *the lack of knowledge is not a negative point; on the contrary, it plays a decisive, and active, part in the production of knowledge.* In fact, a major differentiation was appearing: *the difference between "knowledge" and "thought."* In the moment of its founding at least, Modern University should be understood as a place where developing everyone's ability "to think" was the crucial objective. The part played by those not knowing is considered crucial to renew knowledge and let it open.

I will add that exactly the same kind of situation explains the birth of secular, free of charge, and mandatory education at the end of the 19th century in France. In 1871, for the sixty days it went on, the Paris Commune had already proclaimed this kind of education for all children, from six years old to fifteen years old, including the creation of schools for girls, and inventing the first professional schools where workers were asked to teach. People rose up against religion, against individualism, against Order, Family, and Private Property that were the motto of French and Prussian armies they were facing. So the Paris Commune also decided that teaching should be based on experimental and scientific methods, and should take its departure in observing facts – physical, intellectual or moral facts.

Another major topic was that everyone should be able to pass from school to workroom, and to develop one's mind while earning one's living:

> Il faut qu'un manieur d'outil puisse écrire un livre [...] sans pour cela se croire obligé d'abandonner l'étau ou l'établi. Il faut que l'artisan se délasse de son travail journalier par la culture des arts, des lettres ou des sciences, sans cesser pour cela d'être un producteur[4] – A tool handler should be able to write a book [...] without believing himself to be forced to abandon his vice or workbench. The craftsman should repose from his daily work through the culture of arts, literature, or science, without therefore ceasing to be a producer.

You recognize here the Marxist idea of the polyvalent worker – an anticipation on polyvalent mankind - and the refusal of any separation between manual work and intellectual work. In spite of the bloody crushing of the Commune by the same men who would create the Third Republic on its ruins, the previous State had to change. In matters of education, it had to set up the secular, free of charge and mandatory schooling – precisely as imagined and proclaimed by the Paris Commune. Why do I stress this last point? Because *we find here a new thread to follow: educational innovations are linked to progressive, emancipatory sequences. It may happen that states be interested in these inventions, but their origin does not belong to the state machine.* This should hearten us, encourage us to promote our own ideas about education. (And it entirely justifies the fact that we had to discuss here not only pedagogic attempts, but also some new political or artistic experiences.)

Furthermore, not only the beginning of Modern University, but also its ends depended on political circumstances. Saying that, I am thinking of a remarkable essay by Alessandro Russo, "Destini dell' Università" published in *Polygraph* in 2007, in a special issue of this review (the title of which was: "There are Students at the University").[5] I quite agree with Alessandro Russo's vision of the last positive sequence of Modern University, namely that in Europe and North America universities were at their zenith during the years 1945–1965 for political reasons linked to the Cold War. The battlefield was not only a military battlefield, it was also a civil battlefield, a pacific yet very serious confrontation. Western states had to prove equal to Socialist states, as far as education and schooling were concerned. And in 1945 they were very far from being able to compete with Socialist educational systems.

I will defend the idea that what put an end to Modern University is not neo-liberalism, but political movements of the seventies everywhere in the world – from Western movements to the Chinese Cultural Revolution. In fact, liberalism is now destroying *places that had already been declared obsolete by these movements, when they rose up against the existing (both socialist and capitalist) worlds.* Mobilised students and workers asked for totally different places where they could learn altogether. The most decisive events took place in China, when thousands of workers claimed that neither the Socialist State nor the Communist Party knew what was at stake for workers in Socialist factories.

In my words, I would say that from the point of view of these workers, the Socialist State and the Communist Party no longer delivered any true knowledge to identify a possible new figure of factory and work. Thought had to be reopened, and it meant that everyone had to become able to think by oneself what new path should be invented. As you know, the question created a huge disorder and opened a void, a gap, into politics. And the void is still here… This is a major point. Because it is not only a void in and about politics, it is also a void about mankind, a silently increasing void, leaving us in front of a kind of limit. Most people today experiment a devastated figure of their work. How could intellectual work be clear and strong, when every other kind of work is devastated? Chinese poets have felt the existence of such a void. Let us listen to Meng Lang, who wrote in the eighties: "Poets inhabit the blind spots of history. Anyone who has an historical vision cannot see them. Only in the twentieth century, mankind discovered the existence of such blind spots in history. Poets have discovered them." For me, these "blind spots" name places, or moments, when mankind discovers that it is face to face with the void it is made of – having to decide how it will be able, or not, to go on inventing itself. Shall we clear this limit? Shall we become able to jump over ourselves?

Defending the Humanities, or Creating a New Set of In-Human Disciplines?

I'll dare say that the crisis of the disciplines called the "Humanities" is connected to their total inability to help this question to progress. Biology, economy, linguistics, sociology, literature and, academic philosophy were meant to propound something like *a unified vision of mankind*. I would say: a vision of mankind as "full" – a *"full humaneness."* Now it seems that such a vision no longer exists. Or that it is surviving as a dead figure, without any strength, nor influence. Or, still worse, that it has become a deplorable veiling of the true nature of the worlds we live in. And I guess this is the main reason why these disciplines are so easily attacked, and put apart, by neo-liberal states everywhere.

Let us listen to one upholder of the so-called "Humanities," to someone who is both aware of their crisis and anxious to reassert their existence. What are the arguments? I'll inspire myself from a book by Martha C. Nussbaum, *Not for Profit: Why Democracy Needs the Humanities*:

> In many colleges and universities today, programs in the humanities or liberal arts are curtailed if not eliminated in favour of a focus on technology and narrowly professional training.

This seems to be a plain statement. But we should pay attention to the separation which is admitted and at work here: on one side (the right side), the humanities; on the other side (the wrong side), technology and professional training. But why should we despise technology and professional training? I am not ready to abandon them to the enemy! Yet this separation is given as having a value by itself, and of course it goes with a pessimistic diagnosis:

> If the real clash of civilization is a clash within the human soul – as greed and narcissism contend against respect and love – then all modern societies are rapidly losing the battle as they feed the forces that lead to cultures of equality and respect.

I am not sure at all that anything like a clash of civilization exists, and even less sure that I would recognize its leftist version – "a clash within the human soul." So I am not surprised that the prognosis about the disease be pessimistic: "we are losing the battle." Cultures of equality, respect and love are losing the battle in front of greed and narcissism. And the humanities are the last place where equality, respect and love are cultivated. We might laugh at such a hypocritical vision of our "civilization" since we should immediately object that equality, respect and love are not predominant realities in our worlds! But, involuntarily I guess, here something important is said regarding the fight between what Freud called the "death wish," or drive, and the "life wish." Paradoxically, the death wish makes mankind go forward, whereas the so-called life drive is the conservative one. And this might be a reason why greed and narcissism can be stronger than equality, respect and love, overall when they remain pure and pale abstractions.

After this parenthesis, let us go back to the analysis of our humanist protector of the Humanities: "The humanities and the arts are being cut away in virtually every nation of the world." This would be a sign of the global struggle going on between humanization and dehumanization. I quote again:

> Our world today is nearly overrun by atrocities: torture, terrorism, genocide [...] but how can such crimes be combated or reduced if there is no deliberate cultivation of humanity and humaneness – which is precisely the aim of the humanities.

Again I feel astonished. First by the flat, non-discriminating description of the "atrocities" of our worlds. Three kinds of atrocities (torture, terrorism, genocide) – the list is terrible, but limited, not exhaustive. For instance, you don't find here "the men and women living a life of toil" described by Nietzsche. The list is terrible, but it is impossible to identify responsibilities in each case. In fact, the list is composed in order to give us the feeling that evil is at work in our worlds, not to identify what is rotten in them. And to face these atrocities, what do we have? One clear weapon: "the humanities," because they are supposed to be "the cultivation of humanity and humaneness." Poor humanities! No surprise that they loose the battle, even if their struggle would not be to combat these crimes, but only "to reduce" them (one is never cautious enough in these matters!). But we are not yet at the end of our astonishments. This supposed "humanizing practice of the humanities," what does it consist in?

> Philosophically stated, the yield of the humanities is an "intrinsic" good, in the sense that their cultivation – just like the reading of poetry and flute playing – carries its benefit in itself: namely in the on going transformation and "humanization" of the practitioner.

So, against torture, terrorism and genocide, we'll have to be confident in these transformations of the practitioners. Poets and musicians will appreciate... The humanities are supposed to develop three key features: "Bildung," against the increasing stress on career objectives. Against utilitarian or ideological maxims, cultivation of prudential judgment: "Closely connected with the role of judgment, and in many ways the pivot of humanism is the conception of 'common sense', as a faculty nurtured in a community or social context." And – last but not least - against the relentless glorification of privatization and private profit, shared sensibility: "A will to grant primacy not to the abstractly universal cognition, but to practical, ethically nurtured experience in a social context."

To sum up, we should rely on the humanities as educating people for democracy, and this education would oppose itself to education for profit. The problem is that democracy itself is the main political figure, the governmental figure, of profit! So the intrinsic weakness of this position is obvious. It is just longing for what In French we call a "supplementary soul," or a "touch of soul" for democratic states – what Jonas calls "democratism."

It is quite true that most states today do not need intellectual curiosity, just people adapted to the jobs economy provides, and also to the nature of work – when work itself has become something rare and devastated. But I was quite surprised when John (who rightly assumes that "curiosity should return to the class who can rightfully afford to be curious") imagines that this class could be the upper class, the ruling class. If I am not mistaken in linking curiosity to a desire for emancipation, then those that can afford to be curious are... us, and everyone who will be interested in re-inventing different worlds. Yet "emancipation" is not the good name: because what we should learn from the withering of the humanities is precisely that humanity should no longer be thought as "fullness." Now we have to build on a void, and being aware that mankind is nothing else than a void. "Man without qualities," Musil said, "animal without properties" or "improper animal," Rousseau said, except its ability to play and imitate other animal skills...

We hate the inhumanity of our worlds, but the question is: where may humanity come back from? I advanced the idea of creating a new set of inhuman disciplines. This requires a small digression and correction.

Seven Principles to Begin With?

In front of our disabused times, there is a return of utopia, any utopia is made of attempts to describe and organize all aspects of a new life or a new world. It should be clear that I am not speaking of imagining any utopia, I am speaking of formulating principles. (Principles that are mine when I am teaching, and that might help us to share some first orientations wherever we are.) I am speaking of principles because I think it is too early, too soon, to create new disciplines of the in-humanities. (Even if some of us are already teaching things that have no names.) But it is not too early to discuss a set of hypotheses about what we should displace or about what has already been displaced in intellectuality as a whole, when it tries to deal with the new in-human conditions of humanity?

In fact I am confident that the moment for us is similar to the moment Althusser describes (about Machiavelli) in a splendid text, from which the title of my lecture was borrowed. I give you my own translation of this short text:

> I remembered Machiavelli, whose method (rarely stated but always used by him) is that "to think" should always be to think from extreme points, that is to say in a position where you state thesis "at the edge", a position where, just to render thought possible, you decide to occupy the place of the impossible. What did Machiavelli do? To change something in the history of his country, and consequently

in the minds of his readers he wants to provoke to think in order that they want, Machiavelli explains that one must only count *on one's own capacities,* that is to say, in that case, *on nothing* – neither on an existent State nor an existent Prince – but *on the impossible which does not exist* [for Machiavelli, a new Prince in a new State].[6]

We must count on our own capacities, that is to say: *on nothing, except what we'll define as our own inexistent impossible.* This also means that our common task should be to make this inexistent impossible exist, first in our minds, then in the minds of our readers, provoking them to think in order that they want. We should create a desire for it, a love for it, because this inexistent impossible will exist only if it has been desired and loved and wanted.

I must give another precision. What I call "principles" here is something rather singular: I imagine that they are a few magnetic points, orientating new compasses, opening new trajectories. They are not points about which we should engage a theoretical teaching. They rather are points through which we have to pass again and again when we think. I deduced these "principles" mainly from poets – those who know me won't be surprised – seven principles to begin with.

1. In 1974, Robin Blaser spoke of "those three enemies of the mind: psychology, sociology, and anthropology". He added: "Basically this is university." It all "involves us in a naïve realism," "Always being reduced to the expression of a man, the expression of the personality [...]. What bullshit." What are our own "enemies of the mind" today? Our own struggle cannot be restricted to the opposition between thought and knowledge – that was still at work inside the modern European university. It deals with another opposition, the one between thought and opinions, which is today an opposition between thought and information/communication. Already criticized by Plato, opinion has taken a new signification, precisely because it is now associated with the set communication/information. We have to oppose not only truth to knowledge, but directly the pair knowledge/truth to opinion. This is a huge displacement. When knowledge and truth were opposed, no one imagined that everything was entirely known; knowledge remained opened to truth. Now, everybody may have opinions on everything, founded on universal communication, i.e. circulation of information. And knowledge is closed, is no longer a process in progress.

To clarify this idea, I will lean on the way Blaser distinguishes between what he calls "to be speaking" and "to have been spoken." In the seventies, he establishes this difference about poetry, but it is poignant to realize that today it suits our own global situation. I quote:

> To be speaking means that you are literally at the edge of the composition of the real, I mean by this that you are composing the real, you have taken that responsibility and that task. And you are on the edge. Always. And the unknown is there and its shapes are extraordinary. That edging is extremely important. [...] Now, to have been spoken means that you then fall into the sociology and the anthropology and so on, you are always falling into what has been spoken by the culture.

> [...] To have been spoken is to be part of what was spoken so that you are not speaking.⁷

And Blaser goes on: when you begin to hold that, you are no more in the "now", but in

> something that is other and elsewhere, and mathematicians call that zero, "elsewhere." When you begin to understand it, it is an elsewhere from future past, it is not now, it is elsewhere. Where it is, I don't know, but it is that place where I am now, I am elsewhere. And then my past and my future are the things I must honour… but that zero is elsewhere.

It seems to me that these words may also resonate with Chris Fynsk's will to define a new and different place for schooling, at the edge of politics, elsewhere. I'll go back to this question of a place "elsewhere" when I'll point to the question of multiplicity. Just retain the energy with which Blaser asserts the requirement of being elsewhere, and not "now," if you want to be speaking and not to have been spoken. To be speaking certainly requires new affirmative abilities, not proceeding from negation and criticism. As Alberto Caeiro puts it, we have to "learn to unlearn" with poets as well as with philosophers and mathematicians. Learning also with them all to fight with language, with its opacity, learning to distinguish between acuteness and transparency. And with theatre and art, learning to love inexistent impossibles.

II. "WORKING ALWAYS WITH THE DARKNESS, THE UNKNOWN, AND THE INCOMPREHENSIBILITY" (ROBIN BLASER) This should be our general motto: not to fear darkness, the unknown, or incomprehensibility, but to work with them and travel through them. Not in order to stay in the dark, but to never forget the unknown – constantly discovering that we still do not understand what we should understand. Worlds are wide, and we still know very little of what we are capable.

III. IMPERSONALITY Here, Mallarmé and Pessoa should be our masters. Mallarmé because he decided he had to disappear from the language, so that the language may speak again, "and as a consequence speak manly again" (Blaser – of course, I underline the word "manly"). Pessoa because his heteronyms definitively showed the separation between on the one hand the personality and its discourse, on the other the absolute. Every heteronym bears a new work of poetry, and Fernando Pessoa himself is nothing else than one of these heteronyms, while the four poetic works altogether build a new and complex figure of truth. The semi-heteronym, Bernardo Soares, writing a prose, comments: "Always in this world a struggle will oppose the one who loves what there isn't because it exists, to the one who loves what there is because it doesn't exist." And he adds: in this struggle, no possible victory nor decision.

IV. INFINITY Learning with Leopardi to love the infinite. An infinite always located in singularities. Justin Joque spoke of "unlimited finite." So a discussion is already opened here: located infinite, or unlimited finite?

V. CONTINGENCY In "Two or Three Ideas" Wallace Stevens states:

> To see the gods dispelled in mid-air and dissolve like clouds is one of the great human experiences. It is not as if they had gone over the horizon to disappear for a time, nor as if they had been overcome by other gods of greater power and profounder knowledge. It is simply that they came to nothing.[8]

The dissolution of the gods leaves us with the assumption of truth as a fiction, with the requirement of creating what Stevens calls "supreme fictions."

VI. MULTIPLICITY Against what I call "presentism," what Blaser calls the pressure of the "now," we need to build a complexity of time, made of heterogeneous layers, as Dante did in his Divine Comedy just to be able to think his own time. This alludes to the difficulty of contemporaneity, to the requirement to be and not to be contemporaneous to our time. Here there is a tenseness that we must inhabit.[9] Contemporaneity requires an "elsewhere."

VII. "IT IS INTOLERABLE TO BE TOLERATED" I'll end with the most polemical principle, one of Pasolini's most vigorous statements. Against political correctness, against also the opinion that "all is politics," and defying "cultural studies," I would like to remind us of Jean Genet asking: "De quelle couleur c'est, un Noir? – What is the colour of a black man?"

The idea is that we may put at work these principles everywhere, putting them at work when we try to create new places, or if we are still teaching in old schools and universities. Maybe these principles could be helpful for some of you as they are for me. At least if you agree that teachers and students should be, as Stevens writes:

Thinkers without final thoughts
In an always incipient cosmos.[10]

Notes

1. Louis Althusser, "Soutenance d'Amiens," June 1975, in *Positions* (Paris: Les Editions sociales, 1976), 133: "[…] je me souvenais de Machiavel, dont la règle de méthode, rarement énoncée, mais toujours pratiquée, est qu'il faut penser aux extrêmes, entendons dans une position où l'on énonce des thèses-limites, où, pour rendre la pensée possible, on occupe la place de l'impossible. Que fait Machiavel ? Pour changer quelque chose dans l'histoire de son pays, donc dans l'esprit des lecteurs qu'il veut provoquer à penser pour vouloir, Machiavel explique à la cantonade qu'il faut compter sur ses propres forces, c'est à dire en l'espèce, ne compter sur rien, ni sur un Etat ni sur un Prince existants, mais sur l'impossible inexistant: un Prince nouveau dans une Principauté nouvelle."
2. Jacques Le Goff, *Les intellectuels au Moyen-Age* (Paris: Seuil, 1957).
3. Dominique Julia, *Les trois couleurs du tableau noir/La révolution* (Berlin, 1981).
4. Jacques Rougerie, *Paris libre 1871* (Paris: Seuil, 1971), 168–71: "Dans le court temps qui lui fut imparti, la Commune fit parfois autant, sinon plus, que n'accomplira la 3ème République en trente ans."
5. Translated as Alessandro Russo, "Destinies of the University," trans. Roberta Orlandini, *Polygraph* 21 (2009). See http://clubpolitico.altervista.org/7destinyofuniversity.html – Ed.
6. Althusser, "Soutenance d'Amiens," 133. See fn. 1 for the citation in French.
7. Robin Blaser, in *The Capilano Review* 6 (Fall 1974). I owe the revelation of this text to Matthew Beckmann – a student of EGS.
8. Wallace Stevens, "Two or Three Ideas," in *Collected Poetry and Prose* (New York: The Library of America, 1996), 842.
9. Stéphane Mallarmé, "Quant au livre / L'action restreinte," *Variations sur un sujet* (Paris: Pléiade), 372: "Mal informé celui qui se crierait son propre contemporain, désertant, usurpant, avec impudence égale, quand du passé cessa et que tarde un futur, ou que les deux se remmêlent perplexement en vue de masquer l'écart."
10. Wallace Stevens, "July Mountain" from "Late Poems," in *Collected Poetry and Prose* (New York: The Library of America, 1997), 476.

COMPTER SUR L'IMPOSSIBLE INEXISTANT – TË MBËSHTETESH MBI TË PAMUNDURËN JOEKZISTUESE[1]

Zhydit Balso

Çfarë vlere ka fjala "shkatërrim"? Kjo qe pyetja e parë që i bëra vetes kur lexova titullin e takimit tonë: "Pedagogjitë e shkatërrimit."

Padyshim që vlera e kësaj fjale lidhet me fuqinë e saj subjektive: Sot ne përjetojmë situata të panumërta si katastrofa të mirëfillta. Shkatërrim është emri që ne i vëmë ndjenjës së dhunshme që kemi se (po të shpreheshim si Marceli tek *Hamleti*) "diçka është kalbur"* në të tëra shtetet tona të Danimarkës. Por, megjithë radikalizmin e saj të dukshëm, fjala "shkatërrim" nuk është një fjalë sqaruese. Në fakt, shumë lehtë ajo mund të bëhet përcaktimi konsensual i një gjendjeje të përgjithshme të parrokshme. Për shembull, shumica e njerëzve reaksionarë do ta pranonin ekzistencën e shkatërrimit në arsim. Për më tepër, kur dikush flet për shkatërrimin, ai nuk mund të përcaktojë ekzaktësisht se në ç'kohë ndodhet: Pas shkatërrimit? Brenda shkatërrimit? Para shkatërrimit? Në prag të tij? Në agimin e tij? E pastaj, cila duhet të jetë detyra jonë? Të parandalojmë shkatërrimin? Ta mposhtim atë? Në fakt, "shkatërrim" më duket një emër që pezullon kohën dhe kësisoj mendimin dhe veprimin. Duke cituar Xhon Van Haut [John Van Houdt], do të doja të theksoja hetimin e tij: "Duhet të hezitojmë para se t'i atribojmë një funksion të qartë kritik retorikës së shkatërrimit."

Bindja ime personale është se ne duhet ta zëvendësojmë këtë retorikë me një mendim që lidhet me hapësira dhe vende. Pyetja që duhet t'i bëjmë vetes është: Ku ndodhemi? Jo: Kur ndodhemi? – Domethënë: a do të jemi të zotët të krijojmë pozicione dhe vende të reja? Zgjedhja ime: të flas sot për mësimdhënien dhe të mësuarit, për atë çka unë bëj kur jap mësim dhe mësoj, në vend të shkatërrimit.

Kështu, propozoj *të zëvendësojmë çdo lloj analize që lidhet me shkatërrimin me vendimin për të krijuar vendndodhje të reja, vende "gjetkë," vende prej të cilave ne mund të paraprijmë, vende të cilat duhen ndërtuar. Që t'i gjejmë emrin kohës tonë na duhet të krijojmë vende të reja.* Kjo do të jetë hipoteza ime e parë. Do ta quaj *hipoteza e Nikos* [Nico],

---

* Shën. i përkth. – "Diç na u-kalp në mbretëri të Danemarkës." Përkthyer nga Fan S. Noli.

për arsye që janë të kuptueshme, pasi qysh në prezantimin e tij të parë ai na bëri thirrje "të ekzaminojmë papërgjegjshmërinë e mësimit [*teaching*] të filozofisë inferemiereve dhe policëve," të "ndeshemi me të menduarit në treg dhe në rrugë." Dhe tani *hipoteza e Nikos dhe Nikut* [*Nick*], pasi Nik na kujtoi se nëse duam të bëjmë diçka duhet thjesht të fillojmë, se nuk na duhet asgjë tjetër veç vendimit tonë të përbashkët.

    Ndoshta diagnoza më e thellë të cilën të gjithë ne këtu e ndajmë është mospërputhja midis shkollimit ekzistues dhe të menduarit. Në fund të viteve gjashtëdhjetë, Lakan [*Lacan*] e cilësoi ligjëratën e Universitetit si "ligjëratën e dijes." Ai kishte vënë në dukje që më parë tensionin dhe konfliktin që ekziston midis dijes dhe të vërtetës, midis dijes dhe mendimit: dija ishte diçka e ngjashme me shpurjen dëm të së vërtetës ose me kufomën e mendimit. E megjithatë, asokohe Universiteti dhe shkolla vazhdonin të ofronin dije pa bllokuar mendimin. Sot, përkundrazi, ajo që ne përjetojmë është se institucionet arsimore shkatërrojnë të menduarit, në nivele të ndryshme dhe në mënyra të ndryshme: por ato funksionojne pirkërisht kështu. Rrjedhimisht, ne kemi ndjesinë se *të japësh mësim do të thotë të luftosh për të rindërtuar aftësitë e përbashkëta të të menduarit*. Pra, *të menduarit duhet të përbëjë thelbin e çdo lloj praktike të re shkollimi*. Kjo hipotezë e dytë duhet quajtur *hipoteza e Julias*, pasi ajo shtroi pyetjen: "prej ku mund t'i bëjmë thirrje këtij lloj mendimi sot? Të mendojmë të menduarit sot?"⁵

    Në fakt, hipoteza e Julias përmban dy pyetje: pyetjen e "të menduarit, sot," dhe pyetjen e "mendimit të së sotmes." Ne duhet jo vetëm të rindërtojmë aftesitë e përbashkëta të të menduarit por edhe të krijojmë kapacitete të reja për mendimin e të sotmes. Ky propzim thellon diagnozën dhe për pasojë edhe detyrën tonë: institucionet ekzistuese të shkollimit jo vetëm që nuk e ushqejnë të menduarit, ato pengojnë mendimin. Megjithë deklaratat zyrtare mbi domosdoshmërinë e përshtatjes së Universitetit dhe shkollave me botën e sotme është më e qartë se këto nuk prodhojnë as një mendim as edhe një dije të vërtetë të kësaj bote. Kjo është një nga arsyet pse unë mendoj se institucionet arsimore tashmë kanë marrë fund – edhe në ato raste kur ato vazhdojnë të mbijetojnë, dhe sidomos kur ato transformohen për t'u përshtatur me botën ekzistuese. Kjo hipotezë e tretë duhet të na shtyjë *të braktisim çdo reflektim që majftohet me hetime kritike dhe të na hedhë në pyetje që kanë të bëjnë me pohimin, imagjinatën dhe sajimin*: Çfarë jemi ne të aftë të skicojmë si aksin e një mësimdhënie të re? Kjo hipotezë e meriton të quhet *hipoteza e Adamit*: a nuk është pikërisht ai, mes tërë nesh, që në mënyrë pasionante bëri thirrje për "një hapësirë që të mund të strehojë shfaqjen e imagjinatës së pamposhtur"?

    Megjithatë, "sot" nuk është e vetmja gjë që duhet të mendojmë. Ne duhet të ripërvetësojmë një histori të kaluar akoma të heshtur dhe të hapim të tashmen tonë ndaj një të ardhmeje. Dua të them: ne duhet të krijojmë forca të reja, fuqi të reja, për të ndikuar mbi atë që do të vijë. Puna jonë e përbashkët duhet të na përforcojë, secilin prej nesh, në ballafaqimin me realitetet shkatërruese në të cilat jetojmë të gjithë ne. Disa çështje vihen në lojë këtu: *a vazhdojnë të jenë të ashtuquajturat Humanitete një manual për t'u bërë përsëri njeri? Si mund të punojmë për konstrukte demokratike që luftojnë monopolet e pushtetit? Si do ta përballojmë dhunën ndaj mosdijes, dhe të mësojmë të krijojmë prej një mosdijshmërie* [*unknowability*] *imanente? A do të jemi të zotët të sajojmë një "arsim mërgimtar" për të gjithë, në vend të përfshirjes sociale për më të dobëtit, për "njeriun nën njeriun nën njeriun,"* – portretin e fuqishëm të të cilit Stivens [*Stevens*] e skicon në fund të poezisë së tij të mahnitshme të fundit të viteve tridhjetë: "Owl's Clover"? Sigurisht që këtij grupimi të katërt pyetjesh mund t'i vinim disa emra, por unë do të propozoj ta quajmë *hipoteza e Vinsentit* [*Vincent*] për ta falenderuar atë që imagjinoi, dhe organizoi takimin tonë këtu: një vend i parë ku këto çështje kyçe mund të fillojnë të diskutohen.

Tani do të doja të futem më në brendësi të tre pikave:
1. Çfarë mund të mësojmë prej ekzistencës historike të Universitetit dhe shkollës?
2. A duhet t'i mbrojmë Humanitetet, apo të sajojmë një grupim të ri disiplinash johumane?
3. Cilat do të mund të ishin disa parime dhe orientime fillestare?

Çfarë mund të mësojmë prej ekzistencës historike të Universitetit dhe shkollës?
Mao e kishte për zakon të thoshte se: nëse duam të hetojmë një çështje, duhet të fillojmë me studimin e historisë së saj. Unë do të ndjek këtë metodë. Mendoj se sot historia na duhet për t'iu kundërvënë një lloj "esencializimi" të së tashmes. Ajo që unë quaj "esencializim" është një mënyrë për të transformuar gjithçka që ekziston sot në esenca të përjetshme, të vlefshme edhe për çka ekzistonte më parë. Ne na duhet historia për të zbutur shikimin dhe për t'u bërë më imagjinativë. Duhet të shtoj se nuk e shoh Historinë si të tillë si një çështjë faktesh objektive. Siç e kuptoj unë, kur punoj me të, Historia lidhet me vetëqenësi [*singularities*] dhe ndërprerje. Unë jam e interesuar në "processus," në atë që shfaqet dhe atë që mbaron – domethënë: në identifikimin e vazhdimësive si momente problematike të asaj që ekziston.

Në vendet Perëndimore, Universiteti ka ndërkaq dy fytyra: Universitetin e Mesjetes, dhe Universitetin Modern Evropian. Asnjë lloj vazhdimësie midis këtyre dy fytyrave. Të dyja qenë sajime rastësore [*contingent*] dhe vetëqenësore. Përpjekja e parë mendore e jona duhet të jetë të pranojmë që as universiteti e as shkolla nuk janë institucione të përherëshme: mjeshtrit dhe nxënësit kanë ekzistuar gjithmonë, ndërsa universiteti dhe shkolla jo. Ato filluan dikur dhe do të mbarojnë dikur. Dhe unë jam e bindur se *universiteti dhe shkolla kanë marr fund tashmë, edhe pse diçka vazhdon të ekzistoj nën këta emra*. Ne nuk duhet ta ndajmë fatin e universitetit prej fatit të shkollave të mesme. Në Francë, për shembull, institucionet e mesme janë bërë vende shtypëse dhe shkatërruese për dy të tretat e vajzave dhe djemve të rinj: vitin që shkoi, 900.000 prej tyre kishin lënë shkollën dhe kishin mbetur pa asnjë lloj shkollimi. Ne nuk mund të imagjinojmë se Universiteti do të mund të mbijetojë kur arsimi i mesëm tashmë i kundërvihet rinisë.

Kjo nuk do të thotë se ne nuk mund të bëjmë më asgjë në universitet ose në shkollë. Por ne duhet të jemi të dijenishëm se klasa është shkalla e çdo aksioni të mundshëm, dhe se ajo nuk ka aftësinë për të transformuar institucionin në tërësi. Kjo është ndoshta një prej arsyeve pse unë nuk i përkita kurrë asnjë universiteti, dhe dhashë mësim vetëm në vende ku njerëzit ishin vullnetarë: "Collège international de philosophie" në Paris, "European Graduate School," "Atelier La Vignette" në Montpellier...

Nuk është ky vendi për t'u futur në detaje rreth Universitetit të Mesjetës, por mendoj se është e rëndësishme të kujtojmë dhe të theksojmë disa tipare të lindjes dhe fatit të tij.[2] Në origjinat e Universitetit të Mesjetës gjejmë ekzistencën e njerëzve endacakë, që

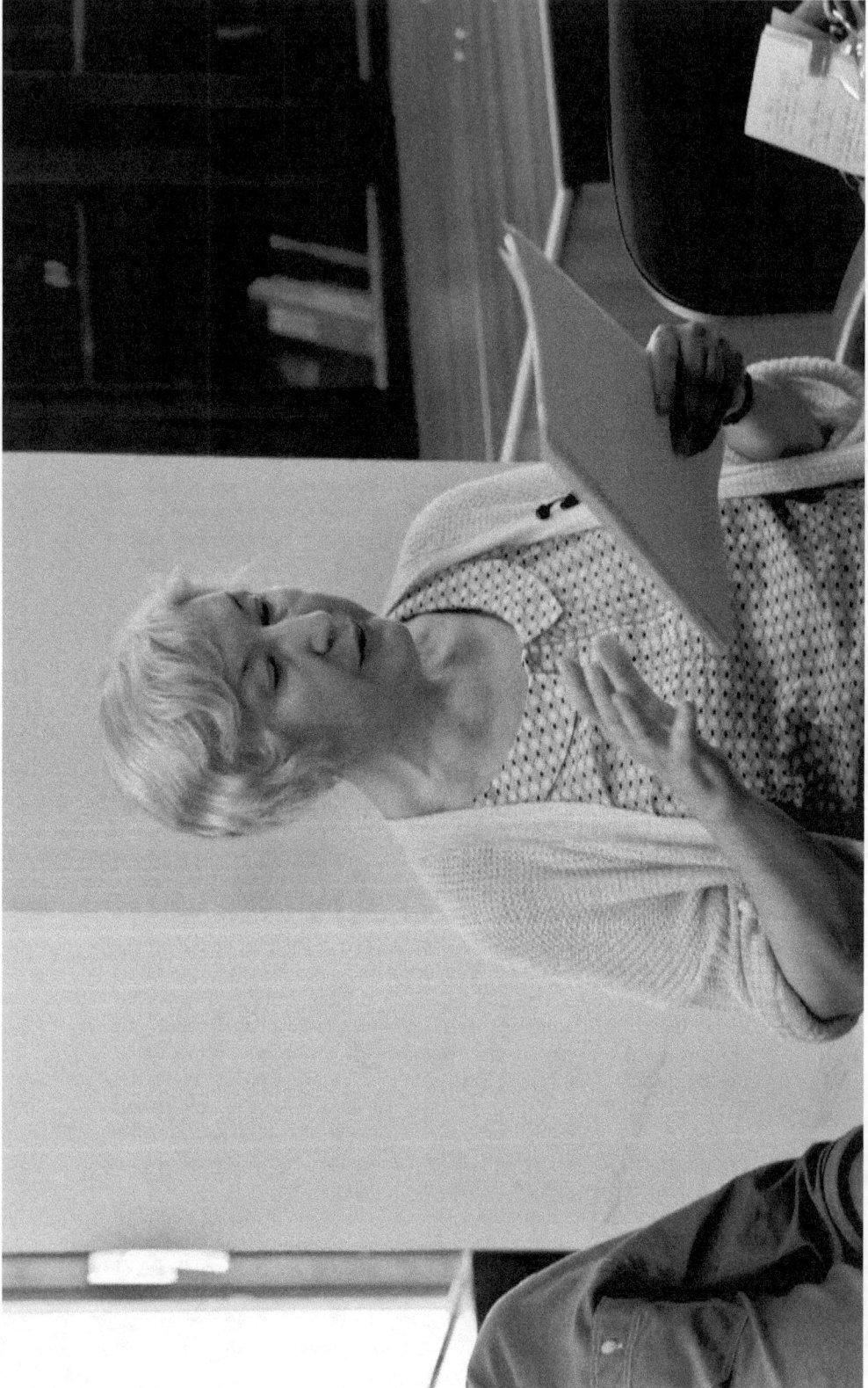

ndiqnin ata që zgjidhnin si mjeshtrit e tyre, mjeshtrit e tyre intelektualë. Këta mjeshtër jepnin mësim në lloj-lloj vendesh, duke qenë se ata vetë ishin mjeshtër endacakë. Abelar, për shembull, ishte njëri prej tyre, dhe i famshëm për mësimin e "dialektikës": faktin se ai i bazonte argumentet e tij vetëm mbi resurset e mendjes së tij, duke refuzuar çdo kthim ndaj traditës dhe autoriteteve.

Në thelbin e lëvizjes që do të çojë drejt krijimit të universiteteve të mirëfillta, gjejmë ato që unë propozoj t'i quajmë tri pohime empancipuese:

I PARI: pohimi se "on ne peut croire ce qui ne se comprend pas" – "dikush nuk mund të besojë atë që nuk është e kuptueshme." Kjo do të thotë: ne duhet të çlirohemi prej mbizotërimit të besimit, dhe ndikimit të Kishës. Ose, siç thotë Bernardi nga Chartres: "Je refuse de suivre en captif la chaîne d'une autorite affabulatrice – Unë refuzoj të burgosem në zinxhirët e sajimeve imagjinare të cilitdo autoriteti."

I DYTI: bindja se të gjithë punëtorët njerëzor duhet t'i përkasin të njëjtës tërësi, një bashkësie unike. Fshataret dhe artizanët nuk duhen veçuar prej artistëve dhe intelektualëve. Kjo ide ka pasoja të mëdha në shfaqjen e degëve të reja në shkollim: fizika, mekanika, ekonomia dhe, sigurisht, dialektika, iu bashkangjitën disiplinave të mëparshme – gramatikës, retorikës, aritmetikës, muzikës, gjeometrisë dhe astronomisë. Emri "Artet Liberale" mishëron teknikën e zgjuar e çfarë do të thotë "të bësh." Kështu pra, të mendosh dhe të bësh janë të lidhura ngushtë.

I TRETI: Shumësia e origjinave, dhe shumësia e kohëve. Çdo vend mësimi është ndërkombëtar, mjeshtrit dhe nxënësit vijnë prej gjithandej, dhe mjeshtrave më të përgatitur iu lejohet të japin mësim kudo. Universitetet nuk kanë as nevojë t'i përmbahen mësimit të lartë: pjesëmarrësit e tyre shkojnë nga tetë deri në tredhjetë e pesë/dyzet vjeç.

Në fakt, lindja e Universitetit Mesjetar mbështetet nga një tendencë kolektive vigoroze të cilën Zhilber [*Gilbert*] nga Tournai e ka përmbledhur mjaft mirë: "Jamais nous ne trouverons la vérité si nous nous contentons de ce qui est déjà trouvé – ne kurrë nuk kemi për ta gjetur të vërtetën nëse kënaqemi me atë që kemi gjetur." Dhe, "la vérité est ouverte à tous, elle n'a pas encore été possédée tout entière – e vërteta është e hapur për këdo, askush asnjëherë nuk ka qenë pronari i saj." Kjo tendencë ekziston si një pjesë e veçantë e qytetit, megjithëse nuk ka një vend të sajin, ndërtesa të mirëfillta, duke u strehuar në kisha apo kuvende. Në Paris, artizanët, tregëtarët dhe njerëzit e varfër përbënin "Qytetin e Madh"; fisnikëria, Oborri dhe Kisha përbënin "Qytetin"; dhe studentët dhe shkollat e tyre ishin "Universiteti." Sigurisht, ato janë pjesë e zhvillimit urban, e lëvizjes së përbashkët, e organizimit të zanateve të ndryshme nëpër qyetete. Por instistoj: lëvizja është pikësëpari intelektuale. Ajo mbart vedime te reja dhe kritike për intelektualizmin. *Një vullnet tërësisht i ri intelektual do të shprehet, dhe ekzistenca e tij paraprin ekzistencën e çdo institucioni zyrtar, apo iniciative shtetërore.*

Kjo është kaq e vërtetë sa, kur këto vendime morën fund, natyra e universitit ndryshoi thellësisht: në shekullin e 14-të, kur Shtetet, Papat dhe Mbretërit krijuan një numër të madh universitetesh, mësimdhënia bëhet mendjengushtë, amullohet. Ky është momenti kur njerëz si Rabële [*Rabelais*], Montenjë [*Montaigne*], ose poeti Fransua Vilon [*François Villon*] tallën hapur "Sorbonagres" dhe "Sorbonicoles" (siç i quan Rabëleu). Qysh prej këtij momenti, "Sorbonne" mishëroi një dije të rremë. Krijuesit dhe mendimtarët nuk ishin më të lidhur me universitetin. Për një periudhë të gjatë, arsimimi dhe shkollimi ranë edhe një herë në duart e Kishës. Të kujtojmë se si, në fund të shekullit të 18-të, njerëz si Hegel, Hëlderlin [*Hölderlin*] dhe Sheling [*Schelling*] u shkolluan nëpër seminare, – domethënë, në kolegje trainimi për priftërim ("Stift" në Tübingen, ku ata u takuan, kishte për qëllim të përgatiste meshtarë). Dhe të kujtojmë se si, për njerëzit e pasur, shkollimi ishte një biznes mësuesish privat, – (dhe pikërisht e vetmja mënyrë që gjeti Hëlderlin për t'iu shmangur përgjegjësisë së tij për të priftëruar).

Çfarë mund të nxjerrim prej mënyrës se si lindi Universiteti Mesjetar? *Mendoj se duhet të fiksojmë faktin se pretendimet e reja intelektuale, parimet të reja në lidhje me dijen dhe mendimin, janë origjina e vërtetë e çdo institucioni të ri arsimor.* Më pas do të përpiqesha *t'ju tregoja se si mësimsdhënia dhe shkollimi janë gjithmonë të lidhura, jo me historinë e zakonshme të Shtetit, por me vendime emancipuese kritike,* që mundet (ose jo) t'i imponohen Shtetit. Në fakt, do të doja të komentoja se pse Regan ishte i justifikuar kur shtroi pyetjen në vitet tetëdhjetë: "Pse duhet të subvencionojmë kuriozitetin intelektual?" Kjo është një pyetje e vërtetë: Pse duhet një Shtet të subvencionoj kuriozitetin intelektual? Ne kemi një përfytyrim naiv të Shtetit kur imagjinojmë se arsimimi dhe shkollimi janë gjithmonë një prej funksioneve të tij. Dhe sidomos sot, kur Shtetet Perëndimore po shkëputen prej të gjitha funksioneve të tyre pozitive.

Universiteti Modern është produkt i Revolucionit Francez[3]: fillimisht përmes krijimit të "Shkollave Qëndrore" [*Ecoles centrales*] jetëshkurtra – të organizuara pas debatesh të gjata dhe të ndërlikuara në Konventën revolucionare –; më pas, përmes sajimit të "Instituteve të Larta Shkencore," të krijuara prej parimeve të Humboltit [*Humboldt*] pas të njëtës vazhdimësie. Me "Shkollat Qëndrore," të gjitha shkencat që fetë dhe kishat kishin dëbuar prej arsimit papritmas hynë në shkollë: mbi të gjitha, studimi i dukurive natyrore dhe fizike, si dhe ai i fenomeneve historike dhe sociale. Një tjetër risi e madhe ishte ekzistenca e mësimeve falas: çdo student mund të zgjidhte klasat të cilat ai donte të frekuentonte dhe të organizonte lirisht planin e vet mësimor. Kjo mundësi lidhej me bindjen e re se dija nuk duhej konceptuar më si një sistem hierarkik ekskluziv por si kërkim i lirë dhe i pakufizuar.

Disa vite më vonë, Humbolt parashtroi një ide që do të mund ta quanim themelin aksiomatik të universitetit Modern: studentët kishin nevojë për mësues, por mësuesit kishin akoma më tepër nevojë për studentë, sepse *dija është diçka tërësisht e hapur, asnjëherë e përfunduar, vazhdimisht në zhvillim.* Mësuesit dhe studentët janë, potencialisht, të barabartë: për më tepër, *mungesa e dijes nuk është diçka negative; përkundrazi, ajo luan një rol vendimtar dhe aktiv në prodhimin e dijes.* Në fakt, një dallim madhor po shfaqej: ai midis "dijes" dhe "mendimit." Por, të paktën në momentin e themelimit të tij, Universiteti Modern duhet kuptuar si një vend ku zhvillimii aftësisë të secilit për të menduar ishte një objektiv kyç. Roli i luajtur prej atyre që nuk kanë dije konsiderohet thelbësor për të rinovuar dijen dhe për ta mbajtur atë të hapur.

Do të shtoj se ekzaktësisht e njëjta situatë shpjegon lindjen e arsimit laik, pa pagesë dhe të detyruar të fundit të shekullit të 19-të në Francë: në 1871, përgjatë gjashtëdhjetë ditëve që vazhdoi, Komuna e Parisit e kishte shpallur ndërkaq këtë lloj arsimi të detyruar për të gjithë fëmijët, nga gjashtë deri në pesëmbëdhjetë vjeç, – duke përfshirë edhe krijimin e shkollave për vajzat, dhe sajimin e shkollave të para profesionale ku punëtorëve iu kërkohej të jepnin mësim. Njerëzit u ngritën kundër fesë, kundër individualizmit, kundër Renditi, Familjes dhe Pronës Private, të cilat ishin motoja e ushtrive Franceze dhe Prusiane që ata duhet të përballnin. Kështu Komuna e Parisit vendosi se mësimdhënia duhet të bazohet mbi metoda eksperimentale dhe shkencore, dhe duhet të ketë si pikënisje vrojtimin e fakteve – fizike, intelektuale ose morale.

Një tjetër temë madhore ishte: të gjithë duhet të jenë të aftë të kalojnë nga shkolla tek vendi i punës, dhe të zhvillojnë mendjen ndërkohë që fitojnë jetesën e tyre:

> Il faut qu'un manieur d'outil puisse écrire un livre [...] sans pour cela se croire obligé d'abandonner l'étau ou l'établi. Il faut que l'artisan se délasse de son travail journalier par la culture des arts, des lettres ou des sciences, sans cesser pour cela d'être un producteur[4] – Duhet që një punëtor krahu të mund të shkruaj një libër [...] pa besuar se është i detyruar të braktisë morsën ose stolin e punës. Duhet që artizani të bëjë pushim nga puna e tij e përditshme nëpërmjet kulturës dhe artit, letrave ose shkencave, pa pushuar ama së qeni një prodhues.

Do të dalloni këtu idenë marksiste të punëtorit polivalent, – në pritje të njerëzimit polivalent –, dhe refuzimit të çdo lloj ndarjeje midis punës së krahut dhe punës intelektuale. Me gjithë shtypjen e përgjakshme të Komunës prej të njëtëve burra që do të krijonin Republikën e Tretë mbi rrënojat e saj, Shteti i mëparshëm duhej të ndryshonte: për sa i përket arsimit, ai duhet të ngrinte shkollimin laik, pa pagesë dhe të detyruar – të imagjinuar dhe shpallur pikërisht nga Komuna e Parisit. Pse e theksoj këtë pikë të fundit? Sepse këtu *ne gjejmë një fill që do të mund ta ndiqnim: risitë arsimore janë të lidhura me vazhdimësi empancipuese dhe progressive. Mund të ndodh që Shteti të jetë i interesuar në këto risi, por origjina e tyre nuk i përket aparatit shtetëror.* Kjo duhet të na japi zemër, të na inkurajojë të promovojmë idetë tona mbi arsimin. (Dhe justifikon plotësisht faktin se këtu ne nuk duhet të diskutonim vetëm përpjekje pedagogjike, por edhe disa eksperienca të reja politike dhe artistike.)

Për më tepër, jo vetëm fillimet por edhe qëllimet e Universitetit Modern vareshin nga rrethana politike. Me këtë kam ndërmend një sprovë të fortë të Alessandro Russos, "Fatet e Universitetit [*Destini dell' università*]" publikuar në revistën *Polygraph* në 2007, në një numër të veçantë të saj (titulli i të cilit ishte: "Ka Studentë brenda Universitetit"). Jam dakord me vizionin e Alessandro Russos për vazhdimësinë e fundit pozitive të universitetit Modern: në Evropë dhe në Amerikën e Veriut, universitetet ishin në kulmin e tyre gjatë viteve 1945–1965 për arsye politike që kishin të bënin me Luftën e Ftohtë. Fusha e betejës nuk ishte vetëm ushtarake, ajo ishte gjithashtu civile, një ballafaqim paqësor e megjithatë mjaft serioz: Shtetet Perëndimore duhet të tregoheshin të barabarta me Shtetet Socialiste, për sa i përkiste arsimit dhe shkollimit. Dhe në vitin 1945 ato ishin shumë larg sistemeve Socialiste të arsimimit.

Do të mbroj idenë se ajo që i dha fund universitetit Modern nuk është neo-liberalizmi, por lëvizjet politike të viteve shtatëdhjetë kudo në botë, – që nga lëvizjet Perëndimore e deri te Revolucioni Kulturor kinez. Në fakt, sot liberalizmi është duke shkatërruar *po ato vende që ndërkaq ishin deklaruar të dala nga përdorimi nga këto lëvizje, kur ato u ngritën kundër botëve ekzistuese (kapitaliste dhe socialiste).* Studentët e mobilizuar dhe punëtorët kërkuan vende të tjera ku mund të mësonin të gjithë bashkë. Zhvillimet më vendimtare ndodhën në Kinë: kur mijra punëtorë pretenduan se as Shteti Socialist dhe as Partia Komuniste nuk e dinin se çfarë ishtë në lojë për puntorët në fabrikat socialiste.

Në fjalët e mia, do të thoja se, nga pikëpamja e këtyre punëtorëve, Shteti Socialist dhe Partia Komuniste nuk jepnin më një dije të vërtetë që do të mund të identifikonte një figurë të re të fabrikës dhe të punës. Mendimi duhej hapur edhe një herë, dhe kjo nënkuptonte se cilido duhej të bëhej i aftë për të menduar vetë se çfarë shtegjesh të reja duheshin sajuar. Siç e dini, çështja shkaktoi trazira të mëdha dhe hapi një boshllëk, një hendek, në politikë. Dhe ky boshllëk vazhdon të jetë këtu... Kjo është një pike madhore. Sepse ai nuk është vetëm një boshllëk në dhe brenda politikës, ai është gjithashtu një boshllëk që ka të bëjë me njerëzimin, një boshllëk që heshtazi sa vjen e zmadhohet, duke na lënë përballë një lloj caku. Shumë njerëz sot përjetojnë një figurë të dëshpëruar të punës së tyre. Si mundet puna intelektuale të jetë e qartë dhe e fortë kur çdo lloj tjetër pune është e dëshpëruar? Poetët kinezë e kanë përjetuar një boshllëk të tillë. Le të dëgjojmë Meng Lang, që shkruajti në vitet tetëdhjetë: "Poetët jetojnë në pikat e verbëra të historisë. Kushdo që ka një vizion historik nuk mund t'i shohë ata. Vetëm në shekullin e njëzetë, njerëzimi zbuloi ekzistencën e këtyre pikave të verbëra në histori. Poetët i kanë zbuluar ato." Për mua, këto pika të verbëra iu referohen vendeve, ose momenteve, kur njerëzimi zbulon se është ballë për ballë me boshllëkun prej të cilit është brumosur – duke iu dashur të vendosë si do të mund, nëse do të mund, të vazhdojë të sajojë vetveten. A do ta kalojmë këtë limit? A do të mundim të hidhemi përtej vetvetes?

Të Mbrojmë Humanitetet, apo të krijojmë një grupim të ri disiplinash johumane?
Do guxoja të thoja se kriza e disiplinave që quhen "Humanitetet" ka të bëjë me paaftësinë e tyre totale për ta zhvilluar këtë pyetje më tej. Biologjia, ekonomia, gjuhësia, sociologjia, letërsia dhe filozofia akademike kishin për qëllim *të zhvillonin diçka të ngjashme me* një vizion të bashkuar të njerëzimit. Do të thoja: një vizion të njerëzimit si të "plotë" – një "*njerëzishmëri e plotë.*" Duket sikur tashmë një vizion i tillë nuk ekziston më. Ose se ai mbijeton si një figurë e vdekur, pa fuqi, pa ndikim. Ose, akoma më keq, se ai është bërë velloja e neveritshme e natyrës së vërtetë të botës në të cilën ne jetojmë. Dhe mendoj se kjo është arsyeja kryesore pse këto disiplina mund të sulmohen kaq lehtë, dhe të hidhen mënjanë, prej Shteteve neoliberale kudo.

Le të dëgjojmë një mbështetëse të të ashtuquajturave "Humanitete," dikë që është njëkohësisht e ndërgjegjshme për krizën në të cilën ato ndodhen dhe në ankth për të rivendosur ekzistencën e tyre. Cilat janë argumentat? Do të frymëzohem prej një libri të Marta K. Nusbaumit *Jo për fitim: Pse demokracia ka nevojë për Humanitetet* [*Not for Profit: Why Democracy Needs the Humanities*].

> Sot, në shumë kolegje dhe universitete programet në humanitete ose në artet liberale tkurren, kur nuk priten fare, në favor të një fokusi mbi teknologjinë dhe trainimin e ngushtë profesional.

Duket si një konstatim i thjeshtë. Por ne duhet t'i kushtojmë vëmendje ndarjes që pranohet dhe vepron këtu: nga njëra anë (ana e drejtë), humanitetet; nga ana tjetër (ana e gabuar), teknologjia dhe trainimi professional. Po pse duhet ta përçmojmë teknologjinë dhe trainimin profesional? Unë nuk jam e gatshme t'ju a dorëzoj ato armikut! E megjithatë kjo ndarje paraqitet sikur ka vlerë në vetvete, dhe natyrisht i bashkangjitet një diagnoze pesimiste:

> Nëse përplasja e vërtetë e qytetërimeve është një përplasje brenda shpirtit njerëzor – kur lakmia dhe narcizizmi luftojnë kundër respektit dhe dashurisë – atëherë të gjitha shoqëritë moderne po humbasin shumë shpejt betejën ndërsa ushqejnë forcat që çojnë në shkatërrimin e kulturës së barazisë dhe respektit.

Nuk jam aspak e bindur se diçka e tillë, përplasja e qytetërimeve, ekziston, dhe jam akoma më pak e sigurt se do të arrija të njihja versionin e saj e majtë – "një përplasje brenda shpirtit njerëzor." Kështu që nuk habitem aspak me faktin se prognoza mbi këtë sëmundje është pesimiste: "ne po humbasim betejën." Kultura e barazisë, respektit dhe dashurisë po humbet betejën para lakmisë dhe narcizizmit. Dhe humanitetet janë vendi i fundit ku barazia, respekti dhe dashuria kultivohen. Ne mund të qeshim me një vizion kaq hipokrit të "qytetërimit" tonë pasi ne duhet të kundërpërgjigjemi menjëherë se barazia, respekti dhe dashuria nuk janë realitete mbizotëruese në botët tona! Por, them padashur, këtu thuhet diçka e rëndësishme në lidhje me luftën midis asaj që Frojd quajti "shtysën e vdekjes" dhe "shtysën e jetës." Në mënyrë paradoksale, është "death wish" që e shtyn njerëzimin përpara, ndërsa e ashtuquajtura "shtysë e jetës" është konservatorja. Dhe kjo mund të jetë një arsye pse lakmia dhe narcizizmi mund të jenë më të forta se sa barazia, respekti dhe dashuria, në përgjithësi kur këto mbeten abstraksione të pastra dhe të zbehta.

Pas kësaj paranteze, le t'i rikthehemi analizës së mbrojtëses së Humaniteteve: "Humanitetet dhe artet po hidhen mënjanë në pothuajse çdo vend të botës." Kjo do të ishte një shenjë e luftës globale midis njerëzimit [*humanization*] dhe çnjerëzimit [*dehumanization*]. Citoj edhe një herë:

> Sot, bota jonë pothuajse gëlon me masakra: torturë, terrorizëm, genocid [...] por si mund të luftohen krime të tilla ose të zvogëlohen në mungesë të kultivimit të njerëzimit dhe të qenit njeri – që është pikërisht qëllimi i humaniteteve.

Përsëri ndihem e shtangur: në rradhë të parë prej përshkrimit të ftohtë dhe diskriminues të masakrave të botëve tona. Tre lloje masakrash (torturë, terrorizëm, genocid): lista është e tmerrshme, por e kufizuar, jo e plotë. Për shembull, nuk gjejmë këtu "burrat dhe gratë që bëjnë një jetë stërmundimi" të përshkruar prej Niçes [*Nietzsche*]. Lista është e tmerrshme, por në çdo rast është e pamundur të identifikohen përgjegjësitë. Në fakt, lista është ndërtuar në mënyrë të tillë që të na japë ndjesinë se e keqja vepron në botët tona, por jo të identifikojmë atë që është prishur në to. Dhe që të përballojmë këto masakra, çfarë kemi? Një armë: "humanitetet," sepse ato spozohet të jenë "kultivimi i njerëzimit dhe njerëzishmërisë." Të shkretat humanitete! Nuk është për t'u habitur nëse ato humbasin betejën, edhe nëse beteja e tyre nuk do të qe t'i luftonin këto krime por thjesht t'i "zvogëlonin" ato (kujdesi nuk është asnjëherë i tepërt në raste të tilla!). Por ende nuk kemi arritur në fund të habitjeve tona: në çfarë konsiston "praktika njerëzuese e humaniteteve"?

E thënë filozofikisht, prodhimi i humaniteteve është një e mirë e përbrendshme, në kuptimin se kultivimi i tyre – ashtu si leximi i poezisë dhe luajtja e fyellit – mbart në vetvete një dobi: që është, transformimi i vazhdueshëm dhe njerëzimimi i praktikuesit.

Kështu, kundër torturës, terrorizmit dhe genocidit, do të na duhet të kemi besim në këto transformime të praktikuesve. Poetët dhe muzikantët do të vlerësojnë... Humanitetet supozohet të zhvillojnë tre figura kyçe: *Bildung,* kundër rritjes së theksit mbi objektivat e karrierës. Kundër thënieve idologjike, kultivim i gjykimit të matur: "Lidhur ngushtë me rolin e gjykimit, dhe në shumë pikëpamje strumbulli i humanizmit është konceptimi i bonsensit; si një kapacitet që ushqehet në një komunitet ose kontekst social." Dhe – së fundi por jo më pak e rëndësishme – kundër përlëvdimit të pafre të privatizimit dhe pëfitimit privat, ndjeshmëri të përbashkët: "Një vullnet për t'i dhënë parësi jo njohjes [*cognition*] abstrakte dhe universale, por eksperiencës praktike, të ushqyer në mënyrë etike në një kontekst social."

Duke përmbledhur, ne duhet të mbështetemi tek Humanitetet për arsimin e njerëzve për Demokraci, dhe ky arsim do t'i kundërvihej arsimit për Përfitim. Problemi qëndron se: Demokracia vetë është figura kryesore politike, figura qeverisëse, e Përfitimit! Kështu pra dobësia e përbrendshme e këtij pozicioni është e qartë. Ai është thjesht i përmalluar për atë që në frëngjisht ne e quajmë një "shpirt suplementar," ose "pakëz shpirt" për Shtetet Demokratike – atë që Jonas e quan "demokratizëm"

Është mëse e vërtetë se sot shumica e Shteteve nuk kanë nevojë për kuriozitetin intelektual, vetëm për përshtatjen e njerëzve me punët që ofron ekonomia, dhe natyrën e kësaj pune, – kur puna vetë është bërë diçka e rrallë dhe e shkatërruar. Por unë u habita kur Xhon (që me të drejtë presupozon se "kuriozieti duhet t'i riktehet klasës që me të drejtë mund ta përballojë të jetë kurioze") imagjinon se kjo klasë do të ishte klasa a lartë, klasa mbizotëruese. Nëse nuk gabohem kur e lidh kuriozitetin me dëshirën për empancipim, atëherë ata që mund ta përballojnë të jenë kurioz janë... ne, dhe kushdo tjetër që do të interesohet në risajimin e botëve të tjera. E megjithatë "emancipimi" nuk është një emër i mirë: sepse ajo që ne duhet të mësojmë prej tretjes së humaniteteve është pikërisht se njerëzimi nuk duhet menduar më si "plotësi." Tani ne duhet të ndërtojmë mbi një boshllëk, dhe duke qenë të ndërgjegjshëm se njerëzimi nuk është veçse një boshllëk. "Njeriu pa cilësi," tha Muzil, "kafsha pa atribute" ose "kafsha e pahijshme," Ruso [*Rousseau*] tha, – me përjashtim të aftësisë së saj për të luajtur dhe për të imituar aftësi të tjera shtazore...

Ne urrejmë çnjerëzimin e botëve tona, por pyetja është: prej ku mund të kthehet njerëzimi? Parashtrova idenë për të krijuar një grupim të ri disiplinash johumane. Kjo kërkon një devijim dhe një korrigjim të vogël.

Shtatë parime për të filluar?

Përballë kohëve tona të deziluzionuara, ka një kthim të utopisë: çdo utopi përbëhet prej përpjekjesh për të përshkruar dhe organizuar të gjitha aspektet e një jete të re apo të një bote të re. Duhet ta keni të qartë se nuk po flas për të imagjinuar një utopi çfarëdo, po flas për formulimin e parimeve. (Parime që janë të mijat kur jap mësim, dhe që mund të na ndihmojnë të ndajmë disa orientime të para kudo që ndodhemi.) Po flas për parime sepse mendoj se është tepër herët, tepër shpejt, për të krijuar disiplina të reja të johumaniteteve. (Megjithëse disa prej nesh ndërkaq janë duke dhënë mësim mbi gjëra që nuk kanë emër.) Por nuk është tepër shpejt për të diskutuar një grupim hipotezash mbi çka duhet të zhvendosim ose mbi çka është zhvendosur në intelektualizm në tërësi, kur ai përpiqet të përballojë kushtet e reja çnjerëzore të njerëzimit?

Në fakt, kam besim se momenti ynë është i ngjashëm me momentin që Altyser përshkruan në një tekst të shkëlqyer mbio Makiavelin, prej të cilit kam marrë hua titullin e leksionit tim. Po iu jap përkthimin tim të këtij teksti të shkurtër:

> Mu kujtua Makiaveli, metoda e të cilit (rrallëherë e konstatuar por gjithnjë e përdorur prej tij) është se "të mendosh" duhet të jetë gjithmonë të mendosh prej pikave radikale, që do të thotë prej një pozicioni ku ti e shtron tezën "në skaj," një pozicion ku, vetëm për të bërë të mundur mendimin, ti vendos të zësh vendin e të pamundurës. Çfarë bëri Makiaveli? Për të ndryshuar diçka në historinë e vendit të tij, dhe rrjedhimisht në mendjen e lexuesit të cilin ai do ta provokojë të mendojë atë që dëshiron, Makiaveli shpjegon se secili duhet të mbështetet vetëm *në kapacitetet e veta*, që do të thotë, *në asgjë* – as në një Shtet ekzistues as në një Princ ekzistues – por *në të pamundurën që nuk ekziston* [për Makiavelin, një Princ i ri në një Shtet të ri]. [6]

Ne duhet të mbështetemi në kapacitetet tona, domethënë: *në asgjë, përveç asaj që ne do ta quajmë të pamundurën joekzistuese tonën*. Kjo nënkupton gjithashtu se detyra jonë e përbashkët duhet të jetë ta bëjmë këtë të pamundur joekzistuese të ekzistojë, fillimisht në mendjet tona, më pas në mendjet e lexuesve tanë, duke i provokuar ata të mendojnë atë që dëshirojnë. Ne duhet të krijojmë dëshirën për të, dashurinë për të, sepse kjo e pamundur joekzistuese do të ekzistojë vetëm nëse ajo dëshirohet dhe dashurohet dhe duhet.

Duhet të jap një tjetër saktësim. Ato që unë quaj "parime" këtu janë diçka mjaft e veçantë: i imagjinoj si disa pika magnetike, që orientojnë busulla të reja, duke hapur kështu trajektore të reja. Ato nuk janë pika rreth të cilave ne duhet të angazhojmë një mësimdhënie teorike. Ato janë në fakt pika përmes të cilave ne duhet të kalojmë herë pas here kur mendojmë. I deduktova këto "parime" kryesisht prej poetëve – ata që më njohin nuk do të habiten – shtatë parime për të filluar.

1. Në vitin 1974, Robin Blejzer foli për "ata tre armiqtë e mendjes: psikologjia, sociologjia, dhe antropologjia." Ai shtoi: "Në thelb ky është universiteti." E gjithë kjo na "përfshin në një realizëm naiv," "Që reduktohet gjithmonë në shprehjen e një njeriu, shprehjen e personalitetit [...]. Çfarë gomarllëqesh." Cilët janë "armiqtë e mendjes" për ne sot? Lufta jonë nuk mund të kufizohet me kundërshtimin midis mendimit dhe dijes – kjo ekzistonte edhe në kohën e Universitetit Evropian modern. Ajo merret me një tjetër kundërshtim, atë midis mendimit dhe opinioneve, që sot është një kundërshtim midis mendimit dhe informacionit/komunikimit. I kritikuar ndërkaq prej Platonit,

opinioni merr një rëndësi të re, pikërisht sepse tani ai lidhet me çiftin komunikim/informacion. Ne duhet t'i kundërvëmë jo vetëm të vërtetën dijes, por drejtpërdrejt çiftin dije/e vërteta opinionit. Kjo është një zhvendosje mjaft e madhe. Kur e vërteta dhe dija iu kundërvunë njëra tjetrës, askush nuk e imagjinonte se gjithçka dihej; dija mbeti e hapur ndaj të vërtetës. Tani, të gjithë mund të kenë opinione mbi gjithçka, të bazuara mbi komunikimin universal, d.m.th. qarkullimin e informacionit. Dhe dija është mbyllur, nuk është më një proces në vazhdim e sipër.

Për ta sqaruar këtë ide, do të mbështetem në dallimin që bën Blejzer midis asaj që ai quan "të jesh duke folur" dhe "të kesh qenë folur." Në vitet shtatëdhjetë, ai e bëri këtë dallim në lidhje me poezinë, por është prekëse të kuptosh se sot i përshtatet situatës tonë globale. Citoj:

> Të jesh duke folur do të thotë se ti je në skaj të krijimit të realitetit, me këtë dua të them se ti je duke krijuar realitetin, ti ke marrë përsipër atë përgjegjësi dhe atë detyrë. Dhe ti je në skaj. Gjithmonë. Dhe e panjohura është aty dhe format e saj janë të jashtëzakonshme. Ai skajim është tmerrësisht i rëndësishëm. […] Tani, të kesh qenë folur nënkupton se ti atëherë bie në sociologji dhe antropologji e kështu me rradhë, se ti je gjithnjë duke rënë në atë që është folur prej kulturës. […] Të kesh qenë folur do të thotë të bësh pjesë e asaj që ishte folur dhe kësisoj të mos flasësh.[7]

Dhe Blejzer vazhdon: kur ti fillon të besosh se ti nuk je më në të tanishmen, por në

> diçka që është tjetër dhe tjetërkund, dhe matematicientët e quajnë atë zero, "tjetërkund." Kur fillon ta kuptosh atë, ajo është një tjetërkund prej një të ardhmeje të kaluar, nuk është tani, është tjetërkund. Dhe atëherë e kaluara ime dhe e ardhmja ime janë gjërat të cilat unë duhet të nderoj… por ajo zero është tjetërkund.

Me duket se këto fjalë mund të rikumbojnë me vullnetin e Kristofer Finskut [*Christopher Fynsk*] për të përcaktuar një vend tjetër, të ri, për shkollimin: në skajet e politikës, tjetërkund. Do t'i rikthehem kësaj çështje të një vendi "tjetërkund" kur t'i drejtohem pyetjes së shumësive. Thjesht kurseni energjinë me të cilën Blejzer pohon kërkesën për të qenë tjetërkund, dhe jo "tani," nëse doni të flisni dhe jo të keni qenë folur. Të flasësh sigurisht që kërkon aftësi të reja pohuese, që nuk lindin nga mohimi dhe kritika. Siç tha Kaejro [*Caeiro*], ne duhet të "mësojmë të çmësojmë" me poetët ashtu si me filozofët dhe matematicienët. Të mësojmë gjithashtu me ata të luftojmë me gjuhën, me patejdukshmërinë e saj, të mësojmë të dallojmë midis mprehtësisë dhe tejdukshmërisë. Dhe me teatrin dhe artin, të mësojmë të dashurojmë të pamundurat joekzistuese.

II. "TË PUNOJMË GJITHMONË ME ERRËSIRËN, TË PANJOHURËN, DHE TË PAKUPTUESHMEN" (ROBIN BLEJZER) Kjo duhet të jetë motoja jonë e përgjithshme: të mos i kemi frikë, por të punojmë me to dhe të udhëtojmë përmes tyre. Jo që të mbetemi në errësirë, por që kurrë të mos harrojmë të panjohurën, – të zbulojmë vazhdimisht se ne akoma nuk po kuptojmë atë që duhet të kuptojmë. Botët janë të gjëra, dhe ne ende dimë shume pak se çfarë jemi të aftë të bëjmë.

III. IMPERSONALITETI Këtu Malarme [*Mallarmé*] dhe Pesoa [*Pessoa*] duhet të jenë mjeshtrat tanë: Malarme për arsye se atij iu desh të zhduket nga gjuha, që gjuha të mund të flasë rishtazi, "dhe për pasojë të flasë burrërisht sërish" (Blejzer – natyrisht, nënvizon fjalën "burrërisht"). Pesoa sepse heteronimet e tij treguan përfundimisht ndarjen midis personalitetit dhe ligjëratës së tij nga një anë, dhe absoluten nga ana tjetër: çdo heteronim mbart një punë të re poetike, dhe vetë Fernando Pesoa nuk eshtë asgjë veçse një prej këtyre heteronimeve, ndërsa të katërta punët poetike së bashku ndërtojnë një figurë të re dhe komplekse të së vërtetës. Gjysëm-heteronimi, Bernardo Soares, duke shkruar një prozë, komenton: "Në këtë botë do të ketë gjithmonë një luftë që do t'i kundërvëjë atij që do atë që nuk është sepse ajo ekziston, atë që do atë që është sepse ajo nuk ekziston." Dhe shton: në këtë luftë, as fitorja as vendimi nuk janë të mundura.

IV. PAFUNDËSIA Të mësojmë me Leopardin të duam pafundësinë. Një pafundësi e vendosur gjithnjë midis vetëqenësorive. Xhastin Xhouk foli për "të fundmen e pafund." Kështu pra një diskutim është hapur tashmë: pafundësi e përcaktuar apo një fundmësi e pafund?

V. RASTËSIA Stivens, tek "Dy ose tre ide," thotë:

> Të shohësh perënditë të shpërbëhen në ajër dhe të treten si re është një nga përvojat e mëdha njerëzore. Ato nuk është se shkuan përtej horizontit për t'u zhdukur për një farë kohe, apo sikur ishin mundur prej perëndish të tjera më të fuqishme dhe më të ditura. Ato thjesht u bën asgjë.[8]

Shpërbërja e perëndive na lë me presupozimin e të vërtetës si një sajim [*fiction*], me kërkesën për të krijuar atë që Stivens e quan "sajimin suprem."

VI. SHUMËSIA Kundër asaj që unë quaj "tanishmëri," atë që Blejzer quan presionin e të tanishmes, ne duhet të ndërtojmë një komplekistet të kohës, të bërë prej shtresash heterogjene, ashtu siç bëri Dante në "Komedinë" e tij vetëm për të kuptuar kohën e tij. Kjo aludon për vështirësinë e bashkëkohësisë, të kërkesës për të qenë dhe për të mos qenë bashkëkohor me kohën tonë. Këtu kemi një kohësi që duhet ta jetojmë.[9] Bashkëkohësia kërkon një "tjetërkund."

VII. "ËSHTË E PATOLERUESHME TË TOLEROHESH" Do të përfundoj me parimin me polemik, një nga konstatimet më vigoroze të Pazolinit [*Pasolini*]. Kundër korrektesës politike, gjithashtu kundër opinionit se "gjithçka është politikë," dhe duke sfiduar "studimet kulturore," do të doja të kujtoheshim për pyetjen e Zhan Zhënesë [*Jean Genet*]: "De quelle couleur c'est, un Noir? – Cila është ngjyra e një zezaku?"

Ideja është se ne mund t'i përdorim këto parime kudo, kur përpiqemi të krijojmë vende të reja, ose kur akoma japim mësim në shkolla të vjetra dhe universitete. Të paktën nëse ju bini dakord se mësuesit dhe nxënësit duhet të jenë, siç shkruan Stivens:

Mendimtarë pa mendime përfundimtare
Në një kozmos përherë fillestar.[10]

Shënime

1. Louis Althusser, "Soutenance d'Amiens," June 1975, në *Positions* (Paris: Les Editions sociales, 1976), 133: "[…] je me souvenais de Machiavel, dont la règle de méthode, rarement énoncée, mais toujours pratiquée, est qu'il faut penser aux extrêmes, entendons dans une position où l'on énonce des thèses-limites, où, pour rendre la pensée possible, on occupe la place de l'impossible. Que fait Machiavel ? Pour changer quelque chose dans l'histoire de son pays, donc dans l'esprit des lecteurs qu'il veut provoquer à penser pour vouloir, Machiavel explique à la cantonade qu'il faut compter sur ses propres forces, c'est à dire en l'espèce, ne compter sur rien, ni sur un Etat ni sur un Prince existants, mais sur l'impossible inexistant: un Prince nouveau dans une Principauté nouvelle."
2. Jacques Le Goff, *Les intellectuels au Moyen-Age* (Paris: Seuil, 1957).
3. Dominique Julia, *Les trois couleurs du tableau noir/La révolution* (Berlin, 1981).
4. Jacques Rougerie, *Paris libre 1871* (Paris: Seuil, 1971), 168–71: "Dans le court temps qui lui fut imparti, la Commune fit parfois autant, sinon plus, que n'accomplira la 3ème République en trente ans."
5. *Shën. i red.* – Përkthyer si Alessandro Russo, "Destinies of the University," përkth. Roberta Orlandini, *Polygraph* 21 (2009). Sh. http://clubpolitico.altervista.org/7destinyofuniversity.html
6. Althusser, "Soutenance d'Amiens," 133. Sh. shën. 1 për citimin në frëngjisht.
7. Robin Blaser, në *The Capilano Review* 6 (Fall 1974). E kam zbuluar këtë libër falë Matthew Beckmann – një student në EGS.
8. Wallace Stevens, "Two or Three Ideas," në *Collected Poetry and Prose* (Nju-Jork: The Library of America, 1996), 842.
9. Stéphane Mallarmé, "Quant au livre / L'action restreinte," *Variations sur un sujet* (Paris: Pléiade), 372: "Mal informé celui qui se crierait son propre contemporain, désertant, usurpant, avec impudence égale, quand du passé cessa et que tarde un futur, ou que les deux se remmêlent perplexement en vue de masquer l'écart."
10. Wallace Stevens, "July Mountain" nga "Late Poems," në *Collected Poetry and Prose* (Nju-Jork: The Library of America, 1997), 476.

CONSTITUTION OF HAPPINESS

Edited and proposed by the student group at the Atelier de Théâtre de La Vignette – University of Montpellier III Paul Valéry, 2012–2013

Translated from French by Drew Burk

Article 1: Equality

We want equality because, without it, it is impossible to develop our abilities.

We are made to believe that we are not capable of reflection. But one must first of all understand that the student is not stupid and that knowledge is not merely acquired through academic learning. (It is possible to learn outside of academic institutions via our own personal experiences.) We have to steer clear of the idea that a student can no longer work or study after being deemed to have a lack of abilities when, in reality, students have equal abilities to those of the teacher.

We are presented with an already constituted knowledge; we are in its shadow. However, knowledge is not already constituted, it has to be reinvented. Knowledge is perpetual reinvention in order for a new invention of the thing itself to reemerge (a perpetual reorganization of the void). Each discipline has decisive acts in which we would like to participate.

Article 2: Undoing Individuality

To be an individualist is to think on a case-by-case basis concerning one's own interests and not to think community, i.e. the richness of all the things we can share and make common. Individualism is also linked to the idea of duty.

This huge machine that is the university brings together an enormous amount of students who don't all know each other despite following the same courses of study. The rhythm of courses is often intense. One has to rapidly change classrooms, quickly grab a bite to eat, and then hurry home immediately after class. We merely cross each other's paths every now and then and exchange a glance, but *we do not talk to each other enough*. We have neither the time nor the opportunity to get to know each other better. This situation creates separate groups of individuals each standing apart from the other. There is also a lack of motivation and self-confidence for approaching others.

Moreover, in most cases, students have enormous *pressure* to succeed and this breeds competition where we often don't help each other out enough. The university pushes us toward this rivalry above all during the competitive exams at the end of one's undergraduate studies or master's degree. This is also seen in applying for graduate funding and scholarships or post-doctoral research posts as well as in striving to gain specific honors for one's thesis. When we have an idea, we hold it close like a precious resources and don't share it, we often want all the glory for ourselves, or we are afraid of what others will say about it. Perhaps we often put this pressure on ourselves, and perhaps we also must change our way of looking at things. The university needs to rime with helping each other, pooling common ideas, discussions, and solidarity.

In changing their way of looking at things, we want students to rediscover the desire to learn and reflect. We also want the way courses are taught to change. We want the teacher to arrive in class demonstrating desire for the material presented, and not merely to come to "teach a course," but to familiarize us with a theme, to make us want to explore different areas of research. Various subjects such as literature, mathematics, theatre, history… should be learned differently, perhaps even in *starting from a position of zero knowledge,* in questioning the world and its founding principles. One must reflect and reinvent knowledge.

Thus we believe that the university should be a gathering place of exchanges and not individuality. We want students to be able to more easily gather together and exchange ideas in order to open their minds and learn to *think for themselves… Yes, thinking for oneself, this is the key that will undo individualism…* this may seem a bit paradoxical, but it is indeed in thinking for ourselves that we will undo preconceived ideas, that we learn to confront ideas and not merely take them as already established and unquestionable. Thanks to thinking by ourselves, we can become emancipated from society, and gather at a place in the heart of the university in order to reflect together and not merely within our own area of studies, but we can reflect on other areas of study as well: we need each other in order to move forward. We can wake up the virtues in all of us, even in those students who don't have a desire to reflect: virtues such as curiosity, self-confidence, enthusiasm, sensitivity, and suspicion concerning ready-made ideas. Every one of us has the ability to do this: to take time for reflection. It is up to us to provide ourselves with the means to do so.

In order to be capable of thinking for ourselves, we have to appeal to our experience and cultivate ourselves, read, listen to others, be curious in every area of study. To think for oneself during a heated discussion is the desire to share our truth. It is different than the false, pseudo-truth that the university wants to force on us, and which doesn't help us to live better. The new, we have appropriated it; we have given it importance, legitimacy, and a new existence. Life is revealed to us, as we understand it.

Article 3: Exiting the University
We want to exit the university in order to learn a discipline from the very moment of its creation. The ways in which the courses we are taking are taught don't allow us to do this.

We must find the keys that allow us to understand a discipline in the same way that we visit an exhibit at a museum and we don't have the necessary grounding for understanding it.

A discipline generally has several origins, every population provides part of this origin and thus we should explore all the origins, understand them, and put them together. For example, math was developed thanks to Arabic cultures and the ancient Egyptians. Literature as well has various origins.

The goal then is to research and learn how a discipline emerged, how the first thinkers perceived it, and ask what usefulness it might have in our own society…

Thus we can think about a *prosopopoeia of disciplines*: the discipline asks its creator: "why have you created me?"

With this same goal in mind, we want to exit the university in order to make an inquiry alongside those who do not have knowledge in a specific discipline. Let's use the example of literature: we could pass out several different genres of literature to workers or others who have not had access to knowledge in the same way we have, and we can ask them what literature is for them, we can ask them what they think of the text we provided them. They will surely see different things in the literature than us. We can learn from them and see how, without any particular specialty of knowledge, one can learn and apprehend a text. (Such as returning to the zero level of knowledge in reading a text by Shakespeare.) We will discover various points of view and this will show how learning and knowledge production is within each person's grasp.

We must also inquire into how those working in the same academic disciplines as our own in other countries where the ways of thinking and doing are different. Example: a chemist in France works with new technological advancements and a chemist in Guinea works on helping children suffering from malnutrition.

Each academic discipline is like an art form. They were developed by creative and scientific acts, revealing the genius of the human being, the human being's force of thinking and seeing the world. We can thus apprehend a discipline in confronting it with artistic disciplines such as cinema and theatre in order to see how they are perceived.

The Gathering Place

We would like a gathering place for students outside of the university where we could recreate the actions that created a discipline or we will redefine them starting again from zero.

Example: meeting up in the city center and asking ourselves how things would be different if this or that discipline didn't exist or was not there. We could also, without any specific preference to a certain area, create a discipline or reinvent one.

Another example: we could create a project that, thanks to the collaboration of various disciplines, would provide a service to everyone. This would have to be a project that would strive to be long term. Example: a useful object, where we would have mathematicians and sociologists… No, we don't want sociologists! We would bring together philosophers, mathematicians, cabinetmakers, technicians, and graphic artists who would work on it.

KUSHTETUTA E LUMTURISË

Hartuar dhe propozuar nga grupi i studentëve të Ateliesë së Teatrit të La Vignette – Universiteti Montpellier III Paul Valéry, 2012-2013

Neni 1: Barazia

Duam të kemi barazi sepse pa të, është e pamundur të tregojmë aftësitë tona.

Na bëjnë të besojmë se nuk jemi të aftë për të reflektuar. Por në fillim duhet pranuar se nxënësi nuk është budalla dhe se dija nuk fitohet vetëm me mësimet shkollore (Nga eksperiencat tona personale, është e mundur të mësosh edhe jashtë institucionit të shkollës). Duhet bërë çmos që nxënësi mos të punojë më i zhvlerësuar, për shkak të mohimit të aftësive të tij, ndërkohë që aftësitë tona janë të njëjta me ato të pedagogëve.

Na paraqesin disa dije si të krijuara tashmë dhe ne duhet të jemi nën hijen e tyre. Mirëpo, dijet nuk janë të krijuara, ato duhet të rikrijohen. Dijet janë një rizbulim i vazhdueshëm që mundësojnë shfaqjen e një krijimi të ri të vetë gjëjës (riorganizimi i vazhdueshëm i boshit). Çdo disiplinë përmban akte vendimtare ku ne duam të marrim pjesë.

Neni 2: Mposhtja e individualitetit

Të jesh individualist, do të thotë të mendosh rast pas rasti për interesat e tua dhe jo për atë që kemi të përbashkët, pra për pasurinë e të gjithëve, atë që mund ta ndajmë së bashku. Individualizmi lidhet gjithashtu me idenë e detyrës.

Universiteti, kjo makineri e madhe, mbledh një numër të madh studentësh, të cilët, ndonëse janë në të njëjtën degë, nuk njihen të gjithë me njëri-tjetrin. Ritmi i mësimit ndonjëherë është mjaft intensiv, duhet të ndërrosh sallë sa më shpejt, po ashtu duhet të hash me shpejtësi dhe pastaj të kthehesh në shtëpi menjëherë pas mësimit. Ne vetëm kryqëzohemi me njëri-tjetrin në rrugë, shkëmbejmë herë pas here ndonjë vështrim, por *nuk flasim sa duhet*. Nuk kemi as kohën dhe as rastin për t'u njohur më mirë. Si pasojë, krijohen grupe individësh që rrinë më vete nga njëri-tjetri. Ka gjithashtu një *mungesë motivimi dhe besimi në vetvete* për të shkuar drejt të tjerëve.

Për më tepër, studentët kanë një *presion* të fortë për të dalë mirë me mësime. Po ashtu, tek një pjesë e madhe jona lind ndjenja e konkurrencës dhe në këtë mënyrë nuk ndihmojmë – ose jo aq sa duhet – njëri-tjetrin. Universiteti na nxit drejt këtij rivaliteti, sidomos kur konkurset janë çelësi në fund të bachelorit apo masterit, si dhe gjatë dhënies së bursave të studimit sipas meritës së temës, apo nëse ka vende të lira pune pranë studiuesve në fund të doktoratës. Kur kemi ndonjë ide, ne e përvetësojmë atë si një aset të çmuar, nuk e ndajmë me të tjerët, ndonjëherë duam gjithë lavdinë për vete apo kemi frikë nga vështrimi i të tjerëve. Ndoshta ne ia imponojmë vetes këtë presion dhe duhet që të ndryshojmë mënyrën se si i shohim gjërat dhe universiteti, si vend kërkimor, rimon me *ndihmën e ndërsjelltë,* me bashkimin e ideve, diskutimeve, solidaritetit.

Ne duam që studentët të rigjejnë dëshirën për të mësuar dhe reflektuar duke ndryshuar mënyrën se si i shohin gjërat, por gjithashtu *mënyra e dhënies së mësimit* duhet të ndryshojë. Ne do të donim që pedagogu të vijë në mësim dhe të tregojë interesin e tij për lëndën dhe jo të vijë thjesht për "të dhënë mësim," por të na familjarizojë me një temë, si dhe të na përcjellë dëshirën për të eksploruar fusha të ndryshme. Ai duhet të ketë dëshirën që të na përcjellë dijet e tij. Lëndët e ndryshme si letërsia, matematika, teatri, historia, etj., duhet të mësohen ndryshe, ndoshta *duke rifilluar nga zero,* duke bërë pyetje mbi botën, mbi bazën e parimeve. *Dijet duhen rikrijuar* dhe duhet reflektuar mbi to.

Për këto arsye, ne mendojmë që universiteti duhet të jetë *vendi i takimit,* i shkëmbimit dhe jo i individualitetit. Ne duam që studentët të mund të takohen më shumë me njëri-tjetrin, të ndajnë idetë e tyre, për të hapur mendjet e tyre dhe për të *mësuar se si të krijojë mendimin e tij* ... Po, të *krijosh mendimin tënd, ky është çelësi për të luftuar individualizmin* ... Ndoshta mund të duket paradoksale, por pikërisht me këtë lloj të menduari, ne zhbëjmë idetë e paraformuara, mësojmë se si të krahasojmë idetë dhe jo t'i marrim ato si të mirëqena dhe të padiskutueshme. Në sajë të tij, ne mund të emancipohemi nga shoqëria, të takohemi në një vend brenda universitetit për të reflektuar së bashku, jo vetëm në fushën tonë të studimit, por dhe në fusha të tjera. Ne kemi nevojë për të tjerët që të ecim përpara. Ne mund të *zgjojmë disa virtyte te të gjithë ne, madje dhe te studentët që nuk kanë dëshirë të reflektojnë*: virtyte të tilla si kuriozitetti, vetëbesimi, mosbesimi tek idetë e krijuara tashmë, entuziazmi, ndjeshmëria. Ne të gjithë i kemi aftësitë për ta bërë këtë gjë, si dhe për të marrë kohë për të reflektuar. Ne duhet t'i sigurojmë mjetet.

Për të qenë të aftë që të krijojmë mendimin tonë, duhet të vëmë në përdorim *eksperiencën tonë,* si dhe të kultivohemi, të lexojmë, të dëgjojmë të tjerët, të jemi kuriozë për të gjitha fushat. Të kesh mendimin tënd gjatë një debati, do të thotë të kesh dëshirë që të ndash *të vërtetën* tonë. Ajo është e ndryshme nga pseudo e vërteta që duan të na imponojnë, e cila na duket e gabuar, e pasaktë dhe që nuk na ndihmon të jetojmë më mirë. Ne e kemi përvetësuar të renë, e kemi krijuar atë duke i dhënë rëndësi, ligjshmëri dhe një ekzistencë të re. Ajo na e tregon jetën ashtu siç e kuptojmë ne atë.

Neni 3: Të Dalësh nga universiteti
Ne duam të dalim nga universiteti për të kuptuar një disiplinë që nga akti i krijimit të saj sepse mësimet që ne marrim dhe mënyra se si ato jepen, nuk na mundësojnë që ta bëjmë këtë gjë.

Ne duhet të gjejmë çelësat që na bëjnë të mundur të kuptojmë një disiplinë, ashtu siç ndodh kur vizitojmë një ekspozitë në ndonjë muze, por që nuk kemi bazat e nevojshme për ta kuptuar atë.

Përgjithësisht një disiplinë ka shumë origjina sepse çdo popull ka kontribuar për të, ka sjellë diçka ta tyren. Për këtë arsye ne duhet të kërkojmë të gjitha origjinat, t'i kuptojmë ato dhe t'i grupojmë së bashku. Për shembull, matematika është zhvilluar falë arabëve dhe egjiptianëve të lashtë. Edhe letërsia ka shumë origjina.

Pra, qëllimi është që të kërkojmë dhe të mësojmë se si është shfaqur një disiplinë, si e kanë konceptuar mendimtarët e parë dhe cila është dobia e saj në shoqërinë tonë...

Atëherë mund të flasim për *prozopopenë e disiplinave*: disiplina pyet krijuesin e saj dhe i thotë: "Përse më krijove?"

Për këtë qëllim, ne duam të dalim nga universiteti dhe të bëjmë një anketim tek ata që nuk kanë njohuri në një fushë të caktuar. Marrim si shembull letërsinë: Ne mund t'u tregonim punëtorëve ose personave që nuk kanë njohuri si tonat shembuj të ndryshëm të gjinive letrare dhe t'i pyesim se çfarë është për ta letërsia, çfarë mendojnë ata për tekstet e paraqitura. Pa dyshim që ata do t'i shikonin gjërat ndryshe dhe ne do të mund të mësonim nga ata, të shihnim se si mund të kuptohej një tekst pa pasur njohuri të veçanta (me njohuri në shkallën zero, ashtu si në tekstin e Shekspirit). Në këtë mënyrë, ne do të kishim këndvështrime të tjera dhe kjo do të tregonte që tekstet janë për të gjithë.

Duhet gjithashtu të pyesim personat që punojnë në të njëjtën disiplinë me tonën, por që ndodhen në vende të tjera ku mënyrat e të menduarit dhe të zbatuarit janë të ndryshme. Për shembull: një kimist që punon për progresin e teknologjive të reja në Francë dhe një kimist tjetër që punon për të ndihmuar fëmijët që vuajnë nga kequshqyerja në Guine.

Çdo disiplinë është si një art, ato zhvillohen nga akte krijuese dhe shkencore dhe tregojnë shpirtin e njerëzve, forcën e të menduarit dhe mënyrën se si e shohin botën. Pra, mund të kuptohet një disiplinë duke e krahasuar me disiplina artistike si kinemaja, teatri, për të parë se si perceptohen ato.

Vendi i takimit

Ne duam një vend takimi për studentët jashtë universitetit, atje ku do të krijonim veprimin që ka shpikur një disiplinë, ku do ta ripërcaktonim atë duke nisur nga zero.

Shembull: të takohesh në një qytet, në sheshin kryesor të tij dhe të pyesësh veten se si do të ishin gjërat nëse një disiplinë e caktuar nuk do të ekzistonte. Po ashtu, në ndonjë vend tjetër çfarëdo – preferohet të jetë bosh –, ne do të mund të krijonim një disiplinë apo të rishpiknim një tjetër.

Shembull tjetër: mund të krijonim gjithashtu një projekt që do t'i shërbente të gjithëve, në sajë të bashkëpunimit të disiplinave të ndryshme. Ky duhet të jetë një projekt që t'i rezistojë kohës, një projekt afatgjatë. Shembull: krijimi i një objekti të nevojshëm, i cili do të përfshinte matematikanë, sociologë... jo! Filozofë!, zdrukthëtarë, teknikë, artistë grafie... të cilët do të punonin së bashku.

Bashkimi Europian

PROBLEME TË KRIJIMIT DHE TË FORCIMIT TË PUSHTETIT POPULLOR

EDUKOJMË SI EDUKOHEMI

POPULLSIA SHQIPTARE E KOSOVËS GJATË SHEK. XV-XVI

SELAMI PULAHA

POPULLSIA E SHQIPËRISË

TRANSLATOR'S NOTE
Jonida Gashi

The idea of doing something with it comes early on. I will photograph the papers. Not all of them, perhaps, but at least some of them, certainly my favorite ones. As it turns out, I don't bother printing most of the papers and the idea of photographing my computer screen seems imbecilic. I also remember that I am a terrible photographer who does not even have the added benefit – in my case very much needed – of a half decent camera. I think all kinds of things that I no longer remember throughout July and at the end of the month announce that when it is all over, I will be handing out awards. (We are nearing the end of September now and I have forgotten which awards I intended to give to whom or how I was going to go about the whole thing.) *I think also about the implications of the fact that for so many authors English is not their first language.* Vincent suggests I write something instead. I decide to attempt it.

.

I have an uneasy relationship with what, after Andreas Vrahimis, I would like to call "autobiographism." In short, I don't like it. Over two years ago now, an editor, rather casually I might add, suggested that my argument might be better framed if anchored in events and experiences drawn directly from my life. I can still recall the feeling of alarm mixed with disgust that overcame me. And yet, I have already succumbed to it here, "autobiographism" that is, am indulging in it right now and intend to do so for the remainder of this (thankfully, for all concerned) brief note. The reasons for this are numerous, but I want to briefly mention two of them, namely, that the lure of the autobiographical is in this instance intimately connected to the task at hand, writing about translating: that something like an autobiographical impulse tends to characterize writing about translating; and that it resonates with our theme here, pedagogical disasters, these being disasters that have affected so many of those who have contributed to this volume, myself included, on a personal level, which can be seen in many of the contributions and I think sensed in those where there is no mention of a personal disaster.

There are, admittedly, many kinds of "autobiographism" when it comes to writing about translating. There is the kind of "autobiographism" that comes from the translator's attachment to the text, as in the case of Haruki Murakami's "Translator's Afterword," where the Japanese novelist devotes many pages to his history, both as a reader and as a writer, with *The Great Gatsby*. This is my least favourite kind of "autobiographism" and I suppose that I am lucky to be quite safe from succumbing to it since I do not feel such an attachment to any of the texts I have translated in this volume, wonderful though many of the texts included in this volume are and wonderful though the attachment to a text often is . There is then the kind of "autobiographism" that amounts to a contemplation of one's relationship to the language(s) involved in the task of translating. I am more sympathetic towards this kind of "autobiographism," a prime example of which is Derrida's "Monolingualism of the Other," where the philosopher reflects on his relationship with the French language as an Algerian Jew. I will return to this text later. Finally, there is the kind of "autobiographism" that is a symptom of the difficulty of writing about translating in general terms. This is probably the most interesting kind of "autobiographism" and perhaps also the most difficult one to tackle. I will touch on it briefly at the end of this note when I address the relationship between thinking and writing.

.

A dear friend, R.O., a linguist and an Englishman to boot, tells me shortly before I leave London about his "trauma" at having been translated into Korean without his permission. Following my departure, when I tell him I will be translating the proceedings of a conference on disastrous pedagogies, he gives me a stern lecture on the subject. I wonder if he thinks I'm not up to the task. This is after all the same person who on numerous occasions has told me that I am "basically bilingual," which is apparently "very rare," and given that he is a linguist and teaches university students how to write for a living, I have always assumed that he knows what he is talking about on matters such as these. That said, whether I am bilingual or not does not concern me very much. What does concern me is the very idea of bilingualism; that such a thing might exist at all. As it turns out, at the time of writing I have spent exactly half of my life immersed in one language (Albanian) and the other half, the second half, immersed in the other (English). While this is perhaps nothing more than a fortuitous accident of timing, the fact is that the history of my relationship with these languages is crammed with bifurcations, doublings , symmetries, etc. Albanian is for me the language of literature, or rather prose. By contrast, English is the language of scholarly work. (It is also, however, the language of poetry, because it is only after I move to London that I begin to develop an interest in poetry.) Similarly, while Albanian is the language of my childhood, English is for me the language of love. I could keep going. In short, my supposed bilingualism endlessly refers me back to a maddening monolingualism.

.

With the exceptions of Matthew Charles, Edith Doron, Oliver Feltham, Christopher Fynsk, Adam Staley Groves, Nico Jenkins, Justin Joque and John Van Houdt, the rest of our authors are nonnative speakers, which would be more than half of them: Judith Balso, Sina Badiei, Vincent W. J. van Gerven Oei, Julia Hölzl, Denisa Kera, Urok Shirhan, Nick Skiadopoulos, Jonas Staal, Katharina Stadler, Tijana Stevanovic, and Andreas Vrahimis. There is nothing particularly unusual about this. Having been by now to countless academic conferences I can testify to the prevalence of such or similar situations – the ratio between the native and nonnative speakers varies. I think most people would. Which is not to say that the operation is always a smooth one. I remember attending, in 2010, a conference in Paris organized by the Department of Anglophone Studies at the Sorbonne. Although the conference was "international," not only did all the French speakers present in French, most of the non-French speakers presented in French too. The situation that followed was comical. Most of the French participants and members of the audience found it difficult to follow the presentations in French of the non-French speakers (issues to do with their accent I was told); the non-French speakers who could not understand French, on the other hand, found it impossible to follow the proceedings – a colleague I was travelling with happened to belong to the latter group and I distinctly remember him lubricating himself with copious amounts of free wine every lunchtime to help get through the long afternoons; I scribble on a piece of paper: "What were they thinking?" to which his, perhaps impossibly English, reply was "What were *we* thinking?" That said, more often than not the operation does go smoothly. So smoothly in fact that up until I began to translate the proceedings of the "Pedagogies of Disaster" conference it had never occurred to me that the translation of texts written in a language that is not the writer's native language would pose a unique and complex set of problems.

If the task of the translator, as Benjamin suggests, consists in "finding that intended effect upon the language into which he is translating which produces in it the echo of the original,"[1] I will obviously have inevitably failed in my task. Everything I translate comes in English, of course, but insofar as we can speak of an "original" language then that is also, depending on the author, Dutch, French, German, Serbian, etc. Thus, on the one hand, the best that I can hope for is to be able to produce something like the echo of an echo: an echo, in Albanian, of the echo, in English, of the "original" language, whatever that may be. However, any attempt to produce an echo of an echo is destined to fail – rather like the translation of a translation is an impossible task, as Benjamin rightly points out. On the other hand, given that my knowledge of most of these other languages (with the exception of French) is virtually nonexistent, the idea that I might have approached the task at hand, of producing in Albanian the echo of the "original" in English, in a programmatic, let alone systematic, fashion – which to my mind forms a separate question from the possible success or failure of the attempt – is absurd. To put it in other words, I am not certain that the task of the translator was in my case, in this case, even an option, which of course raises the question of the precise nature of my task. Let me make my position clear: I am perfectly aware that I have not been translating literature or poetry here – It could be argued that Adam Staley Groves' "Sandyhook University: Poetic Violence, Scope, and Style of Imagination," for instance, is not only about poetry but also better read as poetry, but still… – literature, and poetry in particular, being precisely what Benjamin had in mind in "The Task of the Translator." Let me then put aside all questions relating to "translatability," bound up as they are, at least as Benjamin understands the term, with the "quality" of the language, and consider instead the relationship between thinking and writing, which is ultimately what is at stake in translation, as Benjamin also points out.

I can still recall parts of a conversation had with S.C. towards the end of the second semester of my first year as a doctoral student. I had been all too happy to read for far too long, he said, insisting that the time had come to start writing. He was sympathetic; he did understand that given the nature of what I was writing about – repetition, return, fragmentation, sameness, difference (or as I preferred to call it: the 'new'), etc. – finding something, or a place, with or at which to begin was not easy; everything seemed to (was) implicated in everything else – how to choose?; he insisted, however, that I had to begin somewhere, and that it did not really matter where; the beginning is, after all, always arbitrary, in my case perhaps more so than in others, but still... . I do not think that I was entirely unaware that the time had come to start writing, however, I seemed to still entertain the mad hope that before I did so I would be able to sort through my thoughts: clarify a few things, establish some kind of order. I recall saying out loud: "I know what I think." (A blatant lie if there ever was one.) To which S.'s rather bemused reply was: "You don't know what you think until you've written it down." I am reminded of this conversation while reading Foucault's *Speech Begins After Death*, where he makes a similar remark about his own relationship with writing, or, rather, his experience of the relationship between thinking and writing: "When I begin to write an essay or a book, or anything, I don't really know where it's going to lead or where it'll end up or what I'm going to show. I only discover what I have to show in the actual movement of writing, as if writing specifically meant diagnosing what I wanted to say at the very moment I begin to write."[2] Preceding these words is an account of how he came to finally enjoy writing during a prolonged stay in Sweden. Unable to communicate with those around him due to his poor Swedish and English, writing, in his own language of course, became something of a relief and an outlet for him and, finally, a pleasure too. He speaks then of the "thickness" of the French language, its "consistency," the fact that it "wasn't simply like the air we breathe, an absolutely imperceptible transparency," because it had "its own laws, its corridors, its paths of facility, lines, slopes, coasts, asperities; in other words a physiognomy," thus forming a "landscape where one could walk around and discover in the flow of words, around sentences, unexpectedly, points of view that hadn't appeared previously."[3] All languages have, of course, a physiognomy that is their own; "laws," "corridors," "paths of facility," "lines," "slopes," "coasts" and "asperities," etc., in short, the "accessories," as Mallarmé called them, of thinking, that speak of the "diversity of idioms on earth" that "prevents everybody from uttering the words which otherwise, at one single stroke, would materialize as truth"; which prevents thinking from becoming "writing without accessories."[4] But thinking is already "writing without accessories," as Mallarmé also points out, and I think that there is something to be said here for Derrida's monolingualism: "I have only one language; it is not mine."[5] That is to say, the experience of monolingualism, as opposed to that of, say, a beloved mother tongue or native language or what Derrida calls a language of one's own, instead of paralyzing thinking – *"Yes, I only have one language, yet it is not mine.*"⁶ – allows a glimpse into the being of thinking as "writing without accessories." Now, Derrida qualifies this with: "When I said that the only language I speak is not mine, I did not say it was foreign to me."⁷ But the condition of foreignness is no less interesting than that of dispossession for all that. While I certainly do not think that, like a good translation, according to Benjamin's definition that is, it gives us a glimpse of the "language of truth," truth being what all thought strives for, I do think that it gives us a glimpse of the other side of the coin, as it were, that is, nonsense. In short, it opens up thinking to the disaster. Not thinking as *a* disaster or *the* disaster but thinking as that which at every step is threatened with failure. I've tried to suggest that most of us experience this most acutely in writing: having to discover what you have to say as you "say" (write) it obviously implies the possibility that in the end you might have nothing to say at all. This threat is compounded when we write in a foreign language. The fact that we continue to write, however, be it in one or more languages, and especially today when the institutions that are supposed to foster thinking are faced with so many disasters, amounts to a continual affirmation of the victory of thinking over the (possibility of) disaster. And perhaps my modest task here, our task here – with Vincent – has been to (re)sound the echo of that victory.

Notes

1 Walter Benjamin, *Illuminations*, trans. Harry Zohn (London: Pimlico, 1999), 77.
2 Michel Foucault, *Speech Begins After Death*, trans. Rober Bononno (Minneapolis: University of Minnesota Press, 2013), 46.
3 Ibid., 32.
4 Cited in Benjamin, *Illuminations*, 78.
5 Jacques Derrida, *Monolingualism of the Other or The Prosthesis of Origin*, trans. Patrick Mensah (Stanford: Stanford University Press, 1998), 1.
6 Ibid., 2.
7 Ibid., 5.

SHËNIM I PËRKTHYESES

Jonida Gashi

Përkthyer nga Marsi Gjonçaj

Ideja për të bërë diçka me to më vjen herët. Kam për t'i fotografuar sprovat. Ndoshta jo të gjithat, por të paktën disa prej tyre, pa dyshim ato që më kanë pëlqyer më shumë. Por si përfundim nuk marr mundimin t'i shtyp shumicën prej tyre dhe ideja e fotografimit të ekranit të kompjuterit më tingëllon paksa idiote. Gjithashtu, më bie ndërmend që jam një fotografe e tmerrshme e që nuk mund të përfitoj as nga një aparat fotografik gjysmë i hairit (i domosdoshëm në rastin tim). Mendoj lloj-lloj gjërash që nuk më kujtohen më përgjatë korrikut dhe në fund të muajit shpall se, pasi gjithçka të jetë kryer, kam për të ndarë çmime. (Shtatorit po i vjen fundi ndërkaq dhe kam harruar se çfarë çmimesh kisha ndërmend t'i jepja kujt dhe sesi kisha ndërmend ta bëja këtë.) *Mendoj gjithashtu edhe për faktin se shumë prej autorëve nuk e kanë anglishten gjuhën e tyre të parë.* Vinsenti më sugjeron të shkruaj diçka. Vendos ta provoj.

.

Kam një marrëdhënie të parehatshme me atë që, pas Andreas Vrahimis, do ta quaja "autobiografizëm." Me pak fjalë, nuk më pëlqen. Rreth dy vjet më parë, një botues, disi shkujdesshëm, më këshilloi se ndoshta argumenti im mund të inkuadrohej më mirë nëse kapej pas ngjarjesh ose përvojash të marra drejtpërdrejt nga jeta ime. E kam ende të gjallë ndjenjën e alarmit të përzierë me neveri që më kaploi. E megjithatë, unë i jam dorëzuar atij, "autobiografizmit," ndërkaq këtu, dhe do të vazhdoj ta bëj këtë përgjatë këtij teksti (fatmirësisht) të shkurtër. Arsyet për këtë vendim janë të shumta, por dua të përmend shkurtimisht dy prej tyre. Në këtë rast, joshja e autobiografikes është ngushtësisht e lidhur me detyrën që kam në dorë, shkrimin rreth përkthimit: se një impuls i tillë autobiografik priret të karakterizojë shkrimin rreth përkthimit; dhe se ai rikumbon me temën tonë këtu, katastrofa pedagogjike, katastrofa këto që kanë prekur shumë prej atyre që kanë kontribuar në këtë volum, duke përfshirë edhe vetë mua, në një nivel personal, gjë që mund të shihet në shumë prej kontributeve dhe ndihet në ato ku nuk përmendet ndonjë katastrofë e një natyre personale.

Ka, pa dyshim, shumë lloje "autobiografizmi" kur vjen rasti për shkrimin rreth përkthimit. Është ai lloj që rrjedh nga afrimiteti i përkthyesit me tekstin, si në rastin e "Pasthënia e përkthyesit" të Haruki Murakamit, ku novelisti japonez i kushton shumë faqe historisë së tij, si lexues por edhe si shkrimtar, me *Getsbin e Madh*. Ky është lloji im më pak i parapëlqyer i autobiografizmit dhe ndoshta jam me fat që në një farë mënyre nuk rrezikoj të bie në një grackë të tillë duke qenë se nuk jam veçanërisht e lidhur me asnjërin prej teksteve që kam përkthyer, sado të mrekullueshëm janë shumë prej këtyre teksteve dhe sado i mrekullueshëm mund të jetë afrimiteti me një tekst. Pastaj është ai lloj autobiografizmi që ka të bëjë me soditjen e marrëdhënies së përkthyesit me gjuhën/-t e përfshira në përkthim. Këtë lloj autobiografizmi e kam disi më përzemër, një shembulli domethënës i të cilit është "Njëgjuhësia e tjetrit [*Le Monolingualisme de l'autre*]" i Derridasë, ku filozofi reflekton mbi marrëdhënien e tij me gjuhën frënge si një hebre nga Algjeria. Do t'i kthehem këtij teksti më vonë. Së fundmi, është lloji i autobiografizmi që është një simptomë e vështirësive të shkrimit rreth përkthimit në terma të përgjithshëm. Ky është ndoshta lloji më interesant dhe më i vështiri për t'u trajtuar. Kam për ta prekur atë në fund të këtij shënimi, kur t'i drejtohem çështjes së marrëdhënies mes mendimit dhe të shkrimit.

Një mik i dashur, R.O., gjuhëtar dhe anglez për më tepër, më tregon, pak para se të largohem nga Londra, për "traumën" që pësoi kur mësoi se ishte përkthyer në gjuhën koreane pa lejen e tij. Pas largimit tim, kur i them se do të përkthej materialet e një konference mbi pedagogji katastrofike, ai më mban një leksion të ashpër mbi këtë temë. Vras mendjen, nëse ai mendon se nuk jam në lartësinë e detyrës. Ai është, në fund të fundit, i njëjti njeri i cili në shumë raste më ka përsëritur që unë zotëroj praktikisht dy gjuhë, çka na qenka mesa duket një gjë shumë e rrallë. E duke qenë se ai është gjuhëtar dhe e fiton jetesën duke u mësuar studentëve si të shkruajnë, gjithnjë kam menduar se di ç'flet mbi çështje të tilla. Thënë kjo, fakti në zotëroj shumë mirë dy gjuhë nuk më shqetëson shumë. Ajo që më shqetëson është vetë ideja e dygjuhësisë; që një gjë e tillë mund të ekzistojë. Tani që po shkruaj, kam kaluar saktësisht gjysmën e jetës sime zhytur në një gjuhë (shqip) dhe gjysmën tjetër, në gjuhën tjetër (anglisht). Ndonëse kjo ndoshta nuk është asgjë më tepër se një rastësi kohore fatlume, fakti qëndron që historia ime me këto dy gjuhë është e mbushur me të tilla bigëzime, dyfishime, simetri, etj. Për mua shqipja është gjuha e letërsisë, e prozës më saktë. Nga ana tjetër, anglishtja është gjuha e punës shkollare. (Është gjithashtu, gjuha e poezisë, pasi vetëm me t'u transferuar në Londër fillova të interesohesha për poezinë). Ngjashëm, teksa shqipja është gjuha e fëmijërisë sime, anglishtja është për mua gjuha e dashurisë. Mund të vazhdoja më tutje. Me pak fjalë, dygjuhësia ime e supozuar, më drejton pafundësisht tek një njëgjuhësi shkalluese.

SHËNIM I PËRKTHYESES

Me përjashtim të Methju Çarlsit, Edit Doronit, Oliver Felthamit, Kristofer Finskut, Adam Stejli Grouvzit, Niko Xhenkinsit, Xhastin Xhoukut dhe Xhon Van Hautit, pjesa tjetër e autorëve nuk e kanë anglishten gjuhën e tyre amtare; dhe janë më shumë se gjysma: Zhydit Balso, Sina Badiji, Vinsent V. J. van Herven Uj, Julia Hëlcël, Denisa Kera, Urok Shirhan, Nik Skiadopulos, Jonas Stal, Katarina Stadler, Tijana Stevanoviq, dhe Andreas Vrahimis. Nuk ka asgjë të pazakontë këtu. Si dikush që ka marrë pjesë në konferenca pa fund, mund të dëshmoj se një situatë e tillë mbizotëron – raporti mes folësve amtarë dhe atyre jo amtarë ndryshon. Shumica e njerëzve do ta konfirmonin këtë. Që nuk do të thotë se gjërat shkojnë gjithnjë vaj. Mbaj mend në 2010-n, kur ndoqa një konferencë në Paris të organizuar nga Departamenti i Studimeve Anglofone tek Sorbonne. Megjithëse konferenca ishte "ndërkombëtare," jo vetëm që folësit francezë referuan në frëngjisht, por edhe një pjesë e mirë e folësve të huaj referuan gjithashtu në gjuhën frënge. Situata në vijim ishte komike. Shumë nga pjesëmarrësit dhe publiku francez ndoqën me vështirësi prezantimet në frëngjisht të folësve që nuk e kishin frëngjishten gjuhën amtare (për shkak të theksit, siç më thanë). Nga ana tjetër, ata që nuk kuptonin mirë frëngjisht e patën thuajse të pamundur të ndiqnin punimet – kolegu me të cilin po udhëtoja bënte pjesë tek ky grup dhe e mbaj mend sesi gjatë drekave pinte sasi të mëdha vere me qëllim që t'i përballonte më lehtë pasditet e gjata; i shkruaj në një copë letër "Ç'u ka thënë mendja vallë?" e ai më përgjigjet "Po neve ç'na tha mendja?." Thënë kjo, në shumicën dërrmuese të rasteve gjërat shkojnë vaj. Aq sa në fakt, para se të filloja të përktheja materialet e konferencës "Pedagogjitë e shkatërrimit" nuk më kishte shkuar fare në mendje që përkthimi i teksteve në një gjuhë të ndryshme nga gjuha amtare e autorit do të shpërfaqte një grupim problemesh komplekse e unike.

Nëse detyra e përkthyesit, siç sugjeron Benjamin, është "të paraqesë në gjuhën në të cilën përkthen të njëjtin efekt që prodhon tek ajo jehonën e origjinales"[1] atëherë unë, pa dyshim dhe domosdoshmërisht që kam dështuar në punën time. Sigurisht, unë po përkthej nga anglishtja, por për aq sa mund të flasim për një gjuhë "origjinale," atëherë, në varësi të autorit, ajo është gjithashtu holandisht, frëngjisht, gjermanisht, serbisht etj. Kësisoj, nga njëra anë, në rastin më të mirë unë mund të shpresoj të prodhoj diçka të ngjashme me jehonën e një jehone: një jehonë në shqip, të jehonës në anglisht të gjuhës origjinale, cilado qoftë ajo. Mirëpo, çdo përpjekje për të riprodhuar jehonën e një jehone është e destinuar të dështojë, po ashtu si përkthimi i një përkthimi është një detyrë e pamundur, siç thekson me të drejtë Benjaminit. Nga ana tjetër, duke pasur parasysh se njohuritë e mia të këtyre gjuhëve të tjera (me përjashtim të frëngjishtes) janë thuajse jo ekzistuese, ideja që mund t'i jem qasur detyrës time këtu, riprodhimit të jehonës në shqip të jehonës së origjinalit në anglisht, në mënyrë programatike e jo më sistematike (që për mua është një çështje që duhet parë veçmas nga ajo e suksesit apo dështimit të saj të mundshëm), është krejt absurde. Thënë ndryshe, nuk jam e sigurt që detyra e përkthyeses në rastin tim, në këtë rast, ishte qoftë edhe një alternativë – çka, detyrimisht ngre pyetje mbi natyrën e saktë të punës sime. Më lejoni ta bëj pozicionin tim të qartë: jam krejtësisht e ndërgjegjshme që këtu nuk kam përkthyer prozë ose poezi – mund të diskutohet për shembull se "Sandyhook University: Poetic Violence, Scope, and Style of Imagination," i Adam Staley Groves, nuk është thjesht një tekst *mbi* poezinë, por njëherazi një tekst i lexuar më mirë *si* poezi, por gjithsesi… – dhe proza dhe veçanërisht poezia ishin ato çka kishte në mendje Benjamin tek "Detyra e përkthyesit."

Le t'i lëmë pra, mënjanë të gjitha pyetjet që kanë të bëjnë me "përthyeshmërinë" të lidhura siç janë ato, të paktën në përkufizimin e Benjaminit të termit, me "cilësinë" e gjuhës dhe të marrim parasysh marrëdhënien ndërmjet të menduarit dhe të shkruarit. Kjo është pikërisht edhe ajo çka është në lojë në këtë rast, siç thekson Benjamin.

Ende kujtoj pjesë të një bisede me S.C. diku nga fundi i semestrit të dytë të vitit të parë të doktoraturës. Ishte bërë ca si tepër kohë që po kënaqesha vetëm me lexim, më tha, duke këmbëngulur se kishte ardhur koha që të filloja të shkruaja. Ai u tregua i kuptueshëm; e dinte mirë se duke parë natyrën e asaj për të cilën po shkruaja – përsëritjen, rikthimin, fragmentimin, njëjtësinë, ndryshimin (ose siç më pëlqente ta quaja " të renë") etj, të gjeja diçka, një vend nga t'ia nisja nuk ishte e lehtë; gjithçka dukej sikur ishte (ishte) e lidhur me gjithçka tjetër – si të zgjidhja?; ai këmbënguli, megjithatë, që unë të filloja nga diku, pak rëndësi kishte se ku; fillimi është, në fund të fundit, gjithnjë arbitrar, në rastin tim akoma më shumë, por gjithsesi... Nuk mendoj se isha tërësisht e pandërgjegjshme që kishte ardhur koha të filloja të shkruaja, por megjithatëvazhdoja të ushqeja shpresën e çmendur se para se të filloja t'i hidhja në letër, do të mund t'i shoshitja disi mendimet e mia: të sqaroja disa gjëra, të vendosja një lloj rendi. Mbaj mend që thashë me zë të lartë: "E di se çfarë mendoj!" (Një gënjeshtër e hapur.) Përgjigja e zbavitur e S. ishte: "Askush nuk e di se çfarë mendon sa pa e shkruar." Kjo bisedë më vjen në mendje teksa lexoj *Ligjërimi fillon pas vdekjes* [*Speech Begins After Death*] të Fukosë, ku autori thotë diçka të ngjashme në lidhje me marrëdhënien e tij me shkrimin, ose më saktë me përvojën e tij të marrëdhënies midis mendimit dhe shkrimit. "Kur unë filloj të shkruaj një sprovë apo një libër ose çfarëdo qoftë, nuk e di se ku do të dalë, ku do të mbërrij apo se çfarë do tregoj. Unë vetëm zbuloj çfarë kam për të treguar në çastin që shkruaj, sikur shkrimi nënkupton specifikisht diagnostikimin e asaj çka doja të thoja pikërisht në momentin kur nis të shkruaj."[2] Përpara kësaj, Fuko tregon sesi më në fund filloi t'i gëzohej procesit të të shkruarit për hir të një vizite të përzgjatur në Suedi. Duke mos qenë në gjendje të komunikonte me njerëzit që e rrethonin për shkak të anglishtes dhe suedishtes së tij të varfër, të shkruarit (në gjuhën e tij padyshim) u kthye në një lloj lehtësimi e shkarkimi për dhe më në fund në një kënaqësi. Në vijim ai flet për "trashësinë" e gjuhës frënge, "konsistencën" e saj, faktin që ajo nuk ishte thjesht si "ajri që thithim, një tejdukshmëri absolutisht e padukshme," sepse ajo kishte "rregullat e veta, korridoret, rrugët, linjat, shpatet, brigjet, ashpërsinë e vet; me fjalë të tjera një fizionomi," duke formuar kështu "një peizazh ku dikush mund të sorollatej e të zbulonte papritmas, në rrjedhën e fjalëve, rreth fjalive, pikëvështrime të panjohura më parë."[3] Sigurisht, të tëra gjuhët kanë një fizionomi të tyren, "rregulla," "korridore," "rrugë," "linja," "shpate," "brigje" dhe "ashpërsi" etj, domethënë "aksesorët," siç i quante Malarme, të mendimit, që flasin për "shumëllojshmërinë e gjuhëve mbi tokë" që "pengon çdokënd të artikulojë fjalët, të cilat përndryshe, me një goditje të vetme do të materializoheshin si e vërteta"; çka nuk e lejon mendimin të kthehet në "shkrim pa aksesorë."[4] Por, nënvizon Malarme, mendimi është në fakt "shkrim pa aksesorë" dhe unë mendoj se këtu duhet thënë diçka për njëgjuhësinë e Derridasë: "Unë kam vetëm një gjuhë; ajo nuk është e imja."[5] Kjo për të treguar, se përvoja e njëgjuhësisë, përkundër asaj së, le të themi, gjuhës së dashur të nënës, gjuhës amtare, ose të asaj që Derrida quan gjuhën që të përket, në vend se ta paralizojë mendimin – *"Po, unë e kam një gjuhë, e megjithatë ajo nuk është e imja"*[6] – na lejon të hedhim një shikim në qenien e mendimit si "shkrim pa aksesorë." Derrida vazhdon e cilëson: "Kur unë them që e vetmja gjuhë, e cila flas nuk është e imja, nuk them që më është e huaj."[7] Por gjendja e huajshmërisë nuk është më pak interesante se ajo e shpronësimit. Ndonëse unë sigurisht nuk mendoj se, si një përkthim i mirë, (sipas përkufizimit të Benjaminit) ajo na jep një shikim të "gjuhës së të vërtetës," ku e vërteta është ajo çka mendimi orvatet të arrijë, unë mendoj se na jep një vegullim të anës tjetër të medaljes, si të thuash, le të themi absurditetit. Shkurt, ajo e hap mendimin ndaj shkatërrimit. Jo vetë mendimin si *një* katastrofë apo si *katastrofa*, por të mendimit si ajo çka në çdo hap kërcënohet nga dështimi. Jam përpjekur të sugjeroj se secili prej nesh e përjeton këtë më së forti gjatë shkrimit: të të duhet të zbulosh çfarë ke për të thënë në çastin që "e thua" (shkruan) qartësisht nënkupton mundësinë që në fund të mos kesh mos kesh gjë për të thënë. Ky kërcënim shumëfishohet kur ne shkruajmë në gjuhë të huaj. Fakti që ne gjithsesi vazhdojmë të shkruajmë, në një apo më shumë gjuhë, dhe veçanërisht sot kur institucionet e mendimit kërcënohen nga kaq shumë shkatërrime, nënkupton një miratim të vazhdueshëm të fitores së mendimit mbi (mundësinë e) katastrofës. Dhe ndoshta këtu, detyra ime modeste, detyra jonë – së bashku me Vinsentin – ka qenë (ri)kumbimi i jehonës së kësaj fitoreje.

Shënime

1 Walter Benjamin, *Illuminations*, përkth. Harry Zohn (Londër: Pimlico, 1999), 77.
2 Michel Foucault, *Speech Begins After Death*, përkth. Rober Bononno (Minneapolis: University of Minnesota Press, 2013), 46.
3 Po aty, 32.
4 Cituar në Benjamin, *Illuminations*, 78.
5 Jacques Derrida, *Monolingualism of the Other or The Prosthesis of Origin*, përkth. Patrick Mensah (Stanford: Stanford University Press, 1998), 1.
6 Po aty, 2.
7 Po aty, 5.

www.ingramcontent.com/pod-product-compliance
Lightning Source LLC
Chambersburg PA
CBHW082102250426
43661CB00079B/2556